中华人民共和国

合同范本全书

③版

周小舟 著

官方文本 合同说明 签约须知
典型案例 特别提醒 法律政策

中国法制出版社
CHINA LEGAL PUBLISHING HOUSE

图书在版编目（CIP）数据

中华人民共和国合同范本全书：官方文本、合同说明、签约须知、典型案例、特别提醒、法律政策／周小舟著．—3 版．—北京：中国法制出版社，2020. 11

ISBN 978 - 7 - 5216 - 1281 - 3

Ⅰ．①中…　Ⅱ．①周…　Ⅲ．①合同 - 范文 - 中国　Ⅳ．①D923. 6

中国版本图书馆 CIP 数据核字（2020）第 174157 号

策划编辑：胡艺（ngaihu@ gmail. com）
责任编辑：周熔希　　　　封面设计：周黎明

中华人民共和国合同范本全书：官方文本、合同说明、签约须知、典型案例、特别提醒、法律政策

ZHONGHUA RENMIN GONGHEGUO HETONG FANBEN QUANSHU：GUANFANG WENBEN、HETONG SHUOMING、QIANYUE XUZHI、DIANXING ANLI、TEBIE TIXING、FALÜ ZHENGCE

著者／周小舟
经销／新华书店
印刷／三河市紫恒印装有限公司
开本／730 毫米 ×1030 毫米　16 开　　　　印张／46. 5　字数／963 千
版次／2020 年 11 月第 3 版　　　　2020 年 11 月第 1 次印刷

中国法制出版社出版
书号 ISBN 978 - 7 - 5216 - 1281 - 3　　　　定价：199. 00 元

北京西单横二条 2 号
邮政编码 100031　　　　传真：010 - 66031119
网址：http：//www. zgfzs. com　　　　**编辑部电话：010 - 66038703**
市场营销部电话：010 - 66033393　　　　**邮购部电话：010 - 66033288**

（如有印装质量问题，请与本社印务部联系调换。电话：010 - 66032926）

出 版 说 明

“合同示范文本对于规范当事人的合同签约行为，维护当事人的合法权益，矫正不公平的合同格式条款，避免或减少合同欺诈和纠纷，有着十分积极的作用。”有鉴于此，参照国家市场监督管理总局（原国家工商行政管理总局）《关于推行合同示范文本有关问题的通知》的内容，我们编写了《中华人民共和国合同范本全书》一书。本书收录的均为国家市场监督管理总局（原国家工商行政管理总局）、有关中央部委和地方政府有关部门出台的合同示范文本，内容系统全面，分类明确，查找方便，是全国市场监督管理系统、全国各类型企事业单位、各类市场经营主体、律师等法律从业人员等必备的工具书。

书中除收录50多种合同示范文本之外，还有签约须知、重点法条、典型案例等栏目设置。签约须知以精练的文字概括了各类合同签约过程中的注意事项，尤其是可能遭遇的合同陷阱和防范技巧；重点法条是签订合同时必须掌握的法律常识；典型案例以案说法，形象生动。

希望本书能成为广大读者朋友日常工作和经营活动中的好帮手。

目　　录

第一章　买卖合同

一、签约须知

1. 在正式签订合同前，要充分了解合同相对方的情况。合同相对方的经营范围、资信状况、经营业绩、商业信誉等问题，都是签订合同前需要了解的。当事人可以到相对方所在地的市场监督管理部门查询，也可以找相对方所在行业的其他企业或者有业务往来的企业进行调查。如果是代理人出面签订合同，必须确认其代理权限。代理人通常是相对方的业务员或者管理人员。在签订合同之前，要掌握法定代表人的授权范围、授权期限以及对方企业所开具的介绍信的真实性等情况。

2. 订立买卖合同时，要尽量采用官方颁布的合同范本。依据《民法典》的规定，订立合同可以采取书面形式、口头形式和其他形式等多种方式，但非书面形式的合同一旦发生纠纷，不容易确定当事人双方的责任。所以，为防范合同陷阱，买卖合同应当尽可能地用书面形式订立。合同的内容可以参照或者直接采用官方颁布的合同范本。如果条件允许，可以到市场监督管理部门进行合同鉴证。

3. 买卖合同中的卖方必须是标的物的所有人或者有权处分该标的物的人；在买卖合同中，应当对标的物作出详细的描述；对货物质量在合同中应当明确约定，方便将来验收，避免因质量标准不明确而引起纠纷；在买卖合同中，交货的时间、地点和方式是关键内容之一，关系到买卖双方的签约目的能否实现，以及标的物毁损灭失的风险由谁承担等问题。所以，对交货的时间、地点和方式必须明确约定。通常情况下，标的物的所有权自交付时起转移，毁损灭失的风险也随之转移给买方。

4. 包装方式在货物安全运送的过程中发挥着重要作用。如果买卖合同中对于货物的包装方式无约定，应当采取行业通用的包装方式，没有通用的包装方式，应当采用足以保护标的物的包装方式；标的物的检验标准和方法等条款也是买卖合同中的重要内容。买方在收到货物时，需要对货物的质量、重量、等级、包装、规格等情况进行必要的查验或者鉴定。因此，买卖合同中应当对进行检验的时间、地点、标准和方法、买方发现质量问题后提出异议的时间及卖方答复的时间、发生质量争议的鉴定机构等内容进行约定。

5. 一旦发生买卖合同纠纷，当事人要积极主张权利，注意保全有关证据。在法律规定的期间内向人民法院提起诉讼，以免因超过诉讼时效导致自身权利得不到法律的保护。在签订买卖合同的过程中，对签约地点、交货地点要格外注意。因为将来一旦发生纠纷，将由签约地或者交货地的人民法院或仲裁委员会审理或仲裁。

二、重点法条

《民法典》第三编第二分编第九章买卖合同

第五百九十五条 买卖合同是出卖人转移标的物的所有权于买受人，买受人支付价款的合同。

第五百九十六条 买卖合同的内容一般包括标的物的名称、数量、质量、价款、履行期限、履行地点和方式、包装方式、检验标准和方法、结算方式、合同使用的文字及其效力等条款。

第五百九十七条 因出卖人未取得处分权致使标的物所有权不能转移的，买受人可以解除合同并请求出卖人承担违约责任。

法律、行政法规禁止或者限制转让的标的物，依照其规定。

第五百九十八条 出卖人应当履行向买受人交付标的物或者交付提取标的物的单证，并转移标的物所有权的义务。

第五百九十九条 出卖人应当按照约定或者交易习惯向买受人交付提取标的物单证以外的有关单证和资料。

第六百条 出卖具有知识产权的标的物的，除法律另有规定或者当事人另有约定外，该标的物的知识产权不属于买受人。

第六百零一条 出卖人应当按照约定的时间交付标的物。约定交付期限的，出卖人可以在该交付期限内的任何时间交付。

第六百零二条 当事人没有约定标的物的交付期限或者约定不明确的，适用本法第五百一十条、第五百一十一条第四项的规定。

第六百零三条 出卖人应当按照约定的地点交付标的物。

当事人没有约定交付地点或者约定不明确，依据本法第五百一十条的规定仍不能确定的，适用下列规定：

（一）标的物需要运输的，出卖人应当将标的物交付给第一承运人以运交给买受人；

（二）标的物不需要运输，出卖人和买受人订立合同时知道标的物在某一地点的，出卖人应当在该地点交付标的物；不知道标的物在某一地点的，应当在出卖人订立合同时的营业地交付标的物。

第六百零四条 标的物毁损、灭失的风险，在标的物交付之前由出卖人承担，交付之后由买受人承担，但是法律另有规定或者当事人另有约定的除外。

第六百零五条 因买受人的原因致使标的物未按照约定的期限交付的，买受人应当自违反约定时起承担标的物毁损、灭失的风险。

第六百零六条 出卖人出卖交由承运人运输的在途标的物，除当事人另有约定外，毁损、灭失的风险自合同成立时起由买受人承担。

第六百零七条 出卖人按照约定将标的物运送至买受人指定地点并交付给承运人后，标的物毁损、灭失的风险由买受人承担。

当事人没有约定交付地点或者约定不明确，依据本法第六百零三条第二款第一项的规定标的物需要运输的，出卖人将标的物交付给第一承运人后，标的物毁损、灭失的风险由买受人承担。

第六百零八条 出卖人按照约定或者依据本法第六百零三条第二款第二项的规定将标的物置于交付地点，买受人违反约定没有收取的，标的物毁损、灭失的风险自违反约定时起由买受人承担。

第六百零九条 出卖人按照约定未交付有关标的物的单证和资料的，不影响标的物毁损、灭失风险的转移。

第六百一十条 因标的物不符合质量要求，致使不能实现合同目的的，买受人可以拒绝接受标的物或者解除合同。买受人拒绝接受标的物或者解除合同的，标的物毁损、灭失的风险由出卖人承担。

第六百一十一条 标的物毁损、灭失的风险由买受人承担的，不影响因出卖人履行义务不符合约定，买受人请求其承担违约责任的权利。

第六百一十二条 出卖人就交付的标的物，负有保证第三人对该标的物不享有任何权利的义务，但是法律另有规定的除外。

第六百一十三条 买受人订立合同时知道或者应当知道第三人对买卖的标的物享有权利的，出卖人不承担前条规定的义务。

第六百一十四条 买受人有确切证据证明第三人对标的物享有权利的，可以中止支付相应的价款，但是出卖人提供适当担保的除外。

第六百一十五条 出卖人应当按照约定的质量要求交付标的物。出卖人提供有关标的物质量说明的，交付的标的物应当符合该说明的质量要求。

第六百一十六条 当事人对标的物的质量要求没有约定或者约定不明确，依据本法第五百一十条的规定仍不能确定的，适用本法第五百一十一条第一项的规定。

第六百一十七条 出卖人交付的标的物不符合质量要求的，买受人可以依据本法第五百八十二条至第五百八十四条的规定请求承担违约责任。

第六百一十八条 当事人约定减轻或者免除出卖人对标的物瑕疵承担的责任，因出卖人故意或者重大过失不告知买受人标的物瑕疵的，出卖人无权主张减轻或者免除责任。

第六百一十九条 出卖人应当按照约定的包装方式交付标的物。对包装方式没有约定或者约定不明确，依据本法第五百一十条的规定仍不能确定的，应当按照通用的方式包装；没有通用方式的，应当采取足以保护标的物且有利于节约资源、保护生态环境的包装方式。

第六百二十条 买受人收到标的物时应当在约定的检验期限内检验。没有约定检验期限的，应当及时检验。

第六百二十一条 当事人约定检验期限的，买受人应当在检验期限内将标的物的数量或者质量不符合约定的情形通知出卖人。买受人怠于通知的，视为标的物的数量或者质量符合约定。

当事人没有约定检验期限的，买受人应当在发现或者应当发现标的物的数量或者质量不符合约定的合理期限内通知出卖人。买受人在合理期限内未通知或者自收到标的物之日起二年内未通知出卖人的，视为标的物的数量或者质量符合约定；但是，对标的物有质量保证期的，适用质量保证期，不适用该二年的规定。

出卖人知道或者应当知道提供的标的物不符合约定的，买受人不受前两款规定的通知时间的限制。

第六百二十二条 当事人约定的检验期限过短，根据标的物的性质和交易习惯，买受人在检验期限内难以完成全面检验的，该期限仅视为买受人对标的物的外观瑕疵提出异议的期限。

约定的检验期限或者质量保证期短于法律、行政法规规定期限的，应当以法律、行政法规规定的期限为准。

第六百二十三条 当事人对检验期限未作约定，买受人签收的送货单、确认单等载明标的物数量、型号、规格的，推定买受人已经对数量和外观瑕疵进行检验，但是有相关证据足以推翻的除外。

第六百二十四条 出卖人依照买受人的指示向第三人交付标的物，出卖人和买受人约定的检验标准与买受人和第三人约定的检验标准不一致的，以出卖人和买受人约定的检验标准为准。

第六百二十五条 依照法律、行政法规的规定或者按照当事人的约定，标的物在有效使用年限届满后应予回收的，出卖人负有自行或者委托第三人对标的物予以回收的义务。

第六百二十六条 买受人应当按照约定的数额和支付方式支付价款。对价款的数额和支付方式没有约定或者约定不明确的，适用本法第五百一十条、第五百一十一条第二项和第五项的规定。

第六百二十七条 买受人应当按照约定的地点支付价款。对支付地点没有约定或者约定不明确，依据本法第五百一十条的规定仍不能确定的，买受人应当在出卖人的营业地支付；但是，约定支付价款以交付标的物或者交付提取标的物单证为条件的，在交付标的物或者交付提取标的物单证的所在地支付。

第六百二十八条 买受人应当按照约定的时间支付价款。对支付时间没有约定或者约定不明确，依据本法第五百一十条的规定仍不能确定的，买受人应当在收到标的物或者提取标的物单证的同时支付。

第六百二十九条　出卖人多交标的物的，买受人可以接收或者拒绝接收多交的部分。买受人接收多交部分的，按照约定的价格支付价款；买受人拒绝接收多交部分的，应当及时通知出卖人。

第六百三十条　标的物在交付之前产生的孳息，归出卖人所有；交付之后产生的孳息，归买受人所有。但是，当事人另有约定的除外。

第六百三十一条　因标的物的主物不符合约定而解除合同的，解除合同的效力及于从物。因标的物的从物不符合约定被解除的，解除的效力不及于主物。

第六百三十二条　标的物为数物，其中一物不符合约定的，买受人可以就该物解除。但是，该物与他物分离使标的物的价值显受损害的，买受人可以就数物解除合同。

第六百三十三条　出卖人分批交付标的物的，出卖人对其中一批标的物不交付或者交付不符合约定，致使该批标的物不能实现合同目的的，买受人可以就该批标的物解除。

出卖人不交付其中一批标的物或者交付不符合约定，致使之后其他各批标的物的交付不能实现合同目的的，买受人可以就该批以及之后其他各批标的物解除。

买受人如果就其中一批标的物解除，该批标的物与其他各批标的物相互依存的，可以就已经交付和未交付的各批标的物解除。

第六百三十四条　分期付款的买受人未支付到期价款的数额达到全部价款的五分之一，经催告后在合理期限内仍未支付到期价款的，出卖人可以请求买受人支付全部价款或者解除合同。

出卖人解除合同的，可以向买受人请求支付该标的物的使用费。

第六百三十五条　凭样品买卖的当事人应当封存样品，并可以对样品质量予以说明。出卖人交付的标的物应当与样品及其说明的质量相同。

第六百三十六条　凭样品买卖的买受人不知道样品有隐蔽瑕疵的，即使交付的标的物与样品相同，出卖人交付的标的物的质量仍然应当符合同种物的通常标准。

第六百三十七条　试用买卖的当事人可以约定标的物的试用期限。对试用期限没有约定或者约定不明确，依据本法第五百一十条的规定仍不能确定的，由出卖人确定。

第六百三十八条　试用买卖的买受人在试用期内可以购买标的物，也可以拒绝购买。试用期限届满，买受人对是否购买标的物未作表示的，视为购买。

试用买卖的买受人在试用期内已经支付部分价款或者对标的物实施出卖、出租、设立担保物权等行为的，视为同意购买。

第六百三十九条　试用买卖的当事人对标的物使用费没有约定或者约定不明确的，出卖人无权请求买受人支付。

第六百四十条　标的物在试用期内毁损、灭失的风险由出卖人承担。

第六百四十一条　当事人可以在买卖合同中约定买受人未履行支付价款或者其他义务的，标的物的所有权属于出卖人。

出卖人对标的物保留的所有权，未经登记，不得对抗善意第三人。

第六百四十二条 当事人约定出卖人保留合同标的物的所有权，在标的物所有权转移前，买受人有下列情形之一，造成出卖人损害的，除当事人另有约定外，出卖人有权取回标的物：

（一）未按照约定支付价款，经催告后在合理期限内仍未支付；

（二）未按照约定完成特定条件；

（三）将标的物出卖、出质或者作出其他不当处分。

出卖人可以与买受人协商取回标的物；协商不成的，可以参照适用担保物权的实现程序。

第六百四十三条 出卖人依据前条第一款的规定取回标的物后，买受人在双方约定或者出卖人指定的合理回赎期限内，消除出卖人取回标的物的事由的，可以请求回赎标的物。

买受人在回赎期限内没有回赎标的物，出卖人可以以合理价格将标的物出卖给第三人，出卖所得价款扣除买受人未支付的价款以及必要费用后仍有剩余的，应当返还买受人；不足部分由买受人清偿。

第六百四十四条 招标投标买卖的当事人的权利和义务以及招标投标程序等，依照有关法律、行政法规的规定。

第六百四十五条 拍卖的当事人的权利和义务以及拍卖程序等，依照有关法律、行政法规的规定。

第六百四十六条 法律对其他有偿合同有规定的，依照其规定；没有规定的，参照适用买卖合同的有关规定。

第六百四十七条 当事人约定易货交易，转移标的物的所有权的，参照适用买卖合同的有关规定。

三、典型案例

卖方因买方濒临破产停止履行合同，是否构成违约？

某机械厂与某纺织厂经过协商，签订了买卖合同。根据合同的约定，某机械厂向某纺织厂提供两条生产线，同时，由某机械厂负责送货、安装、调试。待调试完毕，经验收能够顺利运营生产后，某纺织厂在一个月内支付这两条生产线的全部费用。协议订立后，某机械厂遂组织人力物力，准备将机器设备运抵某纺织厂进行安装调试。但该厂从其他渠道得知，某纺织厂因为经营管理不善，导致资不抵债，已经面临破产的境地。为了保险起见，某机械厂便派工作人员到相关部门进行查询，结果证实了这一说法。考虑到自己在给其安装生产线后能否收回货款的问题，某机械厂便致电某纺织厂，表示因某纺织厂目前的经济状况不佳，合同有可能不能正常履行，因此通知某纺织厂暂且不为其安装这两条生产线，待某纺织厂经济条件有所恢复后，再组织人员进行安装。如果某纺织厂坚持要求现在安装，请某纺织厂提供担保。某纺织厂要求某机械厂履行合同义务未果，向人民法院提起诉讼，认为合同没有约定提供担保事项，某机械厂无故不履行合同义务，应承担违约责任并继续履行合同。

《民法典》第五百二十七条规定："应当先履行债务的当事人，有确切证据证明对方有下列情形之一的，可以中止履行：（一）经营状况严重恶化；（二）转移财产、抽逃资金，以逃避债务；（三）丧失商业信誉；（四）有丧失或者可能丧失履行债务能力的其他情形。当事人没有确切证据中止履行的，应当承担违约责任。"第五百二十八条规定："当事人依据前条规定中止履行的，应当及时通知对方。对方提供适当担保的，应当恢复履行。中止履行后，对方在合理期限内未恢复履行能力且未提供适当担保的，视为以自己的行为表明不履行主要债务，中止履行的一方可以解除合同并可以请求对方承担违约责任。"上述法律规定赋予在合同法律关系中应当先履行债务的当事人的权利，被称为不安抗辩权。本案涉及的法律问题就是不安抗辩权的问题。

在本案中，某机械厂与某纺织厂签订了生产线合同。该合同为双务有偿合同，合同的一方当事人某机械厂负有先履行合同的义务。在合同履行前，某机械厂得知某纺织厂面临经济危机，有可能会使合同无法履行。经过调查，这一事实被证明。根据《民法典》的上述规定，某机械厂的做法是合理的，也履行了相应的附随义务，因此，其有权利中止履行合同规定的义务，不构成违约。这是行使法律赋予当事人的不安抗辩权。如果某纺织厂不能为其履行合同义务提供担保，某机械厂有权解除合同。

假意磋商给他人造成损失的，应否赔偿？

罗某素与刘某不和。因此，当罗某得知陈某要转让自己的服装店，并且价格非常优惠，而刘某也有意向购买时，罗某便想从中作梗，使刘某不能以那么优惠的价格购买陈某的服装店。罗某虽然根本没有购买陈某的服装店的意图，但还是与陈某进行了谈判，并且罗某所出的价格比刘某的出价高10%。当陈某与罗某谈到实质性问题——即何时签订合同时，罗某总是以自己还没准备好货源为由拖延时间。面对这高价的诱惑，陈某并没有把罗某拖延时间的做法放在心上，而是有意将服装店转卖给罗某，并与罗某进行了很长时间的谈判，也坚决拒绝了刘某的意向。然而，当刘某购买了另一家服装店后，罗某立即找到陈某，表示自己因为资金周转的问题，暂时不想购买陈某的店了。在这种情况下，陈某错过了转让时机。由于陈某急需资金，因此，陈某只能以非常低的价格将服装店转让了。为此，陈某认为在服装店的转让过程中所遭受的损失完全是罗某的行为造成的，要求罗某赔偿损失。罗某不同意。陈某只得诉至法院。

《民法典》第五百条规定："当事人在订立合同过程中有下列情形之一，造成对方损失的，应当承担赔偿责任：（一）假借订立合同，恶意进行磋商；（二）故意隐瞒与订立合同有关的重要事实或者提供虚假情况；（三）有其他违背诚信原则的行为。"在合同的缔结过程中，当事人如果出现法律规定的某些行为并给对方造成损害的，必须承担缔约过失责任。缔约过失责任是指在合同订立过程中，一方当事人因违背其依据诚实信用原则所应负有的义务，而使另一方当事人的信赖利益遭受损失，因此应当承担民事责任的情况。

本案中，罗某在没有订立合同的意思的情况下，为了阻止刘某购买而假借订立合同的名义进行谈判，致使陈某遭受了不应有的损失，其行为符合构成缔约过失责任的条件。首先，罗某的行为发生在与陈某谈判签订合同的过程中；其次，罗某的行为属于缔约过失行为，罗某在无意与对方达成协议的情况下，为了达到阻止竞争对手购买的目的，假借订立合同的名义，与陈某进行谈判，这属于一类比较严重的缔约过失行为，而且罗某在主观上是故意这样做的，存在主观过错；再次，罗某的行为给陈某造成了经济损失，致使陈某以更低的价格将服装店转卖。根据《民法典》第五百条的规定，罗某应当就陈某所遭受的损失进行赔偿。

暴风雨能否构成违约的免责事由?

2019 年 1 月，罗某与某房地产开发公司签订了一份《商品房买卖契约》，该契约除对房屋价格、付款方式等作出约定外，在交房时间条款中补充约定为“除不可抗力因素外，开发商应至迟于 2019 年 6 月交房，如逾期 90 日仍未交房，罗某有权利退房，有权要求开发商按合同总价的 4% 支付违约金，并可以要求赔偿损失”。契约签订后罗某按合同约定支付了首付款，可罗某没有想到的是，到了 2019 年 10 月开发商仍未交房，罗某多次发函催促，开发商称，他们也想按合同约定按期向购房者交付商品房，但不能如期交房是由于施工中遇到暴雨，致使没法按工程进度施工，上述情况属于合同中约定的不可抗力，可以延期交房。罗某在多次交涉毫无结果的情况下，将开发商诉至法院，请求解除购房契约，并要求开发商退回房款并按合同总价款的 4% 支付违约金。

《民法典》第一百八十条规定：“因不可抗力不能履行民事义务的，不承担民事责任。法律另有规定的，依照其规定。不可抗力是不能预见、不能避免且不能克服的客观情况。”第五百九十条第一款规定：“当事人一方因不可抗力不能履行合同的，根据不可抗力的影响，部分或者全部免除责任，但是法律另有规定的除外。因不可抗力不能履行合同的，应当及时通知对方，以减轻可能给对方造成的损失，并应当在合理期限内提供证明。”依据此规定，如果一个事件要构成不可抗力应同时具备以下几个条件：（1）事件应发生在订立合同之后。合同一方当事人在订立合同时就已知或应知的事件不能作为免责事由。（2）该事件是在订立合同时双方所不能预见的事。对于依据商业常识在订立合同时应当预见的事件不属于不可抗力，如价格涨跌等。（3）该事件的发生是不可避免、不能克服的。如果当事人能够避开事件对合同的影响，当事人能够以其拥有的手段克服事件对合同的影响，就不属于不可抗力。（4）该事件不是因为任何一方过失所引起的。开发商在发生不可抗力事件后还应按我国《民法典》的规定及时通知购房者，且开发商必须取得相应部门对该事件所出具的证明后方可免责。否则就不能视为不可抗力，应追究开发商的违约责任。

天气因素的确会对施工进度造成影响，但狂风和暴雨均为正常的天气现象，并非不能预见，作为开发商在销售商品房时，就应当依据该地区的气象记录，合理预计工期，确保其在承诺的交屋日期前能够顺利完工。如果在契约中将此类事件列入不可抗力条款项下，则因违反法律的明确规定，成为无效条款，同时开发商也不能以不可抗力为由行使抗辩权。

当事人能否以政策变化为由解除合同？

夏某与李某达成协议，购买李某的一套房屋。按照当时的政策，不需要缴纳二手房交易的营业税。但就在当事人双方准备办理过户手续时，国家针对二手房交易的宏观调控政策出台，二手房交易营业税征收时限由 2 年延长至 5 年。因此，该房屋的交易需要缴纳数万元的营业税。在应当由谁承担这笔税费的问题上，双方无法协商一致，李某提出解除合同，遭到夏某的拒绝，诉至人民法院。

解决本案争议的关键是国家宏观调控政策的出台是否属于不可抗力。《民法典》第一百八十条第二款规定："不可抗力是不能预见、不能避免且不能克服的客观情况。"依据此规定，如果一个事件要构成不可抗力应同时具备以下几个条件：(1) 事件应发生在订立合同之后。合同一方当事人在订立合同时就已知或应知的事件不能作为免责事由。(2) 该事件是在订立合同时双方所不能预见的事。对于依据商业常识在订立合同时应当预见的事件不属于不可抗力，如价格涨跌等。(3) 该事件的发生是不可避免、不能克服的。如果当事人能够避开事件对合同的影响，当事人能够以其拥有的手段克服事件对合同的影响，就不属于不可抗力。(4) 该事件不是因为任何一方过失所引起的。《民法典》第五百六十三条规定："有下列情形之一的，当事人可以解除合同：(一) 因不可抗力致使不能实现合同目的……"

那么，国家宏观调控政策的出台是否属于不可抗力呢？在司法实践中，地震、海啸、战争等是最常见的被认定为不可抗力的事件。"政策出台"被认定属于不可抗力的案例非常罕见。法律界通常认为其不属于不可抗力范畴。例如，在本案中，国家针对二手房交易的调控政策的出台并不是完全不可预见的。当事人根据国家一段时期内对房产交易的调控形势的分析，完全可以对政策变化形成合理的预期，从而适当地安排交易的时间、价格；政策出台也并非使交易无法进行，合同目的无法实现，只是因为交易成本增加，导致被告的收益减少，所以不符合不可抗力"不能克服"的特征。如果因为被告收益减少而允许解除合同，取消交易，必将损害对方当事人的利益。被告规避了交易风险，但就对方当事人而言是非常不公平的，也不利于维护交易秩序，促进市场的稳定、健康发展。所以，被告以不可抗力为由要求解除合同，理由不成立。

售楼广告是否构成合同的一部分?

某房地产开发公司开发的一商品房住宅小区进行了大量的广告宣传,其在广告中承诺:小区内设小学、超市、图书馆、保健站、公厕、独立报箱、绿地、中心花园等。谢某在该小区附近工作,见到开发公司的广告后,觉得各方面条件都不错,经多次与开发公司接触、协商,与房地产开发公司签订《商品房预售合同》。合同签订后,谢某依约履行了付款义务。2020 年 5 月 16 日,房地产开发公司向谢某发出入住通知,谢某发现,小区内根本没有所谓的学校、超市、图书馆、保健站等,大面积的绿地也被改建成车库。谢某认为房地产开发公司没有履行广告承诺,是欺诈销售。于是,谢某向房地产开发公司提出交涉,没有得到满意的答复,随即向人民法院提起诉讼,要求退房还款并赔偿损失。

《最高人民法院关于审理商品房买卖合同纠纷案件适用法律若干问题的解释》第三条规定:"商品房的销售广告和宣传资料为要约邀请,但是出卖人就商品房开发规划范围内的房屋及相关设施所作的说明和允诺具体确定,并对商品房买卖合同的订立以及房屋价格的确定有重大影响的,应当视为要约。该说明和允诺即使未载入商品房买卖合同,亦应当视为合同内容,当事人违反的,应当承担违约责任。"

在本案中,房地产开发公司在售房前对其所出售的商品房进行了一系列广告宣传,宣传内容包括小区将建有小学、超市等,对原告订立商品房买卖合同产生了决定性影响。因此,按照上述司法解释的规定,开发公司的广告承诺即便未在商品房买卖合同中进一步载明,仍然应当视为合同的一部分。开发公司未兑现广告承诺,构成违约,原告有权解除合同并要求赔偿损失。至于开发公司是否进行虚假宣传、是否构成欺诈,与本案的处理结果没有必然联系。

四、示范文本

GF-2016-0157

合同编号:＿＿＿＿＿＿＿＿

生鲜乳购销合同

(示范文本,2016 年版)①

收购人:＿＿＿＿＿＿＿＿＿＿＿＿＿＿＿＿＿＿＿＿

销售人:＿＿＿＿＿＿＿＿＿＿＿＿＿＿＿＿＿＿＿＿

见证人:＿＿＿＿＿＿＿＿＿＿＿＿＿＿＿＿＿＿＿＿

① 农业部、工业和信息部、国家市场监督管理总局(原国家工商行政管理总局)制定,2016 年 6 月 1 日起实施。

根据《中华人民共和国合同法》和《乳品质量安全监督管理条例》的规定，收购人与销售人在平等、自愿、公平、诚信的基础上协商一致，经见证人见证，签订本合同。

第一条　收购时间与数量

1. 收购时间为________年____月____日至________年____月____日。

2. 收购量为________公斤/月，收购量上下浮动范围为：________%。

第二条　收购价格

生鲜乳收购基准价格为________元/公斤，当地有生鲜乳价格协调委员会并公布交易参考价格的，收购人和销售人应参照交易参考价格协商确定生鲜乳收购价格。

为鼓励销售人提供优质生鲜乳，生鲜乳最终收购价格按收购人和销售人商定的质量等级有所浮动。生鲜乳质量等级应根据蛋白质含量、脂肪含量、非脂乳固体、菌落总数、体细胞数等指标确定。生鲜乳计价方案经收购人和销售人协商一致作为本合同的附件。

第三条　质量要求

1. 生鲜乳应符合下述质量要求：

（1）乳品质量安全国家标准；

（2）收购人与销售人商定的其他质量标准，作为本合同的附件。

2. 生鲜乳有下列情况的，销售人不得销售、收购人不得收购：

（1）经检测不符合健康标准或者未经检疫合格的奶畜产的生鲜乳；

（2）奶畜产犊后7日内的初乳，但以初乳为加工原料的除外；

（3）在规定用药期和休药期内的奶畜产的生鲜乳；

（4）掺杂使假或者变质的生鲜乳；

（5）其他不符合乳品质量安全国家标准的生鲜乳。

3. 销售人交售的生鲜乳在生鲜乳收购站挤奶的，应遵守生鲜乳收购站的操作规定；销售人自行挤奶的，要确保盛奶、挤奶器具清洁，不得使用塑料及有毒有害容器。

4. 贮存生鲜乳的容器，应当符合国家有关卫生标准。

第四条　结算方式

1. 收购人应于本条第2款约定的付款日期前至少两日，书面通知销售人结算货款的相关数据。如销售人对以上数据有异议，应于收到以上数据之日起两日内以书面形式提出，否则视为销售人无异议；异议期间，收购人不支付货款，不承担逾期付款违约责任，但无异议部分的货款仍需按约定支付。异议解决后，收购人应在两日之内支付异议部分的货款。

2. 收购人应按照生鲜乳收购量按月支付货款，即当月结算并支付上个月的货款，具体付款日期为每月的________日前，支付地点为合同履行地。

第五条 检验方式

1. 收购人对销售人提供的生鲜乳进行抽样检验，并在收购之时起4个小时内公布脂肪含量、蛋白质含量等各项计价指标和其他常规检验结果。销售人对收购人公布的脂肪含量、蛋白质含量等各项计价指标和其他常规检验结果有异议的，应当在接到检验结果之时起8小时内，持质量检验单到具有相应资质的生鲜乳质量安全检测机构申请复检，由当地奶业协会根据检测结果出具调解意见。若确为收购人检验结果错误则须赔偿销售人的损失，并承担检测和调解所发生的费用。

2. 收购人应将有异议的生鲜乳样品留存48小时以上。

3. 收购人与销售人对数量发生争议时，以国家计量基准器具或者社会公用计量标准器具检定的数据为准，检定结果由收购人和销售人签字后各留一份。

4. 销售人应当接受收购人对生鲜乳的检查及取样工作。

5. 在本合同有效期内，如任何一方发现在生鲜乳生产、收购、贮存、运输、销售过程中存在或者可能存在添加任何物质的情况，应当立即向合同履行地人民政府畜牧兽医主管部门举报，并留存相关证据。

第六条 交付时间和方式

1. 销售人送货的时间为每日________时至________时。

收购人收购的时间为每日________时至________时。

2. 经过称量、抽样、初步质量检验、签单，完成交付过程。

3. 销售人无法按时送奶或收购人无法按时收奶，应在至少24小时之前以________方式通知对方，并承担给对方造成的损失。

第七条 履行地和履行期限

1. 本合同履行地为____________________生鲜乳收购站；

2. 履行期限为________年____月____日至________年____月____日；

3. 合同到期如需续签的，则应在合同到期前完成新合同的签订；收购人和销售人中任何一方不同意续签的，应在合同到期前至少三个月书面通知另一方。

第八条 合同的变更和解除

1. 本合同经收购人与销售人协商一致，并达成书面协议，可以依法变更或解除。

2. 发生不可抗力时，收购人和销售人可协商调整购销数量。因不可抗力导致无法履行合同的一方应当自不可抗力发生之日起________日内以书面形式通知对方，并在________日内提供有关机构出具的证明。

第九条 违约责任

1. 收购人或销售人未按本合同第一条约定的时间和月收购量收购或销售生鲜乳的，当月应向对方支付违约金________元。

2. 销售人出售的生鲜乳不符合本合同第三条的约定，收购人不予收购，由此造成的经济损失由销售人承担。

3. 收购人不按时收购、随意提高标准、限收或拒收符合质量标准的生鲜乳，由此给销售人造成的损失应当由收购人承担。

4. 收购人违反本合同约定，拖欠销售人生鲜乳货款的，应当从合同约定支付货款之日起，按日支付拖欠金额万分之________的违约金，并继续履行支付拖欠货款的义务。

5. 因不可抗力不能履行合同的，根据不可抗力的影响，部分或者全部免除责任，但法律另有规定的除外。当事人迟延履行后发生不可抗力的，不能免除责任。

第十条　争议解决方式

本合同履行过程中所发生的争议，应由收购人与销售人协商解决或提交当地奶业协会调解解决；协商或调解不成的，收购人与销售人可采取以下方式解决：

1. 销售人为中小规模养殖场（户）的，应提交本合同第七条所述合同履行地有管辖权的人民法院诉讼解决；

2. 销售人为大型养殖企业的，提交收购人与销售人协商约定的争议解决地人民法院诉讼解决。

第十一条　其他

1. 本合同经三方签字或盖章生效，本合同一式三份，三方各执一份。未尽事宜，各方可协商签订书面补充协议。本合同附件以及补充协议具有同等的法律效力。

2. 本合同的见证人原则上应为本合同第七条所述合同履行地的奶业协会，当地没有奶业协会的，可为收购人、销售人共同认可的独立个人或组织。见证人不得因见证行为受益。

收购人：	销售人：	见证人：
（签字或盖章）	（签字或盖章）	（签字或盖章）
地址：	地址：	地址：
邮编：	邮编：	邮编：
电话：	电话：	电话：
电子邮箱：	电子邮箱：	电子邮箱：
法定代表人：	法定代表人：	法定代表人：
委托代理人：	委托代理人：	委托代理人：
年　月　日	年　月　日	年　月　日

GF—2014—0171　　　　　　　　　　　　　　　　　合同编号：________________

商品房买卖合同（预售）

（示范文本）[①]

说　明

1. 本合同文本为示范文本，由中华人民共和国住房和城乡建设部、中华人民共和国国家市场监督管理总局（原国家工商行政管理总局）共同制定。各地可在有关法律法规、规定的范围内，结合实际情况调整合同相应内容。

2. 签订本合同前，出卖人应当向买受人出示《商品房预售许可证》及其他有关证书和证明文件。

3. 出卖人应当就合同重大事项对买受人尽到提示义务。买受人应当审慎签订合同，在签订本合同前，要仔细阅读合同条款，特别是审阅其中具有选择性、补充性、修改性的内容，注意防范潜在的市场风险和交易风险。

4. 本合同文本【　】中选择内容、空格部位填写内容及其他需要删除或添加的内容，双方当事人应当协商确定。【　】中选择内容，以划√方式选定；对于实际情况未发生或双方当事人不作约定时，应当在空格部位打×，以示删除。

5. 出卖人与买受人可以针对本合同文本中没有约定或者约定不明确的内容，根据所售项目的具体情况在相关条款后的空白行中进行补充约定，也可以另行签订补充协议。

6. 双方当事人可以根据实际情况决定本合同原件的份数，并在签订合同时认真核对，以确保各份合同内容一致；在任何情况下，出卖人和买受人都应当至少持有一份合同原件。

专业术语解释

1. 商品房预售：是指房地产开发企业将正在建设中的取得《商品房预售许可证》的商品房预先出售给买受人，并由买受人支付定金或房价款的行为。

2. 法定代理人：是指依照法律规定直接取得代理权的人。

3. 套内建筑面积：是指成套房屋的套内建筑面积，由套内使用面积、套内墙体面积、套内阳台建筑面积三部分组成。

4. 房屋的建筑面积：是指房屋外墙（柱）勒脚以上各层的外围水平投影面积，包括阳台、挑廊、地下室、室外楼梯等，且具备上盖，结构牢固，层高 2.20M 以上（含

---

① 住房和城乡建设部、国家市场监督管理总局（原国家工商行政管理总局）2014 年 4 月制定。

2. 20M）的永久性建筑。

5. 不可抗力：是指不能预见、不能避免并不能克服的客观情况。

6. 民用建筑节能：是指在保证民用建筑使用功能和室内热环境质量的前提下，降低其使用过程中能源消耗的活动。民用建筑是指居住建筑、国家机关办公建筑和商业、服务业、教育、卫生等其他公共建筑。

7. 房屋登记：是指房屋登记机构依法将房屋权利和其他应当记载的事项在房屋登记簿上予以记载的行为。

8. 所有权转移登记：是指商品房所有权从出卖人转移至买受人所办理的登记类型。

9. 房屋登记机构：是指直辖市、市、县人民政府建设（房地产）主管部门或者其设置的负责房屋登记工作的机构。

10. 分割拆零销售：是指房地产开发企业将成套的商品住宅分割为数部分分别出售给买受人的销售方式。

11. 返本销售：是指房地产开发企业以定期向买受人返还购房款的方式销售商品房的行为。

12. 售后包租：是指房地产开发企业以在一定期限内承租或者代为出租买受人所购该企业商品房的方式销售商品房的行为。

商品房买卖合同
（预售）

出卖人向买受人出售其开发建设的房屋，双方当事人应当在自愿、平等、公平及诚实信用的基础上，根据《中华人民共和国合同法》《中华人民共和国物权法》《中华人民共和国城市房地产管理法》等法律、法规的规定，就商品房买卖相关内容协商达成一致意见，签订本商品房买卖合同。

第一章　合同当事人

出卖人：________________________________

通信地址：________________________________

邮政编码：________________________________

营业执照注册号：________________________________

企业资质证书号：________________________________

法定代表人：________________　联系电话：________________

委托代理人：________________　联系电话：________________

委托销售经纪机构：________________

通信地址：________________

邮政编码：________________

营业执照注册号：________________

经纪机构备案证明号：________________

法定代表人：________________ 联系电话：________________

买受人：________________

【法定代表人】【负责人】：________________

【国籍】【户籍所在地】：________________

证件类型：

【居民身份证】【护照】【营业执照】【________】，证号：________________

出生日期：____年____月____日，性别：________

通信地址：________________

邮政编码：________________

联系电话：________________

【委托代理人】【法定代理人】：________________

【国籍】【户籍所在地】：________________

证件类型：

【居民身份证】【护照】【营业执照】【________】，证号：________________

出生日期：____年____月____日，性别：________

通信地址：________________

邮政编码：________________

联系电话：________________

（买受人为多人时，可相应增加）

第二章 商品房基本状况

第一条 项目建设依据

1. 出卖人以【出让】【划拨】【________】方式取得坐落于____________地块的建设用地使用权。该地块【国有土地使用证号】【________】为________________，土地使用权面积为________平方米。买受人购买的商品房（以下简称该商品房）所占用的土地用途为________，土地使用权终止日期为____年____月____日。

2. 出卖人经批准，在上述地块上建设的商品房项目核准名称为________，建设工程规划许可证号为________，建筑工程施工许可证号为________。

第二条 预售依据

该商品房已由______批准预售，____________________预售许可证号为________。

第三条　商品房基本情况

1. 该商品房的规划用途为【住宅】【办公】【商业】【________】。

2. 该商品房所在建筑物的主体结构为________________________，建筑总层数为____层，其中地上____层，地下____层。

3. 该商品房为第一条规定项目中的________【幢】【座】【________】________单元________层________号。房屋竣工后，如房号发生改变，不影响该商品房的特定位置。该商品房的平面图见附件一。

4. 该商品房的房产测绘机构为________________________，其预测建筑面积共________平方米，其中套内建筑面积________平方米，分摊共有建筑面积________平方米。该商品房共用部位见附件二。

该商品房层高为________米，有________个阳台，其中________个阳台为封闭式，________个阳台为非封闭式。阳台是否封闭以规划设计文件为准。

第四条　抵押情况

与该商品房有关的抵押情况为【抵押】【未抵押】。

抵押类型：________，抵押人：________，

抵押权人：________，抵押登记机构：________，

抵押登记日期：________，债务履行期限：________。

抵押权人同意该商品房转让的证明及关于抵押的相关约定见附件三。

第五条　房屋权利状况承诺

1. 出卖人对该商品房享有合法权利；

2. 该商品房没有出售给除本合同买受人以外的其他人；

3. 该商品房没有司法查封或其他限制转让的情况；

4. ____；

5. ____。

如该商品房权利状况与上述情况不符，导致不能完成本合同登记备案或房屋所有权转移登记的，买受人有权解除合同。买受人解除合同的，应当书面通知出卖人。出卖人应当自解除合同通知送达之日起15日内退还买受人已付全部房款（含已付贷款部分），并自买受人付款之日起，按照________%（不低于中国人民银行公布的同期贷款基准利率）计算给付利息。给买受人造成损失的，由出卖人支付【已付房价款一倍】【买受人全部损失】的赔偿金。

第三章　商品房价款

第六条　计价方式与价款

出卖人与买受人按照下列第________种方式计算该商品房价款：

1. 按照套内建筑面积计算，该商品房单价为每平方米________（币种）________

元，总价款为________（币种）________元（大写________元整）。

2. 按照建筑面积计算，该商品房单价为每平方米________（币种）________元，总价款为________（币种）________元（大写________元整）。

3. 按照套计算，该商品房总价款为________（币种）________元（大写________元整）。

4. 按照________计算，该商品房总价款为________（币种）________元（大写________元整）。

第七条 付款方式及期限

（一）签订本合同前，买受人已向出卖人支付定金________（币种）________元（大写），该定金于【本合同签订】【交付首付款】【______】时【抵作】【______】商品房价款。

（二）买受人采取下列第________种方式付款：

1. 一次性付款。买受人应当在____年____月____日前支付该商品房全部价款。

2. 分期付款。买受人应当在____年____月____日前分____期支付该商品房全部价款，首期房价款____（币种）____元（大写：____________________元整），应当于____年____月____日前支付。

3. 贷款方式付款：【公积金贷款】【商业贷款】【________】。买受人应当于____年____月____日前支付首期房价款________（币种）________元（大写________元整），占全部房价款的________%。

余款________（币种）________元（大写________元整）向________________（贷款机构）申请贷款支付。

4. 其他方式：

____。

（三）出售该商品房的全部房价款应当存入预售资金监管账户，用于本工程建设。该商品房的预售资金监管机构为________，预售资金监管账户名称为________，账号为____。

该商品房价款的计价方式、总价款、付款方式及期限的具体约定见附件四。

第八条 逾期付款责任

除不可抗力外，买受人未按照约定时间付款的，双方同意按照下列第____种方式处理：

1. 按照逾期时间，分别处理［（1）和（2）不作累加］。

（1）逾期在____日之内，买受人按日计算向出卖人支付逾期应付款万分之_______的违约金。

（2）逾期超过____日［该期限应当与本条第（1）项中的期限相同］后，出卖人有权解除合同。出卖人解除合同的，应当书面通知买受人。买受人应当自解除合同通知送达之日起____日内按照累计应付款的____%向出卖人支付违约金，同时，出卖人退还买受人已付全部房款（含已付贷款部分）。

出卖人不解除合同的，买受人按日计算向出卖人支付逾期应付款万分之________［该比率不低于第（1）项中的比率］的违约金。

本条所称逾期应付款是指依照第七条及附件四约定的到期应付款与该期实际已付款的差额；采取分期付款的，按照相应的分期应付款与该期的实际已付款的差额确定。

2. ____。

第四章 商品房交付条件与交付手续

第九条 商品房交付条件

该商品房交付时应当符合下列第1、2、____、____项所列条件：

1. 该商品房已取得建设工程竣工验收备案证明文件；

2. 该商品房已取得房屋测绘报告；

3. ____；

4. ____。

该商品房为住宅的，出卖人还需提供《住宅使用说明书》和《住宅质量保证书》。

第十条 商品房相关设施设备交付条件

（一）基础设施设备

1. 供水、排水：交付时供水、排水配套设施齐全，并与城市公共供水、排水管网连接。使用自建设施供水的，供水的水质符合国家规定的饮用水卫生标准，____；

2. 供电：交付时纳入城市供电网络并正式供电，____；

3. 供暖：交付时供热系统符合供热配建标准，使用城市集中供热的，纳入城市集中供热管网，____；

4. 燃气：交付时完成室内燃气管道的敷设，并与城市燃气管网连接，保证燃气供应，____；

5. 电话通信：交付时线路敷设到户；

6. 有线电视：交付时线路敷设到户；

7. 宽带网络：交付时线路敷设到户。

以上第1、2、3项由出卖人负责办理开通手续并承担相关费用；第4、5、6、7项需要买受人自行办理开通手续。

如果在约定期限内基础设施设备未达到交付使用条件，双方同意按照下列第________种方式处理：

（1）以上设施中第1、2、3、4项在约定交付日未达到交付条件的，出卖人按照本合同第十二条的约定承担逾期交付责任。

第5项未按时达到交付使用条件的，出卖人按日向买受人支付________元的违约金；第6项未按时达到交付使用条件的，出卖人按日向买受人支付________元的违约金；第7项未按时达到交付使用条件的，出卖人按日向买受人支付________元的违约金。出卖人采取措施保证相关设施于约定交付日后____日之内达到交付使用条件。

（2）____。

（二）公共服务及其他配套设施（以建设工程规划许可为准）

1. 小区内绿地率：____年____月____日达到________________________；

2. 小区内非市政道路：____年____月____日达到________________________；

3. 规划的车位、车库：____年____月____日达到________________________；

4. 物业服务用房：____年____月____日达到________________________；

5. 医疗卫生机构：____年____月____日达到________________________；

6. 幼儿园：____年____月____日达到________________________；

7. 学校：____年____月____日达到________________________；

8. ____；

9. ____。

以上设施未达到上述条件的，双方同意按照以下方式处理：

1. 小区内绿地率未达到上述约定条件的，________________________；

2. 小区内非市政道路未达到上述约定条件的，________________________；

3. 规划的车位、车库未达到上述约定条件的，________________________；

4. 物业服务用房未达到上述约定条件的，________________________；

5. 其他设施未达到上述约定条件的，________________________。

关于本项目内相关设施设备的具体约定见附件五。

第十一条　交付时间和手续

（一）出卖人应当在____年____月____日前向买受人交付该商品房。

（二）该商品房达到第九条、第十条约定的交付条件后，出卖人应当在交付日期届满前____日（不少于10日）将查验房屋的时间、办理交付手续的时间地点以及应当携带的证件材料的通知书面送达买受人。买受人未收到交付通知书的，以本合同约定的交付日期届满之日为办理交付手续的时间，以该商品房所在地为办理交付手续的地点。

____。

交付该商品房时，出卖人应当出示满足第九条约定的证明文件。出卖人不出示证明文件或者出示的证明文件不齐全，不能满足第九条约定条件的，买受人有权拒绝接收，由此产生的逾期交付责任由出卖人承担，并按照第十二条处理。

（三）查验房屋

1. 办理交付手续前，买受人有权对该商品房进行查验，出卖人不得以缴纳相关税费或者签署物业管理文件作为买受人查验和办理交付手续的前提条件。

2. 买受人查验的该商品房存在下列除地基基础和主体结构外的其他质量问题的，由出卖人按照有关工程和产品质量规范、标准自查验次日起____日内负责修复，并承担修复费用，修复后再行交付。

（1）屋面、墙面、地面渗漏或开裂等；

（2）管道堵塞；

（3）门窗翘裂、五金件损坏；

（4）灯具、电器等电气设备不能正常使用；

（5）____；

（6）____。

3. 查验该商品房后，双方应当签署商品房交接单。由于买受人原因导致该商品房未能按期交付的，双方同意按照以下方式处理：

（1）____；

（2）____。

第十二条 逾期交付责任

除不可抗力外，出卖人未按照第十一条约定的时间将该商品房交付买受人的，双方同意按照下列第____种方式处理：

1. 按照逾期时间，分别处理［（1）和（2）不作累加］。

（1）逾期在____日之内（该期限应当不多于第八条第1（1）项中的期限），自第十一条约定的交付期限届满之次日起至实际交付之日止，出卖人按日计算向买受人支付全部房价款万分之____的违约金［该违约金比率应当不低于第八条第1（1）项中的比率］。

（2）逾期超过____日［该期限应当与本条第（1）项中的期限相同］后，买受人有权解除合同。买受人解除合同的，应当书面通知出卖人。出卖人应当自解除合同通知送达之日起15日内退还买受人已付全部房款（含已付贷款部分），并自买受人付款之日起，按照____%（不低于中国人民银行公布的同期贷款基准利率）计算给付利息；同时，出卖人按照全部房价款的____%向买受人支付违约金。

买受人要求继续履行合同的，合同继续履行，出卖人按日计算向买受人支付全部房价款万分之____［该比率应当不低于本条第1（1）项中的比率］的违约金。

2. ____。

第五章 面积差异处理方式

第十三条 面积差异处理该商品房交付时，出卖人应当向买受人出示房屋测绘报告，并向买受人提供该商品房的面积实测数据（以下简称实测面积）。实测面积与第三条载明的预测面积发生误差的，双方同意按照第____种方式处理。

1. 根据第六条按照套内建筑面积计价的约定，双方同意按照下列原则处理：

（1）套内建筑面积误差比绝对值在3%以内（含3%）的，据实结算房价款；

（2）套内建筑面积误差比绝对值超出3%时，买受人有权解除合同。

买受人解除合同的，应当书面通知出卖人。出卖人应当自解除合同通知送达之日起15日内退还买受人已付全部房款（含已付贷款部分），并自买受人付款之日起，按照____%（不低于中国人民银行公布的同期贷款基准利率）计算给付利息。

买受人选择不解除合同的，实测套内建筑面积大于预测套内建筑面积时，套内建筑面积误差比在3%以内（含3%）部分的房价款由买受人补足；超出3%部分的房价款由出卖人承担，产权归买受人所有。实测套内建筑面积小于预测套内建筑面积时，套内建筑面积误差比绝对值在3%以内（含3%）部分的房价款由出卖人返还买受人；绝对值超出3%部分的房价款由出卖人双倍返还买受人。

$$\text{套内建筑面积误差比} = \frac{\text{实测套内建筑面积} - \text{预测套内建筑面积}}{\text{预测套内建筑面积}}$$

2. 根据第六条按照建筑面积计价的约定，双方同意按照下列原则处理：

（1）建筑面积、套内建筑面积误差比绝对值均在3%以内（含3%）的，根据实测建筑面积结算房价款；

（2）建筑面积、套内建筑面积误差比绝对值其中有一项超出3%时，买受人有权解除合同。

买受人解除合同的，应当书面通知出卖人。出卖人应当自解除合同通知送达之日起15日内退还买受人已付全部房款（含已付贷款部分），并自买受人付款之日起，按照____%（不低于中国人民银行公布的同期贷款基准利率）计算给付利息。

买受人选择不解除合同的，实测建筑面积大于预测建筑面积时，建筑面积误差比在3%以内（含3%）部分的房价款由买受人补足，超出3%部分的房价款由出卖人承担，产权归买受人所有。实测建筑面积小于预测建筑面积时，建筑面积误差比绝对值在3%以内（含3%）部分的房价款由出卖人返还买受人；绝对值超出3%部分的房价款由出卖人双倍返还买受人。

$$\text{建筑面积误差比} = \frac{\text{实测建筑面积} - \text{预测建筑面积}}{\text{预测建筑面积}}$$

（3）因设计变更造成面积差异，双方不解除合同的，应当签署补充协议。

3. 根据第六条按照套计价的，出卖人承诺在房屋平面图中标明详细尺寸，并约定误差范围。该商品房交付时，套型与设计图纸不一致或者相关尺寸超出约定的误差范围，双方约定如下：

______________________________。

4. 双方自行约定：

______________________________。

第六章 规划设计变更

第十四条 规划变更

（一）出卖人应当按照城乡规划主管部门核发的建设工程规划许可证规定的条件建设商品房，不得擅自变更。

双方签订合同后，涉及该商品房规划用途、面积、容积率、绿地率、基础设施、公共服务及其他配套设施等规划许可内容经城乡规划主管部门批准变更的，出卖人应当在变更确立之日起10日内将书面通知送达买受人。出卖人未在规定期限内通知买受人的，买受人有权解除合同。

（二）买受人应当在通知送达之日起15日内做出是否解除合同的书面答复。买受人逾期未予以书面答复的，视同接受变更。

（三）买受人解除合同的，应当书面通知出卖人。出卖人应当自解除合同通知送达之日起15日内退还买受人已付全部房款（含已付贷款部分），并自买受人付款之日起，按照____%（不低于中国人民银行公布的同期贷款基准利率）计算给付利息；同时，出卖人按照全部房价款的____%向买受人支付违约金。

买受人不解除合同的，有权要求出卖人赔偿由此造成的损失，双方约定如下：

____

______________________________。

第十五条 设计变更

（一）双方签订合同后，出卖人按照法定程序变更建筑工程施工图设计文件，涉及下列可能影响买受人所购商品房质量或使用功能情形的，出卖人应当在变更确立之日起10日内将书面通知送达买受人。出卖人未在规定期限内通知买受人的，买受人有权解除合同。

1. 该商品房结构形式、户型、空间尺寸、朝向；
2. 供热、采暖方式；
3. ______________________________；
4. ______________________________；
5. ______________________________。

（二）买受人应当在通知送达之日起15日内做出是否解除合同的书面答复。买受人逾期未予以书面答复的，视同接受变更。

（三）买受人解除合同的，应当书面通知出卖人。出卖人应当自解除合同通知送达之日起 15 日内退还买受人已付全部房款（含已付贷款部分），并自买受人付款之日起，按照____%（不低于中国人民银行公布的同期贷款基准利率）计算给付利息；同时，出卖人按照全部房价款的____%向买受人支付违约金。

买受人不解除合同的，有权要求出卖人赔偿由此造成的损失，双方约定如下：

____

____。

第七章　商品房质量及保修责任

第十六条　商品房质量

（一）地基基础和主体结构

出卖人承诺该商品房地基基础和主体结构合格，并符合国家及行业标准。经检测不合格的，买受人有权解除合同。买受人解除合同的，应当书面通知出卖人。出卖人应当自解除合同通知送达之日起 15 日内退还买受人已付全部房款（含已付贷款部分），并自买受人付款之日起，按照________%（不低于中国人民银行公布的同期贷款基准利率）计算给付利息。给买受人造成损失的，由出卖人支付【已付房价款一倍】【买受人全部损失】的赔偿金。因此而发生的检测费用由出卖人承担。

买受人不解除合同的，____

____。

（二）其他质量问题

该商品房质量应当符合有关工程质量规范、标准和施工图设计文件的要求。发现除地基基础和主体结构外质量问题的，双方按照以下方式处理：

（1）及时更换、修理；如给买受人造成损失的，还应当承担相应赔偿责任。

____

____。

（2）经过更换、修理，仍然严重影响正常使用的，买受人有权解除合同。买受人解除合同的，应当书面通知出卖人。出卖人应当自解除合同通知送达之日起 15 日内退还买受人已付全部房款（含已付贷款部分），并自买受人付款之日起，按照____%（不低于中国人民银行公布的同期贷款基准利率）计算给付利息。给买受人造成损失的，由出卖人承担相应赔偿责任。因此而发生的检测费用由出卖人承担。

买受人不解除合同的，____

____。

（三）装饰装修及设备标准

该商品房应当使用合格的建筑材料、构配件和设备，装置、装修、装饰所用材料的产品质量必须符合国家的强制性标准及双方约定的标准。

不符合上述标准的，买受人有权要求出卖人按照下列第（1）、______、______方式处理（可多选）：

（1）及时更换、修理；

（2）出卖人赔偿双倍的装饰、设备差价；

（3）____；

（4）____。

具体装饰装修及相关设备标准的约定见附件六。

（四）室内空气质量、建筑隔声和民用建筑节能措施

1. 该商品房室内空气质量符合【国家】【地方】标准，标准名称：________，标准文号：________。该商品房为住宅的，建筑隔声情况符合【国家】【地方】标准，标准名称：________，标准文号：________。该商品房室内空气质量或建筑隔声情况经检测不符合标准，由出卖人负责整改，整改后仍不符合标准的，买受人有权解除合同。买受人解除合同的，应当书面通知出卖人。出卖人应当自解除合同通知送达之日起15日内退还买受人已付全部房款（含已付贷款部分），并自买受人付款之日起，按照____%（不低于中国人民银行公布的同期贷款基准利率）计算给付利息。给买受人造成损失的，由出卖人承担相应赔偿责任。经检测不符合标准的，检测费用由出卖人承担，整改后再次检测发生的费用仍由出卖人承担。因整改导致该商品房逾期交付的，出卖人应当承担逾期交付责任。

2. 该商品房应当符合国家有关民用建筑节能强制性标准的要求。未达到标准的，出卖人应当按照相应标准要求补做节能措施，并承担全部费用；给买受人造成损失的，出卖人应当承担相应赔偿责任。

____。

第十七条　保修责任

（一）商品房实行保修制度。该商品房为住宅的，出卖人自该商品房交付之日起，按照《住宅质量保证书》承诺的内容承担相应的保修责任。该商品房为非住宅的，双方应当签订补充协议详细约定保修范围、保修期限和保修责任等内容。具体内容见附件七。

（二）下列情形，出卖人不承担保修责任：

1. 因不可抗力造成的房屋及其附属设施的损害；

2. 因买受人不当使用造成的房屋及其附属设施的损害；

3. ____。

（三）在保修期内，买受人要求维修的书面通知送达出卖人____日内，出卖人既不履行保修义务也不提出书面异议的，买受人可以自行或委托他人进行维修，维修费用及维修期间造成的其他损失由出卖人承担。

第十八条　质量担保

出卖人不按照第十六条、第十七条约定承担相关责任的，由________承担连带责任。

关于质量担保的证明见附件八。

第八章　合同备案与房屋登记

第十九条　预售合同登记备案

（一）出卖人应当自本合同签订之日起【30 日内】【____日内】（不超过 30 日）办理商品房预售合同登记备案手续，并将本合同登记备案情况告知买受人。

（二）有关预售合同登记备案的其他约定如下：

____；

____。

第二十条　房屋登记

（一）双方同意共同向房屋登记机构申请办理该商品房的房屋所有权转移登记。

（二）因出卖人的原因，买受人未能在该商品房交付之日起____日内取得该商品房的房屋所有权证书的，双方同意按照下列第____种方式处理：

1. 买受人有权解除合同。买受人解除合同的，应当书面通知出卖人。出卖人应当自解除合同通知送达之日起 15 日内退还买受人已付全部房款（含已付贷款部分），并自买受人付款之日起，按照____%（不低于中国人民银行公布的同期贷款基准利率）计算给付利息。买受人不解除合同的，自买受人应当完成房屋所有权登记的期限届满之次日起至实际完成房屋所有权登记之日止，出卖人按日计算向买受人支付全部房价款万分之______的违约金。

2. ____

____。

（三）因买受人的原因未能在约定期限内完成该商品房的房屋所有权转移登记的，出卖人不承担责任。

第九章　前期物业管理

第二十一条　前期物业管理

（一）出卖人依法选聘的前期物业服务企业为______________________________。

（二）物业服务时间从____年____月____日到____年____月____日。

（三）物业服务期间，物业收费计费方式为【包干制】【酬金制】【________】。物业服务费为____元/月·平方米（建筑面积）。

（四）买受人同意由出卖人选聘的前期物业服务企业代为查验并承接物业共用部位、共用设施设备，出卖人应当将物业共用部位、共用设施设备承接查验的备案情况书面告知买受人。

（五）买受人已详细阅读前期物业服务合同和临时管理规约，同意由出卖人依法选聘的物业服务企业实施前期物业管理，遵守临时管理规约。业主委员会成立后，由业主大会决定选聘或续聘物业服务企业。

该商品房前期物业服务合同、临时管理规约见附件九。

第十章 其他事项

第二十二条 建筑物区分所有权

（一）买受人对其建筑物专有部分享有占有、使用、收益和处分的权利。

（二）以下部位归业主共有：

1. 建筑物的基础、承重结构、外墙、屋顶等基本结构部分，通道、楼梯、大堂等公共通行部分，消防、公共照明等附属设施、设备，避难层、设备层或者设备间等结构部分；

2. 该商品房所在建筑区划内的道路（属于城镇公共道路的除外）、绿地（属于城镇公共绿地或者明示属于个人的除外）、占用业主共有的道路或者其他场地用于停放汽车的车位、物业服务用房；

3. ____。

（三）双方对其他配套设施约定如下：

1. 规划的车位、车库：____；

2. 会所：____；

3. ____。

第二十三条 税费

双方应当按照国家的有关规定，向相应部门缴纳因该商品房买卖发生的税费。因预测面积与实测面积差异，导致买受人不能享受税收优惠政策而增加的税收负担，由________承担。

第二十四条 销售和使用承诺

1. 出卖人承诺不采取分割拆零销售、返本销售或者变相返本销售的方式销售商品房；不采取售后包租或者变相售后包租的方式销售未竣工商品房。

2. 出卖人承诺按照规划用途进行建设和出售，不擅自改变该商品房使用性质，并按照规划用途办理房屋登记。出卖人不得擅自改变与该商品房有关的共用部位和设施的使用性质。

3. 出卖人承诺对商品房的销售，不涉及依法或者依规划属于买受人共有的共用部位和设施的处分。

4. 出卖人承诺已将遮挡或妨碍房屋正常使用的情况告知买受人。具体内容见附件十。

5. 买受人使用该商品房期间，不得擅自改变该商品房的用途、建筑主体结构和承重结构。

6. ____。

7. ____。

第二十五条　送达

出卖人和买受人保证在本合同中记载的通信地址、联系电话均真实有效。任何根据本合同发出的文件，均应采用书面形式，以【邮政快递】【邮寄挂号信】【______】方式送达对方。任何一方变更通信地址、联系电话的，应在变更之日起______日内书面通知对方。变更的一方未履行通知义务导致送达不能的，应承担相应的法律责任。

第二十六条　买受人信息保护

出卖人对买受人信息负有保密义务。非因法律、法规规定或国家安全机关、公安机关、检察机关、审判机关、纪检监察部门执行公务的需要，未经买受人书面同意，出卖人及其销售人员和相关工作人员不得对外披露买受人信息，或将买受人信息用于履行本合同之外的其他用途。

第二十七条　争议解决方式

本合同在履行过程中发生的争议，由双方当事人协商解决，也可通过消费者协会等相关机构调解；或按照下列第____种方式解决：

1. 依法向房屋所在地人民法院起诉。

2. 提交________________________仲裁委员会仲裁。

第二十八条　补充协议

对本合同中未约定或约定不明的内容，双方可根据具体情况签订书面补充协议（补充协议见附件十一）。

补充协议中含有不合理的减轻或免除本合同中约定应当由出卖人承担的责任，或不合理的加重买受人责任、排除买受人主要权利内容的，仍以本合同为准。

第二十九条　合同生效

本合同自双方签字或盖章之日起生效。本合同的解除应当采用书面形式。本合同及附件共____页，一式____份，其中出卖人____份，买受人____份，【____】____份，【____】____份。合同附件与本合同具有同等法律效力。

出卖人（签字或盖章）：	买受人（签字或盖章）：
【法定代表人】（签字或盖章）：	【法定代表人】（签字或盖章）：
【委托代理人】（签字或盖章）：	【委托代理人】（签字或盖章）：
	【法定代理人】（签字或盖章）：
签订时间：____年____月____日	签订时间：____年____月____日
签订地点：________________	签订地点：________________

附件一　房屋平面图（应当标明方位）

1. 房屋分层分户图（应当标明详细尺寸，并约定误差范围）

2. 建设工程规划方案总平面图

附件二　关于该商品房共用部位的具体说明（可附图说明）

1. 纳入该商品房分摊的共用部位的名称、面积和所在位置

2. 未纳入该商品房分摊的共用部位的名称、所在位置

附件三　抵押权人同意该商品房转让的证明及关于抵押的相关约定

1. 抵押权人同意该商品房转让的证明

2. 解除抵押的条件和时间

3. 关于抵押的其他约定

附件四　关于该商品房价款的计价方式、总价款、付款方式及期限的具体约定

附件五　关于本项目内相关设施、设备的具体约定

1. 相关设施的位置及用途

2. 其他约定

附件六　关于装饰装修及相关设备标准的约定

交付的商品房达不到本附件约定装修标准的，按照本合同第十六条第（三）款约定处理。出卖人未经双方约定增加的装置、装修、装饰，视为无条件赠送给买受人。

双方就装饰装修主要材料和设备的品牌、产地、规格、数量等内容约定如下：

1. 外墙：【瓷砖】【涂料】【玻璃幕墙】【________】；

____。

2. 起居室：

（1）内墙：【涂料】【壁纸】【________】；

____。

（2）顶棚：【石膏板吊顶】【涂料】【________】；

____。

（3）室内地面：【大理石】【花岗岩】【水泥抹面】【实木地板】【________】；

____。

3. 厨房：

（1）地面：【水泥抹面】【瓷砖】【________】；

____。

（2）墙面：【耐水腻子】【瓷砖】【________】；

____。

（3）顶棚：【水泥抹面】【石膏吊顶】【________】；

____。

（4）厨具：____。

4. 卫生间：

（1）地面：【水泥抹面】【瓷砖】【________】；

____。

（2）墙面：【耐水腻子】【瓷砖】【________】；

____。

（3）顶棚：【水泥抹面】【石膏吊顶】【________】；

____。

（4）卫生器具：____。

5. 阳台：【塑钢封闭】【铝合金封闭】【断桥铝合金封闭】【不封闭】【______】；

____。

6. 电梯：

（1）品牌：____；

（2）型号：____。

7. 管道：

____。

8. 窗户：

____。

9. ____。

10. ____。

附件七　关于保修范围、保修期限和保修责任的约定

该商品房为住宅的，出卖人应当提供《住宅质量保证书》；该商品房为非住宅的，双方可参照《住宅质量保证书》中的内容对保修范围、保修期限和保修责任等进行约定。

该商品房的保修期自房屋交付之日起计算，关于保修期限的约定不应低于《建设工程质量管理条例》第四十条规定的最低保修期限。

（一）保修项目、期限及责任的约定

1. 地基基础和主体结构：

保修期限为：________（不得低于设计文件规定的该工程的合理使用年限）；

____。

2. 屋面防水工程、有防水要求的卫生间、房间和外墙面的防渗漏：

保修期限为：________（不得低于5年）；

____。

3. 供热、供冷系统和设备：

保修期限为：________（不得低于2个采暖期、供冷期）；

____。

4. 电气管线、给排水管道、设备安装：

保修期限为：________（不得低于 2 年）；

____。

5. 装修工程：

保修期限为：________（不得低于 2 年）；

____。

6. ____；

7. ____；

8. ____。

（二）其他约定

____。

附件八　关于质量担保的证明

附件九　关于前期物业管理的约定

1. 前期物业服务合同

2. 临时管理规约

附件十　出卖人关于遮挡或妨碍房屋正常使用情况的说明

（如：该商品房公共管道检修口、柱子、变电箱等有遮挡或妨碍房屋正常使用的情况）

附件十一　补充协议

GF—2014—0172

合同编号：________________

商品房买卖合同（现售）

（示范文本）①

说　　明

1. 本合同文本为示范文本，由中华人民共和国住房和城乡建设部、中华人民共和国国家市场监督管理总局（原国家工商行政管理总局）共同制定。各地可在有关法律法规、规定的范围内，结合实际情况调整合同相应内容。

2. 签订本合同前，出卖人应当向买受人出示有关权属证书或证明文件。

3. 出卖人应当就合同重大事项对买受人尽到提示义务。买受人应当审慎签订合同，在签订本合同前，要仔细阅读合同条款，特别是审阅其中具有选择性、补充性、

① 住房和城乡建设部、国家市场监督管理总局（原国家工商行政管理总局）2014 年 4 月制定。

修改性的内容，注意防范潜在的市场风险和交易风险。

4. 本合同文本【 】中选择内容、空格部位填写内容及其他需要删除或添加的内容，双方当事人应当协商确定。【 】中选择内容，以划√ 方式选定；对于实际情况未发生或双方当事人不作约定时，应当在空格部位打× ，以示删除。

5. 出卖人与买受人可以针对本合同文本中没有约定或者约定不明确的内容，根据所售项目的具体情况在相关条款后的空白行中进行补充约定，也可以另行签订补充协议。

6. 双方当事人可以根据实际情况决定本合同原件的份数，并在签订合同时认真核对，以确保各份合同内容一致；在任何情况下，出卖人和买受人都应当至少持有一份合同原件。

专业术语解释

1. 商品房现售：是指房地产开发企业将竣工验收合格的商品房出售给买受人，并由买受人支付房价款的行为。

2. 法定代理人：是指依照法律规定直接取得代理权的人。

3. 套内建筑面积：是指成套房屋的套内建筑面积，由套内使用面积、套内墙体面积、套内阳台建筑面积三部分组成。

4. 房屋的建筑面积：是指房屋外墙（柱）勒脚以上各层的外围水平投影面积，包括阳台、挑廊、地下室、室外楼梯等，且具备有上盖，结构牢固，层高 2. 20M 以上（含 2. 20M）的永久性建筑。

5. 不可抗力：是指不能预见、不能避免并不能克服的客观情况。

6. 民用建筑节能：是指在保证民用建筑使用功能和室内热环境质量的前提下，降低其使用过程中能源消耗的活动。民用建筑是指居住建筑、国家机关办公建筑和商业、服务业、教育、卫生等其他公共建筑。

7. 房屋登记：是指房屋登记机构依法将房屋权利和其他应当记载的事项在房屋登记簿上予以记载的行为。

8. 所有权转移登记：是指商品房所有权从出卖人转移至买受人所办理的登记类型。

9. 房屋登记机构：是指直辖市、市、县人民政府建设（房地产）主管部门或者其设置的负责房屋登记工作的机构。

10. 分割拆零销售：是指房地产开发企业将成套的商品住宅分割为数部分分别出售给买受人的销售方式。

11. 返本销售：是指房地产开发企业以定期向买受人返还购房款的方式销售商品房的行为。

商品房买卖合同
（现售）

出卖人向买受人出售其开发建设的房屋，双方当事人应当在自愿、平等、公平及诚实信用的基础上，根据《中华人民共和国合同法》《中华人民共和国物权法》《中华人民共和国城市房地产管理法》等法律、法规的规定，就商品房买卖相关内容协商达成一致意见，签订本商品房买卖合同。

第一章　合同当事人

出卖人：________________

通信地址：________________

邮政编码：________________

营业执照注册号：________________

企业资质证书号：________________

法定代表人：________________联系电话：________________

委托代理人：________________联系电话：________________

委托销售经纪机构：________________

通信地址：________________

邮政编码：________________

营业执照注册号：________________

经纪机构备案证明号：________________

法定代表人：________________联系电话：________________

买受人：________________

【法定代表人】【负责人】：________________

【国籍】【户籍所在地】：________________

证件类型：【居民身份证】【护照】【营业执照】【______】，证号：________

出生日期：______年____月____日，性别：________________

通信地址：________________

邮政编码：________________联系电话：________________

【委托代理人】【法定代理人】：________________

【国籍】【户籍所在地】：________________

证件类型：【居民身份证】【护照】【营业执照】【______】，证号：________

出生日期：______年____月____日，性别：________________

通信地址：________________

邮政编码：________________联系电话：________________

（买受人为多人时，可相应增加）

第二章 商品房基本状况

第一条 项目建设依据

1. 出卖人以【出让】【划拨】【________】方式取得坐落于________________地块的建设用地使用权。该地块【国有土地使用证号】【_________】为_______________，土地使用权面积为________________平方米。买受人购买的商品房（以下简称该商品房）所占用的土地用途为___________，土地使用权终止日期为____年____月____日。

2. 出卖人经批准，在上述地块上建设的商品房项目核准名称为______________，建设工程规划许可证号为_____________，建筑工程施工许可证号为_____________。

第二条 销售依据

该商品房已取得【建设工程竣工验收备案证明文件】【《房屋所有权证》】，【备案号】【《房屋所有权证》证号】为_______________________，【备案机构】【房屋登记机构】为___________________________________。

第三条 商品房基本情况

1. 该商品房的规划用途为【住宅】【办公】【商业】【________】。

2. 该商品房所在建筑物的主体结构为______________________________，建筑总层数为_______层，其中地上______层，地下______层。

3. 该商品房为第一条规定项目中的__________________【幢】【座】【______】____单元______层______号。该商品房的平面图见附件一。

4. 该商品房的房产测绘机构为_____________________________，其实测建筑面积共_____________平方米，其中套内建筑面积_______________平方米，分摊共有建筑面积_____________平方米。该商品房共用部位见附件二。

该商品房层高为_________米，有_________个阳台，其中_________个阳台为封闭式，___________个阳台为非封闭式。阳台是否封闭以规划设计文件为准。

第四条 抵押情况

与该商品房有关的抵押情况为【抵押】【未抵押】。

抵押人：________________________，抵押权人：________________________，

抵押登记机构：____________________，抵押登记日期：________________，

债务履行期限：____。

抵押权人同意该商品房转让的证明及关于抵押的相关约定见附件三。

第五条 租赁情况

该商品房的租赁情况为【出租】【未出租】。

出卖人已将该商品房出租，【买受人为该商品房承租人】【承租人放弃优先购买权】。

租赁期限：从________年____月____日至________年____月____日。出卖人与买受人经协商一致，自本合同约定的交付日至租赁期限届满期间的房屋收益归【出卖人】【买受人】所有。

出卖人提供的承租人放弃优先购买权的声明见附件四。

第六条　房屋权利状况承诺

1. 出卖人对该商品房享有合法权利；

2. 该商品房没有出售给除本合同买受人以外的其他人；

3. 该商品房没有司法查封或其他限制转让的情况；

4. ____；

5. ____。

如该商品房权利状况与上述情况不符，导致不能完成房屋所有权转移登记的，买受人有权解除合同。买受人解除合同的，应当书面通知出卖人。出卖人应当自解除合同通知送达之日起 15 日内退还买受人已付全部房款（含已付贷款部分），并自买受人付款之日起，按照________%（不低于中国人民银行公布的同期贷款基准利率）计算给付利息。给买受人造成损失的，由出卖人支付【已付房价款一倍】【买受人全部损失】的赔偿金。

第三章　商品房价款

第七条　计价方式与价款

出卖人与买受人按照下列第______种方式计算该商品房价款：

1. 按照套内建筑面积计算，该商品房单价为每平方米______（币种）__________元，总价款为________（币种）________元（大写______________________元整）。

2. 按照建筑面积计算，该商品房单价为每平方米________（币种）________元，总价款为________（币种）__________元（大写__________________________元整）。

3. 按照套计算，该商品房总价款为____________（币种）________________元（大写______________________________________元整）。

4. 按照________________计算，该商品房总价款为________（币种）__________元（大写______________________________元整）。

第八条　付款方式及期限

（一）签订本合同前，买受人已向出卖人支付定金________（币种）__________元（大写____________元整），该定金于【本合同签订】【交付首付款】【________】时【抵作】【__________】商品房价款。

（二）买受人采取下列第________种方式付款：

1. 一次性付款。买受人应当在______年____月____日前支付该商品房全部价款。

2. 分期付款。买受人应当在______年____月____日前分________期支付该商品房全部价款，首期房价款________（币种）__________元（大写____________________元整），应当于________年____月____日前支付。

____。

3. 贷款方式付款：【公积金贷款】【商业贷款】【______】。买受人应当于______年____月____日前支付首期房价款________（币种）________元（大写____元整），占全部房价款的__________%。

余款__________（币种）____________元（大写______________________________元整）向________________________________（贷款机构）申请贷款支付。

4. 其他方式：

____。

（三）双方约定全部房价款存入以下账户：账户名称为________________________，开户银行为____________________，账号为______________________________________。

该商品房价款的计价方式、总价款、付款方式及期限的具体约定见附件五。

第九条 逾期付款责任

除不可抗力外，买受人未按照约定时间付款的，双方同意按照下列第______种方式处理：

1. 按照逾期时间，分别处理［（1）和（2）不作累加］。

（1）逾期在________日之内，买受人按日计算向出卖人支付逾期应付款万分之________的违约金。

（2）逾期超过____日［该期限应当与本条第（1）项中的期限相同］后，出卖人有权解除合同。出卖人解除合同的，应当书面通知买受人。买受人应当自解除合同通知送达之日起____日内按照累计应付款的________%向出卖人支付违约金，同时，出卖人退还买受人已付全部房款（含已付贷款部分）。

出卖人不解除合同的，买受人按日计算向出卖人支付逾期应付款万分之________［该比率不低于第（1）项中的比率］的违约金。

本条所称逾期应付款是指依照第八条及附件五约定的到期应付款与该期实际已付款的差额；采取分期付款的，按照相应的分期应付款与该期的实际已付款的差额确定。

2. ____。

第四章 商品房交付条件与交付手续

第十条 商品房交付条件

该商品房交付时应当符合下列第1、2、______、______项所列条件：

1. 该商品房已取得建设工程竣工验收备案证明文件；

2. 该商品房已取得房屋测绘报告；

3. ____；

4. ____。

该商品房为住宅的，出卖人还需提供《住宅使用说明书》和《住宅质量保证书》。

第十一条　商品房相关设施设备交付条件

（一）基础设施设备

1. 供水、排水：交付时供水、排水配套设施齐全，并与城市公共供水、排水管网连接。使用自建设施供水的，供水的水质符合国家规定的饮用水卫生标准，

____；

2. 供电：交付时纳入城市供电网络并正式供电，

____；

3. 供暖：交付时供热系统符合供热配建标准，使用城市集中供热的，纳入城市集中供热管网，

____；

4. 燃气：交付时完成室内燃气管道的敷设，并与城市燃气管网连接，保证燃气供应，

____；

5. 电话通信：交付时线路敷设到户；

6. 有线电视：交付时线路敷设到户；

7. 宽带网络：交付时线路敷设到户。

以上第1、2、3项由出卖人负责办理开通手续并承担相关费用；第4、5、6、7项需要买受人自行办理开通手续。

如果在约定期限内基础设施设备未达到交付使用条件，双方同意按照下列第____种方式处理：

（1）以上设施中第1、2、3、4项在约定交付日未达到交付条件的，出卖人按照本合同第十三条的约定承担逾期交付责任。

第5项未按时达到交付使用条件的，出卖人按日向买受人支付__________元的违约金；第6项未按时达到交付使用条件的，出卖人按日向买受人支付________元的违约金；第7项未按时达到交付使用条件的，出卖人按日向买受人支付________元的违约金。出卖人采取措施保证相关设施于约定交付日后______日之内达到交付使用条件。

（2）____。

（二）公共服务及其他配套设施（以建设工程规划许可为准）

1. 小区内绿地率：____年____月____日达到______________________________；

2. 小区内非市政道路：____年____月____日达到__________________________；

3. 规划的车位、车库：____年____月____日达到__________________________；

4. 物业服务用房：____年____月____日达到________________________________；
5. 医疗卫生机构：____年____月____日达到________________________________；
6. 幼儿园：____年____月____日达到____________________________________；
7. 学校：____年____月____日达到______________________________________；
8. ____；
9. ____。

以上设施未达到上述条件的，双方同意按照以下方式处理：

1. 小区内绿地率未达到上述约定条件的，______________________________。
2. 小区内非市政道路未达到上述约定条件的，__________________________。
3. 规划的车位、车库未达到上述约定条件的，__________________________。
4. 物业服务用房未达到上述约定条件的，______________________________。
5. 其他设施未达到上述约定条件的，__________________________________。

关于本项目内相关设施设备的具体约定见附件六。

第十二条　交付时间和手续

（一）出卖人应当在____年____月____日前向买受人交付该商品房。

（二）该商品房达到第十条、第十一条约定的交付条件后，出卖人应当在交付日期届满前____日（不少于10日）将查验房屋的时间、办理交付手续的时间地点以及应当携带的证件材料的通知书面送达买受人。买受人未收到交付通知书的，以本合同约定的交付日期届满之日为办理交付手续的时间，以该商品房所在地为办理交付手续的地点。

____。

交付该商品房时，出卖人应当出示满足第十条约定的证明文件。出卖人不出示证明文件或者出示的证明文件不齐全，不能满足第十条约定条件的，买受人有权拒绝接收，由此产生的逾期交付责任由出卖人承担，并按照第十三条处理。

（三）查验房屋

1. 办理交付手续前，买受人有权对该商品房进行查验，出卖人不得以缴纳相关税费或者签署物业管理文件作为买受人查验和办理交付手续的前提条件。

2. 买受人查验的该商品房存在下列除地基基础和主体结构外的其他质量问题的，由出卖人按照有关工程和产品质量规范、标准自查验次日起____日内负责修复，并承担修复费用，修复后再行交付。

（1）屋面、墙面、地面渗漏或开裂等；

（2）管道堵塞；

（3）门窗翘裂、五金件损坏；

（4）灯具、电器等电气设备不能正常使用；

（5）____；

（6）____。

3. 查验该商品房后，双方应当签署商品房交接单。由于买受人原因导致该商品房未能按期交付的，双方同意按照以下方式处理：

（1）____；

（2）____。

第十三条　逾期交付责任

除不可抗力外，出卖人未按照第十二条约定的时间将该商品房交付买受人的，双方同意按照下列第____种方式处理：

1. 按照逾期时间，分别处理［（1）和（2）不作累加］。

（1）逾期在____日之内［该期限应当不多于第九条第1（1）项中的期限］，自第十二条约定的交付期限届满之次日起至实际交付之日止，出卖人按日计算向买受人支付全部房价款万分之____的违约金［该违约金比率应当不低于第九条第1（1）项中的比率］。

（2）逾期超过____日［该期限应当与本条第（1）项中的期限相同］后，买受人有权解除合同。买受人解除合同的，应当书面通知出卖人。出卖人应当自解除合同通知送达之日起15日内退还买受人已付全部房款（含已付贷款部分），并自买受人付款之日起，按照____%（不低于中国人民银行公布的同期贷款基准利率）计算给付利息；同时，出卖人按照全部房价款的____%向买受人支付违约金。

买受人要求继续履行合同的，合同继续履行，出卖人按日计算向买受人支付全部房价款万分之____［该比率应当不低于本条第1（1）项中的比率］的违约金。

2. ____。

第五章　商品房质量及保修责任

第十四条　商品房质量

（一）地基基础和主体结构

出卖人承诺该商品房地基基础和主体结构合格，并符合国家及行业标准。

经检测不合格的，买受人有权解除合同。买受人解除合同的，应当书面通知出卖人。出卖人应当自解除合同通知送达之日起15日内退还买受人已付全部房款（含已付贷款部分），并自买受人付款之日起，按照________%（不低于中国人民银行公布的同期贷款基准利率）计算给付利息。给买受人造成损失的，由出卖人支付【已付房价款一倍】【买受人全部损失】的赔偿金。因此而发生的检测费用由出卖人承担。

买受人不解除合同的，____。

（二）其他质量问题

该商品房质量应当符合有关工程质量规范、标准和施工图设计文件的要求。发现除地基基础和主体结构外质量问题的，双方按照以下方式处理：

1. 及时更换、修理；如给买受人造成损失的，还应当承担相应赔偿责任。

____。

2. 经过更换、修理，仍然严重影响正常使用的，买受人有权解除合同。买受人解除合同的，应当书面通知出卖人。出卖人应当自解除合同通知送达之日起 15 日内退还买受人已付全部房款（含已付贷款部分），并自买受人付款之日起，按照______%（不低于中国人民银行公布的同期贷款基准利率）计算给付利息。给买受人造成损失的，由出卖人承担相应赔偿责任。因此而发生的检测费用由出卖人承担。

买受人不解除合同的，____。

（三）装饰装修及设备标准

该商品房应当使用合格的建筑材料、构配件和设备，装置、装修、装饰所用材料的产品质量必须符合国家的强制性标准及双方约定的标准。

不符合上述标准的，买受人有权要求出卖人按照下列第（1）、_______、_______方式处理（可多选）：

1. 及时更换、修理；

2. 出卖人赔偿双倍的装饰、设备差价；

3. ____；

4. ____。

具体装饰装修及相关设备标准的约定见附件七。

（四）室内空气质量、建筑隔声和民用建筑节能措施

1. 该商品房室内空气质量符合【国家】【地方】标准，标准名称：____________ ______________，标准文号：____。

该商品房为住宅的，建筑隔声情况符合【国家】【地方】标准，标准名称：_____ ______________，标准文号：____。

该商品房室内空气质量或建筑隔声情况经检测不符合标准，由出卖人负责整改，整改后仍不符合标准的，买受人有权解除合同。买受人解除合同的，应当书面通知出卖人。出卖人应当自解除合同通知送达之日起 15 日内退还买受人已付全部房款（含已付贷款部分），并自买受人付款之日起，按照__________%（不低于中国人民银行公布的同期贷款基准利率）计算给付利息。给买受人造成损失的，由出卖人承担相应赔偿责任。经检测不符合标准的，检测费用由出卖人承担，整改后再次检测发生的费用仍由出卖人承担。因整改导致该商品房逾期交付的，出卖人应当承担逾期交付责任。

2. 该商品房应当符合国家有关民用建筑节能强制性标准的要求。

未达到标准的，出卖人应当按照相应标准要求补做节能措施，并承担全部费用；给买受人造成损失的，出卖人应当承担相应赔偿责任。

____。

第十五条　保修责任

（一）商品房实行保修制度。该商品房为住宅的，出卖人自该商品房交付之日起，按照《住宅质量保证书》承诺的内容承担相应的保修责任。该商品房为非住宅的，双方应

当签订补充协议详细约定保修范围、保修期限和保修责任等内容。具体内容见附件八。

（二）下列情形，出卖人不承担保修责任：

1. 因不可抗力造成的房屋及其附属设施的损害；

2. 因买受人不当使用造成的房屋及其附属设施的损害；

3. ____。

（三）在保修期内，买受人要求维修的书面通知送达出卖人________日内，出卖人既不履行保修义务也不提出书面异议的，买受人可以自行或委托他人进行维修，维修费用及维修期间造成的其他损失由出卖人承担。

第十六条　质量担保

出卖人不按照第十四条、第十五条约定承担相关责任的，由______________承担连带责任。

关于质量担保的证明见附件九。

第六章　房屋登记

第十七条　房屋登记

（一）双方同意共同向房屋登记机构申请办理该商品房的房屋所有权转移登记。

（二）因出卖人的原因，买受人未能在该商品房交付之日起________日内取得该商品房的房屋所有权证书的，双方同意按照下列第________种方式处理：

1. 买受人有权解除合同。买受人解除合同的，应当书面通知出卖人。出卖人应当自解除合同通知送达之日起15日内退还买受人已付全部房款（含已付贷款部分），并自买受人付款之日起，按照________%（不低于中国人民银行公布的同期贷款基准利率）计算给付利息。买受人不解除合同的，自买受人应当完成房屋所有权登记的期限届满之次日起至实际完成房屋所有权登记之日止，出卖人按日计算向买受人支付全部房价款万分之________的违约金。

2. ____。

（三）因买受人的原因未能在约定期限内完成该商品房的房屋所有权转移登记的，出卖人不承担责任。

第七章　物业管理

第十八条　物业管理

（一）出卖人依法选聘的前期物业服务企业为____________________________。

（二）物业服务时间从____年____月____日到____年____月____日。

（三）物业服务期间，物业收费计费方式为【包干制】【酬金制】【________】。物业服务费为________元/月·平方米（建筑面积）。

（四）买受人同意由出卖人选聘的前期物业服务企业代为查验并承接物业共用部

位、共用设施设备，出卖人应当将物业共用部位、共用设施设备承接查验的备案情况书面告知买受人。

（五）买受人已详细阅读前期物业服务合同和临时管理规约，同意由出卖人依法选聘的物业服务企业实施前期物业管理，遵守临时管理规约。

（六）业主大会设立前适用该章约定。业主委员会成立后，由业主大会决定选聘或续聘物业服务企业。

该商品房前期物业服务合同、临时管理规约见附件十。

第八章　其他事项

第十九条　建筑物区分所有权

（一）买受人对其建筑物专有部分享有占有、使用、收益和处分的权利。

（二）以下部位归业主共有：

1. 建筑物的基础、承重结构、外墙、屋顶等基本结构部分，通道、楼梯、大堂等公共通行部分，消防、公共照明等附属设施、设备，避难层、设备层或者设备间等结构部分；

2. 该商品房所在建筑区划内的道路（属于城镇公共道路的除外）、绿地（属于城镇公共绿地或者明示属于个人的除外）、占用业主共有的道路或者其他场地用于停放汽车的车位、物业服务用房；

3. ______________________________。

（三）双方对其他配套设施约定如下：

1. 规划的车位、车库：______________________；

2. 会所：______________________________；

3. ______________________________。

第二十条　税费

双方应当按照国家的有关规定，向相应部门缴纳因该商品房买卖发生的税费。

第二十一条　销售和使用承诺

1. 出卖人承诺不采取分割拆零销售、返本销售或者变相返本销售的方式销售商品房。

2. 出卖人承诺按照规划用途进行建设和出售，不擅自改变该商品房使用性质，并按照规划用途办理房屋登记。出卖人不得擅自改变与该商品房有关的共用部位和设施的使用性质。

3. 出卖人承诺对商品房的销售，不涉及依法或者依规划属于买受人共有的共用部位和设施的处分。

4. 出卖人承诺已将遮挡或妨碍房屋正常使用的情况告知买受人。具体内容见附件十一。

5. 买受人使用该商品房期间，不得擅自改变该商品房的用途、建筑主体结构和承重结构。

6. ____。

7. ____。

第二十二条　送达

出卖人和买受人保证在本合同中记载的通信地址、联系电话均真实有效。任何根据本合同发出的文件，均应采用书面形式，以【邮政快递】【邮寄挂号信】【________】方式送达对方。任何一方变更通信地址、联系电话的，应在变更之日起________日内书面通知对方。变更的一方未履行通知义务导致送达不能的，应承担相应的法律责任。

第二十三条　买受人信息保护

出卖人对买受人信息负有保密义务。非因法律、法规规定或国家安全机关、公安机关、检察机关、审判机关、纪检监察部门执行公务的需要，未经买受人书面同意，出卖人及其销售人员和相关工作人员不得对外披露买受人信息，或将买受人信息用于履行本合同之外的其他用途。

第二十四条　争议解决方式

本合同在履行过程中发生的争议，由双方当事人协商解决，也可通过消费者协会等相关机构调解；或按照下列第________种方式解决：

1. 依法向房屋所在地人民法院起诉。

2. 提交__________________________仲裁委员会仲裁。

第二十五条　补充协议

对本合同中未约定或约定不明的内容，双方可根据具体情况签订书面补充协议（补充协议见附件十二）。

补充协议中含有不合理的减轻或免除本合同中约定应当由出卖人承担的责任，或不合理的加重买受人责任、排除买受人主要权利内容的，仍以本合同为准。

第二十六条　合同生效

本合同自双方签字或盖章之日起生效。本合同的解除应当采用书面形式。

本合同及附件共______页，一式______份，其中出卖人______份，买受人______份，【______】______份，【______】______份。合同附件与本合同具有同等法律效力。

出卖人（签字或盖章）：	买受人（签字或盖章）：
【法定代表人】（签字或盖章）：	【法定代表人】（签字或盖章）：
【委托代理人】（签字或盖章）：	【委托代理人】（签字或盖章）：
	【法定代理人】（签字或盖章）：
签订时间：________年____月____日	签订时间：________年____月____日
签订地点：________________________	签订地点：________________________

附件一　房屋平面图（应当标明方位）

1. 房屋分层分户图（应当标明详细尺寸，并约定误差范围）

2. 建设工程规划方案总平面图

附件二　关于该商品房共用部位的具体说明（可附图说明）

1. 纳入该商品房分摊的共用部位的名称、面积和所在位置

2. 未纳入该商品房分摊的共用部位的名称、所在位置

附件三　抵押权人同意该商品房转让的证明及关于抵押的相关约定

1. 抵押权人同意该商品房转让的证明

2. 解除抵押的条件和时间

3. 关于抵押的其他约定

附件四　出卖人提供的承租人放弃优先购买权的声明

附件五　关于该商品房价款的计价方式、总价款、付款方式及期限的具体约定

附件六　关于本项目内相关设施、设备的具体约定

1. 相关设施的位置及用途

2. 其他约定

附件七　关于装饰装修及相关设备标准的约定

交付的商品房达不到本附件约定装修标准的，按照本合同第十四条第（三）款约定处理。出卖人未经双方约定增加的装置、装修、装饰，视为无条件赠送给买受人。双方就装饰装修主要材料和设备的品牌、产地、规格、数量等内容约定如下：

1. 外墙：【瓷砖】【涂料】【玻璃幕墙】【________】；

____。

2. 起居室：

（1）内墙：【涂料】【壁纸】【________】；

____。

（2）顶棚：【石膏板吊顶】【涂料】【________】；

____。

（3）室内地面：【大理石】【花岗岩】【水泥抹面】【实木地板】【________】；

____。

3. 厨房：

（1）地面：【水泥抹面】【瓷砖】【________】；

____。

（2）墙面：【耐水腻子】【瓷砖】【________】；

____。

（3）顶棚：【水泥抹面】【石膏吊顶】【________】；
____。
（4）厨具：____。
4. 卫生间：
（1）地面：【水泥抹面】【瓷砖】【________】；
____
____。
（2）墙面：【耐水腻子】【瓷砖】【________】；
____
____。
（3）顶棚：【水泥抹面】【石膏吊顶】【________】；
____
____。
（4）卫生器具：____
____。
5. 阳台：【塑钢封闭】【铝合金封闭】【断桥铝合金封闭】【不封闭】【________】；
____
____。
6. 电梯：
（1）品牌：____
____；
（2）型号：____
____。
7. 管道：
____
____。
8. 窗户：
____
____。
9. ____
____。
10. ____
____。

附件八　关于保修范围、保修期限和保修责任的约定

该商品房为住宅的，出卖人应当提供《住宅质量保证书》；该商品房为非住宅的，

双方可参照《住宅质量保证书》中的内容对保修范围、保修期限和保修责任等进行约定。

该商品房的保修期自房屋交付之日起计算，关于保修期限的约定不应低于《建设工程质量管理条例》第四十条规定的最低保修期限。

（一）保修项目、期限及责任的约定

1. 地基基础和主体结构：

保修期限为：__________（不得低于设计文件规定的该工程的合理使用年限）；

____。

2. 屋面防水工程、有防水要求的卫生间、房间和外墙面的防渗漏：

保修期限为：____________________（不得低于 5 年）；

____。

3. 供热、供冷系统和设备：

保修期限为：______________（不得低于 2 个采暖期、供冷期）；

____。

4. 电气管线、给排水管道、设备安装：

保修期限为：__________（不得低于 2 年）；

____。

5. 装修工程：

保修期限为：____________（不得低于 2 年）；

____。

6. ____。

7. ____。

8. ____。

（二）其他约定

____。

附件九　关于质量担保的证明

附件十　关于物业管理的约定

1. 前期物业服务合同

2. 临时管理规约

附件十一　出卖人关于遮挡或妨碍房屋正常使用情况的说明

（如：该商品房公共管道检修口、柱子、变电箱等有遮挡或妨碍房屋正常使用的情况）

附件十二　补充协议

第二章　建设工程合同

一、签约须知

1. 在订立建设工程合同前，要对合同相对方的情况进行详细了解。发包方的详细情况，可以到有关部门查询发包方的资质以及发包工程的法律手续是否齐备，包括建设用地是否经过了有关部门的审批，工程的规划、设计是否通过审批，工程是否经过了招标程序等。另外，要了解发包方的经济实力和商业信誉情况，避免与缺乏合同履行能力和信誉较差的发包方合作。

需要格外注意的是，在合同中应当写明发包方的现场负责人。建设工程施工合同履行过程中所形成的各种书面文件，包括补充协议、会议纪要、设计变更文件、结算书等，如果不能让发包方加盖公章，必须由其现场负责人签字。

发包方要严格审查承包方是否具有承揽相应工程的合法资质以及履行合同的能力，包括专业技术人员和设备等条件是否具备。一些企业在没有相应资质的情况下，往往借用顾问单位的资质承揽工程，但如果将来出现纠纷，顾问单位必须承担连带责任。对于这种不规范的做法，应当注意避免。

2. 订立有关合同价款的条款需要注意：通过招标承揽工程的，合同价款依据中标通知书来确定；未通过招标程序的，由当事人双方协商确定。合同价款和支付日期都必须具体明确，不能以暂定价、暂估价、概算价等含混不清的名词替代。如果是采用固定价格，应当明确是总价包死、单价包死，还是部分总价包死；当事人双方必须约定风险范围以及风险费用的计算方法。如果合同价款约定不明确，将来一旦发生纠纷，必须由法院或仲裁机构委托工程造价部门进行鉴定，才能确定合同价款，增加解决纠纷的成本，拖延时间。

3. 订立有关施工工期的条款时需要注意：必须明确如果出于承包方以外的原因造成工期延误的，合同工期应当顺延。这是因为在现实生活中，发包方经常以工期延误为由克扣工程款，并要求承包方支付违约金。所以，在合同中，承包方应当列明可以免除自己责任的各种因素，例如气候因素、技术因素、材料和设备因素等。这些因素一旦出现，承包方要出具相关文件，并要求发包方的现场负责人签字确认。

二、重点法条

《民法典》第三编第二分编第十八章建设工程合同

第七百八十八条 建设工程合同是承包人进行工程建设，发包人支付价款的合同。

建设工程合同包括工程勘察、设计、施工合同。

第七百八十九条 建设工程合同应当采用书面形式。

第七百九十条 建设工程的招标投标活动，应当依照有关法律的规定公开、公平、公正进行。

第七百九十一条 发包人可以与总承包人订立建设工程合同，也可以分别与勘察人、设计人、施工人订立勘察、设计、施工承包合同。发包人不得将应当由一个承包人完成的建设工程支解成若干部分发包给数个承包人。

总承包人或者勘察、设计、施工承包人经发包人同意，可以将自己承包的部分工作交由第三人完成。第三人就其完成的工作成果与总承包人或者勘察、设计、施工承包人向发包人承担连带责任。承包人不得将其承包的全部建设工程转包给第三人或者将其承包的全部建设工程支解以后以分包的名义分别转包给第三人。

禁止承包人将工程分包给不具备相应资质条件的单位。禁止分包单位将其承包的工程再分包。建设工程主体结构的施工必须由承包人自行完成。

第七百九十二条 国家重大建设工程合同，应当按照国家规定的程序和国家批准的投资计划、可行性研究报告等文件订立。

第七百九十三条 建设工程施工合同无效，但是建设工程经验收合格的，可以参照合同关于工程价款的约定折价补偿承包人。

建设工程施工合同无效，且建设工程经验收不合格的，按照以下情形处理：

（一）修复后的建设工程经验收合格的，发包人可以请求承包人承担修复费用；

（二）修复后的建设工程经验收不合格的，承包人无权请求参照合同关于工程价款的约定折价补偿。

发包人对因建设工程不合格造成的损失有过错的，应当承担相应的责任。

第七百九十四条 勘察、设计合同的内容一般包括提交有关基础资料和概预算等文件的期限、质量要求、费用以及其他协作条件等条款。

第七百九十五条 施工合同的内容一般包括工程范围、建设工期、中间交工工程的开工和竣工时间、工程质量、工程造价、技术资料交付时间、材料和设备供应责任、拨款和结算、竣工验收、质量保修范围和质量保证期、相互协作等条款。

第七百九十六条 建设工程实行监理的，发包人应当与监理人采用书面形式订立委托监理合同。发包人与监理人的权利和义务以及法律责任，应当依照本编委托合同以及其他有关法律、行政法规的规定。

第七百九十七条 发包人在不妨碍承包人正常作业的情况下，可以随时对作业进度、质量进行检查。

第七百九十八条 隐蔽工程在隐蔽以前，承包人应当通知发包人检查。发包人没有及时检查的，承包人可以顺延工程日期，并有权请求赔偿停工、窝工等损失。

第七百九十九条 建设工程竣工后，发包人应当根据施工图纸及说明书、国家颁发的施工验收规范和质量检验标准及时进行验收。验收合格的，发包人应当按照约定支付价款，并接收该建设工程。

建设工程竣工经验收合格后，方可交付使用；未经验收或者验收不合格的，不得交付使用。

第八百条 勘察、设计的质量不符合要求或者未按照期限提交勘察、设计文件拖延工期，造成发包人损失的，勘察人、设计人应当继续完善勘察、设计，减收或者免收勘察、设计费并赔偿损失。

第八百零一条 因施工人的原因致使建设工程质量不符合约定的，发包人有权请求施工人在合理期限内无偿修理或者返工、改建。经过修理或者返工、改建后，造成逾期交付的，施工人应当承担违约责任。

第八百零二条 因承包人的原因致使建设工程在合理使用期限内造成人身损害和财产损失的，承包人应当承担赔偿责任。

第八百零三条 发包人未按照约定的时间和要求提供原材料、设备、场地、资金、技术资料的，承包人可以顺延工程日期，并有权请求赔偿停工、窝工等损失。

第八百零四条 因发包人的原因致使工程中途停建、缓建的，发包人应当采取措施弥补或者减少损失，赔偿承包人因此造成的停工、窝工、倒运、机械设备调迁、材料和构件积压等损失和实际费用。

第八百零五条 因发包人变更计划，提供的资料不准确，或者未按照期限提供必需的勘察、设计工作条件而造成勘察、设计的返工、停工或者修改设计，发包人应当按照勘察人、设计人实际消耗的工作量增付费用。

第八百零六条 承包人将建设工程转包、违法分包的，发包人可以解除合同。

发包人提供的主要建筑材料、建筑构配件和设备不符合强制性标准或者不履行协助义务，致使承包人无法施工，经催告后在合理期限内仍未履行相应义务的，承包人可以解除合同。

合同解除后，已经完成的建设工程质量合格的，发包人应当按照约定支付相应的工程价款；已经完成的建设工程质量不合格的，参照本法第七百九十三条的规定处理。

第八百零七条 发包人未按照约定支付价款的，承包人可以催告发包人在合理期限内支付价款。发包人逾期不支付的，除根据建设工程的性质不宜折价、拍卖外，承包人可以与发包人协议将该工程折价，也可以请求人民法院将该工程依法拍卖。建设工程的价款就该工程折价或者拍卖的价款优先受偿。

第八百零八条 本章没有规定的，适用承揽合同的有关规定。

三、典型案例

非法转包建设工程，如何支付工程款?

2019年5月28日，某建设集团公司（以下简称“建设公司”）通过招、投标与某运输公司（以下简称“运输公司”）签订了《建设工程施工合同》，取得了运输公司开发的交易市场的施工总承包权。6月6日，建设公司与刘某签订了《项目承包合同》，将该项目转包，其中约定：刘某承包全部工程，并按工程总造价的4%向建设公司交纳管理费。2011年6月17日，刘某带领施工队进场破土施工。之后，该转包行为被运输公司发现。运输公司为了保证工程的质量与工期，于2019年7月27日与刘某签订了协议书，其中约定：刘某分期向运输公司支付保证金人民币400万元；但该协议书并未履行。后因刘某提出退出该工程，2019年9月12日、10月7日、10月22日建设公司、运输公司、刘某等先后三次召开三方会议，研究包括结算在内的相关问题。2019年10月28日，运输公司与建设公司进行初步结算，确认运输公司已经支付工程款3658250元。2019年12月20日建设公司提起诉讼，要求运输公司给付工程款、停工损失、“垫付”费用、剩余材料款等4310467元。而运输公司认为建设公司将工程转包给没有资质的刘某，已经严重违约，不应支付工程款，并要求建设公司承担违约责任。

《民法典》第七百九十一条规定：“发包人可以与总承包人订立建设工程合同，也可以分别与勘察人、设计人、施工人订立勘察、设计、施工承包合同。发包人不得将应当由一个承包人完成的建设工程支解成若干部分发包给数个承包人。总承包人或者勘察、设计、施工承包人经发包人同意，可以将自己承包的部分工作交由第三人完成。第三人就其完成的工作成果与总承包人或者勘察、设计、施工承包人向发包人承担连带责任。承包人不得将其承包的全部建设工程转包给第三人或者将其承包的全部建设工程支解以后以分包的名义分别转包给第三人。禁止承包人将工程分包给不具备相应资质条件的单位。禁止分包单位将其承包的工程再分包。建设工程主体结构的施工必须由承包人自行完成。”

对于转包和违法分包行为，《建筑法》第二十八条明确规定：“禁止承包单位将其承包的全部建筑工程转包给他人，禁止承包单位将其承包的全部建筑工程肢解以后以分包的名义分别转包给他人。”《建设工程质量管理条例》第二十五条第三款规定：“施工单位不得转包或者违法分包工程。”因此，施工单位基于转包和违法分包而签订的合同，违反了法律和行政法规的强制性规定，应当是无效合同。本案中，建设公司将其承包的工程转包给刘某显然违反了上述规定。因此，双方签订的《项目承包合同》并不具有法律效力。

对于本案而言，建设公司有权向运输公司请求已建工程的必要费用，同时应当向运输公司承担擅自转包的过错责任。因此，运输公司对建设公司的工程款，并不能按照双方的合同结算。若双方对已建工程的必要费用能达成一致，则可按照双方的约定来处理。若双方不能达成一致，则指定鉴定机构进行鉴定。

如何认定建设工程“阴阳合同”的效力？

某房地产开发公司（下称某开发公司）为达到少支付工程价款的目的，利用其“买方市场”的优势与某中标建筑公司企业签订了两份《建设工程施工合同》（以下称A、B合同）。A合同的签订是依据中标通知书并采用住房和城乡建设部、国家市场监督管理总局制定的GF－2017－0201《建设工程施工合同》示范合同文本；另一份是所谓当事人双方意思表示一致签订的B合同。A、B合同的差别主要体现在合同价款数额上：A合同的合同价款是275万元，B合同的合同价款是248万元，二者之差是27万元。为了使B合同的合同价款条款有效，双方在B合同中约定：“原双方于2020年3月12日所签的建设工程施工合同仅为报建使用，不具约束力，双方应以本合同为准。”由于某开发公司拖欠工程价款导致诉讼，在庭审中对A、B合同效力双方发生激烈辩论。原告观点是A、B合同的合同价款符合“阴阳合同”的性质，应当确认“阴合同”即B合同的248万元合同价款无效，而被告方请求确认B合同的合同价款有效。

本案中，双方在B合同中约定：“2020年3月12日所签的建设工程施工合同仅为报建使用，不具约束力，双方应以本合同为准。”这是典型的“阴阳合同”。“阴阳合同”的签订反映了当事人为规避法律、行政法规的规定，在向建设行政主管部门报建、备案时提供了必须符合法律、行政法规的建设工程施工合同书等资料，而在获取批准后又通过补充合同等形式否定必须或应当依法执行的实质性条款或整个合同的现象，所以称“阴阳合同”。“阴阳合同”的存在容易导致工程质量问题的发生，同时也会损害承包人的合法权益。例如，本案合同价款依法应当是275万元，“阳合同”执行的是275万元，而“阴合同”约定的却是248万元。

《最高人民法院关于审理建设工程施工合同纠纷案件适用法律问题的解释》对“阴阳合同”做了明确的规定。根据该司法解释第二十一条的规定：“当事人就同一建设工程另行订立的建设工程施工合同与经过备案的中标合同实质性内容不一致的，应当以备案的中标合同作为结算工程价款的根据。”该司法解释明确规定阳合同的效力。本案只能执行A合同。

发包方未按约定支付工程款，承包方能否就停工项目优先受偿？

2017年8月20日，甲公司与乙公司签订《建设工程施工合同》，约定由乙公司承包某工程，工程承包造价为8000万元，工程四层以下的竣工日期为2018年12月31日，五层以上结构竣工日期由合同双方另行协商。四层以下竣工后，双方就该部分工程款进行结算。乙公司在如约开工后，截至2018年12月，完成了四层以下及五层部分工程。但是，由于甲公司无法支付工程所需的大量后续资金，工程不得不全面停工。

2019年1月，双方签订了停工协议，确认：由于资金问题，2018年12月31日工程全面停工，五层以上施工日期由甲公司另行通知。截至2019年10月8日，工程未复工。为此，乙公司与甲公司签订了一份补充合同，约定：原合同继续履行，甲公司负责筹措资金，使工程早日复工，并由乙公司负责对停工后的现场进行保护，费用由甲公司承担。但直至2019年12月，工程仍未能复工。甲公司已支付工程款100万元。乙公司多次催告甲公司支付拖欠的工程款，均无结果。按照双方的合同约定，争议解决的方式为当地仲裁委员会仲裁。2019年12月，为追索拖欠的工程款及损失，乙公司向当地仲裁委员会提起仲裁，要求裁决甲公司偿付拖欠的工程款及损失4000万元，并请求对工程行使优先受偿权。而甲公司则认为，工程并未整体竣工，不能支付工程款。

《民法典》第八百零七条规定："发包人未按照约定支付价款的，承包人可以催告发包人在合理期限内支付价款。发包人逾期不支付的，除根据建设工程的性质不宜折价、拍卖外，承包人可以与发包人协议将该工程折价，也可以请求人民法院将该工程依法拍卖。建设工程的价款就该工程折价或者拍卖的价款优先受偿。"由此可见，发包人未按约定支付价款，经承包人催告后在合理期限内仍不支付的，承包人可以与发包人协议将该工程折价，也可以申请人民法院将该工程依法拍卖。建设工程的价款就该工程折价或者拍卖的价款优先受偿。

根据当事人双方的建设工程施工合同，工程到达第四层之时，应当就工程款进行结算，即甲公司应支付相应的工程款。支付工程款是发包方即甲公司的主要义务，对工程进行施工是乙公司的义务，乙公司已经对工程进行施工，并且通过验收，那么甲公司应当同样履行义务。本案中，甲公司并没有履行支付工程款的义务，乙公司催告甲公司在合理期限内支付工程款，而甲公司依然未支付，乙公司自然可以依据《民法典》第八百零七条的规定，主张优先受偿权。

工程造价能否中途变更？

2017年12月3日，某房地产开发公司（以下简称"房地产公司"）与某建设工程公司（以下简称"建设公司"）签订一份建设施工合同。合同约定：房地产公司开发的1、2号楼由建设公司承建；质量等级为优良；建筑面积为13453平方米；承包范围是土建工程，水、暖、电安装及装饰工程；承包方式为包工包料；合同价款为3000万元；给付方式为建设公司进场后给付工程总造价的5%，主体工程完工给付工程总价款的65%，竣工验收后给付工程总价款的95%，留工程总价款的5%作为工程质量保修金，保修期限为一年，并且合同约定工程造价一次包死。合同签订后，建设公司进场进行施工，2019年3月6日，该工程竣工，并经四方验收。2019年3月9日，建设公司将该工程交付给房地产公司使用。在施工过程中，建设公司发现需要增加工程量，于是与监理、房地产公司协商，房地产公司对建设公司提交的增加的工程量进行确认。2019年3月12日，建设公司向房地产公司提交工程款结算报告，结算报告称该工程总价款为4300万元，而房地产公司未予答复。2019年8月6日，建设公司向法院提起诉讼，要求房地产公司支付工程款。而房地产公司则认为，工程总价款已经合同约定，并且一次包死，只愿意承担3000万元的工程款。

《民法典》第一百五十一条规定："一方利用对方处于危困状态、缺乏判断能力等情形，致使民事法律行为成立时显失公平的，受损害方有权请求人民法院或者仲裁机构予以撤销。"结合本案分析，建设公司与房地产公司签订合同时，并不存在显失公平的情形，建设公司对工程量以及造价有一定的估计，是认同一次包死这种承包方式的，因此，建设公司不能主张合同显失公平从而要求变更或者撤销。本案是双方在建设施工合同履行过程中，就工程量进行变更，即对施工合同进行了变更，这种变更是有法律效力的。若房地产公司对建设公司的变更部分的工程款结算存在异议，可以就该部分工程款申请鉴定。

建设工程验收费用如何承担？

2018年2月14日，某建设工程有限公司（以下简称"建设公司"）与某职业学校签订施工合同，工程内容是建设公司为职业学校建设一幢学生宿舍楼。由于宿舍楼设有地下室，地下室属于隐蔽工程，因而双方在建设施工合同中约定，在隐蔽工程隐蔽之前，双方应对隐蔽工程进行验收。地下室的验收检查工作由双方共同负责，检查费用由职业学校负担。地下室竣工后，建设公司通知职业学校派人检查验收，而职业学校则答复：学校事务繁忙，由建设公司检查出具记录便可。一个月后，职业学校又聘请专家对地下室的工程质量进行检查，发现未达到合同约定的标准，于是要求建设公司负担此次检查费用，并要求对地下室进行工程返工。而建设公司则认为，合同约定的检查费由职业学校负担，不应由建设公司负担，但同意返工重修地下室的要求。双方就检查费用发生了纠纷。

《民法典》第七百九十八条规定："隐蔽工程在隐蔽以前，承包人应当通知发包人检查。发包人没有及时检查的，承包人可以顺延工程日期，并有权请求赔偿停工、窝工等损失。"隐蔽工程是指地基、电气管线、供水供热管线等需要覆盖、掩盖的工程。由于隐蔽工程在隐蔽后，如果发生质量问题，还得重新覆盖和掩盖，会造成返工等非常大的损失，为了避免资源的浪费和当事人双方的损失，保证工程的质量和工程顺利完成，因此《民法典》规定了承包人在隐蔽工程隐蔽以前，应当通知发包人检查，发包人检查合格的，方可进行隐蔽。

结合本案，建设公司通知职业学校进行检查验收，已经履行通知义务，对于职业学校不履行检查义务的行为，建设公司有权根据职业学校对其检查的认同继续施工。职业学校在得到建设公司的检查通知后，称"由建设公司检查出具记录即可"，对此建设公司同意。实质上，双方对合同进行了变更。虽然双方对隐蔽工程的检验内容进行了变更，但双方对工程质量还是没有变更的，建设公司的质量责任和义务并没有改变。

至于职业学校的再次检查费用，则应视检查结果而定。如果检查结果是质量未达到合同约定的标准，那么检查费用应由建设公司承担；如果检查结果符合合同约定，复检的费用应由职业学校承担，理由是职业学校已经同意检验工作由建设公司负担，其再次检验应当由其自行负担费用。本案之所以产生纠纷，建设公司应当负主要责任，由于其履行检查义务时存在瑕疵，应该对此承担责任。因此，本案的复检费用应该由建设公司承担。

四、示范文本

GF—2017—0201

建设工程施工合同

（示范文本，2017 年版）①

说　　明

为了指导建设工程施工合同当事人的签约行为，维护合同当事人的合法权益，依据《中华人民共和国合同法》《中华人民共和国建筑法》《中华人民共和国招标投标法》以及相关法律法规，住房和城乡建设部、国家市场监督管理总局（原国家工商行政管理总局）对《建设工程施工合同（示范文本）》（GF－2013－0201）进行了修订，制定了《建设工程施工合同（示范文本）》（GF－2017－0201）（以下简称《示范文本》）。为了便于合同当事人使用《示范文本》，现就有关问题说明如下：

一、《示范文本》的组成

《示范文本》由合同协议书、通用合同条款和专用合同条款三部分组成。

（一）合同协议书

《示范文本》合同协议书共计 13 条，主要包括：工程概况、合同工期、质量标准、签约合同价和合同价格形式、项目经理、合同文件构成、承诺以及合同生效条件等重要内容，集中约定了合同当事人基本的合同权利义务。

（二）通用合同条款

通用合同条款是合同当事人根据《中华人民共和国建筑法》《中华人民共和国合同法》等法律法规的规定，就工程建设的实施及相关事项，对合同当事人的权利义务作出的原则性约定。

通用合同条款共计 20 条，具体条款分别为：一般约定、发包人、承包人、监理人、工程质量、安全文明施工与环境保护、工期和进度、材料与设备、试验与检验、变更、价格调整、合同价格、计量与支付、验收和工程试车、竣工结算、缺陷责任与

① 住房和城乡建设部、国家市场监督管理总局（原国家工商行政管理总局）制定。

保修、违约、不可抗力、保险、索赔和争议解决。前述条款安排既考虑了现行法律法规对工程建设的有关要求，也考虑了建设工程施工管理的特殊需要。

（三）专用合同条款

专用合同条款是对通用合同条款原则性约定的细化、完善、补充、修改或另行约定的条款。合同当事人可以根据不同建设工程的特点及具体情况，通过双方的谈判、协商对相应的专用合同条款进行修改补充。在使用专用合同条款时，应注意以下事项：

1. 专用合同条款的编号应与相应的通用合同条款的编号一致；

2. 合同当事人可以通过对专用合同条款的修改，满足具体建设工程的特殊要求，避免直接修改通用合同条款；

3. 在专用合同条款中有横道线的地方，合同当事人可针对相应的通用合同条款进行细化、完善、补充、修改或另行约定；如无细化、完善、补充、修改或另行约定，则填写“无”或划“/”。

二、《示范文本》的性质和适用范围

《示范文本》为非强制性使用文本。《示范文本》适用于房屋建筑工程、土木工程、线路管道和设备安装工程、装修工程等建设工程的施工承发包活动，合同当事人可结合建设工程具体情况，根据《示范文本》订立合同，并按照法律法规规定和合同约定承担相应的法律责任及合同权利义务。

第一部分 合同协议书

发包人（全称）：____________________

承包人（全称）：____________________

根据《中华人民共和国合同法》《中华人民共和国建筑法》及有关法律规定，遵循平等、自愿、公平和诚实信用的原则，双方就____工程施工及有关事项协商一致，共同达成如下协议：

一、工程概况

1. 工程名称：____。

2. 工程地点：____。

3. 工程立项批准文号：____。

4. 资金来源：____。

5. 工程内容：____。

群体工程应附《承包人承揽工程项目一览表》（附件1）。

6. 工程承包范围：

____。

二、合同工期

计划开工日期：________年____月____日。

计划竣工日期：________年____月____日。

工期总日历天数：________天。工期总日历天数与根据前述计划开竣工日期计算的工期天数不一致的，以工期总日历天数为准。

三、质量标准

工程质量符合________________标准。

四、签约合同价与合同价格形式

1. 签约合同价为：

人民币（大写）________________元（¥________）；

其中：

(1) 安全文明施工费：

人民币（大写）________________元（¥________）；

(2) 材料和工程设备暂估价金额：

人民币（大写）________________元（¥________）；

(3) 专业工程暂估价金额：

人民币（大写）________________元（¥________）；

(4) 暂列金额：

人民币（大写）________________元（¥________）。

2. 合同价格形式：____。

五、项目经理

承包人项目经理：____。

六、合同文件构成

本协议书与下列文件一起构成合同文件：

(1) 中标通知书（如果有）；

(2) 投标函及其附录（如果有）；

(3) 专用合同条款及其附件；

(4) 通用合同条款；

(5) 技术标准和要求；

(6) 图纸；

(7) 已标价工程量清单或预算书；

(8) 其他合同文件。

在合同订立及履行过程中形成的与合同有关的文件均构成合同文件组成部分。

上述各项合同文件包括合同当事人就该项合同文件所作出的补充和修改，属于同一类内容的文件，应以最新签署的为准。专用合同条款及其附件须经合同当事人签字或盖章。

七、承诺

1. 发包人承诺按照法律规定履行项目审批手续、筹集工程建设资金并按照合同约定的期限和方式支付合同价款。

2. 承包人承诺按照法律规定及合同约定组织完成工程施工，确保工程质量和安全，不进行转包及违法分包，并在缺陷责任期及保修期内承担相应的工程维修责任。

3. 发包人和承包人通过招投标形式签订合同的，双方理解并承诺不再就同一工程另行签订与合同实质性内容相背离的协议。

八、词语含义

本协议书中词语含义与第二部分通用合同条款中赋予的含义相同。

九、签订时间

本合同于________年____月____日签订。

十、签订地点

本合同在__________________签订。

十一、补充协议

合同未尽事宜，合同当事人另行签订补充协议，补充协议是合同的组成部分。

十二、合同生效

本合同自__________________生效。

十三、合同份数

本合同一式____份，均具有同等法律效力，发包人执____份，承包人执____份。

发包人：　（公章）	承包人：　（公章）
法定代表人或其委托代理人：	法定代表人或其委托代理人：
（签字）	（签字）
组织机构代码：____________	组织机构代码：______________________
地　址：__________________	地　址：____________________________
邮政编码：________________	邮政编码：__________________________
法定代表人：______________	法定代表人：________________________
委托代理人：______________	委托代理人：________________________
电　话：__________________	电　话：____________________________
传　真：__________________	传　真：____________________________
电子信箱：________________	电子信箱：__________________________
开户银行：________________	开户银行：__________________________
账　号：__________________	账　号：____________________________

第二部分　通用合同条款

1. **一般约定**

1.1 词语定义与解释

合同协议书、通用合同条款、专用合同条款中的下列词语具有本款所赋予的含义：

1.1.1 合同

1.1.1.1 合同：是指根据法律规定和合同当事人约定具有约束力的文件，构成合同的文件包括合同协议书、中标通知书（如果有）、投标函及其附录（如果有）、专用合同条款及其附件、通用合同条款、技术标准和要求、图纸、已标价工程量清单或预算书以及其他合同文件。

1.1.1.2 合同协议书：是指构成合同的由发包人和承包人共同签署的称为"合同协议书"的书面文件。

1.1.1.3 中标通知书：是指构成合同的由发包人通知承包人中标的书面文件。

1.1.1.4 投标函：是指构成合同的由承包人填写并签署的用于投标的称为"投标函"的文件。

1.1.1.5 投标函附录：是指构成合同的附在投标函后的称为"投标函附录"的文件。

1.1.1.6 技术标准和要求：是指构成合同的施工应当遵守的或指导施工的国家、行业或地方的技术标准和要求，以及合同约定的技术标准和要求。

1.1.1.7 图纸：是指构成合同的图纸，包括由发包人按照合同约定提供或经发包人批准的设计文件、施工图、鸟瞰图及模型等，以及在合同履行过程中形成的图纸文件。图纸应当按照法律规定审查合格。

1.1.1.8 已标价工程量清单：是指构成合同的由承包人按照规定的格式和要求填写并标明价格的工程量清单，包括说明和表格。

1.1.1.9 预算书：是指构成合同的由承包人按照发包人规定的格式和要求编制的工程预算文件。

1.1.1.10 其他合同文件：是指经合同当事人约定的与工程施工有关的具有合同约束力的文件或书面协议。合同当事人可以在专用合同条款中进行约定。

1.1.2 合同当事人及其他相关方

1.1.2.1 合同当事人：是指发包人和（或）承包人。

1.1.2.2 发包人：是指与承包人签订合同协议书的当事人及取得该当事人资格的合法继承人。

1.1.2.3 承包人：是指与发包人签订合同协议书的，具有相应工程施工承包资质的当事人及取得该当事人资格的合法继承人。

1.1.2.4 监理人：是指在专用合同条款中指明的，受发包人委托按照法律规定进行工程监督管理的法人或其他组织。

1.1.2.5 设计人：是指在专用合同条款中指明的，受发包人委托负责工程设计并具备相应工程设计资质的法人或其他组织。

1.1.2.6 分包人：是指按照法律规定和合同约定，分包部分工程或工作，并与承包人签订分包合同的具有相应资质的法人。

1.1.2.7 发包人代表：是指由发包人任命并派驻施工现场在发包人授权范围内行使发包人权利的人。

1.1.2.8 项目经理：是指由承包人任命并派驻施工现场，在承包人授权范围内负责合同履行，且按照法律规定具有相应资格的项目负责人。

1.1.2.9 总监理工程师：是指由监理人任命并派驻施工现场进行工程监理的总负责人。

1.1.3 工程和设备

1.1.3.1 工程：是指与合同协议书中工程承包范围对应的永久工程和（或）临时工程。

1.1.3.2 永久工程：是指按合同约定建造并移交给发包人的工程，包括工程设备。

1.1.3.3 临时工程：是指为完成合同约定的永久工程所修建的各类临时性工程，不包括施工设备。

1.1.3.4 单位工程：是指在合同协议书中指明的，具备独立施工条件并能形成独立使用功能的永久工程。

1.1.3.5 工程设备：是指构成永久工程的机电设备、金属结构设备、仪器及其他类似的设备和装置。

1.1.3.6 施工设备：是指为完成合同约定的各项工作所需的设备、器具和其他物品，但不包括工程设备、临时工程和材料。

1.1.3.7 施工现场：是指用于工程施工的场所，以及在专用合同条款中指明作为施工场所组成部分的其他场所，包括永久占地和临时占地。

1.1.3.8 临时设施：是指为完成合同约定的各项工作所服务的临时性生产和生活设施。

1.1.3.9 永久占地：是指专用合同条款中指明为实施工程需永久占用的土地。

1.1.3.10 临时占地：是指专用合同条款中指明为实施工程需要临时占用的土地。

1.1.4 日期和期限

1.1.4.1 开工日期：包括计划开工日期和实际开工日期。计划开工日期是指合同协议书约定的开工日期；实际开工日期是指监理人按照第 7.3.2 项〔开工通知〕约定发出的符合法律规定的开工通知中载明的开工日期。

1.1.4.2 竣工日期：包括计划竣工日期和实际竣工日期。计划竣工日期是指合同协议书约定的竣工日期；实际竣工日期按照第 13.2.3 项〔竣工日期〕的约定确定。

1.1.4.3 工期：是指在合同协议书约定的承包人完成工程所需的期限，包括按照合同约定所作的期限变更。

1.1.4.4 缺陷责任期：是指承包人按照合同约定承担缺陷修复义务，且发包人预留质量保证金（已缴纳履约保证金的除外）的期限，自工程实际竣工日期起计算。

1.1.4.5 保修期：是指承包人按照合同约定对工程承担保修责任的期限，从工程竣工验收合格之日起计算。

1.1.4.6 基准日期：招标发包的工程以投标截止日前28天的日期为基准日期，直接发包的工程以合同签订日前28天的日期为基准日期。

1.1.4.7 天：除特别指明外，均指日历天。合同中按天计算时间的，开始当天不计入，从次日开始计算，期限最后一天的截止时间为当天24：00时。

1.1.5 合同价格和费用

1.1.5.1 签约合同价：是指发包人和承包人在合同协议书中确定的总金额，包括安全文明施工费、暂估价及暂列金额等。

1.1.5.2 合同价格：是指发包人用于支付承包人按照合同约定完成承包范围内全部工作的金额，包括合同履行过程中按合同约定发生的价格变化。

1.1.5.3 费用：是指为履行合同所发生的或将要发生的所有必需的开支，包括管理费和应分摊的其他费用，但不包括利润。

1.1.5.4 暂估价：是指发包人在工程量清单或预算书中提供的用于支付必然发生但暂时不能确定价格的材料、工程设备的单价、专业工程以及服务工作的金额。

1.1.5.5 暂列金额：是指发包人在工程量清单或预算书中暂定并包括在合同价格中的一笔款项，用于工程合同签订时尚未确定或者不可预见的所需材料、工程设备、服务的采购，施工中可能发生的工程变更、合同约定调整因素出现时的合同价格调整以及发生的索赔、现场签证确认等的费用。

1.1.5.6 计日工：是指合同履行过程中，承包人完成发包人提出的零星工作或需要采用计日工计价的变更工作时，按合同中约定的单价计价的一种方式。

1.1.5.7 质量保证金：是指按照第15.3款〔质量保证金〕约定承包人用于保证其在缺陷责任期内履行缺陷修补义务的担保。

1.1.5.8 总价项目：是指在现行国家、行业以及地方的计量规则中无工程量计算规则，在已标价工程量清单或预算书中以总价或以费率形式计算的项目。

1.1.6 其他

1.1.6.1 书面形式：是指合同文件、信函、电报、传真等可以有形地表现所载内容的形式。

1.2 语言文字

合同以中国的汉语简体文字编写、解释和说明。合同当事人在专用合同条款中约定使用两种以上语言时，汉语为优先解释和说明合同的语言。

1.3 法律

合同所称法律是指中华人民共和国法律、行政法规、部门规章，以及工程所在地的地方性法规、自治条例、单行条例和地方政府规章等。

合同当事人可以在专用合同条款中约定合同适用的其他规范性文件。

1.4 标准和规范

1.4.1 适用于工程的国家标准、行业标准、工程所在地的地方性标准，以及相应的规范、规程等，合同当事人有特别要求的，应在专用合同条款中约定。

1.4.2 发包人要求使用国外标准、规范的，发包人负责提供原文版本和中文译本，并在专用合同条款中约定提供标准规范的名称、份数和时间。

1.4.3 发包人对工程的技术标准、功能要求高于或严于现行国家、行业或地方标准的，应当在专用合同条款中予以明确。除专用合同条款另有约定外，应视为承包人在签订合同前已充分预见前述技术标准和功能要求的复杂程度，签约合同价中已包含由此产生的费用。

1.5 合同文件的优先顺序

组成合同的各项文件应互相解释，互为说明。除专用合同条款另有约定外，解释合同文件的优先顺序如下：

（1）合同协议书；

（2）中标通知书（如果有）；

（3）投标函及其附录（如果有）；

（4）专用合同条款及其附件；

（5）通用合同条款；

（6）技术标准和要求；

（7）图纸；

（8）已标价工程量清单或预算书；

（9）其他合同文件。

上述各项合同文件包括合同当事人就该项合同文件所作出的补充和修改，属于同一类内容的文件，应以最新签署的为准。

在合同订立及履行过程中形成的与合同有关的文件均构成合同文件组成部分，并根据其性质确定优先解释顺序。

1.6 图纸和承包人文件

1.6.1 图纸的提供和交底

发包人应按照专用合同条款约定的期限、数量和内容向承包人免费提供图纸，并组织承包人、监理人和设计人进行图纸会审和设计交底。发包人至迟不得晚于第7.3.2项〔开工通知〕载明的开工日期前14天向承包人提供图纸。

因发包人未按合同约定提供图纸导致承包人费用增加和（或）工期延误的，按照第 7. 5. 1 项〔因发包人原因导致工期延误〕约定办理。

1. 6. 2 图纸的错误

承包人在收到发包人提供的图纸后，发现图纸存在差错、遗漏或缺陷的，应及时通知监理人。监理人接到该通知后，应附具相关意见并立即报送发包人，发包人应在收到监理人报送的通知后的合理时间内作出决定。合理时间是指发包人在收到监理人的报送通知后，尽其努力且不懈怠地完成图纸修改补充所需的时间。

1. 6. 3 图纸的修改和补充

图纸需要修改和补充的，应经图纸原设计人及审批部门同意，并由监理人在工程或工程相应部位施工前将修改后的图纸或补充图纸提交给承包人，承包人应按修改或补充后的图纸施工。

1. 6. 4 承包人文件

承包人应按照专用合同条款的约定提供应当由其编制的与工程施工有关的文件，并按照专用合同条款约定的期限、数量和形式提交监理人，并由监理人报送发包人。

除专用合同条款另有约定外，监理人应在收到承包人文件后 7 天内审查完毕，监理人对承包人文件有异议的，承包人应予以修改，并重新报送监理人。监理人的审查并不减轻或免除承包人根据合同约定应当承担的责任。

1. 6. 5 图纸和承包人文件的保管

除专用合同条款另有约定外，承包人应在施工现场另外保存一套完整的图纸和承包人文件，供发包人、监理人及有关人员进行工程检查时使用。

1. 7 联络

1. 7. 1 与合同有关的通知、批准、证明、证书、指示、指令、要求、请求、同意、意见、确定和决定等，均应采用书面形式，并应在合同约定的期限内送达接收人和送达地点。

1. 7. 2 发包人和承包人应在专用合同条款中约定各自的送达接收人和送达地点。任何一方合同当事人指定的接收人或送达地点发生变动的，应提前 3 天以书面形式通知对方。

1. 7. 3 发包人和承包人应当及时签收另一方送至送达地点和指定接收人的来往信函。拒不签收的，由此增加的费用和（或）延误的工期由拒绝接收一方承担。

1. 8 严禁贿赂

合同当事人不得以贿赂或变相贿赂的方式，谋取非法利益或损害对方权益。因一方合同当事人的贿赂造成对方损失的，应赔偿损失，并承担相应的法律责任。

承包人不得与监理人或发包人聘请的第三方串通损害发包人利益。未经发包人书面同意，承包人不得为监理人提供合同约定以外的通信设备、交通工具及其他任何形式的利益，不得向监理人支付报酬。

1.9 化石、文物

在施工现场发掘的所有文物、古迹以及具有地质研究或考古价值的其他遗迹、化石、钱币或物品属于国家所有。一旦发现上述文物，承包人应采取合理有效的保护措施，防止任何人员移动或损坏上述物品，并立即报告有关政府行政管理部门，同时通知监理人。

发包人、监理人和承包人应按有关政府行政管理部门要求采取妥善的保护措施，由此增加的费用和（或）延误的工期由发包人承担。

承包人发现文物后不及时报告或隐瞒不报，致使文物丢失或损坏的，应赔偿损失，并承担相应的法律责任。

1.10 交通运输

1.10.1 出入现场的权利

除专用合同条款另有约定外，发包人应根据施工需要，负责取得出入施工现场所需的批准手续和全部权利，以及取得因施工所需修建道路、桥梁以及其他基础设施的权利，并承担相关手续费用和建设费用。承包人应协助发包人办理修建场内外道路、桥梁以及其他基础设施的手续。

承包人应在订立合同前查勘施工现场，并根据工程规模及技术参数合理预见工程施工所需的进出施工现场的方式、手段、路径等。因承包人未合理预见所增加的费用和（或）延误的工期由承包人承担。

1.10.2 场外交通

发包人应提供场外交通设施的技术参数和具体条件，承包人应遵守有关交通法规，严格按照道路和桥梁的限制荷载行驶，执行有关道路限速、限行、禁止超载的规定，并配合交通管理部门的监督和检查。场外交通设施无法满足工程施工需要的，由发包人负责完善并承担相关费用。

1.10.3 场内交通

发包人应提供场内交通设施的技术参数和具体条件，并应按照专用合同条款的约定向承包人免费提供满足工程施工所需的场内道路和交通设施。因承包人原因造成上述道路或交通设施损坏的，承包人负责修复并承担由此增加的费用。

除发包人按照合同约定提供的场内道路和交通设施外，承包人负责修建、维修、养护和管理施工所需的其他场内临时道路和交通设施。发包人和监理人可以为实现合同目的使用承包人修建的场内临时道路和交通设施。

场外交通和场内交通的边界由合同当事人在专用合同条款中约定。

1.10.4 超大件和超重件的运输

由承包人负责运输的超大件或超重件，应由承包人负责向交通管理部门办理中请手续，发包人给予协助。运输超大件或超重件所需的道路和桥梁临时加固改造费用和其他有关费用，由承包人承担，但专用合同条款另有约定除外。

1.10.5 道路和桥梁的损坏责任

因承包人运输造成施工场地内外公共道路和桥梁损坏的，由承包人承担修复损坏的全部费用和可能引起的赔偿。

1.10.6 水路和航空运输

本款前述各项的内容适用于水路运输和航空运输，其中“道路”一词的含义包括河道、航线、船闸、机场、码头、堤防以及水路或航空运输中其他相似结构物；“车辆”一词的含义包括船舶和飞机等。

1.11 知识产权

1.11.1 除专用合同条款另有约定外，发包人提供给承包人的图纸、发包人为实施工程自行编制或委托编制的技术规范以及反映发包人要求的或其他类似性质的文件的著作权属于发包人，承包人可以为实现合同目的而复制、使用此类文件，但不能用于与合同无关的其他事项。未经发包人书面同意，承包人不得为了合同以外的目的而复制、使用上述文件或将之提供给任何第三方。

1.11.2 除专用合同条款另有约定外，承包人为实施工程所编制的文件，除署名权以外的著作权属于发包人，承包人可因实施工程的运行、调试、维修、改造等目的而复制、使用此类文件，但不能用于与合同无关的其他事项。未经发包人书面同意，承包人不得为了合同以外的目的而复制、使用上述文件或将之提供给任何第三方。

1.11.3 合同当事人保证在履行合同过程中不侵犯对方及第三方的知识产权。承包人在使用材料、施工设备、工程设备或采用施工工艺时，因侵犯他人的专利权或其他知识产权所引起的责任，由承包人承担；因发包人提供的材料、施工设备、工程设备或施工工艺导致侵权的，由发包人承担责任。

1.11.4 除专用合同条款另有约定外，承包人在合同签订前和签订时已确定采用的专利、专有技术、技术秘密的使用费已包含在签约合同价中。

1.12 保密

除法律规定或合同另有约定外，未经发包人同意，承包人不得将发包人提供的图纸、文件以及声明需要保密的资料信息等商业秘密泄露给第三方。

除法律规定或合同另有约定外，未经承包人同意，发包人不得将承包人提供的技术秘密及声明需要保密的资料信息等商业秘密泄露给第三方。

1.13 工程量清单错误的修正

除专用合同条款另有约定外，发包人提供的工程量清单，应被认为是准确的和完整的。出现下列情形之一时，发包人应予以修正，并相应调整合同价格：

（1）工程量清单存在缺项、漏项的；

（2）工程量清单偏差超出专用合同条款约定的工程量偏差范围的；

（3）未按照国家现行计量规范强制性规定计量的。

2. **发包人**

2.1 许可或批准

发包人应遵守法律，并办理法律规定由其办理的许可、批准或备案，包括但不限于建设用地规划许可证、建设工程规划许可证、建设工程施工许可证、施工所需临时用水、临时用电、中断道路交通、临时占用土地等许可和批准。发包人应协助承包人办理法律规定的有关施工证件和批件。

因发包人原因未能及时办理完毕前述许可、批准或备案，由发包人承担由此增加的费用和（或）延误的工期，并支付承包人合理的利润。

2.2 发包人代表

发包人应在专用合同条款中明确其派驻施工现场的发包人代表的姓名、职务、联系方式及授权范围等事项。发包人代表在发包人的授权范围内，负责处理合同履行过程中与发包人有关的具体事宜。发包人代表在授权范围内的行为由发包人承担法律责任。发包人更换发包人代表的，应提前7天书面通知承包人。

发包人代表不能按照合同约定履行其职责及义务，并导致合同无法继续正常履行的，承包人可以要求发包人撤换发包人代表。

不属于法定必须监理的工程，监理人的职权可以由发包人代表或发包人指定的其他人员行使。

2.3 发包人人员

发包人应要求在施工现场的发包人人员遵守法律及有关安全、质量、环境保护、文明施工等规定，并保障承包人免于承受因发包人人员未遵守上述要求给承包人造成的损失和责任。

发包人人员包括发包人代表及其他由发包人派驻施工现场的人员。

2.4 施工现场、施工条件和基础资料的提供

2.4.1 提供施工现场

除专用合同条款另有约定外，发包人应最迟于开工日期7天前向承包人移交施工现场。

2.4.2 提供施工条件

除专用合同条款另有约定外，发包人应负责提供施工所需要的条件，包括：

（1）将施工用水、电力、通信线路等施工所必需的条件接至施工现场内；

（2）保证向承包人提供正常施工所需要的进入施工现场的交通条件；

（3）协调处理施工现场周围地下管线和邻近建筑物、构筑物、古树名木的保护工作，并承担相关费用；

（4）按照专用合同条款约定应提供的其他设施和条件。

2.4.3 提供基础资料

发包人应当在移交施工现场前向承包人提供施工现场及工程施工所必需的毗邻区

域内供水、排水、供电、供气、供热、通信、广播电视等地下管线资料，气象和水文观测资料，地质勘察资料，相邻建筑物、构筑物和地下工程等有关基础资料，并对所提供资料的真实性、准确性和完整性负责。

按照法律规定确需在开工后方能提供的基础资料，发包人应尽其努力及时地在相应工程施工前的合理期限内提供，合理期限应以不影响承包人的正常施工为限。

2.4.4 逾期提供的责任

因发包人原因未能按合同约定及时向承包人提供施工现场、施工条件、基础资料的，由发包人承担由此增加的费用和（或）延误的工期。

2.5 资金来源证明及支付担保

除专用合同条款另有约定外，发包人应在收到承包人要求提供资金来源证明的书面通知后28天内，向承包人提供能够按照合同约定支付合同价款的相应资金来源证明。

除专用合同条款另有约定外，发包人要求承包人提供履约担保的，发包人应当向承包人提供支付担保。支付担保可以采用银行保函或担保公司担保等形式，具体由合同当事人在专用合同条款中约定。

2.6 支付合同价款

发包人应按合同约定向承包人及时支付合同价款。

2.7 组织竣工验收

发包人应按合同约定及时组织竣工验收。

2.8 现场统一管理协议

发包人应与承包人、由发包人直接发包的专业工程的承包人签订施工现场统一管理协议，明确各方的权利义务。施工现场统一管理协议作为专用合同条款的附件。

3. 承包人

3.1 承包人的一般义务

承包人在履行合同过程中应遵守法律和工程建设标准规范，并履行以下义务：

（1）办理法律规定应由承包人办理的许可和批准，并将办理结果书面报送发包人留存；

（2）按法律规定和合同约定完成工程，并在保修期内承担保修义务；

（3）按法律规定和合同约定采取施工安全和环境保护措施，办理工伤保险，确保工程及人员、材料、设备和设施的安全；

（4）按合同约定的工作内容和施工进度要求，编制施工组织设计和施工措施计划，并对所有施工作业和施工方法的完备性和安全可靠性负责；

（5）在进行合同约定的各项工作时，不得侵害发包人与他人使用公用道路、水源、市政管网等公共设施的权利，避免对邻近的公共设施产生干扰；承包人占用或使用他人的施工场地，影响他人作业或生活的，应承担相应责任；

（6）按照第6.3款〔环境保护〕约定负责施工场地及其周边环境与生态的保护工作；

（7）按第6.1款〔安全文明施工〕约定采取施工安全措施，确保工程及其人员、材料、设备和设施的安全，防止因工程施工造成的人身伤害和财产损失；

（8）将发包人按合同约定支付的各项价款专用于合同工程，且应及时支付其雇用人员工资，并及时向分包人支付合同价款；

（9）按照法律规定和合同约定编制竣工资料，完成竣工资料立卷及归档，并按专用合同条款约定的竣工资料的套数、内容、时间等要求移交发包人；

（10）应履行的其他义务。

3.2 项目经理

3.2.1 项目经理应为合同当事人所确认的人选，并在专用合同条款中明确项目经理的姓名、职称、注册执业证书编号、联系方式及授权范围等事项，项目经理经承包人授权后代表承包人负责履行合同。项目经理应是承包人正式聘用的员工，承包人应向发包人提交项目经理与承包人之间的劳动合同，以及承包人为项目经理缴纳社会保险的有效证明。承包人不提交上述文件的，项目经理无权履行职责，发包人有权要求更换项目经理，由此增加的费用和（或）延误的工期由承包人承担。

项目经理应常驻施工现场，且每月在施工现场时间不得少于专用合同条款约定的天数。项目经理不得同时担任其他项目的项目经理。项目经理确需离开施工现场时，应事先通知监理人，并取得发包人的书面同意。项目经理的通知中应当载明临时代行其职责的人员的注册执业资格、管理经验等资料，该人员应具备履行相应职责的能力。

承包人违反上述约定的，应按照专用合同条款的约定，承担违约责任。

3.2.2 项目经理按合同约定组织工程实施。在紧急情况下为确保施工安全和人员安全，在无法与发包人代表和总监理工程师及时取得联系时，项目经理有权采取必要的措施保证与工程有关的人身、财产和工程的安全，但应在48小时内向发包人代表和总监理工程师提交书面报告。

3.2.3 承包人需要更换项目经理的，应提前14天书面通知发包人和监理人，并征得发包人书面同意。通知中应当载明继任项目经理的注册执业资格、管理经验等资料，继任项目经理继续履行第3.2.1项约定的职责。未经发包人书面同意，承包人不得擅自更换项目经理。承包人擅自更换项目经理的，应按照专用合同条款的约定承担违约责任。

3.2.4 发包人有权书面通知承包人更换其认为不称职的项目经理，通知中应当载明要求更换的理由。承包人应在接到更换通知后14天内向发包人提出书面的改进报告。发包人收到改进报告后仍要求更换的，承包人应在接到第二次更换通知的28天内进行更换，并将新任命的项目经理的注册执业资格、管理经验等资料书面通知发包人。继任项目经理继续履行第3.2.1项约定的职责。承包人无正当理由拒绝更换项目经理的，应按照专用合同条款的约定承担违约责任。

3.2.5 项目经理因特殊情况授权其下属人员履行其某项工作职责的，该下属人员应具备履行相应职责的能力，并应提前7天将上述人员的姓名和授权范围书面通知监理人，并征得发包人书面同意。

3.3 承包人人员

3.3.1 除专用合同条款另有约定外，承包人应在接到开工通知后 7 天内，向监理人提交承包人项目管理机构及施工现场人员安排的报告，其内容应包括合同管理、施工、技术、材料、质量、安全、财务等主要施工管理人员名单及其岗位、注册执业资格等，以及各工种技术工人的安排情况，并同时提交主要施工管理人员与承包人之间的劳动关系证明和缴纳社会保险的有效证明。

3.3.2 承包人派驻到施工现场的主要施工管理人员应相对稳定。施工过程中如有变动，承包人应及时向监理人提交施工现场人员变动情况的报告。承包人更换主要施工管理人员时，应提前 7 天书面通知监理人，并征得发包人书面同意。通知中应当载明继任人员的注册执业资格、管理经验等资料。

特殊工种作业人员均应持有相应的资格证明，监理人可以随时检查。

3.3.3 发包人对于承包人主要施工管理人员的资格或能力有异议的，承包人应提供资料证明被质疑人员有能力完成其岗位工作或不存在发包人所质疑的情形。发包人要求撤换不能按照合同约定履行职责及义务的主要施工管理人员的，承包人应当撤换。承包人无正当理由拒绝撤换的，应按照专用合同条款的约定承担违约责任。

3.3.4 除专用合同条款另有约定外，承包人的主要施工管理人员离开施工现场每月累计不超过 5 天的，应报监理人同意；离开施工现场每月累计超过 5 天的，应通知监理人，并征得发包人书面同意。主要施工管理人员离开施工现场前应指定一名有经验的人员临时代行其职责，该人员应具备履行相应职责的资格和能力，且应征得监理人或发包人的同意。

3.3.5 承包人擅自更换主要施工管理人员，或前述人员未经监理人或发包人同意擅自离开施工现场的，应按照专用合同条款约定承担违约责任。

3.4 承包人现场查勘

承包人应对基于发包人按照第 2.4.3 项〔提供基础资料〕提交的基础资料所做出的解释和推断负责，但因基础资料存在错误、遗漏导致承包人解释或推断失实的，由发包人承担责任。

承包人应对施工现场和施工条件进行查勘，并充分了解工程所在地的气象条件、交通条件、风俗习惯以及其他与完成合同工作有关的其他资料。因承包人未能充分查勘、了解前述情况或未能充分估计前述情况所可能产生后果的，承包人承担由此增加的费用和（或）延误的工期。

3.5 分包

3.5.1 分包的一般约定

承包人不得将其承包的全部工程转包给第三人，或将其承包的全部工程肢解后以分包的名义转包给第三人。承包人不得将工程主体结构、关键性工作及专用合同条款中禁止分包的专业工程分包给第三人，主体结构、关键性工作的范围由合同当事人按照法律规定在专用合同条款中予以明确。

承包人不得以劳务分包的名义转包或违法分包工程。

3.5.2 分包的确定

承包人应按专用合同条款的约定进行分包，确定分包人。已标价工程量清单或预算书中给定暂估价的专业工程，按照第10.7款〔暂估价〕确定分包人。按照合同约定进行分包的，承包人应确保分包人具有相应的资质和能力。工程分包不减轻或免除承包人的责任和义务，承包人和分包人就分包工程向发包人承担连带责任。除合同另有约定外，承包人应在分包合同签订后7天内向发包人和监理人提交分包合同副本。

3.5.3 分包管理

承包人应向监理人提交分包人的主要施工管理人员表，并对分包人的施工人员进行实名制管理，包括但不限于进出场管理、登记造册以及各种证照的办理。

3.5.4 分包合同价款

（1）除本项第（2）目约定的情况或专用合同条款另有约定外，分包合同价款由承包人与分包人结算，未经承包人同意，发包人不得向分包人支付分包工程价款；

（2）生效法律文书要求发包人向分包人支付分包合同价款的，发包人有权从应付承包人工程款中扣除该部分款项。

3.5.5 分包合同权益的转让

分包人在分包合同项下的义务持续到缺陷责任期届满以后的，发包人有权在缺陷责任期届满前，要求承包人将其在分包合同项下的权益转让给发包人，承包人应当转让。除转让合同另有约定外，转让合同生效后，由分包人向发包人履行义务。

3.6 工程照管与成品、半成品保护

（1）除专用合同条款另有约定外，自发包人向承包人移交施工现场之日起，承包人应负责照管工程及工程相关的材料、工程设备，直到颁发工程接收证书之日止。

（2）在承包人负责照管期间，因承包人原因造成工程、材料、工程设备损坏的，由承包人负责修复或更换，并承担由此增加的费用和（或）延误的工期。

（3）对合同内分期完成的成品和半成品，在工程接收证书颁发前，由承包人承担保护责任。因承包人原因造成成品或半成品损坏的，由承包人负责修复或更换，并承担由此增加的费用和（或）延误的工期。

3.7 履约担保

发包人需要承包人提供履约担保的，由合同当事人在专用合同条款中约定履约担保的方式、金额及期限等。履约担保可以采用银行保函或担保公司担保等形式，具体由合同当事人在专用合同条款中约定。

因承包人原因导致工期延长的，继续提供履约担保所增加的费用由承包人承担；非因承包人原因导致工期延长的，继续提供履约担保所增加的费用由发包人承担。

3.8 联合体

3.8.1 联合体各方应共同与发包人签订合同协议书。联合体各方应为履行合同向发包人承担连带责任。

3.8.2 联合体协议经发包人确认后作为合同附件。在履行合同过程中，未经发包人同意，不得修改联合体协议。

3.8.3 联合体牵头人负责与发包人和监理人联系，并接受指示，负责组织联合体各成员全面履行合同。

4. 监理人

4.1 监理人的一般规定

工程实行监理的，发包人和承包人应在专用合同条款中明确监理人的监理内容及监理权限等事项。监理人应当根据发包人授权及法律规定，代表发包人对工程施工相关事项进行检查、查验、审核、验收，并签发相关指示，但监理人无权修改合同，且无权减轻或免除合同约定的承包人的任何责任与义务。

除专用合同条款另有约定外，监理人在施工现场的办公场所、生活场所由承包人提供，所发生的费用由发包人承担。

4.2 监理人员

发包人授予监理人对工程实施监理的权利由监理人派驻施工现场的监理人员行使，监理人员包括总监理工程师及监理工程师。监理人应将授权的总监理工程师和监理工程师的姓名及授权范围以书面形式提前通知承包人。更换总监理工程师的，监理人应提前7天书面通知承包人；更换其他监理人员，监理人应提前48小时书面通知承包人。

4.3 监理人的指示

监理人应按照发包人的授权发出监理指示。监理人的指示应采用书面形式，并经其授权的监理人员签字。紧急情况下，为了保证施工人员的安全或避免工程受损，监理人员可以口头形式发出指示，该指示与书面形式的指示具有同等法律效力，但必须在发出口头指示后24小时内补发书面监理指示，补发的书面监理指示应与口头指示一致。

监理人发出的指示应送达承包人项目经理或经项目经理授权接收的人员。因监理人未能按合同约定发出指示、指示延误或发出了错误指示而导致承包人费用增加和（或）工期延误的，由发包人承担相应责任。除专用合同条款另有约定外，总监理工程师不应将第4.4款〔商定或确定〕约定应由总监理工程师作出确定的权力授权或委托给其他监理人员。

承包人对监理人发出的指示有疑问的，应向监理人提出书面异议，监理人应在48小时内对该指示予以确认、更改或撤销，监理人逾期未回复的，承包人有权拒绝执行上述指示。

监理人对承包人的任何工作、工程或其采用的材料和工程设备未在约定的或合理期限内提出意见的，视为批准，但不免除或减轻承包人对该工作、工程、材料、工程设备等应承担的责任和义务。

4.4 商定或确定

合同当事人进行商定或确定时，总监理工程师应当会同合同当事人尽量通过协商达成一致，不能达成一致的，由总监理工程师按照合同约定审慎做出公正的确定。

总监理工程师应将确定以书面形式通知发包人和承包人，并附详细依据。合同当事人对总监理工程师的确定没有异议的，按照总监理工程师的确定执行。任何一方合同当事人有异议，按照第20条〔争议解决〕约定处理。争议解决前，合同当事人暂按总监理工程师的确定执行；争议解决后，争议解决的结果与总监理工程师的确定不一致的，按照争议解决的结果执行，由此造成的损失由责任人承担。

5. 工程质量

5.1 质量要求

5.1.1 工程质量标准必须符合现行国家有关工程施工质量验收规范和标准的要求。有关工程质量的特殊标准或要求由合同当事人在专用合同条款中约定。

5.1.2 因发包人原因造成工程质量未达到合同约定标准的，由发包人承担由此增加的费用和（或）延误的工期，并支付承包人合理的利润。

5.1.3 因承包人原因造成工程质量未达到合同约定标准的，发包人有权要求承包人返工直至工程质量达到合同约定的标准为止，并由承包人承担由此增加的费用和（或）延误的工期。

5.2 质量保证措施

5.2.1 发包人的质量管理

发包人应按照法律规定及合同约定完成与工程质量有关的各项工作。

5.2.2 承包人的质量管理

承包人按照第7.1款〔施工组织设计〕约定向发包人和监理人提交工程质量保证体系及措施文件，建立完善的质量检查制度，并提交相应的工程质量文件。对于发包人和监理人违反法律规定和合同约定的错误指示，承包人有权拒绝实施。

承包人应对施工人员进行质量教育和技术培训，定期考核施工人员的劳动技能，严格执行施工规范和操作规程。

承包人应按照法律规定和发包人的要求，对材料、工程设备以及工程的所有部位及其施工工艺进行全过程的质量检查和检验，并作详细记录，编制工程质量报表，报送监理人审查。此外，承包人还应按照法律规定和发包人的要求，进行施工现场取样试验、工程复核测量和设备性能检测，提供试验样品、提交试验报告和测量成果以及其他工作。

5.2.3 监理人的质量检查和检验

监理人按照法律规定和发包人授权对工程的所有部位及其施工工艺、材料和工程设备进行检查和检验。承包人应为监理人的检查和检验提供方便，包括监理人到施工现场，或制造、加工地点，或合同约定的其他地方进行察看和查阅施工原始记录。监理人为此进行的检查和检验，不免除或减轻承包人按照合同约定应当承担的责任。

监理人的检查和检验不应影响施工正常进行。监理人的检查和检验影响施工正常进行的，且经检查检验不合格的，影响正常施工的费用由承包人承担，工期不予顺延；经检查检验合格的，由此增加的费用和（或）延误的工期由发包人承担。

5.3 隐蔽工程检查

5.3.1 承包人自检

承包人应当对工程隐蔽部位进行自检，并经自检确认是否具备覆盖条件。

5.3.2 检查程序

除专用合同条款另有约定外，工程隐蔽部位经承包人自检确认具备覆盖条件的，承包人应在共同检查前48小时书面通知监理人检查，通知中应载明隐蔽检查的内容、时间和地点，并应附有自检记录和必要的检查资料。

监理人应按时到场并对隐蔽工程及其施工工艺、材料和工程设备进行检查。经监理人检查确认质量符合隐蔽要求，并在验收记录上签字后，承包人才能进行覆盖。经监理人检查质量不合格的，承包人应在监理人指示的时间内完成修复，并由监理人重新检查，由此增加的费用和（或）延误的工期由承包人承担。

除专用合同条款另有约定外，监理人不能按时进行检查的，应在检查前24小时向承包人提交书面延期要求，但延期不能超过48小时，由此导致工期延误的，工期应予以顺延。监理人未按时进行检查，也未提出延期要求的，视为隐蔽工程检查合格，承包人可自行完成覆盖工作，并作相应记录报送监理人，监理人应签字确认。监理人事后对检查记录有疑问的，可按第5.3.3项〔重新检查〕的约定重新检查。

5.3.3 重新检查

承包人覆盖工程隐蔽部位后，发包人或监理人对质量有疑问的，可要求承包人对已覆盖的部位进行钻孔探测或揭开重新检查，承包人应遵照执行，并在检查后重新覆盖恢复原状。经检查证明工程质量符合合同要求的，由发包人承担由此增加的费用和（或）延误的工期，并支付承包人合理的利润；经检查证明工程质量不符合合同要求的，由此增加的费用和（或）延误的工期由承包人承担。

5.3.4 承包人私自覆盖

承包人未通知监理人到场检查，私自将工程隐蔽部位覆盖的，监理人有权指示承包人钻孔探测或揭开检查，无论工程隐蔽部位质量是否合格，由此增加的费用和（或）延误的工期均由承包人承担。

5.4 不合格工程的处理

5.4.1 因承包人原因造成工程不合格的，发包人有权随时要求承包人采取补救措施，直至达到合同要求的质量标准，由此增加的费用和（或）延误的工期由承包人承担。无法补救的，按照第13.2.4项〔拒绝接收全部或部分工程〕约定执行。

5.4.2 因发包人原因造成工程不合格的，由此增加的费用和（或）延误的工期由发包人承担，并支付承包人合理的利润。

5.5 质量争议检测

合同当事人对工程质量有争议的，由双方协商确定的工程质量检测机构鉴定，由此产生的费用及因此造成的损失，由责任方承担。

合同当事人均有责任的，由双方根据其责任分别承担。合同当事人无法达成一致的，按照第4.4款〔商定或确定〕执行。

6. 安全文明施工与环境保护

6.1 安全文明施工

6.1.1 安全生产要求

合同履行期间，合同当事人均应当遵守国家和工程所在地有关安全生产的要求，合同当事人有特别要求的，应在专用合同条款中明确施工项目安全生产标准化达标目标及相应事项。承包人有权拒绝发包人及监理人强令承包人违章作业、冒险施工的任何指示。

在施工过程中，如遇到突发的地质变动、事先未知的地下施工障碍等影响施工安全的紧急情况，承包人应及时报告监理人和发包人，发包人应当及时下令停工并报政府有关行政管理部门采取应急措施。

因安全生产需要暂停施工的，按照第7.8款〔暂停施工〕的约定执行。

6.1.2 安全生产保证措施

承包人应当按照有关规定编制安全技术措施或者专项施工方案，建立安全生产责任制度、治安保卫制度及安全生产教育培训制度，并按安全生产法律规定及合同约定履行安全职责，如实编制工程安全生产的有关记录，接受发包人、监理人及政府安全监督部门的检查与监督。

6.1.3 特别安全生产事项

承包人应按照法律规定进行施工，开工前做好安全技术交底工作，施工过程中做好各项安全防护措施。承包人为实施合同而雇用的特殊工种的人员应受过专门的培训并已取得政府有关管理机构颁发的上岗证书。

承包人在动力设备、输电线路、地下管道、密封防震车间、易燃易爆地段以及临街交通要道附近施工时，施工开始前应向发包人和监理人提出安全防护措施，经发包人认可后实施。

实施爆破作业，在放射、毒害性环境中施工（含储存、运输、使用）及使用毒害性、腐蚀性物品施工时，承包人应在施工前7天以书面通知发包人和监理人，并报送相应的安全防护措施，经发包人认可后实施。

需单独编制危险性较大分部分项专项工程施工方案的，及要求进行专家论证的超过一定规模的危险性较大的分部分项工程，承包人应及时编制和组织论证。

6.1.4 治安保卫

除专用合同条款另有约定外，发包人应与当地公安部门协商，在现场建立治安管理机构或联防组织，统一管理施工场地的治安保卫事项，履行合同工程的治安保卫职责。

发包人和承包人除应协助现场治安管理机构或联防组织维护施工场地的社会治安外，还应做好包括生活区在内的各自管辖区的治安保卫工作。

除专用合同条款另有约定外，发包人和承包人应在工程开工后7天内共同编制施工场地治安管理计划，并制定应对突发治安事件的紧急预案。在工程施工过程中，发生暴乱、爆炸等恐怖事件，以及群殴、械斗等群体性突发治安事件的，发包人和承包人应立即向当地政府报告。发包人和承包人应积极协助当地有关部门采取措施平息事态，防止事态扩大，尽量避免人员伤亡和财产损失。

6.1.5 文明施工

承包人在工程施工期间，应当采取措施保持施工现场平整，物料堆放整齐。工程所在地有关政府行政管理部门有特殊要求的，按照其要求执行。合同当事人对文明施工有其他要求的，可以在专用合同条款中明确。

在工程移交之前，承包人应当从施工现场清除承包人的全部工程设备、多余材料、垃圾和各种临时工程，并保持施工现场清洁整齐。经发包人书面同意，承包人可在发包人指定的地点保留承包人履行保修期内的各项义务所需要的材料、施工设备和临时工程。

6.1.6 安全文明施工费

安全文明施工费由发包人承担，发包人不得以任何形式扣减该部分费用。因基准日期后合同所适用的法律或政府有关规定发生变化，增加的安全文明施工费由发包人承担。

承包人经发包人同意采取合同约定以外的安全措施所产生的费用，由发包人承担。未经发包人同意的，如果该措施避免了发包人的损失，则发包人在避免损失的额度内承担该措施费。如果该措施避免了承包人的损失，由承包人承担该措施费。

除专用合同条款另有约定外，发包人应在开工后28天内预付安全文明施工费总额的50%，其余部分与进度款同期支付。发包人逾期支付安全文明施工费超过7天的，承包人有权向发包人发出要求预付的催告通知，发包人收到通知后7天内仍未支付的，承包人有权暂停施工，并按第16.1.1项〔发包人违约的情形〕执行。

承包人对安全文明施工费应专款专用，承包人应在财务账目中单独列项备查，不得挪作他用，否则发包人有权责令其限期改正；逾期未改正的，可以责令其暂停施工，由此增加的费用和（或）延误的工期由承包人承担。

6.1.7 紧急情况处理

在工程实施期间或缺陷责任期内发生危及工程安全的事件，监理人通知承包人进行抢救，承包人声明无能力或不愿立即执行的，发包人有权雇用其他人员进行抢救。

此类抢救按合同约定属于承包人义务的，由此增加的费用和（或）延误的工期由承包人承担。

6.1.8 事故处理

工程施工过程中发生事故的，承包人应立即通知监理人，监理人应立即通知发包人。发包人和承包人应立即组织人员和设备进行紧急抢救和抢修，减少人员伤亡和财产损失，防止事故扩大，并保护事故现场。需要移动现场物品时，应作出标记和书面记录，妥善保管有关证据。发包人和承包人应按国家有关规定，及时如实地向有关部门报告事故发生的情况，以及正在采取的紧急措施等。

6.1.9 安全生产责任

6.1.9.1 发包人的安全责任

发包人应负责赔偿以下各种情况造成的损失：

（1）工程或工程的任何部分对土地的占用所造成的第三者财产损失；

（2）由于发包人原因在施工场地及其毗邻地带造成的第三者人身伤亡和财产损失；

（3）由于发包人原因对承包人、监理人造成的人员人身伤亡和财产损失；

（4）由于发包人原因造成的发包人自身人员的人身伤害以及财产损失。

6.1.9.2 承包人的安全责任

由于承包人原因在施工场地内及其毗邻地带造成的发包人、监理人以及第三者人员伤亡和财产损失，由承包人负责赔偿。

6.2 职业健康

6.2.1 劳动保护

承包人应按照法律规定安排现场施工人员的劳动和休息时间，保障劳动者的休息时间，并支付合理的报酬和费用。承包人应依法为其履行合同所雇用的人员办理必要的证件、许可、保险和注册等，承包人应督促其分包人为分包人所雇用的人员办理必要的证件、许可、保险和注册等。

承包人应按照法律规定保障现场施工人员的劳动安全，并提供劳动保护，并应按国家有关劳动保护的规定，采取有效的防止粉尘、降低噪声、控制有害气体和保障高温、高寒、高空作业安全等劳动保护措施。承包人雇用人员在施工中受到伤害的，承包人应立即采取有效措施进行抢救和治疗。

承包人应按法律规定安排工作时间，保证其雇用人员享有休息和休假的权利。因工程施工的特殊需要占用休假日或延长工作时间的，应不超过法律规定的限度，并按法律规定给予补休或付酬。

6.2.2 生活条件

承包人应为其履行合同所雇用的人员提供必要的膳宿条件和生活环境；承包人应采取有效措施预防传染病，保证施工人员的健康，并定期对施工现场、施工人员生活基地和工程进行防疫和卫生的专业检查和处理，在远离城镇的施工场地，还应配备必要的伤病防治和急救的医务人员与医疗设施。

6.3 环境保护

承包人应在施工组织设计中列明环境保护的具体措施。在合同履行期间，承包人应采取合理措施保护施工现场环境。对施工作业过程中可能引起的大气、水、噪音以及固体废物污染采取具体可行的防范措施。

承包人应当承担因其原因引起的环境污染侵权损害赔偿责任，因上述环境污染引起纠纷而导致暂停施工的，由此增加的费用和（或）延误的工期由承包人承担。

7. 工期和进度

7.1 施工组织设计

7.1.1 施工组织设计的内容

施工组织设计应包含以下内容：

（1）施工方案；

（2）施工现场平面布置图；

（3）施工进度计划和保证措施；

（4）劳动力及材料供应计划；

（5）施工机械设备的选用；

（6）质量保证体系及措施；

（7）安全生产、文明施工措施；

（8）环境保护、成本控制措施；

（9）合同当事人约定的其他内容。

7.1.2 施工组织设计的提交和修改

除专用合同条款另有约定外，承包人应在合同签订后14天内，但至迟不得晚于第7.3.2项〔开工通知〕载明的开工日期前7天，向监理人提交详细的施工组织设计，并由监理人报送发包人。除专用合同条款另有约定外，发包人和监理人应在监理人收到施工组织设计后7天内确认或提出修改意见。对发包人和监理人提出的合理意见和要求，承包人应自费修改完善。根据工程实际情况需要修改施工组织设计的，承包人应向发包人和监理人提交修改后的施工组织设计。

施工进度计划的编制和修改按照第7.2款〔施工进度计划〕执行。

7.2 施工进度计划

7.2.1 施工进度计划的编制

承包人应按照第7.1款〔施工组织设计〕约定提交详细的施工进度计划，施工进度计划的编制应当符合国家法律规定和一般工程实践惯例，施工进度计划经发包人批准后实施。施工进度计划是控制工程进度的依据，发包人和监理人有权按照施工进度计划检查工程进度情况。

7.2.2 施工进度计划的修订

施工进度计划不符合合同要求或与工程的实际进度不一致的，承包人应向监理人提交修订的施工进度计划，并附具有关措施和相关资料，由监理人报送发包人。除专用合同条款另有约定外，发包人和监理人应在收到修订的施工进度计划后7天内完成审核和批准或提出修改意见。发包人和监理人对承包人提交的施工进度计划的确认，不能减轻或免除承包人根据法律规定和合同约定应承担的任何责任或义务。

7.3 开工

7.3.1 开工准备

除专用合同条款另有约定外，承包人应按照第7.1款〔施工组织设计〕约定的期限，向监理人提交工程开工报审表，经监理人报发包人批准后执行。开工报审表应详细说明按施工进度计划正常施工所需的施工道路、临时设施、材料、工程设备、施工设备、施工人员等落实情况以及工程的进度安排。

除专用合同条款另有约定外，合同当事人应按约定完成开工准备工作。

7.3.2 开工通知

发包人应按照法律规定获得工程施工所需的许可。经发包人同意后，监理人发出的开工通知应符合法律规定。监理人应在计划开工日期7天前向承包人发出开工通知，工期自开工通知中载明的开工日期起算。

除专用合同条款另有约定外，因发包人原因造成监理人未能在计划开工日期之日起90天内发出开工通知的，承包人有权提出价格调整要求，或者解除合同。发包人应当承担由此增加的费用和（或）延误的工期，并向承包人支付合理利润。

7.4 测量放线

7.4.1 除专用合同条款另有约定外，发包人应在至迟不得晚于第7.3.2项〔开工通知〕载明的开工日期前7天通过监理人向承包人提供测量基准点、基准线和水准点及其书面资料。发包人应对其提供的测量基准点、基准线和水准点及其书面资料的真实性、准确性和完整性负责。

承包人发现发包人提供的测量基准点、基准线和水准点及其书面资料存在错误或疏漏的，应及时通知监理人。监理人应及时报告发包人，并会同发包人和承包人予以核实。发包人应就如何处理和是否继续施工作出决定，并通知监理人和承包人。

7.4.2 承包人负责施工过程中的全部施工测量放线工作，并配置具有相应资质的人员、合格的仪器、设备和其他物品。承包人应矫正工程的位置、标高、尺寸或准线中出现的任何差错，并对工程各部分的定位负责。

施工过程中对施工现场内水准点等测量标志物的保护工作由承包人负责。

7.5 工期延误

7.5.1 因发包人原因导致工期延误

在合同履行过程中，因下列情况导致工期延误和（或）费用增加的，由发包人承担由此延误的工期和（或）增加的费用，且发包人应支付承包人合理的利润：

（1）发包人未能按合同约定提供图纸或所提供图纸不符合合同约定的；

（2）发包人未能按合同约定提供施工现场、施工条件、基础资料、许可、批准等开工条件的；

（3）发包人提供的测量基准点、基准线和水准点及其书面资料存在错误或疏漏的；

（4）发包人未能在计划开工日期之日起7天内同意下达开工通知的；

（5）发包人未能按合同约定日期支付工程预付款、进度款或竣工结算款的；

（6）监理人未按合同约定发出指示、批准等文件的；

（7）专用合同条款中约定的其他情形。

因发包人原因未按计划开工日期开工的，发包人应按实际开工日期顺延竣工日期，确保实际工期不低于合同约定的工期总日历天数。因发包人原因导致工期延误需要修订施工进度计划的，按照第7.2.2项〔施工进度计划的修订〕执行。

7.5.2 因承包人原因导致工期延误

因承包人原因造成工期延误的，可以在专用合同条款中约定逾期竣工违约金的计算方法和逾期竣工违约金的上限。承包人支付逾期竣工违约金后，不免除承包人继续完成工程及修补缺陷的义务。

7.6 不利物质条件

不利物质条件是指有经验的承包人在施工现场遇到的不可预见的自然物质条件、非自然的物质障碍和污染物，包括地表以下物质条件和水文条件以及专用合同条款约定的其他情形，但不包括气候条件。

承包人遇到不利物质条件时，应采取克服不利物质条件的合理措施继续施工，并及时通知发包人和监理人。通知应载明不利物质条件的内容以及承包人认为不可预见的理由。监理人经发包人同意后应当及时发出指示，指示构成变更的，按第10条〔变更〕约定执行。承包人因采取合理措施而增加的费用和（或）延误的工期由发包人承担。

7.7 异常恶劣的气候条件

异常恶劣的气候条件是指在施工过程中遇到的，有经验的承包人在签订合同时不可预见的，对合同履行造成实质性影响的，但尚未构成不可抗力事件的恶劣气候条件。合同当事人可以在专用合同条款中约定异常恶劣的气候条件的具体情形。

承包人应采取克服异常恶劣的气候条件的合理措施继续施工，并及时通知发包人和监理人。监理人经发包人同意后应当及时发出指示，指示构成变更的，按第10条〔变更〕约定办理。承包人因采取合理措施而增加的费用和（或）延误的工期由发包人承担。

7.8 暂停施工

7.8.1 发包人原因引起的暂停施工

因发包人原因引起暂停施工的，监理人经发包人同意后，应及时下达暂停施工指示。情况紧急且监理人未及时下达暂停施工指示的，按照第 7. 8. 4 项〔紧急情况下的暂停施工〕执行。

因发包人原因引起的暂停施工，发包人应承担由此增加的费用和（或）延误的工期，并支付承包人合理的利润。

7. 8. 2 承包人原因引起的暂停施工

因承包人原因引起的暂停施工，承包人应承担由此增加的费用和（或）延误的工期，且承包人在收到监理人复工指示后 84 天内仍未复工的，视为第 16. 2. 1 项〔承包人违约的情形〕第（7）目约定的承包人无法继续履行合同的情形。

7. 8. 3 指示暂停施工

监理人认为有必要时，并经发包人批准后，可向承包人作出暂停施工的指示，承包人应按监理人指示暂停施工。

7. 8. 4 紧急情况下的暂停施工

因紧急情况需暂停施工，且监理人未及时下达暂停施工指示的，承包人可先暂停施工，并及时通知监理人。监理人应在接到通知后 24 小时内发出指示，逾期未发出指示，视为同意承包人暂停施工。监理人不同意承包人暂停施工的，应说明理由，承包人对监理人的答复有异议，按照第 20 条〔争议解决〕约定处理。

7. 8. 5 暂停施工后的复工

暂停施工后，发包人和承包人应采取有效措施积极消除暂停施工的影响。在工程复工前，监理人会同发包人和承包人确定因暂停施工造成的损失，并确定工程复工条件。当工程具备复工条件时，监理人应经发包人批准后向承包人发出复工通知，承包人应按照复工通知要求复工。

承包人无故拖延和拒绝复工的，承包人承担由此增加的费用和（或）延误的工期；因发包人原因无法按时复工的，按照第 7. 5. 1 项〔因发包人原因导致工期延误〕约定办理。

7. 8. 6 暂停施工持续 56 天以上

监理人发出暂停施工指示后 56 天内未向承包人发出复工通知，除该项停工属于第 7. 8. 2 项〔承包人原因引起的暂停施工〕及第 17 条〔不可抗力〕约定的情形外，承包人可向发包人提交书面通知，要求发包人在收到书面通知后 28 天内准许已暂停施工的部分或全部工程继续施工。发包人逾期不予批准的，则承包人可以通知发包人，将工程受影响的部分视为按第 10. 1 款〔变更的范围〕第（2）项的可取消工作。

暂停施工持续 84 天以上不复工的，且不属于第 7. 8. 2 项〔承包人原因引起的暂停施工〕及第 17 条〔不可抗力〕约定的情形，并影响到整个工程以及合同目的实现的，承包人有权提出价格调整要求，或者解除合同。解除合同的，按照第 16. 1. 3 项〔因发包人违约解除合同〕执行。

7.8.7 暂停施工期间的工程照管

暂停施工期间，承包人应负责妥善照管工程并提供安全保障，由此增加的费用由责任方承担。

7.8.8 暂停施工的措施

暂停施工期间，发包人和承包人均应采取必要的措施确保工程质量及安全，防止因暂停施工扩大损失。

7.9 提前竣工

7.9.1 发包人要求承包人提前竣工的，发包人应通过监理人向承包人下达提前竣工指示，承包人应向发包人和监理人提交提前竣工建议书，提前竣工建议书应包括实施的方案、缩短的时间、增加的合同价格等内容。发包人接受该提前竣工建议书的，监理人应与发包人和承包人协商采取加快工程进度的措施，并修订施工进度计划，由此增加的费用由发包人承担。承包人认为提前竣工指示无法执行的，应向监理人和发包人提出书面异议，发包人和监理人应在收到异议后7天内予以答复。任何情况下，发包人不得压缩合理工期。

7.9.2 发包人要求承包人提前竣工，或承包人提出提前竣工的建议能够给发包人带来效益的，合同当事人可以在专用合同条款中约定提前竣工的奖励。

8. 材料与设备

8.1 发包人供应材料与工程设备

发包人自行供应材料、工程设备的，应在签订合同时在专用合同条款的附件《发包人供应材料设备一览表》中明确材料、工程设备的品种、规格、型号、数量、单价、质量等级和送达地点。

承包人应提前30天通过监理人以书面形式通知发包人供应材料与工程设备进场。承包人按照第7.2.2项〔施工进度计划的修订〕约定修订施工进度计划时，需同时提交经修订后的发包人供应材料与工程设备的进场计划。

8.2 承包人采购材料与工程设备

承包人负责采购材料、工程设备的，应按照设计和有关标准要求采购，并提供产品合格证明及出厂证明，对材料、工程设备质量负责。合同约定由承包人采购的材料、工程设备，发包人不得指定生产厂家或供应商，发包人违反本款约定指定生产厂家或供应商的，承包人有权拒绝，并由发包人承担相应责任。

8.3 材料与工程设备的接收与拒收

8.3.1 发包人应按《发包人供应材料设备一览表》约定的内容提供材料和工程设备，并向承包人提供产品合格证明及出厂证明，对其质量负责。发包人应提前24小时以书面形式通知承包人、监理人材料和工程设备到货时间，承包人负责材料和工程设备的清点、检验和接收。

发包人提供的材料和工程设备的规格、数量或质量不符合合同约定的，或因发包人原因导致交货日期延误或交货地点变更等情况的，按照第16.1款〔发包人违约〕约定办理。

8.3.2 承包人采购的材料和工程设备，应保证产品质量合格，承包人应在材料和工程设备到货前24小时通知监理人检验。承包人进行永久设备、材料的制造和生产的，应符合相关质量标准，并向监理人提交材料的样本以及有关资料，并应在使用该材料或工程设备之前获得监理人同意。

承包人采购的材料和工程设备不符合设计或有关标准要求时，承包人应在监理人要求的合理期限内将不符合设计或有关标准要求的材料、工程设备运出施工现场，并重新采购符合要求的材料、工程设备，由此增加的费用和（或）延误的工期，由承包人承担。

8.4 材料与工程设备的保管与使用

8.4.1 发包人供应材料与工程设备的保管与使用

发包人供应的材料和工程设备，承包人清点后由承包人妥善保管，保管费用由发包人承担，但已标价工程量清单或预算书已经列支或专用合同条款另有约定除外。因承包人原因发生丢失毁损的，由承包人负责赔偿；监理人未通知承包人清点的，承包人不负责材料和工程设备的保管，由此导致丢失毁损的由发包人负责。

发包人供应的材料和工程设备使用前，由承包人负责检验，检验费用由发包人承担，不合格的不得使用。

8.4.2 承包人采购材料与工程设备的保管与使用

承包人采购的材料和工程设备由承包人妥善保管，保管费用由承包人承担。法律规定材料和工程设备使用前必须进行检验或试验的，承包人应按监理人的要求进行检验或试验，检验或试验费用由承包人承担，不合格的不得使用。

发包人或监理人发现承包人使用不符合设计或有关标准要求的材料和工程设备时，有权要求承包人进行修复、拆除或重新采购，由此增加的费用和（或）延误的工期，由承包人承担。

8.5 禁止使用不合格的材料和工程设备

8.5.1 监理人有权拒绝承包人提供的不合格材料或工程设备，并要求承包人立即进行更换。监理人应在更换后再次进行检查和检验，由此增加的费用和（或）延误的工期由承包人承担。

8.5.2 监理人发现承包人使用了不合格的材料和工程设备，承包人应按照监理人的指示立即改正，并禁止在工程中继续使用不合格的材料和工程设备。

8.5.3 发包人提供的材料或工程设备不符合合同要求的，承包人有权拒绝，并可要求发包人更换，由此增加的费用和（或）延误的工期由发包人承担，并支付承包人合理的利润。

8.6 样品

8.6.1 样品的报送与封存

需要承包人报送样品的材料或工程设备，样品的种类、名称、规格、数量等要求均应在专用合同条款中约定。样品的报送程序如下：

（1）承包人应在计划采购前28天向监理人报送样品。承包人报送的样品均应来自供应材料的实际生产地，且提供的样品的规格、数量足以表明材料或工程设备的质量、型号、颜色、表面处理、质地、误差和其他要求的特征。

（2）承包人每次报送样品时应随附申报单，申报单应载明报送样品的相关数据和资料，并标明每件样品对应的图纸号，预留监理人批复意见栏。监理人应在收到承包人报送的样品后7天向承包人回复经发包人签认的样品审批意见。

（3）经发包人和监理人审批确认的样品应按约定的方法封样，封存的样品作为检验工程相关部分的标准之一。承包人在施工过程中不得使用与样品不符的材料或工程设备。

（4）发包人和监理人对样品的审批确认仅为确认相关材料或工程设备的特征或用途，不得被理解为对合同的修改或改变，也并不减轻或免除承包人任何的责任和义务。如果封存的样品修改或改变了合同约定，合同当事人应当以书面协议予以确认。

8.6.2 样品的保管

经批准的样品应由监理人负责封存于现场，承包人应在现场为保存样品提供适当和固定的场所并保持适当和良好的存储环境条件。

8.7 材料与工程设备的替代

8.7.1 出现下列情况需要使用替代材料和工程设备的，承包人应按照第8.7.2项约定的程序执行：

（1）基准日期后生效的法律规定禁止使用的；

（2）发包人要求使用替代品的；

（3）因其他原因必须使用替代品的。

8.7.2 承包人应在使用替代材料和工程设备28天前书面通知监理人，并附下列文件：

（1）被替代的材料和工程设备的名称、数量、规格、型号、品牌、性能、价格及其他相关资料；

（2）替代品的名称、数量、规格、型号、品牌、性能、价格及其他相关资料；

（3）替代品与被替代产品之间的差异以及使用替代品可能对工程产生的影响；

（4）替代品与被替代产品的价格差异；

（5）使用替代品的理由和原因说明；

（6）监理人要求的其他文件。

监理人应在收到通知后14天内向承包人发出经发包人签认的书面指示；监理人逾

期发出书面指示的，视为发包人和监理人同意使用替代品。

8.7.3 发包人认可使用替代材料和工程设备的，替代材料和工程设备的价格，按照已标价工程量清单或预算书相同项目的价格认定；无相同项目的，参考相似项目价格认定；既无相同项目也无相似项目的，按照合理的成本与利润构成的原则，由合同当事人按照第4.4款〔商定或确定〕确定价格。

8.8 施工设备和临时设施

8.8.1 承包人提供的施工设备和临时设施

承包人应按合同进度计划的要求，及时配置施工设备和修建临时设施。进入施工场地的承包人设备需经监理人核查后才能投入使用。承包人更换合同约定的承包人设备的，应报监理人批准。

除专用合同条款另有约定外，承包人应自行承担修建临时设施的费用，需要临时占地的，应由发包人办理申请手续并承担相应费用。

8.8.2 发包人提供的施工设备和临时设施

发包人提供的施工设备或临时设施在专用合同条款中约定。

8.8.3 要求承包人增加或更换施工设备

承包人使用的施工设备不能满足合同进度计划和（或）质量要求时，监理人有权要求承包人增加或更换施工设备，承包人应及时增加或更换，由此增加的费用和（或）延误的工期由承包人承担。

8.9 材料与设备专用要求

承包人运入施工现场的材料、工程设备、施工设备以及在施工场地建设的临时设施，包括备品备件、安装工具与资料，必须专用于工程。未经发包人批准，承包人不得运出施工现场或挪作他用；经发包人批准，承包人可以根据施工进度计划撤走闲置的施工设备和其他物品。

9. 试验与检验

9.1 试验设备与试验人员

9.1.1 承包人根据合同约定或监理人指示进行的现场材料试验，应由承包人提供试验场所、试验人员、试验设备以及其他必要的试验条件。监理人在必要时可以使用承包人提供的试验场所、试验设备以及其他试验条件，进行以工程质量检查为目的的材料复核试验，承包人应予以协助。

9.1.2 承包人应按专用合同条款的约定提供试验设备、取样装置、试验场所和试验条件，并向监理人提交相应进场计划表。

承包人配置的试验设备要符合相应试验规程的要求并经过具有资质的检测单位检测，且在正式使用该试验设备前，需要经过监理人与承包人共同校定。

9.1.3 承包人应向监理人提交试验人员的名单及其岗位、资格等证明资料，试验人员必须能够熟练进行相应的检测试验，承包人对试验人员的试验程序和试验结果的正确性负责。

9.2 取样

试验属于自检性质的，承包人可以单独取样。试验属于监理人抽检性质的，可由监理人取样，也可由承包人的试验人员在监理人的监督下取样。

9.3 材料、工程设备和工程的试验和检验

9.3.1 承包人应按合同约定进行材料、工程设备和工程的试验和检验，并为监理人对上述材料、工程设备和工程的质量检查提供必要的试验资料和原始记录。按合同约定应由监理人与承包人共同进行试验和检验的，由承包人负责提供必要的试验资料和原始记录。

9.3.2 试验属于自检性质的，承包人可以单独进行试验。试验属于监理人抽检性质的，监理人可以单独进行试验，也可由承包人与监理人共同进行。承包人对由监理人单独进行的试验结果有异议的，可以申请重新共同进行试验。约定共同进行试验的，监理人未按照约定参加试验的，承包人可自行试验，并将试验结果报送监理人，监理人应承认该试验结果。

9.3.3 监理人对承包人的试验和检验结果有异议的，或为查清承包人试验和检验成果的可靠性要求承包人重新试验和检验的，可由监理人与承包人共同进行。重新试验和检验的结果证明该项材料、工程设备或工程的质量不符合合同要求的，由此增加的费用和（或）延误的工期由承包人承担；重新试验和检验结果证明该项材料、工程设备和工程符合合同要求的，由此增加的费用和（或）延误的工期由发包人承担。

9.4 现场工艺试验

承包人应按合同约定或监理人指示进行现场工艺试验。对大型的现场工艺试验，监理人认为必要时，承包人应根据监理人提出的工艺试验要求，编制工艺试验措施计划，报送监理人审查。

10. 变更

10.1 变更的范围

除专用合同条款另有约定外，合同履行过程中发生以下情形的，应按照本条约定进行变更：

（1）增加或减少合同中任何工作，或追加额外的工作；

（2）取消合同中任何工作，但转由他人实施的工作除外；

（3）改变合同中任何工作的质量标准或其他特性；

（4）改变工程的基线、标高、位置和尺寸；

（5）改变工程的时间安排或实施顺序。

10.2 变更权

发包人和监理人均可以提出变更。变更指示均通过监理人发出，监理人发出变更指示前应征得发包人同意。承包人收到经发包人签认的变更指示后，方可实施变更。

未经许可，承包人不得擅自对工程的任何部分进行变更。

涉及设计变更的，应由设计人提供变更后的图纸和说明。如变更超过原设计标准或批准的建设规模时，发包人应及时办理规划、设计变更等审批手续。

10.3 变更程序

10.3.1 发包人提出变更

发包人提出变更的，应通过监理人向承包人发出变更指示，变更指示应说明计划变更的工程范围和变更的内容。

10.3.2 监理人提出变更建议

监理人提出变更建议的，需要向发包人以书面形式提出变更计划，说明计划变更工程范围和变更的内容、理由，以及实施该变更对合同价格和工期的影响。发包人同意变更的，由监理人向承包人发出变更指示。发包人不同意变更的，监理人无权擅自发出变更指示。

10.3.3 变更执行

承包人收到监理人下达的变更指示后，认为不能执行，应立即提出不能执行该变更指示的理由。承包人认为可以执行变更的，应当书面说明实施该变更指示对合同价格和工期的影响，且合同当事人应当按照第10.4款〔变更估价〕约定确定变更估价。

10.4 变更估价

10.4.1 变更估价原则

除专用合同条款另有约定外，变更估价按照本款约定处理：

（1）已标价工程量清单或预算书有相同项目的，按照相同项目单价认定；

（2）已标价工程量清单或预算书中无相同项目，但有类似项目的，参照类似项目的单价认定；

（3）变更导致实际完成的变更工程量与已标价工程量清单或预算书中列明的该项目工程量的变化幅度超过15%的，或已标价工程量清单或预算书中无相同项目及类似项目单价的，按照合理的成本与利润构成的原则，由合同当事人按照第4.4款〔商定或确定〕确定变更工作的单价。

10.4.2 变更估价程序

承包人应在收到变更指示后14天内，向监理人提交变更估价申请。监理人应在收到承包人提交的变更估价申请后7天内审查完毕并报送发包人，监理人对变更估价申请有异议，通知承包人修改后重新提交。发包人应在承包人提交变更估价申请后14天内审批完毕。发包人逾期未完成审批或未提出异议的，视为认可承包人提交的变更估价申请。

因变更引起的价格调整应计入最近一期的进度款中支付。

10.5 承包人的合理化建议

承包人提出合理化建议的，应向监理人提交合理化建议说明，说明建议的内容和理由，以及实施该建议对合同价格和工期的影响。

除专用合同条款另有约定外，监理人应在收到承包人提交的合理化建议后 7 天内审查完毕并报送发包人，发现其中存在技术上的缺陷，应通知承包人修改。发包人应在收到监理人报送的合理化建议后 7 天内审批完毕。合理化建议经发包人批准的，监理人应及时发出变更指示，由此引起的合同价格调整按照第 10.4 款〔变更估价〕约定执行。发包人不同意变更的，监理人应书面通知承包人。

合理化建议降低了合同价格或者提高了工程经济效益的，发包人可对承包人给予奖励，奖励的方法和金额在专用合同条款中约定。

10.6 变更引起的工期调整

因变更引起工期变化的，合同当事人均可要求调整合同工期，由合同当事人按照第 4.4 款〔商定或确定〕并参考工程所在地的工期定额标准确定增减工期天数。

10.7 暂估价

暂估价专业分包工程、服务、材料和工程设备的明细由合同当事人在专用合同条款中约定。

10.7.1 依法必须招标的暂估价项目

对于依法必须招标的暂估价项目，采取以下第 1 种方式确定。合同当事人也可以在专用合同条款中选择其他招标方式。

第 1 种方式：对于依法必须招标的暂估价项目，由承包人招标，对该暂估价项目的确认和批准按照以下约定执行：

（1）承包人应当根据施工进度计划，在招标工作启动前 14 天将招标方案通过监理人报送发包人审查，发包人应当在收到承包人报送的招标方案后 7 天内批准或提出修改意见。承包人应当按照经过发包人批准的招标方案开展招标工作；

（2）承包人应当根据施工进度计划，提前 14 天将招标文件通过监理人报送发包人审批，发包人应当在收到承包人报送的相关文件后 7 天内完成审批或提出修改意见；发包人有权确定招标控制价并按照法律规定参加评标；

（3）承包人与供应商、分包人在签订暂估价合同前，应当提前 7 天将确定的中标候选供应商或中标候选分包人的资料报送发包人，发包人应在收到资料后 3 天内与承包人共同确定中标人；承包人应当在签订合同后 7 天内，将暂估价合同副本报送发包人留存。

第 2 种方式：对于依法必须招标的暂估价项目，由发包人和承包人共同招标确定暂估价供应商或分包人的，承包人应按照施工进度计划，在招标工作启动前 14 天通知发包人，并提交暂估价招标方案和工作分工。发包人应在收到后 7 天内确认。确定中标人后，由发包人、承包人与中标人共同签订暂估价合同。

10.7.2 不属于依法必须招标的暂估价项目

除专用合同条款另有约定外，对于不属于依法必须招标的暂估价项目，采取以下第 1 种方式确定：

第 1 种方式：对于不属于依法必须招标的暂估价项目，按本项约定确认和批准：

（1）承包人应根据施工进度计划，在签订暂估价项目的采购合同、分包合同前 28 天向监理人提出书面申请；监理人应当在收到申请后 3 天内报送发包人，发包人应当在收到申请后 14 天内给予批准或提出修改意见，发包人逾期未予批准或提出修改意见的，视为该书面申请已获得同意；

（2）发包人认为承包人确定的供应商、分包人无法满足工程质量或合同要求的，发包人可以要求承包人重新确定暂估价项目的供应商、分包人；

（3）承包人应当在签订暂估价合同后 7 天内，将暂估价合同副本报送发包人留存。

第 2 种方式：承包人按照第 10.7.1 项〔依法必须招标的暂估价项目〕约定的第 1 种方式确定暂估价项目。

第 3 种方式：承包人直接实施的暂估价项目

承包人具备实施暂估价项目的资格和条件的，经发包人和承包人协商一致后，可由承包人自行实施暂估价项目，合同当事人可以在专用合同条款约定具体事项。

10.7.3 因发包人原因导致暂估价合同订立和履行迟延的，由此增加的费用和（或）延误的工期由发包人承担，并支付承包人合理的利润。因承包人原因导致暂估价合同订立和履行迟延的，由此增加的费用和（或）延误的工期由承包人承担。

10.8 暂列金额

暂列金额应按照发包人的要求使用，发包人的要求应通过监理人发出。合同当事人可以在专用合同条款中协商确定有关事项。

10.9 计日工

需要采用计日工方式的，经发包人同意后，由监理人通知承包人以计日工计价方式实施相应的工作，其价款按列入已标价工程量清单或预算书中的计日工计价项目及其单价进行计算；已标价工程量清单或预算书中无相应的计日工单价的，按照合理的成本与利润构成的原则，由合同当事人按照第 4.4 款〔商定或确定〕确定计日工的单价。

采用计日工计价的任何一项工作，承包人应在该项工作实施过程中，每天提交以下报表和有关凭证报送监理人审查：

（1）工作名称、内容和数量；

（2）投入该工作的所有人员的姓名、专业、工种、级别和耗用工时；

（3）投入该工作的材料类别和数量；

（4）投入该工作的施工设备型号、台数和耗用台时；

（5）其他有关资料和凭证。

计日工由承包人汇总后，列入最近一期进度付款申请单，由监理人审查并经发包人批准后列入进度付款。

11. **价格调整**

11.1 市场价格波动引起的调整

除专用合同条款另有约定外，市场价格波动超过合同当事人约定的范围，合同价格应当调整。合同当事人可以在专用合同条款中约定选择以下一种方式对合同价格进行调整：

第1种方式：采用价格指数进行价格调整。

（1）价格调整公式

因人工、材料和设备等价格波动影响合同价格时，根据专用合同条款中约定的数据，按以下公式计算差额并调整合同价格：

$$\Delta P = P_0 \left[A + \left(B_1 \times \frac{F_{t1}}{F_{01}} + B_2 \times \frac{F_{t2}}{F_{02}} + B_3 \times \frac{F_{t3}}{F_{03}} + \cdots + B_n \times \frac{F_{tn}}{F_{0n}} - 1 \right] \right.$$

公式中：ΔP——需调整的价格差额；

P_0——约定的付款证书中承包人应得到的已完成工程量的金额。此项金额应不包括价格调整、不计质量保证金的扣留和支付、预付款的支付和扣回。约定的变更及其他金额已按现行价格计价的，也不计在内；

A——定值权重（即不调部分的权重）；

B_1；B_2；$B_3 \cdots B_n$——各可调因子的变值权重（即可调部分的权重），为各可调因子在签约合同价中所占的比例；

F_{t1}；F_{t2}；$F_{t3} \cdots F_{tn}$——各可调因子的现行价格指数，指约定的付款证书相关周期最后一天的前42天的各可调因子的价格指数；

F_{01}；F_{02}；$F_{03} \cdots F_{0n}$——各可调因子的基本价格指数，指基准日期的各可调因子的价格指数。

以上价格调整公式中的各可调因子、定值和变值权重，以及基本价格指数及其来源在投标函附录价格指数和权重表中约定，非招标订立的合同，由合同当事人在专用合同条款中约定。价格指数应首先采用工程造价管理机构发布的价格指数，无前述价格指数时，可采用工程造价管理机构发布的价格代替。

（2）暂时确定调整差额

在计算调整差额时无现行价格指数的，合同当事人同意暂用前次价格指数计算。实际价格指数有调整的，合同当事人进行相应调整。

（3）权重的调整

因变更导致合同约定的权重不合理时，按照第4.4款〔商定或确定〕执行。

（4）因承包人原因工期延误后的价格调整

因承包人原因未按期竣工的，对合同约定的竣工日期后继续施工的工程，在使用价格调整公式时，应采用计划竣工日期与实际竣工日期的两个价格指数中较低的一个作为现行价格指数。

第 2 种方式：采用造价信息进行价格调整。

合同履行期间，因人工、材料、工程设备和机械台班价格波动影响合同价格时，人工、机械使用费按照国家或省、自治区、直辖市建设行政管理部门、行业建设管理部门或其授权的工程造价管理机构发布的人工、机械使用费系数进行调整；需要进行价格调整的材料，其单价和采购数量应由发包人审批，发包人确认需调整的材料单价及数量，作为调整合同价格的依据。

（1）人工单价发生变化且符合省级或行业建设主管部门发布的人工费调整规定，合同当事人应按省级或行业建设主管部门或其授权的工程造价管理机构发布的人工费等文件调整合同价格，但承包人对人工费或人工单价的报价高于发布价格的除外。

（2）材料、工程设备价格变化的价款调整按照发包人提供的基准价格，按以下风险范围规定执行：

①承包人在已标价工程量清单或预算书中载明材料单价低于基准价格的：除专用合同条款另有约定外，合同履行期间材料单价涨幅以基准价格为基础超过 5% 时，或材料单价跌幅以在已标价工程量清单或预算书中载明材料单价为基础超过 5% 时，其超过部分据实调整。

②承包人在已标价工程量清单或预算书中载明材料单价高于基准价格的：除专用合同条款另有约定外，合同履行期间材料单价跌幅以基准价格为基础超过 5% 时，材料单价涨幅以在已标价工程量清单或预算书中载明材料单价为基础超过 5% 时，其超过部分据实调整。

③承包人在已标价工程量清单或预算书中载明材料单价等于基准价格的：除专用合同条款另有约定外，合同履行期间材料单价涨跌幅以基准价格为基础超过 ±5% 时，其超过部分据实调整。

④承包人应在采购材料前将采购数量和新的材料单价报发包人核对，发包人确认用于工程时，发包人应确认采购材料的数量和单价。发包人在收到承包人报送的确认资料后 5 天内不予答复的视为认可，作为调整合同价格的依据。未经发包人事先核对，承包人自行采购材料的，发包人有权不予调整合同价格。发包人同意的，可以调整合同价格。

前述基准价格是指由发包人在招标文件或专用合同条款中给定的材料、工程设备的价格，该价格原则上应当按照省级或行业建设主管部门或其授权的工程造价管理机构发布的信息价编制。

（3）施工机械台班单价或施工机械使用费发生变化超过省级或行业建设主管部门或其授权的工程造价管理机构规定的范围时，按规定调整合同价格。

第 3 种方式：专用合同条款约定的其他方式。

11.2 法律变化引起的调整

基准日期后，法律变化导致承包人在合同履行过程中所需要的费用发生除第 11.1 款〔市场价格波动引起的调整〕约定以外的增加时，由发包人承担由此增加的费用；

减少时，应从合同价格中予以扣减。基准日期后，因法律变化造成工期延误时，工期应予以顺延。

因法律变化引起的合同价格和工期调整，合同当事人无法达成一致的，由总监理工程师按第4.4款〔商定或确定〕的约定处理。

因承包人原因造成工期延误，在工期延误期间出现法律变化的，由此增加的费用和（或）延误的工期由承包人承担。

12. 合同价格、计量与支付

12.1 合同价格形式

发包人和承包人应在合同协议书中选择下列一种合同价格形式：

（1）单价合同

单价合同是指合同当事人约定以工程量清单及其综合单价进行合同价格计算、调整和确认的建设工程施工合同，在约定的范围内合同单价不作调整。合同当事人应在专用合同条款中约定综合单价包含的风险范围和风险费用的计算方法，并约定风险范围以外的合同价格的调整方法，其中因市场价格波动引起的调整按第11.1款〔市场价格波动引起的调整〕约定执行。

（2）总价合同

总价合同是指合同当事人约定以施工图、已标价工程量清单或预算书及有关条件进行合同价格计算、调整和确认的建设工程施工合同，在约定的范围内合同总价不作调整。合同当事人应在专用合同条款中约定总价包含的风险范围和风险费用的计算方法，并约定风险范围以外的合同价格的调整方法，其中因市场价格波动引起的调整按第11.1款〔市场价格波动引起的调整〕、因法律变化引起的调整按第11.2款〔法律变化引起的调整〕约定执行。

（3）其他价格形式

合同当事人可在专用合同条款中约定其他合同价格形式。

12.2 预付款

12.2.1 预付款的支付

预付款的支付按照专用合同条款约定执行，但至迟应在开工通知载明的开工日期7天前支付。预付款应当用于材料、工程设备、施工设备的采购及修建临时工程、组织施工队伍进场等。

除专用合同条款另有约定外，预付款在进度付款中同比例扣回。在颁发工程接收证书前，提前解除合同的，尚未扣完的预付款应与合同价款一并结算。

发包人逾期支付预付款超过7天的，承包人有权向发包人发出要求预付的催告通知，发包人收到通知后7天内仍未支付的，承包人有权暂停施工，并按第16.1.1项〔发包人违约的情形〕执行。

12. 2. 2 预付款担保

发包人要求承包人提供预付款担保的，承包人应在发包人支付预付款 7 天前提供预付款担保，专用合同条款另有约定除外。预付款担保可采用银行保函、担保公司担保等形式，具体由合同当事人在专用合同条款中约定。在预付款完全扣回之前，承包人应保证预付款担保持续有效。

发包人在工程款中逐期扣回预付款后，预付款担保额度应相应减少，但剩余的预付款担保金额不得低于未被扣回的预付款金额。

12. 3 计量

12. 3. 1 计量原则

工程量计量按照合同约定的工程量计算规则、图纸及变更指示等进行计量。工程量计算规则应以相关的国家标准、行业标准等为依据，由合同当事人在专用合同条款中约定。

12. 3. 2 计量周期

除专用合同条款另有约定外，工程量的计量按月进行。

12. 3. 3 单价合同的计量

除专用合同条款另有约定外，单价合同的计量按照本项约定执行：

（1）承包人应于每月 25 日向监理人报送上月 20 日至当月 19 日已完成的工程量报告，并附具进度付款申请单、已完成工程量报表和有关资料。

（2）监理人应在收到承包人提交的工程量报告后 7 天内完成对承包人提交的工程量报表的审核并报送发包人，以确定当月实际完成的工程量。监理人对工程量有异议的，有权要求承包人进行共同复核或抽样复测。承包人应协助监理人进行复核或抽样复测，并按监理人要求提供补充计量资料。承包人未按监理人要求参加复核或抽样复测的，监理人复核或修正的工程量视为承包人实际完成的工程量。

（3）监理人未在收到承包人提交的工程量报表后的 7 天内完成审核的，承包人报送的工程量报告中的工程量视为承包人实际完成的工程量，据此计算工程价款。

12. 3. 4 总价合同的计量

除专用合同条款另有约定外，按月计量支付的总价合同，按照本项约定执行：

（1）承包人应于每月 25 日向监理人报送上月 20 日至当月 19 日已完成的工程量报告，并附具进度付款申请单、已完成工程量报表和有关资料。

（2）监理人应在收到承包人提交的工程量报告后 7 天内完成对承包人提交的工程量报表的审核并报送发包人，以确定当月实际完成的工程量。监理人对工程量有异议的，有权要求承包人进行共同复核或抽样复测。承包人应协助监理人进行复核或抽样复测并按监理人要求提供补充计量资料。承包人未按监理人要求参加复核或抽样复测的，监理人审核或修正的工程量视为承包人实际完成的工程量。

（3）监理人未在收到承包人提交的工程量报表后的 7 天内完成复核的，承包人提交的工程量报告中的工程量视为承包人实际完成的工程量。

12.3.5 总价合同采用支付分解表计量支付的，可以按照第12.3.4项〔总价合同的计量〕约定进行计量，但合同价款按照支付分解表进行支付。

12.3.6 其他价格形式合同的计量

合同当事人可在专用合同条款中约定其他价格形式合同的计量方式和程序。

12.4 工程进度款支付

12.4.1 付款周期

除专用合同条款另有约定外，付款周期应按照第12.3.2项〔计量周期〕的约定与计量周期保持一致。

12.4.2 进度付款申请单的编制

除专用合同条款另有约定外，进度付款申请单应包括下列内容：

（1）截至本次付款周期已完成工作对应的金额；

（2）根据第10条〔变更〕应增加和扣减的变更金额；

（3）根据第12.2款〔预付款〕约定应支付的预付款和扣减的返还预付款；

（4）根据第15.3款〔质量保证金〕约定应扣减的质量保证金；

（5）根据第19条〔索赔〕应增加和扣减的索赔金额；

（6）对已签发的进度款支付证书中出现错误的修正，应在本次进度付款中支付或扣除的金额；

（7）根据合同约定应增加和扣减的其他金额。

12.4.3 进度付款申请单的提交

（1）单价合同进度付款申请单的提交

单价合同的进度付款申请单，按照第12.3.3项〔单价合同的计量〕约定的时间按月向监理人提交，并附上已完成工程量报表和有关资料。单价合同中的总价项目按月进行支付分解，并汇总列入当期进度付款申请单。

（2）总价合同进度付款申请单的提交

总价合同按月计量支付的，承包人按照第12.3.4项〔总价合同的计量〕约定的时间按月向监理人提交进度付款申请单，并附上已完成工程量报表和有关资料。

总价合同按支付分解表支付的，承包人应按照第12.4.6项〔支付分解表〕及第12.4.2项〔进度付款申请单的编制〕的约定向监理人提交进度付款申请单。

（3）其他价格形式合同的进度付款申请单的提交

合同当事人可在专用合同条款中约定其他价格形式合同的进度付款申请单的编制和提交程序。

12.4.4 进度款审核和支付

（1）除专用合同条款另有约定外，监理人应在收到承包人进度付款申请单以及相关资料后7天内完成审查并报送发包人，发包人应在收到后7天内完成审批并签发进度款支付证书。发包人逾期未完成审批且未提出异议的，视为已签发进度款支付证书。

发包人和监理人对承包人的进度付款申请单有异议的，有权要求承包人修正和提供补充资料，承包人应提交修正后的进度付款申请单。监理人应在收到承包人修正后的进度付款申请单及相关资料后7天内完成审查并报送发包人，发包人应在收到监理人报送的进度付款申请单及相关资料后7天内，向承包人签发无异议部分的临时进度款支付证书。存在争议的部分，按照第20条〔争议解决〕的约定处理。

（2）除专用合同条款另有约定外，发包人应在进度款支付证书或临时进度款支付证书签发后14天内完成支付，发包人逾期支付进度款的，应按照中国人民银行发布的同期同类贷款基准利率支付违约金。

（3）发包人签发进度款支付证书或临时进度款支付证书，不表明发包人已同意、批准或接受了承包人完成的相应部分的工作。

12.4.5 进度付款的修正

在对已签发的进度款支付证书进行阶段汇总和复核中发现错误、遗漏或重复的，发包人和承包人均有权提出修正申请。经发包人和承包人同意的修正，应在下期进度付款中支付或扣除。

12.4.6 支付分解表

12.4.6.1 支付分解表的编制要求

（1）支付分解表中所列的每期付款金额，应为第12.4.2项〔进度付款申请单的编制〕第（1）目的估算金额；

（2）实际进度与施工进度计划不一致的，合同当事人可按照第4.4款〔商定或确定〕修改支付分解表；

（3）不采用支付分解表的，承包人应向发包人和监理人提交按季度编制的支付估算分解表，用于支付参考。

12.4.6.2 总价合同支付分解表的编制与审批

（1）除专用合同条款另有约定外，承包人应根据第7.2款〔施工进度计划〕约定的施工进度计划、签约合同价和工程量等因素对总价合同按月进行分解，编制支付分解表。承包人应当在收到监理人和发包人批准的施工进度计划后7天内，将支付分解表及编制支付分解表的支持性资料报送监理人。

（2）监理人应在收到支付分解表后7天内完成审核并报送发包人。发包人应在收到经监理人审核的支付分解表后7天内完成审批，经发包人批准的支付分解表为有约束力的支付分解表。

（3）发包人逾期未完成支付分解表审批的，也未及时要求承包人进行修正和提供补充资料的，则承包人提交的支付分解表视为已经获得发包人批准。

12.4.6.3 单价合同的总价项目支付分解表的编制与审批

除专用合同条款另有约定外，单价合同的总价项目，由承包人根据施工进度计划和总价项目的总价构成、费用性质、计划发生时间和相应工程量等因素按月进行分解，形成支付分解表，其编制与审批参照总价合同支付分解表的编制与审批执行。

12.5 支付账户

发包人应将合同价款支付至合同协议书中约定的承包人账户。

13. 验收和工程试车

13.1 分部分项工程验收

13.1.1 分部分项工程质量应符合国家有关工程施工验收规范、标准及合同约定，承包人应按照施工组织设计的要求完成分部分项工程施工。

13.1.2 除专用合同条款另有约定外，分部分项工程经承包人自检合格并具备验收条件的，承包人应提前48小时通知监理人进行验收。监理人不能按时进行验收的，应在验收前24小时向承包人提交书面延期要求，但延期不能超过48小时。监理人未按时进行验收，也未提出延期要求的，承包人有权自行验收，监理人应认可验收结果。分部分项工程未经验收的，不得进入下一道工序施工。

分部分项工程的验收资料应当作为竣工资料的组成部分。

13.2 竣工验收

13.2.1 竣工验收条件

工程具备以下条件的，承包人可以申请竣工验收：

（1）除发包人同意的甩项工作和缺陷修补工作外，合同范围内的全部工程以及有关工作，包括合同要求的试验、试运行以及检验均已完成，并符合合同要求；

（2）已按合同约定编制了甩项工作和缺陷修补工作清单以及相应的施工计划；

（3）已按合同约定的内容和份数备齐竣工资料。

13.2.2 竣工验收程序

除专用合同条款另有约定外，承包人申请竣工验收的，应当按照以下程序进行：

（1）承包人向监理人报送竣工验收申请报告，监理人应在收到竣工验收申请报告后14天内完成审查并报送发包人。监理人审查后认为尚不具备验收条件的，应通知承包人在竣工验收前承包人还需完成的工作内容，承包人应在完成监理人通知的全部工作内容后，再次提交竣工验收申请报告。

（2）监理人审查后认为已具备竣工验收条件的，应将竣工验收申请报告提交发包人，发包人应在收到经监理人审核的竣工验收申请报告后28天内审批完毕并组织监理人、承包人、设计人等相关单位完成竣工验收。

（3）竣工验收合格的，发包人应在验收合格后14天内向承包人签发工程接收证书。发包人无正当理由逾期不颁发工程接收证书的，自验收合格后第15天起视为已颁发工程接收证书。

（4）竣工验收不合格的，监理人应按照验收意见发出指示，要求承包人对不合格工程返工、修复或采取其他补救措施，由此增加的费用和（或）延误的工期由承包人承担。承包人在完成不合格工程的返工、修复或采取其他补救措施后，应重新提交竣工验收申请报告，并按本项约定的程序重新进行验收。

（5）工程未经验收或验收不合格，发包人擅自使用的，应在转移占有工程后 7 天内向承包人颁发工程接收证书；发包人无正当理由逾期不颁发工程接收证书的，自转移占有后第 15 天起视为已颁发工程接收证书。

除专用合同条款另有约定外，发包人不按照本项约定组织竣工验收、颁发工程接收证书的，每逾期一天，应以签约合同价为基数，按照中国人民银行发布的同期同类贷款基准利率支付违约金。

13.2.3 竣工日期

工程经竣工验收合格的，以承包人提交竣工验收申请报告之日为实际竣工日期，并在工程接收证书中载明；因发包人原因，未在监理人收到承包人提交的竣工验收申请报告 42 天内完成竣工验收，或完成竣工验收不予签发工程接收证书的，以提交竣工验收申请报告的日期为实际竣工日期；工程未经竣工验收，发包人擅自使用的，以转移占有工程之日为实际竣工日期。

13.2.4 拒绝接收全部或部分工程

对于竣工验收不合格的工程，承包人完成整改后，应当重新进行竣工验收，经重新组织验收仍不合格的且无法采取措施补救的，则发包人可以拒绝接收不合格工程，因不合格工程导致其他工程不能正常使用的，承包人应采取措施确保相关工程的正常使用，由此增加的费用和（或）延误的工期由承包人承担。

13.2.5 移交、接收全部与部分工程

除专用合同条款另有约定外，合同当事人应当在颁发工程接收证书后 7 天内完成工程的移交。

发包人无正当理由不接收工程的，发包人自应当接收工程之日起，承担工程照管、成品保护、保管等与工程有关的各项费用，合同当事人可以在专用合同条款中另行约定发包人逾期接收工程的违约责任。

承包人无正当理由不移交工程的，承包人应承担工程照管、成品保护、保管等与工程有关的各项费用，合同当事人可以在专用合同条款中另行约定承包人无正当理由不移交工程的违约责任。

13.3 工程试车

13.3.1 试车程序

工程需要试车的，除专用合同条款另有约定外，试车内容应与承包人承包范围相一致，试车费用由承包人承担。工程试车应按如下程序进行：

（1）具备单机无负荷试车条件，承包人组织试车，并在试车前 48 小时书面通知监理人，通知中应载明试车内容、时间、地点。承包人准备试车记录，发包人根据承包人要求为试车提供必要条件。试车合格的，监理人在试车记录上签字。监理人在试车合格后不在试车记录上签字，自试车结束满 24 小时后视为监理人已经认可试车记录，承包人可继续施工或办理竣工验收手续。

监理人不能按时参加试车，应在试车前 24 小时以书面形式向承包人提出延期要求，但延期不能超过 48 小时，由此导致工期延误的，工期应予以顺延。监理人未能在前述期限内提出延期要求，又不参加试车的，视为认可试车记录。

（2）具备无负荷联动试车条件，发包人组织试车，并在试车前 48 小时以书面形式通知承包人。通知中应载明试车内容、时间、地点和对承包人的要求，承包人按要求做好准备工作。试车合格，合同当事人在试车记录上签字。承包人无正当理由不参加试车的，视为认可试车记录。

13.3.2 试车中的责任

因设计原因导致试车达不到验收要求，发包人应要求设计人修改设计，承包人按修改后的设计重新安装。发包人承担修改设计、拆除及重新安装的全部费用，工期相应顺延。因承包人原因导致试车达不到验收要求，承包人按监理人要求重新安装和试车，并承担重新安装和试车的费用，工期不予顺延。

因工程设备制造原因导致试车达不到验收要求的，由采购该工程设备的合同当事人负责重新购置或修理，承包人负责拆除和重新安装，由此增加的修理、重新购置、拆除及重新安装的费用及延误的工期由采购该工程设备的合同当事人承担。

13.3.3 投料试车

如需进行投料试车的，发包人应在工程竣工验收后组织投料试车。发包人要求在工程竣工验收前进行或需要承包人配合时，应征得承包人同意，并在专用合同条款中约定有关事项。

投料试车合格的，费用由发包人承担；因承包人原因造成投料试车不合格的，承包人应按照发包人要求进行整改，由此产生的整改费用由承包人承担；非因承包人原因导致投料试车不合格的，如发包人要求承包人进行整改的，由此产生的费用由发包人承担。

13.4 提前交付单位工程的验收

13.4.1 发包人需要在工程竣工前使用单位工程的，或承包人提出提前交付已经竣工的单位工程且经发包人同意的，可进行单位工程验收，验收的程序按照第 13.2 款〔竣工验收〕的约定进行。

验收合格后，由监理人向承包人出具经发包人签认的单位工程接收证书。已签发单位工程接收证书的单位工程由发包人负责照管。单位工程的验收成果和结论作为整体工程竣工验收申请报告的附件。

13.4.2 发包人要求在工程竣工前交付单位工程，由此导致承包人费用增加和（或）工期延误的，由发包人承担由此增加的费用和（或）延误的工期，并支付承包人合理的利润。

13.5 施工期运行

13.5.1 施工期运行是指合同工程尚未全部竣工，其中某项或某几项单位工程或工程设备安装已竣工，根据专用合同条款约定，需要投入施工期运行的，经发包人按第13.4款〔提前交付单位工程的验收〕的约定验收合格，证明能确保安全后，才能在施工期投入运行。

13.5.2 在施工期运行中发现工程或工程设备损坏或存在缺陷的，由承包人按第15.2款〔缺陷责任期〕约定进行修复。

13.6 竣工退场

13.6.1 竣工退场

颁发工程接收证书后，承包人应按以下要求对施工现场进行清理：

（1）施工现场内残留的垃圾已全部清除出场；

（2）临时工程已拆除，场地已进行清理、平整或复原；

（3）按合同约定应撤离的人员、承包人施工设备和剩余的材料，包括废弃的施工设备和材料，已按计划撤离施工现场；

（4）施工现场周边及其附近道路、河道的施工堆积物，已全部清理；

（5）施工现场其他场地清理工作已全部完成。

施工现场的竣工退场费用由承包人承担。承包人应在专用合同条款约定的期限内完成竣工退场，逾期未完成的，发包人有权出售或另行处理承包人遗留的物品，由此支出的费用由承包人承担，发包人出售承包人遗留物品所得款项在扣除必要费用后应返还承包人。

13.6.2 地表还原

承包人应按发包人要求恢复临时占地及清理场地，承包人未按发包人的要求恢复临时占地，或者场地清理未达到合同约定要求的，发包人有权委托其他人恢复或清理，所发生的费用由承包人承担。

14. 竣工结算

14.1 竣工结算申请

除专用合同条款另有约定外，承包人应在工程竣工验收合格后28天内向发包人和监理人提交竣工结算申请单，并提交完整的结算资料，有关竣工结算申请单的资料清单和份数等要求由合同当事人在专用合同条款中约定。

除专用合同条款另有约定外，竣工结算申请单应包括以下内容：

（1）竣工结算合同价格；

（2）发包人已支付承包人的款项；

（3）应扣留的质量保证金；已缴纳履约保证金的或提供其他工程质量担保方式的除外；

（4）发包人应支付承包人的合同价款。

14.2 竣工结算审核

（1）除专用合同条款另有约定外，监理人应在收到竣工结算申请单后14天内完成核查并报送发包人。发包人应在收到监理人提交的经审核的竣工结算申请单后14天内完成审批，并由监理人向承包人签发经发包人签认的竣工付款证书。监理人或发包人对竣工结算申请单有异议的，有权要求承包人进行修正和提供补充资料，承包人应提交修正后的竣工结算申请单。

发包人在收到承包人提交竣工结算申请书后28天内未完成审批且未提出异议的，视为发包人认可承包人提交的竣工结算申请单，并自发包人收到承包人提交的竣工结算申请单后第29天起视为已签发竣工付款证书。

（2）除专用合同条款另有约定外，发包人应在签发竣工付款证书后的14天内，完成对承包人的竣工付款。发包人逾期支付的，按照中国人民银行发布的同期同类贷款基准利率支付违约金；逾期支付超过56天的，按照中国人民银行发布的同期同类贷款基准利率的两倍支付违约金。

（3）承包人对发包人签认的竣工付款证书有异议的，对于有异议部分应在收到发包人签认的竣工付款证书后7天内提出异议，并由合同当事人按照专用合同条款约定的方式和程序进行复核，或按照第20条〔争议解决〕约定处理。对于无异议部分，发包人应签发临时竣工付款证书，并按本款第（2）项完成付款。承包人逾期未提出异议的，视为认可发包人的审批结果。

14.3 甩项竣工协议

发包人要求甩项竣工的，合同当事人应签订甩项竣工协议。在甩项竣工协议中应明确，合同当事人按照第14.1款〔竣工结算申请〕及14.2款〔竣工结算审核〕的约定，对已完合格工程进行结算，并支付相应合同价款。

14.4 最终结清

14.4.1 最终结清申请单

（1）除专用合同条款另有约定外，承包人应在缺陷责任期终止证书颁发后7天内，按专用合同条款约定的份数向发包人提交最终结清申请单，并提供相关证明材料。

除专用合同条款另有约定外，最终结清申请单应列明质量保证金、应扣除的质量保证金、缺陷责任期内发生的增减费用。

（2）发包人对最终结清申请单内容有异议的，有权要求承包人进行修正和提供补充资料，承包人应向发包人提交修正后的最终结清申请单。

14.4.2 最终结清证书和支付

（1）除专用合同条款另有约定外，发包人应在收到承包人提交的最终结清申请单后14天内完成审批并向承包人颁发最终结清证书。发包人逾期未完成审批，又未提出修改意见的，视为发包人同意承包人提交的最终结清申请单，且自发包人收到承包人提交的最终结清申请单后15天起视为已颁发最终结清证书。

（2）除专用合同条款另有约定外，发包人应在颁发最终结清证书后 7 天内完成支付。发包人逾期支付的，按照中国人民银行发布的同期同类贷款基准利率支付违约金；逾期支付超过 56 天的，按照中国人民银行发布的同期同类贷款基准利率的两倍支付违约金。

（3）承包人对发包人颁发的最终结清证书有异议的，按第 20 条〔争议解决〕的约定办理。

15. 缺陷责任与保修

15.1 工程保修的原则

在工程移交发包人后，因承包人原因产生的质量缺陷，承包人应承担质量缺陷责任和保修义务。缺陷责任期届满，承包人仍应按合同约定的工程各部位保修年限承担保修义务。

15.2 缺陷责任期

15.2.1 缺陷责任期从工程通过竣工验收之日起计算，合同当事人应在专用合同条款约定缺陷责任期的具体期限，但该期限最长不超过 24 个月。

单位工程先于全部工程进行验收，经验收合格并交付使用的，该单位工程缺陷责任期自单位工程验收合格之日起算。因承包人原因导致工程无法按合同约定期限进行竣工验收的，缺陷责任期从实际通过竣工验收之日起计算。因发包人原因导致工程无法按合同约定期限进行竣工验收的，在承包人提交竣工验收报告 90 天后，工程自动进入缺陷责任期；发包人未经竣工验收擅自使用工程的，缺陷责任期自工程转移占有之日起开始计算。

15.2.2 缺陷责任期内，由承包人原因造成的缺陷，承包人应负责维修，并承担鉴定及维修费用。如承包人不维修也不承担费用，发包人可按合同约定从保证金或银行保函中扣除，费用超出保证金额的，发包人可按合同约定向承包人进行索赔。承包人维修并承担相应费用后，不免除对工程的损失赔偿责任。发包人有权要求承包人延长缺陷责任期，并应在原缺陷责任期届满前发出延长通知。但缺陷责任期（含延长部分）最长不能超过 24 个月。

由他人原因造成的缺陷，发包人负责组织维修，承包人不承担费用，且发包人不得从保证金中扣除费用。

15.2.3 任何一项缺陷或损坏修复后，经检查证明其影响了工程或工程设备的使用性能，承包人应重新进行合同约定的试验和试运行，试验和试运行的全部费用应由责任方承担。

15.2.4 除专用合同条款另有约定外，承包人应于缺陷责任期届满后 7 天内向发包人发出缺陷责任期届满通知，发包人应在收到缺陷责任期满通知后 14 天内核实承包人是否履行缺陷修复义务，承包人未能履行缺陷修复义务的，发包人有权扣除相应金额的维修费用。发包人应在收到缺陷责任期届满通知后 14 天内，向承包人颁发缺陷责任期终止证书。

15.3 质量保证金

经合同当事人协商一致扣留质量保证金的，应在专用合同条款中予以明确。

在工程项目竣工前，承包人已经提供履约担保的，发包人不得同时预留工程质量保证金。

15.3.1 承包人提供质量保证金的方式

承包人提供质量保证金有以下三种方式：

（1）质量保证金保函；

（2）相应比例的工程款；

（3）双方约定的其他方式。

除专用合同条款另有约定外，质量保证金原则上采用上述第（1）种方式。

15.3.2 质量保证金的扣留

质量保证金的扣留有以下三种方式：

（1）在支付工程进度款时逐次扣留，在此情形下，质量保证金的计算基数不包括预付款的支付、扣回以及价格调整的金额；

（2）工程竣工结算时一次性扣留质量保证金；

（3）双方约定的其他扣留方式。

除专用合同条款另有约定外，质量保证金的扣留原则上采用上述第（1）种方式。

发包人累计扣留的质量保证金不得超过工程价款结算总额的3%。如承包人在发包人签发竣工付款证书后28天内提交质量保证金保函，发包人应同时退还扣留的作为质量保证金的工程价款；保函金额不得超过工程价款结算总额的3%。

发包人在退还质量保证金的同时按照中国人民银行发布的同期同类贷款基准利率支付利息。

15.3.3 质量保证金的退还

缺陷责任期内，承包人认真履行合同约定的责任，到期后，承包人可向发包人申请返还保证金。

发包人在接到承包人返还保证金申请后，应于14天内会同承包人按照合同约定的内容进行核实。如无异议，发包人应当按照约定将保证金返还给承包人。对返还期限没有约定或者约定不明确的，发包人应当在核实后14天内将保证金返还承包人，逾期未返还的，依法承担违约责任。发包人在接到承包人返还保证金申请后14天内不予答复，经催告后14天内仍不予答复，视同认可承包人的返还保证金申请。

发包人和承包人对保证金预留、返还以及工程维修质量、费用有争议的，按本合同第20条约定的争议和纠纷解决程序处理。

15.4 保修

15.4.1 保修责任

工程保修期从工程竣工验收合格之日起算，具体分部分项工程的保修期由合同当事人在专用合同条款中约定，但不得低于法定最低保修年限。在工程保修期内，承包人应当根据有关法律规定以及合同约定承担保修责任。

发包人未经竣工验收擅自使用工程的，保修期自转移占有之日起算。

15.4.2 修复费用

保修期内，修复的费用按照以下约定处理：

（1）保修期内，因承包人原因造成工程的缺陷、损坏，承包人应负责修复，并承担修复的费用以及因工程的缺陷、损坏造成的人身伤害和财产损失；

（2）保修期内，因发包人使用不当造成工程的缺陷、损坏，可以委托承包人修复，但发包人应承担修复的费用，并支付承包人合理利润；

（3）因其他原因造成工程的缺陷、损坏，可以委托承包人修复，发包人应承担修复的费用，并支付承包人合理的利润，因工程的缺陷、损坏造成的人身伤害和财产损失由责任方承担。

15.4.3 修复通知

在保修期内，发包人在使用过程中，发现已接收的工程存在缺陷或损坏的，应书面通知承包人予以修复，但情况紧急必须立即修复缺陷或损坏的，发包人可以口头通知承包人并在口头通知后48小时内书面确认，承包人应在专用合同条款约定的合理期限内到达工程现场并修复缺陷或损坏。

15.4.4 未能修复

因承包人原因造成工程的缺陷或损坏，承包人拒绝维修或未能在合理期限内修复缺陷或损坏，且经发包人书面催告后仍未修复的，发包人有权自行修复或委托第三方修复，所需费用由承包人承担。但修复范围超出缺陷或损坏范围的，超出范围部分的修复费用由发包人承担。

15.4.5 承包人出入权

在保修期内，为了修复缺陷或损坏，承包人有权出入工程现场，除情况紧急必须立即修复缺陷或损坏外，承包人应提前24小时通知发包人进场修复的时间。承包人进入工程现场前应获得发包人同意，且不应影响发包人正常的生产经营，并应遵守发包人有关保安和保密等规定。

16. 违约

16.1 发包人违约

16.1.1 发包人违约的情形

在合同履行过程中发生的下列情形，属于发包人违约：

（1）因发包人原因未能在计划开工日期前7天内下达开工通知的；

（2）因发包人原因未能按合同约定支付合同价款的；

（3）发包人违反第10.1款〔变更的范围〕第（2）项约定，自行实施被取消的工作或转由他人实施的；

（4）发包人提供的材料、工程设备的规格、数量或质量不符合合同约定，或因发包人原因导致交货日期延误或交货地点变更等情况的；

（5）因发包人违反合同约定造成暂停施工的；

（6）发包人无正当理由没有在约定期限内发出复工指示，导致承包人无法复工的；

（7）发包人明确表示或者以其行为表明不履行合同主要义务的；

（8）发包人未能按照合同约定履行其他义务的。

发包人发生除本项第（7）目以外的违约情况时，承包人可向发包人发出通知，要求发包人采取有效措施纠正违约行为。发包人收到承包人通知后28天内仍不纠正违约行为的，承包人有权暂停相应部位工程施工，并通知监理人。

16.1.2 发包人违约的责任

发包人应承担因其违约给承包人增加的费用和（或）延误的工期，并支付承包人合理的利润。此外，合同当事人可在专用合同条款中另行约定发包人违约责任的承担方式和计算方法。

16.1.3 因发包人违约解除合同

除专用合同条款另有约定外，承包人按第16.1.1项〔发包人违约的情形〕约定暂停施工满28天后，发包人仍不纠正其违约行为并致使合同目的不能实现的，或出现第16.1.1项〔发包人违约的情形〕第（7）目约定的违约情况，承包人有权解除合同，发包人应承担由此增加的费用，并支付承包人合理的利润。

16.1.4 因发包人违约解除合同后的付款

承包人按照本款约定解除合同的，发包人应在解除合同后28天内支付下列款项，并解除履约担保：

（1）合同解除前所完成工作的价款；

（2）承包人为工程施工订购并已付款的材料、工程设备和其他物品的价款；

（3）承包人撤离施工现场以及遣散承包人人员的款项；

（4）按照合同约定在合同解除前应支付的违约金；

（5）按照合同约定应当支付给承包人的其他款项；

（6）按照合同约定应退还的质量保证金；

（7）因解除合同给承包人造成的损失。

合同当事人未能就解除合同后的结清达成一致的，按照第20条〔争议解决〕的约定处理。

承包人应妥善做好已完工程和与工程有关的已购材料、工程设备的保护和移交工作，并将施工设备和人员撤出施工现场，发包人应为承包人撤出提供必要条件。

16.2 承包人违约

16.2.1 承包人违约的情形

在合同履行过程中发生的下列情形，属于承包人违约：

（1）承包人违反合同约定进行转包或违法分包的；

（2）承包人违反合同约定采购和使用不合格的材料和工程设备的；

（3）因承包人原因导致工程质量不符合合同要求的；

（4）承包人违反第8.9款〔材料与设备专用要求〕的约定，未经批准，私自将已按照合同约定进入施工现场的材料或设备撤离施工现场的；

（5）承包人未能按施工进度计划及时完成合同约定的工作，造成工期延误的；

（6）承包人在缺陷责任期及保修期内，未能在合理期限对工程缺陷进行修复，或拒绝按发包人要求进行修复的；

（7）承包人明确表示或者以其行为表明不履行合同主要义务的；

（8）承包人未能按照合同约定履行其他义务的。

承包人发生除本项第（7）目约定以外的其他违约情况时，监理人可向承包人发出整改通知，要求其在指定的期限内改正。

16.2.2 承包人违约的责任

承包人应承担因其违约行为而增加的费用和（或）延误的工期。此外，合同当事人可在专用合同条款中另行约定承包人违约责任的承担方式和计算方法。

16.2.3 因承包人违约解除合同

除专用合同条款另有约定外，出现第16.2.1项〔承包人违约的情形〕第（7）目约定的违约情况时，或监理人发出整改通知后，承包人在指定的合理期限内仍不纠正违约行为并致使合同目的不能实现的，发包人有权解除合同。合同解除后，因继续完成工程的需要，发包人有权使用承包人在施工现场的材料、设备、临时工程、承包人文件和由承包人或以其名义编制的其他文件，合同当事人应在专用合同条款约定相应费用的承担方式。发包人继续使用的行为不免除或减轻承包人应承担的违约责任。

16.2.4 因承包人违约解除合同后的处理

因承包人原因导致合同解除的，则合同当事人应在合同解除后28天内完成估价、付款和清算，并按以下约定执行：

（1）合同解除后，按第4.4款〔商定或确定〕商定或确定承包人实际完成工作对应的合同价款，以及承包人已提供的材料、工程设备、施工设备和临时工程等的价值；

（2）合同解除后，承包人应支付的违约金；

（3）合同解除后，因解除合同给发包人造成的损失；

（4）合同解除后，承包人应按照发包人要求和监理人的指示完成现场的清理和撤离；

（5）发包人和承包人应在合同解除后进行清算，出具最终结清付款证书，结清全部款项。

因承包人违约解除合同的，发包人有权暂停对承包人的付款，查清各项付款和已扣款项。发包人和承包人未能就合同解除后的清算和款项支付达成一致的，按照第20

条〔争议解决〕的约定处理。

16.2.5 采购合同权益转让

因承包人违约解除合同的，发包人有权要求承包人将其为实施合同而签订的材料和设备的采购合同的权益转让给发包人，承包人应在收到解除合同通知后14天内，协助发包人与采购合同的供应商达成相关的转让协议。

16.3 第三人造成的违约

在履行合同过程中，一方当事人因第三人的原因造成违约的，应当向对方当事人承担违约责任。一方当事人和第三人之间的纠纷，依照法律规定或者按照约定解决。

17. **不可抗力**

17.1 不可抗力的确认

不可抗力是指合同当事人在签订合同时不可预见，在合同履行过程中不可避免且不能克服的自然灾害和社会性突发事件，如地震、海啸、瘟疫、骚乱、戒严、暴动、战争和专用合同条款中约定的其他情形。

不可抗力发生后，发包人和承包人应收集证明不可抗力发生及不可抗力造成损失的证据，并及时认真统计所造成的损失。合同当事人对是否属于不可抗力或其损失的意见不一致的，由监理人按第4.4款〔商定或确定〕的约定处理。发生争议时，按第20条〔争议解决〕的约定处理。

17.2 不可抗力的通知

合同一方当事人遇到不可抗力事件，使其履行合同义务受到阻碍时，应立即通知合同另一方当事人和监理人，书面说明不可抗力和受阻碍的详细情况，并提供必要的证明。

不可抗力持续发生的，合同一方当事人应及时向合同另一方当事人和监理人提交中间报告，说明不可抗力和履行合同受阻的情况，并于不可抗力事件结束后28天内提交最终报告及有关资料。

17.3 不可抗力后果的承担

17.3.1 不可抗力引起的后果及造成的损失由合同当事人按照法律规定及合同约定各自承担。不可抗力发生前已完成的工程应当按照合同约定进行计量支付。

17.3.2 不可抗力导致的人员伤亡、财产损失、费用增加和（或）工期延误等后果，由合同当事人按以下原则承担：

（1）永久工程、已运至施工现场的材料和工程设备的损坏，以及因工程损坏造成的第三人人员伤亡和财产损失由发包人承担；

（2）承包人施工设备的损坏由承包人承担；

（3）发包人和承包人承担各自人员伤亡和财产的损失；

（4）因不可抗力影响承包人履行合同约定的义务，已经引起或将引起工期延误的，应当顺延工期，由此导致承包人停工的费用损失由发包人和承包人合理分担，停工期间必须支付的工人工资由发包人承担；

（5）因不可抗力引起或将引起工期延误，发包人要求赶工的，由此增加的赶工费用由发包人承担；

（6）承包人在停工期间按照发包人要求照管、清理和修复工程的费用由发包人承担。

不可抗力发生后，合同当事人均应采取措施尽量避免和减少损失的扩大，任何一方当事人没有采取有效措施导致损失扩大的，应对扩大的损失承担责任。

因合同一方迟延履行合同义务，在迟延履行期间遭遇不可抗力的，不免除其违约责任。

17.4 因不可抗力解除合同

因不可抗力导致合同无法履行连续超过84天或累计超过140天的，发包人和承包人均有权解除合同。合同解除后，由双方当事人按照第4.4款〔商定或确定〕商定或确定发包人应支付的款项，该款项包括：

（1）合同解除前承包人已完成工作的价款；

（2）承包人为工程订购的并已交付给承包人，或承包人有责任接受交付的材料、工程设备和其他物品的价款；

（3）发包人要求承包人退货或解除订货合同而产生的费用，或因不能退货或解除合同而产生的损失；

（4）承包人撤离施工现场以及遣散承包人人员的费用；

（5）按照合同约定在合同解除前应支付给承包人的其他款项；

（6）扣减承包人按照合同约定应向发包人支付的款项；

（7）双方商定或确定的其他款项。

除专用合同条款另有约定外，合同解除后，发包人应在商定或确定上述款项后28天内完成上述款项的支付。

18. 保险

18.1 工程保险

除专用合同条款另有约定外，发包人应投保建筑工程一切险或安装工程一切险；发包人委托承包人投保的，因投保产生的保险费和其他相关费用由发包人承担。

18.2 工伤保险

18.2.1 发包人应依照法律规定参加工伤保险，并为在施工现场的全部员工办理工伤保险，缴纳工伤保险费，并要求监理人及由发包人为履行合同聘请的第三方依法参加工伤保险。

18.2.2 承包人应依照法律规定参加工伤保险，并为其履行合同的全部员工办理工伤保险，缴纳工伤保险费，并要求分包人及由承包人为履行合同聘请的第三方依法参加工伤保险。

18.3 其他保险

发包人和承包人可以为其施工现场的全部人员办理意外伤害保险并支付保险费，包括其员工及为履行合同聘请的第三方的人员，具体事项由合同当事人在专用合同条款约定。

除专用合同条款另有约定外，承包人应为其施工设备等办理财产保险。

18.4 持续保险

合同当事人应与保险人保持联系，使保险人能够随时了解工程实施中的变动，并确保按保险合同条款要求持续保险。

18.5 保险凭证

合同当事人应及时向另一方当事人提交其已投保的各项保险的凭证和保险单复印件。

18.6 未按约定投保的补救

18.6.1 发包人未按合同约定办理保险，或未能使保险持续有效的，则承包人可代为办理，所需费用由发包人承担。发包人未按合同约定办理保险，导致未能得到足额赔偿的，由发包人负责补足。

18.6.2 承包人未按合同约定办理保险，或未能使保险持续有效的，则发包人可代为办理，所需费用由承包人承担。承包人未按合同约定办理保险，导致未能得到足额赔偿的，由承包人负责补足。

18.7 通知义务

除专用合同条款另有约定外，发包人变更除工伤保险之外的保险合同时，应事先征得承包人同意，并通知监理人；承包人变更除工伤保险之外的保险合同时，应事先征得发包人同意，并通知监理人。

保险事故发生时，投保人应按照保险合同规定的条件和期限及时向保险人报告。发包人和承包人应当在知道保险事故发生后及时通知对方。

19. 索赔

19.1 承包人的索赔

根据合同约定，承包人认为有权得到追加付款和（或）延长工期的，应按以下程序向发包人提出索赔：

（1）承包人应在知道或应当知道索赔事件发生后28天内，向监理人递交索赔意向通知书，并说明发生索赔事件的事由；承包人未在前述28天内发出索赔意向通知书的，丧失要求追加付款和（或）延长工期的权利；

（2）承包人应在发出索赔意向通知书后28天内，向监理人正式递交索赔报告；索赔报告应详细说明索赔理由以及要求追加的付款金额和（或）延长的工期，并附必要的记录和证明材料；

（3）索赔事件具有持续影响的，承包人应按合理时间间隔继续递交延续索赔通知，说明持续影响的实际情况和记录，列出累计的追加付款金额和（或）工期延长天数；

（4）在索赔事件影响结束后28天内，承包人应向监理人递交最终索赔报告，说明最终要求索赔的追加付款金额和（或）延长的工期，并附必要的记录和证明材料。

19.2 对承包人索赔的处理

对承包人索赔的处理如下：

（1）监理人应在收到索赔报告后14天内完成审查并报送发包人；监理人对索赔报告存在异议的，有权要求承包人提交全部原始记录副本；

（2）发包人应在监理人收到索赔报告或有关索赔的进一步证明材料后的28天内，由监理人向承包人出具经发包人签认的索赔处理结果；发包人逾期答复的，则视为认可承包人的索赔要求；

（3）承包人接受索赔处理结果的，索赔款项在当期进度款中进行支付；承包人不接受索赔处理结果的，按照第20条〔争议解决〕约定处理。

19.3 发包人的索赔

根据合同约定，发包人认为有权得到赔付金额和（或）延长缺陷责任期的，监理人应向承包人发出通知并附有详细的证明。

发包人应在知道或应当知道索赔事件发生后28天内通过监理人向承包人提出索赔意向通知书，发包人未在前述28天内发出索赔意向通知书的，丧失要求赔付金额和（或）延长缺陷责任期的权利。发包人应在发出索赔意向通知书后28天内，通过监理人向承包人正式递交索赔报告。

19.4 对发包人索赔的处理

对发包人索赔的处理如下：

（1）承包人收到发包人提交的索赔报告后，应及时审查索赔报告的内容、查验发包人证明材料；

（2）承包人应在收到索赔报告或有关索赔的进一步证明材料后28天内，将索赔处理结果答复发包人；如果承包人未在上述期限内作出答复的，则视为对发包人索赔要求的认可；

（3）承包人接受索赔处理结果的，发包人可从应支付给承包人的合同价款中扣除赔付的金额或延长缺陷责任期；发包人不接受索赔处理结果的，按第20条〔争议解决〕约定处理。

19.5 提出索赔的期限

（1）承包人按第14.2款〔竣工结算审核〕约定接收竣工付款证书后，应被视为已无权再提出在工程接收证书颁发前所发生的任何索赔。

（2）承包人按第14.4款〔最终结清〕提交的最终结清申请单中，只限于提出工程接收证书颁发后发生的索赔。提出索赔的期限自接受最终结清证书时终止。

20. 争议解决

20.1 和解

合同当事人可以就争议自行和解，自行和解达成协议的经双方签字并盖章后作为合同补充文件，双方均应遵照执行。

20.2 调解

合同当事人可以就争议请求建设行政主管部门、行业协会或其他第三方进行调解，调解达成协议的，经双方签字并盖章后作为合同补充文件，双方均应遵照执行。

20.3 争议评审

合同当事人在专用合同条款中约定采取争议评审方式解决争议以及评审规则，并按下列约定执行：

20.3.1 争议评审小组的确定

合同当事人可以共同选择一名或三名争议评审员，组成争议评审小组。除专用合同条款另有约定外，合同当事人应当自合同签订后28天内，或者争议发生后14天内，选定争议评审员。

选择一名争议评审员的，由合同当事人共同确定；选择三名争议评审员的，各自选定一名，第三名成员为首席争议评审员，由合同当事人共同确定或由合同当事人委托已选定的争议评审员共同确定，或由专用合同条款约定的评审机构指定第三名首席争议评审员。

除专用合同条款另有约定外，评审员报酬由发包人和承包人各承担一半。

20.3.2 争议评审小组的决定

合同当事人可在任何时间将与合同有关的任何争议共同提请争议评审小组进行评审。争议评审小组应秉持客观、公正原则，充分听取合同当事人的意见，依据相关法律、规范、标准、案例经验及商业惯例等，自收到争议评审申请报告后14天内作出书面决定，并说明理由。合同当事人可以在专用合同条款中对本项事项另行约定。

20.3.3 争议评审小组决定的效力

争议评审小组作出的书面决定经合同当事人签字确认后，对双方具有约束力，双方应遵照执行。

任何一方当事人不接受争议评审小组决定或不履行争议评审小组决定的，双方可选择采用其他争议解决方式。

20.4 仲裁或诉讼

因合同及合同有关事项产生的争议，合同当事人可以在专用合同条款中约定以下一种方式解决争议：

（1）向约定的仲裁委员会申请仲裁；

（2）向有管辖权的人民法院起诉。

20.5 争议解决条款效力

合同有关争议解决的条款独立存在，合同的变更、解除、终止、无效或者被撤销均不影响其效力。

第三部分　专用合同条款

1. 一般约定

1.1 词语定义

1.1.1 合同

1.1.1.10 其他合同文件包括：______________________________。

1.1.2 合同当事人及其他相关方

1.1.2.4 监理人：

名　　称：______________________________；

资质类别和等级：______________________________；

联系电话：______________________________；

电子信箱：______________________________；

通信地址：______________________________；

1.1.2.5 设计人：

名　　称：______________________________；

资质类别和等级：______________________________；

联系电话：______________________________；

电子信箱：______________________________；

通信地址：______________________________。

1.1.3 工程和设备

1.1.3.7 作为施工现场组成部分的其他场所包括：______________________________。

1.1.3.9 永久占地包括：______________________________。

1.1.3.10 临时占地包括：______________________________。

1.3 法律

适用于合同的其他规范性文件：______________________________。

1.4 标准和规范

1.4.1 适用于工程的标准规范包括：______________________________。

1.4.2 发包人提供国外标准、规范的名称：______________________________；

发包人提供国外标准、规范的份数：______________________________；

发包人提供国外标准、规范的名称：______________________________。

1.4.3 发包人对工程的技术标准和功能要求的特殊要求：______________________________

______________________________。

1.5 合同文件的优先顺序

合同文件组成及优先顺序为：______________________________。

1.6 图纸和承包人文件

1.6.1 图纸的提供

发包人向承包人提供图纸的期限：______________________________；

发包人向承包人提供图纸的数量：______________________________；

发包人向承包人提供图纸的内容：______________________________。

1.6.4 承包人文件

需要由承包人提供的文件，包括：______________________________。

承包人提供的文件的期限为：______________________________；

承包人提供的文件的数量为：______________________________；

承包人提供的文件的形式为：______________________________；

发包人审批承包人文件的期限：______________________________。

1.6.5 现场图纸准备

关于现场图纸准备的约定：______________________________。

1.7 联络

1.7.1 发包人和承包人应当在________天内将与合同有关的通知、批准、证明、证书、指示、指令、要求、请求、同意、意见、确定和决定等书面函件送达对方当事人。

1.7.2 发包人接收文件的地点：______________________________；

发包人指定的接收人为：______________________________。

承包人接收文件的地点：______________________________；

承包人指定的接收人为：______________________________。

监理人接收文件的地点：______________________________；

监理人指定的接收人为：______________________________。

1.10 交通运输

1.10.1 出入现场的权利

关于出入现场的权利的约定：______________________________

______________________________。

1.10.3 场内交通

关于场外交通和场内交通的边界的约定：______________________________。

关于发包人向承包人免费提供满足工程施工需要的场内道路和交通设施的约定：

______________________________。

1.10.4 超大件和超重件的运输

运输超大件或超重件所需的道路和桥梁临时加固改造费用和其他有关费用由____________承担。

1.11 知识产权

1.11.1 关于发包人提供给承包人的图纸、发包人为实施工程自行编制或委托编制的技术规范以及反映发包人关于合同要求或其他类似性质的文件的著作权的归属：___
____。

关于发包人提供的上述文件的使用限制的要求：______________________
____。

1.11.2 关于承包人为实施工程所编制文件的著作权的归属：______________
____。

关于承包人提供的上述文件的使用限制的要求：______________________
____。

1.11.4 承包人在施工过程中所采用的专利、专有技术、技术秘密的使用费的承担方式：____
____。

1.13 工程量清单错误的修正

出现工程量清单错误时，是否调整合同价格：______________________。

允许调整合同价格的工程量偏差范围：__________________________
____。

2. 发包人

2.2 发包人代表

发包人代表：

姓　　名：____；

身份证号：____；

职　　务：____；

联系电话：____；

电子信箱：____；

通信地址：____。

发包人对发包人代表的授权范围如下：__________________________
____。

2.4 施工现场、施工条件和基础资料的提供

2.4.1 提供施工现场

关于发包人移交施工现场的期限要求：__________________________。

2.4.2 提供施工条件

关于发包人应负责提供施工所需要的条件，包括：__________________。

2.5 资金来源证明及支付担保

发包人提供资金来源证明的期限要求：__________________________。

发包人是否提供支付担保：______________________________。

发包人提供支付担保的形式：______________________________。

3. **承包人**

3.1 承包人的一般义务

(9) 承包人提交的竣工资料的内容：______________________________。

承包人需要提交的竣工资料套数：______________________________。

承包人提交的竣工资料的费用承担：______________________________。

承包人提交的竣工资料移交时间：______________________________。

承包人提交的竣工资料形式要求：______________________________。

(10) 承包人应履行的其他义务：______________________________

______________________________。

3.2 项目经理

3.2.1 项目经理：

姓　　名：______________________________；

身份证号：______________________________；

建造师执业资格等级：______________________________；

建造师注册证书号：______________________________；

建造师执业印章号：______________________________；

安全生产考核合格证书号：______________________________；

联系电话：______________________________；

电子信箱：______________________________；

通信地址：______________________________；

承包人对项目经理的授权范围如下：______________________________

______________________________。

关于项目经理每月在施工现场的时间要求：______________________________

______________________________。

承包人未提交劳动合同，以及没有为项目经理缴纳社会保险证明的违约责任：______

______________________________。

项目经理未经批准，擅自离开施工现场的违约责任：______________________________

______________________________。

3.2.3 承包人擅自更换项目经理的违约责任：______________________________

______________________________。

3.2.4 承包人无正当理由拒绝更换项目经理的违约责任：______________________________

______________________________。

3.3 承包人人员

3.3.1 承包人提交项目管理机构及施工现场管理人员安排报告的期限：______________________________。

3.3.3 承包人无正当理由拒绝撤换主要施工管理人员的违约责任：______________________________。

3.3.4 承包人主要施工管理人员离开施工现场的批准要求：______________________________。

3.3.5 承包人擅自更换主要施工管理人员的违约责任：______________________________。

承包人主要施工管理人员擅自离开施工现场的违约责任：______________________________。

3.5 分包

3.5.1 分包的一般约定

禁止分包的工程包括：______________________________。

主体结构、关键性工作的范围：______________________________。

3.5.2 分包的确定

允许分包的专业工程包括：______________________________。

其他关于分包的约定：______________________________。

3.5.4 分包合同价款

关于分包合同价款支付的约定：______________________________。

3.6 工程照管与成品、半成品保护

承包人负责照管工程及工程相关的材料、工程设备的起始时间：______________________________。

3.7 履约担保

承包人是否提供履约担保：______________________________。

承包人提供履约担保的形式、金额及期限的：______________________________。

4. 监理人

4.1 监理人的一般规定

关于监理人的监理内容：______________________________。

关于监理人的监理权限：______________________________。

关于监理人在施工现场的办公场所、生活场所的提供和费用承担的约定：______________________________。

4.2 监理人员

总监理工程师：

姓　　名：____；

职　　务：____；

监理工程师执业资格证书号：____________________________；

联系电话：____；

电子信箱：____；

通信地址：____；

关于监理人的其他约定：________________________________。

4.4 商定或确定

在发包人和承包人不能通过协商达成一致意见时，发包人授权监理人对以下事项进行确定：

（1）____；

（2）____；

（3）____。

5. 工程质量

5.1 质量要求

5.1.1 特殊质量标准和要求：______________________________

____。

关于工程奖项的约定：__________________________________

____。

5.3 隐蔽工程检查

5.3.2 承包人提前通知监理人隐蔽工程检查的期限的约定：__________

____。

监理人不能按时进行检查时，应提前________小时提交书面延期要求。

关于延期最长不得超过：________小时。

6. 安全文明施工与环境保护

6.1 安全文明施工

6.1.1 项目安全生产的达标目标及相应事项的约定：______________

____。

6.1.4 关于治安保卫的特别约定：__________________________

____。

关于编制施工场地治安管理计划的约定：____________________

____。

6.1.5 文明施工

合同当事人对文明施工的要求：____

____。

6.1.6 关于安全文明施工费支付比例和支付期限的约定：________________________

____。

7. 工期和进度

7.1 施工组织设计

7.1.1 合同当事人约定的施工组织设计应包括的其他内容：____________________

____。

7.1.2 施工组织设计的提交和修改

承包人提交详细施工组织设计的期限的约定：__________________________________

____。

发包人和监理人在收到详细的施工组织设计后确认或提出修改意见的期限：_____

____。

7.2 施工进度计划

7.2.2 施工进度计划的修订

发包人和监理人在收到修订的施工进度计划后确认或提出修改意见的期限：_____

____。

7.3 开工

7.3.1 开工准备

关于承包人提交工程开工报审表的期限：______________________________________

____。

关于发包人应完成的其他开工准备工作及期限：________________________________

____。

关于承包人应完成的其他开工准备工作及期限：________________________________

____。

7.3.2 开工通知

因发包人原因造成监理人未能在计划开工日期之日起____天内发出开工通知的，承包人有权提出价格调整要求，或者解除合同。

7.4 测量放线

7.4.1 发包人通过监理人向承包人提供测量基准点、基准线和水准点及其书面资料的期限：____

____。

7.5 工期延误

7.5.1 因发包人原因导致工期延误

（7）因发包人原因导致工期延误的其他情形：____。

7.5.2 因承包人原因导致工期延误

因承包人原因造成工期延误，逾期竣工违约金的计算方法为：____。

因承包人原因造成工期延误，逾期竣工违约金的上限：____。

7.6 不利物质条件

不利物质条件的其他情形和有关约定：____。

7.7 异常恶劣的气候条件

发包人和承包人同意以下情形视为异常恶劣的气候条件：

（1）________________________________；

（2）________________________________；

（3）________________________________。

7.9 提前竣工的奖励

7.9.2 提前竣工的奖励：________________________________。

8. **材料与设备**

8.4 材料与工程设备的保管与使用

8.4.1 发包人供应的材料设备的保管费用的承担：____。

8.6 样品

8.6.1 样品的报送与封存

需要承包人报送样品的材料或工程设备，样品的种类、名称、规格、数量要求：____。

8.8 施工设备和临时设施

8.8.1 承包人提供的施工设备和临时设施

关于修建临时设施费用承担的约定：____。

9. **试验与检验**

9.1 试验设备与试验人员

9.1.2 试验设备

施工现场需要配置的试验场所：________________________________。

施工现场需要配备的试验设备：______________________________
______________________________。

施工现场需要具备的其他试验条件：______________________________
______________________________。

9.4 现场工艺试验

现场工艺试验的有关约定：______________________________
______________________________。

10. 变更

10.1 变更的范围

关于变更的范围的约定：______________________________
______________________________。

10.4 变更估价

10.4.1 变更估价原则

关于变更估价的约定：______________________________
______________________________。

10.5 承包人的合理化建议

监理人审查承包人合理化建议的期限：______________________________。

发包人审批承包人合理化建议的期限：______________________________。

承包人提出的合理化建议降低了合同价格或者提高了工程经济效益的奖励的方法和金额为：______________________________
______________________________。

10.7 暂估价

暂估价材料和工程设备的明细详见附件 11：《暂估价一览表》。

10.7.1 依法必须招标的暂估价项目

对于依法必须招标的暂估价项目的确认和批准采取第________种方式确定。

10.7.2 不属于依法必须招标的暂估价项目

对于不属于依法必须招标的暂估价项目的确认和批准采取第________种方式确定。

第 3 种方式：承包人直接实施的暂估价项目

承包人直接实施的暂估价项目的约定：______________________________。

10.8 暂列金额

合同当事人关于暂列金额使用的约定：______________________________。

11. 价格调整

11.1 市场价格波动引起的调整

市场价格波动是否调整合同价格的约定：______________________________。

因市场价格波动调整合同价格，采用以下第________种方式对合同价格进行调整：

第 1 种方式：采用价格指数进行价格调整。

关于各可调因子、定值和变值权重，以及基本价格指数及其来源的约定：____；

第 2 种方式：采用造价信息进行价格调整。

（2）关于基准价格的约定：________________________________。

专用合同条款①承包人在已标价工程量清单或预算书中载明的材料单价低于基准价格的：专用合同条款合同履行期间材料单价涨幅以基准价格为基础超过________%时，或材料单价跌幅以已标价工程量清单或预算书中载明材料单价为基础超过________%时，其超过部分据实调整。

②承包人在已标价工程量清单或预算书中载明的材料单价高于基准价格的：专用合同条款合同履行期间材料单价跌幅以基准价格为基础超过________%时，材料单价涨幅以已标价工程量清单或预算书中载明材料单价为基础超过________%时，其超过部分据实调整。

③承包人在已标价工程量清单或预算书中载明的材料单价等于基准单价的：专用合同条款合同履行期间材料单价涨跌幅以基准单价为基础超过±________%时，其超过部分据实调整。

第 3 种方式：其他价格调整方式：____。

12. 合同价格、计量与支付

12.1 合同价格形式

12.1.1 单价合同。

综合单价包含的风险范围：____。

风险费用的计算方法：____。

风险范围以外合同价格的调整方法：____。

12.1.2 总价合同。

总价包含的风险范围：____。

风险费用的计算方法：____。

风险范围以外合同价格的调整方法：____。

12.1.3 其他价格方式：____。

12.2 预付款

12.2.1 预付款的支付

预付款支付比例或金额：____。

预付款支付期限：____。

预付款扣回的方式：____。

12.2.2 预付款担保

承包人提交预付款担保的期限：____。

预付款担保的形式为：____。

12.3 计量

12.3.1 计量原则

工程量计算规则：____。

12.3.2 计量周期

关于计量周期的约定：____。

12.3.3 单价合同的计量

关于单价合同计量的约定：____。

12.3.4 总价合同的计量

关于总价合同计量的约定：____。

12.3.5 总价合同采用支付分解表计量支付的，是否适用第12.3.4项〔总价合同的计量〕约定进行计量：____。

12.3.6 其他价格形式合同的计量

其他价格形式的计量方式和程序：____。

12.4 工程进度款支付

12.4.1 付款周期

关于付款周期的约定：____。

12.4.2 进度付款申请单的编制

关于进度付款申请单编制的约定：____。

12.4.3 进度付款申请单的提交

（1）单价合同进度付款申请单提交的约定：______________________________。

（2）总价合同进度付款申请单提交的约定：______________________________。

（3）其他价格形式合同进度付款申请单提交的约定：____。

12.4.4 进度款审核和支付

（1）监理人审查并报送发包人的期限：________________。

发包人完成审批并签发进度款支付证书的期限：________________

________________。

（2）发包人支付进度款的期限：________________。

发包人逾期支付进度款的违约金的计算方式：________________

________________。

12.4.6 支付分解表的编制

12.4.6.2 总价合同支付分解表的编制与审批：________________

________________。

12.4.6.3 单价合同的总价项目支付分解表的编制与审批：________________

________________。

13. 验收和工程试车

13.1 分部分项工程验收

13.1.2 监理人不能按时进行验收时，应提前________小时提交书面延期要求。

关于延期最长不得超过：________小时。

13.2 竣工验收

13.2.2 竣工验收程序

关于竣工验收程序的约定：________________

________________。

发包人不按照本项约定组织竣工验收、颁发工程接收证书的违约金的计算方法：

________________。

13.2.5 移交、接收全部与部分工程

承包人向发包人移交工程的期限：________________。

发包人未按本合同约定接收全部或部分工程的，违约金的计算方法为：________

________________。

承包人未按时移交工程的，违约金的计算方法为：________________

________________。

13.3 工程试车

13.3.1 试车程序

工程试车内容：________________

________________。

（1）单机无负荷试车费用由________________承担；

（2）无负荷联动试车费用由________________承担。

13.3.3 投料试车

关于投料试车相关事项的约定：____。

13.6 竣工退场

13.6.1 竣工退场

承包人完成竣工退场的期限：______________________________。

14. 竣工结算

14.1 竣工结算申请

承包人提交竣工结算申请单的期限：______________________________。

竣工结算申请单应包括的内容：____。

14.2 竣工结算审核

发包人审批竣工付款申请单的期限：______________________________。

发包人完成竣工付款的期限：______________________________。

关于竣工付款证书异议部分复核的方式和程序：____。

14.4 最终结清

14.4.1 最终结清申请单

承包人提交最终结清申请单的份数：______________________________。

承包人提交最终结算申请单的期限：______________________________。

14.4.2 最终结清证书和支付

（1）发包人完成最终结清申请单的审批并颁发最终结清证书的期限：____。

（2）发包人完成支付的期限：______________________________。

15. 缺陷责任期与保修

15.2 缺陷责任期

缺陷责任期的具体期限：____。

15.3 质量保证金

关于是否扣留质量保证金的约定：______________________。在工程项目竣工前，承包人按专用合同条款第3.7条提供履约担保的，发包人不得同时预留工程质量保证金。

15.3.1 承包人提供质量保证金的方式

质量保证金采用以下第________种方式：

（1）质量保证金保函，保证金额为：______________________________；

（2）________%的工程款；

（3）其他方式：____。

15.3.2 质量保证金的扣留

质量保证金的扣留采取以下第________种方式：

（1）在支付工程进度款时逐次扣留，在此情形下，质量保证金的计算基数不包括预付款的支付、扣回以及价格调整的金额；

（2）工程竣工结算时一次性扣留质量保证金；

（3）其他扣留方式：____。

关于质量保证金的补充约定：____。

15.4 保修

15.4.1 保修责任

工程保修期为：____。

15.4.3 修复通知

承包人收到保修通知并到达工程现场的合理时间：____。

16. **违约**

16.1 发包人违约

16.1.1 发包人违约的情形

发包人违约的其他情形：____。

16.1.2 发包人违约的责任

发包人违约责任的承担方式和计算方法：

（1）因发包人原因未能在计划开工日期前7天内下达开工通知的违约责任：____。

（2）因发包人原因未能按合同约定支付合同价款的违约责任：____。

（3）发包人违反第10.1款〔变更的范围〕第（2）项约定，自行实施被取消的工作或转由他人实施的违约责任：____。

（4）发包人提供的材料、工程设备的规格、数量或质量不符合合同约定，或因发包人原因导致交货日期延误或交货地点变更等情况的违约责任：____。

（5）因发包人违反合同约定造成暂停施工的违约责任：______________________________。

（6）发包人无正当理由没有在约定期限内发出复工指示，导致承包人无法复工的违约责任：______________________________。

（7）其他：______________________________。

16.1.3 因发包人违约解除合同

承包人按16.1.1项〔发包人违约的情形〕约定暂停施工满________天后发包人仍不纠正其违约行为并致使合同目的不能实现的，承包人有权解除合同。

16.2 承包人违约

16.2.1 承包人违约的情形

承包人违约的其他情形：______________________________。

16.2.2 承包人违约的责任

承包人违约责任的承担方式和计算方法：______________________________。

16.2.3 因承包人违约解除合同

关于承包人违约解除合同的特别约定：______________________________。

发包人继续使用承包人在施工现场的材料、设备、临时工程、承包人文件和由承包人或以其名义编制的其他文件的费用承担方式：______________________________。

17. 不可抗力

17.1 不可抗力的确认

除通用合同条款约定的不可抗力事件之外，视为不可抗力的其他情形：______________________________。

17.4 因不可抗力解除合同

合同解除后，发包人应在商定或确定发包人应支付款项后________天内完成款项的支付。

18. 保险

18.1 工程保险

关于工程保险的特别约定：______________________________。

18.3 其他保险

关于其他保险的约定：______________________________。

承包人是否应为其施工设备等办理财产保险：______________________________。

18.7 通知义务

关于变更保险合同时的通知义务的约定：______________________________。

20. **争议解决**

20.3 争议评审

合同当事人是否同意将工程争议提交争议评审小组决定：______________________________。

20.3.1 争议评审小组的确定

争议评审小组成员的确定：______________________________。

选定争议评审员的期限：______________________________。

争议评审小组成员的报酬承担方式：______________________________。

其他事项的约定：______________________________。

20.3.2 争议评审小组的决定

合同当事人关于本项的约定：______________________________。

20.4 仲裁或诉讼

因合同及合同有关事项发生的争议，按下列第____种方式解决：

（1）向____________仲裁委员会申请仲裁；

（2）向____________人民法院起诉。

附件

协议书附件：

附件1：

承包人承揽工程项目一览表

单位工程名称	建设规模	建筑面积（平方米）	结构形式	层数	生产能力	设备安装内容	合同价格（元）	开工日期	竣工日期

附件2：

发包人供应材料设备一览表

序号	材料、设备品种	规格型号	单位	数量	单价（元）	质量等级	供应时间	送达地点	备注

附件3：

工程质量保修书

发包人（全称）：____________________

承包人（全称）：____________________

发包人和承包人根据《中华人民共和国建筑法》和《建设工程质量管理条例》，经协商一致就____

__________（工程全称）签订工程质量保修书。

一、工程质量保修范围和内容

承包人在质量保修期内，按照有关法律规定和合同约定，承担工程质量保修责任。

质量保修范围包括地基基础工程、主体结构工程，屋面防水工程、有防水要求的卫生间、房间和外墙面的防渗漏，供热与供冷系统，电气管线、给排水管道、设备安装和装修工程，以及双方约定的其他项目。具体保修的内容，双方约定如下：

____

____

____。

二、质量保修期

根据《建设工程质量管理条例》及有关规定，工程的质量保修期如下：

1. 地基基础工程和主体结构工程为设计文件规定的工程合理使用年限；
2. 屋面防水工程、有防水要求的卫生间、房间和外墙面的防渗为________年；
3. 装修工程为____年；
4. 电气管线、给排水管道、设备安装工程为________年；

5. 供热与供冷系统为________个采暖期、供冷期；

6. 住宅小区内的给排水设施、道路等配套工程为________年；

7. 其他项目保修期限约定如下：____
____。

质量保修期自工程竣工验收合格之日起计算。

三、缺陷责任期

工程缺陷责任期为________个月，缺陷责任期自工程通过竣工验收之日起计算。单位工程先于全部工程进行验收，单位工程缺陷责任期自单位工程验收合格之日起算。

缺陷责任期终止后，发包人应退还剩余的质量保证金。

四、质量保修责任

1. 属于保修范围、内容的项目，承包人应当在接到保修通知之日起 7 天内派人保修。承包人不在约定期限内派人保修的，发包人可以委托他人修理。

2. 发生紧急事故需抢修的，承包人在接到事故通知后，应当立即到达事故现场抢修。

3. 对于涉及结构安全的质量问题，应当按照《建设工程质量管理条例》的规定，立即向当地建设行政主管部门和有关部门报告，采取安全防范措施，并由原设计人或者具有相应资质等级的设计人提出保修方案，承包人实施保修。

4. 质量保修完成后，由发包人组织验收。

五、保修费用

保修费用由造成质量缺陷的责任方承担。

六、双方约定的其他工程质量保修事项：________________________________
____。

工程质量保修书由发包人、承包人在工程竣工验收前共同签署，作为施工合同附件，其有效期限至保修期满。

发包人（公章）：________________	承包人（公章）：________________
地　址：________________	地　址：________________
法定代表人（签字）：________________	法定代表人（签字）：________________
委托代理人（签字）：________________	委托代理人（签字）：________________
电　话：________________	电　话：________________
传　真：________________	传　真：________________
开户银行：________________	开户银行：________________
账　号：________________	账　号：________________
邮政编码：________________	邮政编码：________________

附件4：

主要建设工程文件目录

文件名称	套数	费用（元）	质量	移交时间	责任人

附件5：

承包人用于本工程施工的机械设备表

序号	机械或设备名称	规格型号	数量	产地	制造年份	额定功率（kW）	生产能力	备注

附件6：

承包人主要施工管理人员表

名　　称	姓名	职务	职称	主要资历、经验及承担过的项目
一、总部人员				
项目主管				
其他人员				
二、现场人员				
项目经理				
项目副经理				
技术负责人				
造价管理				
质量管理				
材料管理				
计划管理				
安全管理				
其他人员				

附件7：

分包人主要施工管理人员表

<table>
<tr><th>名　　称</th><th>姓名</th><th>职务</th><th>职称</th><th>主要资历、经验及承担过的项目</th></tr>
<tr><td colspan="5">一、总部人员</td></tr>
<tr><td>项目主管</td><td></td><td></td><td></td><td></td></tr>
<tr><td rowspan="5">其他人员</td><td></td><td></td><td></td><td></td></tr>
<tr><td></td><td></td><td></td><td></td></tr>
<tr><td></td><td></td><td></td><td></td></tr>
<tr><td></td><td></td><td></td><td></td></tr>
<tr><td></td><td></td><td></td><td></td></tr>
<tr><td colspan="5">二、现场人员</td></tr>
<tr><td>项目经理</td><td></td><td></td><td></td><td></td></tr>
<tr><td>项目副经理</td><td></td><td></td><td></td><td></td></tr>
<tr><td>技术负责人</td><td></td><td></td><td></td><td></td></tr>
<tr><td>造价管理</td><td></td><td></td><td></td><td></td></tr>
<tr><td>质量管理</td><td></td><td></td><td></td><td></td></tr>
<tr><td>材料管理</td><td></td><td></td><td></td><td></td></tr>
<tr><td>计划管理</td><td></td><td></td><td></td><td></td></tr>
<tr><td>安全管理</td><td></td><td></td><td></td><td></td></tr>
<tr><td rowspan="6">其他人员</td><td></td><td></td><td></td><td></td></tr>
<tr><td></td><td></td><td></td><td></td></tr>
<tr><td></td><td></td><td></td><td></td></tr>
<tr><td></td><td></td><td></td><td></td></tr>
<tr><td></td><td></td><td></td><td></td></tr>
<tr><td></td><td></td><td></td><td></td></tr>
</table>

附件8：

履约担保

__________（发包人名称）：

鉴于__________________（发包人名称，以下简称“发包人”）与____________（承包人名称）（以下称“承包人”）于____年___月___日就__________（工程名称）施工及有关事项协商一致共同签订《建设工程施工合同》。我方愿意无条件地、不可撤销地就承包人履行与你方签订的合同，向你方提供连带责任担保。

1. 担保金额人民币（大写）____________元（¥__________）。

2. 担保有效期自你方与承包人签订的合同生效之日起至你方签发或应签发工程接收证书之日止。

3. 在本担保有效期内，因承包人违反合同约定的义务给你方造成经济损失时，我方在收到你方以书面形式提出的在担保金额内的赔偿要求后，在7天内无条件支付。

4. 你方和承包人按合同约定变更合同时，我方承担本担保规定的义务不变。

5. 因本保函发生的纠纷，可由双方协商解决，协商不成的，任何一方均可提请__________仲裁委员会仲裁。

6. 本保函自我方法定代表人（或其授权代理人）签字并加盖公章之日起生效。

担 保 人：____________（盖单位章）
法定代表人或其委托代理人：____________（签字）
地　　址：______________
邮政编码：______________
电　　话：______________
传　　真：______________

____年___月___日

附件9：

预付款担保

__________（发包人名称）：

根据____________（承包人名称）（以下称“承包人”）与____________（发包人名称）（以下简称“发包人”）于____年___月___日签订的__________（工程名称）《建设工程施工合同》，承包人按约定的金额向你方提交一份预付款担保，即有权得到你方支付相等金额的预付款。我方愿意就你方提供给承包人的预付款为承包人提供连带责任担保。

1. 担保金额人民币（大写）________________元（¥__________）。

2. 担保有效期自预付款支付给承包人起生效，至你方签发的进度款支付证书说明已完全扣清止。

3. 在本保函有效期内，因承包人违反合同约定的义务而要求收回预付款时，我方在收到你方的书面通知后，在7天内无条件支付。但本保函的担保金额，在任何时候不应超过预付款金额减去你方按合同约定在向承包人签发的进度款支付证书中扣除的金额。

4. 你方和承包人按合同约定变更合同时，我方承担本保函规定的义务不变。

5. 因本保函发生的纠纷，可由双方协商解决，协商不成的，任何一方均可提请____________仲裁委员会仲裁。

6. 本保函自我方法定代表人（或其授权代理人）签字并加盖公章之日起生效。

担保人：________________（盖单位章）

法定代表人或其委托代理人：________________（签字）

地　　址：____________________

邮政编码：____________________

电　　话：____________________

传　　真：____________________

______年____月____日

附件10：

支付担保

____________（承包人）：

鉴于你方作为承包人已经与________________（发包人名称）（以下称“发包人”）于______年____月____日签订了____________（工程名称）《建设工程施工合同》（以下称“主合同”），应发包人的申请，我方愿就发包人履行主合同约定的工程款支付义务以保证的方式向你方提供如下担保：

一、保证的范围及保证金额

1. 我方的保证范围是主合同约定的工程款。

2. 本保函所称主合同约定的工程款是指主合同约定的除工程质量保证金以外的合同价款。

3. 我方保证的金额是主合同约定的工程款的______%，数额最高不超过人民币（大写）________________元（¥__________）。

二、保证的方式及保证期间

1. 我方保证的方式为：连带责任保证。

2. 我方保证的期间为：自本合同生效之日起至主合同约定的工程款支付完毕之日后____日内。

3. 你方与发包人协议变更工程款支付日期的，经我方书面同意后，保证期间按照变更后的支付日期做相应调整。

三、承担保证责任的形式

我方承担保证责任的形式是代为支付。发包人未按主合同约定向你方支付工程款的，由我方在保证金额内代为支付。

四、代偿的安排

1. 你方要求我方承担保证责任的，应向我方发出书面索赔通知及发包人未支付主合同约定工程款的证明材料。索赔通知应写明要求索赔的金额，支付款项应到达的账号。

2. 在出现你方与发包人因工程质量发生争议，发包人拒绝向你方支付工程款的情形时，你方要求我方履行保证责任代为支付的，需提供符合相应条件要求的工程质量检测机构出具的质量说明材料。

3. 我方收到你方的书面索赔通知及相应的证明材料后 7 天内无条件支付。

五、保证责任的解除

1. 在本保函承诺的保证期间内，你方未书面向我方主张保证责任的，自保证期间届满次日起，我方保证责任解除。

2. 发包人按主合同约定履行了工程款的全部支付义务的，自本保函承诺的保证期间届满次日起，我方保证责任解除。

3. 我方按照本保函向你方履行保证责任所支付金额达到本保函保证金额时，自我方向你方支付（支付款项从我方账户划出）之日起，保证责任即解除。

4. 按照法律法规的规定或出现应解除我方保证责任的其他情形的，我方在本保函项下的保证责任亦解除。

5. 我方解除保证责任后，你方应自我方保证责任解除之日起____个工作日内，将本保函原件返还我方。

六、免责条款

1. 因你方违约致使发包人不能履行义务的，我方不承担保证责任。

2. 依照法律法规的规定或你方与发包人的另行约定，免除发包人部分或全部义务的，我方亦免除其相应的保证责任。

3. 你方与发包人协议变更主合同的，如加重发包人责任致使我方保证责任加重的，需征得我方书面同意，否则我方不再承担因此而加重部分的保证责任，但主合同第 10 条〔变更〕约定的变更不受本款限制。

4. 因不可抗力造成发包人不能履行义务的，我方不承担保证责任。

七、争议解决

因本保函或本保函相关事项发生的纠纷，可由双方协商解决，协商不成的，按下列第____种方式解决：

（1）向____________仲裁委员会申请仲裁；

（2）向____________人民法院起诉。

八、保函的生效

本保函自我方法定代表人（或其授权代理人）签字并加盖公章之日起生效。

担保人：________________（盖章）

法定代表人或其委托代理人：________________（签字）

地　　址：____________________

邮政编码：____________________

电　　话：____________________

传　　真：____________________

______年____月____日

附件11：

11-1：材料暂估价表

序号	名称	单位	数量	单价（元）	合价（元）	备注

11-2：工程设备暂估价表

序号	名称	单位	数量	单价（元）	合价（元）	备注

11－3：**专业工程暂估价表**

序号	专业工程名称	工程内容	金额
小计：			

GF—2016—0203 合同编号：________________

建设工程勘察合同

（示范文本，2016年版）[①]

说　明

为了指导建设工程勘察合同当事人的签约行为，维护合同当事人的合法权益，依据《中华人民共和国合同法》《中华人民共和国建筑法》《中华人民共和国招标投标法》等相关法律法规的规定，住房和城乡建设部、国家市场监督管理总局（原国家工商行政管理总局）对《建设工程勘察合同（一）［岩土工程勘察、水文地质勘察（含凿井）、工程测量、工程物探］》（GF－2000－0203）及《建设工程勘察合同（二）

① 住房和城乡建设部、国家市场监督管理总局（原国家工商行政管理总局）制定，自2016年12月1日起施行。

[岩土工程设计、治理、监测]》(GF-2000-0204)进行修订，制定了《建设工程勘察合同（示范文本)》(以下简称《示范文本》)。

为了便于合同当事人使用《示范文本》，现就有关问题说明如下：

一、《示范文本》的组成

《示范文本》由合同协议书、通用合同条款和专用合同条款三部分组成。

（一）合同协议书

《示范文本》合同协议书共计12条，主要包括工程概况、勘察范围和阶段、技术要求及工作量、合同工期、质量标准、合同价款、合同文件构成、承诺、词语定义、签订时间、签订地点、合同生效和合同份数等内容，集中约定了合同当事人基本的合同权利义务。

（二）通用合同条款

通用合同条款是合同当事人根据《中华人民共和国合同法》《中华人民共和国建筑法》《中华人民共和国招标投标法》等相关法律法规的规定，就工程勘察的实施及相关事项对合同当事人的权利义务作出的原则性约定。

通用合同条款具体包括一般约定、发包人、勘察人、工期、成果资料、后期服务、合同价款与支付、变更与调整、知识产权、不可抗力、合同生效与终止、合同解除、责任与保险、违约、索赔、争议解决及补充条款等共计17条。上述条款安排既考虑了现行法律法规对工程建设的有关要求，也考虑了工程勘察管理的特殊需要。

（三）专用合同条款

专用合同条款是对通用合同条款原则性约定的细化、完善、补充、修改或另行约定的条款。合同当事人可以根据不同建设工程的特点及具体情况，通过双方的谈判、协商对相应的专用合同条款进行修改补充。在使用专用合同条款时，应注意以下事项：

1. 专用合同条款编号应与相应的通用合同条款编号一致；

2. 合同当事人可以通过对专用合同条款的修改，满足具体项目工程勘察的特殊要求，避免直接修改通用合同条款；

3. 在专用合同条款中有横道线的地方，合同当事人可针对相应的通用合同条款进行细化、完善、补充、修改或另行约定；如无细化、完善、补充、修改或另行约定，则填写“无”或划“/”。

二、《示范文本》的性质和适用范围

《示范文本》为非强制性使用文本，合同当事人可结合工程具体情况，根据《示范文本》订立合同，并按照法律法规和合同约定履行相应的权利义务，承担相应的法律责任。

《示范文本》适用于岩土工程勘察、岩土工程设计、岩土工程物探/测试/检测/监测、水文地质勘察及工程测量等工程勘察活动，岩土工程设计也可使用《建设工程设计合同示范文本（专业建设工程)》(GF-2015-0210)。

第一部分　合同协议书

发包人（全称）：____________________

勘察人（全称）：____________________

根据《中华人民共和国合同法》《中华人民共和国建筑法》《中华人民共和国招标投标法》等相关法律法规的规定，遵循平等、自愿、公平和诚实信用的原则，双方就__________项目工程勘察有关事项协商一致，达成如下协议。

一、工程概况

1. 工程名称：____________________

2. 工程地点：____________________

3. 工程规模、特征：____________________

____

____

二、勘察范围和阶段、技术要求及工作量

1. 勘察范围和阶段：____________________

2. 技术要求：____________________

3. 工作量：____________________

三、合同工期

1. 开工日期：____________________

2. 成果提交日期：____________________

3. 合同工期（总日历天数）________天

四、质量标准

质量标准：____________________

五、合同价款

1. 合同价款金额：人民币（大写）________元（¥________）

2. 合同价款形式：____________________

六、合同文件构成

组成本合同的文件包括：

（1）合同协议书；

（2）专用合同条款及其附件；

（3）通用合同条款；

（4）中标通知书（如果有）；

（5）投标文件及其附件（如果有）；

（6）技术标准和要求；

（7）图纸；

（8）其他合同文件。

在合同履行过程中形成的与合同有关的文件构成合同文件组成部分。

七、承诺

1. 发包人承诺按照法律规定履行项目审批手续，按照合同约定提供工程勘察条件和相关资料，并按照合同约定的期限和方式支付合同价款。

2. 勘察人承诺按照法律法规和技术标准规定及合同约定提供勘察技术服务。

八、词语定义

本合同协议书中词语含义与合同第二部分《通用合同条款》中的词语含义相同。

九、签订时间

本合同于________年____月____日签订。

十、签订地点

本合同在____________________签订。

十一、合同生效

本合同自____________________生效。

十二、合同份数

本合同一式____份，具有同等法律效力，发包人执____份，勘察人执____份。

发包人：（印章）______________	勘察人：（印章）______________
法定代表人或其委托代理人：	法定代表人或其委托代理人：
（签字）	（签字）
统一社会信用代码：____________	统一社会信用代码：____________
地址：________________________	地址：________________________
邮政编码：____________________	邮政编码：____________________
电话：________________________	电话：________________________
传真：________________________	传真：________________________
电子邮箱：____________________	电子邮箱：____________________
开户银行：____________________	开户银行：____________________
账号：________________________	账号：________________________

第二部分　通用合同条款

第1条　一般约定

1.1 词语定义

下列词语除专用合同条款另有约定外，应具有本条所赋予的含义。

1.1.1 合同：指根据法律规定和合同当事人约定具有约束力的文件，构成合同的文件包括合同协议书、专用合同条款及其附件、通用合同条款、中标通知书（如果有）、投标文件及其附件（如果有）、技术标准和要求、图纸以及其他合同文件。

1.1.2 合同协议书：指构成合同的由发包人和勘察人共同签署的称为“合同协议书”的书面文件。

1.1.3 通用合同条款：是根据法律、行政法规规定及建设工程勘察的需要订立，通用于建设工程勘察的合同条款。

1.1.4 专用合同条款：是发包人与勘察人根据法律、行政法规规定，结合具体工程实际，经协商达成一致意见的合同条款，是对通用合同条款的细化、完善、补充、修改或另行约定。

1.1.5 发包人：指与勘察人签订合同协议书的当事人以及取得该当事人资格的合法继承人。

1.1.6 勘察人：指在合同协议书中约定，被发包人接受的具有工程勘察资质的当事人以及取得该当事人资格的合法继承人。

1.1.7 工程：指发包人与勘察人在合同协议书中约定的勘察范围内的项目。

1.1.8 勘察任务书：指由发包人就工程勘察范围、内容和技术标准等提出要求的书面文件。勘察任务书构成合同文件组成部分。

1.1.9 合同价款：指合同当事人在合同协议书中约定，发包人用以支付勘察人完成合同约定范围内工程勘察工作的款项。

1.1.10 费用：指为履行合同所发生的或将要发生的必需的支出。

1.1.11 工期：指合同当事人在合同协议书中约定，按总日历天数（包括法定节假日）计算的工作天数。

1.1.12 天：除特别指明外，均指日历天。约定按天计算时间的，开始当天不计入，从次日开始计算。时限的最后一天是休息日或者其他法定节假日的，以节假日次日为时限的最后一天，时限的最后一天的截止时间为当日24时。

1.1.13 开工日期：指合同当事人在合同中约定，勘察人开始工作的绝对或相对日期。

1.1.14 成果提交日期：指合同当事人在合同中约定，勘察人完成合同范围内工作并提交成果资料的绝对或相对日期。

1.1.15 图纸：指由发包人提供或由勘察人提供并经发包人认可，满足勘察人开展工作需要的所有图件，包括相关说明和资料。

1.1.16 作业场地：指工程勘察作业的场所以及发包人具体指定的供工程勘察作业使用的其他场所。

1.1.17 书面形式：指合同书、信件和数据电文（包括电报、电传、传真、电子数据交换和电子邮件）等可以有形地表现所载内容的形式。

1.1.18 索赔：指在合同履行过程中，一方违反合同约定，直接或间接地给另一方造成实际损失，受损方向违约方提出经济赔偿和（或）工期顺延的要求。

1.1.19 不利物质条件：指勘察人在作业场地遇到的不可预见的自然物质条件、非自然的物质障碍和污染物。

1.1.20 后期服务：指勘察人提交成果资料后，为发包人提供的后续技术服务工作和程序性工作，如报告成果咨询、基槽检验、现场交桩和竣工验收等。

1.2 合同文件及优先解释顺序

1.2.1 合同文件应能相互解释，互为说明。除专用合同条款另有约定外，组成本合同的文件及优先解释顺序如下：

（1）合同协议书；

（2）专用合同条款及其附件；

（3）通用合同条款；

（4）中标通知书（如果有）；

（5）投标文件及其附件（如果有）；

（6）技术标准和要求；

（7）图纸；

（8）其他合同文件。

上述合同文件包括合同当事人就该项合同文件所作出的补充和修改，属于同一类内容的文件，应以最新签署的为准。

1.2.2 当合同文件内容含混不清或不相一致时，在不影响工作正常进行的情况下，由发包人和勘察人协商解决。双方协商不成时，按第16条〔争议解决〕的约定处理。

1.3 适用法律法规、技术标准

1.3.1 适用法律法规

本合同文件适用中华人民共和国法律、行政法规、部门规章以及工程所在地的地方性法规、自治条例、单行条例和地方政府规章等。其他需要明示的规范性文件，由合同当事人在专用合同条款中约定。

1.3.2 适用技术标准

适用于工程的现行有效国家标准、行业标准、工程所在地的地方标准以及相应的规范、规程为本合同文件适用的技术标准。合同当事人有特别要求的，应在专用合同条款中约定。

发包人要求使用国外技术标准的，应在专用合同条款中约定所使用技术标准的名称及提供方，并约定技术标准原文版、中译本的份数、时间及费用承担等事项。

1.4 语言文字

本合同文件使用汉语语言文字书写、解释和说明。如专用合同条款约定使用两种以上（含两种）语言时，汉语为优先解释和说明本合同的语言。

1.5 联络

1.5.1 与合同有关的批准文件、通知、证明、证书、指示、指令、要求、请求、意见、确定和决定等，均应采用书面形式或合同双方确认的其他形式，并应在合同约定的期限内送达接收人。

1.5.2 发包人和勘察人应在专用合同条款中约定各自的送达接收人、送达形式及联系方式。合同当事人指定的接收人、送达地点或联系方式发生变动的，应提前3天以书面形式通知对方，否则视为未发生变动。

1.5.3 发包人、勘察人应及时签收对方送达至约定送达地点和指定接收人的来往信函；如确有充分证据证明一方无正当理由拒不签收的，视为拒绝签收一方认可往来信函的内容。

1.6 严禁贿赂

合同当事人不得以贿赂或变相贿赂的方式，谋取非法利益或损害对方权益。因一方的贿赂造成对方损失的，应赔偿损失并承担相应的法律责任。

1.7 保密

除法律法规规定或合同另有约定外，未经发包人同意，勘察人不得将发包人提供的图纸、文件以及声明需要保密的资料信息等商业秘密泄露给第三方。

除法律法规规定或合同另有约定外，未经勘察人同意，发包人不得将勘察人提供的技术文件、成果资料、技术秘密及声明需要保密的资料信息等商业秘密泄露给第三方。

第2条　发包人

2.1 发包人权利

2.1.1 发包人对勘察人的勘察工作有权依照合同约定实施监督，并对勘察成果予以验收。

2.1.2 发包人对勘察人无法胜任工程勘察工作的人员有权提出更换。

2.1.3 发包人拥有勘察人为其项目编制的所有文件资料的使用权，包括投标文件、成果资料和数据等。

2.2 发包人义务

2.2.1 发包人应以书面形式向勘察人明确勘察任务及技术要求。

2.2.2 发包人应提供开展工程勘察工作所需要的图纸及技术资料，包括总平面图、地形图、已有水准点和坐标控制点等，若上述资料由勘察人负责搜集时，发包人应承担相关费用。

2.2.3 发包人应提供工程勘察作业所需的批准及许可文件，包括立项批复、占用和挖掘道路许可等。

2.2.4 发包人应为勘察人提供具备条件的作业场地及进场通道（包括土地征用、障碍物清除、场地平整、提供水电接口和青苗赔偿等）并承担相关费用。

2.2.5 发包人应为勘察人提供作业场地内地下埋藏物（包括地下管线、地下构筑物等）的资料、图纸，没有资料、图纸的地区，发包人应委托专业机构查清地下埋藏物。若因发包人未提供上述资料、图纸，或提供的资料、图纸不实，致使勘察人在工程勘察工作过程中发生人身伤害或造成经济损失时，由发包人承担赔偿责任。

2.2.6 发包人应按照法律法规规定为勘察人安全生产提供条件并支付安全生产防护费用，发包人不得要求勘察人违反安全生产管理规定进行作业。

2.2.7 若勘察现场需要看守，特别是在有毒、有害等危险现场作业时，发包人应派人负责安全保卫工作；按国家有关规定，对从事危险作业的现场人员进行保健防护，并承担费用。发包人对安全文明施工有特殊要求时，应在专用合同条款中另行约定。

2.2.8 发包人应对勘察人满足质量标准的已完工作，按照合同约定及时支付相应的工程勘察合同价款及费用。

2.3 发包人代表

发包人应在专用合同条款中明确其负责工程勘察的发包人代表的姓名、职务、联系方式及授权范围等事项。发包人代表在发包人的授权范围内，负责处理合同履行过程中与发包人有关的具体事宜。

第3条 勘察人

3.1 勘察人权利

3.1.1 勘察人在工程勘察期间，根据项目条件和技术标准、法律法规规定等方面的变化，有权向发包人提出增减合同工作量或修改技术方案的建议。

3.1.2 除建设工程主体部分的勘察外，根据合同约定或经发包人同意，勘察人可以将建设工程其他部分的勘察分包给其他具有相应资质等级的建设工程勘察单位。发包人对分包的特殊要求应在专用合同条款中另行约定。

3.1.3 勘察人对其编制的所有文件资料，包括投标文件、成果资料、数据和专利技术等拥有知识产权。

3.2 勘察人义务

3.2.1 勘察人应按勘察任务书和技术要求并依据有关技术标准进行工程勘察工作。

3.2.2 勘察人应建立质量保证体系，按本合同约定的时间提交质量合格的成果资料，并对其质量负责。

3.2.3 勘察人在提交成果资料后，应为发包人继续提供后期服务。

3.2.4 勘察人在工程勘察期间遇到地下文物时，应及时向发包人和文物主管部门报告并妥善保护。

3.2.5 勘察人开展工程勘察活动时应遵守有关职业健康及安全生产方面的各项法律法规的规定，采取安全防护措施，确保人员、设备和设施的安全。

3.2.6 勘察人在燃气管道、热力管道、动力设备、输水管道、输电线路、临街交通要道及地下通道（地下隧道）附近等风险性较大的地点，以及在易燃易爆地段及放射、有毒环境中进行工程勘察作业时，应编制安全防护方案并制定应急预案。

3.2.7 勘察人应在勘察方案中列明环境保护的具体措施，并在合同履行期间采取合理措施保护作业现场环境。

3.3 勘察人代表

勘察人接受任务时，应在专用合同条款中明确其负责工程勘察的勘察人代表的姓名、职务、联系方式及授权范围等事项。勘察人代表在勘察人的授权范围内，负责处理合同履行过程中与勘察人有关的具体事宜。

第4条　工期

4.1 开工及延期开工

4.1.1 勘察人应按合同约定的工期进行工程勘察工作，并接受发包人对工程勘察工作进度的监督、检查。

4.1.2 因发包人原因不能按照合同约定的日期开工，发包人应以书面形式通知勘察人，推迟开工日期并相应顺延工期。

4.2 成果提交日期

勘察人应按照合同约定的日期或双方同意顺延的工期提交成果资料，具体可在专用合同条款中约定。

4.3 发包人造成的工期延误

4.3.1 因以下情形造成工期延误，勘察人有权要求发包人延长工期、增加合同价款和（或）补偿费用：

（1）发包人未能按合同约定提供图纸及开工条件；

（2）发包人未能按合同约定及时支付定金、预付款和（或）进度款；

（3）变更导致合同工作量增加；

（4）发包人增加合同工作内容；

（5）发包人改变工程勘察技术要求；

（6）发包人导致工期延误的其他情形。

4.3.2 除专用合同条款对期限另有约定外，勘察人在第4.3.1款情形发生后7天内，应就延误的工期以书面形式向发包人提出报告。发包人在收到报告后7天内予以确认；逾期不予确认也不提出修改意见，视为同意顺延工期。补偿费用的确认程序参照第7.1款〔合同价款与调整〕执行。

4.4 勘察人造成的工期延误

勘察人因以下情形不能按照合同约定的日期或双方同意顺延的工期提交成果资料的，勘察人承担违约责任：

（1）勘察人未按合同约定开工日期开展工作造成工期延误的；

（2）勘察人管理不善、组织不力造成工期延误的；

（3）因弥补勘察人自身原因导致的质量缺陷而造成工期延误的；

（4）因勘察人成果资料不合格返工造成工期延误的；

（5）勘察人导致工期延误的其他情形。

4.5 恶劣气候条件

恶劣气候条件影响现场作业，导致现场作业难以进行，造成工期延误的，勘察人有权要求发包人延长工期，具体可参照第4.3.2款处理。

第5条　成果资料

5.1 成果质量

5.1.1 成果质量应符合相关技术标准和深度规定，且满足合同约定的质量要求。

5.1.2 双方对工程勘察成果质量有争议时，由双方同意的第三方机构鉴定，所需费用及因此造成的损失，由责任方承担；双方均有责任的，由双方根据其责任分别承担。

5.2 成果份数

勘察人应向发包人提交成果资料四份，发包人要求增加的份数，在专用合同条款中另行约定，发包人另行支付相应的费用。

5.3 成果交付

勘察人按照约定时间和地点向发包人交付成果资料，发包人应出具书面签收单，内容包括成果名称、成果组成、成果份数、提交和签收日期、提交人与接收人的亲笔签名等。

5.4 成果验收

勘察人向发包人提交成果资料后，如需对勘察成果组织验收的，发包人应及时组织验收。除专用合同条款对期限另有约定外，发包人14天内无正当理由不予组织验收，视为验收通过。

第6条　后期服务

6.1 后续技术服务

勘察人应派专业技术人员为发包人提供后续技术服务，发包人应为其提供必要的工作和生活条件，后续技术服务的内容、费用和时限应由双方在专用合同条款中另行约定。

6.2 竣工验收

工程竣工验收时，勘察人应按发包人要求参加竣工验收工作，并提供竣工验收所需相关资料。

第7条　合同价款与支付

7.1 合同价款与调整

7.1.1 依照法定程序进行招标工程的合同价款由发包人和勘察人依据中标价格载明在合同协议书中；非招标工程的合同价款由发包人和勘察人议定，并载明在合同协议书中。合同价款在合同协议书中约定后，除合同条款约定的合同价款调整因素外，任何一方不得擅自改变。

7.1.2 合同当事人可任选下列一种合同价款的形式，双方可在专用合同条款中约定：

(1) 总价合同

双方在专用合同条款中约定合同价款包含的风险范围和风险费用的计算方法，在约定的风险范围内合同价款不再调整。风险范围以外的合同价款调整因素和方法，应在专用合同条款中约定。

(2) 单价合同

合同价款根据工作量的变化而调整，合同单价在风险范围内一般不予调整，双方可在专用合同条款中约定合同单价调整因素和方法。

(3) 其他合同价款形式

合同当事人可在专用合同条款中约定其他合同价款形式。

7.1.3 需调整合同价款时，合同一方应及时将调整原因、调整金额以书面形式通知对方，双方共同确认调整金额后作为追加或减少的合同价款，与进度款同期支付。除专用合同条款对期限另有约定外，一方在收到对方的通知后7天内不予确认也不提出修改意见，视为已经同意该项调整。合同当事人就调整事项不能达成一致的，则按照第16条〔争议解决〕的约定处理。

7.2 定金或预付款

7.2.1 实行定金或预付款的，双方应在专用合同条款中约定发包人向勘察人支付定金或预付款数额，支付时间应不迟于约定的开工日期前7天。发包人不按约定支付，勘察人向发包人发出要求支付的通知，发包人收到通知后仍不能按要求支付，勘察人可在发出通知后推迟开工日期，并由发包人承担违约责任。

7.2.2 定金或预付款在进度款中抵扣，抵扣办法可在专用合同条款中约定。

7.3 进度款支付

7.3.1 发包人应按照专用合同条款约定的进度款支付方式、支付条件和支付时间进行支付。

7.3.2 第7.1款〔合同价款与调整〕和第8.2款〔变更合同价款确定〕确定调整的合同价款及其他条款中约定的追加或减少的合同价款，应与进度款同期调整支付。

7.3.3 发包人超过约定的支付时间不支付进度款，勘察人可向发包人发出要求付款的通知，发包人收到勘察人通知后仍不能按要求付款，可与勘察人协商签订延期付款协议，经勘察人同意后可延期支付。

7.3.4 发包人不按合同约定支付进度款，双方又未达成延期付款协议，勘察人可停止工程勘察作业和后期服务，由发包人承担违约责任。

7.4 合同价款结算

除专用合同条款另有约定外，发包人应在勘察人提交成果资料后28天内，依据第7.1款〔合同价款与调整〕和第8.2款〔变更合同价款确定〕的约定进行最终合同价款确定，并予以全额支付。

第 8 条 变更与调整

8.1 变更范围与确认

8.1.1 变更范围

本合同变更是指在合同签订日后发生的以下变更：

（1）法律法规及技术标准的变化引起的变更；

（2）规划方案或设计条件的变化引起的变更；

（3）不利物质条件引起的变更；

（4）发包人的要求变化引起的变更；

（5）因政府临时禁令引起的变更；

（6）其他专用合同条款中约定的变更。

8.1.2 变更确认

当引起变更的情形出现，除专用合同条款对期限另有约定外，勘察人应在 7 天内就调整后的技术方案以书面形式向发包人提出变更要求，发包人应在收到报告后 7 天内予以确认，逾期不予确认也不提出修改意见，视为同意变更。

8.2 变更合同价款确定

8.2.1 变更合同价款按下列方法进行：

（1）合同中已有适用于变更工程的价格，按合同已有的价格变更合同价款；

（2）合同中只有类似于变更工程的价格，可以参照类似价格变更合同价款；

（3）合同中没有适用或类似于变更工程的价格，由勘察人提出适当的变更价格，经发包人确认后执行。

8.2.2 除专用合同条款对期限另有约定外，一方应在双方确定变更事项后 14 天内向对方提出变更合同价款报告，否则视为该项变更不涉及合同价款的变更。

8.2.3 除专用合同条款对期限另有约定外，一方应在收到对方提交的变更合同价款报告之日起 14 天内予以确认。逾期无正当理由不予确认的，则视为该项变更合同价款报告已被确认。

8.2.4 一方不同意对方提出的合同价款变更，按第 16 条〔争议解决〕的约定处理。

8.2.5 因勘察人自身原因导致的变更，勘察人无权要求追加合同价款。

第 9 条 知识产权

9.1 除专用合同条款另有约定外，发包人提供给勘察人的图纸、发包人为实施工程自行编制或委托编制的反映发包人要求或其他类似性质的文件的著作权属于发包人，勘察人可以为实现本合同目的而复制、使用此类文件，但不能用于与本合同无关的其他事项。未经发包人书面同意，勘察人不得为了本合同以外的目的而复制、使用上述文件或将之提供给任何第三方。

9.2 除专用合同条款另有约定外，勘察人为实施工程所编制的成果文件的著作权属于勘察人，发包人可因本工程的需要而复制、使用此类文件，但不能擅自修改或用于与本合同无关的其他事项。未经勘察人书面同意，发包人不得为了本合同以外的目的而复制、使用上述文件或将之提供给任何第三方。

9.3 合同当事人保证在履行本合同过程中不侵犯对方及第三方的知识产权。勘察人在工程勘察时，因侵犯他人的专利权或其他知识产权所引起的责任，由勘察人承担；因发包人提供的基础资料导致侵权的，由发包人承担责任。

9.4 在不损害对方利益情况下，合同当事人双方均有权在申报奖项、制作宣传印刷品及出版物时使用有关项目的文字和图片材料。

9.5 除专用合同条款另有约定外，勘察人在合同签订前和签订时已确定采用的专利、专有技术、技术秘密的使用费已包含在合同价款中。

第 10 条　不可抗力

10.1 不可抗力的确认

10.1.1 不可抗力是在订立合同时不可合理预见，在履行合同中不可避免地发生且不能克服的自然灾害和社会突发事件，如地震、海啸、瘟疫、洪水、骚乱、暴动、战争以及专用条款约定的其他自然灾害和社会突发事件。

10.1.2 不可抗力发生后，发包人和勘察人应收集不可抗力发生及造成损失的证据。合同当事双方对是否属于不可抗力或其损失发生争议时，按第 16 条〔争议解决〕的约定处理。

10.2 不可抗力的通知

10.2.1 遇有不可抗力发生时，发包人和勘察人应立即通知对方，双方应共同采取措施减少损失。除专用合同条款对期限另有约定外，不可抗力持续发生，勘察人应每隔 7 天向发包人报告一次受害损失情况。

10.2.2 除专用合同条款对期限另有约定外，不可抗力结束后 2 天内，勘察人向发包人通报受害损失情况及预计清理和修复的费用；不可抗力结束后 14 天内，勘察人向发包人提交清理和修复费用的正式报告及有关资料。

10.3 不可抗力后果的承担

10.3.1 因不可抗力发生的费用及延误的工期由双方按以下方法分别承担：

（1）发包人和勘察人人员伤亡由合同当事人双方自行负责，并承担相应费用；

（2）勘察人机械设备损坏及停工损失，由勘察人承担；

（3）停工期间，勘察人应发包人要求留在作业场地的管理人员及保卫人员的费用由发包人承担；

（4）作业场地发生的清理、修复费用由发包人承担；

（5）延误的工期相应顺延。

10.3.2 因合同一方迟延履行合同后发生不可抗力的，不能免除迟延履行方的相应责任。

第 11 条　合同生效与终止

11.1 双方在合同协议书中约定合同生效方式。

11.2 发包人、勘察人履行合同全部义务，合同价款支付完毕，本合同即告终止。

11.3 合同的权利义务终止后，合同当事人应遵循诚实信用原则，履行通知、协助和保密等义务。

第 12 条　合同解除

12.1 有下列情形之一的，发包人、勘察人可以解除合同：

（1）因不可抗力致使合同无法履行；

（2）发生未按第 7.2 款〔定金或预付款〕或第 7.3 款〔进度款支付〕约定按时支付合同价款的情况，停止作业超过 28 天，勘察人有权解除合同，由发包人承担违约责任；

（3）勘察人将其承包的全部工程转包给他人或者肢解以后以分包的名义分别转包给他人，发包人有权解除合同，由勘察人承担违约责任；

（4）发包人和勘察人协商一致可以解除合同的其他情形。

12.2 一方依据第 12.1 款约定要求解除合同的，应以书面形式向对方发出解除合同的通知，并在发出通知前不少于 14 天告知对方，通知到达对方时合同解除。对解除合同有争议的，按第 16 条〔争议解决〕的约定处理。

12.3 因不可抗力致使合同无法履行时，发包人应按合同约定向勘察人支付已完工作量相对应比例的合同价款后解除合同。

12.4 合同解除后，勘察人应按发包人要求将自有设备和人员撤出作业场地，发包人应为勘察人撤出提供必要条件。

第 13 条　责任与保险

13.1 勘察人应运用一切合理的专业技术和经验，按照公认的职业标准尽其全部职责和谨慎、勤勉地履行其在本合同项下的责任和义务。

13.2 合同当事人可按照法律法规的要求在专用合同条款中约定履行本合同所需要的工程勘察责任保险，并使其于合同责任期内保持有效。

13.3 勘察人应依照法律法规的规定为勘察作业人员参加工伤保险、人身意外伤害险和其他保险。

第 14 条　违约

14.1 发包人违约

14.1.1 发包人违约情形

（1）合同生效后，发包人无故要求终止或解除合同；

（2）发包人未按第 7.2 款〔定金或预付款〕约定按时支付定金或预付款；

（3）发包人未按第 7.3 款〔进度款支付〕约定按时支付进度款；

（4）发包人不履行合同义务或不按合同约定履行义务的其他情形。

14.1.2 发包人违约责任

（1）合同生效后，发包人无故要求终止或解除合同，勘察人未开始勘察工作的，不退还发包人已付的定金或发包人按照专用合同条款约定向勘察人支付违约金；勘察人已开始勘察工作的，若完成计划工作量不足50%的，发包人应支付勘察人合同价款的50%；完成计划工作量超过50%的，发包人应支付勘察人合同价款的100%。

（2）发包人发生其他违约情形时，发包人应承担由此增加的费用和工期延误损失，并给予勘察人合理赔偿。双方可在专用合同条款内约定发包人赔偿勘察人损失的计算方法或者发包人应支付违约金的数额或计算方法。

14.2 勘察人违约

14.2.1 勘察人违约情形

（1）合同生效后，勘察人因自身原因要求终止或解除合同；

（2）因勘察人原因不能按照合同约定的日期或合同当事人同意顺延的工期提交成果资料；

（3）因勘察人原因造成成果资料质量达不到合同约定的质量标准；

（4）勘察人不履行合同义务或未按约定履行合同义务的其他情形。

14.2.2 勘察人违约责任

（1）合同生效后，勘察人因自身原因要求终止或解除合同，勘察人应双倍返还发包人已支付的定金或勘察人按照专用合同条款约定向发包人支付违约金。

（2）因勘察人原因造成工期延误的，应按专用合同条款约定向发包人支付违约金。

（3）因勘察人原因造成成果资料质量达不到合同约定的质量标准，勘察人应负责无偿给予补充完善使其达到质量合格。因勘察人原因导致工程质量安全事故或其他事故时，勘察人除负责采取补救措施外，应通过所投工程勘察责任保险向发包人承担赔偿责任或根据直接经济损失程度按专用合同条款约定向发包人支付赔偿金。

（4）勘察人发生其他违约情形时，勘察人应承担违约责任并赔偿因其违约给发包人造成的损失，双方可在专用合同条款内约定勘察人赔偿发包人损失的计算方法和赔偿金额。

第15条　索赔

15.1 发包人索赔

勘察人未按合同约定履行义务或发生错误以及应由勘察人承担责任的其他情形，造成工期延误及发包人的经济损失，除专用合同条款另有约定外，发包人可按下列程序以书面形式向勘察人索赔：

（1）违约事件发生后7天内，向勘察人发出索赔意向通知；

（2）发出索赔意向通知后14天内，向勘察人提出经济损失的索赔报告及有关资料；

（3）勘察人在收到发包人送交的索赔报告和有关资料或补充索赔理由、证据后，于28天内给予答复；

（4）勘察人在收到发包人送交的索赔报告和有关资料后28天内未予答复或未对发包人作进一步要求，视为该项索赔已被认可；

（5）当该索赔事件持续进行时，发包人应阶段性向勘察人发出索赔意向，在索赔事件终了后21天内，向勘察人送交索赔的有关资料和最终索赔报告。索赔答复程序与本款第（3）、（4）项约定相同。

15.2 勘察人索赔

发包人未按合同约定履行义务或发生错误以及应由发包人承担责任的其他情形，造成工期延误和（或）勘察人不能及时得到合同价款及勘察人的经济损失，除专用合同条款另有约定外，勘察人可按下列程序以书面形式向发包人索赔：

（1）违约事件发生后7天内，勘察人可向发包人发出要求其采取有效措施纠正违约行为的通知；发包人收到通知14天内仍不履行合同义务，勘察人有权停止作业，并向发包人发出索赔意向通知。

（2）发出索赔意向通知后14天内，向发包人提出延长工期和（或）补偿经济损失的索赔报告及有关资料；

（3）发包人在收到勘察人送交的索赔报告和有关资料或补充索赔理由、证据后，于28天内给予答复；

（4）发包人在收到勘察人送交的索赔报告和有关资料后28天内未予答复或未对勘察人作进一步要求，视为该项索赔已被认可；

（5）当该索赔事件持续进行时，勘察人应阶段性向发包人发出索赔意向，在索赔事件终了后21天内，向发包人送交索赔的有关资料和最终索赔报告。索赔答复程序与本款第（3）、（4）项约定相同。

第16条　争议解决

16.1 和解

因本合同以及与本合同有关事项发生争议的，双方可以就争议自行和解。自行和解达成协议的，经签字并盖章后作为合同补充文件，双方均应遵照执行。

16.2 调解

因本合同以及与本合同有关事项发生争议的，双方可以就争议请求行政主管部门、行业协会或其他第三方进行调解。调解达成协议的，经签字并盖章后作为合同补充文件，双方均应遵照执行。

16.3 仲裁或诉讼

因本合同以及与本合同有关事项发生争议的，当事人不愿和解、调解或者和解、调解不成的，双方可以在专用合同条款内约定以下一种方式解决争议：

（1）双方达成仲裁协议，向约定的仲裁委员会申请仲裁；

（2）向有管辖权的人民法院起诉。

第 17 条　补充条款

双方根据有关法律法规规定，结合实际经协商一致，可对通用合同条款内容具体化、补充或修改，并在专用合同条款内约定。

第三部分　专用合同条款

第 1 条　一般约定

1.1 词语定义

____

1.2 合同文件及优先解释顺序

1.2.1 合同文件组成及优先解释顺序：____

1.3 适用法律法规、技术标准

1.3.1 适用法律法规

需要明示的规范性文件：________________________________

1.3.2 适用技术标准

特别要求：________________________________

使用国外技术标准的名称、提供方、原文版、中译本的份数、时间及费用承担：____

1.4 语言文字

本合同除使用汉语外，还使用________语言文字。

1.5 联络

1.5.1 发包人和勘察人应在________天内将与合同有关的通知、批准、证明、证书、指示、指令、要求、请求、同意、意见、确定和决定等书面函件送达对方当事人。

1.5.2 发包人接收文件的地点：________________________________

发包人指定的接收人：________________________________

发包人指定的联系方式：________________________________

勘察人接收文件的地点：________________________________

勘察人指定的接收人：________________________________

勘察人指定的联系方式：________________________________

1.7 保密

合同当事人关于保密的约定：________________________________

第 2 条　发包人

2.2 发包人义务

2.2.2 发包人委托勘察人搜集的资料：____

2.2.7 发包人对安全文明施工的特别要求：________________________________

____

2.3 发包人代表

姓名：________________职务：________________联系方式：____________

授权范围：____

____

第3条 勘察人

3.1 勘察人权利

3.1.2 关于分包的约定：____

3.3 勘察人代表

姓名：__________职务：________________联系方式：________________

授权范围：____

____

第4条 工期

4.2 成果提交日期

双方约定工期顺延的其他情况：____

4.3 发包人造成的工期延误

4.3.2 双方就工期顺延确定期限的约定：________________________________

第5条 成果资料

5.2 成果份数

勘察人应向发包人提交成果资料四份，发包人要求增加的份数为_______份。

5.4 成果验收

双方就成果验收期限的约定：____

第6条 后期服务

6.1 后续技术服务

后续技术服务内容约定：____

后续技术服务费用约定：____

后续技术服务时限约定：____

第7条 合同价款与支付

7.1 合同价款与调整

7.1.1 双方约定的合同价款调整因素和方法：____________________________

____

7.1.2 本合同价款采用___________方式确定。

（1）采用总价合同，合同价款中包括的风险范围：________________________

____

风险费用的计算方法：____

____

风险范围以外合同价款调整因素和方法：____________________________

____

（2）采用单价合同，合同价款中包括的风险范围：____________________

____

风险范围以外合同单价调整因素和方法：____________________________

____

（3）采用的其他合同价款形式及调整因素和方法：____________________

____

7.1.3 双方就合同价款调整确认期限的约定：________________________

____

7.2 定金或预付款

7.2.1 发包人向勘察人支付定金金额：____________或预付款的金额：__________

7.2.2 定金或预付款在进度款中的抵扣办法：________________________

7.3 进度款支付

7.3.1 双方约定的进度款支付方式、支付条件和支付时间：______________

____

7.4 合同价款结算

最终合同价款支付的约定：________________________________

第 8 条　变更与调整

8.1 变更范围与确认

8.1.1 变更范围

变更范围的其他约定：________________________________

8.1.2 变更确认

变更提出和确认期限的约定：____________________________

8.2 变更合同价款确定

8.2.2 提出变更合同价款报告期限的约定：____________________

8.2.3 确认变更合同价款报告时限的约定：____________________

第 9 条　知识产权

9.1 关于发包人提供给勘察人的图纸、发包人为实施工程自行编制或委托编制的反映发包人要求或其他类似性质的文件的著作权的归属：________________

____

关于发包人提供的上述文件的使用限制的要求：____________________

____

9.2 关于勘察人为实施工程所编制文件的著作权的归属：________________________

____

关于勘察人提供的上述文件的使用限制的要求：________________________

____

9.5 勘察人在工作过程中所采用的专利、专有技术、技术秘密的使用费的承担方式：________________________

第 10 条　不可抗力

10.1 不可抗力的确认

10.1.1 双方关于不可抗力的其他约定（如政府临时禁令）：________________

____

10.2 不可抗力的通知

10.2.1 不可抗力持续发生，勘察人报告受害损失期限的约定：____________

____

10.2.2 勘察人向发包人通报受害损失情况及费用期限的约定：____________

____

第 13 条　责任与保险

13.2 工程勘察责任保险的约定：________________________

第 14 条　违约

14.1 发包人违约

14.1.2 发包人违约责任

（1）发包人支付勘察人的违约金：________________________

（2）发包人发生其他违约情形应承担的违约责任：________________

____

14.2 勘察人违约

14.2.2 勘察人违约责任

（1）勘察人支付发包人的违约金：________________________

（2）勘察人造成工期延误应承担的违约责任：________________

____

（3）因勘察人原因导致工程质量安全事故或其他事故时的赔偿金上限：________

____

（4）勘察人发生其他违约情形应承担的违约责任：________________

____

第 15 条　索赔

15.1 发包人索赔

索赔程序和期限的约定：________________________

15.2 勘察人索赔

索赔程序和期限的约定：____

____

第 16 条 争议解决

16.3 仲裁或诉讼

双方约定在履行合同过程中产生争议时，采取下列第________种方式解决：

（1）向____________仲裁委员会提请仲裁；

（2）向____________人民法院提起诉讼。

第 17 条 补充条款

双方根据有关法律法规规定，结合实际经协商一致，补充约定如下：

____

附件 A 勘察任务书及技术要求（略）

附件 B 发包人向勘察人提交有关资料及文件一览表（略）

附件 C 进度计划（略）

附件 D 工作量和费用明细表（略）

GF—2015—0209

合同编号：__________

建设工程设计合同（房屋建筑工程）

（示范文本）①

说 明

为了指导建设工程设计合同当事人的签约行为，维护合同当事人的合法权益，依据《中华人民共和国合同法》《中华人民共和国建筑法》《中华人民共和国招标投标法》以及相关法律法规，住房和城乡建设部、国家市场监督管理总局对《建设工程设计合同（一）（民用建设工程设计合同）》（GF－2000－0209）进行了修订，制定了《建设工程设计合同示范文本（房屋建筑工程）》（GF－2015－0209）（以下简称《示范文本》）。为了便于合同当事人使用《示范文本》，现就有关问题说明如下：

一、《示范文本》的组成

《示范文本》由合同协议书、通用合同条款和专用合同条款三部分组成。

（一）合同协议书

《示范文本》合同协议书集中约定了合同当事人基本的合同权利义务。

① 住房和城乡建设部、国家市场监督管理总局（原国家工商行政管理总局）制定。

（二）通用合同条款

通用合同条款是合同当事人根据《中华人民共和国建筑法》《中华人民共和国合同法》等法律法规的规定，就工程设计的实施及相关事项，对合同当事人的权利义务作出的原则性约定。

通用合同条款既考虑了现行法律法规对工程建设的有关要求，也考虑了工程设计管理的特殊需要。

（三）专用合同条款

专用合同条款是对通用合同条款原则性约定的细化、完善、补充、修改或另行约定的条款。合同当事人可以根据不同建设工程的特点及具体情况，通过双方的谈判、协商对相应的专用合同条款进行修改补充。在使用专用合同条款时，应注意以下事项：

1. 专用合同条款的编号应与相应的通用合同条款的编号一致；

2. 合同当事人可以通过对专用合同条款的修改，满足具体房屋建筑工程的特殊要求，避免直接修改通用合同条款；

3. 在专用合同条款中有横道线的地方，合同当事人可针对相应的通用合同条款进行细化、完善、补充、修改或另行约定；如无细化、完善、补充、修改或另行约定，则填写“无”或划“/”。

二、《示范文本》的性质和适用范围

《示范文本》供合同双方当事人参照使用，可适用于方案设计招标投标、队伍比选等形式下的合同订立。

《示范文本》适用于建设用地规划许可证范围内的建筑物构筑物设计、室外工程设计、民用建筑修建的地下工程设计及住宅小区、工厂厂前区、工厂生活区、小区规划设计及单体设计等，以及所包含的相关专业的设计内容（总平面布置、竖向设计、各类管网管线设计、景观设计、室内外环境设计及建筑装饰、道路、消防、智能、安保、通信、防雷、人防、供配电、照明、废水治理、空调设施、抗震加固等）等工程设计活动。

第一部分　合同协议书

发包人（全称）：________________________________

设计人（全称）：________________________________

根据《中华人民共和国合同法》《中华人民共和国建筑法》及有关法律规定，遵循平等、自愿、公平和诚实信用的原则，双方就________________工程设计及有关事项协商一致，共同达成如下协议：

一、工程概况

1. 工程名称：________________________________。

2. 工程地点：________________________________。

3. 规划占地面积：____平方米，总建筑面积：____平方米（其中地上约____平方米，地下约____平方米)；地上____层，地下____层；建筑高度____米。

4. 建筑功能：______、______、________等。

5. 投资估算：约________ 元人民币。

二、工程设计范围、阶段与服务内容

1. 工程设计范围：____。

2. 工程设计阶段：____。

3. 工程设计服务内容：____。

工程设计范围、阶段与服务内容详见专用合同条款附件 1。

三、工程设计周期

计划开始设计日期：________年____月____日。

计划完成设计日期：________年____月____日。

具体工程设计周期以专用合同条款及其附件的约定为准。

四、合同价格形式与签约合同价

1. 合同价格形式：____；

2. 签约合同价为：

人民币（大写）________________元（¥____________）。

五、发包人代表与设计人项目负责人

发包人代表：______________________________________。

设计人项目负责人：________________________________。

六、合同文件构成

本协议书与下列文件一起构成合同文件：

（1）专用合同条款及其附件；

（2）通用合同条款；

（3）中标通知书（如果有）；

（4）投标函及其附录（如果有）；

（5）发包人要求；

（6）技术标准；

（7）发包人提供的上一阶段图纸（如果有）；

（8）其他合同文件。

在合同履行过程中形成的与合同有关的文件均构成合同文件组成部分。

上述各项合同文件包括合同当事人就该项合同文件所作出的补充和修改，属于同一类内容的文件，应以最新签署的为准。

七、承诺

1. 发包人承诺按照法律规定履行项目审批手续，按照合同约定提供设计依据，并按合同约定的期限和方式支付合同价款。

2. 设计人承诺按照法律和技术标准规定及合同约定提供工程设计服务。

八、词语含义

本协议书中词语含义与第二部分通用合同条款中赋予的含义相同。

九、签订地点

本合同在______________________________签订。

十、补充协议

合同未尽事宜，合同当事人另行签订补充协议，补充协议是合同的组成部分。

十一、合同生效

本合同自______________________________生效。

十二、合同份数

本合同正本一式____份、副本一式____份，均具有同等法律效力，发包人执正本____份、副本____份，设计人执正本____份、副本____份。

发包人：　　　　（盖章）	设计人：　　　　（盖章）
法定代表人或其委托代理人：	法定代表人或其委托代理人：
（签字）	（签字）
组织机构代码：__________	组织机构代码：__________
纳税人识别码：__________	纳税人识别码：__________
地　　　址：__________	地　　　址：__________
邮 政 编 码：__________	邮 政 编 码：__________
法 定 代 表 人：__________	法 定 代 表 人：__________
委 托 代 理 人：__________	委 托 代 理 人：__________
电　　　话：__________	电　　　话：__________
传　　　真：__________	传　　　真：__________
电 子 信 箱：__________	电 子 信 箱：__________
开 户 银 行：__________	开 户 银 行：__________
账　　　号：__________	账　　　号：__________
时　　　间：____年____月____日	时　　　间：____年____月____日

第二部分　通用合同条款

1. 一般约定

1.1 词语定义与解释

合同协议书、通用合同条款、专用合同条款中的下列词语具有本款所赋予的含义：

1.1.1 合同

1.1.1.1 合同：是指根据法律规定和合同当事人约定具有约束力的文件，构成合同的文件包括合同协议书、专用合同条款及其附件、通用合同条款、中标通知书（如果有）、投标函及其附录（如果有）、发包人要求、技术标准、发包人提供的上一阶段图纸（如果有）以及其他合同文件。

1.1.1.2 合同协议书：是指构成合同的由发包人和设计人共同签署的称为“合同协议书”的书面文件。

1.1.1.3 中标通知书：是指构成合同的由发包人通知设计人中标的书面文件。

1.1.1.4 投标函：是指构成合同的由设计人填写并签署的用于投标的称为“投标函”的文件。

1.1.1.5 投标函附录：是指构成合同的附在投标函后的称为“投标函附录”的文件。

1.1.1.6 发包人要求：是指构成合同文件组成部分的，由发包人就工程项目的目的、范围、功能要求及工程设计文件审查的范围和内容等提出相应要求的书面文件，又称设计任务书。

1.1.1.7 技术标准：是指构成合同的设计应当遵守的或指导设计的国家、行业或地方的技术标准和要求，以及合同约定的技术标准和要求。

1.1.1.8 其他合同文件：是指经合同当事人约定的与工程设计有关的具有合同约束力的文件或书面协议。合同当事人可以在专用合同条款中进行约定。

1.1.2 合同当事人及其他相关方

1.1.2.1 合同当事人：是指发包人和（或）设计人。

1.1.2.2 发包人：是指与设计人签订合同协议书的当事人及取得该当事人资格的合法继承人。

1.1.2.3 设计人：是指与发包人签订合同协议书的，具有相应工程设计资质的当事人及取得该当事人资格的合法继承人。

1.1.2.4 分包人：是指按照法律规定和合同约定，分包部分工程设计工作，并与设计人签订分包合同的具有相应资质的法人。

1.1.2.5 发包人代表：是指由发包人指定负责工程设计方面在发包人授权范围内行使发包人权利的人。

1.1.2.6 项目负责人：是指由设计人任命负责工程设计，在设计人授权范围内负责合同履行，且按照法律规定具有相应资格的项目主持人。

1.1.2.7 联合体：是指两个以上设计人联合，以一个设计人身份为发包人提供工程设计服务的临时性组织。

1.1.3 工程设计服务、资料与文件

1.1.3.1 工程设计服务：是指设计人按照合同约定履行的服务，包括工程设计基本服务、工程设计其他服务。

1.1.3.2 工程设计基本服务：是指设计人根据发包人的委托，提供编制房屋建筑工程方案设计文件、初步设计文件（含初步设计概算）、施工图设计文件服务，并相应提供设计技术交底、解决施工中的设计技术问题、参加竣工验收等服务。基本服务费用包含在设计费中。

1.1.3.3 工程设计其他服务：是指发包人根据工程设计实际需要，要求设计人另行提供且发包人应当单独支付费用的服务，包括总体设计服务、主体设计协调服务、采用标准设计和复用设计服务、非标准设备设计文件编制服务、施工图预算编制服务、竣工图编制服务等。

1.1.3.4 暂停设计：是指发生设计人不能按照合同约定履行全部或部分义务情形而暂时中断工程设计服务的行为。

1.1.3.5 工程设计资料：是指根据合同约定，发包人向设计人提供的用于完成工程设计范围与内容所需要的资料。

1.1.3.6 工程设计文件：指按照合同约定和技术要求，由设计人向发包人提供的阶段性成果、最终工作成果等，且应当采用合同中双方约定的载体。

1.1.4 日期和期限

1.1.4.1 开始设计日期：包括计划开始设计日期和实际开始设计日期。计划开始设计日期是指合同协议书约定的开始设计日期；实际开始设计日期是指发包人发出的开始设计通知中载明的开始设计日期。

1.1.4.2 完成设计日期：包括计划完成设计日期和实际完成设计日期。计划完成设计日期是指合同协议书约定的完成设计及相关服务的日期；实际完成设计日期是指设计人交付全部或阶段性设计成果及提供相关服务日期。

1.1.4.3 设计周期又称设计工期：是指在合同协议书约定的设计人完成工程设计及相关服务所需的期限，包括按照合同约定所作的期限变更。

1.1.4.4 基准日期：招标发包的工程设计以投标截止日前28天的日期为基准日期，直接发包的工程设计以合同签订日前28天的日期为基准日期。

1.1.4.5 天：除特别指明外，均指日历天。合同中按天计算时间的，开始当天不计入，从次日开始计算，期限最后一天的截止时间为当天24：00时。

1.1.5 合同价格

1.1.5.1 签约合同价：是指发包人和设计人在合同协议书中确定的总金额。

1.1.5.2 合同价格又称设计费：是指发包人用于支付设计人按照合同约定完成工程设计范围内全部工作的金额，包括合同履行过程中按合同约定发生的价格变化。

1.1.6 其他

1.1.6.1 书面形式：是指合同书、信件和数据电文（包括电报、电传、传真、电子数据交换和电子邮件）等可以有形地表现所载内容的形式。

1.2 语言文字

合同以中国的汉语简体文字编写、解释和说明。合同当事人在专用合同条款中约定使用两种以上语言时，汉语为优先解释和说明合同的语言。

1.3 法律

合同所称法律是指中华人民共和国法律、行政法规、部门规章，以及工程所在地的地方性法规、自治条例、单行条例和地方政府规章等。

合同当事人可以在专用合同条款中约定合同适用的其他规范性文件。

1.4 技术标准

1.4.1 适用于工程的现行有效的国家标准、行业标准、工程所在地的地方性标准，以及相应的规范、规程等，合同当事人有特别要求的，应在专用合同条款中约定。

1.4.2 发包人要求使用国外技术标准的，发包人与设计人在专用合同条款中约定原文版本和中文译本提供方及提供标准的名称、份数、时间及费用承担等事项。

1.4.3 发包人对工程的技术标准、功能要求高于或严于现行国家、行业或地方标准的，应当在专用合同条款中予以明确。除专用合同条款另有约定外，应视为设计人在签订合同前已充分预见前述技术标准和功能要求的复杂程度，签约合同价中已包含由此产生的设计费用。

1.5 合同文件的优先顺序

组成合同的各项文件应互相解释，互为说明。除专用合同条款另有约定外，解释合同文件的优先顺序如下：

（1）合同协议书；

（2）专用合同条款及其附件；

（3）通用合同条款；

（4）中标通知书（如果有）；

（5）投标函及其附录（如果有）；

（6）发包人要求；

（7）技术标准；

（8）发包人提供的上一阶段图纸（如果有）；

（9）其他合同文件。

上述各项合同文件包括合同当事人就该项合同文件所作出的补充和修改，属于同一类内容的文件，应以最新签署的为准。

在合同履行过程中形成的与合同有关的文件均构成合同文件组成部分，并根据其性质确定优先解释顺序。

1.6 联络

1.6.1 与合同有关的通知、批准、证明、证书、指示、指令、要求、请求、同意、确定和决定等，均应采用书面形式，并应在合同约定的期限内送达接收人和送达地点。

1.6.2 发包人和设计人应在专用合同条款中约定各自的送达接收人、送达地点、电子邮箱。任何一方合同当事人指定的接收人或送达地点或电子邮箱发生变动的，应提前3天以书面形式通知对方，否则视为未发生变动。

1.6.3 发包人和设计人应当及时签收另一方送达至送达地点和指定接收人的来往信函，如确有充分证据证明一方无正当理由拒不签收的，视为拒绝签收一方认可往来信函的内容。

1.7 严禁贿赂

合同当事人不得以贿赂或变相贿赂的方式，谋取非法利益或损害对方权益。因一方合同当事人的贿赂造成对方损失的，应赔偿损失，并承担相应的法律责任。

1.8 保密

除法律规定或合同另有约定外，未经发包人同意，设计人不得将发包人提供的图纸、文件以及声明需要保密的资料信息等商业秘密泄露给第三方。

除法律规定或合同另有约定外，未经设计人同意，发包人不得将设计人提供的技术文件、技术成果、技术秘密及声明需要保密的资料信息等商业秘密泄露给第三方。

保密期限由发包人与设计人在专用合同条款中约定。

2. 发包人

2.1 发包人一般义务

2.1.1 发包人应遵守法律，并办理法律规定由其办理的许可、核准或备案，包括但不限于建设用地规划许可证、建设工程规划许可证、建设工程方案设计批准、施工图设计审查等许可、核准或备案。

发包人负责本项目各阶段设计文件向规划设计管理部门的送审报批工作，并负责将报批结果书面通知设计人。因发包人原因未能及时办理完毕前述许可、核准或备案手续，导致设计工作量增加和（或）设计周期延长时，由发包人承担由此增加的设计费用和（或）延长的设计周期。

2.1.2 发包人应当负责工程设计的所有外部关系（包括但不限于当地政府主管部门等）的协调，为设计人履行合同提供必要的外部条件。

2.1.3 专用合同条款约定的其他义务。

2.2 发包人代表

发包人应在专用合同条款中明确其负责工程设计的发包人代表的姓名、职务、联系方式及授权范围等事项。发包人代表在发包人的授权范围内，负责处理合同履行过程中与发包人有关的具体事宜。发包人代表在授权范围内的行为由发包人承担法律责任。发包人更换发包人代表的，应在专用合同条款约定的期限内提前书面通知设计人。

发包人代表不能按照合同约定履行其职责及义务，并导致合同无法继续正常履行的，设计人可以要求发包人撤换发包人代表。

2.3 发包人决定

2.3.1 发包人在法律允许的范围内有权对设计人的设计工作、设计项目和/或设计文件作出处理决定，设计人应按照发包人的决定执行，涉及设计周期和（或）设计费用等问题按本合同第 11 条〔工程设计变更与索赔〕的约定处理。

2.3.2 发包人应在专用合同条款约定的期限内对设计人书面提出的事项作出书面决定，如发包人不在确定时间内作出书面决定，设计人的设计周期相应延长。

2.4 支付合同价款

发包人应按合同约定向设计人及时足额支付合同价款。

2.5 设计文件接收

发包人应按合同约定及时接收设计人提交的工程设计文件。

3. **设计人**

3.1 设计人一般义务

3.1.1 设计人应遵守法律和有关技术标准的强制性规定，完成合同约定范围内的房屋建筑工程方案设计、初步设计、施工图设计，提供符合技术标准及合同要求的工程设计文件，提供施工配合服务。

设计人应当按照专用合同条款约定配合发包人办理有关许可、核准或备案手续的，因设计人原因造成发包人未能及时办理许可、核准或备案手续，导致设计工作量增加和（或）设计周期延长时，由设计人自行承担由此增加的设计费用和（或）设计周期延长的责任。

3.1.2 设计人应当完成合同约定的工程设计其他服务。

3.1.3 专用合同条款约定的其他义务。

3.2 项目负责人

3.2.1 项目负责人应为合同当事人所确认的人选，并在专用合同条款中明确项目负责人的姓名、执业资格及等级、注册执业证书编号、联系方式及授权范围等事项，项目负责人经设计人授权后代表设计人负责履行合同。

3.2.2 设计人需要更换项目负责人的，应在专用合同条款约定的期限内提前书面通知发包人，并征得发包人书面同意。通知中应当载明继任项目负责人的注册执业资格、管理经验等资料，继任项目负责人继续履行第3.2.1项约定的职责。未经发包人书面同意，设计人不得擅自更换项目负责人。设计人擅自更换项目负责人的，应按照专用合同条款的约定承担违约责任。对于设计人项目负责人确因患病、与设计人解除或终止劳动关系、工伤等原因更换项目负责人的，发包人无正当理由不得拒绝更换。

3.2.3 发包人有权书面通知设计人更换其认为不称职的项目负责人，通知中应当载明要求更换的理由。对于发包人有理由的更换要求，设计人应在收到书面更换通知后在专用合同条款约定的期限内进行更换，并将新任命的项目负责人的注册执业资格、管理经验等资料书面通知发包人。继任项目负责人继续履行第3.2.1项约定的职责。设计人无正当理由拒绝更换项目负责人的，应按照专用合同条款的约定承担违约责任。

3.3 设计人人员

3.3.1 除专用合同条款对期限另有约定外，设计人应在接到开始设计通知后7天内，向发包人提交设计人项目管理机构及人员安排的报告，其内容应包括建筑、结构、给排水、暖通、电气等专业负责人名单及其岗位、注册执业资格等。

3.3.2 设计人委派到工程设计中的设计人员应相对稳定。设计过程中如有变动，设计人应及时向发包人提交工程设计人员变动情况的报告。设计人更换专业负责人时，应提前7天书面通知发包人，除专业负责人无法正常履职情形外，还应征得发包人书面同意。通知中应当载明继任人员的注册执业资格、执业经验等资料。

3.3.3 发包人对于设计人主要设计人员的资格或能力有异议的，设计人应提供资料证明被质疑人员有能力完成其岗位工作或不存在发包人所质疑的情形。发包人要求撤换不能按照合同约定履行职责及义务的主要设计人员的，设计人认为发包人有理由的，应当撤换。设计人无正当理由拒绝撤换的，应按照专用合同条款的约定承担违约责任。

3.4 设计分包

3.4.1 设计分包的一般约定

设计人不得将其承包的全部工程设计转包给第三人，或将其承包的全部工程设计肢解后以分包的名义转包给第三人。设计人不得将工程主体结构、关键性工作及专用合同条款中禁止分包的工程设计分包给第三人，工程主体结构、关键性工作的范围由合同当事人按照法律规定在专用合同条款中予以明确。设计人不得进行违法分包。

3.4.2 设计分包的确定

设计人应按专用合同条款的约定或经过发包人书面同意后进行分包，确定分包人。按照合同约定或经过发包人书面同意后进行分包的，设计人应确保分包人具有相应的资质和能力。工程设计分包不减轻或免除设计人的责任和义务，设计人和分包人就分包工程设计向发包人承担连带责任。

3.4.3 设计分包管理

设计人应按照专用合同条款的约定向发包人提交分包人的主要工程设计人员名单、注册执业资格及执业经历等。

3.4.4 分包工程设计费

（1）除本项第（2）目约定的情况或专用合同条款另有约定外，分包工程设计费由设计人与分包人结算，未经设计人同意，发包人不得向分包人支付分包工程设计费；

（2）生效的法院判决书或仲裁裁决书要求发包人向分包人支付分包工程设计费的，发包人有权从应付设计人合同价款中扣除该部分费用。

3.5 联合体

3.5.1 联合体各方应共同与发包人签订合同协议书。联合体各方应为履行合同向发包人承担连带责任。

3.5.2 联合体协议，应当约定联合体各成员工作分工，经发包人确认后作为合同附件。在履行合同过程中，未经发包人同意，不得修改联合体协议。

3.5.3 联合体牵头人负责与发包人联系，并接受指示，负责组织联合体各成员全面履行合同。

3.5.4 发包人向联合体支付设计费用的方式在专用合同条款中约定。

4. 工程设计资料

4.1 提供工程设计资料

发包人应当在工程设计前或专用合同条款附件2约定的时间向设计人提供工程设计所必需的工程设计资料，并对所提供资料的真实性、准确性和完整性负责。

按照法律规定确需在工程设计开始后方能提供的设计资料，发包人应及时地在相应工程设计文件提交给发包人前的合理期限内提供，合理期限应以不影响设计人的正常设计为限。

4.2 逾期提供的责任

发包人提交上述文件和资料超过约定期限的，超过约定期限15天以内，设计人按本合同约定的交付工程设计文件时间相应顺延；超过约定期限15天以外时，设计人有权重新确定提交工程设计文件的时间。工程设计资料逾期提供导致增加了设计工作量的，设计人可以要求发包人另行支付相应设计费用，并相应延长设计周期。

5. 工程设计要求

5.1 工程设计一般要求

5.1.1 对发包人的要求

5.1.1.1 发包人应当遵守法律和技术标准，不得以任何理由要求设计人违反法律和工程质量、安全标准进行工程设计，降低工程质量。

5.1.1.2 发包人要求进行主要技术指标控制的，钢材用量、混凝土用量等主要技术指标控制值应当符合有关工程设计标准的要求，且应当在工程设计开始前书面向设计人提出，经发包人与设计人协商一致后以书面形式确定作为本合同附件。

5.1.1.3 发包人应当严格遵守主要技术指标控制的前提条件，由于发包人的原因导致工程设计文件超出主要技术指标控制值的，发包人承担相应责任。

5.1.2 对设计人的要求

5.1.2.1 设计人应当按法律和技术标准的强制性规定及发包人要求进行工程设计。有关工程设计的特殊标准或要求由合同当事人在专用合同条款中约定。

设计人发现发包人提供的工程设计资料有问题的，设计人应当及时通知发包人并经发包人确认。

5.1.2.2 除合同另有约定外，设计人完成设计工作所应遵守的法律以及技术标准，均应视为在基准日期适用的版本。基准日期之后，前述版本发生重大变化，或者有新的法律以及技术标准实施的，设计人应就推荐性标准向发包人提出遵守新标准的建议，对强制性的规定或标准应当遵照执行。因发包人采纳设计人的建议或遵守基准日期后新的强制性的规定或标准，导致增加设计费用和（或）设计周期延长的，由发包人承担。

5.1.2.3 设计人应当根据建筑工程的使用功能和专业技术协调要求，合理确定基础类型、结构体系、结构布置、使用荷载及综合管线等。

5.1.2.4 设计人应当严格执行其双方书面确认的主要技术指标控制值，由于设计人的原因导致工程设计文件超出在专用合同条款中约定的主要技术指标控制值比例的，设计人应当承担相应的违约责任。

5.1.2.5 设计人在工程设计中选用的材料、设备，应当注明其规格、型号、性能等技术指标及适应性，满足质量、安全、节能、环保等要求。

5.2 工程设计保证措施

5.2.1 发包人的保证措施

发包人应按照法律规定及合同约定完成与工程设计有关的各项工作。

5.2.2 设计人的保证措施

设计人应做好工程设计的质量与技术管理工作，建立健全工程设计质量保证体系，加强工程设计全过程的质量控制，建立完整的设计文件的设计、复核、审核、会签和批准制度，明确各阶段的责任人。

5.3 工程设计文件的要求

5.3.1 工程设计文件的编制应符合法律、技术标准的强制性规定及合同的要求。

5.3.2 工程设计依据应完整、准确、可靠，设计方案论证充分，计算成果可靠，并能够实施。

5.3.3 工程设计文件的深度应满足本合同相应设计阶段的规定要求，并符合国家和行业现行有效的相关规定。

5.3.4 工程设计文件必须保证工程质量和施工安全等方面的要求，按照有关法律法规规定在工程设计文件中提出保障施工作业人员安全和预防生产安全事故的措施建议。

5.3.5 应根据法律、技术标准要求，保证房屋建筑工程的合理使用寿命年限，并应在工程设计文件中注明相应的合理使用寿命年限。

5.4 不合格工程设计文件的处理

5.4.1 因设计人原因造成工程设计文件不合格的，发包人有权要求设计人采取补救措施，直至达到合同要求的质量标准，并按第14.2款〔设计人违约责任〕的约定承担责任。

5.4.2 因发包人原因造成工程设计文件不合格的，设计人应当采取补救措施，直至达到合同要求的质量标准，由此增加的设计费用和（或）设计周期的延长由发包人承担。

6. 工程设计进度与周期

6.1 工程设计进度计划

6.1.1 工程设计进度计划的编制

设计人应按照专用合同条款约定提交工程设计进度计划，工程设计进度计划的编制应当符合法律规定和一般工程设计实践惯例，工程设计进度计划经发包人批准后实施。工程设计进度计划是控制工程设计进度的依据，发包人有权按照工程设计进度计划中列明的关键性控制节点检查工程设计进度情况。

工程设计进度计划中的设计周期应由发包人与设计人协商确定，明确约定各阶段设计任务的完成时间区间，包括各阶段设计过程中设计人与发包人的交流时间，但不包括相关政府部门对设计成果的审批时间及发包人的审查时间。

6.1.2 工程设计进度计划的修订

工程设计进度计划不符合合同要求或与工程设计的实际进度不一致的，设计人应向发包人提交修订的工程设计进度计划，并附具有关措施和相关资料。除专用合同条款对期限另有约定外，发包人应在收到修订的工程设计进度计划后5天内完成审核和批准或提出修改意见，否则视为发包人同意设计人提交的修订的工程设计进度计划。

6.2 工程设计开始

发包人应按照法律规定获得工程设计所需的许可。发包人发出的开始设计通知应符合法律规定，一般应在计划开始设计日期7天前向设计人发出开始工程设计工作通知，工程设计周期自开始设计通知中载明的开始设计的日期起算。

设计人应当在收到发包人提供的工程设计资料及专用合同条款约定的定金或预付款后，开始工程设计工作。

各设计阶段的开始时间均以设计人收到的发包人发出开始设计工作的书面通知书中载明的开始设计的日期起算。

6.3 工程设计进度延误

6.3.1 因发包人原因导致工程设计进度延误

在合同履行过程中，发包人导致工程设计进度延误的情形主要有：

（1）发包人未能按合同约定提供工程设计资料或所提供的工程设计资料不符合合同约定或存在错误或疏漏的；

（2）发包人未能按合同约定日期足额支付定金或预付款、进度款的；

（3）发包人提出影响设计周期的设计变更要求的；

（4）专用合同条款中约定的其他情形。

因发包人原因未按计划开始设计日期开始设计的，发包人应按实际开始设计日期顺延完成设计日期。

除专用合同条款对期限另有约定外，设计人应在发生上述情形后5天内向发包人发出要求延期的书面通知，在发生该情形后10天内提交要求延期的详细说明供发包人审查。除专用合同条款对期限另有约定外，发包人收到设计人要求延期的详细说明后，应在5天内进行审查并就是否延长设计周期及延期天数向设计人进行书面答复。

如果发包人在收到设计人提交要求延期的详细说明后，在约定的期限内未予答复，则视为设计人要求的延期已被发包人批准。如果设计人未能按本款约定的时间内发出要求延期的通知并提交详细资料，则发包人可拒绝作出任何延期的决定。

发包人上述工程设计进度延误情形导致增加了设计工作量的，发包人应当另行支付相应设计费用。

6.3.2 因设计人原因导致工程设计进度延误

因设计人原因导致工程设计进度延误的，设计人应当按照第14.2款〔设计人违约责任〕承担责任。设计人支付逾期完成工程设计违约金后，不免除设计人继续完成工程设计的义务。

6.4 暂停设计

6.4.1 发包人原因引起的暂停设计

因发包人原因引起暂停设计的，发包人应及时下达暂停设计指示。

因发包人原因引起的暂停设计，发包人应承担由此增加的设计费用和（或）延长的设计周期。

6.4.2 设计人原因引起的暂停设计

因设计人原因引起的暂停设计，设计人应当尽快向发包人发出书面通知并按第14.2款〔设计人违约责任〕承担责任，且设计人在收到发包人复工指示后15天内仍未复工的，视为设计人无法继续履行合同的情形，设计人应按第16条〔合同解除〕的约定承担责任。

6.4.3 其他原因引起的暂停设计

当出现非设计人原因造成的暂停设计，设计人应当尽快向发包人发出书面通知。

在上述情形下设计人的设计服务暂停，设计人的设计周期应当相应延长，复工应有发包人与设计人共同确认的合理期限。

当发生本项约定的情况，导致设计人增加设计工作量的，发包人应当另行支付相应设计费用。

6.4.4 暂停设计后的复工

暂停设计后，发包人和设计人应采取有效措施积极消除暂停设计的影响。当工程具备复工条件时，发包人向设计人发出复工通知，设计人应按照复工通知要求复工。

除设计人原因导致暂停设计外，设计人暂停设计后复工所增加的设计工作量，发包人应当另行支付相应设计费用。

6.5 提前交付工程设计文件

6.5.1 发包人要求设计人提前交付工程设计文件的，发包人应向设计人下达提前交付工程设计文件指示，设计人应向发包人提交提前交付工程设计文件建议书，提前交付工程设计文件建议书应包括实施的方案、缩短的时间、增加的合同价格等内容。发包人接受该提前交付工程设计文件建议书的，发包人和设计人协商采取加快工程设计进度的措施，并修订工程设计进度计划，由此增加的设计费用由发包人承担。设计人认为提前交付工程设计文件的指示无法执行的，应向发包人提出书面异议，发包人应在收到异议后 7 天内予以答复。任何情况下，发包人不得压缩合理设计周期。

6.5.2 发包人要求设计人提前交付工程设计文件，或设计人提出提前交付工程设计文件的建议能够给发包人带来效益的，合同当事人可以在专用合同条款中约定提前交付工程设计文件的奖励。

7. 工程设计文件交付

7.1 工程设计文件交付的内容

7.1.1 工程设计图纸及设计说明。

7.1.2 发包人可以要求设计人提交专用合同条款约定的具体形式的电子版设计文件。

7.2 工程设计文件的交付方式

设计人交付工程设计文件给发包人，发包人应当出具书面签收单，内容包括图纸名称、图纸内容、图纸形式、份数、提交和签收日期、提交人与接收人的亲笔签名。

7.3 工程设计文件交付的时间和份数

工程设计文件交付的名称、时间和份数在专用合同条款附件 3 中约定。

8. 工程设计文件审查

8.1 设计人的工程设计文件应报发包人审查同意。审查的范围和内容在发包人要求中约定。审查的具体标准应符合法律规定、技术标准要求和本合同约定。

除专用合同条款对期限另有约定外，自发包人收到设计人的工程设计文件以及设计人的通知之日起，发包人对设计人的工程设计文件审查期不超过 15 天。

发包人不同意工程设计文件的，应以书面形式通知设计人，并说明不符合合同要求的具体内容。设计人应根据发包人的书面说明，对工程设计文件进行修改后重新报送发包人审查，审查期重新起算。

合同约定的审查期满，发包人没有做出审查结论也没有提出异议的，视为设计人的工程设计文件已获发包人同意。

8.2 设计人的工程设计文件不需要政府有关部门审查或批准的，设计人应当严格按照经发包人审查同意的工程设计文件进行修改，如果发包人的修改意见超出或更改了发包人要求，发包人应当根据第 11 条〔工程设计变更与索赔〕的约定，向设计人另行支付费用。

8.3 工程设计文件需政府有关部门审查或批准的，发包人应在审查同意设计人的工程设计文件后在专用合同条款约定的期限内，向政府有关部门报送工程设计文件，设计人应予以协助。

对于政府有关部门的审查意见，不需要修改发包人要求的，设计人需按该审查意见修改设计人的工程设计文件；需要修改发包人要求的，发包人应重新提出发包人要求，设计人应根据新提出的发包人要求修改设计人的工程设计文件，发包人应当根据第 11 条〔工程设计变更与索赔〕的约定，向设计人另行支付费用。

8.4 发包人需要组织审查会议对工程设计文件进行审查的，审查会议的审查形式和时间安排，在专用合同条款中约定。发包人负责组织工程设计文件审查会议，并承担会议费用及发包人的上级单位、政府有关部门参加的审查会议的费用。

设计人按第7条〔工程设计文件交付〕的约定向发包人提交工程设计文件，有义务参加发包人组织的设计审查会议，向审查者介绍、解答、解释其工程设计文件，并提供有关补充资料。

发包人有义务向设计人提供设计审查会议的批准文件和纪要。设计人有义务按照相关设计审查会议批准的文件和纪要，并依据合同约定及相关技术标准，对工程设计文件进行修改、补充和完善。

8.5 因设计人原因，未能按第7条〔工程设计文件交付〕约定的时间向发包人提交工程设计文件，致使工程设计文件审查无法进行或无法按期进行，造成设计周期延长、窝工损失及发包人增加费用的，设计人应按第14.2款〔设计人违约责任〕的约定承担责任。

因发包人原因，致使工程设计文件审查无法进行或无法按期进行，造成设计周期延长、窝工损失及设计人增加的费用，由发包人承担。

8.6 因设计人原因造成工程设计文件不合格致使工程设计文件审查无法通过的，发包人有权要求设计人采取补救措施，直至达到合同要求的质量标准，并按第14.2款〔设计人违约责任〕的约定承担责任。

因发包人原因造成工程设计文件不合格致使工程设计文件审查无法通过的，由此增加的设计费用和（或）延长的设计周期由发包人承担。

8.7 工程设计文件的审查，不减轻或免除设计人依据法律应当承担的责任。

9. 施工现场配合服务

9.1 除专用合同条款另有约定外，发包人应为设计人派赴现场的工作人员提供工作、生活及交通等方面的便利条件。

9.2 设计人应当提供设计技术交底、解决施工中设计技术问题和竣工验收服务。如果发包人在专用合同条款约定的施工现场服务时限外仍要求设计人负责上述工作的，发包人应按所需工作量向设计人另行支付服务费用。

10. 合同价款与支付

10.1 合同价款组成

发包人和设计人应当在专用合同条款附件6中明确约定合同价款各组成部分的具体数额，主要包括：

（1）工程设计基本服务费用；

（2）工程设计其他服务费用；

（3）在未签订合同前发包人已经同意或接受或已经使用的设计人为发包人所做的各项工作的相应费用等。

10.2 合同价格形式

发包人和设计人应在合同协议书中选择下列一种合同价格形式：

（1）单价合同

单价合同是指合同当事人约定以建筑面积（包括地上建筑面积和地下建筑面积）每平方米单价或实际投资总额的一定比例等进行合同价格计算、调整和确认的建设工程设计合同，在约定的范围内合同单价不作调整。合同当事人应在专用合同条款中约定单价包含的风险范围和风险费用的计算方法，并约定风险范围以外的合同价格的调整方法。

（2）总价合同

总价合同是指合同当事人约定以发包人提供的上一阶段工程设计文件及有关条件进行合同价格计算、调整和确认的建设工程设计合同，在约定的范围内合同总价不作调整。合同当事人应在专用合同条款中约定总价包含的风险范围和风险费用的计算方法，并约定风险范围以外的合同价格的调整方法。

（3）其他价格形式

合同当事人可在专用合同条款中约定其他合同价格形式。

10.3 定金或预付款

10.3.1 定金或预付款的比例

定金的比例不应超过合同总价款的20%。预付款的比例由发包人与设计人协商确定，一般不低于合同总价款的20%。

10.3.2 定金或预付款的支付

定金或预付款的支付按照专用合同条款约定执行，但最迟应在开始设计通知载明的开始设计日期前专用合同条款约定的期限内支付。

发包人逾期支付定金或预付款超过专用合同条款约定的期限的，设计人有权向发包人发出要求支付定金或预付款的催告通知，发包人收到通知后7天内仍未支付的，设计人有权不开始设计工作或暂停设计工作。

10.4 进度款支付

10.4.1 发包人应当按照专用合同条款附件6约定的付款条件及时向设计人支付进度款。

10.4.2 进度付款的修正

在对已付进度款进行汇总和复核中发现错误、遗漏或重复的，发包人和设计人均有权提出修正申请。经发包人和设计人同意的修正，应在下期进度付款中支付或扣除。

10.5 合同价款的结算与支付

10.5.1 对于采取固定总价形式的合同，发包人应当按照专用合同条款附件6的约定及时支付尾款。

10.5.2 对于采取固定单价形式的合同，发包人与设计人应当按照专用合同条款附件 6 约定的结算方式及时结清工程设计费，并将结清未支付的款项一次性支付给设计人。

10.5.3 对于采取其他价格形式的，也应按专用合同条款的约定及时结算和支付。

10.6 支付账户

发包人应将合同价款支付至合同协议书中约定的设计人账户。

11. 工程设计变更与索赔

11.1 发包人变更工程设计的内容、规模、功能、条件等，应当向设计人提供书面要求，设计人在不违反法律规定以及技术标准强制性规定的前提下应当按照发包人要求变更工程设计。

11.2 发包人变更工程设计的内容、规模、功能、条件或因提交的设计资料存在错误或作较大修改时，发包人应按设计人所耗工作量向设计人增付设计费，设计人可按本条约定和专用合同条款附件 7 的约定，与发包人协商对合同价格和/或完工时间做可共同接受的修改。

11.3 如果由于发包人要求更改而造成的项目复杂性的变更或性质的变更使得设计人的设计工作减少，发包人可按本条约定和专用合同条款附件 7 的约定，与设计人协商对合同价格和/或完工时间做可共同接受的修改。

11.4 基准日期后，与工程设计服务有关的法律、技术标准的强制性规定的颁布及修改，由此增加的设计费用和（或）延长的设计周期由发包人承担。

11.5 如果发生设计人认为有理由提出增加合同价款或延长设计周期的要求事项，除专用合同条款对期限另有约定外，设计人应于该事项发生后 5 天内书面通知发包人。除专用合同条款对期限另有约定外，在该事项发生后 10 天内，设计人应向发包人提供证明设计人要求的书面声明，其中包括设计人关于因该事项引起的合同价款和设计周期的变化的详细计算。除专用合同条款对期限另有约定外，发包人应在接到设计人书面声明后的 5 天内，予以书面答复。逾期未答复的，视为发包人同意设计人关于增加合同价款或延长设计周期的要求。

12. 专业责任与保险

12.1 设计人应运用一切合理的专业技术和经验知识，按照公认的职业标准尽其全部职责和谨慎、勤勉地履行其在本合同项下的责任和义务。

12.2 除专用合同条款另有约定外，设计人应具有发包人认可的、履行本合同所需要的工程设计责任保险并使其于合同责任期内保持有效。

12.3 工程设计责任保险应承担由于设计人的疏忽或过失而引发的工程质量事故所造成的建设工程本身的物质损失以及第三者人身伤亡、财产损失或费用的赔偿责任。

13. 知识产权

13.1 除专用合同条款另有约定外，发包人提供给设计人的图纸、发包人为实施工程自行编制或委托编制的技术规格书以及反映发包人要求的或其他类似性质的文件的著作权属于发包人，设计人可以为实现合同目的而复制、使用此类文件，但不能用于与合同无关的其他事项。未经发包人书面同意，设计人不得为了合同以外的目的而复制、使用上述文件或将之提供给任何第三方。

13.2 除专用合同条款另有约定外，设计人为实施工程所编制的文件的著作权属于设计人，发包人可因实施工程的运行、调试、维修、改造等目的而复制、使用此类文件，但不能擅自修改或用于与合同无关的其他事项。未经设计人书面同意，发包人不得为了合同以外的目的而复制、使用上述文件或将之提供给任何第三方。

13.3 合同当事人保证在履行合同过程中不侵犯对方及第三方的知识产权。设计人在工程设计时，因侵犯他人的专利权或其他知识产权所引起的责任，由设计人承担；因发包人提供的工程设计资料导致侵权的，由发包人承担责任。

13.4 合同当事人双方均有权在不损害对方利益和保密约定的前提下，在自己宣传用的印刷品或其他出版物上，或申报奖项时等情形下公布有关项目的文字和图片材料。

13.5 除专用合同条款另有约定外，设计人在合同签订前和签订时已确定采用的专利、专有技术的使用费应包含在签约合同价中。

14. 违约责任

14.1 发包人违约责任

14.1.1 合同生效后，发包人因非设计人原因要求终止或解除合同，设计人未开始设计工作的，不退还发包人已付的定金或发包人按照专用合同条款的约定向设计人支付违约金；已开始设计工作的，发包人应按照设计人已完成的实际工作量计算设计费，完成工作量不足一半时，按该阶段设计费的一半支付设计费；超过一半时，按该阶段设计费的全部支付设计费。

14.1.2 发包人未按专用合同条款附件 6 约定的金额和期限向设计人支付设计费的，应按专用合同条款约定向设计人支付违约金。逾期超过 15 天时，设计人有权书面通知发包人中止设计工作。自中止设计工作之日起 15 天内发包人支付相应费用的，设计人应及时根据发包人要求恢复设计工作；自中止设计工作之日起超过 15 天后发包人支付相应费用的，设计人有权确定重新恢复设计工作的时间，且设计周期相应延长。

14.1.3 发包人的上级或设计审批部门对设计文件不进行审批或本合同工程停建、缓建，发包人应在事件发生之日起 15 天内按本合同第 16 条〔合同解除〕的约定向设计人结算并支付设计费。

14.1.4 发包人擅自将设计人的设计文件用于本工程以外的工程或交第三方使用时，应承担相应法律责任，并应赔偿设计人因此遭受的损失。

14.2 设计人违约责任

14.2.1 合同生效后，设计人因自身原因要求终止或解除合同，设计人应按发包人已支付的定金金额双倍返还给发包人或设计人按照专用合同条款约定向发包人支付违约金。

14.2.2 由于设计人原因，未按专用合同条款附件 3 约定的时间交付工程设计文件的，应按专用合同条款的约定向发包人支付违约金，前述违约金经双方确认后可在发包人应付设计费中扣减。

14.2.3 设计人对工程设计文件出现的遗漏或错误负责修改或补充。由于设计人原因产生的设计问题造成工程质量事故或其他事故时，设计人除负责采取补救措施外，应当通过所投建设工程设计责任保险向发包人承担赔偿责任或者根据直接经济损失程度按专用合同条款约定向发包人支付赔偿金。

14.2.4 由于设计人原因，工程设计文件超出发包人与设计人书面约定的主要技术指标控制值比例的，设计人应当按照专用合同条款的约定承担违约责任。

14.2.5 设计人未经发包人同意擅自对工程设计进行分包的，发包人有权要求设计人解除未经发包人同意的设计分包合同，设计人应当按照专用合同条款的约定承担违约责任。

15. **不可抗力**

15.1 不可抗力的确认

不可抗力是指合同当事人在签订合同时不可预见，在合同履行过程中不可避免且不能克服的自然灾害和社会性突发事件，如地震、海啸、瘟疫、骚乱、戒严、暴动、战争和专用合同条款中约定的其他情形。

不可抗力发生后，发包人和设计人应收集证明不可抗力发生及不可抗力造成损失的证据，并及时认真统计所造成的损失。合同当事人对是否属于不可抗力或其损失发生争议时，按第17条〔争议解决〕的约定处理。

15.2 不可抗力的通知

合同一方当事人遇到不可抗力事件，使其履行合同义务受到阻碍时，应立即通知合同另一方当事人，书面说明不可抗力和受阻碍的详细情况，并在合理期限内提供必要的证明。

不可抗力持续发生的，合同一方当事人应及时向合同另一方当事人提交中间报告，说明不可抗力和履行合同受阻的情况，并于不可抗力事件结束后28天内提交最终报告及有关资料。

15.3 不可抗力后果的承担

不可抗力引起的后果及造成的损失由合同当事人按照法律规定及合同约定各自承担。不可抗力发生前已完成的工程设计应当按照合同约定进行支付。

不可抗力发生后，合同当事人均应采取措施尽量避免和减少损失的扩大，任何一方当事人没有采取有效措施导致损失扩大的，应对扩大的损失承担责任。

因合同一方迟延履行合同义务，在迟延履行期间遭遇不可抗力的，不免除其违约责任。

16. **合同解除**

16.1 发包人与设计人协商一致，可以解除合同。

16.2 有下列情形之一的，合同当事人一方或双方可以解除合同：

（1）设计人工程设计文件存在重大质量问题，经发包人催告后，在合理期限内修改后仍不能满足国家现行深度要求或不能达到合同约定的设计质量要求的，发包人可以解除合同；

（2）发包人未按合同约定支付设计费用，经设计人催告后，在30天内仍未支付的，设计人可以解除合同；

（3）暂停设计期限已连续超过180天，专用合同条款另有约定的除外；

（4）因不可抗力致使合同无法履行；

（5）因一方违约致使合同无法实际履行或实际履行已无必要；

（6）因本工程项目条件发生重大变化，使合同无法继续履行。

16.3 任何一方因故需解除合同时，应提前30天书面通知对方，对合同中的遗留问题应取得一致意见并形成书面协议。

16.4 合同解除后，发包人除应按第14.1.1项的约定及专用合同条款约定期限内向设计人支付已完工作的设计费外，应当向设计人支付由于非设计人原因合同解除导致设计人增加的设计费用，违约一方应当承担相应的违约责任。

17. 争议解决

17.1 和解

合同当事人可以就争议自行和解，自行和解达成协议的经双方签字并盖章后作为合同补充文件，双方均应遵照执行。

17.2 调解

合同当事人可以就争议请求相关行政主管部门、行业协会或其他第三方进行调解，调解达成协议的，经双方签字并盖章后作为合同补充文件，双方均应遵照执行。

17.3 争议评审

合同当事人在专用合同条款中约定采取争议评审方式解决争议以及评审规则，并按下列约定执行：

17.3.1 争议评审小组的确定

合同当事人可以共同选择一名或三名争议评审员，组成争议评审小组。除专用合同条款另有约定外，合同当事人应当自合同签订后28天内，或者争议发生后14天内，选定争议评审员。

选择一名争议评审员的，由合同当事人共同确定；选择三名争议评审员的，各自选定一名，第三名成员为首席争议评审员，由合同当事人共同确定或由合同当事人委托已选定的争议评审员共同确定，或由专用合同条款约定的评审机构指定第三名首席争议评审员。

除专用合同条款另有约定外，评审所发生的费用由发包人和设计人各承担一半。

17.3.2 争议评审小组的决定

合同当事人可在任何时间将与合同有关的任何争议共同提请争议评审小组进行评

审。争议评审小组应秉持客观、公正原则，充分听取合同当事人的意见，依据相关法律、技术标准及行业惯例等，自收到争议评审申请报告后14天内作出书面决定，并说明理由。合同当事人可以在专用合同条款中对本事项另行约定。

17.3.3 争议评审小组决定的效力

争议评审小组作出的书面决定经合同当事人签字确认后，对双方具有约束力，双方应遵照执行。

任何一方当事人不接受争议评审小组决定或不履行争议评审小组决定的，双方可选择采用其他争议解决方式。

17.4 仲裁或诉讼

因合同及合同有关事项产生的争议，合同当事人可以在专用合同条款中约定以下一种方式解决争议：

（1）向约定的仲裁委员会申请仲裁；

（2）向有管辖权的人民法院起诉。

17.5 争议解决条款效力

合同有关争议解决的条款独立存在，合同的变更、解除、终止、无效或者被撤销均不影响其效力。

第三部分　专用合同条款

1. 一般约定

1.1 词语定义与解释

1.1.1 合同

1.1.1.8 其他合同文件包括：____

____。

1.3 法律

适用于合同的其他规范性文件：____

____。

1.4 技术标准

1.4.1 适用于工程的技术标准包括：____

____。

1.4.2 国外技术标准原文版本和中文译本的提供方：________________________

____；

提供国外技术标准的名称：____

____；

提供国外技术标准的份数：____

____；

提供国外技术标准的时间：______________________________

______________________________；

提供国外技术标准的费用承担：______________________________

______________________________。

1.4.3 发包人对工程的技术标准和功能要求的特殊要求：

____

______________________________。

1.5 合同文件的优先顺序

合同文件组成及优先顺序为：______________________________

______________________________。

1.6 联络

1.6.1 发包人和设计人应当在____天内将与合同有关的通知、批准、证明、证书、指示、指令、要求、请求、同意、确定和决定等书面函件送达对方当事人。

1.6.2 发包人与设计人联系信息

发包人接收文件的地点：______________________________；

发包人指定的接收人为：______________________________；

发包人指定的联系电话及传真号码：______________________________；

发包人指定的电子邮箱：______________________________。

设计人接收文件的地点：______________________________；

设计人指定的接收人为：______________________________；

设计人指定的联系电话及传真号码：______________________________；

设计人指定的电子邮箱：______________________________。

1.8 保密

保密期限：______________________________。

2. 发包人

2.1 发包人一般义务

2.1.3 发包人其他义务：______________________________。

2.2 发包人代表

发包人代表：

姓　　名：______________________________；

身份证号：______________________________；

职　　务：______________________________；

联系电话：______________________________；

电子信箱：______________________________；

通信地址：______________________________；

发包人对发包人代表的授权范围如下：____；

发包人更换发包人代表的，应当提前______天书面通知设计人。

2.3 发包人决定

2.3.2 发包人应在______天内对设计人书面提出的事项作出书面决定。

3. 设计人

3.1 设计人一般义务

3.1.1 设计人______（需/不需）配合发包人办理有关许可、批准或备案手续。

3.1.3 设计人其他义务：____。

3.2 项目负责人

3.2.1 项目负责人

姓　　名：____；

执业资格及等级：____；

注册证书号：____；

联系电话：____；

电子信箱：____；

通信地址：____；

设计人对项目负责人的授权范围如下：____。

3.2.2 设计人更换项目负责人的，应提前____天书面通知发包人。

设计人擅自更换项目负责人的违约责任：____。

3.2.3 设计人应在收到书面更换通知后______天内更换项目负责人。

设计人无正当理由拒绝更换项目负责人的违约责任：____。

3.3 设计人人员

3.3.1 设计人提交项目管理机构及人员安排报告的期限：____。

3.3.3 设计人无正当理由拒绝撤换主要设计人员的违约责任：____。

3.4 设计分包

3.4.1 设计分包的一般约定

禁止设计分包的工程包括：____；

主体结构、关键性工作的范围：____。

3.4.2 设计分包的确定

允许分包的专业工程包括：____；

其他关于分包的约定：____。

3.4.3 设计人向发包人提交有关分包人资料包括：____。

3.4.4 分包工程设计费支付方式：____。

3.5 联合体

3.5.4 发包人向联合体支付设计费用的方式：____。

5. 工程设计要求

5.1 工程设计一般要求

5.1.2.1 工程设计的特殊标准或要求：____。

5.1.2.2 工程设计适用的技术标准：________________________________。

5.1.2.4 工程设计文件的主要技术指标控制值及比例：____。

5.3 工程设计文件的要求

5.3.3 工程设计文件深度规定：____。

5.3.5 建筑物及其功能设施的合理使用寿命年限：____。

6. 工程设计进度与周期

6.1 工程设计进度计划

6.1.1 工程设计进度计划的编制

合同当事人约定的工程设计进度计划提交的时间：____；

合同当事人约定的工程设计进度计划应包括的内容：____。

6.1.2 工程设计进度计划的修订

发包人在收到工程设计进度计划后确认或提出修改意见的期限：____。

6.3 工程设计进度延误

6.3.1 因发包人原因导致工程设计进度延误

（4）因发包人原因导致工程设计进度延误的其他情形：____。

设计人应在发生进度延误的情形后____天内向发包人发出要求延期的书面通知，在发生该情形后____天内提交要求延期的详细说明。

发包人收到设计人要求延期的详细说明后，应在____天内进行审查并书面答复。

6.5 提前交付工程设计文件

6.5.2 提前交付工程设计文件的奖励：____。

7. 工程设计文件交付

7.1 工程设计文件交付的内容

7.1.2 发包人要求设计人提交电子版设计文件的具体形式为：____。

8. 工程设计文件审查

8.1 发包人对设计人的设计文件审查期限不超过____天。

8.3 发包人应在审查同意设计人的工程设计文件后在____天内，向政府有关部门报送工程设计文件。

8.4 工程设计审查形式及时间安排：____。

9. 施工现场配合服务

9.1 发包人为设计人派赴现场的工作人员提供便利条件的内容包括：____。

9.2 设计人应当在交付施工图设计文件并经审查合格后____时间内提供施工现场配合服务。

10. 合同价款与支付

10.2 合同价格形式

（1）单价合同

单价包含的风险范围：____；

风险费用的计算方法：____；

风险范围以外合同价格的调整方法：____。

（2）总价合同

总价包含的风险范围：____；

风险费用的计算方法：____；

风险范围以外合同价格的调整方法：____。

（3）其他价格形式：____。

10.3 定金或预付款

10.3.1 定金或预付款的比例

定金的比例____________或预付款的比例____________。

10.3.2 定金或预付款的支付

定金或预付款的支付时间：_______，但最迟应在开始设计通知载明的开始设计日期_____天前支付。

11. 工程设计变更与索赔

11.5 设计人应于认为有理由提出增加合同价款或延长设计周期的要求事项发生后___天内书面通知发包人。

设计人应在该事项发生后___天内向发包人提供证明设计人要求的书面声明。

发包人应在接到设计人书面声明后的___天内，予以书面答复。

12. 专业责任与保险

12.2 设计人___（需/不需）有发包人认可的工程设计责任保险。

13. 知识产权

13.1 关于发包人提供给设计人的图纸、发包人为实施工程自行编制或委托编制的技术规格以及反映发包人关于合同要求或其他类似性质的文件的著作权的归属：____；

关于发包人提供的上述文件的使用限制的要求：____。

13.2 关于设计人为实施工程所编制文件的著作权的归属：____；

关于设计人提供的上述文件的使用限制的要求：____。

13.5 设计人在设计过程中所采用的专利、专有技术的使用费的承担方式：____。

14. 违约责任

14.1 发包人违约责任

14.1.1 发包人支付设计人的违约金：________________________________。

14.1.2 发包人逾期支付设计费的违约金：____。

14.2 设计人违约责任

14.2.1 设计人支付发包人的违约金：________________________________。

14.2.2 设计人逾期交付工程设计文件的违约金：____；

设计人逾期交付工程设计文件的违约金的上限：____。

14.2.3 设计人设计文件不合格的损失赔偿金的上限：____。

14.2.4 设计人工程设计文件超出主要技术指标控制值比例的违约责任：____。

14.2.5 设计人未经发包人同意擅自对工程设计进行分包的违约责任：____。

15. 不可抗力

15.1 不可抗力的确认

除通用合同条款约定的不可抗力事件之外，视为不可抗力的其他情形：________。

16. 合同解除

16.2 有下列情形之一的，可以解除合同：

（3）暂停设计期限已连续超过______天。

16.4 发包人向设计人支付已完工作设计费的期限为____天内。

17. 争议解决

17.3 争议评审

合同当事人是否同意将工程争议提交争议评审小组决定：____。

17.3.1 争议评审小组的确定

争议评审小组成员的确定：________________________________；

选定争议评审员的期限：________________________________；

评审所发生的费用承担方式：________________________________；

其他事项的约定：________________________________。

17.3.2 争议评审小组的决定

合同当事人关于本事项的约定：________________________________。

17.4 仲裁或诉讼

因合同及合同有关事项发生的争议，按下列第____ 种方式解决：

（1）向____________________ 仲裁委员会申请仲裁；

（2）向____________________ 人民法院起诉。

18. **其他**（如果没有，填“无”）

____

____。

附件：

附件一　工程设计范围、阶段与服务内容

附件二　发包人向设计人提交的有关资料及文件一览表

附件三　设计人向发包人交付的工程设计文件目录

附件四　设计人主要设计人员表

附件五　设计进度表

附件六　设计费明细及支付方式

附件七　设计变更计费依据和方法

附件一：

工程设计范围、阶段与服务内容

发包人与设计人可根据项目的具体情况，选择确定本附件内容。

一、本工程设计范围

规划土地内相关建筑物、构筑物的有关建筑、结构、给水排水、暖通空调、建筑电气、总图专业（不含住宅小区总图）的设计。

精装修设计、智能化专项设计、泛光立面照明设计、景观设计、娱乐工艺设计、声学设计、舞台机械设计、舞台灯光设计、厨房工艺设计、煤气设计、幕墙设计、气体灭火及其他特殊工艺设计等，另行约定。

二、本工程设计阶段划分

方案设计阶段、初步设计、施工图设计及施工配合四个阶段。

三、各阶段服务内容

1. 方案设计阶段

（1）与发包人及发包人聘用的顾问充分沟通，深入研究项目基础资料，协助发包人提出本项目的发展规划和市场潜力；

（2）完成总体规划和方案设计，提供满足深度的方案设计图纸，并制作符合政府部门要求的规划意见书与设计方案报批文件，协助发包人进行报批工作；

（3）根据政府部门的审批意见在本合同约定的范围内对设计方案进行修改和必要的调整，以通过政府部门审查批准；

（4）协调景观、交通、精装修等各专业顾问公司的工作，对其设计方案和技术经济指标进行审核，提供咨询意见；在保证与该项目总体方案设计相一致的情况下，接受经发包人确认的顾问公司的合理化建议并对方案进行调整；

（5）配合发包人进行人防、消防、交通、绿化及市政管网等方面的咨询工作；

（6）负责完成人防、消防等规划方案，协助发包人完成报批工作。

2. 初步设计阶段

（1）负责完成并制作建筑、结构、给排水、暖通空调、电气、动力、室外管线综合等专业的初步设计文件，设计内容和深度应满足政府相关规定；

（2）制作报政府相关部门进行初步设计审查的设计图纸，配合发包人进行交通、园林、人防、消防、供电、市政、气象等各部门的报审工作，提供相关的工程用量参数，并负责有关解释和修改。

3. 施工图设计阶段

（1）负责完成并制作总图、建筑、结构、机电、室外管线综合等全部专业的施工图设计文件；

（2）对发包人的审核修改意见进行修改、完善，保证其设计意图的最终实现；

（3）根据项目开发进度要求及时提供各阶段报审图纸，协助发包人进行报审工作，根据审查结果在本合同约定的范围内进行修改调整，直至审查通过，并最终向发包人提交正式的施工图设计文件；

（4）协助发包人进行工程招标答疑。

4. 施工配合阶段

（1）负责工程设计交底，解答施工过程中施工承包人有关施工图的问题，项目负责人及各专业设计负责人，及时对施工中与设计有关的问题做出回应，保证设计满足施工要求；

（2）根据发包人要求，及时参加与设计有关的专题会，现场解决技术问题；

（3）协助发包人处理工程洽商和设计变更，负责有关设计修改，及时办理相关手续；

（4）参与与设计人相关的必要的验收以及项目竣工验收工作，并及时办理相关手续；

（5）提供产品选型、设备加工订货、建筑材料选择以及分包商考察等技术咨询工作；

（6）应发包人要求协助审核各分包商的设计文件是否满足接口条件并签署意见，以保证其与总体设计协调一致，并满足工程要求。

附件二：

发包人向设计人提交有关资料及文件一览表

序号	资料及文件名称	份数	提交日期	有关事宜
1	项目立项报告和审批文件	各1	方案开始3天前	
2	发包人要求即设计任务书（含对建筑、结构、给水排水、暖通空调、建筑电气、总图等专业的具体要求）	1	方案开始3天前	
3	建筑红线图，建筑钉桩图	各1	方案开始3天前	
4	当地规划部门的规划意见书	1	方案开始3天前	
5	工程勘察报告	2	方案设计开始前3天提供初步勘察报告，初步设计开始3天前提供详细勘察报告	
6	各阶段主管部门的审批意见	1	下一个阶段设计开始3天前提供上一个阶段审批意见	
7	方案设计确认单（含初设开工令）	1	初步设计开始3天前	
8	工程所在地地形图（1/500）电子版及区域位置图	1	初步设计开始3天前	
9	初步设计确认单（含施工图开工令）	1	施工图设计开始3天前	
10	施工图审查合格意见书	1	施工图审查通过后5天内	
11	市政条件（包括给排水、暖通、电力、道路、热力、通信等）	1	方案设计开始3天前	
12	其他设计资料	1	各设计阶段设计开始3天前	
13	竣工验收报告	1	工程竣工验收通过后5天内	

（上表内容仅供参考，发包人和设计人应当根据项目具体情况详细列举）

附件三：

设计人向发包人交付的工程设计文件目录

序号	资料及文件名称	份数	提交日期	有关事宜
1	方案设计文件		____天	
2	初步设计文件		____天	
3	施工图设计文件		____天	

特别约定：

1. 在发包人所提供的设计资料（含设计确认单、规划部门批文、政府各部门批文等）能满足设计人进行各阶段设计的前提下开始计算各阶段的设计时间。

2. 上述设计时间不包括法定节假日。

3. 图纸交付地点：设计人工作地（或发包人指定地）。发包人要求设计人提供电子版设计文件时，设计人有权对电子版设计文件采取加密、设置访问权限、限期使用等保护措施。

4. 如发包人要求提供超过合同约定份数的工程设计文件，则设计人仍应按发包人的要求提供，但发包人应向设计人支付工本费。

附件四：

设计人主要设计人员表

名　　称	姓名	职务	注册执业资格	承担过的主要项目
一、总部人员				
项目主管				
其他人员				
二、项目组成员				
项目负责人				
项目副负责人				
建筑专业负责人				
结构专业负责人				
给水排水专业负责人				
暖通空调专业负责人				
建筑电气专业负责人				

附件五：

设计进度表（略）

附件六：

设计费明细及支付方式

一、设计费总额：________________

二、设计费总额构成：________________

1. 工程设计基本服务费用：固定总价：________________

固定单价（____元/平方米或费率____%）

2. 工程设计其他服务费用：________________

3. 合同签订前设计人已完成工作的费用：________________

4. 特别约定：

（1）工程设计基本服务费用包含设计人员赴工地现场的差旅费____人次日，每人每次不超2天；不含长期驻现场的设计工地代表和现场服务费。

（2）采用固定单价形式的设计费，实际设计费按初步设计批准（或通过审查的施工图设计）的建筑面积（或投资额）和本合同约定的单价（或费率）核定，多退少补。

（3）超过上述约定人次日赴项目现场所发生的费用（包括往返机票费、机场建设费、交通费、食宿费、保险费等）和人工费由发包人另行支付。其中人工费支付标准为________。（建议参照本单位年人均产值确定人工费标准）

（4）其他：________________。

三、设计费明细计算表

四、设计费支付方式

经发包人、设计人双方确认，如果发包人委托设计人负责全过程工程设计服务，各阶段的设计费比例为：方案设计阶段的设计费占本合同设计费总额的20%，初步设计阶段的设计费占本合同设计费总额的30%，施工图设计阶段的设计费占本合同设计费总额的40%，施工配合阶段占本合同设计费总额的10%；如果发包人委托设计人负责部分工程设计服务，则每个阶段的设计费比例，双方另行协商确定。具体支付时间如下：

1. 本合同生效后7天内，发包人向设计人支付设计费总额的____%作为定金（或预付款），计____元，设计合同履行完毕后，定金（或预付款）抵作部分工程设计费。

2. 设计人向发包人提交方案设计文件后7天内，发包人向设计人支付设计费总额的10%，计____元。

3. 设计人向发包人提交初步设计文件后7天内，发包人向设计人支付设计费总额的20%，计____元。

4. 设计人向发包人提交施工图设计文件后7天内，发包人向设计人支付设计费总额的30%，计____元。

5. 施工图设计文件通过审查后 7 天内或施工图设计文件提交后 3 个月内，发包人向设计人支付设计费总额的 10%，计____元。

6. 工程结构封顶后 7 天内，发包人向设计人支付设计费总额的 5%，计____元。

7. 工程竣工验收后 7 天内，发包人向设计人支付全部剩余设计费，共计____元。

注：上述支付方式供发包人、设计人参考使用。

附件七：

设计变更计费依据和方法（略）

GF—2015—0210

建设工程设计合同（专业建设工程）

（示范文本）①

工　程　名　称：____________________

工　程　地　点：____________________

合　同　编　号：____________________

设计证书等级：____________________

发　　包　　人：____________________

设　　计　　人：____________________

签　订　日　期：________年____月____日

说　　明

为了指导建设工程设计合同当事人的签约行为，维护合同当事人的合法权益，依据《中华人民共和国合同法》《中华人民共和国建筑法》《中华人民共和国招标投标法》以及相关法律法规，住房和城乡建设部、国家市场监督管理总局对《建设工程设计合同（二）（专业建设工程设计合同）》（GF－2000－0210）进行了修订，制定了《建设工程设计合同示范文本（专业建设工程）》（GF－2015－0210）（以下简称《示范文本》）。为了便于合同当事人使用《示范文本》，现就有关问题说明如下：

---

① 住房和城乡建设部、国家市场监督管理总局（原国家工商行政管理总局）制定。

一、《示范文本》的组成

《示范文本》由合同协议书、通用合同条款和专用合同条款三部分组成。

（一）合同协议书

《示范文本》合同协议书集中约定了合同当事人基本的合同权利义务。

（二）通用合同条款

通用合同条款是合同当事人根据《中华人民共和国建筑法》《中华人民共和国合同法》等法律法规的规定，就工程设计的实施及相关事项，对合同当事人的权利义务作出的原则性约定。

通用合同条款既考虑了现行法律法规对工程建设的有关要求，也考虑了工程设计管理的特殊需要。

（三）专用合同条款

专用合同条款是对通用合同条款原则性约定的细化、完善、补充、修改或另行约定的条款。合同当事人可以根据不同建设工程的特点及具体情况，通过双方的谈判、协商对相应的专用合同条款进行修改补充。在使用专用合同条款时，应注意以下事项：

1. 专用合同条款的编号应与相应的通用合同条款的编号一致；

2. 合同当事人可以通过对专用合同条款的修改，满足具体建设工程的特殊要求，避免直接修改通用合同条款；

3. 在专用合同条款中有横道线的地方，合同当事人可针对相应的通用合同条款进行细化、完善、补充、修改或另行约定；如无细化、完善、补充、修改或另行约定，则填写“无”或划“/”。

二、《示范文本》的性质和适用范围

《示范文本》供合同双方当事人参照使用。

《示范文本》适用于房屋建筑工程以外各行业建设工程项目的主体工程和配套工程（含厂/矿区内的自备电站、道路、专用铁路、通信、各种管网管线和配套的建筑物等全部配套工程）以及与主体工程、配套工程相关的工艺、土木、建筑、环境保护、水土保持、消防、安全、卫生、节能、防雷、抗震、照明工程等工程设计活动。

房屋建筑工程以外的各行业建设工程统称为专业建设工程，具体包括煤炭、化工石化医药、石油天然气（海洋石油）、电力、冶金、军工、机械、商物粮、核工业、电子通信广电、轻纺、建材、铁道、公路、水运、民航、市政、农林、水利、海洋等工程。

第一部分　合同协议书

发包人（全称）：______________________________

设计人（全称）：______________________________

根据《中华人民共和国合同法》《中华人民共和国建筑法》及有关法律规定，遵循平等、自愿、公平和诚实信用的原则，双方就____________________工程设计及有关事项协商一致，共同达成如下协议：

一、工程概况

1. 工程名称：____。
2. 工程批准、核准或备案文号：____________________________________。
3. 工程内容及规模：____。
4. 工程所在地详细地址：____。
5. 工程投资估算：____。
6. 工程进度安排：____。
7. 工程主要技术标准：____。

二、工程设计范围、阶段与服务内容

1. 工程设计范围：____。
2. 工程设计阶段：____。
3. 工程设计服务内容：____。

工程设计范围、阶段与服务内容详见专用合同条款附件1。

三、工程设计周期

计划开始设计日期：________年____月____日。

计划完成设计日期：________年____月____日。

具体工程设计周期以专用合同条款及其附件的约定为准。

四、合同价格形式与签约合同价

1. 合同价格形式：____；
2. 签约合同价为：人民币（大写）__________元（¥____________）。

五、发包人代表与设计人项目负责人

发包人代表：____；

设计人项目负责人：____。

六、合同文件构成

本协议书与下列文件一起构成合同文件：

（1）专用合同条款及其附件；

（2）通用合同条款；

（3）中标通知书（如果有）；

（4）投标函及其附录（如果有）；

（5）发包人要求；

（6）技术标准；

（7）发包人提供的上一阶段图纸（如果有）；

（8）其他合同文件。

在合同履行过程中形成的与合同有关的文件均构成合同文件组成部分。

上述各项合同文件包括合同当事人就该项合同文件所作出的补充和修改，属于同一类内容的文件，应以最新签署的为准。

七、承诺

1. 发包人承诺按照法律规定履行项目审批手续，按照合同约定提供设计依据，并按合同约定的期限和方式支付合同价款。

2. 设计人承诺按照法律和技术标准规定及合同约定提供工程设计服务。

八、词语含义

本协议书中词语含义与第二部分通用合同条款中赋予的含义相同。

九、签订地点

本合同在____签订。

十、补充协议

合同未尽事宜，合同当事人另行签订补充协议，补充协议是合同的组成部分。

十一、合同生效

本合同自____生效。

十二、合同份数

本合同正本一式____份、副本一式____份，均具有同等法律效力，发包人执正本____份、副本____份，设计人执正本____份、副本____份。

发包人：（盖章）	设计人：（盖章）
法定代表人或其委托代理人：（签字）	法定代表人或其委托代理人：（签字）
组织机构代码：______________	组织机构代码：______________
纳税人识别码：______________	纳税人识别码：______________
地　　址：______________	地　　址：______________
邮政编码：______________	邮政编码：______________
法定代表人：______________	法定代表人：______________
委托代理人：______________	委托代理人：______________
电　　话：______________	电　　话：______________
传　　真：______________	传　　真：______________
电子信箱：______________	电子信箱：______________
开户银行：______________	开户银行：______________
账　　号：______________	账　　号：______________
时　　间：____年____月____日	时　　间：____年____月____日

第二部分　通用合同条款

通用合同条款参照住房和城乡建设部、国家市场监督管理总局关于印发建设工程设计合同示范文本的通知【建市［2015］44 号】中《建设工程设计合同示范文本（专业建设工程）》（GF-2015-0210）的通用合同条款。①

第三部分　专用合同条款

1. **一般约定**

1.1 词语定义与解释

1.1.1 合同

1.1.1.8 其他合同文件包括：____。

1.3 法律

适用于合同的其他规范性文件：____。

1.4 技术标准

1.4.1 适用于工程的技术标准包括：____。

1.4.2 国外技术标准原文版本和中文译本的提供方：____________________；

提供国外技术标准的名称：____；

提供国外技术标准的份数：____；

提供国外技术标准的时间：____；

提供国外技术标准的费用承担：____。

1.4.3 发包人对工程的技术标准和功能要求的特殊要求：____________________。

1.5 合同文件的优先顺序

合同文件组成及优先顺序为：____。

1.6 联络

1.6.1 发包人和设计人应当在______天内将与合同有关的通知、批准、证明、证书、指示、指令、要求、请求、同意、确定和决定等书面函件送达对方当事人。

1.6.2 发包人和设计人联系信息

发包人接收文件的地点：____；

发包人指定的接收人为：____；

发包人指定的联系电话及传真号码：____；

发包人指定的电子邮箱：____。

设计人接收文件的地点：____；

设计人指定的接收人为：____；

---

① 同建设工程设计合同第二部分通用合同条款，此处略。

设计人指定的联系电话及传真号码：________________________；

设计人指定的电子邮箱：________________________。

1.8 保密

保密期限：________________________。

2. 发包人

2.1 发包人一般义务

2.1.3 发包人其他义务：________________________。

2.2 发包人代表

发包人代表

姓　　名：________________________；

身份证号：________________________；

职　　务：________________________；

联系电话：________________________；

电子信箱：________________________；

通信地址：________________________。

发包人对发包人代表的授权范围如下：________________________。

发包人更换发包人代表的，应当提前______天书面通知设计人。

2.3 发包人决定

2.3.2 发包人应在______天内对设计人书面提出的事项作出书面决定。

3. 设计人

3.1 设计人一般义务

3.1.1 设计人______（需/不需）配合发包人办理有关许可、批准或备案手续。

3.1.3 设计人其他义务：________________________。

3.2 项目负责人

3.2.1 项目负责人

姓　　名：________________________；

执业资格及等级：________________________；

注册证书号：________________________；

联系电话：________________________；

电子信箱：________________________；

通信地址：________________________；

设计人对项目负责人的授权范围如下：________________________。

3.2.2 设计人更换项目负责人的，应提前______天书面通知发包人。

设计人擅自更换项目负责人的违约责任：________________________。

3.2.3 设计人应在收到书面更换通知后______天内更换项目负责人。

设计人无正当理由拒绝更换项目负责人的违约责任：____________________。

3.3 设计人人员

3.3.1 设计人提交项目管理机构及人员安排报告的期限：________________。

3.3.3 设计人无正当理由拒绝撤换主要设计人员的违约责任：

____。

3.4 设计分包

3.4.1 设计分包的一般约定

禁止设计分包的工程包括：________________________________。

主体结构、关键性工作的范围：____________________________。

3.4.2 设计分包的确定

允许分包的专业工程包括：________________________________。

其他关于分包的约定：____________________________________。

3.4.3 设计人向发包人提交有关分包人资料包括：__________________。

3.4.4 分包工程设计费支付方式：____________________________。

3.5 联合体

3.5.4 发包人向联合体支付设计费用的方式：____________________。

5. 工程设计要求

5.1 工程设计一般要求

5.1.2.1 工程设计的特殊标准或要求：__________________________。

5.1.2.2 工程设计适用的技术标准：____________________________。

5.3 工程设计文件的要求

5.3.3 工程设计文件深度规定：________________________________。

5.3.5 工程的合理使用寿命年限：______________________________。

6. 工程设计进度与周期

6.1 工程设计进度计划

6.1.1 工程设计进度计划的编制

合同当事人约定的工程设计进度计划提交的时间：__________________。

合同当事人约定的工程设计进度计划应包括的内容：________________。

6.1.2 工程设计进度计划的修订

发包人在收到工程设计进度计划后确认或提出修改意见的期限：__________。

6.3 工程设计进度延误

6.3.1 因发包人原因导致工程设计进度延误

（4）因发包人原因导致工程设计进度延误的其他情形：________________。

设计人应在发生进度延误的情形后______天内向发包人发出要求延期的书面通知，在发生该情形后______天内提交要求延期的详细说明。

发包人收到设计人要求延期的详细说明后，应在______天内进行审查并书面答复。

6.5 提前交付工程设计文件

6.5.2 提前交付工程设计文件的奖励：____。

7. 工程设计文件交付

7.1 工程设计文件交付的内容

7.1.2 发包人要求设计人提交电子版设计文件的具体形式为：________________。

8. 工程设计文件审查

8.1 发包人对设计人的设计文件审查期限不超过______天。

8.3 发包人应在审查同意设计人的工程设计文件后在______天内，向政府有关部门报送工程设计文件。

8.4 工程设计审查形式及时间安排：____。

9. 施工现场配合服务

9.1 发包人为设计人派赴现场的工作人员提供便利条件的内容包括：__________。

9.2 设计人应当在交付施工图设计文件并经审查合格后______时间内提供施工现场配合服务。

10. 合同价款与支付

10.2 合同价格形式

（1）单价合同

单价包含的风险范围：____。

风险费用的计算方法：____。

风险范围以外合同价格的调整方法：________________________________。

（2）总价合同

总价包含的风险范围：____。

风险费用的计算方法：____。

风险范围以外合同价格的调整方法：________________________________。

（3）其他价格形式：____。

10.3 定金或预付款

10.3.1 定金或预付款的比例

定金的比例____________或预付款的比例______________________________。

10.3.2 定金或预付款的支付

定金或预付款的支付时间：________，但最迟应在开始设计通知载明的开始设计日期______天前支付。

11. 工程设计变更与索赔

11.5 设计人应于认为有理由提出增加合同价款或延长设计周期的要求事项发生后______天内书面通知发包人。

设计人应在该事项发生后______天内向发包人提供证明设计人要求的书面声明。

发包人应在接到设计人书面声明后的______天内，予以书面答复。

12. 专业责任与保险

12.2 设计人______（需/不需）有发包人认可的工程设计责任保险。

13. 知识产权

13.1 关于发包人提供给设计人的图纸、发包人为实施工程自行编制或委托编制的技术规格以及反映发包人关于合同要求或其他类似性质的文件的著作权的归属：____。

关于发包人提供的上述文件的使用限制的要求：______________________________。

13.2 关于设计人为实施工程所编制文件的著作权的归属：____________________。

关于设计人提供的上述文件的使用限制的要求：______________________________。

13.5 设计人在设计过程中所采用的专利、专有技术的使用费的承担方式：______。

14. 违约责任

14.1 发包人违约责任

14.1.1 发包人支付设计人违约金：____。

14.1.2 发包人逾期支付设计费的违约金：______________________________________。

14.2 设计人违约责任

14.2.1 设计人支付发包人的违约金：____。

14.2.2 设计人逾期交付工程设计文件的违约金：________________________________。

设计人逾期交付工程设计文件的违约金的上限：________________________________。

14.2.3 设计人设计文件不合格的损失赔偿金的上限：____________________________。

14.2.4 设计人未经发包人同意擅自对工程设计进行分包的违约责任：__________。

15. 不可抗力

15.1 不可抗力的确认

除通用合同条款约定的不可抗力事件之外，视为不可抗力的其他情形：________。

16. 合同解除

16.2 有下列情形之一的，可以解除合同：

（3）暂停设计期限已连续超过______天。

16.4 发包人向设计人支付已完工作设计费的期限为______天内。

17. 争议解决

17.3 争议评审

合同当事人是否同意将工程争议提交争议评审小组决定：____________________。

17.3.1 争议评审小组的确定

争议评审小组成员的确定：____。

选定争议评审员的期限：____。

评审所发生的费用承担方式：____。

其他事项的约定：____。

17.3.2 争议评审小组的决定

合同当事人关于本事项的约定：______________________________________。

17.4 仲裁或诉讼

因合同及合同有关事项发生的争议，按下列第______种方式解决：

（1）向____仲裁委员会申请仲裁；

（2）向____人民法院起诉。

18. **其他**（如果没有，填“无”）

____。

附件：

附件一　工程设计范围、阶段与服务内容

附件二　发包人向设计人提交的有关资料及文件一览表

附件三　设计人向发包人交付的工程设计文件目录

附件四　设计人主要设计人员表

附件五　设计进度表

附件六　设计费明细及支付方式

附件七　设计变更计费依据和方法

附件一：

工程设计范围、阶段与服务内容

一、本工程设计范围

____

二、本工程设计阶段划分

初步（基础）设计、非标准设备设计（如有）、施工图设计及施工配合四个阶段。

三、各阶段服务内容

1. 初步（基础）设计阶段

____

2. 非标准设备设计阶段（如有）

____

3. 施工图设计阶段

____

4. 施工配合阶段（包括设计技术交底、解决施工中设计技术问题、参加试车（试运行）考核和竣工验收）

____

附件二：

发包人向设计人提交的有关资料及文件一览表

序号	资料及文件名称	份数	提交日期	有关事宜
1	项目立项报告和审批文件	各1	初步设计开始3天前	
2	发包人要求即设计任务书（含对工艺、土建、设备等专业的具体要求）	1	初步设计开始3天前	
3	厂址选择报告、土地使用协议、建筑红线图，建筑钉桩图	各1	初步设计开始3天前	
4	当地规划部门的规划意见书	1	初步设计开始3天前	
5	自然资源、气象条件、地形地貌、水文及工程详细地质勘察报告	各1	初步设计开始3天前	
6	各阶段主管部门的审批意见	各1	下一个阶段设计开始3天前提供上一个阶段审批意见	
7	初步设计确认单（含非标准设备设计图开工令）	1	施工图设计开始3天前	
8	非标准设备设计确认单（含施工图设计开工令）	1	施工图设计开始3天前	
9	工程所在地地形图（1/500）电子版及区域位置图	1	施工图设计开始3天前	
10	交通、原料、外部供水、排水、供电、电信等位置、标高、坐标、管径或能力等资料	1	初步设计开始3天前	
11	其他设计资料	1	各设计阶段设计开始3天前	
12	竣工验收报告	1	工程竣工验收通过后5天内	

（上表内容仅供参考，发包人和设计人应当根据行业特点及项目具体情况详细列举）

附件三：

设计人向发包人交付的工程设计文件目录

序号	资料及文件名称	份数	提交日期	有关事宜
1	初步（基础）设计文件		________天	
2	非标准设备设计文件		________天	
3	施工图设计文件		________天	

特别约定：

1. 在发包人所提供的设计资料（含设计确认单、规划部门批文、政府各部门批文等）能满足设计人进行各阶段设计的前提下开始计算各阶段的设计时间。

2. 上述设计时间不包括法定节假日。

3. 图纸交付地点：设计人工作地（或发包人指定地）。发包人要求设计人提供电子版设计文件时，设计人有权对电子版设计文件采取加密、设置访问权限、限期使用等保护措施。

4. 如发包人要求提供超过合同约定份数的工程设计文件，则设计人仍应按发包人的要求提供，但发包人应向设计人支付工本费。

附件四：

设计人主要设计人员表

名　　称	姓名	职务	注册执业资格或职称	承担过的主要项目
一、总部人员				
项目主管				
其他人员				
二、项目组成员				
项目负责人				
项目副负责人				

续表

工艺专业负责人				
土建专业负责人				
设备专业负责人				
其他专业负责人				

附件五：

设计进度表（略）

附件六：

设计费明细及支付方式

一、设计费总额：______________________________

二、设计费总额构成：

1. 工程设计基本服务费用：固定总价：______________________________

固定单价（实际投资额×费率______%）

2. 工程设计其他服务费用：______________________________

3. 合同签订前设计人已完成工作的费用：______________________________

4. 特别约定：

（1）工程设计基本服务费用包含设计人员赴工地现场的旅差费______人次日，每人每次不超2天；不含长期驻现场的设计工地代表和现场服务费。

（2）超过上述约定人次日赴项目现场所发生的费用（包括往返机票费、机场建设费、交通费、食宿费、保险费等）和人工费由发包人另行支付。其中人工费支付标准为__________。（建议参照本单位年人均产值确定人工费标准）

（3）其他：______________________________。

三、设计费明细计算表

____

____

四、设计费支付方式

1. 本合同生效后7天内，发包人向设计人支付设计费总额的______%作为定金或预付款，计______元，设计合同履行完毕后，定金或预付款抵作部分设计费。

2. 设计人向发包人提交初步设计文件后______天内，发包人向设计人支付设计费总额的20%，计______元。

3. 设计人向发包人提交主要非标准设备设计文件后______天内，发包人向设计人支付设计费总额的15%，计______元。

4. 设计人向发包人提交施工图设计文件后7天内，发包人向设计人支付设计费总额的30%，计______元。

5. 试车（试运行）考核完成后7天内，发包人向设计人支付设计费总额的10%，计______元。

6. 工程竣工验收后7天内，发包人向设计人支付全部剩余设计费，共计______元。

注：上述支付方式供发包人、设计人参考使用。

附件七：

设计变更计费依据和方法（略）

GF—2007—0211

水利工程施工监理合同

（示范文本）①

说　明

为进一步规范水利建设监理市场秩序，提高建设监理水平，保障监理合同双方的合法权益，依据《中华人民共和国合同法》等法律法规和水利工程建设监理有关规定，结合现阶段我国水利工程建设监理实际，水利部组织修订了《水利工程建设监理合同示范文本》，并与国家市场监督管理总局（原国家工商行政管理总局）联合颁发。

① 水利部、国家市场监督管理总局（原国家工商行政管理总局）2007年4月20日发布，自2007年6月1日起施行。

为体现合同文本名称与其适用范围和相关内容的协调一致，本次修订将原名称“水利工程建设监理合同示范文本”改为“水利工程施工监理合同示范文本”（以下简称《合同文本》）。

本次修订着重修改了委托人和监理人的权利和义务条款，进一步规范了委托人、监理人职责和合同履行中有关问题的处理方式。修订后的《合同文本》将有利于规范当事人双方履行合同的行为，避免因合同条款不完备、不准确等原因产生合同纠纷。

《合同文本》包括“监理合同书”“通用合同条款”“专用合同条款”“附件”四个部分。《水利工程建设监理规定》（水利部令第28号）规定必须实行施工监理的水利工程建设项目（不包括水土保持工程）应当使用本《合同文本》，其他可参照使用。在使用本《合同文本》时，“监理合同书”应由委托人与监理人平等协商一致后签署；“通用合同条款”“专用合同条款”是一个有机整体，“通用合同条款”不得修改，“专用合同条款”是针对具体工程项目特定条件对“通用合同条款”的补充和具体说明，应根据工程监理实际情况进行修改和补充；“附件”所列监理服务的工作内容及相关要求，供委托人和监理人签订合同时参考。

委托人：________________________

监理人：________________________

合同编号：______________________

合同名称：______________________

依据国家有关法律、法规，________（委托人名称）（以下简称委托人），委托________（监理人名称）（以下简称监理人），提供________（工程名称），工程________（监理项目名称）监理服务，经双方协商一致，订立本合同。

一、工程概况

1. 工程名称：________________________________

2. 工程地点：________________________________

3. 工程等别（级）：____________________________

4. 工程总投资（人民币，下同）：____________万元

5. 工期：____________________________________

二、监理范围

1. 监理项目名称：______________________________

2. 监理项目内容及主要特性参数：________________

3. 监理项目投资：______________________________

4. 监理阶段：______________（施工期、保修期）

三、监理服务内容、期限

1. 监理服务内容：按专用合同条款约定。

2. 监理服务期限：

自______年____月____日至______年____月____日。

四、监理服务酬金

监理正常服务酬金为（大写）____________元，由委托人按专用合同条款约定的方式、时间向监理人支付。

五、监理合同的组成文件及解释顺序

1. 监理合同书（含补充协议）；

2. 中标通知书；

3. 投标报价书；

4. 专用合同条款；

5. 通用合同条款；

6. 监理大纲；

7. 双方确认需进入合同的其他文件。

六、本合同书经双方法定代表人或其授权代表人签名并加盖本单位公章后生效。

七、本合同书正本一式 2 份，具有同等法律效力，由双方各执 1 份；副本____份，委托人执____份，监理人执____份。

委托人：____________（盖章）
法定代表人：________（签名）
或授权代表人：______（签名）
单位地址：____________________
邮政编码：____________________
电　　话：____________________
电子信箱：____________________
传　　真：____________________
开户银行：____________________
账　　号：____________________

委托人：____________（盖章）
法定代表人：________（签名）
或授权代表人：______（签名）
单位地址：____________________
邮政编码：____________________
电　　话：____________________
电子信箱：____________________
传　　真：____________________
开户银行：____________________
账　　号：____________________

签订地点：____________________
签订时间：______年____月____日

第一部分　通用合同条款

词语含义及适用语言

第一条　下列名词和用语，除上下文另有约定外，具有本条所赋予的含义：

一、“委托人”指承担工程建设项目直接建设管理责任，委托监理业务的法人或其合法继承人。

二、“监理人”指受委托人委托，提供监理服务的法人或其合法继承人。

三、“承包人”指与委托人（发包人）签订了施工合同，承担工程施工的法人或其合法继承人。

四、“监理机构”指监理人派驻工程现场直接开展监理业务的组织，由总监理工程师、监理工程师和监理员以及其他人员组成。

五、“监理项目”是指委托人委托监理人实施建设监理的工程建设项目。

六、“服务”是指监理人根据监理合同约定所承担的各项工作，包括正常服务和附加服务。

七、“正常服务”指监理人按照合同约定的监理范围、内容和期限所提供的服务。

八、“附加服务”指监理人为委托人提供正常服务以外的服务。

九、“服务酬金”指本合同中监理人完成“正常服务”“附加服务”应得到的正常服务酬金和附加服务酬金。

十、“天”指日历天。

十一、“现场”指监理项目实施的场所。

第二条 本合同适用的语言文字为汉语文字。

监理依据

第三条 监理的依据是有关工程建设的法律、法规、规章和规范性文件；工程建设强制性条文、有关技术标准；经批准的工程建设项目设计文件及其相关文件；监理合同、施工合同等合同文件。具体内容在专用合同条款中约定。

通知和联系

第四条 委托人应指定一名联系人，负责与监理机构联系。更换联系人时，应提前通知监理人。

第五条 在监理合同实施过程中，双方的联系均应以书面函件为准。在不做出紧急处理即可能导致安全、质量事故的情况下，可先以口头形式通知，并在48小时内补做书面通知。

第六条 委托人对委托监理范围内工程项目实施的意见和决策，应通过监理机构下达，法律、法规另有规定的除外。

委托人的权利

第七条 委托人享有如下权利：

一、对监理工作进行监督、检查，并提出撤换不能胜任监理工作人员的建议或要求；

二、对工程建设中质量、安全、投资、进度方面的重大问题的决策权；

三、核定监理人签发的工程计量、付款凭证；

四、要求监理人提交监理月报、监理专题报告、监理工作报告和监理工作总结报告；

五、当监理人发生本合同专用条款约定的违约情形时，有权解除本合同。

监理人的权利

第八条 委托人赋予监理人如下权利：

一、审查承包人拟选择的分包项目和分包人，报委托人批准；

二、审查承包人提交的施工组织设计、安全技术措施及专项施工方案等各类文件；

三、核查并签发施工图纸；

四、签发合同项目开工令、暂停施工指示，但应事先征得委托人同意；签发进场通知、复工通知；

五、审核和签发工程计量、付款凭证；

六、核查承包人现场工作人员数量及相应岗位资格，有权要求承包人撤换不称职的现场工作人员；

七、发现承包人使用的施工设备影响工程质量或进度时，有权要求承包人增加或更换施工设备；

八、当委托人发生本合同专用条款约定的违约情形时，有权解除本合同；

九、专用合同条款约定的其他权利。

委托人的义务

第九条 工程建设外部环境的协调工作。

第十条 按专用合同条款约定的时间、数量、方式，免费向监理机构提供开展监理服务的有关本工程建设的资料。

第十一条 在专用合同条款约定的时间内，就监理机构书面提交并要求作出决定的问题作出书面决定，并及时送达监理机构。超过约定时间，监理机构未收到委托人的书面决定，且委托人未说明理由，监理机构可认为委托人对其提出的事宜已无不同意见，无须再作确认。

第十二条 与承包人签订的施工合同中明确其赋予监理人的权限，并在工程开工前将监理单位、总监理工程师通知承包人。

第十三条 提供监理人员在现场的工作和生活条件，具体内容在专用合同条款中明确。如果不能提供上述条件的，应按实际发生费用给予监理人补偿。

第十四条 按本合同约定及时、足额支付监理服务酬金。

第十五条 为监理机构指定具有检验、试验资质的机构并承担检验、试验相关费用。

第十六条 维护监理机构工作的独立性，不干涉监理机构正常开展监理业务，不擅自作出有悖于监理机构在合同授权范围内所作出的指示的决定；未经监理机构签字确认，不得支付工程款。

第十七条 为监理人员投保人身意外伤害险和第三者责任险。如要求监理人自己投保，则应同意监理人将投保的费用计入报价中。

第十八条 将投保工程险的保险合同提供给监理人作为工程合同管理的一部分。

第十九条 未经监理人同意，不得将监理人用于本工程监理服务的任何文件直接或间接用于其他工程建设之中。

监理人的义务

第二十条 本着“守法、诚信、公正、科学”的原则，按专用合同条款约定的监理服务内容为委托人提供优质服务。

第二十一条 在专用合同条款约定的时间内组建监理机构，并进驻现场。及时将监理规划、监理机构及其主要人员名单提交委托人，将监理机构及其人员名单、监理工程师和监理员的授权范围通知承包人；实施期间有变化的，应当及时通知承包人。更换总监理工程师和其他主要监理人员应征得委托人同意。

第二十二条 发现设计文件不符合有关规定或合同约定时，应向委托人报告。

第二十三条 核验建筑材料、建筑构配件和设备质量，检查、检验并确认工程的施工质量；检查施工安全生产情况。发现存在质量、安全事故隐患，或发生质量、安全事故，应按有关规定及时采取相应的监理措施。

第二十四条 监督、检查工程施工进度。

第二十五条 按照委托人签订的工程保险合同，做好施工现场工程保险合同的管理。协助委托人向保险公司及时提供一切必要的材料和证据。

第二十六条 协调施工合同各方之间的关系。

第二十七条 按照施工作业程序，采取旁站、巡视、跟踪检测和平行检测等方法实施监理。需要旁站的重要部位和关键工序在专用合同条款中约定。

第二十八条 及时做好工程施工过程各种监理信息的收集、整理和归档，并保证现场记录、试验、检验、检查等资料的完整和真实。

第二十九条 编制《监理日志》，并向委托人提交监理月报、监理专题报告、监理工作报告和监理工作总结报告。

第三十条 按有关规定参加工程验收，做好相关配合工作。委托人委托监理人主持的分部工程验收由专用合同条款约定。

第三十一条 妥善做好委托人所提供的工程建设文件资料的保存、回收及保密工作。在本合同期限内或专用合同条款约定的合同终止后的一定期限内，未征得委托人同意，不得公开涉及委托人的专利、专有技术或其他需保密的资料，不得泄露与本合同业务有关的技术、商务等秘密。

监理服务酬金

第三十二条 监理正常服务酬金的支付时间和支付方式在专用合同条款中约定。

第三十三条 除不可抗力外，有下列情形之一且由此引起监理工作量增加或服务期限延长，均应视为监理机构的附加服务，监理人应得到监理附加服务酬金：

一、由于委托人、第三方责任、设计变更及不良地质条件等非监理人原因致使正常的监理服务受到阻碍或延误；

二、在本合同履行过程中，委托人要求监理机构完成监理合同约定范围和内容以外的服务；

三、由于非监理人原因暂停或终止监理业务时，其善后工作或恢复执行监理业务的工作。

监理人完成附加服务应得到的酬金，按专用合同条款约定的方法或监理补充协议计取和支付。

第三十四条 国家有关法律、法规、规章和监理酬金标准发生变化时，应按有关规定调整监理服务酬金。

第三十五条 委托人对监理人申请支付的监理酬金项目及金额有异议时，应当在收到监理人支付申请书后7天内向监理人发出异议通知，由双方协商解决。7天内未发出异议通知，则按通用合同条款第二十二条、第三十三条、第三十四条的约定支付。

合同变更与终止

第三十六条 因工程建设计划调整、较大的工程设计变更、不良地质条件等非监理人原因致使本合同约定的服务范围、内容和服务形式发生较大变化时，双方对监理服务酬金计取、监理服务期限等有关合同条款应当充分协商，签订监理补充协议。

第三十七条 当发生法律或本合同约定的解除合同的情形时，有权解除合同的一方要求解除合同的，应书面通知对方；若通知送达后28天内未收到对方的答复，可发出终止监理合同的通知，本合同即行终止。因解除合同遭受损失的，除依法可以免除责任的外，应由责任方赔偿损失。

第三十八条 在监理服务期内，由于国家政策致使工程建设计划重大调整，或不可抗力致使合同不能履行时，双方协商解决因合同终止所产生的遗留问题。

第三十九条 本合同在监理期限届满并结清监理服务酬金后即终止。

违约责任

第四十条 委托人未履行合同条款第十条、第十一条、第十三条、第十四条、第十五条、第十六条、第十七条、第十九条约定的义务和责任，除按专用合同条款约定向监理人支付违约金外，还应继续履行合同约定的义务和责任。

第四十一条 委托人未按合同条款第三十二条、第三十三条、第三十四条约定支付监理服务酬金，除按专用合同条款约定向监理人支付逾期付款违约金外，还应继续履行合同约定的支付义务。

第四十二条 监理人未履行合同条款第二十一条、第二十三条、第二十四条、第二十五条、第二十七条、第二十八条、第二十九条、第三十条、第三十一条约定的义务和责任，除按专用合同条款约定向委托人支付违约金外，还应继续履行合同约定的义务和责任。

争议的解决

第四十三条 本合同发生争议，由当事人双方协商解决；也可由工程项目主管部门或合同争议调解机构调解；协商或调解未果时，经当事人双方同意可由仲裁机构仲裁；或向人民法院起诉。争议调解机构、仲裁机构在专用合同条款中约定。

第四十四条　在争议协商、调解、仲裁或起诉过程中，双方仍应继续履行本合同约定的责任和义务。

其　他

第四十五条　委托人可以对监理人提出并落实的合理化建议给予奖励。奖励办法在专用合同条款中约定。

第二部分　专用合同条款

监理依据

第三条　本合同的监理依据为：________________。

委托人的权利

第七条

五、当监理人发生下列违约情形时，委托人有权解除合同：

1. ____；

2. ____；

3. ____。

监理人的权利

第八条

八、当委托人发生下列违约情形时，监理人有权解除合同：

1. ____；

2. ____；

3. ____。

九、委托人赋予监理人的其他权利：

1. 签发工程移交证书（若不授予则删除此款；若授予应约定监理人的具体权限）；

2. 签发保修责任终止证书（若不授予则删除此款；若授予应约定监理人的具体权限）；

3. ____。

委托人的义务

第十条　委托人向监理机构免费提供的资料为：

序号	资料名称	份数	提供时间	收回时间	保存和保密要求

第十一条 委托人对监理机构书面提交并要求作出决定的事宜作出书面决定并送达的时限：

一般文件______天；紧急事项______天；变更文件______天。

第十三条 委托人无偿向监理机构提供的工作、生活条件为：

序号	名称	单位	数量	提供时间	交还时间	管理要求	备注
1	生活、办公用房 ……						
2	办公设施、设备 ……						
3	检验、测试设备 ……						
4	交通工具 ……						
5	通信设施						
6	其他（水、电等）						

监理人的义务

第二十条 监理服务内容：（参照附件，由双方协商确定）。

第二十一条 监理人应当在本合同生效后____天内组建监理机构，并进驻现场。

第二十七条 需旁站监理的工程重要部位是：________________。

需旁站监理的关键工序是：________________。

第三十条 委托人委托监理人主持的分部工程验收：________________。

第三十一条 在本合同终止后______天内，未征得委托人同意，不得泄露与本合同业务有关的技术、商务等秘密。

监理服务酬金

第三十二条 监理正常服务酬金支付方法：

一、支付时间为：____；

二、支付方式为：____。

第三十三条 监理附加服务酬金的计取与支付方法：

一、计取方法为：____；

二、支付方式为：____；
三、支付时间为：____。
违约责任
第四十条　委托人违约，应支付给监理人违约金：
违约金：____。
第四十一条　因委托人延期支付监理服务酬金而向监理人支付逾期付款违约金的计算办法：____。
第四十二条　监理人违约，应支付给委托人违约金。
违约金：____。
争议的解决
第四十三条　争议调解、仲裁机构：
一、争议调解机构为：____；
二、仲裁机构为：____。
其　他
第四十五条　委托人对监理人提供并落实的合理化建议的奖励办法是：__________
____。

第三部分　附　件

本合同监理服务内容：（具体内容由双方协商确定）。
（一）设计方面
1. 核查并签发施工图，发现问题向委托人反映，重大问题向委托人做专题报告。
2. 主持或与委托人联合主持设计技术交底会议，编写会议纪要。
3. 协助委托人会同设计人对重大技术问题和优化设计进行专题讨论。
4. 审核承包人对施工图的意见和建议，协助委托人会同设计人进行研究。
5. 其他相关业务。
（二）采购方面
1. 协助委托人进行采购招标。
2. 协助委托人对进场的永久工程设备进行质量检验与到货验收。
3. 其他相关业务。
（三）施工方面
1. 协助委托人进行工程施工招标和签订工程施工合同。
2. 全面管理工程施工合同，审查承包人选择的分包单位，并报委托人批准。
3. 督促委托人按工程施工合同的约定，落实必须提供的施工条件；检查承包人的开工准备工作。
4. 审核按工程施工合同文件约定应由承包人提交的设计文件。

5. 审查承包人提交的施工组织设计、施工进度计划、施工措施计划，审核工艺试验成果等。

6. 进度控制。协助委托人编制控制性总进度计划，审批承包人编制的进度计划；检查实施情况，督促承包人采取措施，实现合同工期目标。当实施进度发生较大偏差时，要求承包人调整进度计划；向委托人提出调整控制性进度计划的建议意见。

7. 施工质量控制。审查承包人的质量保证体系和措施；审查承包人的实验室条件；依据工程施工合同文件、设计文件、技术标准，对施工全过程进行检查，对重要部位、关键工序进行旁站监理；按照有关规定，对承包人进场的工程设备、建筑材料、建筑构配件、中间产品进行跟踪检测和平行检测，复核承包人自评的工程质量等级；审核承包人提出的工程质量缺陷处理方案，参与调查质量事故。

8. 资金控制。协助委托人编制付款计划；审查承包人提交的资金流计划；核定承包人完成的工程量，审核承包人提交的支付申请，签发付款凭证；受理索赔申请，提出处理建议意见；处理工程变更。

9. 施工安全控制。审查承包人提出的安全技术措施、专项施工方案，并检查实施情况；检查防洪度汛措施落实情况；参与安全事故调查。

10. 协调施工合同各方之间的关系。

11. 按有关规定参加工程验收，负责完成监理资料的汇总、整理，协助委托人检查承包人的合同执行情况；做好验收的各项准备工作或者配合工作，提供工程监理资料，提交监理工作报告。

12. 档案管理。做好施工现场的监理记录与信息反馈，做好监理文档管理工作，合同期限届满时按照档案管理要求整理、归档并移交委托人。

13. 监督承包人执行保修期工作计划，检查和验收尾工项目，对已移交工程中出现的质量缺陷等调查原因并提出处理意见。

14. 按照委托人签订的工程保险合同，做好施工现场工程保险合同的管理。协助委托人向保险公司及时提供一切必要的材料和证据。

15. 其他相关工作。

GF—2015—0212

合同编号：________________

建设工程造价咨询合同

（示范文本）①

说　明

为了指导建设工程造价咨询合同当事人的签约行为，维护合同当事人的合法权益，依据《中华人民共和国合同法》《中华人民共和国建筑法》《中华人民共和国招标投标法》以及相关法律法规，住房和城乡建设部、国家市场监督管理总局（原国家工商行政管理总局）对《建设工程造价咨询合同（示范文本)》（GF－2002－0212）进行了修订，制定了《建设工程造价咨询合同(示范文本)》（GF－2015－0212）（以下简称《示范文本》）。为了便于合同当事人使用《示范文本》，现就有关问题说明如下：

一、《示范文本》的组成

《示范文本》由协议书、通用条件和专用条件三部分组成。

（一）协议书

《示范文本》协议书集中约定了合同当事人基本的合同权利义务。

（二）通用条件

通用条件是合同当事人根据《中华人民共和国合同法》《中华人民共和国建筑法》等法律法规的规定，就工程造价咨询的实施及相关事项，对合同当事人的权利义务作出的原则性约定。

通用条件既考虑了现行法律法规对工程发承包计价的有关要求，也考虑了工程造价咨询管理的特殊需要。

（三）专用条件

专用条件是对通用条件原则性约定的细化、完善、补充、修改或另行约定的条件。合同当事人可以根据不同建设工程的特点及发承包计价的具体情况，通过双方的谈判、协商对相应的专用条件进行修改补充。在使用专用条件时，应注意以下事项：

1. 专用条件的编号应与相应的通用条件的编号一致；

2. 合同当事人可以通过对专用条件的修改，满足具体工程的特殊要求，避免直接修改通用条件；

3. 在专用条件中有横道线的地方，合同当事人可针对相应的通用条件进行细化、

---

① 住房和城乡建设部、国家市场监督管理总局（原国家工商行政管理总局）制定。

完善、补充、修改或另行约定；如无细化、完善、补充、修改或另行约定，则填写“无”或划“/”。

二、《示范文本》的性质和适用范围

《示范文本》供合同双方当事人参照使用，可适用于各类建设工程全过程造价咨询服务以及阶段性造价咨询服务的合同订立。合同当事人可结合建设工程具体情况，按照法律法规规定，根据《示范文本》的内容，约定双方具体的权利义务。

第一部分　协议书

委托人（全称）：____________________

咨询人（全称）：____________________

根据《中华人民共和国合同法》及其他有关法律、法规，遵循平等、自愿、公平和诚实信用的原则，双方就下述建设工程委托造价咨询与其他服务事项协商一致，订立本合同。

一、工程概况

1. 工程名称：____________________
2. 工程地点：____________________
3. 工程规模：____________________
4. 投资金额：____________________
5. 资金来源：____________________
6. 建设工期或周期：____________________
7. 其他：____________________

二、服务范围及工作内容

双方约定的服务范围及工作内容：____________________。

服务范围及工作内容详见附录 A。

三、服务期限

本合同约定的建设工程造价咨询服务自____年____月____日开始实施，至____年____月____日终结。

四、质量标准

工程造价咨询成果文件应符合：

____________________。

五、酬金或计取方式

1. 酬金：____________（大写）（¥　　　　　　）。
2. 计取方式：____________________。

酬金或计取方式详见附录 A。

六、合同文件的构成

本协议书与下列文件一起构成合同文件：

1. 中标通知书或委托书（如果有）；

2. 投标函及投标函附录或造价咨询服务建议书（如果有）；

3. 专用条件及附录；

4. 通用条件；

5. 其他合同文件。

上述各项合同文件包括合同当事人就该项合同文件所作出的补充和修改，属于同一类内容的文件，应以最新签署的为准。

在合同订立及履行过程中形成的与合同有关的文件（包括补充协议）均构成合同文件的组成部分。

七、词语定义

协议书中相关词语的含义与通用条件中的定义与解释相同。

八、合同订立

1. 订立时间：____年____月____日。

2. 订立地点：____。

九、合同生效

本合同自____生效。

十、合同份数

本合同一式____份，具有同等法律效力，其中委托人执____份，咨询人执____份。

委 托 人：____________（盖章）	咨 询 人：____________（盖章）
法定代表人或其授权的	法定代表人或其授权的
代 理 人：____________（签字）	代 理 人：____________（签字）
组织机构代码：	组织机构代码：
纳税人识别码：	纳税人识别码：
住　　所：	住　　所：
账　　号：	账　　号：
开户银行：	开户银行：
邮政编码：	邮政编码：
电　　话：	电　　话：
传　　真：	传　　真：
电子信箱：	电子信箱：

第二部分 通用条件

1. 词语定义、语言、解释顺序与适用法律

1.1 词语定义

组成本合同的全部文件中的下列名词和用语应具有本款所赋予的含义：

1.1.1“工程”是指按照本合同约定实施造价咨询与其他服务的建设工程。

1.1.2“工程造价”是指工程项目建设过程中预计或实际支出的全部费用。

1.1.3“委托人”是指本合同中委托造价咨询与其他服务的一方，及其合法的继承人或受让人。

1.1.4“咨询人”是指本合同中提供造价咨询与其他服务的一方，及其合法的继承人。

1.1.5“第三人”是指除委托人、咨询人以外与本咨询业务有关的当事人。

1.1.6“正常工作”是指本合同订立时通用条件和专用条件中约定的咨询人的工作。

1.1.7“附加工作”是指咨询人根据合同条件完成的正常工作以外的工作。

1.1.8“项目咨询团队”是指咨询人指派负责履行本合同的团队，其团队成员为本合同的项目咨询人员。

1.1.9“项目负责人”是指由咨询人的法定代表人书面授权，在授权范围内负责履行本合同、主持项目咨询团队工作的负责人。

1.1.10“委托人代表”是指由委托人的法定代表人书面授权，在授权范围内行使委托人权利的人。

1.1.11“酬金”是指咨询人履行本合同义务，委托人按照本合同约定给付咨询人的金额。

1.1.12“正常工作酬金”是指在协议书中载明的，咨询人完成正常工作，委托人应给付咨询人的酬金。

1.1.13“附加工作酬金”是指咨询人完成附加工作，委托人应给付咨询人的酬金。

1.1.14“书面形式”是指合同书、信件和数据电文（包括电报、电传、传真、电子数据交换和电子邮件）等可以有形地表现所载内容的形式。

1.1.15“不可抗力”是指委托人和咨询人在订立本合同时不可预见，在合同履行过程中不可避免并不能克服的自然灾害和社会性突发事件，如地震、海啸、瘟疫、水灾、骚乱、暴动、战争等情形。

1.2 语言

本合同使用中文书写、解释和说明。如专用条件约定使用两种及以上语言文字时，应以中文为准。

1.3 合同文件的优先顺序

组成本合同的下列文件彼此应能相互解释、互为说明。除专用条件另有约定外，本合同文件的解释顺序如下：

（1）协议书

（2）中标通知书或委托书（如果有）；

（3）专用条件及附录；

（4）通用条件；

（5）投标函及投标函附录或造价咨询服务建议书（如果有）；

（6）其他合同文件。

上述各项合同文件包括合同当事人就该项合同文件所作出的补充和修改，属于同一类内容的文件，应以最新签署的为准。

在合同订立及履行过程中形成的与合同有关的文件均构成合同文件的组成部分。

1.4 适用法律

本合同适用中华人民共和国法律、行政法规、部门规章以及工程所在地的地方性法规、自治条例、单行条例和地方政府规章等。

合同当事人可以在专用条件中约定本合同适用的其他规范、规程、定额、技术标准等规范性文件。

2. 委托人的义务

2.1 提供资料

委托人应当在专用条件约定的时间内，按照附录 C 的约定无偿向咨询人提供与本合同咨询业务有关的资料。在本合同履行过程中，委托人应及时向咨询人提供最新的与本合同咨询业务有关的资料。委托人应对所提供资料的真实性、准确性、合法性与完整性负责。

2.2 提供工作条件

委托人应为咨询人完成造价咨询提供必要的条件。

2.2.1 委托人需要咨询人派驻项目现场咨询人员的，除专用条件另有约定外，项目咨询人员有权无偿使用附录 D 中由委托人提供的房屋及设备。

2.2.2 委托人应负责与本工程造价咨询业务有关的所有外部关系的协调，为咨询人履行本合同提供必要的外部条件。

2.3 合理工作时限

委托人应当为咨询人完成其咨询工作，设定合理的工作时限。

2.4 委托人代表

委托人应授权一名代表负责本合同的履行。委托人应在双方签订本合同 7 日内，将委托人代表的姓名和权限范围书面告知咨询人。委托人更换委托人代表时，应提前 7 日书面通知咨询人。

2.5 答复

委托人应当在专用条件约定的时间内就咨询人以书面形式提交并要求做出答复的事宜给予书面答复。逾期未答复的，由此造成的工作延误和损失由委托人承担。

2.6 支付

委托人应当按照合同的约定，向咨询人支付酬金。

3. 咨询人的义务

3.1 项目咨询团队及人员

3.1.1 项目咨询团队的主要人员应具有专用条件约定的资格条件，团队人员的数量应符合专用条件的约定。

3.1.2 项目负责人

咨询人应以书面形式授权一名项目负责人负责履行本合同、主持项目咨询团队工作。采用招标程序签署本合同的，项目负责人应当与投标文件载明的一致。

3.1.3 在本合同履行过程中，咨询人员应保持相对稳定，以保证咨询工作正常进行。

咨询人可根据工程进展和工作需要等情形调整项目咨询团队人员。咨询人更换项目负责人时，应提前 7 日向委托人书面报告，经委托人同意后方可更换。除专用条件另有约定外，咨询人更换项目咨询团队其他咨询人员，应提前 3 日向委托人书面报告，经委托人同意后以相当资格与能力的人员替换。

3.1.4 咨询人员有下列情形之一，委托人要求咨询人更换的，咨询人应当更换：

（1）存在严重过失行为的；

（2）存在违法行为不能履行职责的；

（3）涉嫌犯罪的；

（4）不能胜任岗位职责的；

（5）严重违反职业道德的；

（6）专用条件约定的其他情形。

3.2 咨询人的工作要求

3.2.1 咨询人应当按照专用条件约定的时间等要求向委托人提供与工程造价咨询业务有关的资料，包括工程造价咨询企业的资质证书及承担本合同业务的团队人员名单及执业（从业）资格证书、咨询工作大纲等，并按合同约定的服务范围和工作内容实施咨询业务。

3.2.2 咨询人应当在专用条件约定的时间内，按照专用条件约定的份数、组成向委托人提交咨询成果文件。

咨询人提供造价咨询服务以及出具工程造价咨询成果文件应符合现行国家或行业有关规定、标准、规范的要求。委托人要求的工程造价咨询成果文件质量标准高于现行国家或行业标准的，应在专用条件中约定具体的质量标准，并相应增加服务酬金。

3.2.3 咨询人提交的工程造价咨询成果文件，除加盖咨询人单位公章、工程造价咨询企业执业印章外，还必须按要求加盖参加咨询工作人员的执业（从业）资格印章。

3.2.4 咨询人应在专用条件约定的时间内，对委托人以书面形式提出的建议或者异议给予书面答复。

3.2.5 咨询人从事工程造价咨询活动，应当遵循独立、客观、公正、诚实信用的原则，不得损害社会公共利益和他人的合法权益。

3.2.6 咨询人承诺按照法律规定及合同约定，完成合同范围内的建设工程造价咨询服务，不转包承接的造价咨询服务业务。

3.3 咨询人的工作依据

咨询人应在专用条件内与委托人协商明确履行本合同约定的咨询服务需要适用的技术标准、规范、定额等工作依据，但不得违反国家及工程所在地的强制性标准、规范。

咨询人应自行配备本条所述的技术标准、规范、定额等相关资料。必须由委托人提供的资料，应在附录 C 中载明。需要委托人协助才能获得的资料，委托人应予以协助。

3.4 使用委托人房屋及设备的返还

项目咨询人员使用委托人提供的房屋及设备的，咨询人应妥善使用和保管，在本合同终止时将上述房屋及设备按专用条件约定的时间和方式返还委托人。

4. 违约责任

4.1 委托人的违约责任

4.1.1 委托人不履行本合同义务或者履行义务不符合本合同约定的，应承担违约责任。双方可在专用条件中约定违约金的计算及支付方法。

4.1.2 委托人违反本合同约定造成咨询人损失的，委托人应予以赔偿。双方可在专用条件中约定赔偿金额的确定及支付方法。

4.1.3 委托人未能按期支付酬金超过 14 天，应按下列方法计算并支付逾期付款利息。逾期付款利息 = 当期应付款总额 × 中国人民银行发布的同期贷款基准利率 × 逾期支付天数（自逾期之日起计算）。双方也可在专用条件中另行约定逾期付款利息的计算及支付方法。

4.2 咨询人的违约责任

4.2.1 咨询人不履行本合同义务或者履行义务不符合本合同约定的，应承担违约责任。双方可在专用条件中约定违约金的计算及支付方法。

4.2.2 因咨询人违反本合同约定给委托人造成损失的，咨询人应当赔偿委托人损失。双方可在专用条件中约定赔偿金额的确定及支付方法。

5. 支付

5.1 支付货币

除专用条件另有约定外，酬金均以人民币支付。涉及外币支付的，所采用的货币种类和汇率等在专用条件中约定。

5.2 支付申请

咨询人应在本合同约定的每次应付款日期前，向委托人提交支付申请书，支付申请书的提交日期由双方在专用条件中约定。支付申请书应当说明当期应付款总额，并列出当期应支付的款项及其金额。

5.3 支付酬金

支付酬金包括正常工作酬金、附加工作酬金、合理化建议奖励金额及费用。

5.4 有异议部分的支付

委托人对咨询人提交的支付申请书有异议时，应当在收到咨询人提交的支付申请书后 7 日内，以书面形式向咨询人发出异议通知。无异议部分的款项应按期支付，有异议部分的款项按第 7 条约定办理。

6. 合同变更、解除与终止

6.1 合同变更

6.1.1 任何一方以书面形式提出变更请求时，双方经协商一致后可进行变更。

6.1.2 除不可抗力外，因非咨询人原因导致咨询人履行合同期限延长、内容增加时，咨询人应当将此情况与可能产生的影响及时通知委托人。增加的工作时间或工作内容应视为附加工作。附加工作酬金的确定方法由双方根据委托的服务范围及工作内容在专用条件中约定。

6.1.3 合同履行过程中，遇有与工程相关的法律法规、强制性标准颁布或修订的，双方应遵照执行。非强制性标准、规范、定额等发生变化的，双方协商确定执行依据。由此引起造价咨询的服务范围及内容、服务期限、酬金变化的，双方应通过协商确定。

6.1.4 因工程规模、服务范围及工作内容的变化等导致咨询人的工作量增减时，服务酬金应作相应调整，调整方法由双方在专用条件中约定。

6.2 合同解除

6.2.1 委托人与咨询人协商一致，可以解除合同。

6.2.2 有下列情形之一的，合同当事人一方或双方可以解除合同：

（1）咨询人将本合同约定的工程造价咨询服务工作全部或部分转包给他人，委托人可以解除合同；

（2）咨询人提供的造价咨询服务不符合合同约定的要求，经委托人催告仍不能达到合同约定要求的，委托人可以解除合同；

（3）委托人未按合同约定支付服务酬金，经咨询人催告后，在 28 天内仍未支付的，咨询人可以解除合同；

（4）因不可抗力致使合同无法履行；

（5）因一方违约致使合同无法实际履行或实际履行已无必要。

除上述情形外，双方可以根据委托的服务范围及工作内容，在专用条件中约定解除合同的其他条件。

6.2.3 任何一方提出解除合同的，应提前 30 天书面通知对方。

6.2.4 合同解除后，委托人应按照合同约定向咨询人支付已完成部分的咨询服务酬金。

因不可抗力导致的合同解除，其损失的分担按照合理分担的原则由合同当事人在专用条件中自行约定。除不可抗力外因非咨询人原因导致的合同解除，其损失由委托人承担。因咨询人自身原因导致的合同解除，按照违约责任处理。

6.2.5 本合同解除后，本合同约定的有关结算、争议解决方式的条款仍然有效。

6.3 合同终止

除合同解除外，以下条件全部满足时，本合同终止：

（1）咨询人完成本合同约定的全部工作；

（2）委托人与咨询人结清并支付酬金；

（3）咨询人将委托人提供的资料交还。

7. 争议解决

7.1 协商

双方应本着诚实信用的原则协商解决本合同履行过程中发生的争议。

7.2 调解

如果双方不能在 14 日内或双方商定的其他时间内解决本合同争议，可以将其提交给专用条件约定的或事后达成协议的调解人进行调解。

7.3 仲裁或诉讼

双方均有权不经调解直接向专用条件约定的仲裁机构申请仲裁或向有管辖权的人民法院提起诉讼。

8. 其他

8.1 考察及相关费用

除专用条件另有约定外，咨询人经委托人同意进行考察发生的费用由委托人审核后另行支付。差旅费及相关费用的承担由双方在专用条件中约定。

8.2 奖励

对于咨询人在服务过程中提出合理化建议，使委托人获得效益的，双方在专用条件中约定奖励金额的确定方法。奖励金额在合理化建议被采纳后，与最近一期的正常工作酬金同期支付。

8.3 保密

在本合同履行期间或专用条件约定的期限内，双方不得泄露对方申明的保密资料，亦不得泄露与实施工程有关的第三人所提供的保密资料。保密事项在专用条件中约定。

8.4 联络

8.4.1 与合同有关的通知、指示、要求、决定等，均应采用书面形式，并应在专用条件约定的期限内送达接收人和送达地点。

8.4.2 委托人和咨询人应在专用条件中约定各自的送达接收人、送达地点、电子邮箱。任何一方指定的接收人或送达地点或电子邮箱发生变动的，应提前 3 天以书面形式通知对方，否则视为未发生变动。

8.4.3 委托人和咨询人应当及时签收另一方送达至送达地点和指定接收人的往来函件，如确有充分证据证明一方无正当理由拒不签收的，视为认可往来函件的内容。

8.5 知识产权

除专用条件另有约定外，委托人提供给咨询人的图纸、委托人为实施工程自行编制或委托编制的技术规范以及反映委托人要求的或其他类似性质文件的著作权属于委托人，咨询人可以为实现本合同目的而复制或者以其他方式使用此类文件，但不能用于与本合同无关的其他事项。未经委托人书面同意，咨询人不得为了本合同以外的目的而复制或者以其他方式使用上述文件或将之提供给任何第三方。

除专用条件另有约定外，咨询人为履行本合同约定而编制的成果文件，其著作权属于咨询人。委托人可以为实现合同目的而复制、使用此类文件，但不能擅自修改或用于与本合同无关的其他事项。未经咨询人书面同意，委托人不得为了本合同以外的目的而复制或者以其他方式使用上述文件或将之提供给任何第三方。

双方保证在履行本合同过程中不侵犯对方及第三方的知识产权。因咨询人侵犯他人知识产权所引起的责任，由咨询人承担；因委托人提供的基础资料导致侵权的，由委托人承担责任。

除专用条件另有约定外，双方均有权在履行本合同保密义务并且不损害对方利益的情况下，将履行本合同形成的有关成果文件用于企业宣传、申报奖项以及接受上级主管部门的检查。

第三部分　专用条件

1. 词语定义、语言、解释顺序与适用法律

1.2 语言

本合同文件除使用中文外，还可用＿＿＿＿＿＿＿＿＿＿＿＿＿＿＿＿＿＿。

1.3 合同文件的优先顺序

本合同文件的解释顺序为：＿＿＿＿＿＿＿＿＿＿＿＿＿＿＿＿＿＿＿＿。

1.4 适用法律

本合同适用的其他规范性文件包括：＿＿＿＿＿＿＿＿＿＿＿＿＿＿＿＿＿

＿＿＿＿＿＿＿＿＿＿＿＿＿＿＿＿＿＿＿＿＿＿＿＿＿＿＿＿＿＿＿＿＿＿。

2. **委托人的义务**

2.1 提供资料

委托人按照附录 C 约定无偿向咨询人提供与本合同咨询业务有关资料的时间为：____。

2.2 提供工作条件

2.2.1 项目咨询人员使用附录 D 中由委托人提供的房屋及设备，支付使用费的标准为：____。

2.4 委托人代表

委托人代表为：______________，其权限范围：____。

2.5 答复

委托人同意在________日内，对咨询人书面提交并要求做出决定的事宜给予书面答复。逾期未答复的，视为委托人认可。

3. **咨询人的义务**

3.1 项目咨询团队及人员

3.1.1 项目咨询团队的主要人员应具有资格条件，团队人员的数量为________人。

3.1.2 项目负责人为：________，项目负责人为履行本合同的权限为：________。

3.1.3 咨询人更换项目咨询团队其他咨询人员的约定____。

3.1.4 委托人要求更换咨询人员的情形还包括：____。

3.2 咨询人的工作要求

3.2.1 咨询人向委托人提供有关资料的时间：______________________；咨询人向委托人提供的资料还包括：____。

3.2.2 咨询人向委托人提供咨询成果文件的名称、组成、时间、份数及质量标准：____。详见附录 B。

3.2.4 咨询人应在收到委托人以书面形式提出的建议或者异议后____日内给予书面答复。

3.3 咨询人的工作依据

经双方协商，本合同约定的造价咨询服务适用的技术标准、规范、定额等工作依据为：____。

3.4 使用委托人房屋及设备的返还

咨询人应在本合同终止后________日内移交委托人提供的房屋及设备，移交的方式为____。

4. 违约责任

4.1 委托人的违约责任

4.1.1 委托人违约金的计算及支付方法：______________________________。

4.1.2 委托人赔偿金额按下列方法确定并支付：________________________。

4.1.3 委托人逾期付款利息按下列方法计算并支付：____________________。

4.2 咨询人的违约责任

4.2.1 咨询人违约金的计算及支付方法：______________________________。

4.2.2 咨询人赔偿金额按下列方法确定并支付：________________________。

5. 支付

5.1 支付货币

币种为：__________，汇率为：__________，其他约定：______________。

5.2 支付申请

咨询人应在本合同约定的每次应付款日期________日前，向委托人提交支付申请书。

5.3 支付酬金

正常工作酬金的支付：

支付次数	支付时间	支付比例	支付金额（万元）

6. 合同变更、解除与终止

6.1 合同变更

6.1.2 除不可抗力外，因非咨询人原因导致本合同履行期限延长、内容增加时，附加工作酬金按下列方法确定：______________________________。

6.1.4 因工程规模、服务范围及内容的变化等导致咨询人的工作量增减时，服务酬金的调整方法：____。

6.2 合同解除

6.2.2 双方约定解除合同的条件还包括：______________________________。

6.2.4 因不可抗力导致的合同解除，双方约定损失的分担如下：____________。

7. 争议解决

7.2 调解

如果双方不能在________日内解决本合同争议，可以将其提交________进行调解。

7.3 仲裁或诉讼

合同争议的最终解决方式为下列第________种方式：

（1）提请____仲裁委员会进行仲裁。

（2）向____人民法院提起诉讼。

8. 其他

8.1 考察及相关费用

咨询人经委托人同意进行考察发生的费用由________支付。

差旅费及相关费用的支付：____。

8.2 奖励

合理化建议的奖励金额按下列方法确定：________________________________。

8.3 保密

委托人申明的保密事项和期限：____；

咨询人申明的保密事项和期限：____；

第三人申明的保密事项和期限：____。

8.4 联络

8.4.1 任何一方与合同有关的通知、指示、要求、决定等，均应在________日内送达对方指定的接收人和送达地点。

8.4.2 委托人指定的送达接收人：____________，送达地点：____________，电子邮箱：________。

咨询人指定的送达接收人：____________，送达地点：____________，电子邮箱：________。

8.5 知识产权

委托人提供给咨询人的图纸、委托人为实施工程自行编制或委托编制的技术规范以及反映委托人要求的或其他类似性质文件的著作权属于________________________；

咨询人为履行本合同约定而编制的成果文件，其著作权属于____________________；

双方将履行本合同形成的有关成果文件用于企业宣传、申报奖项以及接受上级主管部门的检查须遵守以下约定：____。

9. 补充条款

____

____

____

____

附录 A 服务范围及工作内容、酬金一览表

服务阶段	服务范围及工作内容		酬金			备注
	服务范围	工作内容	收费基数	收费标准（比例）	酬金数额（单位：万元）	
决策阶段	投资估算	□编制□审核□调整				
	投资估算	□编制□审核□调整				
	其他：					
设计阶段	设计概算	□编制□审核□调整				
	施工图预算	□编制□审核□调整				
	其他：					
发承包阶段	工程量清单	□编制□审核□调整				
	最高投标限价	□编制□审核□调整				
	投标报价分析	□编制□审核□调整				
	清标报告	□编制□审核□调整				
	其他：					
实施阶段	资金使用计划	□编制				
	工程计量与工程款审核	□编制□审核□调整				
	合同价款调整	□编制□审核□调整				
	工程变更、索赔、签证	□审核				
	工程实施阶段造价控制					
	其他：					
竣工阶段	竣工结算	□编制□审核□调整				
	竣工决算	□编制□审核□调整				
	其他：					
其他服务	工程造价鉴定					

注：1. 附录 A 中服务范围及工作内容未涉及的可在“其他”项中列明。

2. 实行全过程造价咨询的工程，服务范围及工作内容按上表，酬金及计取方式为：________________。

附录 B 咨询人提交成果文件一览表

服务阶段	成果文件名称	成果文件组成	提交时间	份数	质量标准
决策阶段					
设计阶段					
发承包阶段					
实施阶段					
竣工阶段					
其他服务					

附录 C 委托人提供资料一览表

名　称	份数	提供时间	备注

附录 D 委托人提供房屋及设备一览表

名　　称	数量	面积、型号及规格	提供时间

GF－2011－0216

建设项目工程总承包合同

（示范文本）（试行）①

说　明

为指导建设项目工程总承包合同当事人的签约行为，维护合同当事人的合法权益，依据《中华人民共和国合同法》《中华人民共和国建筑法》《中华人民共和国招标投标法》以及相关法律、法规，住房和城乡建设部、国家市场监督管理总局（原国家工商行政管理总局）制定了《建设项目工程总承包合同示范文本（试行）》（以下简称《示范文本》）。为了便于合同当事人使用《示范文本》，现就有关问题说明如下：

一、《示范文本》的组成

《示范文本》由合同协议书、通用条款和专用条款三部分组成。

（一）合同协议书

根据《合同法》的规定，合同协议书是双方当事人对合同基本权利、义务的集中表述，主要包括：建设项目的功能、规模、标准和工期的要求、合同价格及支付方式等内容。合同协议书的其他内容，一般包括合同当事人要求提供的主要技术条件的附件及合同协议书生效的条件等。

（二）通用条款

通用条款是合同双方当事人根据《建筑法》《合同法》以及有关行政法规的规定，就工程建设的实施阶段及其相关事项，双方的权利、义务作出的原则性约定。通用条款共20条，其中包括：

1. 核心条款。这部分条款是确保建设项目功能、规模、标准和工期等要求得以实现的实施阶段的条款，共8条：第1条（一般规定）、第4条（进度计划、延误和暂停）、第5条（技术与设计）、第6条（工程物资）、第7条（施工）、第8条（竣工试验）、第9条（工程接收）和第10条（竣工后试验）。

2. 保障条款。这部分条款是保障核心条款顺利实施的条款，共4条：第11条（质量保修责任）、第13条（变更和合同价格调整）、第14条（合同总价和付款）、第15条（保险）。其中，在第13条中，相关约定在合同谈判阶段仅指合同条件的约定，中标价格并未包括；在第14条中，合同总价中包括中标价格，还包括执行合同过程中被发包人确认的变更、调整和索赔的款项。

3. 合同执行阶段的干系人条款。这部分条款是根据建设项目实施阶段的具体情

---

① 住房和城乡建设部、国家市场监督管理总局（原国家工商行政管理总局）制定。

况，依法约定了发包人、承包人的权利和义务，共3条：第2条（发包人）、第3条（承包人）和第12条（工程竣工验收）。合同双方当事人在实施阶段已对工程设备材料、施工、竣工试验、竣工资料等进行了检查、检验、检测、试验及确认，并经接收后进行竣工后试验考核确认了设计质量；而工程竣工验收是发包人针对其上级主管部门或投资部门的验收，故将工程竣工验收列入干系人条款。

4. 违约、索赔和争议条款。这部分条款是约定若合同当事人发生违约行为，或合同履行过程中出现工程物资、施工、竣工试验等质量问题及出现工期延误、索赔等争议，如何通过友好协商、调解、仲裁或诉讼程序解决争议的条款。即第16条（违约、索赔和争议）。

5. 不可抗力条款。第17条（不可抗力）约定了不可抗力发生时的双方当事人的义务和不可抗力的后果。

6. 合同解除条款。第18条（合同解除）分别对由发包人解除合同、由承包人解除合同的情形作出了约定。

7. 合同生效与合同终止条款。第19条（合同生效与合同终止）对合同生效的日期、合同的份数以及合同义务完成后合同终止等内容作出了约定。

8. 补充条款。合同双方当事人须对通用条款细化、完善、补充、修改或另行约定的，可将具体约定写在专用条款内，即第20条（补充条款）。

（三）专用条款

专用条款是合同双方当事人根据不同建设项目合同执行过程中可能出现的具体情况，通过谈判、协商对相应通用条款的原则性约定细化、完善、补充、修改或另行约定的条款。在编写专用条款时，应注意以下事项：

1. 专用条款的编号应与相应的通用条款的编号相一致。

2. 在《示范文本》专用条款中有横道线的地方，合同双方当事人可针对相应的通用条款进行细化、完善、补充、修改或另行约定，如果不需进行细化、完善、补充、修改或另行约定，可划“/”或写“无”。

3. 对于在《示范文本》专用条款中未列出的通用条款，合同双方当事人根据建设项目的具体情况认为需要进行细化、完善、补充、修改或另行约定的，可增加相关专用条款，新增专用条款的编号须与相应的通用条款的编号相一致。

二、《示范文本》的适用范围

《示范文本》适用于建设项目工程总承包承发包方式。“工程总承包”是指承包人受发包人委托，按照合同约定对工程建设项目的设计、采购、施工（含竣工试验）、试运行等实施阶段，实行全过程或若干阶段的工程承包。为此，在《示范文本》的条款设置中，将“技术与设计、工程物资、施工、竣工试验、工程接收、竣工后试验”等工程建设实施阶段相关工作内容皆分别作为一条独立条款，发包人可根据发包建设项目实施阶段的具体内容和要求，确定对相关建设实施阶段和工作内容的取舍。

三、《示范文本》的性质

《示范文本》为非强制性使用文本。合同双方当事人可依照《示范文本》订立合同，并按法律规定和合同约定承担相应的法律责任。

第一部分　合同协议书

发包人（全称）____

承包人（全称）____

依照《中华人民共和国合同法》《中华人民共和国建筑法》《中华人民共和国招标投标法》及相关法律、行政法规，遵循平等、自愿、公平和诚信原则，合同双方就______项目工程总承包事宜经协商一致，订立本合同。

一、工程概况

工程名称：____

工程批准、核准或备案文号：______________________________

工程内容及规模：____________________________________

工程所在省市详细地址：________________________________

工程承包范围：______________________________________

二、工程主要生产技术（或建筑设计方案）来源

____

三、主要日期

设计开工日期（绝对日期或相对日期）：____________________

施工开工日期（绝对日期或相对日期）：____________________

工程竣工日期（绝对日期或相对日期）：____________________

四、工程质量标准

工程设计质量标准：__________________________________

工程施工质量标准：__________________________________

五、合同价格和付款货币

合同价格为人民币（大写）：__________元（小写金额：_________元）。

详见合同价格清单分项表。除根据合同约定的在工程实施过程中需进行增减的款项外，合同价格不作调整。

六、定义与解释

本协议书中有关词语的含义与通用条款中赋予的定义与解释相同。

七、合同生效

本合同在以下条件全部满足之后生效：______________________

____

发包人：
（公章或合同专用章）
法定代表人或其授权代表：
（签字）
工商注册住所：
企业组织机构代码：
邮 政 编 码：
法定代表人：
授 权 代 表：
电 话：
传 真：
电 子 邮 箱：
开 户 银 行：
账 号：

承包人：
（公章或合同专用章）
法定代表人或其授权代表：
（签字）
工商注册住所：
企业组织机构代码：
邮 政 编 码：
法定代表人：
授 权 代 表：
电 话：
传 真：
电 子 邮 箱：
开 户 银 行：
账 号：

合同订立时间：______年____月____日
合同订立地点：____________________

第二部分 通用条款

第一条 一般规定

1.1 定义与解释

1.1.1 合同，指由第1.2.1项所述的各项文件所构成的整体。

1.1.2 通用条款，指合同当事人在履行工程总承包合同过程中所遵守的一般性条款，由本文件第1条至第20条组成。

1.1.3 专用条款，指合同当事人根据工程总承包项目的具体情况，对通用条款进行细化、完善、补充、修改或另行约定，并同意共同遵守的条款。

1.1.4 工程总承包，指承包人受发包人委托，按照合同约定对工程建设项目的设计、采购、施工（含竣工试验）、试运行等阶段实行全过程或若干阶段的工程承包。

1.1.5 发包人，指在合同协议书中约定的，具有项目发包主体资格和支付工程价款能力的当事人或取得该当事人资格的合法继承人。

1.1.6 承包人，指在合同协议书中约定的，被发包人接受的具有工程总承包主体资格的当事人，包括其合法继承人。

1.1.7 联合体，指经发包人同意由两个或两个以上法人或者其他组织组成的，作为工程承包人的临时机构，联合体各方向发包人承担连带责任。联合体各方应指定其中一方作为牵头人。

1.1.8 分包人，指接受承包人根据合同约定对外分包的部分工程或服务的，具有相应资格的法人或其他组织。

1.1.9 发包人代表，指发包人指定的履行本合同的代表。

1.1.10 监理人，指发包人委托的具有相应资质的工程监理单位。

1.1.11 工程总监，指由监理人授权、负责履行监理合同的总监理工程师。

1.1.12 项目经理，指承包人按照合同约定任命的负责履行合同的代表。

1.1.13 工程，指永久性工程和（或）临时性工程。

1.1.14 永久性工程，指承包人根据合同约定，进行设计、施工、竣工试验、竣工后试验和试运行考核并交付发包人进行生产操作或使用的工程。

1.1.15 单项工程，指专用条件中列明的具有某项独立功能的工程单元，是永久性工程的组成部分。

1.1.16 临时性工程，指为实施、完成永久性工程及修补任何质量缺陷，在现场所需搭建的临时建筑物、构筑物，以及不构成永久性工程实体的其他临时设施。

1.1.17 现场或场地，指合同约定的由发包人提供的用于承包人现场办公，工程物资、机具设施存放和工程实施的任何地点。

1.1.18 项目基础资料，指发包人提供给承包人的经有关部门对项目批准或核准的文件、报告（如选厂报告、资源报告、勘察报告等）、资料（如气象、水文、地质等）、协议（如原料、燃料、水、电、气、运输等）和有关数据等，以及设计所需的其他基础资料。

1.1.19 现场障碍资料，指发包人需向承包人提供的进行工程设计、现场施工所需的地上和地下已有的建筑物、构筑物、线缆、管道、受保护的古建筑、古树木等坐标方位、数据和其他相关资料。

1.1.20 设计阶段，指规划设计、总体设计、初步设计、技术设计和施工图设计等阶段。设计阶段的组成，视项目情况而定。

1.1.21 工程物资，指设计文件规定的将构成永久性工程实体的设备、材料和部件，以及进行竣工试验和竣工后试验所需的材料等。

1.1.22 施工，指承包人把设计文件转化为永久性工程的过程，包括土建、安装和竣工试验等作业。

1.1.23 竣工试验，指工程和（或）单项工程被发包人接收前，应由承包人负责进行的机械、设备、部件、线缆和管道能性能试验。

1.1.24 变更，指在不改变工程功能和规模的情况下，发包人书面通知或书面批准的，对工程所作的任何更改。

1.1.25 施工竣工，指工程已按合同约定和设计要求完成土建、安装，并通过竣工试验。

1.1.26 工程接收，指工程和（或）单项工程通过竣工试验后，为使发包人的操作人员、使用人员进入岗位进行竣工后试验、试运行准备，由承包人与发包人进行工程交接，并由发包人颁发接收证书的过程。

1.1.27 竣工后试验，指工程被发包人接收后，按合同约定由发包人自行或在发包人组织领导下由承包人指导进行的工程的生产和（或）使用功能试验。

1.1.28 试运行考核，指根据合同约定，在工程完成竣工试验后，由发包人自行或在发包人的组织领导下由承包人指导下进行的包括合同目标考核验收在内的全部试验。

1.1.29 考核验收证书，指试运行考核的全部试验完成并通过验收后，由发包人签发的验收证书。

1.1.30 工程竣工验收，指承包人接到考核验收证书、完成扫尾工程和缺陷修复，并按合同约定提交竣工验收报告、竣工资料、竣工结算资料，由发包人组织的工程结算与验收。

1.1.31 合同期限，指从合同生效之日起，至双方在合同下的义务履行完毕之日止的期间。

1.1.32 基准日期，指递交投标文件截止日期之前30日的日期。

1.1.33 项目进度计划，指自合同生效之日起，按合同约定的工程全部实施阶段（包括设计、采购、施工、竣工试验、工程接收、竣工后试验至试运行考核等阶段）或若干实施阶段的时间计划安排。

1.1.34 施工开工日期，指合同协议书中约定的，承包人开始现场施工的绝对日期或相对日期。

1.1.35 竣工日期，指合同协议书中约定的，由承包人完成工程施工（含竣工试验）的绝对日期或相对日期，包括按合同约定的任何延长日期。

1.1.36 绝对日期，指以公历年、月、日所表明的具体期限。

1.1.37 相对日期，指以公历天数表明的具体期限。

1.1.38 关键路径，指项目进度计划中直接影响到竣工日期的时间计划线路。该关键路径由合同双方在讨论项目进度计划时商定。

1.1.39 日、月、年，指公历的日、月、年。本合同中所使用的任何期间的起点均指相应事件发生之日的下一日。如果任何时间的起算是以某一期间届满为条件，则起算点为该期间届满之日的下一日。任何期间的到期日均为该期间届满之日的当日。

1.1.40 工作日，指除中国法定节假日之外的其他公历日。

1.1.41 合同价格，指合同协议书中约定的、承包人进行设计、采购、施工、竣工试验、竣工后试验、试运行考核和服务等工作的价款。

1.1.42 合同价格调整，指依据法律及合同约定需要增减的费用而对合同价格进行的相应调整。

1.1.43 合同总价，指根据合同约定，经调整后的合同结算价格。

1.1.44 预付款，是指根据合同约定，由发包人预先支付给承包人的款项。

1.1.45 工程进度款，指发包人根据合同约定的支付内容、支付条件，分期向承包人支付的设计、采购、施工和竣工试验的进度款，及竣工后试验和试运行考核的服务费以及工程总承包管理费等款项。

1.1.46 工程质量保修责任书，指依据有关质量保修的法律规定，发包人与承包人就工程质量保修相关事宜所签订的协议。

1.1.47 缺陷责任保修金，指按合同约定发包人从工程进度款中暂时扣除的，作为承包人在施工过程及缺陷责任期内履行缺陷责任担保的金额。

1.1.48 缺陷责任期，指承包人按合同约定承担缺陷保修责任的期间，一般应为12个月。因缺陷责任的延长，最长不超过24个月。具体期限在专用条款约定。

1.1.49 书面形式，指合同书、信件和数据电文等可以有形地表现所载内容的形式。数据电文包括：电传、传真、电子数据交换和电子邮件。

1.1.50 违约责任，指合同一方不履行合同义务或履行合同义务不符合合同约定所须承担的责任。

1.1.51 不可抗力，指不能预见、不能避免并不能克服的客观情况，具体情形由双方在专用条款中约定。

1.1.52 根据本合同工程的特点，需补充约定的其他定义。在专用条款中约定。

1.2 合同文件

1.2.1 合同文件的组成。合同文件相互解释，互为说明。除专用条款另有约定外，组成本合同的文件及优先解释顺序如下：

（1）本合同协议书

（2）本合同专用条款

（3）中标通知书

（4）招投标文件及其附件

（5）本合同通用条款

（6）合同附件

（7）标准、规范及有关技术文件

（8）设计文件、资料和图纸

（9）双方约定构成合同组成部分的其他文件

双方在履行合同过程中形成的双方授权代表签署的会议纪要、备忘录、补充文件、变更和洽商等书面形式的文件构成本合同的组成部分。

1.2.2 当合同文件的条款内容含混不清或不相一致，并且不能依据合同约定的解释顺序阐述清楚时，在不影响工程正常进行的情况下，由当事人协商解决，当事人经协商未能达成一致，根据16.3款关于争议和裁决的约定解决。

1.2.3 合同中的条款标题仅为阅读方便，不作为对合同条款进行解释的依据。

1.3 语言文字

合同文件以中国的汉语简体语言文字编写、解释和说明。合同当事人在专用条款约定使用两种及以上语言时，汉语为优先解释和说明本合同的主导语言。

在少数民族地区，当事人可以约定使用少数民族语言编写、解释和说明本合同文件。

1.4 适用法律

本合同遵循中华人民共和国法律，指中华人民共和国法律、行政法规、部门规章以及工程所在地的地方法规、自治条例、单行条例和地方政府规章。需要明示的国家和地方的具体适用法律的名称在专用条款中约定。

在基准日期之后，因法律变化导致承包人的费用增加的，发包人应合理增加合同价格；如果因法律变化导致关键路径工期延误的，应合理延长工期。

1.5 标准、规范

1.5.1 适用于本工程的国家标准规范、和（或）行业标准规范、和（或）工程所在地方的标准规范、和（或）企业标准规范的名称（或编号），在专用条款中约定。

1.5.2 发包人使用国外标准、规范的，负责提供原文版本和中文译木，并在专用条款中约定提供的标准、规范的名称、份数和时间。

1.5.3 没有相应成文规定的标准、规范时，由发包人在专用条款中约定的时间向承包人列明技术要求，承包人按约定的时间和技术要求提出实施方法，经发包人认可后执行。承包人需要对实施方法进行研发试验的，或须对施工人员进行特殊培训的，除合同价格已包含此项费用外，双方应另行签订协议作为本合同附件，其费用由发包人承担。

1.5.4 在基准日期之后，因国家颁布新的强制性规范、标准导致承包人的费用增加的，发包人应合理增加合同价格；导致关键路径工期延误的，发包人应合理延长工期。

1.6 保密事项

当事人一方对在订立和履行合同过程中知悉的另一方的商业秘密、技术秘密，以及任何一方明确要求保密的其他信息，负有保密责任，未经同意，不得对外泄露或用于本合同以外的目的。一方泄露或者在本合同以外使用该商业秘密、技术秘密等保密信息给另一方造成损失的，应承担损害赔偿责任。当事人为履行合同所需要的信息，另一方应予以提供。当事人认为必要时，可签订保密协议，作为合同附件。

第二条　发包人

2.1 发包人的主要权利和义务

2.1.1 负责办理项目的审批、核准或备案手续，取得项目用地的使用权，完成拆迁补偿工作，使项目具备法律规定的及合同约定的开工条件，并提供立项文件。

2.1.2 履行合同中约定的合同价格调整、付款、竣工结算义务。

2.1.3 有权按照合同约定和适用法律关于安全、质量、环境保护和职业健康等强制性标准、规范的规定，对承包人的设计、采购、施工、竣工试验等实施工作提出建议、修改和变更，但不得违反国家强制性标准、规范的规定。

2.1.4 有权根据合同约定，对因承包人原因给发包人带来的任何损失和损害，提出赔偿。

2.1.5 发包人认为必要时，有权以书面形式发出暂停通知。其中，因发包人原因造成的暂停，给承包人造成的费用增加由发包人承担，造成关键路径延误的，竣工日期相应顺延。

2.2 发包人代表

发包人委派代表，行使发包人委托的权利，履行发包人的义务，但发包人代表无权修改合同。发包人代表依据本合同并在其授权范围内履行其职责 。发包人代表根据合同约定的范围和事项，向承包人发出的书面通知，由其本人签字后送交项目经理。发包人代表的姓名、职务和职责在专用条款约定。发包人决定替换其代表时，应将新任代表的姓名、职务、职权和任命时间在其到任的15日前，以书面形式通知承包人。

2.3 监理人

2.3.1 发包人对工程实行监理的，监理人的名称、工程总监、监理范围、内容和权限在专用条款中写明。

监理人按发包人委托监理的范围、内容、职权和权限，代表发包人对承包人实施监督。监理人向承包人发出的通知，以书面形式由工程总监签字后送交承包人实施，并抄送发包人。

2.3.2 工程总监的职权与发包人代表的职权相重叠或不明确时，由发包人予以协调和明确，并以书面形式通知承包人。

2.3.3 除专用条款另有约定外，工程总监无权改变本合同当事人的任何权利和义务。

2.3.4 发包人更换工程总监时，应提前5日以书面形式通知承包人，并在通知中写明替换者的姓名、职务、职权、权限和任命时间。

2.4 安全保证

2.4.1 除专用条款另有约定外，发包人应负责协调处理施工现场周围的地下、地上已有设施和邻近建筑物、构筑物、古树名木、文物及坟墓等的安全保护工作，维护现场周围的正常秩序，并承担相关费用。

2.4.2 除专用条款另有约定外，发包人应对工程现场临近发包人正在使用、运行、或由发包人用于生产的建筑物、构筑物、生产装置、设施、设备等，设置隔离设施，竖立禁止入内、禁止动火的明显标志，以书面形式通知承包人须遵守的安全规定和位置范围。因发包人的原因给承包人造成的损失和伤害，由发包人负责 。

2.4.3 本合同未作约定，而在工程主体结构或工程主要装置完成后，发包人要求进行涉及建筑主体及承重结构变动，或涉及重大工艺变化的装修工程时，双方可另行签订委托合同，作为本合同附件。

发包人自行决定此类装修或发包人与第三方签订委托合同，由发包人或发包人另行委托的第三方提出设计方案及施工的，由此造成的损失、损害由发包人负责。

2.4.4 发包人负责对其代表、雇员、监理人及其委托的其他人员进行安全教育，并遵守承包人工程现场的安全规定。承包人应在工程现场以标牌明示相关安全规定，或将安全规定发送给发包人。因发包人的代表、雇员、监理人及其委托的其他人员未能遵守承包人工程现场的安全规定所发生的人身伤害、安全事故，由发包人负责。

2.4.5 发包人、发包人代表、雇员、监理人及其委托的其他人员应遵守 7.8 款健康、安全和环境保护的相关约定。

2.5 保安责任

2.5.1 现场保安工作的责任主体由专用条款约定。承担现场保安工作的一方负责与当地有关治安部门的联系、沟通和协调，并承担所发生的相关费用。

2.5.2 发包人与承包人商定工程实施阶段及区域的保安责任划分，并编制各自的相关保安制度、责任制度和报告制度，作为合同附件。

2.5.3 发包人按合同约定占用的区域、接收的单项工程和工程，由发包人承担相关保安工作，及因此产生的费用、损害和责任。

第三条　承包人

3.1 承包人的主要权利和义务

3.1.1 承包人应按照合同约定的标准、规范、工程的功能、规模、考核目标和竣工日期，完成设计、采购、施工、竣工试验和（或）指导竣工后试验等工作，不得违反国家强制性标准、规范的规定。

本工程的具体承包范围，应依据合同协议书第一项“工程概况”中有关“工程承包范围”的约定。

3.1.2 承包人应按合同约定，自费修复因承包人原因引起的设计、文件、设备、材料、部件、施工中存在的缺陷，或在竣工试验和竣工后试验中发现的缺陷。

3.1.3 承包人应按合同约定和发包人的要求，提交相关报表。报表的类别、名称、内容、报告期、提交时间和份数，在专用条款中约定。

3.1.4 承包人有权根据 4.6.4 款承包人的复工要求、14.9 款付款时间延误和 17 条不可抗力的约定，以书面形式向发包人发出暂停通知。除此之外，凡因承包人原因的暂停，造成承包人的费用增加由其自负，造成关键路径延误的应自费赶上。

3.1.5 对因发包人原因给承包人带来任何损失、损害或造成工程关键路径延误的，承包人有权要求赔偿和（或）延长竣工日期。

3.2 项目经理

3.2.1 项目经理，应是当事人双方所确认的人选。项目经理经授权并代表承包人负责履行本合同。项目经理的姓名、职责和权限在专用条款中约定。

项目经理应是承包人的员工，承包人应在合同生效后 10 日内向发包人提交项目经理与承包人之间的劳动合同，以及承包人为项目经理缴纳社会保险的有效证明，承包人不提交上述文件的，项目经理无权履行职责，由此影响工程进度或发生其他问题的，由承包人承担责任。

项目经理应常驻项目现场，且每月在现场时间不得少于专用条款约定的天数。项目经理不得同时担任其他项目的项目经理。项目经理确需离开项目现场时应事先取得发包人同意，并指定一名有经验的人员临时代行其职责。

承包人违反上述约定的，按照专用条款的约定，承担违约责任。

3.2.2 项目经理按合同约定的项目进度计划，并按发包人代表和（或）工程总监依据合同发出的指令组织项目实施。在紧急情况下，且无法与发包人代表和（或）工程总监取得联系时，项目经理有权采取必要的措施保证人身、工程和财产的安全，但须在事后48小时内向发包人代表和（或）工程总监送交书面报告。

3.2.3 承包人需更换项目经理时，提前15日以书面形式通知发包人，并征得发包人的同意，继任的项目经理须继续履行第3.2.1款约定的职责和权限。未经发包人同意，承包人不得擅自更换项目经理。承包人擅自更换项目经理的，按专用条款的约定，承担违约责任。

3.2.4 发包人有权以书面形式通知更换其认为不称职的项目经理，应说明更换理由，承包人应在接到更换通知后15日内向发包人提出书面的改进报告。发包人收到改进报告后仍以书面形式通知更换的，承包人应在接到第二次更换通知后的30日内进行更换，并将新任命的项目经理的姓名、简历以书面形式通知发包人。新任项目经理继续履行第3.2.1款约定的职责和权限 。

3.3 工程质量保证

承包人应按合同约定的质量标准规范，确保设计、采购、加工制造、施工、竣工试验等各项工作的质量，建立有效的质量保证体系，并按照国家有关规定，通过质量保修责任书的形式约定保修范围、保修期限和保修责任。

3.4 安全保证

3.4.1 工程安全性能

承包人应按照合同约定和国家有关安全生产的法律规定，进行设计、采购、施工、竣工试验，保证工程的安全性能。

3.4.2 安全施工

承包人应遵守7.8款职业健康、安全和环境保护的约定。

3.4.3 因承包人未遵守发包人按2.4.2款通知的安全规定和位置范围限定所造成的损失和伤害，由承包人负责。

3.4.4 承包人全面负责其施工场地的安全管理，保障所有进入施工场地的人员的安全。因承包人原因所发生的人身伤害、安全事故，由承包人负责。

3.5 职业健康和环境保护保证

3.5.1 工程设计

承包人应按照合同约定，并遵照《建设工程勘察设计管理条例》《建设工程环境保护条例》及其他相关法律规定进行工程的环境保护设计及职业健康防护设计，保证工程符合环境保护和职业健康相关法律和标准规定。

3.5.2 职业健康和环境保护

承包人应遵守7.8款职业健康、安全和环境保护的约定。

3.6 进度保证

承包人按4.1款约定的项目进度计划，合理有序地组织设计、采购、施工、竣工试验所需要的各类资源，以及派出有经验的竣工后试验的指导人员，采用有效的实施方法和组织措施，保证项目进度计划的实现。

3.7 现场保安

承包人承担其进入现场、施工开工至发包人接收单项工程和（或）工程之前的现场保安责任（含承包人的预制加工场地、办公及生活营区）并负责编制相关的保安制度、责任制度和报告制度，提交给发包人。

3.8 分包

3.8.1 分包约定

承包人只能对专用条款约定列出的工作事项（含设计、采购、施工、劳务服务、竣工试验等）进行分包。

专用条款未列出的分包事项，承包人可在工程实施阶段分批分期就分包事项向发包人提交申请，发包人在接到分包事项申请后的15日内，予以批准或提出意见。发包人未能在15日批准亦未提出意见的，承包人有权在提交该分包事项后的第16日开始，将提出的拟分包事项对外分包。

3.8.2 分包人资质

分包人应符合国家法律规定的企业资质等级，否则不能作为分包人。承包人有义务对分包人的资质进行审查。

3.8.3 承包人不得将承包的工程对外转包，也不得以肢解方式将承包的全部工程对外分包。

3.8.4 设计、施工和工程物资等分包人，应严格执行国家有关分包事项的管理规定。

3.8.5 对分包人的付款

承包人应按分包合同约定，按时向分包人支付合同价款。除非专用条款另有约定外，未经承包人同意，发包人不得以任何形式向分包人支付任何款项。

3.8.6 承包人对分包人负责

承包人对分包人的行为向发包人负责，承包人和分包人就分包工作向发包人承担连带责任。

第四条　进度计划、延误和暂停

4.1 项目进度计划

4.1.1 项目进度计划

承包人负责编制项目进度计划，项目进度计划中的施工期限（含竣工试验），应符合合同协议书的约定。关键路径及关键路径变化的确定原则、承包人提交项目进度计划的份数和时间，在专用条款中约定。

项目进度计划经发包人批准后实施，但发包人的批准并不能减轻或免除承包人的合同责任。

4.1.2 自费赶上项目进度计划

因承包人原因使工程实际进度明显落后于项目进度计划时，承包人有义务、发包人也有权利要求承包人自费采取措施，赶上项目进度计划。

4.1.3 项目进度计划的调整

出现下列情况，竣工日期相应顺延，并对项目进度计划进行调整：

（1）发包人根据5.2.1款提供的项目基础资料和现场障碍资料不真实、不准确、不齐全、不及时，或未能按14.3.1款约定的预付款金额和（或）14.3.2款约定的付款时间付款，导致4.2.2款约定的设计开工日期延误，或4.3.2款约定的采购开始日期延误，或造成4.4.2款施工开工日期延误的；

（2）根据4.2.4款第（2）项的约定，因发包人原因，导致某个设计阶段审核会议时间的延误；

（3）根据4.2.4款第（3）项的约定，相关设计审查部门批准时间较合同约定的时间延长的；

（4）合同约定的其他可延长竣工日期的情况。

4.1.4 发包人的赶工要求

合同实施过程中发包人书面提出加快设计、采购、施工、竣工试验的赶工要求，被承包人接受时，承包人应提交赶工方案，采取赶工措施。因赶工引起的费用增加，按13.2.4款的变更约定执行。

4.2 设计进度计划

4.2.1 设计进度计划

承包人根据批准的项目进度计划和5.3.1款约定的设计审查阶段及发包人组织的设计阶段审查会议的时间安排，编制设计进度计划。设计进度计划经发包人认可后执行。发包人的认可并不能解除承包人的合同责任。

4.2.2 设计开工日期

承包人收到发包人按5.2.1款提供的项目基础资料、现场障碍资料，及14.3.2款的预付款收到后的第5日，作为设计开工日期。

4.2.3 设计开工日期延误

因发包人未能按5.2.1款的约定提供设计基础资料、现场障碍资料等相关资料、或未按14.3.1款和14.3.2款约定的预付款金额和支付时间支付预付款，造成设计开工日期延误的，设计开工日期和工程竣工日期相应顺延；因承包人原因造成设计开工日期延误的，按4.1.2款的约定，自费赶上。因发包人原因给承包人造成经济损失的，应支付相应费用。

4.2.4 设计阶段审查日期的延误

（1）因承包人原因，未能按照合同约定的设计审查阶段及其审查会议的时间安排提交相关阶段的设计文件、或提交的相关设计文件不符合相关审核阶段的设计深度要求时，造成设计审查会议延误的，由承包人依据4. 1. 2款的约定，自费采取措施赶上；造成关键路径延误，或给发包人造成损失（审核会议准备费用）的，由承包人承担。

（2）因发包人原因，未能按照合同约定的设计阶段审查会议的时间安排，造成某个设计阶段审查会议延误的，竣工日期相应顺延。因此给承包人带来的窝工损失，由发包人承担。

（3）政府相关设计审查部门批准时间较合同约定时间延长的，竣工日期相应顺延。因此给双方带来的费用增加，由双方各自承担。

4.3 采购进度计划

4.3.1 采购进度计划

承包人的采购进度计划符合项目进度计划的时间安排，并与设计、施工、和（或）竣工试验及竣工后试验的进度计划相衔接。采购进度计划的提交份数和日期，在专用条款约定。

4.3.2 采购开始日期

采购开始日期在专用条款约定。

4.3.3 采购进度延误

因承包人的原因导致采购延误，造成的停工、窝工损失和竣工日期延误，由承包人负责。因发包人原因导致采购延误，给承包人造成的停工、窝工损失，由发包人承担，若造成关键路径延误的，竣工日期相应顺延。

4.4 施工进度计划

4.4.1 施工进度计划

承包人应在现场施工开工15 日前向发包人提交一份包括施工进度计划在内的总体施工组织设计。施工进度计划的开竣工时间，应符合合同协议书对施工开工和工程竣工日期的约定，并与项目进度计划的安排协调一致。发包人需承包人提交关键单项工程和（或）关键分部分项工程施工进度计划的，在专用条款中约定提交的份数和时间。

4.4.2 施工开工日期延误

施工开工日期延误的，根据下列约定确定延长竣工日期：

(1) 因发包人原因造成承包人不能按时开工的，开竣工日期相应顺延。给承包人造成经济损失的应支付相应费用。

(2) 因承包人原因不能按时开工的，需说明正当理由，自费采取措施及早开工，竣工日期不予延长。

(3) 因不可抗力造成施工开工日期延误的，竣工日期相应顺延。

4.4.3 竣工日期

(1) 承包项目的试验阶段含竣工试验阶段时，按以下方式确定计划竣工日期和实际竣工日期：

1) 根据专用条款（9.1款工程接收）约定的单项工程竣工日期，为单项工程的计划竣工日期；工程中最后一个单项工程的计划竣工日期，为工程的计划竣工日期；

2) 单项工程中最后一项竣工试验通过的日期，为该单项工程的实际竣工日期；

3) 工程中最后一个单项工程通过竣工试验的日期，为工程的实际竣工日期。

(2) 承包项目的实施阶段不含竣工试验阶段时，按以下方式确定计划竣工日期和实际竣工日期：

1) 根据专用条款（9.1款工程接收）中所约定的单项工程竣工日期，为单项工程的计划竣工日期；工程中最后一个单项工程的计划竣工日期，为工程的计划竣工日期；

2) 承包人按合同约定，完成施工图纸规定的单项工程中的全部施工作业，且符合合同约定的质量标准的日期，为单项工程的实际竣工日期；

3) 承包人按合同约定，完成施工图纸规定的工程中最后一个单项工程的全部施工作业，且符合合同约定的质量标准的日期，为工程的实际竣工日期。

(3) 承包人为竣工试验、或竣工后试验预留的施工部位、或发包人要求预留的施工部位、不影响发包人实质操作使用的零星扫尾工程和缺陷修复，不影响竣工日期的确定。

4.5 误期赔偿

因承包人原因，造成工程竣工日期延误的，由承包人承担误期误害赔偿责任。每日延误的赔偿金额，及累计的最高赔偿金额在专用条款中约定。发包人有权从工程进度款、竣工结算款或约定提交的履约保函中扣除赔偿金额。

4.6 暂停

4.6.1 因发包人原因的暂停

因发包人原因通知的暂停，应列明暂停的日期及预计暂停的期限。双方应遵守2.1.5款和3.1.4款的相关约定。

4.6.2 因不可抗力造成的暂停

因不可抗力造成工程暂停时，双方根据17.1款不可抗力发生时的义务和17.2款不可抗力的后果的条款的约定，安排各自的工作。

4.6.3 暂停时承包人的工作

当发生4.6.1款发包人的暂停和4.6.2款因不可抗力约定的暂停时，承包人应立即停止现场的实施工作。并根据合同约定负责在暂停期间，对工程、工程物资及承包人文件等进行照管和保护。因承包人未能尽到照管、保护的责任，造成损坏、丢失等，使发包人的费用增加，和（或）竣工日期延误的，由承包人负责。

4.6.4 承包人的复工要求

根据发包人通知暂停的，承包人有权在暂停45日后向发包人发出要求复工的通知。不能复工时，承包人有权根据13.2.5款调减部分工程的约定，以变更方式调减受暂停影响的部分工程。

发包人的暂停超过45日且暂停影响到整个工程，或发包人的暂停超过180日，或因不可抗力的暂停致使合同无法履行，承包人有权根据18.2款由承包人解除合同的约定，发出解除合同的通知。

4.6.5 发包人的复工

发包人发出复工通知后，有权组织承包人对受暂停影响的工程、工程物资进行检查，承包人应将检查结果及需要恢复、修复的内容和估算通知发包人，经发包人确认后，所发生的恢复、修复价款由发包人承担。因恢复、修复造成工程关键路径延误的，竣工日期相应延长。

4.6.6 因承包人原因的暂停

因承包人原因造成部分工程或工程的暂停的，所发生的损失、损害及竣工日期延误，由承包人负责。

4.6.7 工程暂停时的付款

因发包人原因暂停的复工后，未影响到整个工程实施时，双方应依据2.1.5款的约定商定因该暂停给承包人所增加的合理费用，承包人应将其款项纳入当期的付款申请，由发包人审查支付。

因发包人原因暂停的复工后，影响到部分工程实施时，且承包人根据4.6.4款要求调减部分工程并经发包人批准，发包人应从合同价格中调减该部分款项，双方还应依据2.1.5款的约定商定承包人因该暂停所增加的合理费用，承包人应将其增减的款项纳入当期付款申请，由发包人审查支付。

因发包人原因的暂停，致使合同无法履行时，且承包人根据4.6.4款第二段的约定发出解除合同的通知后，双方应根据18.2款由承包人解除合同的相关约定，办理结算和付款。

第五条 技术与设计

5.1 生产工艺技术、建筑设计方案

5.1.1 承包人提供的工艺技术和（或）建筑设计方案

承包人负责提供生产工艺技术（含专利技术、专有技术、工艺包）和（或）建筑设计方案（含总体布局、功能分区、建筑造型和主体结构等）时，应对所提供的工艺流程、工艺技术数据、工艺条件、软件、分析手册、操作指导书、设备制造指导书和其他资料要求，和（或）总体布局、功能分区、建筑造型及其结构设计等负责。

承包人应对专用条款约定的试运行考核保证值、和（或）使用功能保证的说明负责。该试运行考核保证值、和（或）使用功能保证的说明，作为发包人根据10.3.3款进行试运行考核的评价依据。

5.1.2 发包人提供的工艺技术和（或）建筑设计方案

发包人负责提供的生产工艺技术（含专利技术、专有技术、工艺包）和（或）建筑设计方案（含总体布局、功能分区、建筑造型和主体结构，或发包人委托第三方设计单位提供的建筑设计方案）时，应对所提供的工艺流程、工艺技术数据、工艺条件、软件、分析手册、操作指导书、设备制造指导书和其他承包人的文件资料、发包人的要求，和（或）总体布局、功能分区、建筑造型和主体结构等，或第三方设计单位提供的建筑设计方案负责。

发包人有义务指导、审查由承包人根据发包人提供的上述资料所进行的生产工艺设计和（或）建筑设计，并予以确认。工程和（或）单项工程试运行考核的各项保证值、或使用功能保证说明及双方各自应承担的考核责任，在专用条款中约定，并作为发包人根据10.3.3款进行试运行考核和考核责任的评价依据。

5.2 设计

5.2.1 发包人的义务

（1）提供项目基础资料。发包人应按合同约定、法律或行业规定，向承包人提供设计需要的项目基础资料，并对其真实性、准确性、齐全性和及时性负责。上述项目基础资料不真实、不准确或不齐全时，发包人有义务按约定的时间向承包人提供进一步补充资料。提供项目基础资料的类别、内容、份数和时间在专用条款中约定。其中，工程场地的基准坐标资料（包括基准控制点、基准控制标高和基准坐标控制线），发包人应按约定的时间，有义务配合承包人在现场的实测复验。承包人因纠正坐标资料中的错误，造成费用增加和（或）工期延误，由发包人负责其相关费用增加，竣工日期给予合理延长。

发包人提供的项目基础资料中有专利商提供的技术或工艺包，或是第三方设计单位提供的建筑造型等，发包人应组织专利商或第三方设计单位与承包人进行数据、条件和资料的交换、协调和交接。

发包人未能按约定时间提供项目基础资料及其补充资料、或提供的资料不真实、不准确、不齐全、或发包人计划变更，造成承包人设计停工、返工或修改的，发包人应按承包人额外增加的设计工作量赔偿其损失。造成工程关键路径延误的，竣工日期相应顺延。

（2）提供现场障碍资料。除专用条款另有约定外，发包人应按合同约定和适用法律规定，在设计开始前，提供与设计、施工有关的地上、地下已有的建筑物、构筑物等现场障碍资料，并对其真实性、准确性、齐全性和及时性负责。因提供的资料不真实、不准确、不齐全、不及时，造成承包人的设计停工、返工和修改的，发包人应按承包人额外增加的设计工作量赔偿其损失。造成工程关键路径延误的，竣工日期相应顺延。提供项目障碍资料的类别、内容、份数和时间安排，在专用条款中约定。

（3）承包人无法核实发包人所提供的项目基础资料中的数据、条件和资料的，发包人有义务给予进一步确认。

5.2.2 承包人的义务

（1）承包人与发包人（及其专利商、第三方设计单位）应以书面形式交接发包人按5.2.1款第（1）项提供与设计有关的项目基础资料、第（2）项提供的与设计有关的现场障碍资料。对这些资料中的短缺、遗漏、错误、疑问，承包人应在收到发包人提供的上述资料后15日内向发包人提出进一步的要求。因承包人未能在上述时间内提出要求而发生的损失由承包人自行承担；由此造成工程关键路径延误的，竣工日期不予顺延。其中，对工程场地的基准坐标资料（包括基准控制点、基准控制标高和基准坐标控制线），承包人有义务约定实测复验的时间并纠正其错误（如果有），因承包人对此项工作的延误，导致的费用增加和关键路线延误，由承包人承担。

（2）承包人有义务按照发包人提供的项目基础资料、现场障碍资料和国家有关部门、行业工程建设标准规范规定的设计深度开展工程设计，并对其设计的工艺技术和（或）建筑功能，及工程的安全、环境保护、职业健康的标准，设备材料的质量、工程质量和完成时间负责。因承包人设计的原因，造成的费用增加、竣工日期延误，由承包人承担。

5.2.3 遵守标准、规范

（1）1.5款约定的标准、规范，适用于发包人按单项工程接收和（或）整个工程接收。

（2）在合同实施过程中国家颁布了新的标准或规范时，承包人应向发包人提交有关新标准、新规范的建议书。对其中的强制性标准、规范，承包人应严格遵守，发包人作变更处理；对于非强制性的标准、规范，发包人可决定采用或不采用，决定采用时，作变更处理。

（3）依据适用法律和合同约定的标准、规范所完成的设计图纸、设计文件中的技术数据和技术条件，是工程物资采购质量、施工质量及竣工试验质量的依据。

5.2.4 操作维修手册

由承包人指导竣工后试验和试运行考核试验，并编制操作维修手册的，发包人应按5.2.1款第（1）项第二段的约定，责令其专利商或发包人的其他承包人向承包人提供其操作指南及分析手册，并对其资料的真实性、准确性、齐全性和及时性负责，专用条款另有约定时除外。发包人提交操作指南、分析手册，及承包人提交操作维修手册的份数、提交期限，在专用条款中约定。

5.2.5 设计文件的份数和提交时间

相关设计阶段的设计文件、资料和图纸的提交份数和时间在专用条款中约定。

5.3.6 设计缺陷的自费修复，自费赶上

因承包人原因，造成设计文件存在遗漏、错误、缺陷和不足的，承包人应自费修复、弥补、纠正和完善。造成设计进度延误时，应自费采取措施赶上。

5.3 设计阶段审查

5.3.1 本工程的设计阶段、设计阶段审查会议的组织和时间安排，在专用条款约定。发包人负责组织设计阶段审查会议，并承担会议费用及发包人的上级单位、政府有关部门参加审查会议的费用。

5.3.2 承包人应根据5.3.1款的约定，向发包人提交相关设计审查阶段的设计文件，设计文件应符合国家有关部门、行业工程建设标准规范对相关设计阶段的设计文件、图纸和资料的深度规定。承包人有义务自费参加发包人组织的设计审查会议、向审查者介绍、解答、解释其设计文件，并自费提供审查过程中需提供的补充资料。

5.3.3 发包人有义务向承包人提供设计审查会议的批准文件和纪要。承包人有义务按相关设计审查阶段批准的文件和纪要，并依据合同约定及相关设计规定，对相关设计进行修改、补充和完善。

5.3.4 因承包人原因，未能按5.2.5款约定的时间，向发包人提交相关设计审查阶段的完整设计文件、图纸和资料，致使相关设计审查阶段的会议无法进行或无法按期进行，造成的竣工日期延误、窝工损失，及发包人增加的组织会议费用，由承包人承担。

5.3.5 发包人有权在5.3.1款约定的各设计审查阶段之前，对相关设计阶段的设计文件、图纸和资料提出建议、进行预审和确认，发包人的任何建议、预审和确认，并不能减轻或免除承包人的合同责任和义务。

5.4 操作维修人员的培训

发包人委托承包人对发包人的操作维修人员进行培训的，另行签订培训委托合同，作为本合同的附件。

5.5 知识产权

双方可就本合同涉及的合同一方、或合同双方（含一方或双方相关的专利商、第三方设计单位或设计人）的技术专利、建筑设计方案、专有技术、设计文件著作权等知识产权，签订知识产权及保密协议，作为本合同的组成部分。

第六条 工程物资

6.1 工程物资的提供

6.1.1 发包人提供的工程物资

（1）发包人依据5.2.3款第（3）项设计文件规定的技术参数、技术条件、性能要求、使用要求和数量，负责组织工程物资（包括其备品备件、专用工具及厂商提交

的技术文件）的采购，负责运抵现场，并对其需用量、质量检查结果和性能负责。

由发包人负责提供的工程物资的类别、数量，在专用条款中列出。

（2）因发包人采购提供的工程物资（包括建筑构件等）不符合国家强制性标准、规范的规定，存在质量缺陷、延误抵达现场，给承包人造成窝工、停工、或导致关键路径延误的，按13条变更和合同价调整的约定执行。

在履行合同过程中，由于国家新颁布的强制性标准、规范，造成发包人负责提供的工程物资（包括建筑构件等）不符合新颁布的强制性标准时，由发包人负责修复或重新订货。如委托承包人修复，作为变更处理。

（3）发包人请承包人参加境外采购工作时，所发生的费用由发包人承担。

6.1.2 承包人提供的工程物资

（1）承包人应依据5.2.3款第（3）项设计文件规定的技术参数、技术条件、性能要求、使用要求和数量，负责组织工程物资采购（包括备品备件、专用工具及厂商提供的技术文件），负责运抵现场，并对其需用量、质量检查结果和性能负责。

由承包人负责提供的工程物资的类别、数量，在专用条款中列出。

（2）因承包人提供的工程物资（包括建筑构件等）不符合国家强制性标准、规范的规定或合同约定的标准、规范，所造成的质量缺陷，由承包人自费修复，竣工日期不予延长。

在履行合同过程中，由于国家新颁布的强制性标准、规范，造成承包人负责提供的工程物资（包括建筑构件等），虽符合合同约定的标准，但不符合新颁布的强制性标准时，由承包人负责修复或重新订货，并作变更处理。

（3）由承包人提供的竣工后试验的生产性材料，在专用条款中列出类别和（或）清单。

6.1.3 承包人对供应商的选择

承包人应通过招标等竞争性方式选择相关工程物资的供货商或制造厂。对于依法必须进行招标的工程建设项目，应按国家相关规定进行招标。

承包人不得在设计文件中或以口头暗示方式指定供应商和制造厂，只有唯一厂家的除外。发包人不得以任何方式指定供应商和制造厂。

6.1.4 工程物资所有权

承包人根据6.1.2款约定提供的工程物资，在运抵现场的交货地点并支付了采购进度款，其所有权转为发包人所有。在发包人接收工程前，承包人有义务对工程物资进行保管、维护和保养，未经发包人批准不得运出现场。

6.2 检验

6.2.1 工厂检验与报告

（1）承包人遵守相关法律规定，负责6.1.2款约定的永久性工程设备、材料、部件和备品备件，及竣工后试验物资的强制性检查、检验、监测和试验，并向发包人提供相关报告。报告内容、报告期和提交份数，在专用条款中约定。

（2）承包人邀请发包人参检时，在进行相关加工制造阶段的检查、检验、监测和试验之前，以书面形式通知发包人参检的内容、地点和时间。发包人在接到邀请后的5日内，以书面形式通知承包人参检或不参检。

（3）发包人承担其参检人员在参检期间的工资、补贴、差旅费和住宿费等，承包人负责办理进入相关厂家的许可，并提供方便。

（4）发包人委托有资格、有经验的第三方代表发包人自费参检的，应在接到承包人邀请函后5日内，以书面形式通知承包人，并写明受托单位及受托人员的名称、姓名及授予的职权。

（5）发包人及其委托人的参检，并不能解除承包人对其采购的工程物资的质量责任。

6.2.2 覆盖和包装的后果

发包人已在6.2.1款约定的日期内以书面形式通知承包人参检，并依据约定日期提前或按时到达指定地点，但加工制造的工程物资未经发包人现场检验已经被覆盖、包装或已运抵启运地点时，发包人有权责令承包人将其运回原地、拆除覆盖、包装，重新进行检查或检验或检测或试验及复原，承包人应承担因此发生的费用。造成工程关键路径延误的，竣工日期不予延长。

6.2.3 未能按时参检

发包人未能按6.2.1款的约定时间参检，承包人可自行组织检查、检验、检测和试验，质检结果视为是真实的。发包人有权在此后，以变更指令通知承包人重新检查、检验、检测和试验，或增加试验细节或改变试验地点。工程物资经质检合格的，所发生的费用由发包人承担，造成工程关键路径延误的，竣工日期相应顺延；工程物资经质检不合格时，所发生的费用由承包人承担，竣工日期不予延长。

6.2.4 现场清点与检查

（1）发包人应在其根据6.1.1款约定负责提供的工程物资运抵现场前5日通知承包人。发包人（或包括为发包人提供工程物资的供应商）与承包人（或包括其分包人）按每批货物的提货单据清点箱件数量及进行外观检查，并根据装箱单清点箱内数量、出厂合格证、图纸、文件资料等，并进行外观检查。经检查清点后双方人员签署交接清单。

经现场检查清点发现箱件短缺，箱件内的物资数量、图纸、资料短缺，或有外观缺陷的，发包人应负责补齐或自费修复，工程物资在缺陷未能修复之前不得用于工程。当发包人委托承包人修复缺陷时，另行签订追加合同。因上述情况造成工程关键路径延误的，竣工日期相应顺延。

（2）承包人应在其根据6.1.2款约定负责提供的工程物资运抵现场前5日通知发包人。承包人（或包括为承包人提供工程物资的供应商、或分包人）与发包人（包括代表、或其监理人）按每批货物的提货单据清点箱件数量及进行外观检查，并根据装箱单清点箱内数量、出场合格证、图纸、文件资料等，并进行外观检查。经检查清点后，双方人员签署开箱检验证明。

经现场检查清点发现箱件短缺，箱件内的数量、图纸、资料短缺，或有外观缺陷的，承包人应负责补齐或自费修复，工程物资在缺陷未能修复之前不得用于工程。因此造成的费用增加、竣工日期延误，由承包人负责。

6.2.5 质量监督部门及消防、环保等部门的参检

发包人、承包人随时接受质量监督部门、消防部门、环保部门、行业等专业检查人员对制造、安装及试验过程的现场检查，其费用由发包人承担。承包人为此提供方便。造成工程关键路径延误的，竣工日期相应顺延。

因上述部门在参检中提出的修改、更换等意见所增加的相关费用，应根据6.1.1款或6.1.2款约定的提供工程物资的责任方来承担；因此造成工程关键路径延误的，责任方为承包人时，竣工日期不予延长；责任方为发包人时，竣工日期相应顺延。

6.3 进口工程物资的采购、报关、清关和商检

6.3.1 工程物资的进口采购责任方，及采购方式，在专用条款中约定。采购责任方负责报关、清关和商检，另一方有义务协助。

6.3.2 因工程物资报关、清关和商检的延误，造成工程关键路径延误时，承包人负责进口采购的，竣工日期不予延长，增加的费用由承包人承担；发包人负责进口采购的，竣工日期给予相应延长，承包人由此增加的费用由发包人承担。

6.4 运输与超限物资运输

承包人负责采购的超限工程物资（超重、超长、超宽、超高）的运输，由承包人负责，该超限物资的运输费用及其运输途中的特殊措施、拆迁、赔偿等全部费用，包含在合同价格内。运输过程中的费用增加，由承包人承担。造成工程关键路径延误时，竣工日期不予延长。专用条款另有约定除外。

6.5 重新订货及后果

6.5.1 依据6.1.1款及6.3.1款的约定，由发包人负责提供的工程物资存在缺陷时，经发包人组织修复仍不合格的，由发包人负责重新订货并运抵现场。因此造成承包人停工、窝工的，由发包人承担所发生的实际费用；导致关键路径延误时，竣工日期相应顺延。

6.5.2 依据6.1.2款及6.3.1款的约定，由承包人负责提供的永久性工程设备、材料和部件存在缺陷时，经承包人修复仍不合格的，由承包人负责重新订货并运抵现场。因此造成的费用增加、竣工日期延误，由承包人负责。

6.6 工程物资保管与剩余

6.6.1 工程物资保管

根据6.1.1款由发包人负责提供的工程物资、6.1.2款由承包人负责提供的工程物

资的约定并委托承包人保管的，工程物资的类别和数量在专用条款中约定。

承包人应按说明书的相关规定对工程物资进行保管、维护、保养，防止变形、变质、污染和对人身造成伤害。承包人提交保管维护方案的时间在专用条款中约定，保管维护方案应包括：工程物资分类和保管、保养、保安、领用制度，以及库房、特殊保管库房、堆场、道路、照明、消防、设施、器具等规划。保管所需的一切费用，包含在合同价格内。由发包人提供的库房、堆场、设施和设备，在专用条款中约定。

6.6.2 剩余工程物资的移交

承包人保管的工程物资（含承包人负责采购提供的工程物资并收到了采购进度款，及发包人委托保管的工程物资），在竣工试验完成后，剩余部分由承包人无偿移交给发包人，专用条款另有约定时除外。

第七条　施工

7.1 发包人的义务

7.1.1 基准坐标资料

承包人因放线需请发包人与相关单位联系的事项，发包人有义务协助。

7.1.2 审查总体施工组织设计

发包人有权对承包人根据7.2.2款约定提交的总体施工组织设计进行审查，并在接到总体施工组织设计后20日内提出建议和要求。发包人的建议和要求，并不能减轻或免除承包人的任何合同责任。发包人未能在20日内提出任何建议和要求的，承包人有权按提交的总体施工组织设计实施。

7.1.3 进场条件和进场日期

除专用条款另有约定外，发包人应根据批准的初步设计和7.2.3款约定由承包人提交的临时占地资料，与承包人约定进场条件，确定进场日期。发包人应提供施工场地、完成进场道路、用地许可、拆迁及补偿等工作，保证承包人能够按时进入现场开始准备工作。进场条件和进场日期在专用条款约定。

因发包人原因造成承包人的进场时间延误，竣工日期相应顺延。发包人承担承包人因此发生的相关窝工费用。

7.1.4 提供临时用水、用电等和节点铺设

除专用条款另有约定外，发包人应按7.2.4款的约定，在承包人进场前将施工临时用水、用电等接至约定的节点位置，并保证其需要。上述临时使用的水、电等的类别、取费单价在专用条款中约定，发包人按实际计量结果收费。发包人无法提供的水、电等在专用条款中约定，相关费用由承包人纳入报价并承担相关责任。

发包人未能按约定的类别和时间完成节点铺设，使开工时间延误，竣工日期相应顺延。未能按约定的品质、数量和时间提供水、电等，给承包人造成的损失由发包人承担，导致工程关键路径延误的，竣工日期相应顺延。

7.1.5 办理开工等批准手续

发包人应在施工开工日期前，取得开工批准文件或施工许可证等许可、证件或批文，完成工程质量监督、案例监督等手续的办理。

7.1.6 施工过程中须由发包人办理的批准

承包人在施工过程中根据7.2.6款的约定，通知须由发包人办理的各项批准手续，由发包人申请办理。

因发包人未能按时办妥上述批准手续，给承包人造成的窝工损失，由发包人承担。导致工程关键路径延误的，竣工日期相应顺延。

7.1.7 提供施工障碍资料

发包人按合同约定的内容和时间提供与施工场地相关的地下和地上的建筑物、构筑物和其他设施的坐标位置。发包人根据5.2.1款第（1）项、第（2）项的约定，已经提供的可不再提供。承包人对发包人在合同约定时间之后提供的障碍资料，可依据13.2.3款施工变更的约定提交变更申请，对于承包人的合理请求发包人应予以批准。因发包人未能提供上述施工障碍资料或提供的资料不真实、不准确、不齐全，给承包人造成损失或损害的，由发包人承担赔偿责任。导致工程关键路径延误的，竣工日期相应顺延。

7.1.8 承包人新发现的施工障碍

发包人根据承包人按照7.2.8款的约定发出的通知，与有关单位进行联系、协调、处理施工场地周围及临近的影响工程实施的建筑物、构筑物、文物建筑、古树、名木、地下管线、线缆、设施以及地下文物、化石和坟墓等的保护工作，并承担相关费用。

对于新发现的施工障碍，承包人可依据13.2.3款施工变更范围第（3）项的约定提交变更申请，对于承包人的合理请求发包人应予以批准。施工障碍导致工程关键路径延误的，竣工日期相应顺延。

7.1.9 职业健康、安全、环境保护管理计划确认

发包人在收到承包人根据7.8款约定提交的“职业健康、安全、环境保护”管理计划后20日内对之进行确认。发包人有权检查其实施情况并对检查中发现的问题提出整改建议，承包人应按照发包人合理建议自费整改。

7.1.10 其他义务

发包人应履行专用条款中约定的由发包人履行的其他义务。

7.2 承包人的义务

7.2.1 放线。

承包人负责对工程、单项工程、施工部位放线，并对放线的准确性负责。

7.2.2 施工组织设计。

承包人应在施工开工15日前或双方约定的其他时间内，向发包人提交总体施工组织设计。随着施工进展向发包人提交主要单项工程和主要分部分项工程的施工组织设

计。对发包人提出的合理建议和要求，承包人应自费修改完善。

总体施工组织设计提交的份数和时间，及需提交施工组织设计的主要单项工程和主要分部分项工程的名称、份数和时间，在专用条款中约定。

7.2.3 提交临时占地资料

承包人应按专用条款约定的时间向发包人提交以下临时占地资料：

（1）根据6.6.1款保管工程物资所需的库房、堆场、道路用地的坐标位置、面积、占用时间、用途说明，并须单列要求发包人租地的坐标位置、面积、占用时间和用途说明；

（2）施工用地的坐标位置、面积、占用时间、用途说明，并须单列要求发包人租地的坐标位置、面积、占用时间和用途说明；

（3）进入施工现场道路的入口坐标位置，并须指明要求发包人铺设与城乡公共道路相连接的道路走向、长度、路宽、等级、桥涵承重、转弯半径和时间要求。

因承包人未能按时提交上述资料，导致7.1.3款约定的进场日期延误的，由此增加的费用和（或）竣工日期延误，由承包人负责。

7.2.4 临时用水、用电等

承包人应在施工开工日期30日前或双方约定的其他时间，按本专用条款中约定的发包人能够提供的临时用水、用电等类别，向发包人提交施工（含工程物资保管）所需的临时用水、用电等的品质、正常用量、高峰用量、使用时间和节点位置等资料。承包人自费负责计量仪器的购买、安装和维护，并依据7.1.4款专用条款中约定的单价向发包人交费，双方另有约定时除外。

因承包人未能按合约约定提交上述资料，造成发包人费用增加和竣工日期延误时，由承包人负责。

7.2.5 协助发包人办理开工等批准手续

承包人应在工程开工20日前，通知发包人向有关部门办理须由发包人办理的开工批准或施工许可证、工程质量监督手续及其他许可、证件、批件等。发包人需要时，承包人有义务提供协助。发包人委托承包人代办并被承包人接受时，双方可另行签订协议，作为本合同的附件。

7.2.6 施工过程中需通知办理的批准

承包人在施工过程中因增加场外临时用地，临时要求停水、停电、中断道路交通，爆破作业，或可能损坏道路、管线、电力、邮电、通信等公共设施的，应提前10日通知发包人办理相关申请批准手续，并按发包人的要求，提供需要承包人提供的相关文件、资料、证件等。

因承包人未能在10日前通知发包人或未能按时提供由发包人办理申请所需的承包人的相关文件、资料和证件等，造成承包人窝工、停工和竣工日期延误的，由承包人负责。

7.2.7 提供施工障碍资料

承包人应按合同约定，在每项地下或地上施工部位开工20日前，向发包人提交施工场地的具体范围及其坐标位置，发包人须对上述范围内提供相关的地下和地上的建筑物、构筑物和其他设施的坐标位置（不包括发包人根据5.2.1款第（1）项、第（2）项中已提供的现场障碍资料）。发包人在合同约定时间之后提供现场障碍资料的，按照13.2.3款的施工变更的约定办理。

发包人已提供上述相关资料，因承包人未能履行保护义务，造成的损失、损害和责任，由承包人负责。因此造成工程关键路径延误的，承包人按4.1.2款的约定，自费赶上。

7.2.8 新发现的施工障碍

承包人对在施工过程中新发现的场地周围及临近影响施工的建筑物、构筑物、文物建筑、古树、名木，以及地下管线、线缆、构筑物、文物、化石和坟墓等，立即采取保护措施，并及时通知发包人。新发现的施工障碍，按照13.2.3款的施工变更约定办理。

7.2.9 施工资源

承包人应保证其人力、机具、设备、设施、措施材料、消耗材料、周转材料及其他施工资源，满足实施工程的需求。

7.2.10 设计文件的说明和解释

承包人应在施工开工前向施工分包人和监理人说明设计文件的意图，解释设计文件，及时解决施工过程中出现的有关问题。

7.2.11 工程的保护与维护

承包人应从开工之日起至发包人接收工程或单项工程之日止，负责工程或单项工程的照管、保护、维护和保安责任，保证工程或单项工程除不可抗力外，不受到任何损失、损害。

7.2.12 清理现场

承包人负责在施工过程中及完工后对现场进行清理、分类堆放，将残余物、废弃物、垃圾等运往发包人、或当地有关部门指定的地点。清理现场的费用在专用条款中写明。承包人应将不再使用的机具、设备、设施和临时工程等撤离现场，或运到发包人指定的场地。

7.2.13 其他义务

承包人应履行专用条款中约定的应由承包人履行的其他相关义务。

7.3 施工技术方法

承包人的施工技术方法符合有关操作规程、安全规程及质量标准。

发包人应在收到承包人提交的该方法后的5日内予以确认或提出建议，发包人的任何此类确认和建议，并不能减轻或免除承包人的合同责任。

7.4 人力和机具资源

7.4.1 承包人应按专用条款约定的格式、内容、份数和提交时间，向发包人提交施工人力资源计划一览表。施工人力资源计划应符合施工进度计划的需要；并按专用条款约定的报表格式、内容、份数和报告期，向发包人提供实际进场的人力资源信息。

承包人未能按施工人力资源计划一览表投入足够工种和人力，导致实际施工进度明显落后于施工进度计划时，发包人有权通知承包人按计划一览表列出的工种和人数，在合理时间内调派人员进入现场，并自费赶上进度。否则，发包人有权责令承包人将某些单项工程、分部分项工程的施工另行分包，因此发生的费用及延误的时间由承包人承担。

7.4.2 承包人应按专用条款约定的格式、内容、份数和提交时间，向发包人提交主要施工机具资源计划一览表。施工机具资源计划应符合施工进度计划的需要；并按专用条款约定的报表格式、内容、份数和报告期，向发包人提供实际进场的主要施工机具信息。

承包人未能按施工机具资源计划一览表投入足够的机具，导致实际施工进度落后于施工进度计划时，发包人有权通知承包人按该一览表列出的机具数量，在合理时间内调派机具进入现场。否则，发包人有权向承包人提供相关机具，因此所发生的费用及延误的时间由承包人承担。

7.5 质量与检验

7.5.1 质量与检验

(1) 承包人及其分包人随时接受发包人、监理人所进行的安全、质量的监督和检查。承包人应为此类监督、检查提供方便。

(2) 发包人委托第三方对施工质量进行检查、检验、检测和试验时，应以书面形式通知承包人。第三方的验收结果视为发包人的验收结果。

(3) 承包人应遵守施工质量管理的有关规定，负有对其操作人员进行培训、考核、图纸交底、技术交底、操作规程交底、安全程序交底和质量标准交底，及消除事故隐患的责任。

(4) 承包人应按照设计文件、施工标准和合同约定，负责编写施工试验和检测方案，对工程物资（包括建筑构配件）进行检查、检验、检测和试验，不合格的不得使用。并有义务自费修复和（或）更换不合格的工程物资、因此造成竣工日期延误的，由承包人负责；发包人提供的工程物资经承包人检查、检验、检测和试验不合格的，发包人应自费修复和（或）更换，因此造成关键路径延误的，竣工日期相应顺延。承包人因此增加的费用，由发包人承担。

(5) 承包人的施工应符合合同约定的质量标准。施工质量评定以合同中约定的质量检验评定标准为依据。对不符合质量标准的施工部位，承包人应自费修复、返工、更换等。因此造成竣工日期延误的，由承包人负责。

7.5.2 质检部位与参检方。质检部位分为：发包人、监理人与承包人三方参检的部位；监理人与承包人两方参检的部位；第三方和（或）承包人一方参检的部位。对施工质量进行检查的部位、检查标准及验收的表格格式在专用条款中约定。

承包人应将按上述约定，经其一方检查合格的部位报发包人或监理人备案。发包人和工程总监有权随时对备案的部位进行抽查或全面检查。

7.5.3 通知参检方的参检。承包人自行检查、检验、检测和试验合格的，按7.5.2款专用条款约定的质检部位和参检方，通知相关参检单位在24小时内参加检查。参检方未能按时参加的，承包人应将自检合格的结果于其后的24小时内送交发包人和（或）监理人签字，24小时后未能签字，视为质检结果已被发包人认可。此后3日内，承包人可发出视为发包人和（或）监理人已确认该质检结果的通知。

7.5.4 质量检查的权利。发包人及其授权的监理人或第三方，在不妨碍承包人正常作业的情况下，具有对任何施工区域进行质量监督、检查、检验、检测和试验的权利。承包人应为此类质量检查活动提供便利。经质检发现因承包人原因引起的质量缺陷时，发包人有权下达修复、暂停、拆除、返工、重新施工、更换等指令。由此增加的费用由承包人承担，竣工日期不予延误。

7.5.5 重新进行质量检查。按7.5.3款的约定，经质量检查合格的工程部位，发包人有权在不影响工程正常施工的条件下，重新进行质量检查。检查、检验、检测、试验结果不合格时，因此发生的费用由承包人承担，造成工程关键路径延误的，竣工日期不予延长；检查、检验、检测、试验的结果合格时，承包人增加的费用由发包人承担，工程关键路径延误的，竣工日期相应顺延。

7.5.6 因发包人代表和（或）监理人的指令失误，或其他非承包人原因发生的追加施工费用，由发包人承担。造成工程关键路径延误的，竣工日期相应顺延。

7.6 隐蔽工程和中间验收

7.6.1 隐蔽工程和中间验收。需要质检的隐蔽工程和中间验收部位的分类、部位、质检内容、质检标准、质检表格和参检方在专用条款中约定。

7.6.2 验收通知和验收。承包人对自检合格的隐蔽工程或中间验收部位，应在隐蔽工程或中间验收前的48小时以书面形式通知发包人和（或）监理人验收。通知应包括隐蔽和中间验收的内容、验收时间和地点。验收合格，双方在验收记录上签字后，方可覆盖、进行紧后作业，编制并提交隐蔽工程竣工资料以及发包人或监理人要求提供的相关资料。

发包人和（或）监理人在验收合格24小时后不在验收记录上签字的，视为发包人和（或）监理人已经认可验收记录，承包人可隐蔽或进行紧后作业。经发包人和（或）监理人验收不合格的，承包人需在发包人和（或）监理人限定的时间内修正，重新通知发包人和（或）监理人验收。

7.6.3 未能按时参加验收。发包人和（或）监理人不能按时参加隐蔽工程或中间验收部位验收的，应在收到验收通知24小时内以书面形式向承包人提出延期要求，延期不能超过48小时。发包人未能按以上时间提出延期验收，又未能参加验收的，承包人可自行组织验收，其验收记录视为已被发包人、监理人认可。

因应发包人和（或）监理人要求所进行延期验收造成关键路径延误的，竣工日期相应顺延；给承包人造成的停工、窝工损失，由发包人承担。

7.6.4 再检验。发包人和（或）监理人在任何时间内，均有权要求对已经验收的隐蔽工程重新检验，承包人应按要求拆除覆盖、剥离或开孔，并在检验后重新覆盖或修复。隐蔽工程经重新检验不合格的，由此发生的费用由承包人承担，竣工日期不予延长；经检验合格的，承包人因此增加的费用由发包人承担、工程关键路径的延误，竣工日期相应顺延。

7.7 对施工质量结果的争议

7.7.1 双方对施工质量结果有争议时，应首先协商解决。经协商未达成一致意见的，委托双方一致同意的具有相应资格的工程质量检测机构进行检测。

根据检测机构的鉴定结果，责任方为承包人时，因此造成的费用增加或竣工日期延误，由承包人负责；责任方为发包人时，因此造成的费用增加由发包人承担，工程关键路径因争议受到延误的，竣工日期相应顺延。

7.7.2 根据检测机构的鉴定结果，合同双方均有责任时，根据各方的责任大小，协商分担发生的费用；因此造成工程关键路径延误时，商定对竣工日期的延长时间。双方对分担的费用、竣工口期延长不能达成一致时，按16.3款争议和裁决的约定程序解决。

7.8 职业健康、安全、环境保护

7.8.1 职业健康、安全、环境保护管理

（1）遵守有关健康、安全、环境保护的各项法律规定，是双方的义务。

（2）职业健康、安全、环境保护管理实施计划。承包人应在现场开工前或约定的其他时间内，将职业健康、安全、环境保护管理实施计划提交给发包人。该计划的管理、实施费用包括在合同价格中。发包人应在收到该计划后15日内提出建议，并予以确认。承包人应根据发包人的建议自费修正。职业健康、安全、环境保护管理实施计划的提交份数和提交时间，在专用条款中约定。

（3）在承包人实施职业健康、安全、环境保护管理实施计划的过程中，发包人需要在该计划之外采取特殊措施的，按13条变更和合同价格调整的约定，作为变更处理。

（4）承包人应确保其在现场的所有雇员及其分包人的雇员都经过了足够的培训并具有经验，能够胜任职业健康、安全、环境保护管理工作。

（5）承包人应遵守所有与实施本工程和使用施工设备相关的现场职业健康、安全和环境保护的法律规定，并按规定各自办理相关手续。

（6）承包人应为现场开工部分的工程建立职业健康保障条件、搭设安全设施并采取环保措施等，为发包人办理施工许可证提供条件。因承包人原因导致施工许可的批准推迟，造成费用增加或工程关键路径延误时，由承包人负责。

（7）承包人应配备专职工程师或管理人员，负责管理、监督、指导职工职业健康、安全防护和环境保护工作。承包人应对其分包人的行为负责。

（8）承包人应随时接受政府有关行政部门、行业机构、发包人、监理人的职业健康、安全、环境保护检查人员的监督和检查，并为此提供方便。

7.8.2 现场职业健康管理

（1）承包人应遵守适用的职业健康的法律和合同约定（包括对雇用、职业健康、安全、福利等方面的规定），负责现场实施过程中其人员的职业健康和保护。

（2）承包人应遵守适用的劳动法规，保护其雇员的合法休假权等合法权益，并为其现场人员提供劳动保护用品、防护器具、防暑降温用品、必要的现场食宿条件和安全生产设施。

（3）承包人应对其施工人员进行相关作业的职业健康知识培训、危险及危害因素交底、安全操作规程交底、采取有效措施，按有关规定提供防止人身伤害的保护用具。

（4）承包人应在有毒有害作业区域设置警示标志和说明。发包人及其委托人员未经承包人允许、未配备相关保护器具，进入该作业区域所造成的伤害，由发包人承担责任和费用。

（5）承包人应对有毒有害岗位进行防治检查，对不合格的防护设施、器具、搭设等及时整改，消除危害职业健康的隐患。

（6）承包人应采取卫生防疫措施，配备医务人员、急救设施，保持食堂的饮食卫生，保持住地及其周围的环境卫生，维护施工人员的职业健康。

7.8.3 现场安全管理

（1）发包人、监理人应对其在现场的人员进行安全教育，提供必要的个人安全用品，并对他们所造成的安全事故负责。发包人、监理人不得强令承包人违反安全施工、安全操作及竣工试验和（或）竣工后试验的有关安全规定。因发包人、监理人及其现场工作人员的原因，导致的人身伤害和财产损失，由发包人承担相关责任及所发生的费用。工程关键路径延误时，竣工日期给予顺延。

因承包人原因，违反安全施工、安全操作、竣工试验和（或）竣工后试验的有关安全规定，导致人身伤害和财产损失及工程关键路径延误时，由承包人负责。

（2）双方人员应遵守有关禁止通行的须知，包括禁止进入工作场地以及临近工作场地的特定区域。未能遵守此约定，造成伤害、损坏和损失的，由未能遵守此项约定的一方负责。

（3）承包人应按合同约定负责现场的安全工作，包括其分包人的现场。对有条件的现场实行封闭管理。应根据工程特点，在施工组织设计文件中制定相应的安全技术措施，并对专业性较强的工程部分编制专项安全施工组织设计，包括维护安全、防范危险和预防火灾等措施。

（4）承包人（包括承包人的分包人、供应商及其运输单位）应对其现场内及进出现场途中的道路、桥梁、地下设施等，采取防范措施使其免遭损坏，专用条款另有约定时除外。因未按约定采取防范措施所造成的损坏和（或）竣工日期延误，由承包人负责。

（5）承包人应对其施工人员进行安全操作培训，安全操作规程交底，采取安全防护措施，设置安全警示标志和说明，进行安全检查，消除事故隐患。

（6）承包人在动力设备、输电线路、地下管道、密封防震车间、高温高压、易燃易爆区域和地段，以及临街交通要道附近作业时，应对施工现场及毗邻的建筑物、构筑物和特殊作业环境可能造成的损害采取安全防护措施。施工开始前承包人须向发包人和（或）监理人提交安全防护措施方案，经认可后实施。发包人和（或）监理人的认可，并不能减轻或免除承包人的责任。

（7）承包人实施爆破、放射性、带电、毒害性及使用易燃易爆、毒害性、腐蚀性物品作业（含运输、储存、保管）时，应在施工前10日以书面形式通知发包人和（或）监理人，并提交相应的安全防护措施方案，经认可后实施。发包人和（或）监理人的认可，并不能减轻或免除承包人的责任。

（8）安全防护检查。承包人应在作业开始前，通知发包人代表和（或）监理人对其提交的安全措施方案，及现场安全设施搭设、安全通道、安全器具和消防器具配置、对周围环境安全可能带来的隐患等进行检查，并根据发包人和（或）监理人提出的整改建议自费整改。发包人和（或）监理人的检查、建议，并不能减轻或免除承包人的合同责任。

7.8.4 现场的环境保护管理

（1）承包人负责在现场施工过程中保护现场周围的建筑物、构筑物、文物建筑、古树、名木，及地下管线、线缆、构筑物、文物、化石和坟墓等进行保护。因承包人未能通知发包人，并在未能得到发包人进一步指示的情况下，所造成的损害、损失、赔偿等费用增加，和（或）竣工日期延误，由承包人负责。

（2）承包人应采取措施，并负责控制和（或）处理现场的粉尘、废气、废水、固体废物和噪声对环境的污染和危害。因此发生的伤害、赔偿、罚款等费用增加，和（或）竣工日期延误，由承包人负责。

（3）承包人及时或定期将施工现场残留、废弃的垃圾运到发包人或当地有关行政部门指定的地点，防止对周围环境的污染及对作业的影响。因违反上述约定导致当地行政部门的罚款、赔偿等增加的费用，由承包人承担。

7.8.5 事故处理

（1）承包人（包括其分包人）的人员，在现场作业过程中发生死亡、伤害事件时，承包人应立即采取救护措施，并立即报告发包人和（或）救援单位，发包人有义务为此项抢救提供必要条件。承包人应维护好现场并采取防止事故蔓延的相应措施。

（2）对重大伤亡、重大财产、环境损害及其他安全事故，承包人应按有关规定立即上报有关部门，并立即通知发包人代表和监理人。同时，按政府有关部门的要求处理。

（3）合同双方对事故责任有争议时，依据16.3款争议和裁决的约定程序解决。

（4）因承包人的原因致使建设工程在合理使用期限、设备保证期内造成人身和财产损害的，由承包人承担损害赔偿责任。

（5）因承包人原因发生员工食物中毒及职业健康事件的，承包人应承担相关责任。

第八条　竣工试验

本合同工程包含竣工试验，遵守本条约定。

8.1 竣工试验的义务

8.1.1 承包人的义务

（1）承包人应在单项工程和（或）工程的竣工试验开始前，完成相应单项工程和（或）工程的施工作业（不包括：为竣工试验、竣工后试验必须预留的施工部位、不影响竣工试验的缺陷修复和零星扫尾工程）；并在竣工试验开始前，按合同约定需完成对施工作业部位的检查、检验、检测和试验。

（2）承包人应在竣工试验开始前，根据7.6款隐蔽工程和中间验收部位的约定，向发包人提交相关的质检资料及其竣工资料。

（3）根据第10条竣工后试验的约定，由承包人指导发包人进行竣工后试验的，承包人须完成5.4款约定的操作维修人员培训，并在竣工试验前提交5.2.4款约定的操作维修手册。

（4）承包人应在达到竣工试验条件20日前，将竣工试验方案提交给发包人。发包人应在10日内对方案提出建议和意见，承包人应根据发包人提出的合理建议和意见，自费对竣工试验方案进行修正。竣工试验方案经发包人确认后，作为合同附件，由承包人负责实施。发包人的确认并不能减轻或免除承包人的合同责任。竣工试验方案应包括以下内容：

1）竣工试验方案编制的依据和原则；

2）组织机构设置、责任分工；

3）单项工程竣工试验的试验程序、试验条件；

4）单件、单体、联动试验的试验程序、试验条件；

5）竣工试验的设备、材料和部件的类别、性能标准、试验及验收格式；

6）水、电、动力等条件的品质和用量要求；

7）安全程序、安全措施及防护设施；

8）竣工试验的进度计划、措施方案、人力及机具计划安排；

9）其他。

竣工试验方案提交的份数和提交时间，在专用条款中约定。

（5）承包人的竣工试验包括根据6.1.2款约定的由承包人提供的工程物资的竣工试验，及根据8.1.2款第（3）项发包人委托给承包人进行工程物资的竣工试验。

（6）承包人应按照试验条件、试验程序，及5.2.3款第（3）项约定的标准、规范和数据，完成竣工试验。

8.1.2 发包人的义务

（1）发包人应按经发包人确认后的竣工试验方案，提供电力、水、动力及由发包人提供的消耗材料等。提供的电力、水、动力及相关消耗材料等应满足竣工试验对其品质、用量及时间的要求。

（2）当合同约定应由承包人提供的竣工试验的消耗材料和备品备件用完或不足时，发包人有义务提供其库存的竣工试验所需的相关消耗材料和备品备件。其中：因承包人原因造成损坏的或承包人提供不足的，发包人有权从合同价格中扣除相应款项；因合理耗损或发包人原因造成的，发包人应免费提供。

（3）发包人委托承包人对根据6.1.1款约定由发包人提供的工程物资进行竣工试验的服务费，已包含在合同价格中。发包人在合同实施过程中委托承包人进行竣工试验的，依据13条变更和合同价格调整的约定，作为变更处理。

（4）承包人应按发包人提供的试验条件、试验程序对发包人根据本款第（3）项委托给承包人工程物资进行竣工试验，其试验结果须符合5.2.3款第（3）项约定的标准、规范和数据，发包人对该部分的试验结果负责。

8.1.3 竣工试验领导机构。竣工试验领导机构负责竣工试验的领导、组织和协调。承包人提供竣工试验所需的人力、机具并负责完成试验。发包人负责组织、协调、提供竣工试验方案中约定的相关条件及竣工试验的验收。

8.2 竣工试验的检验和验收

8.2.1 承包人应根据5.2.3款第（3）项约定的标准、规范、数据，及8.1.1款第（4）项竣工试验方案的第5）子项的约定进行检验和验收。

8.2.2 承包人应在竣工试验开始前，依据8.1.1款的约定，对各方提供的试验条件进行检查落实，条件满足的，双方人员应签字确认。因发包人提供的竣工试验条件延误，给承包人带来的窝工损失，由发包人负责。导致竣工试验进度延误的，竣工日期相应顺延；因承包人原因未能按时落实竣工试验条件，使竣工试验进度延误时，承包人应按4.1.2款的约定自费赶上。

8.2.3 承包人应在某项竣工试验开始36小时前，向发包人和（或）监理人发出通知，通知应包括试验的项目、内容、地点和验收时间。发包人和（或）监理人应在接到通知后的24小时内，以书面形式作出回复，试验合格后，双方应在试验记录及验收表格上签字。

发包人和（或）监理人在验收合格的24小时后，不在试验记录和验收表格上签字，视为发包人和（或）监理人已经认可此项验收，承包人可进行隐蔽和（或）紧后作业。

验收不合格的，承包人应在发包人和（或）监理人指定的时间内修正，并通知发包人和（或）监理人重新验收。

8.2.4 发包人和（或）监理人不能按时参加试验和验收时，应在接到通知后的24小时内以书面形式向承包人提出延期要求，延期不能超过24小时。未能按以上时间提出延期试验，又未能参加试验和验收的，承包人可按通知的试验项目内容自行组织试验，试验结果视为经发包人和（或）监理人认可。

8.2.5 不论发包人和（或）监理人是否参加竣工试验和验收，发包人均有权责令重新试验。如因承包人的原因重新试验不合格，承包人应承担由此所增加的费用，造成竣工试验进度延误时，竣工日期不予延长；如重新试验合格，承包人增加的费用，和（或）竣工日期的延长，按照13条变更和合同价格调整的约定，作为变更处理。

8.2.6 竣工试验验收日期的约定

（1）某项竣工试验的验收日期和时间：按该项竣工试验通过的日期和时间，作为该项竣工试验验收的日期和时间。

（2）单项工程竣工试验的验收日期和时间：按其中最后一项竣工试验通过的日期和时间，作为该单项工程竣工试验验收的日期和时间。

（3）工程的竣工试验日期和时间：按最后一个单项工程通过竣工试验的日期和时间，作为整个工程竣工试验验收的日期和时间。

8.3 竣工试验的安全和检查

8.3.1 承包人应按7.8款职业健康、安全和环境保护的约定，并结合竣工试验的通电、通水、通气、试压、试漏、吹扫、转动等特点，对触电危险、易燃易爆、高温高压、压力试验、机械设备运转等制定竣工试验的安全程序、安全制度、防火措施、事故报告制度及事故处理方案在内的安全操作方案，并将该方案提交给发包人确认，承包人应按照发包人提出的合理建议、意见和要求，自费对方案修正，并经发包人确认后实施。发包人的确认并不能减轻或免除承包人的合同责任。承包人为竣工试验提供安全防护措施和防护用品的费用已包含在合同价格中。

8.3.2 承包人应对其人员进行竣工试验的安全培训，并对竣工试验的安全操作程序、场地环境、操作制度、应急处理措施等进行交底。

8.3.3 发包人和（或）监理人有义务按照经确认的竣工试验安全方案中的安全规程、安全制度、安全措施等，对其管理人员和操作维修人员进行竣工试验的安全教育，自费提供参加监督、检查人员的防护设施。

8.3.4 发包人和（或）监理人有权监督、检查承包人在竣工试验安全方案中列出的工作及落实情况，有权提出安全整改及发出整顿指令。承包人有义务按照指令进行整改、整顿，所增加的费用由承包人承担。因此造成工程竣工试验进度计划延误时，承包人应遵照4.1.2款的约定自费赶上。

8.3.5 按8.1.3款竣工试验领导机构的决定，双方密切配合开展竣工试验的组织、协调和实施工作，防止人身伤害和事故发生。

因发包人的原因造成的事故，由发包人承担相应责任、费用和赔偿。造成工程竣工试验进度计划延误时，竣工日期相应顺延。

因承包人的原因造成的事故，由承包人承担相应责任、费用和赔偿。造成工程竣工试验进度计划延误时，承包人应按4.1.2款的约定自费赶上。

8.4 延误的竣工试验

8.4.1 因承包人的原因使某项、某单项工程落后于竣工试验进度计划的，承包人应按4.1.2款的约定自费采取措施，赶上竣工试验进度计划。

8.4.2 因承包人的原因造成竣工试验延误，致使合同约定的工程竣工日期延误时，承包人应根据4.5款误期损害赔偿的约定，承担误期赔偿责任。

8.4.3 承包人无正当理由，未能按竣工试验领导机构决定的竣工试验进度计划进行某项竣工试验，且在收到试验领导机构发出的通知后的10日内仍未进行该项竣工试验时，造成竣工日期延误时，由承包人承担误期赔偿责任。且发包人有权自行组织该项竣工试验，由此产生的费用由承包人承担。

8.4.4 发包人未能根据8.1.2款的约定履行其义务，导致承包人竣工试验延误，发包人应承担承包人因此发生的合理费用，竣工试验进度计划延误时，竣工日期相应顺延。

8.5 重新试验和验收

8.5.1 承包人未能通过相关的竣工试验，可依据8.1.1款第（6）项的约定重新进行此项试验，并按8.2款的约定进行检验和验收。

8.5.2 不论发包人和（或）监理人是否参加竣工试验和验收，承包人未能通过的竣工试验，发包人均有权通知承包人再次按8.1.1款第（6）项的约定进行此项竣工试验，并按8.2款的约定进行检验和验收。

8.6 未能通过竣工试验

8.6.1 因发包人的下述原因导致竣工试验未能通过的，承包人进行竣工试验的费用由发包人承担，竣工试验进度计划延误的，竣工日期相应延长：

（1）发包人未能按确认的竣工试验方案中的技术参数、时间及数量提供电力、动力、水等试验条件，导致竣工试验未能通过；

（2）发包人指令承包人按发包人的竣工试验条件、试验程序和试验方法进行试验和竣工试验，导致该项竣工试验未能通过；

（3）发包人对承包人竣工试验的干扰，导致竣工试验未能通过；

（4）因发包人的其他原因，导致竣工试验未能通过。

8.6.2 因承包人原因未能通过竣工试验，该项竣工试验允许再进行，但再进行最多为两次，两次试验后仍不符合验收条件的，相关费用、竣工日期及相关事项，按下述约定处理：

（1）该项竣工试验未能通过，对该项操作或使用不存在实质影响，承包人自费修复。无法修复时，发包人有权扣减该部分的相应付款，视为通过。

（2）该项竣工试验未能通过，对该单项工程未产生实质性操作和使用影响，发包人可相应扣减该单项工程的合同价款，可视为通过；若使竣工日期延误的，承包人承担误期损害赔偿责任。

（3）该项竣工试验未能通过，对操作或使用有实质性影响，发包人有权指令承包人更换相关部分，并进行竣工试验。发包人因此增加的费用，由承包人承担。使竣工日期延误的，承包人承担误期损害赔偿责任。

（4）未能通过竣工试验，使单项工程的任何主要部分丧失了生产、使用功能时，发包人有权指令承包人更换相关部分，承包人自行承担因此增加的费用；竣工日期延误的，并应承担误期损害赔偿责任。发包人因此增加费用的，由承包人负责赔偿。

（5）未能通过竣工试验，使整个工程丧失了生产和（或）使用功能时，发包人有权指令承包人重新设计、重置相关部分，承包人承担因此增加的费用（包括发包人的费用）；竣工日期延误的，并应承担误期损害赔偿责任。发包人有权根据 16. 2. 1 款发包人的索赔约定，向承包人提出索赔，或根据 18. 1. 2 款第（7）项的约定，解除合同。

8. 7 竣工试验结果的争议

8. 7. 1 协商解决。双方对竣工试验结果有争议的，应首先通过协商解决。

8. 7. 2 委托鉴定机构。双方经协商，对竣工试验结果仍有争议的，共同委托一个具有相应资格的检测机构进行鉴定。经检测鉴定后，按下述约定处理：

（1）责任方为承包人时，所需的鉴定费用及因此造成发包人增加的合理费用由承包人承担，竣工日期不予延长；

（2）责任方为发包人时，所需的鉴定费用及因此造成承包人增加的合理费用由发包人承担，竣工日期相应顺延；

（3）双方均有责任时，根据责任大小协商分担费用，并按竣工试验计划的延误情况协商竣工日期延长。

8. 7. 3 当双方对检测机构的鉴定结果有争议，依据 16. 3 款争议和裁决的约定解决。

第九条 工程接收

9. 1 工程接收

9. 1. 1 按单项工程和（或）按工程接收。根据工程项目的具体情况和特点，在专用条款约定按单项工程和（或）按工程进行接收。

（1）根据第 10 条竣工后试验的约定，由承包人负责指导发包人进行单项工程和（或）工程竣工后试验，并承担试运行考核责任的，在专用条款中约定接收单项工程的先后顺序及时间安排，或接收工程的时间安排。

由发包人负责单项工程和（或）工程竣工后试验及其试运行考核责任的，在专用条款中约定接收工程的日期或接收单项工程的先后顺序及时间安排。

(2) 对不存在竣工试验或竣工后试验的单项工程和（或）工程，承包人完成扫尾工程和缺陷修复，并符合合同约定的验收标准的，根据合同约定按单项工程（或）工程办理工程接收和竣工验收。

9.1.2 接收工程时承包人提交的资料。除按8.1.1款（1）至（3）项约定已经提交的资料外，需提交竣工试验完成的验收资料的类别、内容、份数和提交时间，在专用条款中约定。

9.2 接收证书

9.2.1 承包人应在工程和（或）单项工程具备接收条件后的10日内，向发包人提交接收证书申请，发包人应在接到申请后的10日内组织接收，并签发工程和（或）单项工程接收证书。

单项工程的接收以8.2.6款第（2）项约定的日期，作为接收日期。

工程的接收以8.2.6款第（3）项约定的日期，作为接收日期。

9.2.2 扫尾工程和缺陷修复。对工程或（和）单项工程的操作、使用没有实质影响的扫尾工程和缺陷修复，不能作为发包人不接收工程的理由。经发包人与承包人协商确定的承包人完成该扫尾工程和缺陷修复的合理时间，作为接收证书的附件。

9.3 接收工程的责任

9.3.1 保安责任。自单项工程和（或）工程接收之日起，发包人承担其保安责任。

9.3.2 照管责任。自单项工程和（或）工程接收之日起，发包人承担其照管责任。发包人负责单项工程和（或）工程的维护、保养、维修，但不包括需由承包人完成的缺陷修复和零星扫尾的工程部位及其区域。

9.3.3 投保责任。如合同约定施工期间工程的应投保方是承包人时，承包人应负责对工程进行投保并将保险期限保持到9.2.1款约定的发包人接收工程的日期。该日期之后由发包人负责对工程投保。

9.4 未能接收工程

9.4.1 不接收工程。如发包人收到承包人送交的单项工程和（或）工程接收证书申请后的15日内不组织接收，视为单项工程、和（或）工程的接收证书申请已被发包人认可。从第16日起，发包人应根据9.3款的约定承担相关责任。

9.4.2 未按约定接收工程。承包人未按约定提交单项工程和（或）工程接收证书申请的、或未符合单项工程或工程接收条件的，发包人有权拒绝接收单项工程和（或）工程。

发包人未能遵守本款约定，使用或强令接收不符合接受条件的单项工程和（或）工程的，将承担9.3款接收工程约定的相关责任，以及已被使用或强令接收的单项工程和（或）工程后进行操作、使用等所造成的损失、损坏、损害和（或）赔偿责任。

第十条　竣工后试验

本合同工程包含竣工后试验的，遵守本条约定。

10.1 权利与义务

10.1.1 发包人的权利与义务

（1）发包人有权对第10.1.2款第（2）项约定的由承包人协助发包人编制的竣工后试验方案进行审查并批准，发包人的批准并不能减轻或免除承包人的合同责任。

（2）竣工后试验联合协调领导机构由发包人组建，在发包人的组织领导下，由承包人指导，依据批准的竣工后试验方案进行分工、组织完成竣工后试验的各项准备工作、进行竣工后试验和试运行考核。联合协调领导机构的设置方案及其分工职责等作为本合同的组成部分。

（3）发包人对承包人根据10.1.2款第（4）项提出的建议，有权向承包人发出不接受或接受的通知。

发包人未能接受承包人的上述建议，承包人有义务仍按本款第（2）项的组织安排执行。承包人因执行发包人的此项安排而发生事故、人身伤害和工程损害时，由发包人承担其责任。

（4）发包人在竣工后试验阶段向承包人发出的组织安排、指令和通知，应以书面形式送达承包人的项目经理，由项目经理在回执上签署收到日期、时间和签名。

（5）发包人有权在紧急情况下，以口头或书面形式向承包人发出紧急指令，承包人应立即执行。如承包人未能按发包人的指令执行，因此造成的事故责任、人身伤害和工程损害，由承包人承担。发包人应在发出口头指令后12小时内，将该口头指令再以书面送达承包人的项目经理。

（6）发包人在竣工后试验阶段的其他义务和工作，在专用条款中约定。

10.1.2 承包人的责任和义务

（1）承包人在发包人组建的竣工后试验联合协调领导机构的统一安排下，派出具有相应资格和经验的人员指导竣工后试验。承包人派出的开车经理或指导人员在竣工后试验期间离开现场，必须事先得到发包人批准。

（2）承包人应根据合同约定和工程竣工后试验的特点，协助发包人编制竣工后试验方案，并在竣工试验开始前编制完成。竣工后试验方案应包括：工程、单项工程及其相关部位的操作试验程序、资源条件、试验条件、操作规程、安全规程、事故处理程序及进度计划等。竣工后试验方案经发包人审查批准后实施。竣工后试验方案的份数和时间在专用条款约定。

（3）因承包人未能执行发包人的安排、指令和通知，而发生的事故、人身伤害和工程损害，由承包人承担其责任。

（4）承包人有义务对发包人的组织安排、指令和通知提出建议，并说明因由。

（5）在紧急情况下，发包人有权口头指令承包人进行操作、工作及作业，承包人应立即执行。承包人应对此项指令做好记录，并做好实施的记录。发包人应在 12 小时内，将上述口头指令再以书面形式送达承包人。

发包人未能在 12 小时内将此项口头指令以书面形式送达承包人时，承包人及其项目经理有权在接到口头指令后的 24 小时内，以书面形式将该口头指令交发包人，发包人须在回执上签字确认，并签署接到的日期和时间。当发包人未能在 24 小时内在回执上签字确认，视为已被发包人确认。

承包人因执行发包人的口头指令而发生事故责任、人身伤害、工程损害和费用增加时，由发包人承担。但承包人错误执行上述口头指令而发生事故责任、人身伤害、工程损害和费用增加时，由承包人负责。

(6) 操作维修手册的缺陷责任。因承包人负责编制的操作维修手册存在缺陷所造成的事故责任、人身伤害和工程损害，由承包人承担；因发包人（包括其专利商）提供的操作指南存在缺陷，造成承包人操作手册的缺陷，因此发生事故责任、人身伤害、工程损害和承包人的费用增加时，由发包人负责。

(7) 承包人根据合同约定和（或）行业规定，在竣工后试验阶段的其他义务和工作，在专用条款中约定。

10.2 竣工后试验程序

10.2.1 发包人应根据联合协调领导机构批准的竣工后试验方案，提供全部电力、水、燃料、动力、原材料、辅助材料、消耗材料以及其他试验条件，并组织安排其管理人员、操作维修人员和其他各项准备工作。

10.2.2 承包人应根据经批准的竣工后试验方案，提供竣工后试验所需要的其他临时辅助设备、设施、工具和器具，及应由承包人完成的其他准备工作。

10.2.3 发包人应根据批准的竣工后试验方案，按照单项工程内的任何部分、单项工程、单项工程之间、或（和）工程的竣工后试验程序和试验条件，组织竣工后试验。

10.2.4 联合协调领导机构组织全面检查并落实工程、单项工程及工程的任何部分竣工后试验所需要的资源条件、试验条件、安全设施条件、消防设施条件、紧急事故处理设施条件和（或）相关措施，保证记录仪器、专用记录表格的齐全和数量的充分。

10.2.5 竣工后试验日期的通知。发包人应在接收单项工程或（和）接收工程日期后的 15 日内通知承包人开始竣工后试验的日期。专用条款另有约定时除外。

因发包人原因未能在接收单项工程和（或）工程的 20 日内，或在专用条款中约定的日期内进行竣工后试验，发包人应自第 21 日开始或自专用条款中约定的开始日期后的第二日开始，承担承包人由此发生的相关窝工费用，包括人工费、临时辅助设备、设施的闲置费、管理费及其合理利润。

10.3 竣工后试验及试运行考核

10.3.1 按照批准的竣工后试验方案的试验程序、试验条件、操作程序进行试验，达到合同约定的工程和（或）单项工程的生产功能和（或）使用功能。

10.3.2 发包人的操作人员和承包人的指导人员，在竣工后试验过程中的同一个岗位上的试验条件记录、试验记录及表格上，应如实填写数据、条件、情况、时间、姓名及约定的其他内容。

10.3.3 试运行考核

（1）根据5.1.1款约定，由承包人提供生产工艺技术和（或）建筑设计方案的，承包人应保证工程在试运行考核周期内，达到5.1.1款专用条款中约定的考核保证值和（或）使用功能；

（2）根据5.1.2款约定，由发包人提供生产工艺技术和（或）建筑设计方案的，承包人应保证在试运行考核周期内达到5.1.2款专用条款中约定的，应由承包人承担的工程相关部分的考核保证值和（或）使用功能；

（3）试运行考核的时间周期由双方根据相关行业对试运行考核周期的规定，在专用条款中约定；

（4）试运行考核通过后或使用功能通过后，双方应共同整理竣工后试验及其试运行考核结果，并编写评价报告。报告一式两份，经合同双方签字或盖章后各持一份，作为本合同组成部分。发包人并应根据10.7款的约定颁发考核验收证书。

10.3.4 产品和（或）服务收益的所有权。单项工程和（或）工程竣工后试验及试运行考核期间的任何产品收益和（或）服务收益，均属发包人所有。

10.4 竣工后试验的延误

10.4.1 根据10.2.5款竣工后试验日期通知的约定，非因承包人原因，发包人未能在发出竣工后试验通知后的90日内开始竣工后试验的，工程和（或）单项工程视为通过了竣工后试验和试运行考核。除非专用条款另有规定。

10.4.2 因承包人的原因造成竣工后试验延误时，承包人应采取措施，尽快组织，配合发包人开始并通过竣工后试验。当延误造成发包人的费用增加时，发包人有权根据16.2.1款的约定向承包人提出索赔。

10.4.3 按10.3.3款第（3）项试运行考核时间周期的约定，在试运行考核期间，因发包人原因导致考核中断或停止，且中断或停止的累计天数超过第10.3.3款第（3）项专用条款中约定的试运行考核周期时，试运行考核应在中断或停止后的60日内重新开始，超过此期限视为单项工程和（或）工程已通过了试运行考核。

10.5 重新进行竣工后试验

10.5.1 根据5.1.1款或5.1.2款及其专用条款中的约定，因承包人原因导致工程、单项工程或工程的任何部分未能通过竣工后试验，承包人应自费修补其缺陷，由发包人依据第10.2.3款约定的试验程序、试验条件，重新组织进行此项试验。

10.5.2 承包人根据10.5.1款重新进行试验，仍未能通过该项试验时，承包人应自费继续修补缺陷，并在发包人的组织领导下，按10.2.3款约定的试验程序、试验条件，再次进行此项试验。

10.5.3 因承包人原因，重新进行竣工后试验，给发包人增加了额外费用时，发包人有权根据16.2.1款的约定向承包人提出索赔。

10.6 未能通过考核

因承包人原因使工程和（或）单项工程未能通过考核，但尚具有生产功能、使用功能时，按以下约定处理：

（1）未能通过试运行考核的赔偿

1）承包人提供的生产工艺技术或建筑设计方案未能通过试运行考核

承包人提供的生产工艺技术和（或）建筑设计方案未能通过试运行考核时，承包人根据5.1.1款专用条款约定的工程和（或）单项工程试运行考核保证值和（或）使用功能保证的说明书，并按照在本项专用条款中约定的未能通过试运行考核的赔偿金额、或赔偿计算公式计算的金额，向发包人支付相应赔偿金额后，视为承包人通过了试运行考核。

2）发包人提供的生产工艺技术或建筑设计方案未能通过试运行考核

发包人提供的生产工艺技术和（或）建筑设计方案未能通过试运行考核时，承包人根据5.1.2款专用条款约定的工程和（或）单项工程试运行考核中应由承包人承担的相关责任，并按照在本项专用条款对相关责任约定的赔偿金额、或赔偿公式计算的金额，向发包人支付相应赔偿金额后，视为承包人通过了试运行考核。

（2）承包人对未能通过试运行考核的工程和（或）单项工程，若提出自费调查、调整和修正并被发包人接受时，双方商定相应的调查、修正和试验期限，发包人应为此提供方便。在通过该项考核之前，发包人可暂不按10.6款第（1）项约定提出赔偿。

（3）发包人接受了本款第（2）项约定，但在商定的期限内发包人未能给承包人提供方便，致使承包人无法在约定期限内进行调查、调整和修正的，视为该项试运行考核已被通过。

10.7 竣工后试验及考核验收证书

10.7.1 在专用条款中约定按工程和（或）按单项工程颁发竣工后试验及考核验收证书。

10.7.2 发包人根据10.3款、10.4款、10.5.1款、10.5.2款及10.6款的约定对通过或视为通过竣工后试验和（或）试运行考核的，应按10.7.1款颁发竣工后试验及考核验收证书。该证书中写明的试运行考核通过的日期和时间，为实际完成考核或视为通过试运行考核的日期和时间。

10.8 丧失了生产价值和使用价值

因承包人的原因，工程和（或）单项工程未能通过竣工后试验，并使整个工程丧失了生产价值或使用价值时，发包人有权提出未能履约的索赔，并扣罚已提交的履约保函。但发包人不得将本合同以外的连带合同损失包括在未履约索赔之中。

连带合同损失指市场销售合同损失、市场预计盈利、生产流动资金贷款利息、竣工后试验及试运行考核周期以外所签订的原材料、辅助材料、电力、水、燃料等供应合同损失，以及运输合同等损失，适用法律另有规定时除外。

第十一条 质量保修责任

11.1 质量保修责任书

11.1.1 质量保修责任书

按照相关法律规定签订质量保修责任书是竣工验收的条件之一。双方应按法律规定的保修内容、范围、期限和责任，签订质量保修责任书，作为本合同附件。9.2.1款接收证书中写明的单项工程和（或）工程的接收日期，或单项工程和（或）工程视为被接收的日期，是承包人保修责任开始的日期，也是缺陷责任期的开始日期。

11.1.2 未能提交质量保修责任书

承包人未能提交质量保修责任书、无正当理由不与发包人签订质量保修责任书，发包人可不与承包人办理竣工结算，不承担尚未支付的竣工结算款项的相应利息，即使合同已约定延期支付利息。

如承包人提交了质量保修责任书，提请与发包人签订该责任书并在合同中约定了延期付款利息，但因发包人原因未能及时签署质量保修责任书，发包人应从接到该责任书的第11日起承担竣工结算款项延期支付的利息。

11.2 缺陷责任保修金

11.2.1 缺陷责任保修金金额

缺陷责任保修金的金额，在专用条款中约定。

11.2.2 缺陷责任保修金的暂扣

缺陷责任保修金的暂扣方式，在专用条款中约定。

11.2.3 缺陷责任保修金的支付

发包人应依据第14.5.2款缺陷责任保修金支付的约定，支付被暂扣的缺陷责任保修金。

第十二条 工程竣工验收

12.1 竣工验收报告及完整的竣工资料

12.1.1 工程符合9.1款工程接收的相关约定，和（或）发包人已按10.7款的约定颁发了竣工后试验及考核验收证书，且承包人完成了9.2.2款约定的扫尾工程和缺陷修复，经发包人或监理人验收后，承包人应依据8.1.1款（1）、（2）、（3）项、8.2款竣工试验的检验与验收、10.3.3款第（4）项竣工后试验及其试运行考核结果等资料，向发包人提交竣工验收报告和完整的工程竣工资料。竣工验收报告和完整的竣工资料的格式、内容和份数在专用条款约定。

12.1.2 发包人应在接到竣工验收报告和完整的竣工资料后25日内提出修改意见或予以确认，承包人应按照发包人的意见自费对竣工验收报告和竣工资料进行修改。25日内发包人未提出修改意见，视为竣工资料和竣工验收报告已被确认。

12. 1. 3 分期建设、分期投产或分期使用的工程，按 12. 1. 1 款及 12. 1. 2 款的约定办理。

12. 2 竣工验收

12. 2. 1 组织竣工验收

发包人应在接到竣工验收报告和完整的竣工资料，并根据 12. 1. 2 款的约定被确认后的 30 日内，组织竣工验收。

12. 2. 2 延后组织的竣工验收

发包人未能根据 12. 2. 1 款的约定，在 30 日内组织竣工验收时，应按照 14. 12. 1 至 14. 12. 3 款的约定，结清竣工结算的款项。

在 12. 2. 1 款约定的时间之后，发包人进行竣工验收时，承包人有义务参加。发包人在验收后的 25 日内，对承包人的竣工验收报告或竣工资料提出进一步修改意见的，承包人应按照发包人的意见自费修改。

12. 2. 3 分期竣工验收

分期建设、分期投产或分期使用的合同工程的竣工验收，按 12. 1. 3 款、12. 2. 1 款的约定，分期组织竣工验收。

第十三条　变更和合同价格调整

13. 1 变更权

13. 1. 1 变更权

发包人拥有批准变更的权限。自合同生效后至工程竣工验收前的任何时间内，发包人有权依据监理人的建议、承包人的建议，及 13. 2 款约定的变更范围，下达变更指令。变更指令以书面形式发出。

13. 1. 2 变更

由发包人批准并发出的书面变更指令，属于变更。包括发包人直接下达的变更指令、或经发包人批准的由监理人下达的变更指令。

承包人对自身的设计、采购、施工、竣工试验、竣工后试验存在的缺陷，应自费修正、调整和完善，不属于变更。

13. 1. 3 变更建议权

承包人有义务随时向发包人提交书面变更建议，包括缩短工期，降低发包人的工程、施工、维护、营运的费用，提高竣工工程的效率或价值，给发包人带来的长远利益和其他利益。发包人接到此类建议后，应发出不采纳、采纳或补充进一步资料的书面通知。

13. 2 变更范围

13. 2. 1 设计变更范围

(1) 对生产工艺流程的调整，但未扩大或缩小初步设计批准的生产路线和规模、或未扩大或缩小合同约定的生产路线和规模；

(2) 对平面布置、竖面布置、局部使用功能的调整，但未扩大初步设计批准的建筑规模，未改变初步设计批准的使用功能；或未扩大合同约定的建筑规模，未改变合同约定的使用功能；

(3) 对配套工程系统的工艺调整、使用功能调整；

(4) 对区域内基准控制点、基准标高和基准线的调整；

(5) 对设备、材料、部件的性能、规格和数量的调整；

(6) 因执行基准日期之后新颁布的法律、标准、规范引起的变更；

(7) 其他超出合同约定的设计事项；

(8) 上述变更所需的附加工作。

13.2.2 采购变更范围

(1) 承包人已按发包人批准的名单，与相关供货商签订采购合同或已开始加工制造、供货、运输等，发包人通知承包人选择该名单中的另一家供货商；

(2) 因执行基准日期之后新颁布的法律、标准、规范引起的变更；

(3) 发包人要求改变检查、检验、检测、试验的地点和增加的附加试验；

(4) 发包人要求增减合同中约定的备品备件、专用工具、竣工后试验物资的采购数量；

(5) 上述变更所需的附加工作。

13.2.3 施工变更范围

(1) 根据13.2.1款的设计变更，造成施工方法改变、设备、材料、部件、人工和工程量的增减；

(2) 发包人要求增加的附加试验、改变试验地点；

(3) 根据5.2.1款第（1）项、第（2）项之外，新增加的施工障碍处理；

(4) 发包人对竣工试验经验收或视为验收合格的项目，通知重新进行竣工试验；

(5) 因执行基准日期之后新颁布的法律、标准、规范引起的变更；

(6) 现场其他签证；

(7) 上述变更所需的附加工作。

13.2.4 发包人的赶工指令。承包人接受了发包人的书面指示，以发包人认为必要的方式加快设计、施工或其他任何部分的进度时，承包人为实施该赶工指令需对项目进度计划进行调整，并对所增加的措施和资源提出估算，经发包人批准后，作为变更处理。发包人未能批准此项变更的，承包人有权按合同约定的相关阶段的进度计划执行。

因承包人原因，实际进度明显落后于上述批准的项目进度计划时，承包人应按4.1.2款的约定，自费赶上；竣工日期延误时，按4.5款的约定承担误期赔偿责任。

13.2.5 调减部分工程。发包人的暂停超过45日，承包人请求复工时仍不能复工，或因不可抗力持续而无法继续施工的，双方可按合同约定以变更方式调减受暂停影响的部分工程。

13.2.6 其他变更。根据工程的具体特点，在专用条款中约定。

13.3 变更程序

13.3.1 变更通知。发包人的变更应事先以书面形式通知承包人。

13.3.2 变更通知的建议报告。承包人接到发包人的变更通知后，有义务在10日内向发包人提交书面建议报告，

（1）如承包人接受发包人变更通知中的变更时，建议报告中应包括：支持此项变更的理由、实施此项变更的工作内容、设备、材料、人力、机具、周转材料、消耗材料等资源消耗，以及相关管理费用和合理利润的估算。相关管理费用和合理利润的百分比，应在专用条款约定。此项变更引起竣工日期延长时，应在报告中说明理由，并提交与此变更相关的进度计划。

承包人未提交增加费用的估算及竣工日期延长，视为该项变更不涉及合同价格调整和竣工日期延长，发包人不再承担此项变更的任何费用及竣工日期延长的责任。

（2）如承包人不接受发包人变更通知中的变更时，建议报告中应包括不支持此项变更的理由，理由包括：

1）此变更不符合法律、法规等有关规定；

2）承包人难以取得变更所需的特殊设备、材料、部件；

3）承包人难以取得变更所需的工艺、技术；

4）变更将降低工程的安全性、稳定性、适用性；

5）对生产性能保证值、使用功能保证的实现产生不利影响等。

13.3.3 发包人的审查和批准。发包人应在接到承包人根据13.3.2款约定提交的书面建议报告后10日内对此项建议给予审查，并发出批准、撤销、改变、提出进一步要求的书面通知。承包人在等待发包人回复的时间内，不能停止或延误任何工作。

（1）发包人接到承包人根据13.3.2款第（1）项的约定提交的建议报告，对其理由、估算、和（或）竣工日期延长经审查批准后，应以书面形式下达变更指令。

发包人在下达的变更指令中，未能确认承包人对此项变更提出的估算和（或）竣工日期延长亦未提出异议的，自发包人接到此项书面建议报告后的第11日开始，视为承包人提交的变更估算、和（或）竣工日期延长，已被发包人批准。

（2）发包人对承包人根据13.3.2款第（2）项提交的不接受此项变更的理由进行审查后，发出继续执行、改变、提出进一步补充资料的书面通知，承包人应予以执行。

13.3.4 承包人根据13.1.3款的约定提交变更建议书的，其变更程序按照本变更程序的约定办理。

13.4 紧急性变更程序

13.4.1 发包人有权以书面形式或口头形式发出紧急性变更指令，责令承包人立即执行此项变更。承包人接到此类指令后，应立即执行。发包人以口头形式发出紧急性变更指令的，须在48小时内以书面方式确认此项变更，并送交承包人项目经理。

13.4.2 承包人应在紧急性变更指令执行完成后的10日内，向发包人提交实施此项变更的工作内容，资源消耗和估算。因执行此项变更造成工程关键路径延误时，可提出竣工日期延长要求，但应说明理由，并提交与此项变更相关的进度计划。

承包人未能在此项变更完成后的10日内提交实际消耗的估算、和（或）延长竣工日期的书面资料，视为该项变更不涉及合同价格调整和竣工日期延长，发包人不再承担此项变更的任何责任。

13.4.3 发包人应在接到承包人根据13.4.2款提交的书面资料后的10日内，以书面形式通知承包人被批准的合理估算，和（或）给予竣工日期的合理延长。

发包人在接到承包人的此项书面报告后的10日内，未能批准承包人的估算和（或）竣工日期延长亦未说明理由的，自接到该报告的第11日后，视为承包人提交的估算、和（或）竣工日期延长已被发包人批准。

承包人对发包人批准的变更费用、竣工日期的延长存有争议时，双方应友好协商解决，协商不成时，依据16.3款争议和裁决的程序解决。

13.5 变更价款确定

变更价款按以下方法确定：

13.5.1 合同中已有相应人工、机具、工程量等单价（含取费）的，按合同中已有的相应人工、机具、工程量等单价（含取费）确定变更价款；

13.5.2 合同中无相应人工、机具、工程量等单价（含取费）的，按类似于变更工程的价格确定变更价款；

13.5.3 合同中无相应人工、机具、工程量等单价（含取费），亦无类似于变更工程的价格的，双方通过协商确定变更价款。

13.5.4 专用条款中约定的其他方法

13.6 建议变更的利益分享

因发包人批准采用承包人根据13.1.3款提出的变更建议，使工程的投资减少、工期缩短、发包人获得长期运营效益或其他利益的，双方可按专用条款的约定进行利益分享，必要时双发可另行签订利益分享补充协议，作为合同附件。

13.7 合同价格调整

在下述情况发生后30日内，合同双方均有权将调整合同价格的原因及调整金额，以书面形式通知对方或监理人。经发包人确认的合理金额，作为合同价格的调整金额，并在支付当期工程进度款时支付或扣减调整的金额。一方收到另一方通知后15日内不予确认，也未能提出修改意见的，视为已经同意该项价格的调整。合同价格调整包括以下情况：

（1）合同签订后，因法律、国家政策和需遵守的行业规定发生变化，影响到合同价格增减的；

（2）合同执行过程中，工程造价管理部门公布的价格调整，涉及承包人投入成本增减的；

（3）一周内非承包人原因的停水、停电、停气、道路中断等，造成工程现场停工累计超过8小时的（承包人须提交报告并提供可证实的证明和估算）；

（4）发包人根据13.3款至13.5款变更程序中批准的变更估算的增减；

（5）本合同约定的其他增减的款项调整。

对于合同中未约定的增减款项，发包人不承担调整合同价格的责任。除非法律另有规定时除外。合同价格的调整不包括合同变更。

13.8 合同价格调整的争议

经协商，双方未能对工程变更的费用、合同价格的调整或竣工日期的延长达成一致，根据16.3款关于争议和裁决的约定解决。

第十四条　合同总价和付款

14.1 合同总价和付款

14.1.1 合同总价

本合同为总价合同，除根据第13条变更和合同价格的调整，以及合同中其他相关增减金额的约定进行调整外，合同价格不做调整。

14.1.2 付款

（1）合同价款的货币币种为人民币，由发包人在中国境内支付给承包人。

（2）发包人应依据合同约定的应付款类别和付款时间安排，向承包人支付合同价款。承包人指定的银行账户，在专用条款中约定。

14.2 担保

14.2.1 履约保函

合同约定由承包人向发包人提交履约保函时，履约保函的格式、金额和提交时间，在专用条款中约定。

14.2.2 支付保函

合同约定由承包人向发包人提交履约保函时，发包人向承包人提交支付保函。支付保函的格式、内容和提交时间在专用条款中约定。

14.2.3 预付款保函

合同约定由承包人向发包人提交预付款保函时，预付款保函的格式、金额和提交时间在专用条款中约定。

14.3 预付款

14.3.1 预付款金额

发包人同意将按合同价格的一定比例作为预付款金额，具体金额在专用条款中约定。

14.3.2 预付款支付

合同约定了预付款保函时，在合同生效后，发包人收到承包人提交的预付款保函后10日内，根据14.3.1款约定的预付款金额，一次支付给承包人；未约定预付款保函时，发包人应在合同生效后 10 日内，根据 14. 3. 1 款约定的预付款金额，一次支付给承包人。

14. 3. 3 预付款抵扣

（1）预付款的抵扣方式、抵扣比例和抵扣时间安排，在专用条款中约定；

（2）在发包人签发工程接收证书或合同解除时，预付款尚未抵扣完的，发包人有权要求承包人支付尚未抵扣完的预付款。承包人未能支付的，发包人有权按如下程序扣回预付款的余额：

1）从应付给承包人的款项中或属于承包人的款项中一次或多次扣除；

2）应付给承包人的款项或属于承包人的款项不足以抵扣时，发包人有权从预付款保函（如约定提交）中扣除尚未抵扣完的预付款；

3）应付给承包人或属于承包人的款项不足以抵扣且合同未约定承包人提交预付款保函时，承包人应与发包人签订支付尚未抵扣完的预付款支付时间安排协议书；

4）承包人未能按上述协议书执行，发包人有权从履约保函（如有）中抵扣尚未扣完的预付款。

14. 4 工程进度款

14. 4. 1 工程进度款。工程进度款支付方式、支付条件和支付时间等，在专用条款中约定。

14. 4. 2 根据工程具体情况，应付的其他进度款，在专用条款约定。

14. 5 缺陷责任保修金的暂扣与支付

14. 5. 1 缺陷责任保修金的暂时扣减。发包人可根据 11. 2. 1 款约定的缺陷责任保修金金额和 11. 2. 2 款缺陷责任保修金暂扣的约定，暂时扣减缺陷责任保修金。

14. 5. 2 缺陷责任保修金的支付

（1）发包人应在办理工程竣工验收和竣工结算时，将按 14. 5. 1 款暂时扣减的全部缺陷责任保修金金额的一半支付给承包人，专用条款另有约定时除外。此后，承包人未能按发包人通知修复缺陷责任期内出现的缺陷或委托发包人修复该缺陷的，修复缺陷的费用，从余下的缺陷责任保修金金额中扣除。发包人应在缺陷责任期届满后 15 日内，将暂扣的缺陷责任保修金余额支付给承包人。

（2）专用条款约定承包人可提交缺陷责任保修金保函的，在办理工程竣工验收和竣工结算时，如承包人请求提供用于替代剩余的缺陷责任保修金的保函，发包人应在接到承包人按合同约定提交的缺陷责任保修金保函后，向承包人支付保修金的剩余金额。此后，如承包人未能自费修复缺陷责任期内出现的缺陷或委托发包人修复该缺陷的，修复缺陷的费用从该保函中扣除。发包人应在缺陷责任期届满后 15 日内，退还该保函。保函的格式、金额和提交时间，在专用条款约定。

14. 6 按月工程进度申请付款

14. 6. 1 按月申请付款。按月申请付款的，承包人应以合同协议书约定的合同价格为基础，按每月实际完成的工程量（含设计、采购、施工、竣工试验和竣工后试验等）的合同金额，向发包人或监理人提交付款申请。承包人提交付款申请报告的格式、内容、份数和时间，在专用条款约定。

按月付款申请报告中的款项包括：

（1）按14.4款工程进度款约定的款项类别；

（2）按13.7款合同价格调整约定的增减款项；

（3）按14.3款预付款约定的支付及扣减的款项；

（4）按14.5款缺陷责任保修金约定暂扣及支付的款项；

（5）根据16.2款索赔结果增减的款项；

（6）根据另行签订的本合同补充协议增减的款项。

14.6.2 如双方约定了14.6.1款按月工程进度申请付款的方式时，则不能再约定按14.7款按付款计划表申请付款的方式。

14.7 按付款计划表申请付款

14.7.1 按付款计划表申请付款

按付款计划表申请付款的，承包人应以合同协议书约定的合同价格为基础，按照专用条款约定的付款期数、计划每期达到的主要形象进度和（或）完成的主要计划工程量（含设计、采购、施工、竣工试验和竣工后试验等）等目标任务，以及每期付款金额，并依据专用条款约定的格式、内容、份数和提交时间，向发包人或监理人提交当期付款申请报告。

每期付款申请报告中的款项包括：

（1）按专用条款中约定的当期计划申请付款的金额；

（2）按13.7款合同价款调整约定的增减款项；

（3）按14.3款预付款约定的，支付及扣减的款项；

（4）按14.5款缺陷责任保修金约定暂扣及支付的款项；

（5）根据16.2款索赔结果增减的款项；

（6）根据另行签订的本合同的补充协议增减的款项。

14.7.2 发包人按付款计划表付款时，承包人的实际工作和（或）实际进度比付款计划表约定的关键路径的目标任务落后30日及以上时，发包人有权与承包人商定减少当期付款金额，并有权与承包人共同调整付款计划表。承包人以后各期的付款申请及发包人的付款，以调整后的付款计划表为依据。

14.7.3 如双方约定了按14.7款付款计划表的方式申请付款时，不能再约定按14.6款按月工程进度付款申请的方式。

14.8 付款条件与时间安排

14.8.1 付款条件

双方约定由承包人提交履约保函时，履约保函的提交应为发包人支付各项款项的前提条件；未约定履约保函时，发包人按约定支付各项款项。

14.8.2 预付款的支付

工程预付款的支付依据 14.3.2 款预付款支付的约定执行。预付款抵扣完后，发包人应及时向承包人退还付款保函。

14.8.3 工程进度款

（1）按月工程进度申请与付款。依据 14.6.1 款按月工程进度申请付款和付款时，发包人应在收到承包人按 14.6.1 款提交的每月付款申请报告之日起的 25 日内审查并支付。

（2）按付款计划表申请与付款。依据 14.7.1 款按付款计划表申请付款和付款时，发包人应在收到承包人按 14.7.1 款提交的每期付款申请报告之日起的 25 日内审查并支付。

14.9 付款时间延误

14.9.1 因发包人的原因未能按 14.8.3 款约定的时间向承包人支付工程进度款的，应从发包人收到付款申请报告后的第 26 日开始，以中国人民银行颁布的同期同类贷款利率向承包人支付延期付款的利息，作为延期付款的违约金额。

14.9.2 发包人延误付款 15 日以上，承包人有权向发包人发出要求付款的通知，发包人收到通知后仍不能付款，承包人可暂停部分工作，视为发包人导致的暂停，并遵照 4.6.1 款发包人的暂停的约定执行。

双方协商签订延期付款协议书的，发包人应按延期付款协议书中约定的期数、时间、金额和利息付款；当双方未能达成延期付款协议，导致工程无法实施，承包人可停止部分或全部工程，发包人应承担违约责任，导致工程关键路径延误时，竣工日期顺延。

14.9.3 发包人的延误付款达 60 日以上，并影响到整个工程实施的，承包人有权根据 18.2 款的约定向发包人发出解除合同的通知，并有权就因此增加的相关费用向发包人提出索赔。

14.10 税务与关税

14.10.1 发包人与承包人按国家有关纳税规定，各自履行各自的纳税义务，含与进口工程物资相关的各项纳税义务。

14.10.2 合同一方享有本合同进口工程设备、材料、设备配件等进口增值税和关税减免时，另一方有义务就办理减免税手续给予协助和配合。

14.11 索赔款项的支付

14.11.1 经协商或调解确定的、或经仲裁裁定的、或法院判决的发包人应得的索赔款项，发包人可从应支付给承包人的当月工程进度款或当期付款计划表的付款中扣减该索赔款项。当支付给承包人的各期工程进度款中不足以抵扣发包人的索赔款项时，承包人应当另行支付。承包人未能支付，可协商支付协议，仍未支付时，发包人可从履约保函（如有）中抵扣。如履约保函不足以抵扣时，承包人须另行支付该索赔款项，或以双方协商一致的支付协议的期限支付。

14.11.2 经协商或调解确定的、或经仲裁裁决的、或法院判决的承包人应得的索赔款项，承包人可在当月工程进度款或当期付款计划表的付款申请中单列该索赔款项，发包人应在当期付款中支付该索赔款项。发包人未能支付该索赔款项时，承包人有权从发包人提交的支付保函（如有）中抵扣。如未约定支付保函时，发包人须另行支付该索赔款项。

14.12 竣工结算

14.12.1 提交竣工结算资料

承包人应在根据12.1款的约定提交的竣工验收报告和完整的竣工资料被发包人确定后的30日内，向发包人递交竣工结算报告和完整的竣工结算资料。竣工结算资料的格式、内容和份数，在专用条款中约定。

14.12.2 最终竣工结算资料

发包人应在收到承包人提交的竣工结算报告和完整的竣工结算资料后的30日内，进行审查并提出修改意见，双方就竣工结算报告和完整的竣工结算资料的修改达成一致意见后，由承包人自费进行修正，并提交最终的竣工结算报告和最终的结算资料。

14.12.3 结清竣工结算的款项

发包人应在收到承包人按14.12.2款的约定提交的最终竣工结算资料的30日内，结清竣工结算的款项。竣工款结清后5日内，发包人应将承包人按14.2.1款约定提交的履约保函返还给承包人；承包人应将发包人按14.2.2款约定提交的支付保函返还给发包人。

14.12.4 未能答复竣工结算报告

发包人在接到承包人根据14.12.1款约定提交的竣工结算报告和完整的竣工结算资料的30日内，未能提出修改意见，也未予答复的，视为发包人认可了该竣工结算资料作为最终竣工结算资料。发包人应根据14.12.3款的约定，结清竣工结算的款项。

14.12.5 发包人未能结清竣工结算的款项

（1）发包人未能按14.12.3款的约定，结清应付给承包人的竣工结算的款项余额的，承包人有权从发包人根据14.2.2款约定提交的支付保函中扣减该款项的余额。

合同未约定发包人按14.2.2款提交支付保函或支付保函不足以抵偿应向承包人支付的竣工结算款项时，发包人从承包人提交最终结算资料后的第31日起，支付拖欠的竣工结算款项的余额，并按中国人民银行同期同类贷款利率支付相应利息。

（2）根据14.12.4款的约定，发包人未能在约定的30日内对竣工结算资料提出修改意见和答复，也未能向承包人支付竣工结算款项的余额的，应从承包人提交该报告后的第31日起，支付拖欠的竣工结算款项的余额，并按中国人民银行同期同类贷款利率支付相应利息。

发包人在承包人提交最终竣工结算资料的90日内，仍未结清竣工结算款项的，承包人可依据第16.3款争议和裁决的约定解决。

14.12.6 未能按时提交竣工结算报告及完整的结算资料

工程竣工验收报告经发包人认可后的30日内，承包人未能向发包人提交竣工结算报告及完整的结算资料，造成工程竣工结算不能正常进行、或工程竣工结算不能按时结清，发包人要求承包人交付工程时，承包人应进行交付；发包人未要求交付工程时，承包人须承担保管、维护和保养的费用和责任，不包括根据第9条工程接收的约定已被发包人使用、接收的单项工程和工程的任何部分。

14.12.7 承包人未能支付竣工结算的款项

（1）承包人未能按14.12.3款的约定，结清应付给发包人的竣工结算中的款项余额时，发包人有权从承包人根据14.2.1款约定提交的履约保函中扣减该款项的余额。

履约保函的金额不足以抵偿时，承包人应从最终竣工结算资料提交之后的31日起，支付拖欠的竣工结算款项的余额，并按中国人民银行同期同类贷款利率支付相应利息。承包人在最终竣工结算资料提交后的90日内仍未支付时，发包人有权根据第16.3款争议和裁决的约定解决。

（2）合同未约定履约保函时，承包人应从最终竣工结算资料提交后的第31日起，支付拖欠的竣工结算款项的余额，并按中国人民银行同期同类贷款利率支付相应利息。如承包人在最终竣工结算资料提交后的90日内仍未支付时，发包人有权根据第16.3款争议和裁决的约定解决。

14.12.8 竣工结算的争议

如在发包人收到承包人递交的竣工结算报告及完整的结算资料后的30日内，双方对工程竣工结算的价款发生争议时，应共同委托一家具有相应资质等级的工程造价咨询单位进行竣工结算审核，按审核结果，结清竣工结算的款项。审核周期由合同双方与工程造价审核单位约定。对审核结果仍有争议时，依据第16.3款争议和裁决的约定解决。

第十五条　保险

15.1 承包人的投保

15.1.1 按适用法律和专用条款约定的投保类别，由承包人投保的保险种类，其投保费用包含在合同价格中。由承包人投保的保险种类、保险范围、投保金额、保险期限和持续有效的时间等在专用条款中约定。

（1）适用法律规定及专用条款约定的，由承包人负责投保的，承包人应依据工程实施阶段的需要按期投保；

（2）在合同执行过程中，新颁布的适用法律规定由承包人投保的强制性保险，根据13条变更和合同价格调整的约定调整合同价格。

15.1.2 保险单对联合被保险人提供保险时，保险赔偿对每个联合被保险人分别适用。承包人应代表自己的被保险人，保证其被保险人遵守保险单约定的条件及其赔偿金额。

15.1.3 承包人从保险人收到的理赔款项，应用于保单约定的损失、损害、伤害的修复、购置、重建和赔偿。

15.1.4 承包人应在投保项目及其投保期限内，向发包人提供保险单副本、保费支付单据复印件和保险单生效的证明。

承包人未提交上述证明文件的，视为未按合同约定投保，发包人可以自己名义投保相应保险，由此引起的费用及理赔损失，由承包人承担。

15.2 一切险和第三方责任险

对于建筑工程一切险、安装工程一切险和第三者责任险，无论应投保方是任何一方，其在投保时均应将本合同的另一方、本合同项下分包商、供货商、服务商同时列为保险合同项下的被保险人。具体的应投保方在专用条款中约定。

15.3 保险的其他规定

15.3.1 由承包人负责采购运输的设备、材料、部件的运输险，由承包人投保。此项保险费用已包含在合同价格中，专用条款中另有约定时除外。

15.3.2 保险事项的意外事件发生时，在场的各方均有责任努力采取必要措施，防止损失、损害的扩大。

15.3.3 本合同约定以外的险种，根据各自的需要自行投保，保险费用由各自承担。

第十六条　违约、索赔和争议

16.1 违约责任

16.1.1 发包人的违约责任

当发生下列情况时：

(1) 发包人未能履行5.1.2款、5.2.1款第（1）、（2）项的约定，未能按时提供真实、准确、齐全的工艺技术和（或）建筑设计方案、项目基础资料和现场障碍资料；

(2) 发包人未能按第13条的约定调整合同价格，未能按第14条有关预付款、工程进度款、竣工结算约定的款项类别、金额、承包人指定的账户和时间支付相应款项；

(3) 发包人未能履行合同中约定的其他责任和义务。

发包人应采取补救措施，并赔偿因上述违约行为给承包人造成的损失。因其违约行为造成工程关键路径延误时，竣工日期顺延。发包人承担违约责任，并不能减轻或免除合同中约定的应由发包人继续履行的其他责任和义务。

16.1.2 承包人的违约责任

当发生下列情况时：

(1) 承包人未能履行第6.2款对其提供的工程物资进行检验的约定、第7.5款施工质量与检验的约定，未能修复缺陷；

（2）承包人经三次试验仍未能通过竣工试验、或经三次试验仍未能通过竣工后试验，导致的工程任何主要部分或整个工程丧失了使用价值、生产价值、使用利益；

（3）承包人未经发包人同意、或未经必要的许可、或适用法律不允许分包的，将工程分包给他人；

（4）承包人未能履行合同约定的其他责任和义务。

承包人应采取补救措施，并赔偿因上述违约行为给发包人造成的损失。承包人承担违约责任，并不能减轻或免除合同中约定的由承包人继续履行的其他责任和义务。

16.2 索赔

16.2.1 发包人的索赔

发包人认为，承包人未能履行合同约定的职责、责任、义务，且根据本合同约定、与本合同有关的文件、资料的相关情况与事项，承包人应承担损失、损害赔偿责任，但承包人未能按合同约定履行其赔偿责任时，发包人有权向承包人提出索赔。索赔依据法律及合同约定，并遵循如下程序进行：

（1）发包人应在索赔事件发生后的30日内，向承包人送交索赔通知。未能在索赔事件发生后的30日内发出索赔通知，承包人不再承担任何责任，法律另有规定的除外。

（2）发包人应在发出索赔通知后的30日内，以书面形式向承包人提供说明索赔事件的正当理由、条款根据、有效的可证实的证据和索赔估算等相关资料。

（3）承包人应在收到发包人送交的索赔资料后30日内与发包人协商解决，或给予答复，或要求发包人进一步补充提供索赔的理由和证据。

（4）承包人在收到发包人送交的索赔资料后30日内未与发包人协商、未予答复、或未向发包人提出进一步要求，视为该项索赔已被承包人认可。

（5）当发包人提出的索赔事件持续影响时，发包人每周应向承包人发出索赔事件的延续影响情况，在该索赔事件延续影响停止后的30日内，发包人应向承包人送交最终索赔报告和最终索赔估算。索赔程序与本款第（1）项至第（4）项的约定相同。

16.2.2 承包人的索赔

承包人认为，发包人未能履行合同约定的职责、责任和义务，且根据本合同的任何条款的约定、与本合同有关的文件、资料的相关情况和事项，发包人应承担损失、损害赔偿责任及延长竣工日期的，发包人未能按合同约定履行其赔偿义务或延长竣工日期时，承包人有权向发包人提出索赔。索赔依据法律和合同约定，并遵循如下程序进行：

（1）承包人应在索赔事件发生后30日内，向发包人发出索赔通知。未在索赔事件发生后的30日内发出索赔通知，发包人不再承担任何责任，法律另有规定除外。

（2）承包人应在发出索赔事件通知后的30日内，以书面形式向发包人提交说明索赔事件的正当理由、条款根据、有效的可证实的证据和索赔估算资料的报告。

(3) 发包人应在收到承包人送交的有关索赔资料的报告后30日内与承包人协商解决，或给予答复，或要求承包人进一步补充索赔理由和证据。

(4) 发包人在收到承包人按本款第(3)项提交的报告和补充资料后的30日内未与承包人协商、或未予答复、或未向承包人提出进一步补充要求，视为该项索赔已被发包人认可。

(5) 当承包人提出的索赔事件持续影响时，承包人每周应向发包人发出索赔事件的延续影响情况，在该索赔事件延续影响停止后的30日内，承包人向发包人送交最终索赔报告和最终索赔估算。索赔程序与本款第(1)项至第(4)项的约定相同。

16.3 争议和裁决

16.3.1 争议的解决程序

根据本合同或与本合同相关的事项所发生的任何索赔争议，合同双方首先应通过友好协商解决。争议的一方，应以书面形式通知另一方，说明争议的内容、细节及因由。在上述书面通知发出之日起的30日内，经友好协商后仍存争议时，合同双方可提请双方一致同意的工程所在地有关单位或权威机构对此项争议进行调解；在争议提交调解之日起30日内，双方仍存争议时，或合同任何一方不同意调解的，按专用条款的约定通过仲裁或诉讼方式解决争议事顷。

16.3.2 争议不应影响履约

发生争议后，须继续履行其合同约定的责任和义务，保持工程继续实施。除非出现下列情况，任何一方不得停止工程或部分工程的实施。

(1) 当事人一方违约导致合同确已无法履行，经合同双方协议停止实施；

(2) 仲裁机构或法院责令停止实施。

16.3.3 停止实施的工程保护

根据16.3.2款约定，停止实施的工程或部分工程，当事人应按合同约定的职责、责任和义务，保护好与合同工程有关的各种文件、资料、图纸、已完工程，以及尚未使用的工程物资。

第十七条　不可抗力

17.1 不可抗力发生时的义务

17.1.1 通知义务

觉察或发现不可抗力事件发生的一方，有义务立即通知另一方。根据本合同约定，工程现场照管的责任方，在不可抗力事件发生时，应在力所能及的条件下迅速采取措施，尽力减少损失；另一方全力协助并采取措施。需暂停实施的施工或工作，立即停止。

17.1.2 通报义务

工程现场发生不可抗力时，在不可抗力事件结束后的48小时内，承包人(如为工程现场的照管方)须向发包人通报受害和损失情况。当不可抗力事件持续发生时，承包人每周应向发包人和工程总监报告受害情况。对报告周期另有约定时除外。

17.2 不可抗力的后果

因不可抗力事件导致的损失、损害、伤害所发生的费用及延误的竣工日期，按如下约定处理：

（1）永久性工程和工程物资等的损失、损害，由发包人承担；

（2）受雇人员的伤害，分别按照各自的雇用合同关系负责处理；

（3）承包人的机具、设备、财产和临时工程的损失、损害，由承包人承担；

（4）承包人的停工损失，由承包人承担；

（5）不可抗力事件发生后，因一方迟延履行合同约定的保护义务导致的延续损失、损害，由迟延履行义务的一方承担相应责任及其损失；

（6）发包人通知恢复建设时，承包人应在接到通知后的20日内，或双方根据具体情况约定的时间内，提交清理、修复的方案及其估算，以及进度计划安排的资料和报告，经发包人确认后，所需的清理、修复费用由发包人承担。恢复建设的竣工日期相应顺延。

第十八条 合同解除

18.1 由发包人解除合同

18.1.1 通知改正

承包人未能按合同履行其职责、责任和义务，发包人可通知承包人，在合理的时间内纠正并补救其违约行为。

18.1.2 由发包人解除合同

发包人有权基于下列原因，以书面形式通知解除合同或解除合同的部分工作。发包人应在发出解除合同通知15日前告知承包人。发包人解除合同并不影响其根据合同约定享有的任何其他权利。

（1）承包人未能遵守14.2.1款履约保函的约定；

（2）承包人未能执行18.1.1款通知改正的约定；

（3）承包人未能遵守3.8.1款至3.8.4款的有关分包和转包的约定；

（4）承包人实际进度明显落后于进度计划，发包人指令其采取措施并修正进度计划时，承包人无作为；

（5）工程质量有严重缺陷，承包人无正当理由使修复开始日期拖延达30日以上；

（6）承包人明确表示或以自己的行为明显表明不履行合同、或经发包人以书面形式通知其履约后仍未能依约履行合同、或以明显不适当的方式履行合同；

（7）根据8.6.2款第（4）项（或）和10.8款的约定，未能通过的竣工试验、未能通过的竣工后试验，使工程的任何部分和（或）整个工程丧失了主要使用功能、生产功能；

（8）承包人破产、停业清理或进入清算程序，或情况表明承包人将进入破产和（或）清算程序。

发包人不能为另行安排其他承包人实施工程而解除合同或解除合同的部分工作。发包人违反该约定时，承包人有权依据本项约定，提出仲裁或诉讼。

18.1.3 解除合同通知后停止和进行的工作

承包人收到解除合同通知后的工作。承包人应在解除合同30日内或双方约定的时间内，完成以下工作：

（1）除了为保护生命、财产或工程安全、清理和必须执行的工作外，停止执行所有被通知解除的工作。

（2）将发包人提供的所有信息及承包人为本工程编制的设计文件、技术资料及其他文件移交给发包人。在承包人留有的资料文件中，销毁与发包人提供的所有信息相关的数据及资料的备份。

（3）移交已完成的永久性工程及负责已运抵现场的永久性工程物资。在移交前，妥善做好已完工程和已运抵现场的永久性工程物资的保管、维护和保养。

（4）移交相应实施阶段已经付款的并已完成的和尚待完成的设计文件、图纸、资料、操作维修手册、施工组织设计、质检资料、竣工资料等。

（5）向发包人提交全部分包合同及执行情况说明。其中包括：承包人提供的工程物资（含在现场保管的、已经订货的、正在加工的、运输途中的、运抵现场尚未交接的），发包人承担解除合同通知之日之前发生的、合同约定的此类款项。承包人有义务协助并配合处理与其有合同关系的分包人的关系。

（6）经发包人批准，承包人应将其与被解除合同或被解除合同中的部分工作相关的和正在执行的分包合同及相关的责任和义务转让至发包人和（或）发包人指定方的名下，包括永久性工程及工程物资，以及相关工作。

（7）承包人按照合同约定，继续履行其未被解除的合同部分工作。

（8）在解除合同的结算尚未结清之前，承包人不得将其机具、设备、设施、周转材料、措施材料撤离现场和（或）拆除，除非得到发包人同意。

18.1.4 解除日期的结算

根据18.1.2款的约定，承包人收到解除合同或解除合同部分工作的通知后，发包人应立即与承包人商定已发生的合同款项，包括14.3款的预付款、14.4款的工程进度款、13.7款的合同价格调整的款项、14.5款的缺陷责任保修金暂扣的款项、16.2款的索赔款项、本合同补充协议的款项，及合同约定的任何应增减的款项。经双方协商一致的合同款项，作为解除日期的结算资料。

18.1.5 解除合同后的结算

（1）双方应根据18.1.4款解除合同日期的结算资料，结清双方应收应付款项的余额。此后，发包人应将承包人根据14.2.1款约定提交的履约保函返还给承包人，承包人应将发包人根据14.2.2款约定提交的支付保函返还给发包人。

（2）如合同解除时仍有未被扣减完的预付款，发包人应根据14.3.3预付款抵扣的约定扣除，并在此后将约定提交的预付款保函返还给承包人。

（3）发包人尚有其他未能扣减完的应收款余额时，有权从14.2.1款约定的承包人提交的履约保函中扣减，并在此后将履约保函返还给承包人。

（4）发包人按上述约定扣减后，仍有未能收回的款项时；或合同未能约定提交履约保函和预付款保函时，仍有未能扣减应收款项的余额时，可扣留与应收款价值相当的承包人的机具、设备、设施、周转材料等作为抵偿。

18.1.6 承包人的撤离

（1）全部合同解除的撤离。承包人有权按18.1.5款第（4）项的约定，将未被因抵偿扣留的机具、设备、设施等自行撤离现场。并承担撤离和拆除临时设施的费用。发包人为此提供必要条件。

（2）部分合同解除的撤离。承包人接到发包人发出撤离现场的通知后，将其多余的机具、设备、设施等自费拆除并自费撤离现场（不包括根据18.1.5款第（4）项约定被抵偿的机具等）。发包人为此提供必要条件。

18.1.7 解除合同后继续实施工程的权利。发包人可继续完成工程或委托其他承包人继续完成工程。发包人有权与其他承包人使用已移交的永久性工程的物资，及承包人为本工程编制的设计文件、实施文件及资料，以及使用根据18.1.5款第（4）项约定扣留抵偿的设施、机具和设备。

18.2 由承包人解除合同

18.2.1 由承包人解除合同。基于下列原因，承包人有权以书面形式通知发包人解除合同，但应在发出解除合同通知15日前告知发包人：

（1）发包人延误付款达60日以上，或根据4.6.4款承包人要求复工，但发包人在180日内仍未通知复工的；

（2）发包人实质上未能根据合同约定履行其义务，影响承包人实施工作停止30日以上；

（3）发包人未能按14.2.2款的约定提交支付保函；

（4）出现第17条约定的不可抗力事件，导致继续履行合同主要义务已成为不可能或不必要；

（5）发包人破产、停业清理或进入清算程序、或情况表明发包人将进入破产和（或）清算程序，或发包人无力支付合同款项。

发包人接到承包人根据本款第（1）项、（2）项、（3）项解除合同的通知后，发包人随后给予了付款，或同意复工、或继续履行其义务、或提供了支付保函时，承包人应尽快安排并恢复正常工作。因此造成关键路线延误时，竣工日期顺延；承包人因此增加的费用，由发包人承担。

18.2.2 承包人发出解除合同的通知后，有权停止和必须进行的工作如下：

（1）除为保护生命、财产、工程安全、清理和必须执行的工作外，停止所有进一步的工作。

（2）移交已完成的永久性工程及承包人提供的工程物资（包括现场保管的、已经订货的、正在加工制造的、正在运输途中的、现场尚未交接的）。在未移交之前，承包人有义务妥善做好已完工程和已购工程物资的保管、维护和保养。

（3）移交已经付款并已经完成和尚待完成的设计文件、图纸、资料、操作维修手册、施工组织设计、质检资料、竣工资料等。应发包人的要求，对已经完成但尚未付款的相关设计文件、图纸和资料等，按商定的价格付款后，承包人按约定的时间提交给发包人。

（4）向发包人提交全部分包合同及执行情况说明，由发包人承担其费用。

（5）应发包人的要求，承包人将分包合同转让至发包人和（或）发包人指定方的名下，包括永久性工程及其物资，以及相关工作。

（6）在承包人自留文件资料中，销毁发包人提供的所有信息及其相关的数据及资料的备份。

18.2.3 解除合同日期的结算资料

根据18.2.1款的约定，发包人收到解除合同的通知后，应与承包人商定已发生的工程款项，包括：14.3款预付款、14.4款工程进度款、13.7款合同价格调整的款项、14.5款保修金暂扣与支付的款项、16.2款索赔的款项、本合同补充协议的款项，及合同任何条款约定的增减款项，以及承包人拆除临时设施和机具、设备等撤离到承包人企业所在地的费用（当出现18.2.1款第（4）项不可抗力的情况，撤离费用由承包人承担）。经双方协商一致的合同款项，作为解除日期的结算依据。

18.2.4 解除合同后的结算

（1）双方应根据18.2.3款解除合同日期的结算资料，结清解除合同时双方的应收应付款项的余额。此后，承包人应将发包人根据14.2.2款约定提交的支付保函返还给发包人，发包人将承包人根据14.2.1款约定提交的履约保函返还给承包人。

（2）如合同解除时发包人仍有未被扣减完的预付款，发包人可根据14.3.3款预付款抵扣的约定扣除，此后，应将预付款保函返还给承包人。

（3）如合同解除时承包人尚有其他未能收回的应收款余额，承包人可从14.2.2款约定的发包人提交的支付保函中扣减，此后，应将支付保函返还给发包人。

（4）如合同解除时承包人尚有其他未能收回的应收款余额，而合同未约定发包人按14.2.2款提交支付保函时，发包人应根据18.2.3款的约定，经协商一致的解除合同日期结算资料后的第1日起，按中国人民银行同期同类贷款利率，支付拖欠的余额和利息。发包人在此后的60日内仍未支付的，承包人有权根据第16.3款争议和裁决的约定解决。

（5）如合同解除时承包人尚有未能付给发包人的付款余额，发包人有权根据18.1.5款约定的解除合同后的结算中的第（2）项至第（4）项进行结算。

18.2.5 承包人的撤离。在合同解除后，承包人应将除为安全需要以外的所有其他物资、机具、设备和设施，全部撤离现场。

18.3 合同解除后的事项

18.3.1 付款约定仍然有效

合同解除后，由发包人或由承包人解除合同的结算及结算后的付款约定仍然有效，直至解除合同的结算工作结清。

18.3.2 解除合同的争议

合同双方对解除合同或对解除日期的结算有争议的，应采取友好协商方式解决。经友好协商仍存在争议、或有一方不接受友好协商时，根据16.3款争议和裁决的约定解决。

第十九条 合同生效与合同终止

19.1 合同生效

在合同协议书中约定的合同生效条件满足之日生效。

19.2 合同份数

合同正本、合同副本的份数，及合同双方应持的份数，在专用条款中约定。

19.3 后合同义务

合同双方应在合同终止后，遵循诚实信用原则，履行通知、协助、保密等义务。

第二十条 补充条款

双方对本通用条款内容的具体约定、补充或修改在专用条款中约定。

第三部分 专用条款

第一条 一般规定

1.1 定义与解释

1.1.51 双方约定的视为不可抗力时间处理的其他情形如下：________________

1.1.52 双方根据本合同工程的特点，补充约定的其他定义：________________

1.3 语言文字

本合同除使用汉语外，还使用__________语言。

1.4 适用法律

合同双方需要明示的法律、行政法规、地方性法规：________________

1.5 标准、规范

1.5.1 本合同适用的标准、规范（名称）：________________

1.5.2 发包人提供的国外标准、规范的名称、份数和时间：________________

1.5.3 没有成文规范、标准规定的约定：________________

发包人的技术要求及提交时间：________________

承包人提交实施方法的时间：________________

1.6 保密事项

双方签订的商业保密协议（名称）：________________，作为本合同附件。

双方签订的技术保密协议（名称）：________________，作为本合同附件。

第二条　发包人

2.2 发包人代表

发包人代表的姓名：________________________________

发包人代表的职务：________________________________

发包人代表的职责：________________________________

2.3 监理人

2.3.1 监理单位名称：________________________________

工程总监姓名：________________________________

监理的范围：________________________________

监理的内容：________________________________

监理的权限：________________________________

2.5 保安责任

2.5.1 现场保安责任的约定。在以下两者中选择其一，作为合同双方对现场保安责任的约定。

☐ 发包人负责保安的归口管理

☐ 委托承包人负责保安管理

2.5.2 保安区域责任划分及双方相关保安制度、责任制度和报告制度的约定：____

第三条　承包人

3.1 承包人的一般权利和义务

3.1.3 经合同双方商定，承包人应提交的报表类别、名称、内容、报告期、提交的时间和份数：________________________________

3.2 项目经理

3.2.1 项目经理姓名：________________________________

项目经理职责：________________________________

项目经理权限：________________________________

项目经理每月在现场时间不得少于________日。

因擅自更换项目经理或项目经理兼职其他项目经理的违约约定：____________

项目经理每月在现场时间未达到合同约定天数的，每少一天应向发包人支付违约金________元。

3.3 分包

3.3.1 分包约定

约定的分包工作事项：________________________________

第四条　进度计划、延误和暂停

4.1 项目进度计划

4.1.1 项目进度计划中的关键路径及关键路径变化的确定原则：______________

承包人提交项目进度计划的份数和时间：______________

4.3 采购进度计划

4.3.1 采购进度计划提交的份数和日期：______________

4.3.2 采购开始日期：______________

4.4 施工进度计划

4.4.1 施工进度计划（以表格或文字表述）

提交关键单项工程施工计划的名称、份数和时间：______________

提交关键分部分项工程施工计划的名称、份数和时间：______________

4.5 误期损害赔偿

因承包人原因使竣工日期延误，每延误1日的误期赔偿金额为合同协议书的合同价格的______%或人民币金额为：______________、累计最高赔偿金额为合同协议书的合同价格的______%或人民币金额为：______________。

第五条　技术与设计

5.1 生产工艺技术、建筑设计方案

5.1.1 承包人提供的生产工艺技术和（或）建筑设计方案

根据工程考核特点，在以下类型中选择其一，作为双方的约定。

□　按工程量考核，工程考核保证值和（或）使用功能说明：

____

□　按单项工程考核，各单项工程考核保证值和（或）使用功能说明：

____

5.1.2 发包人提供生产工艺技术和（或）建筑设计方案

其中，发包人应承担的工程和（或）单项工程试运行考核保证值和（或）使用功能说明如下：______________

承包人应承担的工程和（或）单项工程试运行考核保证值和（或）使用功能说明如下：______________

5.2 设计

5.2.1 发包人的义务

（1）提供项目基础资料。发包人提供的项目基础资料的类别、内容、份数和时间：

____

（2）提供现场障碍资料。发包人提供的现场障碍资料的类别、内容、份数和时间：

____

5.2.2 承包人的义务

(1) 经合同双方商定，发包人提供的项目基础资料、现场障碍资料的如下部分，可按本款中约定的如下时间期限，提出进一步要求：____________

5.2.4 操作维修手册

发包人提交的操作指南、分析手册的份数和提交期限：____________

承包人提交的操作维修手册的份数和最终提交期限：____________

5.2.5 设计文件的份数和提交时间

规划设计阶段设计文件、资料和图纸的份数和提交时间：____________

初步设计阶段设计文件、资料和图纸的份数和提交时间：____________

技术设计阶段设计文件、资料和图纸的份数和提交时间：____________

施工图设计阶段设计文件、资料和图纸的份数和提交时间：____________

5.3 设计阶段审查

5.3.1 设计审查阶段及审查会议时间

本工程的设计审查阶段（名称）：____________

设计审查阶段及其审查会议的时间安排：____________

第六条 工程物资

6.1 工程物资的提供

6.1.1 发包人提供的工程物资

(1) 工程物资的类别、估算数量：____________

6.1.2 承包人提供的工程物资

(1) 工程物资的类别、估算数量：____________

(3) 竣工后试验的生产性材料的类别或（和）清单：____________

6.2 检验

6.2.1 工程检验与报告

(1) 报告提交日期、报告内容和提交份数：____________

6.3 进口工程物资的采购、报关和清关

6.3.1 采购责任方及采购方式：____________

6.6 工程物资保管与剩余

6.6.1 工程物资保管

委托承包人保管的工程物资的类别和估算数量：____________

承包人提交保管、维护方案的时间：____________

由发包人提供的库房、堆场、设施及设备：____________

第七条 施工

7.1 发包人的义务

7.1.3 进场条件和进场日期

承包人的进场条件：________________

承包人的进厂日期：________________

7.1.4 临时用水电等提供和节点铺设

发包人提供的临时用水、用电等类别、取费单价：________________

7.1.10 由发包人履行的其他义务：________________

7.2 承包人的义务

7.2.2 施工组织设计

提交工程总体施工组织设计的份数和时间：________________

需要提交的主要单项工程、主要分部分项工程施工组织设计的名称、份数和时间：

____

7.2.3 提交临时占地资料

提交临时占地资料的份数和时间：________________

7.2.4 提供临时用水电等资料

承包人需要水电等品质、正常用量、高峰用量和使用时间：________________

发包人能够满足施工临时用水、电等类别和数量：________________

水电等节点位置资料的提交时间：________________

7.2.12 清理现场的费用：________________

7.2.13 由承包人履行的其他义务：________________

7.4 人力和机具资源

7.4.1 人力资源计划一览表的格式、内容、份数和提交时间：________________

人力资源实际进场的报表格式、份数和报告期：________________

7.4.2 主要机具计划一览表的格式、内容、份数和提交时间：________________

主要机具实际进场的报表格式、份数和报告期：________________

7.5 质量与检验

7.5.2 质检部位与参检方

三方参检的部位、标准及表格形式：________________

两方参检的部位、标准及表格形式：________________

第三方检查的部位、标准及表格形式：________________

承包人自检的部位、标准及表格形式：________________

7.6 隐蔽工程和中间验收

7.6.1 隐蔽工程和中间验收

需要质检的隐蔽工程和中间验收部位的分类、部位、质检内容、标准、表格和参检方的约定：________________

7.8 职业健康、安全、环境保护

7.8.1 职业健康、安全、环境保护管理

(2) 提交职业健康、安全、环境保护管理实施计划的份数和时间：

____

第八条　竣工试验

本合同工程，包含竣工试验阶段/不包含竣工试验阶段。保留其一，作为双方约定。

8.1 竣工试验的义务

8.1.1 承包人的一般义务

(4) 竣工试验方案

提交竣工试验方案的份数和时间：______________________________

第九条　工程接收

9.1 工程接收

9.1.1 按单项工程或（和）按工程接收

在以下两种情况中选择其一，作为双方对工程接收的约定。

□ 由承包人负责指导发包人进行单项工程或（和）工程竣工后试验，并承担试运行考核责任的，接收单项工程的先后顺序及时间安排，或接收工程的时间安排如下：

____

□ 由发包人负责单项工程或（和）工程竣工后试验及其试运行考核责任的，接收单项工程的先后顺序及时间安排，或接收工程的时间安排如下：

____

9.1.2 接收工程提交的资料

提交竣工试验资料的类别、内容、份数和时间：______________________________

第十条　竣工后试验

本合同包含承包人指导竣工后试验/不含承包人指导竣工后试验。保留其一，作为双方约定。

10.1 权利和义务

10.1.1 发包人的权利和义务

(6) 其他义务和工作：______________________________

10.1.2 承包人的责任和义务

(2) 竣工后试验方案的份数和完成时间：______________________________

(7) 其他义务和工作：______________________________

10.2 竣工后试验程序

10.2.5 竣工后试验日期的通知

单项工程或（和）工程竣工后试验开始日期的约定：______________________________

10.3 竣工后试验及试运行考核

10.3.3 试运行考核

(3) 试运行考核周期：________小时（或日、周、月、年）

10.6 未能通过考核

（1）未能通过试运行考核的赔偿

1）承包人提供的生产工艺技术或建筑设计方案未能通过试运行考核的赔偿

根据工程情况，在以下方式中选择一项，作为双方的考核赔偿约定。

□ 各单项工程的赔偿金额（或赔偿公式）为：____________________

□ 工程的赔偿金额（或赔偿公式）：____________________

2）发包人提供的生产工艺技术或建筑设计方案未能通过试运行考核的赔偿

其中，承包人应承担相关责任的赔偿金额（或赔偿公式）分别为：____________________

10.7 考核验收证书

10.7.1 在以下方式中选择其一，作为颁发竣工后试验及考核验收证书的约定。

□ 按工程颁发竣工后试验及考核验收证书

□ 按单项工程和工程颁发竣工后试验及考核验收证书

第十一条　质量保修责任

11.2 缺陷责任保修金

11.2.1 缺陷责任保修金金额

缺陷责任保修金金额为合同协议书约定的合同价格的______%。

11.2.2 缺陷责任保修金金额的暂扣

缺陷责任保修金金额的暂扣方式：____________________

第十二条　工程竣工验收

12.1 竣工验收报告及完整的竣工资料

12.1.1 竣工验收报告和完整的竣工资料

竣工验收报告的格式、份数和提交时间：____________________

完整的竣工资料的格式、份数和提交时间：____________________

第十三条　变更和合同价格调整

13.2 变更范围

13.2.6 其他变更

双方根据本工程特点，商定的其他变更范围：____________________

13.5 变更价款确定

13.5.4 变更价款约定的其他方法：____________________

13.6 建议变更的利益分享

建议变更的利益分享的约定：____________________

第十四条　合同总价和付款

14.1 合同总价和付款

14.1.2 付款

(2) 承包人指定的开户银行及银行账户：________________

14.2 担保

14.2.1 履约保函

在以下方式中选择其一，作为双方对履约保函的约定。

□ 承包人不提交履约保函。

□ 承包人提交履约保函的格式、金额和时间：________________

14.2.2 支付保函

在以下方式中选择其一，作为双方对支付保函的约定。

□ 发包人不提交支付保函。

□ 发包人提交支付保函的格式、金额和时间：________________

14.2.3 预付款保函

在以下方式中选择其一，作为双方对预付款保函的约定。

□ 承包人不提交预付款保函。

□ 承包人提交预付款保函的格式、金额和时间：________________

14.3 预付款

14.3.1 预付款金额

预付款的金额为：________________

14.3.3 预付款抵扣

(1) 预付款的抵扣方式、抵扣比例和抵扣时间安排：________________

14.4 工程进度款

14.4.1 工程进度款

工程进度款的支付方式、支付条件和支付时间：________________

14.4.2 其他进度款

其他进度款有：________________

____

14.5 缺陷责任保修金的暂扣与支付

14.5.2 缺陷责任保修金的支付

(2) 缺陷责任保修金保函的格式、金额和时间：________________

14.6 按月工程进度申请付款

按月付款申请报告的格式、内容、份数和提交时间：________________

14.7 按付款计划表申请付款

付款期数、每期付款金额、每期需达到的主要计划形象进度和主要计划工程量进度：________________

____

付款申请报告的格式、内容、份数和提交时间：________________

14.12 竣工结算

14.12.1 提交竣工结算资料

竣工结算资料的格式、内容和份数：______________________________

第十五条 保险

15.1 承包人的投保

15.1.1 合同双方商定，由承包人负责投保的保险种类、保险范围、投保金额、保险期限和持续有效的时间：______________________________

15.2 一切险和第三方责任险

土建工程一切险的投保方及对投保的相关要求：______________

安装工程及竣工试验一切险的投保方及对投保的相关要求：__________

第三者责任险的应投保方及对投保的相关要求：______________

第十六条 违约、索赔和争议解决

16.3 争议和裁决

16.3.1 争议的解决程序

在争议提交调解之日起30日内，双方仍存有争议时，或合同任何一方不同意调解的，在以下方式中选择其一，作为双方解决争议事项的约定。

☐ 提交______________仲裁委员会，按照申请仲裁时该会有效的仲裁规则进行仲裁。仲裁裁决是终局的，对双方均有约束力。

☐ 向__________所在地人民法院提起诉讼。

第十九条 合同生效与合同终止

19.2 合同份数

本合同正本一式：________份，合同副本一式：________份。合同双方应持的正本份数：__________，副本份数：__________。

第二十条 补充条款

20.1 承包合同工程的内容及合同工作范围划分：______________

20.2 承包合同的单项工程一览表：______________________

20.3 合同价格清单分项表：__________________________

20.4 其他合同附件：______________________________

GF—2003—0213

建设工程施工专业分包合同

(示范文本)①

第一部分　协议书

承包人（全称）：______________________________

分包人（全称）：______________________________

依照《中华人民共和国合同法》《中华人民共和国建筑法》及其他有关法律、行政法规，遵循平等、自愿、公平和诚实信用的原则，鉴于______________（以下简称为“发包人”）与承包人已经签订施工总承包合同（以下称为“总包合同”），承包人和分包人双方就分包工程施工事宜经协商达成一致，订立本合同。

一、分包工程概况

分包工程名称：______________________

分包工程地点：______________________

分包工程承包范围：__________________

二、分包合同价款

金额（人民币）：大写：__________________

小写：__________________

三、合同工期

开工日期：本分包工程定于______年____月____日开工

竣工日期：本分包工程定于______年____月____日竣工

合同工期总日历天数为：____天

四、工程质量标准

本分包工程质量标准双方约定为：______________

五、组成分包合同的文件包括：

1. 本合同协议书；

2. 中标通知书（如有时）；

3. 分包人的报价书；

4. 除总包合同工程价款之外的总包合同文件；

5. 本合同专用条款；

---

① 住房和城乡建设部、国家市场监督管理总局（原国家工商行政管理总局）2003 年 8 月 13 日发布。

6. 本合同通用条款；

7. 本合同工程建设标准、图纸及有关技术文件；

8. 合同履行过程中，承包人和分包人协商一致的其他书面文件。

六、本协议书有关词语的含义与本合同第二部分《通用条款》中分别赋予它们的定义相同。

七、分包人向承包人承诺，按照合同约定的工期和质量标准，完成本协议书第一条约定的工程（以下简称为“分包工程”），并在质量保修期内承担保修责任。

八、承包人向分包人承诺，按照合同约定的期限和方式，支付本协议书第二条约定的合同价款（以下简称“分包合同价”），以及其他应当支付的款项。

九、分包人向承包人承诺，履行总包合同中与分包工程有关的承包人的所有义务，并与承包人承担履行分包工程合同以及确保分包工程质量的连带责任。

十、合同的生效

合同订立时间：______年____月____日

合同订立地点：______________________________

本合同双方约定________________后生效。

承包人：（公章）	分包人：（公章）
住所：	住所：
法定代表人：	法定代表人：
委托代理人：	委托代理人：
电话：	电话：
传真：	传真：
开户银行：	开户银行：
账号：	账号：
邮政编码：	邮政编码：

第二部分　通用条款

一、词语定义及合同文件

1. 词语定义

下列词语除专用条款另有约定外，应具有本条款所赋予的定义：

1.1 通用条款：是根据法律、行政法规规定及建设工程施工的需要订立，通用于分包工程施工的条款。

1.2 专用条款：是承包人与分包人根据法律、行政法规规定，结合具体工程实际，经协商达成一致意见的条款，是对通用条款的具体化、补充或修改。

1.3 发包人：指在总包合同协议书中约定的具有工程发包主体资格和支付工程价

款能力的当事人，以及取得该当事人资格的合法继承人。

1.4 承包人：指在总包合同协议书中约定的，被发包人接受的具有工程施工总承包主体资格的当事人，以及取得该当事人资格的合法继承人。

1.5 分包人：指在本分包合同协议书中约定的，被承包人接受的具有分包该工程资格的当事人，以及取得该当事人资格的合法继承人。

1.6 总包工程：指由发包人和承包人在总包合同协议书中约定的承包范围内的工程。

1.7 分包工程：指由承包人和分包人在本合同协议书中约定的分包范围内的工程。

1.8 工程师：指在总包合同中约定的由工程监理单位委派的工程师或发包人指定的履行总包合同的代表，其具体身份和职权由发包人和承包人在总包合同专用条款中约定。

1.9 项目经理：指承包人在总包合同专用条款和本合同专用条款中指定的负责施工管理、履行总包合同及本合同的代表。

1.10 分包项目经理：指由分包人在分包合同专用条款中指定的负责施工管理和履行分包合同的代表。

1.11 总包合同：指发包人与承包人之间签订的施工总承包合同，由协议书、通用条款和专用条款组成。

1.12 总包合同条款：指中华人民共和国建设部和国家市场监督管理总局（原国家工商行政管理总局）于1999年修订印发的《建设工程施工合同文本》（建［1999］313号）中的施工合同通用条款，以及经发包人和承包人协商一致的专用条款。

1.13 分包合同：指承包人和分包人之间签订的施工专业分包合同，由协议书、通用条款和专用条款组成。

1.14 工程建设标准：指与分包工程相关的工程建设标准，以及经承包人确认的，对工程建设标准进行的任何修改或增补。

1.15 图纸：指由承包人提供的符合总包合同要求及分包合同需要的所有图纸、计算书、配套说明以及相关的技术资料。

1.16 报价书：指由分包人根据分包合同的规定，为完成分包工程，向承包人提出的分包合同报价。在承包人采用招标方式确定分包人时，该报价书应与中标通知书中的中标价格一致。

1.17 中标通知书：指由承包人发出的确定分包人中标的通知。

1.18 开工日期：指承包人和分包人在本合同协议书中约定的，分包人开始施工的绝对或相对的日期。

1.19 竣工日期：指承包人和分包人在本合同协议书中约定的，分包人完成分包工程的绝对或相对日期。

1.20 合同价款：指承包人与分包人在本合同协议书中约定，承包人用以支付分包人按照分包合同完成分包范围内全部工程并承担质量保修责任的款项。

1.21 追加合同价款：指在分包合同履行过程中发生需要增加合同款项的情况，经承包人确认后，按双方约定的计算合同价款的方法增加的合同价款。

1.22 施工场地：指由承包人提供的用于分包工程施工的场所，以及承包人在现场总平面图中具体指定的供分包人施工使用的任何其他场所。

1.23 书面形式：指分包合同、信件和数据电文（包括电报、电传、传真、电子数据交换和电子邮件）等可以有形地表现所载内容的形式。

1.24 违约责任：指合同一方不履行合同义务或履行合同不符合约定内容，所应承担的责任。

1.25 索赔：指在合同履行过程中，对于并非自己的过错，而是应由对方承担责任的情况造成的实际损失，向对方提出经济补偿和（或）工期顺延的要求。

1.26 不可抗力：指不能预见、不能避免并不能克服的客观情况。

1.27 小时或天：本合同中规定按小时计算时间的，从事件有效开始时计算（不扣除休息时间）；规定按天计算时间的，开始当天不计入，从次日开始计算。时限的最后一天是休息日或者其他法定节假日的，以休息日或节假日次日为时限的最后一天，但竣工日期除外。时限的最后一天的截止时间为当日24时。

2. 合同文件及解释顺序

2.1 合同文件应能互相解释，互为说明。除本合同专用条款另有约定外，组成本合同的文件及优先解释顺序如下：

（1）本合同协议书；

（2）中标通知书（如有时）；

（3）分包人的投标函及报价书；

（4）除总包合同工程价款之外的总包合同文件；

（5）本合同专用条款；

（6）本合同通用条款；

（7）本合同工程建设标准、图纸；

（8）合同履行过程中，承包人和分包人协商一致的其他书面文件。

2.2 当合同文件内容出现含混不清或不一致时，应在不影响工程正常进行的情况下，由分包人和承包人协商解决。双方协商不成时，按本合同通用条款第28条关于争议的约定处理。

3. 语言文字和适用法律、行政法规及工程建设标准

3.1 语言文字

除本合同专用条款中另有约定，本合同文件使用的语言文字应与总包文件使用的语言文字相同。

3.2 适用法律和行政法规

除本合同专用条款中另有约定，本合同适用的法律、法规应与总包合同中规定适

用的法律、法规相同。需要明示的法律、行政法规在专用条款内约定。

3.3 适用工程建设标准

双方在本合同专用条款内约定适用的工程建设标准的名称；本合同专用条款没有具体约定的，应使用总包合同中所规定的与分包工程有关的工程建设标准。承包人应按本合同专用条款约定的时间向分包人提供一式两份约定的工程建设标准。

本合同中没有相应工程建设标准的，应由承包人按照本合同专用条款约定的时间向分包人提出施工技术要求，分包人按约定的时间和要求提出施工工艺，经承包人确认后执行。

4. 图纸

4.1 承包人应按照本合同专用条款约定的日期和套数，向分包人提供图纸。分包人需要增加约定以外图纸套数的，承包人应代为复制，复制费用由分包人承担；如根据总包合同，承包人对工程图纸负有保密义务的，分包人应负责分包工程范围内图纸的保密工作，分包人的保密义务在分包合同终止后，应当继续履行。

4.2 如分包工程的图纸不能完全满足施工需要，并且承包人委托分包人进行深化施工图设计的，分包人应在其设计资质等级和业务允许的范围内，在原分包工程图纸的基础上，根据国家有关工程建设标准进行深化设计，分包人的深化设计须经过承包人确认后方可进行施工。如分包人不具备相应的设计资质，应由承包人委托具有相应资质的单位进行深化设计。分包人应对自行设计的图纸负有全部的法律责任。

关于承包人委托分包人进行深化施工图设计的范围及发生的费用，双方应在专用条款中约定。

4.3 承包人提供的图纸不能满足分包工程施工需要时，双方在专用条款内约定复制、重新绘制、翻译、购买标准图纸等的责任和费用承担。

二、双方一般权利和义务

5. 总包合同

5.1 分包人对总包合同的了解

承包人应提供总包合同（有关承包工程的价格内容除外）供分包人查阅。当分包人要求时，承包人应向分包人提供一份总包合同（有关承包工程的价格内容除外）的副本或复印件。分包人应全面了解总包合同的各项规定（有关承包工程的价格内容除外）。

5.2 分包人对有关分包工程的责任

除本合同条款另有约定，分包人应履行并承担总包合同中与分包工程有关的承包人的所有义务与责任，同时应避免因分包人自身行为或疏漏造成承包人违反总包合同中约定的承包人义务的情况发生。

5.3 分包人与发包人的关系

分包人须服从承包人转发的发包人或工程师与分包工程有关的指令。未经承包人允许，分包人不得以任何理由与发包人或工程师发生直接工作联系，分包人不得直接致函发包人或工程师，也不得直接接受发包人或工程师的指令。如分包人与发包人或工程师发生直接工作联系，将被视为违约，并承担违约责任。

6. 指令和决定

6.1 承包人指令

就分包工程范围内的有关工作，承包人随时可以向分包人发出指令，分包人应执行承包人根据分包合同所发出的所有指令。分包人拒不执行指令，承包人可委托其他施工单位完成该指令事项，发生的费用从应付给分包人的相应款项中扣除。

6.2 分包人或工程师指令

就分包工程范围内的有关工作，分包人应执行经承包人确认和转发的发包人或工程师发出的所有指令和决定。

7. 项目经理

7.1 项目经理的姓名、职称在合同专用条款内写明。

7.2 项目经理可授权具体的管理人员行使自己的部分权利，并在认为有必要时可撤回授权，授权和撤回均应提前7天以书面形式通知分包人，委派书及撤回通知作为分包合同的附件。

7.3 承包人所发出的指令、通知由项目经理（或其授权人）签字后，以书面形式交给分包人，分包项目经理在回执上签署自己的姓名及收到时间后生效。确有必要时，项目经理可发出口头指令，并在48小时内给予书面确认。项目经理在48小时后未予书面确认的，分包人应于承包人发出口头指令后7天内提出书面确认要求，项目经理在分包人提出确认要求后7天内不予答复，应视为分包人要求已被确认。分包人认为承包人指令不合理，应在收到指令后24小时内提出书面申告，承包人在收到分包人申告后24小时内作出修改指令或继续执行原指令的决定，并以书面形式通知分包人。紧急情况下，项目经理可发出要求分包人立即执行的指令，分包人如有异议也应执行。如承包人发出错误的指令，并给分包人造成经济损失的，则承包人应给予分包人相应的补偿，但因分包人违反分包合同引起的损失除外。

7.4 项目经理应按分包合同的约定，及时向分包人提供所需的指令、批准、图纸并履行其他约定的义务，否则分包人应在约定时间后24小时内将具体要求、需要的理由及延误的后果通知承包人，项目经理在收到通知后48小时内不予答复，应承担因延误造成的损失。

7.5 承包人如需更换项目经理，应提前7天以书面形式通知分包人，后任继续行使前任的职权，履行前任的义务。

8. 分包项目经理

8.1 分包项目经理的姓名、职称在本合同专用条款内写明。

8.2 分包人依据合同发出的请求和通知，以书面形式由分包项目经理签字后送交项目经理，项目经理在回执上签署姓名和收到的时间后生效。

8.3 分包项目经理按项目经理批准的施工组织设计（或施工方案）和依据分包合同发出的指令组织施工。在情况紧急且无法与项目经理取得联系时，分包项目经理应采取保证人员生命和工程、财产安全的紧急措施，并在采取措施后48小时内向项目经理送交报告。责任在承包人或第三人，由承包人承担由此发生的追加合同价款，相应顺延工期；责任在分包人，由分包人承担费用，不顺延工期。

8.4 分包人如需更换分包项目经理，应至少提前7天以书面形式通知承包人，并征得承包人同意，后任继续行使前任的职权，履行前任的义务。

8.5 承包人可与分包人协商，建议更换其认为不称职的分包项目经理。

9. 承包人的工作

9.1 承包人应按本合同专用条款约定的内容和时间，一次或分阶段完成下列工作：

（1）向分包人提供根据总包合同由发包人办理的与分包工程相关的各种证件、批件、各种相关资料，向分包人提供具备施工条件的施工场地；

（2）按本合同专用条款约定的时间，组织分包人参加发包人组织的图纸会审，向分包人进行设计图纸交底；

（3）提供本合同专用条款中约定的设备和设施，并承担因此发生的费用；

（4）随时为分包人提供确保分包工程的施工所要求的施工场地和通道等，满足施工运输的需要，保证施工期间的畅通；

（5）负责整个施工场地的管理工作，协调分包人与同一施工场地的其他分包人之间的交叉配合，确保分包人按照经批准的施工组织设计进行施工；

（6）承包人应做的其他工作，双方在本合同专用条款内约定。

9.2 承包人未履行前款各项义务，导致工期延误或给分包人造成损失的，承包人赔偿分包人的相应损失，顺延延误的工期。

10. 分包人的工作

10.1 分包人应按本合同专用条款约定的内容和时间，完成下列工作：

（1）分包人应按照分包合同的约定，对分包工程进行设计（分包合同有约定时）、施工、竣工和保修。分包人在审阅分包合同和（或）总包合同时，或在分包合同的施工中，如发现分包工程的设计或工程建设标准、技术要求存在错误、遗漏、失误或其他缺陷，应立即通知承包人。

（2）按照本合同专用条款约定的时间，完成规定的设计内容，报承包人确认后在分包工程中使用。承包人承担由此发生的费用。

（3）在本合同专用条款约定的时间内，向承包人提供年、季、月度工程进度计划及相应进度统计报表。分包人不能按承包人批准的进度计划施工时，应根据承包人的要求提交一份修订的进度计划，以保证分包工程如期竣工。

（4）分包人应在专用条款约定的时间内，向承包人提交一份详细施工组织设计，承包人应在专用条款约定的时间内批准，分包人方可执行。

（5）遵守政府有关主管部门对施工场地交通、施工噪音以及环境保护和安全文明生产等的管理规定，按规定办理有关手续，并以书面形式通知承包人，承包人承担由此发生的费用，因分包人责任造成的罚款除外。

（6）分包人应允许承包人、发包人、工程师及其三方中任何一方授权的人员在工作时间内，合理进入分包工程施工场地或材料存放的地点，以及施工场地以外与分包合同有关的分包人的任何工作或准备的地点，分包人应提供方便。

（7）已竣工工程未交付承包人之前，分包人应负责已完分包工程的成品保护工作，保护期间发生损坏，分包人自费予以修复；承包人要求分包人采取特殊措施保护的工程部位和相应的追加合同价款，双方在本合同专用条款内约定。

（8）分包人应做的其他工作，双方在本合同专用条款内约定。

10.2 分包人未履行前款各项义务，造成承包人损失的，分包人赔偿承包人有关损失。

11. 总包合同解除

11.1 如在分包人没有全面履行分包合同义务之前，总包合同解除，则承包人应及时通知分包人解除分包合同，分包人接到通知后应尽快撤离现场。

11.2 因本合同第 11.1 款原因终止分包合同，分包人可以得到：已完工程价款、分包人员工的遣散费、二次搬运费等补偿。如本合同第 11.1 款约定的总包合同终止是因为分包人的严重违约，则只能得到已完工程价款补偿。

11.3 在本合同第 11.1 款解除分包合同的情况下，分包人经承包人同意为分包工程已采购或已运至施工场地的材料设备，应全部移交给承包人，由承包人按本合同专用条款约定的价格支付给分包人。

12. 转包与再分包

12.1 除第 12.2 款规定的情况外，分包人不得将其承包的分包工程转包给他人，也不得将其承包的分包工程的全部或部分再分包给他人。如分包人将其承包的分包工程转包或再分包，将被视为违约，并承担违约责任。

12.2 分包人经承包人同意可以将劳务作业再分包给具有相应劳务分包资质的劳务分包企业。

12.3 分包人应对再分包的劳务作业的质量等相关事宜进行督促和检查，并承担相关连带责任。

三、工期

13. 开工与延期开工

13.1 分包人应当按照本合同协议书约定的开工日期开工。分包人不能按时开工，应当不迟于本合同协议书约定的开工日期前 5 天，以书面形式向承包人提出延期开工的理由。承包人应当在接到延期开工申请后的 48 小时内以书面形式答复分包人。承包人在接到延期开工申请后 48 小时内不答复，视为同意分包人要求，工期相应顺延。承包人不同意延期要求或分包人未在规定时间内提出延期开工要求，工期不予顺延。

13.2 因承包人原因不能按照本合同协议书约定的开工日期开工，项目经理应以书面形式通知分包人，推迟开工日期。承包人赔偿分包人因延期开工造成的损失，并相应顺延工期。

14. 工期延误

14.1 因下列原因之一造成分包工程工期延误，经项目经理确认，工期相应顺延：

（1）承包人根据总包合同从工程师处获得与分包合同相关的竣工时间延长；

（2）承包人未按本合同专用条款的约定提供图纸、开工条件、设备设施、施工场地；

（3）承包人未按约定日期支付工程款、进度款，致使分包工程施工不能正常进行；

（4）项目经理未按分包合同约定提供所需的指令、批准或所发出的指令错误，致使分包工程施工不能正常进行；

（5）非分包人原因的分包工程范围内的工程变更及工程量增加；

（6）不可抗力的原因；

（7）本合同专用条款中约定或项目经理同意工期顺延的其他情况。

14.2 分包人应在第14.1款约定情况发生后14天内，就延误的工期以书面形式向承包人提出报告。承包人在收到报告后14天内予以确认，逾期不予确认也不提出修改意见，视为同意顺延工期。

15. 暂停施工

15.1 发包人或工程师认为确有必要暂停施工时，应以书面形式通过承包人向分包人发出暂停施工指令，并在提出要求后48小时内提出书面处理意见。分包人停工和复工程序以及暂停施工所发生的费用，按总包合同相应条款履行。

16. 工程竣工

16.1 分包人应按照合同协议书约定的竣工日期或承包人同意顺延的工期竣工。

16.2 因分包人原因不能按照本合同协议书约定的竣工日期或承包人同意顺延的工期竣工的，分包人承担违约责任。

16.3 提前竣工程序按总包合同相应条款履行。

四、质量与安全

17. 质量检查与验收

17.1 分包工程质量应达到本合同协议书和本合同专用条款约定的工程质量标准，质量评定标准按照总包合同相应条款履行。因分包人原因工程质量达不到约定的质量标准，分包人应承担违约责任，违约金计算方法或额度在本合同专用条款内约定。

17.2 双方对工程质量的争议，按照总包合同的条款履行。

17.3 分包工程的检查、验收及工程试车等，按照总包合同相应的条款履行。分包人应就分包工程向承包人承担总包合同约定的承包人应承担的义务，但并不免除承包人根据总包合同应承担的总包质量管理的责任。

17.4 分包人应允许并配合承包人或工程师进入分包人施工场地检查工程质量。

18. 安全施工

18.1 分包人应遵守工程建设安全生产有关管理规定，严格按照安全标准组织施工，承担由于自身安全措施不力造成事故的责任和因此发生的费用。

18.2 在施工场地涉及危险地区或需要安全防护措施施工时，分包人应提出安全防护措施，经承包人批准后实施，发生的相应费用由承包人承担。

18.3 发生安全事故，按照总包合同相应条款处理。

五、合同价款与支付

19. 合同价款及调整

19.1 招标工程的合同价款由承包人与分包人依据中标通知书中的中标价格在本合同协议书内约定；非招标工程的合同价款由承包人与分包人依据工程报价书在本合同协议书内约定。

19.2 分包工程合同价款在本合同协议书内约定后，任何一方不得擅自改变。下列三种确定合同价款的方式，双方可在本合同专用条款内约定采用其中一种（应与总包合同约定的方式一致）：

（1）固定价格。双方在本合同专用条款内约定合同价款包含的风险范围和风险费用的计算方法，在约定的风险范围内合同价款不再调整。风险范围以外的合同价款调整方法，应当在专用条款内约定。

（2）可调价格。合同价款可根据双方的约定而调整，双方在本合同专用条款内约定合同价款调整方法。

（3）成本加酬金。合同价款包括成本和酬金两部分，双方在本合同专用条款内约定成本构成和酬金的计算方法。

19.3 可调价格计价方式中合同价款的调整因素包括：

（1）法律、行政法规和国家有关政策变化影响合同价款；

（2）工程造价管理部门公布的价格调整；

（3）一周内非分包人原因停水、停电、停气造成停工累计超过8小时；

（4）双方约定的其他因素。

19.4 分包人应当在第19.3款情况发生后10天内，将调整原因、金额以书面形式通知承包人，承包人确认调整金额后作为追加合同价款，与工程价款同期支付。承包人收到通知后10天内不予确认也不提出修改意见，视为已经同意该项调整。

19.5 分包合同价款与总包合同相应部分价款无任何连带关系。

20. 工程量的确认

20.1 分包人应按本合同专用条款约定的时间向承包人提交已完工程量报告，承包人接到报告后7天内自行按设计图纸计量或经工程师计量。承包人在自行计量或由工程师计量前24小时应通知分包人，分包人为计量提供便利条件并派人参加。分包人收到通知后不参加计量，计量结果有效，作为工程价款支付的依据；承包人不按约定时间通知分包人，致使分包人未能参加计量，计量结果无效。

20.2 承包人在收到分包人报告后7天内未进行计量或因工程师的原因未计量的，从第8天起，分包人报告中开列的工程量即视为被确认，作为工程价款支付的依据。

20.3 分包人未按本合同专用条款约定的时间向承包人提交已完工程量报告，或其所提交的报告不符合承包人要求且未做整改的，承包人不予计量。

20.4 对分包人自行超出设计图纸范围和因分包人原因造成返工的工程量，承包人不予计量。

21. 合同价款的支付

21.1 实行工程预付款的，双方应在本合同专用条款内约定承包人向分包人预付工程款的时间和数额，开工后按约定的时间和比例逐次扣回。

21.2 在确认计量结果后10天内，承包人应按专用条款约定的时间和方式，向分包人支付工程款（进度款）。按约定时间承包人应扣回的预付款，与工程款（进度款）同期结算。

21.3 分包合同约定的工程变更调整的合同价款、合同价款的调整、索赔的价款或费用以及其他约定的追加合同价款，应与工程进度款同期调整支付。

21.4 承包人超过约定的支付时间不支付工程款（预付款、进度款），分包人可向承包人发出要求付款的通知。

21.5 承包人不按分包合同约定支付工程款（预付款、进度款），导致施工无法进行，分包人可停止施工，由承包人承担违约责任。

六、工程变更

22. 工程变更

22.1 分包人应根据以下指令，以更改、增补或省略的方式对分包工程进行变更：

（1）工程师根据总包合同作出的变更指令。该变更指令由工程师作出并经承包人确认后通知分包人。

（2）除上述第（1）项以外的承包人作出的变更指令。

22.2 分包人不执行从发包人或工程师处直接收到的未经承包人确认的分包工程变更的指令。如分包人直接收到此类变更指令，应立即通知项目经理并向项目经理提供一份该直接指令的复印件。项目经理应在24小时内提出关于对该指令的处理意见。

22.3 分包工程变更价款的确定应按照总包合同的相应条款履行。分包人应在工程变更确定后11天内向承包人提出变更分包工程价款的报告，经承包人确认后调整合同价款。

22.4 分包人在双方确定变更后11天内不向承包人提出变更分包工程价款的报告，

视为该项变更不涉及合同价款的变更。

22.5 承包人在收到变更分包工程价款之日起 17 天内予以确认，无正当理由逾期未予确认时，视为该报告已被确认。

七、竣工验收及结算

23. 竣工验收

23.1 分包工程具备竣工验收条件的，分包人应向承包人提供完整的竣工资料及竣工验收报告。双方约定由分包人提供竣工图的，应在专用条款内约定提交日期和份数。

23.2 承包人应在收到分包人提供的竣工验收报告之日起 3 日内通知发包人进行验收，分包人应配合承包人进行验收。根据总包合同无需由发包人验收的部分，承包人应按照总包合同约定的验收程序自行验收。发包人未能按照总包合同及时组织验收的，承包人应按照总包合同规定的发包人验收的期限及程序自行组织验收，并视为分包工程竣工验收通过。

23.3 分包工程竣工验收未能通过且属于分包人原因的，分包人负责修复相应缺陷并承担相应的质量责任。

23.4 分包工程竣工日期为分包人提供竣工验收报告之日。需要修复的，为提供修复后竣工报告之日。

24. 竣工结算及移交

24.1 分包工程竣工验收报告经承包人认可后 14 天内，分包人向承包人递交分包工程竣工结算报告及完整的结算资料，双方按照本合同协议书约定的合同价款及本合同专用条款约定的合同价款调整内容，进行工程竣工结算。

24.2 承包人收到分包人递交的分包工程竣工结算报告及结算资料后 28 天内进行核实，给予确认或者提出明确的修改意见。承包人确认竣工结算报告后 7 天内向分包人支付分包工程竣工结算价款。分包人收到竣工结算价款之日 7 天内，将竣工工程交付承包人。

24.3 承包人收到分包工程竣工结算报告及结算资料后 28 天内无正当理由不支付工程竣工结算价款，从第 29 天起按分包人同期向银行贷款利率支付拖欠工程价款的利息，并承担违约责任。

25. 质量保修

25.1 在包括分包工程的总包工程竣工交付使用后，分包人应按国家有关规定对分包工程出现的缺陷进行保修，具体保修责任按照分包人与承包人在工程竣工验收之前签订的质量保修书执行。

八、违约、索赔及争议

26. 违约

26.1 当发生下列情况之一时，视为承包人违约：

（1）本合同通用条款第 21.5 款提到的承包人不按分包合同的约定支付预付款、工程款，导致施工无法进行；

（2）本合同通用条款第24.3款提到的承包人不按分包合同的约定支付工程竣工结算价款；

（3）承包人不履行分包合同义务或不按分包合同约定履行义务的其他情况。

承包人承担违约责任，赔偿因其违约给分包人造成的经济损失顺延延误的工期。双方在本合同专用条款内约定承包人赔偿分包人损失的计算方法或承包人应当支付违约金的数额。

26.2 当发生下列情况之一时，视为分包人违约：

（1）本合同通用条款第5.3款提到的如分包人与发包人或工程师发生直接工作联系；

（2）本合同通用条款第12.1款提到的分包人将其承包的分包工程转包或再分包；

（3）本合同通用条款第16.2款提到的因分包人原因不能按照本合同协议书约定的竣工日期或承包人同意顺延的工期竣工的；

（4）本合同通用条款第17.1款提到的因分包人原因工程质量达不到约定的质量标准；

（5）分包人不履行分包合同义务或不按分包人合同约定履行义务的其他情况。

分包人承担违约责任，赔偿因其违约给承包人造成的经济损失。双方在本合同专用条款内约定分包人赔偿承包人损失的计算方法或分包人应当支付违约金的数额。

26.3 分包人违反本合同可能产生的后果

如分包人有违反分包合同的行为，分包人应保障承包人免于承担因此违约造成的工期延误、经济损失及根据总包合同承包人将负责的任何赔偿费，在此情况下，承包人可从本应支付分包人的任何价款中扣除此笔经济损失及赔偿费，并且不排除采用其他补救方法的可能。

27. 索赔

27.1 当一方向另一方提出索赔时，要有正当的索赔理由，且有索赔事件发生时的有效证据。

27.2 承包人未能按分包合同的约定履行自己的各项义务或发生错误以及应由承包人承担责任的其他情况，造成工期延误和（或）分包人不能及时得到合同价款或分包人的其他经济损失，分包人可按总包合同约定的程序以书面形式向承包人索赔。

27.3 在分包工程施工过程中，如分包人遇到不利外部条件等根据总包合同可以索赔的情况，分包人可以按照总包合同约定的索赔程序通过承包人提出索赔要求。在承包人收到分包人索赔报告后21天内给予分包人明确的答复，或要求进一步补充索赔理由和证据。索赔成功后，承包人应将相应部分转交分包人。

分包人应按照总包合同的规定及时向承包人提交分包工程的索赔报告，以保证承包人可以及时向发包人进行索赔。承包人在35天内未能对分包人的索赔报告给予答复，视为分包人的索赔报告已经得到批准。

27.4 承包人根据总包合同的约定向工程师递交任何索赔意向通知或其他资料，要求分包人协助时，分包人应就分包工程方面的情况，以书面形式向承包人发出相关通知或其他资料以及保持并出示同期施工记录，以便承包人能遵守总包合同有关索赔的约定。

分包人未予积极配合，使得承包人涉及分包工程的索赔未获成功，则承包人可在按分包合同约定应支付给分包人的金额中扣除上述本应获得的索赔项中适当比例的部分。

28. 争议

28.1 承包人分包人在履行合同时发生争议，可以和解或者要求有关部门调解。当事人不愿和解、调解或者和解、调解不成的，双方可以在本合同专用条款内约定以下一种方式解决争议：

（1）双方达成仲裁协议，向约定的仲裁委员会申请仲裁；

（2）向有管辖权的人民法院起诉。

28.2 发生争议后，除非出现下列情况，双方应继续履行合同，保持分包工程施工连续，保护好已完工程：

（1）单方违约导致合同确已无法履行，双方协议停止施工；

（2）调解要求停止施工，且为双方接受；

（3）仲裁机构要求停止施工；

（4）法院要求停止施工。

九、保障、保险及担保

29. 保障

29.1 除应由承包人承担的风险外，分包人应保障承包人免于承受在分包工程施工过程中及修补缺陷引起的下列损失、索赔及与此有关的索赔、诉讼、损害赔偿：

（1）人员的伤亡；

（2）分包工程以外的任何财产的损失或损害。

上列损失应由造成损失的责任方承担。

29.2 承包人应保障分包人免于承担与下列事宜有关的索赔、诉讼、损害赔偿费、诉讼费、指控费和其他开支：

（1）按分包合同约定，实施和完成分包合同以及保修过程当中所导致的无法避免的对财产的损害；

（2）由于发包人、承包人或其他分包商的行为或疏忽造成的人员伤亡或财产损失或损害，或与此相关的索赔、诉讼等。

上列损失应由造成损失的责任方承担。

30. 保险

30.1 承包人应为运至施工场地内用于分包工程的材料和待安装设备办理保险。发包人已经办理的保险视为承包人办理的保险。

30.2 分包人必须为从事危险作业的职工办理意外伤害保险，并为施工场地内自有人员生命财产和施工机械设备办理保险，支付保险费用。

30.3 保险事故发生时，承包人分包人均有责任尽力采取必要的措施，防止或者减少损失。

30.4 具体投保内容和相关责任，承包人分包人在本合同专用条款内约定。

31. 担保

31.1 如分包合同要求承包人向分包人提供支付担保时，承包人应与分包人协商担保方式和担保额度，在本合同专用条款内约定。

31.2 如分包合同要求分包人向承包人提供履约担保时，分包人应与承包人协商担保方式和担保额度，在本合同专用条款内约定。

31.3 分包人提供的履约担保，不应超过总包合同中承包人向发包人提供的履约担保的额度。

十、其他

32. 材料设备供应

32.1 有关材料设备供应的数量、程序及责任均按总包合同中发包人与承包人的有关约定履行。

32.2 总包合同约定就分包工程部分由发包人供应的材料设备，视为承包人供应的材料设备。

32.3 除第 32.2 款外的材料设备应由分包人按照本合同专用条款的约定采购，并提供产品合格证明，承包人不得指定生产厂或供应商。

33. 文物

33.1 承包人根据总包合同，应将涉及分包人施工场地以内需要保护的文物或古树名木通知分包人，分包人在施工中应认真保护，需要采取保护措施时，由承包人承担所需费用。

33.2 分包人在其施工场地内发现文物，应采取保护措施，并按照总包合同约定的时间和程序报告承包人。

34. 不可抗力

34.1 不可抗力包括的范围以及事件处理同总包合同相应条款。

34.2 不可抗力事件发生涉及分包人施工场地的，分包人应立即通知承包人，在力所能及的条件下，迅速采取措施，尽力减少损失。

34.3 分包人承担自身的人员和财产的损失。

34.4 因合同一方延迟履行合同后发生不可抗力的，不能免除延迟履行方的相应责任。

35. 分包合同解除

35.1 承包人和分包人协商一致，可以解除分包合同。

35.2 发生本合同通用条款第 21.5 款情况，停止施工超过 28 天，承包人仍不支付工程款（预付款、进度款），分包人有权解除合同。

35.3 如分包人再分包或转包其承包的工程，承包人有权解除合同。

35.4 有下列情形之一的，承包人分包人可以解除合同：

（1）因不可抗力导致合同无法履行；

（2）因一方违约（包括因发包人原因造成工程停建或缓建）导致合同无法履行。

35.5 分包合同解除程序以及善后处理均按总包合同相应条款履行。

35.6 分包合同解除后，不影响双方在合同中约定结算条款的效力。

36. 合同生效与终止

36.1 承包人分包人在本合同协议书中约定合同生效方式。

36.2 承包人分包人履行合同全部义务，竣工结算价款支付完毕，分包人向承包人交付竣工的分包工程后，本合同即告终止。

36.3 分包合同的权利义务终止后，承包人分包人应遵循诚实信用原则，履行通知、协助、保密等义务。

37. 合同份数

37.1 本合同正本两份，具有同等效力，由承包人分包人分别保存一份。

37.2 本合同副本份数，由双方根据需要在本合同专用条款内约定。

38. 补充条款

双方根据有关条款、行政法规规定，结合工程实际，经协商一致后，可对本合同通用条款内容具体化、补充或修改，在本合同专用条款内约定。

第三部分　专用条款

一、词语定义及合同文件

2. 合同文件及解释顺序

合同文件及解释顺序：____

3. 语言文字和适用法律、行政法规及工程建设标准

3.1 除总包合同文件规定的语言文字外，本合同还使用__________语言文字。

3.2 本合同需要明示的法律、行政法规和规章：________________________

____

3.3 本分包工程适用的工程建设标准：______________，除以上工程建设标准以外，总包合同中约定的与分包工程相关的工程建设标准均适用于本分包工程。

承包人向分包人提出施工技术要求的内容和时间：_____年____月____日。分包人向承包人提出相应的施工工艺的时间：_____年____月____日。

4. 图纸

4.1 承包人向分包人提供图纸的日期：_____年____月____日；

承包人向分包人提供图纸的套数：______________。

4.2 承包人委托分包人进行深化施工图设计的委托范围及费用承担：________

4.3 复制、重新绘制、翻译、购买标准图纸的责任和费用承担：________

____

____

4.4 关于使用国外图纸的要求及费用承担：________________

____

____

二、双方一般权利和义务

7. 项目经理

姓名：________职称：________（任命书作为分包合同附件）。

8. 分包项目经理

姓名：________职称：________（任命书作为分包合同附件）。

9. 承包人的工作

9.1 承包人应完成下列工作：

（1）向分包人提供施工场地和施工所需的证件、批件的名称和完成时间：

____

____

（2）组织分包人参加发包人会审图纸的时间：______年____月____日；

向分包人进行设计图纸交底的时间：______年____月____日。

（3）承包人为本分包工程实施提供的机械设备和（或）其他设施（如有时），及费用承担：____________________________________

____

____

（4）双方约定承包人应做的其他工作：________________

____

____

10. 分包人的工作

10.1 分包人应完成下列工作：

（2）需完成的设计内容和提交时间：________________

____

____

（3）分包人应在本合同签订生效后____天内向项目经理提交分包工程总体进度计划。分包人向承担人提交年、季度、月度、周工程进度计划及相应的进度统计报表时间为：____________

承包人批准工程进度计划的时间：______年____月____日。

（4）向承包人提交施工组织设计的时间：______年____月____日。
承包人批准施工组织设计的时间：______年____月____日。
（7）已完工程成品保护的特殊要求及费用承担：____________________________

____

____

（8）双方约定分包人应做的其他工作：____________________________

____

____

三、工期

14. 工期延误

14.1 双方约定工期顺延的其他情况：____________________________

____

____

四、质量与安全

17. 质量检查与验收

17.1 双方关于分包工程质量标准的约定：____________________________

____

____

五、合同价款与支付

19. 合同价款及其调整

19.2 本合同价款采用____种方式确定。

（1）采用固定价格的，合同价款包括的风险范围：____________________________

____

____

风险费用的计算方法：____________________________

____

风险范围以外合同价款调整方法为：____________________________

____

（2）采用可调价格的，合同价款的调整方法：____________________________

____

____

（3）采用成本加酬金的，有关成本加酬金的约定为：____________________________

____

____

19.3 双方约定合同价款的其他调整因素：______________________________
____
____

20. 工程量确认

20.1 分包人向承包人提交已完工程量报告的时间：________________________
____

21. 合同价款的支付

21.1 承包人向分包人预付工程款的时间和数额：__________扣回时间和比例：
____
____。

21.2 承包向分包人支付工程款（进度款）的时间和方式：________________。

七、竣工验收及结算

23. 竣工验收

23.1 分包人提供竣工图的日期______年____月____日。

分包人提供竣工图的份数______份。

八、违约、索赔及争议

26. 违约

26.1 本合同关于承包人违约的具体责任：

（1）本合同通用条款第21.5款约定的承包人违约应承担的违约责任：__________
____
____

（2）本合同通用条款第24.3款约定的承包人违约应承担的违约责任：__________
____
____

（3）双方约定的承包人的其他违约责任：______________________________
____

26.2 本合同关于分包人违约的具体责任：

（1）本合同通用条款第5.3款约定的分包人违约应承担的违约责任：__________
____
____

（2）本合同通用条款第12.1款约定的分包人违约应承担的违约责任：__________
____
____

（3）本合同通用条款第16.2款约定的分包人违约应承担的违约责任：__________
____

（4）本合同通用条款第 17.1 款约定的分包人违约应承担的违约责任：__________
____
____

（5）双方约定的分包人的其他违约责任：______________________________
____
____

28. 争议

28.1 双方约定，在履行分包合同过程中发生争议，双方协商解决或者调解不成时，按下列第____种方式解决争议：

（1）将争议提交____________仲裁委员会申请仲裁；

（2）依法向有管辖权的人民法院提起诉讼。

九、保障、保险及担保

30. 保险

30.1 承包人投保内容和责任：______________________________
____
____

30.2 分包人投保内容和责任：______________________________
____
____

31. 担保

31.1 承包人提供支付担保金额为：__________________________
____

担保方式为：____
____

31.2 分包人提供履约担保金额为：__________________________

担保方式为：____
____

31.3 其他担保事项约定：______________________________
____

十、其他

32. 材料设备供应

32.3 由分包人采购材料设备的约定：________________________
____

37. 合同份数

37.2 双方约定本合同副本____份，其中，承包人____份，分包人____份。

38. 补充条款：
____
____
____

GF—2003—0214

建设工程施工劳务分包合同

（示范文本）①

工程承包人（施工总承包人或专业工程承（分）包人）：__________

劳务分包人：__________

依照《中华人民共和国合同法》《中华人民共和国建筑法》及其他有关法律、行政法规，遵循平等、自愿、公平和诚实信用的原则，鉴于__________（以下简称为“发包人”）与工程承包人已经签订施工总承包合同或专业承（分）包合同（以下称为“总（分）包合同”），双方就劳务分包事项协商达成一致，订立本合同。

1. 劳务分包人资质情况

资质证书号码：__________

发证机关：__________

资质专业及等级：__________

复审时间及有效期：__________

2. 劳务分包工作对象及提供劳务内容

工程名称：__________

工程地点：__________

分包范围：__________

提供分包劳务内容：__________

3. 分包工作期限

开始工作日期：______年____月____日，结束工作日期：______年____月____日，总日历工作天数：____天。

4. 质量标准

工程质量：按总（分）包合同有关质量的约定、国家现行的《建筑施工及验收规范》和《建筑安装工程质量评定标准》，本工作必须达到质量评定__________等级。

---

① 住房和城乡建设部、国家市场监督管理总局（原国家工商行政管理总局）2003年8月13日发布。

5. **合同文件及解释顺序**

组成本合同的文件及优先解释顺序如下：

（1）本合同；

（2）本合同附件；

（3）本工程施工总承包合同；

（4）本工程施工专业（分）包合同。

6. **标准规范**

除本工程总（分）包合同另有约定外，本合同适用标准规范如下：

（1）______________________________

（2）______________________________

7. **总（分）包合同**

7.1 工程承包人应提供总（分）包合同（有关承包工程的价格细节除外），供劳务分包人查阅。当劳务分包人要求时，工程承包人应向劳务分包人提供一份总包合同或专业分包合同（有关承包工程的价格细节除外）的副本或复印件。

7.2 劳务分包人应全面了解总（分）包合同的各项规定（有关承包工程的价格细节除外）。

8. **图纸**

8.1 工程承包人应在劳务分包工作开工____天前，向劳务分包人提供图纸____套，以及与本合同工作有关的标准图____套。

9. **项目经理**

9.1 工程承包人委派的担任驻工地履行本合同的项目经理为__________，职务：__________，职称：__________。

9.2 劳务分包人委派的担任驻工地履行本合同的项目经理为__________，职务：__________，职称：__________。

10. **工程承包人义务**

10.1 组建与工程相适应的项目管理班子，全面履行总（分）包合同，组织实施施工管理的各项工作，对工程的工期和质量向发包人负责；

10.2 除非本合同另有约定，工程承包人完成劳务分包人施工前期的下列工作并承担相应费用：

（1）在______年____月____日前向劳务分包人交付具备本合同项下劳务作业开工条件的施工场地，具备开工条件的施工场地交付要求为：__________________________；

（2）在______年____月____日前完成水、电、热、电讯等施工管线和施工道路，并满足完成本合同劳务作业所需的能源供应、通信及施工道路畅通的时间和质量要求；

（3）在______年____月____日前完成向劳务分包人提供相应的工程地质和地下管网线路资料；

（4）在______年____月____日前完成办理下列工作手续（包括各种证件、批件、规费，但涉及劳务分包人自身的手续除外）：________________________________；

（5）在______年____月____日前向劳务分包人提供相应的水准点与坐标控制点位置，其交验要求与保护责任为：________________________________；

（6）在______年____月____日前向劳务分包人提供下列生产、生活临时设施：________________，其交验要求与保护责任为：________________________________。

10.3 负责编制施工组织设计，统一制定各项管理目标，组织编制年、季、月施工计划、物资需用量计划表，实施对工程质量、工期、安全生产、文明施工，计量析测、实验化验的控制、监督、检查和验收。

10.4 负责工程测量定位、沉降观测、技术交底，组织图纸会审，统一安排技术档案资料的收集整理及交工验收。

10.5 统筹安排、协调解决非劳务分包人独立使用的生产、生活临时设施、工作用水、用电及施工场地。

10.6 按时提供图纸，及时交付应供材料、设备，所提供的施工机械设备、周转材料、安全设施保证施工需要。

10.7 按本合同约定，向劳务分包人支付劳动报酬。

10.8 负责与发包人、监理、设计及有关部门联系，协调现场工作关系。

11. 劳务分包人义务

11.1 对本合同劳务分包范围内的工程质量向工程承包人负责，组织具有相应资格证书的熟练工人投入工作；未经工程承包人授权或允许，不得擅自与发包人及有关部门建立工作联系；自觉遵守法律法规及有关规章制度。

11.2 劳务分包人根据施工组织设计总进度计划的要求，每月底前____天提交下月施工计划，有阶段工期要求的提交阶段施工计划，必要时按工程承包人要求提交旬、周施工计划，以及与完成上述阶段、时段施工计划相应的劳动力安排计划，经工程承包人批准后严格实施。

11.3 严格按照设计图纸、施工验收规范、有关技术要求及施工组织设计精心组织施工，确保工程质量达到约定的标准；科学安排作业计划，投入足够的人力、物力，保证工期；加强安全教育，认真执行安全技术规范，严格遵守安全制度，落实安全措施，确保施工安全；加强现场管理，严格执行建设主管部门及环保、消防、环卫等有关部门对施工现场的管理规定，做到文明施工；承担由于自身责任造成的质量修改、返工、工期拖延、安全事故、现场脏乱造成的损失及各种罚款。

11.4 自觉接受工程承包人及有关部门的管理、监督和检查；接受工程承包人随时检查其设备、材料保管、使用情况，及其操作人员的有效证件、持证上岗情况；与现场其他单位协调配合，照顾全局。

11.5 按工程承包人统一规划堆放材料、机具，按工程承包人标准化工地要求设置标牌，搞好生活区的管理，做好自身责任区的治安保卫工作。

11.6 按时提交报表、完整的原始技术经济资料，配合工程承包人办理交工验收。

11.7 做好施工现场的周围建筑物、构筑物和地下管线和已完工程部分的成品保护工作，因劳务分包人责任发生损坏，劳务分包人自行承担由此引起的一切经济损失及各种罚款。

11.8 妥善保管、合理使用工程承包人提供或租赁给劳务分包人使用的机具、周转材料及其他设施。

11.9 劳务分包人须服从工程承包人转发的发包人及工程师的指令。

11.10 除非本合同另有约定，劳务分包人应对其作业内容的实施、完工负责，劳务分包人应承担并履行总（分）包合同约定的、与劳务作业有关的所有义务及工作程序。

12. 安全施工与检查

12.1 劳务分包人应遵守工程建设安全生产有关管理规定，严格按安全标准进行施工，并随时接受行业安全检查人员依法实施的监督检查，采取必要的安全防护措施，消除事故隐患。由于劳务分包人安全措施不力造成事故的责任和因此而发生的费用，由劳务分包人承担。

12.2 工程承包人应对其在施工场地的工作人员进行安全教育，并对他们的安全负责。工程承包人不得要求劳务分包人违反安全管理的规定进行施工。因工程承包人原因导致的安全事故，由工程承包人承担相应责任及发生的费用。

13. 安全防护

13.1 劳务分包人在动力设备、输电线路、地下管道、密封防震车间、易燃易爆地段以及临街交通要道附近施工时，施工开始前应向工程承包人提出安全防护措施，经工程承包人认可后实施，防护措施费用由工程承包人承担。

13.2 实施爆破作业，在放射、毒害性环境中工作（含储存、运输、使用）及使用毒害性、腐蚀性物品施工时，劳务分包人应在施工前 10 天以书面形式通知工程承包人，并提出相应的安全防护措施，经工程承包人认可后实施，由工程承包人承担安全防护措施费用。

13.3 劳务分包人在施工现场内使用的安全保护用品（如安全帽、安全带及其他保护用品），由劳务分包人提供使用计划，经工程承包人批准后，由工程承包人负责供应。

14. 事故处理

14.1 发生重大伤亡及其他安全事故，劳务分包人应按有关规定立即上报有关部门并报告工程承包人，同时按国家有关法律、行政法规对事故进行处理。

14.2 劳务分包人和工程承包人对事故责任有争议时，应按相关规定处理。

15. 保险

15.1 劳务分包人施工开始前，工程承包人应获得发包人为施工场地内的自有人员及第三人人员生命财产办理的保险，且不需劳务分包人支付保险费用。

15.2 运至施工场地用于劳务施工的材料和待安装设备，由工程承包人办理或获得保险，且不需劳务分包人支付保险费用。

15.3 工程承包人必须为租赁或提供给劳务分包人使用的施工机械设备办理保险，并支付保险费用。工程承包人自行投保的范围（内容）为：____________________。

15.4 劳务分包人必须为从事危险作业的职工办理意外伤害保险，并为施工场地内自有人员生命财产和施工机械设备办理保险，支付保险费用。劳务分包人自行投保的范围（内容）为：____。

15.5 保险事故发生时，劳务分包人和工程承包人有责任采取必要的措施，防止或减少损失。

16. 材料、设备供应

16.1 劳务分包人应在接到图纸后______天内，向工程承包人提交材料、设备、构配件供应计划（具体表式见附件一）；经确认后，工程承包人应按供应计划要求的质量、品种、规格、型号、数量和供应时间等组织货源并及时交付；需要劳务分包人运输、卸车的，劳务分包人必须及时进行，费用另行约定。如质量、品种、规格、型号不符合要求，劳务分包人应在验收时提出，工程承包人负责处理。

16.2 劳务分包人应妥善保管、合理使用工程承包人供应的材料、设备。因保管不善发生丢失、损坏，劳务分包人应赔偿，并承担因此造成的工期延误等发生的一切经济损失。

16.3 工程承包人委托劳务分包人采购下列低值易耗性材料（列明名称、规格、数量、质量或其他要求）：

________________采购材料费用为：____（单价）______

________________采购材料费用为：____（单价）______

________________采购材料费用为：____（单价）______

________________采购材料费用为：____（单价）______

16.4 工程承包人委托劳务分包人采购低值易耗性材料的费用，由劳务分包人凭采购凭证，另加____%的管理费向工程承包人报销。

17. 劳务报酬

17.1 本工程的劳务报酬采用下列任何一种方式计算：

（1）固定劳务报酬（含管理费）；

（2）约定不同工种劳务的计时单价（含管理费），按确认的工时计算；

（3）约定不同工作成果的计件单价（含管理费），按确认的工程量计算。

17.2 本工程的劳务报酬，除本合同17.6规定的情况外，均为一次包死，不再调整。

17.3 采用第（1）种方式计价的，劳务报酬共计____________元。

17.4 采用第（2）种方式计价的，不同工种劳务的计时单价分别为：

________________________________，单价为____________元；
________________________________，单价为____________元；
________________________________，单价为____________元；
________________________________，单价为____________元；
________________________________，单价为____________元。

17.5 采用第（3）种方式计价的，不同工作成果的计件单价分别为：

________________________________，单价为____________元；
________________________________，单价为____________元；
________________________________，单价为____________元；
________________________________，单价为____________元；
________________________________，单价为____________元。

17.6 在下列情况下，固定劳务报酬或单价可以调整：

（1）以本合同约定价格为基准，市场人工价格的变化幅度超过____%，按变化前后价格的差额予以调整；

（2）后续法律及政策变化，导致劳务价格变化的，按变化前后价格的差额予以调整；

（3）双方约定的其他情形。

18. 工时及工程量的确认

18.1 采用固定劳务报酬方式的，施工过程中不计算工时和工程量。

18.2 采用按确定的工时计算劳务报酬的，由劳务分包人每日将提供劳务人数报工程承包人，由工程承包人确认。

18.3 采用按确认的工程量计算劳务报酬的，由劳务分包人按月（或旬、日）将完成的工程量报工程承包人，由工程承包人确认。对劳务分包人未经工程承包人认可，超出设计图纸范围和因劳务分包人原因造成返工的工程量，工程承包人不予计量。

19. 劳务报酬的中间支付

19.1 采用固定劳务报酬方式支付劳务报酬的，劳务分包人与工程承包人约定按下列方法支付：

（1）合同生效即支付预付款____________元；

（2）中间支付：

第一次支付时间为______年____月____日，支付____________元；

第二次支付时间为______年____月____日，支付____________元；

……

19.2 采用计时单价或计件单价方式支付劳务报酬的，劳务分包人与工程承包人双方约定支付方法为____。

19.3 本合同确定调整的劳务报酬、工程变更调整的劳务报酬及其他条款中约定的追加劳务报酬，应与上述劳务报酬同期调整支付。

20. 施工机具、周转材料供应

20.1 工程承包人提供给劳务分包人劳务作业使用的机具、设备，性能应满足施工的要求，及时运入场地，安装调试完毕，运行良好后交付劳务分包人使用。周转材料、低值易耗材料（由工程承包人依据本合同委托劳务分包人采购的除外）应按时运入现场交付劳务分包人，保证施工需要。如需要劳务分包人运输、卸车、安拆调试时，费用另行约定。

20.2 工程承包人应提供施工使用的机具、设备一览表见附件二。

20.3 工程承包人应提供的周转材料、低值易耗材料一览表见附件三。

21. 施工变更

21.1 施工中如发生对原工作内容进行变更，工程承包人项目经理应提前 7 天以书面形式向劳务分包人发出变更通知，并提供变更的相应图纸和说明。劳务分包人按照工程承包人（项目经理）发出的变更通知及有关要求，进行下列需要的变更：

（1）更改工程有关部分的标高、基线、位置和尺寸；

（2）增减合同中约定的工程量；

（3）改变有关的施工时间和顺序；

（4）其他有关工程变更需要的附加工作。

21.2 因变更导致劳务报酬的增加及造成的劳务分包人损失，由工程承包人承担，延误的工期相应顺延；因变更减少工程量，劳务报酬应相应减少，工期相应调整。

21.3 施工中劳务分包人不得对原工程设计进行变更。因劳务分包人擅自变更设计发生的费用和由此导致工程承包人的直接损失，由劳务分包人承担，延误的工期不予顺延。

21.4 因劳务分包人自身原因导致的工程变更，劳务分包人无权要求追加劳务报酬。

22. 施工验收

22.1 劳务分包人应确保所完成施工的质量，应符合本合同约定的质量标准。劳务分包人施工完毕，应向工程承包人提交完工报告，通知工程承包人验收；工程承包人应当在收到劳务分包人的上述报告后 7 天内对劳务分包人施工成果进行验收，验收合格或者工程承包人在上述期限内未组织验收的，视为劳务分包人已经完成了本合同约定工作。但工程承包人与发包人间的隐蔽工程验收结果或工程竣工验收结果表明劳务分包人施工质量不合格时，劳务分包人应负责无偿修复，不延长工期，并承担由此导致的工程承包人的相关损失。

22.2 全部工程竣工（包括劳务分包人完成工作在内）一经发包人验收合格，劳务分包人对其分包的劳务作业的施工质量不再承担责任，在质量保修期内的质量保修责任由工程承包人承担。

23. 施工配合

23.1 劳务分包人应配合工程承包人对其工作进行的初步验收，以及工程承包人按发包人或建设行政主管部门要求进行的涉及劳务分包人工作内容、施工场地的检查、隐蔽工程验收及工程竣工验收；工程承包人或施工场地内第三方的工作必须劳务分包人配合时，劳务分包人应按工程承包人的指令予以配合。除上述初步验收、隐蔽工程验收及工程竣工验收之外，劳务分包人因提供上述配合而发生的工期损失和费用由工程承包人承担。

23.2 劳务分包人按约定完成劳务作业，必须由工程承包人或施工场地内的第三方进行配合时，工程承包人应配合劳务分包人工作或确保劳务分包人获得该第三方的配合；且工程承包人应承担因此而发生的费用。

24. 劳务报酬最终支付

24.1 全部工作完成，经工程承包人认可后14天内，劳务分包人向工程承包人递交完整的结算资料，双方按照本合同约定的计价方式，进行劳务报酬的最终支付。

24.2 工程承包人收到劳务分包人递交的结算资料后14天内进行核实，给予确认或者提出修改意见。工程承包人确认结算资料后14天内向劳务分包人支付劳务报酬尾款。

24.3 劳务分包人和工程承包人对劳务报酬结算价款发生争议时，按本合同关于争议的约定处理。

25. 违约责任

25.1 当发生下列情况之一时，工程承包人应承担违约责任：

（1）工程承包人违反本合同第19条、第24条的约定，不按时向劳务分包人支付劳务报酬；

（2）工程承包人不履行或不按约定履行合同义务的其他情况。

25.2 工程承包人不按约定核实劳务分包人完成的工程量或不按约定支付劳务报酬或劳务报酬尾款时，应按劳务分包人同期向银行贷款利率向劳务分包人支付拖欠劳务报酬的利息，并按拖欠金额向劳务分包人支付每日____‰的违约金。

25.3 工程承包人不履行或不按约定履行合同的其他义务时，应向劳务分包人支付违约金____________元，工程承包人尚应赔偿因其违约给劳务分包人造成的经济损失，顺延延误的劳务分包人工作时间。

25.4 当发生下列情况之一时，劳务分包人应承担违约责任：

（1）劳务分包人因自身原因延期交工的，每延误一日，应向工程承包人支付____________元的违约金；

（2）劳务分包人施工质量不符合本合同约定的质量标准，但能够达到国家规定的最低标准时，劳务分包人应向工程承包人支付____________元的违约金；

（3）劳务分包人不履行或不按约定履行合同的其他义务时，应向工程承包人支付违约金＿＿＿＿＿元，劳务分包人尚应赔偿因其违约给工程承包人造成的经济损失，延误的劳务分包人工作时间不予顺延。

25.5 一方违约后，另一方要求违约方继续履行合同时，违约方承担上述违约责任后仍应继续履行合同。

26. 索赔

26.1 工程承包人根据总（分）包合同向发包人递交索赔意向通知或其他资料时，劳务分包人应予以积极配合，保持并出示相应资料，以便工程承包人能遵守总（分）包合同。

26.2 在劳务作业实施过程中，如劳务分包人遇到不利外部条件等根据总（分）包合同可以索赔的情形出现，则工程承包人应该采取一切合理步骤，向发包人主张追加付款或延长工期。当索赔成功后，工程承包人应该将索赔所得的相应部分转交给劳务分包人。

26.3 当本合同的一方向另一方提出索赔时，应有正当的索赔理由，并有索赔事件发生时有效的相应证据。

26.4 工程承包人未按约定履行自己的各项义务或发生错误，以及应由工程承包人承担责任的其他情况，造成工作时间延误和（或）劳务分包人不能及时得到合同报酬及劳务分包人的其他经济损失，劳务分包人可按下列程序以书面形式向工程承包人索赔：

（1）索赔事件发生后21天内，向工程承包人项目经理发出索赔意向通知；

（2）发出索赔意向通知后21天内，向工程承包人项目经理提出延长工作时间和（或）补偿经济损失的索赔报告及有关资料；

（3）工程承包人项目经理在收到劳务分包人送交的索赔报告和有关资料后，于21天内给予答复，或要求劳务分包人进一步补充索赔理由和证据；

（4）工程承包人项目经理在收到劳务分包人送交的索赔报告和有关资料后21天内未给予答复或未对劳务分包人作进一步要求，视为该项索赔已经认可；

（5）当该项索赔事件持续进行时，劳务分包人应当阶段性地向工程承包人发出索赔意向，在索赔事件终了后21天内，向工程承包人项目经理送交索赔的有关资料和最终索赔报告。索赔答复程序与（3）、（4）规定相同。

26.5 劳务分包人未按约定履行自己的各项义务或发生错误，给工程承包人造成经济损失，工程承包人可按上述程序和时限以书面形式向劳务分包人索赔。

27. 争议

27.1 工程承包人和劳务分包人在履行合同时发生争议，可以自行和解或要求有关主管部门调解，任何一方不愿和解、调解或和解、调解不成的，双方约定采用下列第＿＿种方式解决争议：

（1）双方达成仲裁协议，向＿＿＿＿＿仲裁委员会申请仲裁；

（2）向有管辖权的人民法院起诉。

27.2 发生争议后，除非出现下列情况，双方都应继续履行合同，保持工作连续，保护好已完工作成果：

（1）单方违约导致合同确已无法履行，双方协议终止合同；

（2）调解要求停止合同工作，且为双方接受；

（3）仲裁机构要求停止合同工作；

（4）法院要求停止合同工作。

28. 禁止转包或再分包

28.1 劳务分包人不得将本合同项下的劳务作业转包或再分包给他人。否则，劳务分包人将依法承担责任。

29. 不可抗力

29.1 本合同中不可抗力的定义与总包合同中的定义相同。

29.2 不可抗力事件发生后，劳务分包人应立即通知工程承包人项目经理，并在力所能及的条件下迅速采取措施，尽力减少损失，工程承包人应协助劳务分包人采取措施。工程承包人项目经理认为劳务分包人应当暂停工作，劳务分包人应暂停工作。不可抗力事件结束后48小时内劳务分包人向工程承包人项目经理通报受害情况和损失情况，及预计清理和修复的费用。不可抗力事件持续发生，劳务分包人应每隔7天向工程承包人项目经理通报一次受害情况。不可抗力结束后14天内，劳务分包人应向工程承包人项目经理提交清理和修复费用的正式报告和有关资料。

29.3 因不可抗力事件导致的费用和延误的工作时间由双方按以下办法分别承担：

（1）工程本身的损害、因工程损害导致第三人人员伤亡和财产损失以及运至施工场地用于劳务作业的材料和待安装的设备的损害由工程承包人承担；

（2）工程承包人和劳务分包人的人员伤亡由其所在单位负责，并承担相应费用；

（3）劳务分包人自有机械设备损坏及停工损失，由劳务分包人自行承担；

（4）工程承包人提供给劳务分包人使用的机械设备损坏，由工程承包人承担，但停工损失由劳务分包人自行承担；

（5）停工期间，劳务分包人应工程承包人项目经理要求留在施工场地的必要的管理人员及保卫人员的费用由工程承包人承担；

（6）工程所需清理、修复费用，由工程承包人承担；

（7）延误的工作时间相应顺延。

29.4 因合同一方迟延履行合同后发生不可抗力的，不能免除迟延履行方的相应责任。

30. 文物和地下障碍物

30.1 在劳务作业中发现古墓、古建筑遗址等文物和化石或其他有考古、地质研究价值的物品时，劳务分包人应立即保护好现场并于4小时内以书面形式通知工程承包人项目经理，工程承包人项目经理应于收到书面通知后 24 小时内报告当地文物管理部门，工程承包人和劳务分包人按文物管理部门的要求采取妥善保护措施。工程承包人承担由此发生的费用，顺延合同工作时间。如劳务分包人发现后隐瞒不报或哄抢文物，致使文物遭受破坏，责任者依法承担相应责任。

30.2 劳务作业中发现影响工作的地下障碍物时，劳务分包人应于 8 小时内以书面形式通知工程承包人项目经理，同时提出处置方案，工程承包人项目经理收到处置方案后 24 小时内予以认可或提出修正方案，工程承包人承担由此发生的费用，顺延合同工作时间。所发现的地下障碍物有归属单位时，工程承包人应报请有关部门协同处置。

31. 合同解除

31.1 如果工程承包人不按照本合同的约定支付劳务报酬，劳务分包人可以停止工作。停止工作超过 28 天，工程承包人仍不支付劳务报酬，劳务分包人可以发出通知解除合同。

31.2 如在劳务分包人没有完全履行本合同义务之前，总包合同或专业分包合同终止，工程承包人应通知劳务分包人终止本合同。劳务分包人接到通知后尽快撤离现场，工程承包人应支付劳务分包人已完工程的劳务报酬，并赔偿因此而遭受的损失。

31.3 如因不可抗力致使本合同无法履行，或因一方违约或因发包人原因造成工程停建或缓建，致使合同无法履行的，工程承包人和劳务分包人可以解除合同。

31.4 合同解除后，劳务分包人应妥善做好已完工程和剩余材料、设备的保护和移交工作，按工程承包人要求撤出施工场地。工程承包人应为劳务分包人撤出提供必要条件，支付以上所发生的费用，并按合同约定支付已完工作劳务报酬。有过错的一方应当赔偿因合同解除给对方造成的损失。合同解除后，不影响双方在合同中约定的结算和清理条款的效力。

32. 合同终止

32.1 双方履行完合同全部义务，劳务报酬价款支付完毕，劳务分包人向工程承包人交付劳务作业成果，并经工程承包人验收合格后，本合同即告终止。

33. 合同份数

33.1 本合同正本两份，具有同等效力，由工程承包人和劳务分包人各执一份；本合同副本____份，工程承包人执____份，劳务分包人执____份。

34. 补充条款

____

____

____

____

____

35. **合同生效**

合同订立时间：______年____月____日

合同订立地点：______________________________

本合同双方约定____________________后生效。

附件一　工程承包人供应材料、设备、构配件计划

附件二　工程承包人提供施工机具、设备一览表

附件三　工程承包人提供周转、低值易耗材料一览表

工程承包人：（公章）	劳务分包人：（公章）
住　　　所：	住　　　所：
法定代表人：	法定代表人：
委托代理人：	委托代理人：
开 户 银 行：	开 户 银 行：
账　　　号：	账　　　号：
邮 政 编 码：	邮 政 编 码：

附件一：

工程承包人供应材料、设备、构配件计划

序号	品种	规模型号	单位	数量	单价	质量等级	供应时间	送达地点	备注

附件二：

工程承包人提供施工机具、设备一览表

序号	品种	规格型号	单位	数量	供应时间	送达地点	备注

附件三：

工程承包人提供周转、低值易耗材料一览表

序号	品种	规格型号	单位	数量	供应时间	送达地点	备注

GF—2005—0215

工程建设项目招标代理合同

(示范文本)[①]

委托人：______________________________

受托人：______________________________

依照《中华人民共和国合同法》《中华人民共和国招标投标法》及国家的有关法律、行政法规，遵循平等、自愿、公平和诚实信用的原则，双方就________________招标代理事项协商一致，订立本合同。

一、工程概况

工程名称：______________________________

地　　点：______________________________

规　　模：______________________________

招标规模：______________________________

总投资额：______________________________

二、委托人委托受托人为______________________________工程建设项目的招标代理机构，承担本工程的____________招标代理工作。

三、合同价款

代理报酬为人民币____________元。

四、组成本合同的文件：

1. 本合同履行过程中双方以书面形式签署的补充和修正文件；

2. 本合同协议书；

3. 本合同专用条款；

4. 本合同通用条款。

五、本协议书中的有关词语定义与本合同第一部分《通用条款》中分别赋予它们的定义相同。

六、受托人向委托人承诺，按照本合同的约定，承担本合同专用条款中约定范围内的代理业务。

七、委托人向受托人承诺，按照本合同的约定，确保代理报酬的支付。

八、合同订立

合同订立时间：______年____月____日

---

① 住房和城乡建设部、国家市场监督管理总局（原国家工商行政管理总局）2005 年 6 月 6 日发布，自 2005 年 10 月 1 日起施行。

合同订立地点：____________________

九、合同生效

本合同双方约定__________后生效。

委托人（盖章）：

法定代表人（签字或盖章）：

授权代理人（签字或盖章）：

单位地址：

邮政编码：

联系电话：

传　　真：

电子信箱：

开户银行：

账　　号：

受托人（盖章）：

法定代表人（签字或盖章）：

授权代理人（签字或盖章）：

单位地址：

邮政编码：

联系电话：

传　　真：

电子信箱：

开户银行：

账　　号：

第一部分　通用条款

一、词语定义和适用法律

1. 词语定义

下列词语除本合同专用条款另有约定外，应具有本条款所赋予的定义：

1.1 招标代理合同：委托人将工程建设项目招标工作委托给具有相应招标代理资质的受托人，实施招标活动签订的委托合同。

1.2 通用条款：是根据有关法律、行政法规和工程建设项目招标代理的需要所订立，通用于各类工程建设项目招标代理的条款。

1.3 专用条款：是委托人与受托人根据有关法律、行政法规规定，结合具体工程建设项目招标代理的实际，经协商达成一致意见的条款，是对通用条款的具体化、补充或修改。

1.4 委托人：指在合同中约定的，具有建设项目招标委托主体资格的当事人，以及取得该当事人资格的合法继承人。

1.5 受托人：指在合同中约定的，被委托人接受的具有建设项目招标代理主体资格的当事人，以及取得该当事人资格的合法继承人。

1.6 招标代理项目负责人：指受托人在专用条款中指定的负责合同履行的代表。

1.7 工程建设项目：指由委托人和受托人在合同中约定的委托代理招标的工程。

1.8 招标代理业务：委托人委托受托人代理实施工程建设项目招标的工作内容。

1.9 附加服务：指委托人和受托人在本合同通用条款 4.1 款和专用条款 4.1 款中双方约定工作范围之外的附加工作。

1.10 代理报酬：委托人和受托人在合同中约定的，受托人按照约定应收取的代理报酬总额。

1.11 图纸：指由委托人提供的满足招标需要的所有图纸、计算书、配套说明以及相关的技术资料。

1.12 书面形式：指具有公章、法定代表人或授权代理人签字的合同书、信件和数据电文（包括电报、电传、传真）等可以有形地表现所载内容的形式。

1.13 违约责任：指合同一方不履行合同义务或履行合同义务不符合约定所应承担的责任。

1.14 索赔：指在合同履行过程中，对于并非自己的过错，而是应由对方承担责任的情况造成的实际损失，向对方提出经济补偿或其他的要求。

1.15 不可抗力：指双方无法控制和不可预见的事件，但不包括双方的违约或疏忽。这些事件包括但不限于战争、严重火灾、洪水、台风、地震，或其他双方一致认为属于不可抗力的事件。

1.16 小时或天：本合同中规定按小时计算时间的，从事件有效开始时计算（不扣除休息时间）；规定按天计算时间的，开始当天不计入，从次日开始计算。时限的最后一天是休息日或者其他法定节假日的，以节假日次日为时限的最后一天。时限的最后一天的截止时间为当日 24 时。

2. 合同文件及解释顺序

2.1 合同文件应能互相解释，互为说明。除本合同专用条款另有约定外，组成本合同的文件及优先解释顺序如下：

（1）本合同履行过程中双方以书面形式签署的补充和修正文件；

（2）本合同协议书；

（3）本合同专用条款；

（4）本合同通用条款。

2.2 当合同文件内容出现含混不清或不相一致时，应在不影响招标代理业务正常进行的情况下，由委托人和受托人协商解决。双方协商不成时，按本合同通用条款第 12 条关于争议的约定处理。

3. 语言文字和适用法律

3.1 语言文字

除本合同专用条款中另有约定，本合同文件使用汉语语言文字书写、解释和说明。如本合同专用条款约定使用两种以上（含两种）语言文字时，汉语应为解释和说明本合同的标准语言文字。

3.2 适用法律和行政法规

本合同文件适用有关法律和行政法规。需要明示的法律和行政法规，双方可在本合同专用条款中约定。

二、双方一般权利和义务

4. 委托人的义务

4.1 委托人将委托招标代理工作的具体范围和内容在本合同专用条款中约定。

4.2 委托人按本合同专用条款约定的内容和时间完成下列工作：

（1）向受托人提供本工程招标代理业务应具备的相关工程前期资料（如立项批准手续规划许可、报建证等）及资金落实情况资料；

（2）向受托人提供完成本工程招标代理业务所需的全部技术资料和图纸，需要交底的须向受托人详细交底，并对提供资料的真实性、完整性、准确性负责；

（3）向受托人提供保证招标工作顺利完成的条件，提供的条件在本合同专用条款内约定；

（4）指定专人与受托人联系，指定人员的姓名、职务、职称在本合同专用条款内约定；

（5）根据需要，做好与第三方的协调工作；

（6）按本合同专用条款的约定支付代理报酬；

（7）依法应尽的其他义务，双方在本合同专用条款内约定。

4.3 受托人在履行招标代理业务过程中，提出的超出招标代理范围的合理化建议，经委托人同意并取得经济效益，委托人应向受托人支付一定的经济奖励。

4.4 委托人负有对受托人为本合同提供的技术服务进行知识产权保护的责任。

4.5 委托人未能履行以上各项义务，给受托人造成损失的，应当赔偿受托人的有关损失。

5. 受托人的义务

5.1 受托人应根据本合同专用条款中约定的委托招标代理业务的工作范围和内容，选择有足够经验的专职技术经济人员担任招标代理项目负责人。招标代理项目负责人的姓名、身份证号在专用条款内写明。

5.2 受托人按本合同专用条款约定的内容和时间完成下列工作：

（1）依法按照公开、公平、公正和诚实信用原则，组织招标工作，维护各方的合法权益；

（2）应用专业技术与技能为委托人提供完成招标工作相关的咨询服务；

（3）向委托人宣传有关工程招标的法律、行政法规和规章，解释合理的招标程序，以便得到委托人的支持和配合；

（4）依法应尽的其他义务，双方在本合同专用条款内约定。

5.3 受托人应对招标工作中受托人所出具有关数据的计算、技术经济资料等的科学性和准确性负责。

5.4 受托人不得接受与本合同工程建设项目中委托招标范围之内的相关的投标咨询业务。

5.5 受托人为本合同提供技术服务的知识产权应属受托人专有。任何第三方如果提出侵权指控，受托人须与第三方交涉并承担由此而引起的一切法律责任和费用。

5.6 未经委托人同意，受托人不得分包或转让本合同的任何权利和义务。

5.7 受托人不得接受所有投标人的礼品、宴请和任何其他好处，不得泄露招标、评标、定标过程中依法需要保密的内容。合同终止后，未经委托人同意，受托人不得泄露与本合同工程相关的任何招标资料和情况。

5.8 受托人未能履行以上各项义务，给委托人造成损失的，应当赔偿委托人的有关损失。

6. 委托人的权利

6.1 委托人拥有下列权利：

（1）按合同约定，接收招标代理成果；

（2）向受托人询问本合同工程招标工作进展情况和相关内容或提出不违反法律、行政法规的建议；

（3）审查受托人为本合同工程编制的各种文件，并提出修正意见；

（4）要求受托人提交招标代理业务工作报告；

（5）与受托人协商，建议更换其不称职的招标代理从业人员；

（6）依法选择中标人；

（7）本合同履行期间，由于受托人不履行合同约定的内容，给委托人造成损失或影响招标工作正常进行的，委托人有权终止本合同，并依法向受托人追索经济赔偿，直至追究法律责任；

（8）依法享有的其他权利，双方在本合同专用条款内约定。

7. 受托人的权利

7.1 受托人拥有下列权利：

（1）按合同约定收取委托代理报酬；

（2）对招标过程中应由委托人做出的决定，受托人有权提出建议；

（3）当委托人提供的资料不足或不明确时，有权要求委托人补足资料或作出明确的答复；

（4）拒绝委托人提出的违反法律、行政法规的要求，并向委托人作出解释；

（5）有权参加委托人组织的涉及招标工作的所有会议和活动；

（6）对于为本合同工程编制的所有文件拥有知识产权，委托人仅有使用或复制的权利；

（7）依法享有的其他权利，双方在本合同专用条款内约定。

三、委托代理报酬与收取

8. 委托代理报酬

8.1 双方按照本合同约定的招标代理业务范围，在本合同专用条款内约定委托代理报酬的计算方法、金额、币种、汇率和支付方式、支付时间。

8.2 受托人对所承接的招标代理业务需要出外考察的，其外出人员数量和费用，经委托人同意后，向委托人实报实销。

8.3 在招标代理业务范围内所发生的费用（如：评标会务费、评标专家的差旅费、劳务费、公证费等），由委托人与受托人在补充条款中约定。

9. 委托代理报酬的收取

9.1 由委托人支付代理报酬的，在本合同签订后10日内，委托人应向受托人支付不少于全部代理报酬20%的代理预付款，具体额度（或比例）双方在专用条款内约定。

由中标人支付代理报酬的，在中标人与委托人签订承包合同5日内，将本合同约定的全部委托代理报酬一次性支付给受托人。

9.2 受托人完成委托人委托的招标代理工作范围以外的工作，为附加服务项目，应收取的报酬由双方协商，签订补充协议。

9.3 委托人在本合同专用条款约定的支付时间内，未能如期支付代理预付费用，自应支付之日起，按同期银行贷款利率，计算支付代理预付费用的利息。

9.4 委托人在本合同专用条款约定的支付时间内，未能如期支付代理报酬，除应承担违约责任外，还应按同期银行贷款利率，计算支付应付代理报酬的利息。

9.5 委托代理报酬应由委托人按本合同专用条款约定的支付方法和时间，直接向受托人支付；或受托人按照约定直接向中标人收取。

四、违约、索赔和争议

10. 违约

10.1 委托人违约。当发生下列情况时：

（1）本合同通用条款第4.2-(3)项提到的委托人未按本合同专用条款的约定向委托人提供为保证招标工作顺利完成的条件，致使招标工作无法进行；

（2）本合同通用条款第4.2-(6)项提到的委托人未按本合同专用条款的约定向受托人支付委托代理报酬；

（3）委托人不履行合同义务或不按合同约定履行义务的其他情况。

委托人承担违约责任，赔偿因其违约给受托人造成的经济损失，双方在本合同专用条款内约定委托人赔偿受托人损失的计算方法或委托人应当支付违约金的数额或计算方法。

10.2 受托人违约。当发生下列情况时；

（1）本合同通用条款第5.2-(2)项提到的受托人未按本合同专用条款的约定，向委托人提供为完成招标工作的咨询服务；

（2）本合同通用条款第5.4款提到的受托人未按本合同专用条款的约定，接受了与本合同工程建设项目有关的投标咨询业务；

(3) 本合同通用条款第5.7款提到的受托人未按本合同专用条款的约定，泄露了与本合同工程相关的任何招标资料和情况；

(4) 受托人不履行合同义务或不按合同约定履行义务的其他情况。

受托人承担违约责任，赔偿因其违约给委托人造成的经济损失，双方在本合同专用条款内约定受托人赔偿委托人损失的计算方法或受托人应当支付违约金的数额或计算方法。受托人承担违约责任，赔偿金额最高不应超过委托代理报酬的金额（扣除税金）。

10.3 第三方违约。如果一方的违约被认定为是与第三方共同造成的，则应由合同双方中有违约的一方先行向另一方承担全部违约责任，再由承担违约责任的一方向第三方追索。

11. 索赔

11.1 当事人一方向另一方提出索赔时，要有正当的索赔理由，且有索赔事件发生时的有效证据。

11.2 委托人未能按合同约定履行自己的各项义务，或者发生应由委托人承担责任的其他情况，给受托人造成损失，受托人可按下列程序以书面形式向委托人索赔：

(1) 索赔事件发生后7天内，向委托人发出索赔报告及有关资料；

(2) 委托人收到受托人的索赔报告及有关资料后，于7天内给予答复，或要求受托人进一步补充索赔理由和证据；

(3) 委托人在收到受托人送交的索赔报告和有关资料后7天内未予答复，或未对受托人作进一步要求，视为该项索赔已经认可。

11.3 受托人未能按合同约定履行自己的各项义务，或者发生应由受托人承担责任的其他情况，给委托人造成经济损失，委托人可按第11.2款确定的时限和程序向受托人提出索赔。

12. 争议

12.1 委托人和受托人在履行合同时发生争议，可以和解或者向有关部门或机构申请调解。当事人不愿和解、调解或者和解、调解不成的，双方可以在本合同专用条款内约定以下一种方式解决争议：

(1) 双方达成仲裁协议，向约定的仲裁委员会申请仲裁；

(2) 向有管辖权的人民法院起诉。

五、合同变更、生效与终止

13. 合同变更或解除

13.1 本合同签订后，由于委托人原因，使得受托人不能持续履行招标代理业务时，委托人应及时通知受托人暂停招标代理业务。当需要恢复招标代理业务时，应当在正式恢复前7天通知受托人。

若暂停时间超过六个月，当需要恢复招标代理业务时，委托人应支付重新启动该招标代理工作一定的补偿费用，具体计算方法经双方协商以补充协议确定。

13.2 本合同签订后，如因法律、行政法规发生变化或由于任何后续新颁布的法律、行政法规导致服务所需的成本或时间发生改变，则本合同约定的服务报酬和服务期限由双方签订补充协议进行相应调整。

13.3 本合同当事人一方要求变更或解除合同时，除法律、行政法规另有规定外，应与对方当事人协商一致并达成书面协议。未达成书面协议的，本合同依然有效。

13.4 因解除合同使当事人一方遭受损失的，除依法可以免除责任外，应由责任方负责赔偿对方的损失，赔偿方法与金额由双方在协议书中约定。

14. 合同生效

14.1 除生效条件双方在协议书中另有约定外，本合同自双方签字盖章之日起生效。

15. 合同终止

15.1 受托人完成委托人全部委托招标代理业务，且委托人或中标人支付了全部代理报酬（含附加服务的报酬）后本合同终止。

15.2 本合同终止并不影响各方应有的权利和应承担的义务。

15.3 因不可抗力，致使当事人一方或双方不能履行本合同时，双方应协商确定本合同继续履行的条件或终止本合同。如果双方不能就本合同继续履行的条件或终止本合同达成一致意见，本合同自行终止。除委托人应付给受托人已完成工作的报酬外，各自承担相应的损失。

15.4 本合同的权利义务终止后，委托人和受托人应当遵循诚实信用原则，履行通知、协助、保密等义务。

六、其他

16. 合同的份数

16.1 本合同正本一式两份，委托人和受托人各执一份。副本根据双方需要在本合同专用条款内约定。

17. 补充条款

双方根据有关法律、行政法规规定，结合本合同招标工程实际，经协商一致后，可对本合同通用条款未涉及的内容进行补充。

第二部分　专用条款

一、词语定义和适用法律

2. 合同文件及解释顺序

2.1 合同文件及解释顺序：____

____

____。

3. 语言文字和适用法律

3.1 语言文字

本合同采用的文字为：＿＿＿＿＿＿＿＿＿＿＿＿＿＿＿＿＿＿＿＿。

3.2 本合同需要明示的法律、行政法规：＿＿＿＿＿＿＿＿＿＿＿＿＿＿＿＿＿＿＿＿＿＿＿＿＿＿＿＿＿＿＿＿。

二、双方一般权利和义务

4. 委托人的义务

4.1 委托招标代理工作的具体范围和内容：＿＿＿＿＿＿＿＿＿＿＿＿＿＿＿＿＿＿＿＿＿＿＿＿＿＿＿＿＿＿＿＿。

4.2 委托人应按约定的时间和要求完成下列工作：

（1）向受托人提供本工程招标代理业务应具备的相关工程前期资料（如立项批准手续、规划许可、报建证等）及资金落实情况资料的时间：＿＿＿＿＿＿＿＿＿＿；

（2）向受托人提供完成代理招标业务所需的全部资料的时间：＿＿＿＿＿＿＿＿＿＿＿＿＿＿＿＿＿＿＿＿＿＿＿＿＿＿＿＿；

（3）向受托人提供保证招标工作顺利完成的条件：＿＿＿＿＿＿＿＿＿＿＿＿＿＿＿＿＿＿＿＿＿＿＿＿＿＿＿＿＿＿；

（4）指定的与受托人联系的人员

姓名：＿＿＿＿＿＿＿＿＿＿＿＿＿

职务：＿＿＿＿＿＿＿＿＿＿＿＿＿

职称：＿＿＿＿＿＿＿＿＿＿＿＿＿

电话：＿＿＿＿＿＿＿＿＿＿＿＿＿

（5）需要与第三方协调的工作：＿＿＿＿＿＿＿＿＿＿＿＿＿＿＿＿＿＿＿＿＿＿＿＿＿＿＿＿＿＿＿＿＿；

（7）应尽的其他义务：＿＿＿＿＿＿＿＿＿＿＿＿＿＿＿＿＿＿＿＿＿＿＿＿＿＿＿＿＿＿＿＿＿＿＿＿。

5. 受托人的义务

5.1 招标代理项目负责人姓名：＿＿＿＿＿身份证号：＿＿＿＿＿＿＿＿＿

5.2 受托人应按约定的时间和要求完成下列工作：

（1）组织招标工作的内容和时间：（按招标工作的程序写明每项工作的具体内容和时间）＿＿＿＿＿＿＿＿＿＿＿＿＿＿＿＿＿＿＿＿＿＿＿＿＿＿＿＿＿＿＿＿＿＿＿＿＿＿＿；

（2）为招标人提供的为完成招标工作的相关咨询服务：＿＿＿＿＿＿＿＿＿＿＿＿＿＿＿＿＿＿＿＿＿＿＿＿＿＿＿＿＿；

（3）承担招标代理业务过程中，应由受托人支付的费用：＿＿＿＿＿＿＿＿＿＿＿＿＿＿＿＿＿＿＿＿＿＿＿＿＿＿＿＿；

（4）应尽的其他义务：____

____

____。

6. 委托人的权利

6.1 委托人拥有的权利：

（8）委托人拥有的其他权利：____

____

____。

7. 受托人的权利

7.1 受托人拥有的权利：

（7）受托人拥有的其他权利：____

____

____。

三、委托代理报酬与收取

8. 委托代理报酬

8.1 代理报酬的计算方法：____；

代理报酬的金额或收取比例：____；

代理报酬的币种：________________________汇率：______________________；

代理报酬的支付方式：____；

代理报酬的支付时间：____。

9. 委托代理报酬的收取

9.1 预付委托代理费用额度（比例）：____________________________________。

9.3 逾期支付时，银行贷款利率：_______________________________________。

9.4 逾期支付时，应收取的利息：_______________________________________。

四、违约、索赔和争议

10. 违约

10.1 本合同关于委托违约的具体责任：

（1）委托人未按照本合同通用条款第4.2－(3)款的约定，向受托人提供保证招标工作顺利完成的条件应承担的违约责任：_______________________________

____

____；

（2）委托人未按照本合同通用条款第4.2－(6)款的约定，向受托人支付委托代理报酬应承担的违约责任：____

____

____；

（3）双方约定的委托人的其他违约责任：____。

10.2 本合同关于受托人违约的具体责任：

（1）受托人未按照本合同通用条款第 5.2－（2）款的约定，向委托人提供为完成招标工作的咨询服务应承担的违约责任：____；

（2）受托人违反本合同通用条款第 5.4 款的约定，接受了与本合同工程建设项目有关的投标咨询业务应承担的违约责任：____；

（3）受托人违反本合同通用条款第 5.7 款的约定，泄露了与本合同工程相关的任何不应泄露的招标资料和情况应承担的违约责任：____；

（4）双方约定的受托人的其他违约责任：____。

12. 争议

12.1 双方约定，凡因执行本合同所发生的与本合同有关的一切争议，当和解或调解不成时，选择下列第____种方式解决：

（1）将争议提交__________仲裁委员会仲裁；

（2）依法向__________人民法院提起诉讼。

六、其他

16. 合同份数

16.2 双方约定本合同副本____份，其中，委托人____份，受托人____份。

17. 补充条款：

____。

第三章　承揽合同

一、签约须知

在签订承揽合同的过程中，需要注意以下几个方面的问题：

1. 定作物的质量要求和技术标准问题。承揽合同中对技术标准和质量要求约定不明的，很容易引发纠纷。承揽合同签订后，承揽人应当严格按照定作人提出的要求完成承揽任务，对于约定的技术和质量要求不得擅自改变。在完成承揽任务的过程中，如果发现定作人的质量和技术要求有不合理的地方，要及时与定作人沟通。在未得到定作人明确答复的情况下，承揽人可以暂停承揽任务的进行。定作物有样品的，经当事人双方封签后，要妥善保管，作为将来验收工作的依据。

2. 完成承揽任务的期限问题。需要注意的是，如果是由承揽人自行运送定作物，交付定作人的，以定作人接收定作物的日期为完工之日；如果是承揽人托运定作物给定作人的，以承运人接收定作物的日期为准；定作人自行提走定作物的，以承揽人规定的提货日期为准。

3. 报酬问题。在报酬支付中，要注意定金问题。定作人向承揽人交付定金的，如果是定作人未按约定履行合同，定金不予返还；如果是承揽人不履行合同，定作人可以要求双倍返还定金。定作人支付预付款的，如果是承揽人不履行合同，必须如数返还；定作人不履行合同，预付款可以充作违约金。

4. 验收问题。承揽人完成承揽任务后，定作人应当及时验收工作成果。承揽人应当协助定作人进行验收，提供必要的技术资料和证明文件。如果定作物的质量瑕疵在短期内无法判断，当事人双方可以约定一定的期限，在该期限中发现的质量问题，由承揽人负责修理和更换，定作人因使用不当造成的质量问题除外。

二、重点法条

《民法典》第三编第二分编第十七章承揽合同

第七百七十条　承揽合同是承揽人按照定作人的要求完成工作，交付工作成果，定作人支付报酬的合同。

承揽包括加工、定作、修理、复制、测试、检验等工作。

第七百七十一条　承揽合同的内容一般包括承揽的标的、数量、质量、报酬，承揽方式，材料的提供，履行期限，验收标准和方法等条款。

第七百七十二条　承揽人应当以自己的设备、技术和劳力，完成主要工作，但是当事人另有约定的除外。

承揽人将其承揽的主要工作交由第三人完成的，应当就该第三人完成的工作成果向定作人负责；未经定作人同意的，定作人也可以解除合同。

第七百七十三条　承揽人可以将其承揽的辅助工作交由第三人完成。承揽人将其承揽的辅助工作交由第三人完成的，应当就该第三人完成的工作成果向定作人负责。

第七百七十四条　承揽人提供材料的，应当按照约定选用材料，并接受定作人检验。

第七百七十五条　定作人提供材料的，应当按照约定提供材料。承揽人对定作人提供的材料应当及时检验，发现不符合约定时，应当及时通知定作人更换、补齐或者采取其他补救措施。

承揽人不得擅自更换定作人提供的材料，不得更换不需要修理的零部件。

第七百七十六条　承揽人发现定作人提供的图纸或者技术要求不合理的，应当及时通知定作人。因定作人怠于答复等原因造成承揽人损失的，应当赔偿损失。

第七百七十七条　定作人中途变更承揽工作的要求，造成承揽人损失的，应当赔偿损失。

第七百七十八条　承揽工作需要定作人协助的，定作人有协助的义务。定作人不履行协助义务致使承揽工作不能完成的，承揽人可以催告定作人在合理期限内履行义务，并可以顺延履行期限；定作人逾期不履行的，承揽人可以解除合同。

第七百七十九条　承揽人在工作期间，应当接受定作人必要的监督检验。定作人不得因监督检验妨碍承揽人的正常工作。

第七百八十条　承揽人完成工作的，应当向定作人交付工作成果，并提交必要的技术资料和有关质量证明。定作人应当验收该工作成果。

第七百八十一条　承揽人交付的工作成果不符合质量要求的，定作人可以合理选择请求承揽人承担修理、重作、减少报酬、赔偿损失等违约责任。

第七百八十二条　定作人应当按照约定的期限支付报酬。对支付报酬的期限没有约定或者约定不明确，依据本法第五百一十条的规定仍不能确定的，定作人应当在承揽人交付工作成果时支付；工作成果部分交付的，定作人应当相应支付。

第七百八十三条　定作人未向承揽人支付报酬或者材料费等价款的，承揽人对完成的工作成果享有留置权或者有权拒绝交付，但是当事人另有约定的除外。

第七百八十四条　承揽人应当妥善保管定作人提供的材料以及完成的工作成果，因保管不善造成毁损、灭失的，应当承担赔偿责任。

第七百八十五条　承揽人应当按照定作人的要求保守秘密，未经定作人许可，不得留存复制品或者技术资料。

第七百八十六条 共同承揽人对定作人承担连带责任，但是当事人另有约定的除外。

第七百八十七条 定作人在承揽人完成工作前可以随时解除合同，造成承揽人损失的，应当赔偿损失。

三、典型案例

承揽人擅自转包，合同能否解除？

2019年2月，某塑胶制品厂（以下简称塑胶厂）与某服装厂签订加工合同，合同规定：塑胶厂作为定作人给服装厂提供半成品塑料儿童雨衣，服装厂作为承揽人为塑胶厂加工成品塑料儿童雨衣，但双方对加工承揽的数量、质量、价款、履行期限等未作明确规定。

合同签订后，至2020年3月底，塑胶厂共向服装厂提供半成品10000件，并预付加工费15000元。服装厂收到半成品后，以自己的设备、技术和劳力加工了1000件，其余9000件服装厂未经塑胶厂同意以每件14元的价格转给了某公司。

后由于服装厂没有及时向某公司支付加工费，某公司遂扣住加工完成的雨衣，导致服装厂无法向塑胶厂交货。经塑胶厂再三催促后，服装厂不得不说出转委托某公司加工并被扣住的事实。塑胶厂为了保证按时出口，只得先拿出12600元付给某公司。为此，塑胶厂诉至法院，要求服装厂返还预付的部分加工费，并承担违约责任。

《民法典》第七百七十二条规定："承揽人应当以自己的设备、技术和劳力，完成主要工作，但是当事人另有约定的除外。承揽人将其承揽的主要工作交由第三人完成的，应当就该第三人完成的工作成果向定作人负责；未经定作人同意的，定作人也可以解除合同。"因此，服装厂擅自将工作交由第三人某公司完成的，构成根本违约。定作人塑胶厂可以选择两种方式要求承揽人承担合同责任。一种是要求服装厂对第三人完成的工作成果向定作人负责。另一种是通知服装厂解除合同。本案中，塑胶厂要求服装厂返还部分预付的加工费并承担违约责任，是选择了解除承揽合同。其诉讼请求应当予以支持。

分包人聘请的帮工发生意外，承揽人应否承担赔偿责任？

朱某以包工不包料的形式承建孟某的房屋，双方订立了承揽合同书。朱某按合同建完主体工程后，将房屋的部分外粉刷工程包给了刘某，口头议定粉刷验收后，在朱某的工钱中支付报酬给刘某。刘某邀请了葛某帮工，并议定同时上工，平均分配。

2020年5月某日，朱某用其在孟某家挑选的树木，帮刘某搭建吊架，但未搭完整。次日，刘某和葛某将吊架搭完整后再动工粉刷。当天下午3时许，由于搭吊架的树木霉烂而断裂，导致葛某从吊架上摔落在地，造成六级伤残。葛某向人民法院提起诉讼，要求朱某、孟某、刘某三人赔偿。

《最高人民法院关于审理人身损害赔偿案件适用法律若干问题的解释》第十条规定："承揽人在完成工作过程中对第三人造成损害或者造成自身损害的，定作人不承担赔偿责任。但定作人对定作、指示或者选任有过失的，应当承担相应的赔偿责任。"造成本案人身损害后果的直接原因是吊架的树木霉烂断裂，而搭建吊架的树木是朱某自行挑选的，孟某对吊架的断裂没有过失，依法不承担赔偿责任。

根据《民法典》第七百七十三条的规定，承揽人可以将其承揽的辅助工作交由第三人完成。承揽人将其承揽的辅助工作交由第三人完成的，应当就该第三人完成的工作成果向定作人负责。朱某承建房屋后，将部分外粉刷工程包给刘某去完成，且报酬在朱某的工钱中支付。可见，朱某与刘某之间形成了分包关系。刘某及葛某二人在做工前，将朱某交给其未完成的吊架安装使用时，应尽注意检查的义务，而未尽此义务盲目使用，对吊架断裂亦有一定的过错。故朱某应负主要责任，刘某及葛某二人应负次要责任。

甲醛严重超标，装修人应否承担赔偿责任？

韩某购买了一套二居室，并与某装修公司签订了房屋装修合同。双方约定：某装修公司负责对韩某的住房进行室内装修；所需材料由某装修公司购置，但必须经韩某验收同意后方可使用。2019 年 12 月，装修工程完工，韩某验收后与某装修公司结算了工程款。此后，因住房内留有刺鼻气味并且长期不消散，韩某委托有关机构进行检测，检测结论为：室内的异味是由装修材料挥发出的游离甲醛严重超标造成的。因与某装修公司就装修质量问题协商未果，韩某向当地人民法院提起诉讼。

在本案中，当事人双方在装修合同中没有明确约定装修工程的质量标准，但根据合同目的，装修后的房屋至少应当具备包括空气条件在内的居住条件。而某装修公司所使用的装修材料挥发的甲醛气体严重超标，使韩某的房屋无法正常地居住和使用，这样的装修质量显然没有达到装修合同中的质量标准。

韩某作为家庭装修的定作人，是一名普通的消费者，在对某装修公司购置的装修材料进行验收时，仅能尽到一般的注意义务，即进行外观质量上的把关，但某装修公司作为装修工程的承揽人，具备一定的专业知识，应当对其交付的工作成果承担产品质量瑕疵担保责任，即应保证装修后的房屋具备包括空气条件在内的正常居住条件。

《民法典》第七百八十一条规定："承揽人交付的工作成果不符合质量要求的，定作人可以合理选择请求承揽人承担修理、重作、减少报酬、赔偿损失等违约责任。"韩某不仅可以要求某装修公司重新装修，还可以要求其承担赔偿责任。

按天支付劳动报酬，是承揽关系还是雇佣关系？

庄某应张某要求到张某家中做工，为张某安装天花板和地板。双方约定：张某按照做工天数向庄某支付报酬，工钱为每天50元；庄某自备工具。几天后，庄某在对一块木板实施切割的过程中，被木板中飞溅出来的铁钉刺伤眼睛，造成经济损失8000余元。庄某诉至法院，要求张某赔偿其经济损失。

在本案中，庄某是在不特定的期间内，按照张某的要求，为张某提供安装天花板和地板等特定劳务，虽然庄某是自己准备工具，所提供的劳务也具有一定的技术含量，但张某是按照庄某的做工天数，以每天50元的工钱支付报酬，做多少天支付多少天的工钱，完全是支付劳动力报酬的方式，而不是以劳动成果作为支付报酬的直接对象。庄某并没有享有劳务报酬之外的额外利益，且张某在一定程度上对庄某的工作内容、工作进度行使着管理和指挥职能。故本案中当事人之间应属于雇佣关系，适用有关雇佣关系的法律规定。

四、示范文本

GF—2000—0301

加工合同

（示范文本）[①]

合同编号：＿＿＿＿＿＿

定作人：＿＿＿＿＿＿　　签订地点：＿＿＿＿＿＿

承揽人：＿＿＿＿＿＿　　签订时间：＿＿＿年＿＿＿月＿＿＿日

第一条　加工物、数量、报酬、交货期限

加工物名称	规格型号	计量单位	数量	报酬		交货期限及数量											
				单价	金额	合计											
合计人民币金额（大写）：																	

（注：空格如不够用，可以另接）

① 国家市场监督管理总局（原国家工商行政管理总局）2000年9月22日发布。

第二条　定作人提供的材料

材料名称	规格型号	计量单位	数量	质量	提供日期	消耗定额

（注：空格如不够用，可以另接）

第三条　承揽人对定作人提供的材料的检验标准、时间及提出异议的期限：______

____

____

第四条　加工物的技术标准、质量要求：______________________________

____

____

第五条　承揽人对定作物质量负责的期限及条件：______________________________

____

____

第六条　加工物的包装要求及费用负担：______________________________

____

____

第七条　定作人提供技术资料、图纸的时间、办法及保密要求：______________

____

____

第八条　承揽人发现定作人提供的图纸、技术要求不合理的，在____日内向定作人提出书面异议。定作人应在收到书面异议后的____日内答复。

第九条　定作人（是/否）允许第三人完成加工物的主要工作。

第十条　加工物的交付方式及地点：______________________________

____

第十一条　加工物的检验标准、方法、地点及期限：______________________________

____

第十二条　报酬的结算方式及期限：______________________________

____

第十三条　定作人在______年____月____日前交定金（大写）____________元。

第十四条　本合同解除的文件：______________________________

____

____

第十五条 定作人未向承揽人支付报酬的，承揽人（是/否）可以留置加工物。

第十六条 违约责任：____

____

____

第十七条 合同争议的解决方式：本合同在履行过程中发生的争议，由双方当事人协商解决；也可由当地市场监督管理部门（原工商行政管理部门）调解；协商或调解不成的，按下列第____种方式解决：

（一）提交______________仲裁委员会仲裁；

（二）依法向人民法院起诉。

第十八条 其他约定事项：____

____

____

定作人	承揽人	鉴（公）证意见：
定作人：（章） 住所： 法定代表人： 居民身份证号码： 委托代理人： 电话： 开户银行： 账号： 邮政编码：	承揽人：（章） 住所： 法定代表人： 居民身份证号码： 委托代理人： 电话： 开户银行： 账号： 邮政编码：	鉴（公）证机关（章） ______年______月______日

监制部门：　　　　　　　　　　　印制单位：

GF—2000—0302

定作合同

（示范文本）[①]

合同编号：____________

定作人：____________　　　　签订地点：____________

承揽人：____________　　　　签订时间：______年______月______日

---

① 国家市场监督管理总局（原国家工商行政管理总局）2000年9月22日发布。

第一条　定作物、数量、报酬、交货期限

加工物名称	规格型号	计量单位	数量	报酬		交货期限及数量											
				单价	金额	合计											
合计人民币金额（大写）：																	

（注：空格如不够用，可以另接）

第二条　承揽人提供的材料

序号	材料名称	牌号商标	规格型号	生产厂家	计量单位	用料数量	质量	单价	金额

（注：空格如不够用，可以另接）

第三条　定作人对承揽人提供的材料的检验标准、时间及提出异议的期限：______

____

第四条　定作物的技术标准、质量要求：____________________

____

第五条　承揽人对定作物质量负责的期限及条件：________________

____

第六条　定作人提供技术资料、图纸样品、工艺要求等的时间、办法及保密要求：

____

____

第七条　承揽人发现定作人提供的图纸、技术要求不合理的，在____日内向定作人提出书面异议。定作人应在收到书面异议后的____日内答复。

第八条　定作物的包装要求及费用负担：____________________

____

第九条 定作人（是/否）允许第三人完成加工物的主要工作。

第十条 定作物的交付方式及地点：____

____

第十一条 定作物的检验标准、方法、地点及期限：______________________

____

第十二条 定作人在______年____月____日前向承揽人预付材料款（大写）____________元。

第十三条 报酬及材料费的结算方式及期限：__________________________

____

第十四条 定作人在______年____月____日前交定金（大写）____________元。

第十五条 本合同解除的文件：____

____

第十六条 定作人未向承揽人支付报酬或者材料费的，承揽人（是/否）可以留置定作物。

第十七条 违约责任：____

____

第十八条 合同争议的解决方式：本合同在履行过程中发生的争议，由双方当事人协商解决；也可由当地市场监督管理部门（原工商行政管理部门）调解；协商或调解不成的，按下列第____种方式解决：

（一）提交____________仲裁委员会仲裁；

（二）依法向人民法院起诉。

第十九条 其他约定事项：____

____

定作人	承揽人	鉴（公）证意见：
定作人：（章）	承揽人：（章）	
住所：	住所：	
法定代表人：	法定代表人：	
居民身份证号码：	居民身份证号码：	
委托人理人：	委托人理人：	
电话：	电话：	
开户银行：	开户银行：	
账号：	账号：	鉴（公）证机关（章）
邮政编码：	邮政编码：	______年______月______日

监制部门：　　　　　　　　　　　　印制单位：

GF—2000—0303

承 揽 合 同

（示范文本）[1]

合同编号：__________

定作人：__________　　签订地点：__________

承揽人：__________　　签订时间：_____年_____月_____日

第一条　加工物、数量、报酬、交货期限

项目名称及内容	计量单位	数量	工作量（工时）	报酬		交付期限
				单价	金额	
合计人民币金额（大写）：						

（注：空格如不够用，可以另接）

第二条　技术标准、质量要求：______________________________

____

____

第三条　承揽人对质量负责的期限及条件：______________________

____

____

第四条　定作人提供技术资料、图纸等的时间、办法及保密要求：__________

____

____

第五条　承揽人使用的材料由__________人提供。材料的检验方法：________

____

第六条　定作人（是/否）允许承揽项目中的主要工作由第三人来完成。可以交

① 国家市场监督管理总局（原国家工商行政管理总局）2000年9月22日发布。

由第三人完成的工作是：____

____

第七条 工作成果检验标准、方法和期限：______________________________

____

第八条 结算方式及期限：______________________________________

____

第九条 定作人在______年____月____日前交定金（大写）____________元。

第十条 定作人解除承揽合同应及时书面通知承揽人。

第十一条 定作人未向承揽人支付报酬或材料费的，承揽人（是/否）可以留置工作成果。

第十二条 违约责任：____

____

第十三条 合同争议的解决方式：本合同在履行过程中发生的争议，由双方当事人协商解决；也可由当地市场监督管理部门（原工商行政管理部门）调解；协商或调解不成的，按下列第____种方式解决：

（一）提交____________仲裁委员会仲裁；

（二）依法向人民法院起诉。

第十四条 其他约定事项：______________________________________

____

定作人	承揽人	鉴（公）证意见：
定作人：（章）	承揽人：（章）	
住所：	住所：	
法定代表人：	法定代表人：	
居民身份证号码：	居民身份证号码：	
委托代理人：	委托代理人：	
电话：	电话：	
开户银行：	开户银行：	鉴（公）证机关（章）
账号：	账号：	经办人：
邮政编码：	邮政编码：	______年____月____日

监制部门：　　　　　　　　　　　印制单位：

GF—2000—0306

测绘合同

（示范文本）[1]

工程名称：______________________________

合同编号：______________________________

定作人（甲方）：______________ 合同编号：______________________

承揽人（乙方）：______________ 签订地点：______________________

承揽人测绘资质等级：__________ 签订时间：______________________

根据《中华人民共和国合同法》《中华人民共和国测绘法》和有关法律法规，经双方协商一致签订本合同。

第一条 测绘范围（包括测区地点、面积、测区地理位置等）：______________

____

____

第二条 测绘内容（包括测绘项目和工作量等）：______________________

____

____

第三条 执行技术标准：

序号	标准名称	标准代号	标准等级

其他技术要求：____

____

____

____

① 国家测绘地理信息局（原国家测绘局）、国家市场监督管理总局（原国家工商行政管理总局）2000年3月21日发布。

第四条 测绘工程费：

1. 取费依据：国家颁布的测绘产品价格标准。

2. 取费项目及预算工程总价款：

序号	项目名称	工作量	单价（元）	合计（元）	备注
预算工程总价款：					

3. 工程完工后，根据实际测绘工作量核计实际工程价款。

4. ____。

第五条 甲方的义务

1. 自合同签订之日起______日内向乙方提交有关资料。

2. 自接到乙方编制的技术设计书之日起______日内完成技术设计书的审定工作，并提出书面审定意见。

3. 应当保证乙方的测绘队伍顺利进入现场工作，并对乙方进场人员的工作、生活提供必要的条件。

4. 甲方保证工程款按时到位，以保证工程的顺利进行。

5. 允许乙方内部使用执行本合同所产生的测绘成果。

6. ____。

第六条 乙方的义务

1. 自收到甲方的有关材料之日起______日内，根据甲方的有关资料和本合同的技术要求完成技术设计书的编制，并交甲方审定。

2. 自收到甲方对技术设计书同意实施的审定意见之日起______日内组织测绘队伍进场作业。

3. 乙方应当根据技术设计书要求确保测绘项目如期完成。

4. 允许甲方内部使用乙方为执行本合同所提供的属乙方所有的测绘成果。

5. 未经甲方允许，乙方不得将本合同标的的全部或部分转包给第三方。

6. ____。

第七条　测绘项目完成工期

序号	测　绘　项　目	完成时间	备注

全部测绘成果应于______年____月____日前交甲方验收。

第八条　乙方应当于工程完工之日起____日内书面通知甲方验收，甲方应当自接到完工通知之日起____日内，组织有关专家，依据本合同约定使用的技术标准和技术要求，对乙方所完工的测绘工程完成验收，并出据测绘成果验收报告书。

对乙方所提供的测绘成果的质量有争议的，由测区所在地的省级测绘产品质量监督检验站裁决。其费用由败诉方承担。

第九条　对乙方测绘成果的所有权、使用权和著作权归属的约定：____________

____

____

第十条　测绘工程费支付日期和方式

1. 自合同签订之日起____日内甲方向乙方支付定金人民币____________元。并预付工程预算总价款的____%，人民币____________元。

2. 当乙方完成预算工程总量的____%时，甲方向乙方支付预算工程价款的____%，人民币____________元。

3. 当乙方完成预算工程总量的____%时，甲方向乙方支付预算工程价款的____%，人民币____________元。

4. 乙方自工程完工之日起____日内，根据实际工作量编制工程结算书，经甲、乙双方共同审定后，作为工程价款结算依据。自测绘成果验收合格之日起____日内，甲方应根据工程结算结果向乙方全部结清工程价款。

5. ____。

第十一条

自测绘工程费全部结清之日起____日内，乙方根据技术设计书的要求向甲方交付全部测绘成果（见下表）。

序号	成 果 名 称	规格	数量	备注

乙方向甲方交付约定的测绘成果____份。甲方如需增加测绘成果份数，需另行向乙方支付每份工本费____________元。

第十二条 甲方违约责任

1. 合同签订后，由于甲方工程停止而终止合同的，乙方未进入现场工作前，甲方无权请求返还定金。双方没有约定定金的，向乙方偿付预算工程费的30%，人民币____________元；乙方已进入现场工作，甲方应按完成的实际工作量支付工程价款，并按预算工程费的____%（____________元）向乙方偿付违约金。

2. 乙方进场后，甲方未给乙方提供必要的工作、生活条件而造成停窝工时，甲方应支付给乙方停窝工费，停窝工费按合同约定的平均工日产值（________元/日）计算，同时工期顺延。

3. 甲方未按要求支付乙方工程费，应按顺延天数和当时银行贷款利息，向乙方支付违约金。影响工程进度的，甲方应承担顺延工期的责任，并根据本条第二项的约定向乙方支付停窝工费。

4. 对于乙方提供的图纸等资料以及属于乙方的测绘成果，甲方有义务保密，不得向第三人提供或用于本合同以外的项目，否则乙方有权要求甲方按本合同工程款总额的20%赔偿损失。

5. ____。

第十三条 乙方违约责任

1. 合同签订后，如乙方擅自中途停止或解除合同，乙方应向甲方双倍返还定金。双方没有约定定金的，乙方向甲方赔偿已付工程价款的____%，人民币__________元，并归还甲方预付的全部工程款。

2. 在甲方提供了必要的工作、生活条件，并且保证了工程款按时到位，乙方未能按合同规定的日期提交测绘成果时，应向甲方赔偿拖期损失费，每天的拖期损失费按合同约定的预算工程总价款的____%计算。因天气、交通、政府行为、甲方提供的资料不准确等影响测绘作业的客观原因造成的工程拖期，乙方不承担赔偿责任。

3. 乙方提供的测绘成果质量不合格的，乙方应负责无偿予以重测或采取补救措施，以达到质量要求。因测绘成果质量不符合合同要求（而又非甲方提供的图纸资料原因所致）造成后果时，乙方应对因此造成的直接损失负赔偿责任，并承担相应的法律责任（由于甲方提供的图纸资料原因产生的责任由甲方自己负责）。返工周期为____天，到______年____月____日完成，并向甲方提供测绘成果。

4. 对于甲方提供的图纸和技术资料以及属于甲方的测绘成果，乙方有保密义务，不得向第三人转让，否则，甲方有权要求乙方按本合同工程款总额的20%（人民币______元）赔偿损失。

5. 乙方擅自转包本合同标的的，甲方有权解除合同，并可要求乙方偿付预算工程费30%（人民币____________元）的违约金。

6. ____。

第十四条 由于不可抗力，致使合同无法履行时，双方应按有关法律规定及时协商处理。

第十五条 其他约定：____。

第十六条 本合同执行过程中的未尽事宜，双方应本着实事求是友好协商的态度加以解决。双方协商一致的，签订补充协议。补充协议与本合同具有同等效力。

第十七条 因本合同发生争议，由双方当事人协商解决或由双方主管部门调解，协商或调解不成的，当事人双方同意___________仲裁委员会仲裁（当事人双方未在合同中约定仲裁机构，事后又未达成书面仲裁协议的，可向人民法院起诉）。

第十八条　附则

1. 本合同由双方代表签字，加盖双方公章或合同专用章即生效。全部成果交接完毕和测绘工程费结算完成后，本合同终止。

2. 本合同一式____份，甲方____份，乙方____份。

定作人名称（盖章）：	承揽人名称（盖章）：
定作人住所：	承揽人住所：
邮政编码：	邮政编码：
联系人：	联系人：
电话：	电话：
传真：	传真：
E－Mail：	E－Mail：
开户银行：	开户银行：
银行账号：	银行账号：
法定代表人（签字）：	法定代表人（签字）：
（委托代理人）	（委托代理人）

GF—92—0304

汽车维修合同

（示范文本）

托修方________________签订时间________________合同编号________________

承修方________________签订地点________________

一、车辆型号：

车　种		牌照号		发动机	型号	
车　型		底盘号			编号	

二、车辆交接期限（事宜）：

送 修				接 车			
日期		方 式		日 期		方式	
地点				地 点			

三、维修类别及项目：

预计维修费总金额（大写）________________（其中工时费________________）

四、材料提供方式：____

五、质量保证期：

维修车辆自出厂之日起，在正常使用情况下，________________________天或行驶________________公里以内出现维修质量问题承修方负责。

六、验收标准及方式____

七、结算方式及期限：

现金________________转账________________银行汇款________________期限________________

八、违约责任及金额____

九、如需提供担保，另立合同担保书，作为本合同附本。

十、解决合同纠纷的方式：本合同在履行过程中发生争议，由当事人双方协商解决。协商不成，当事人双方同意由________仲裁委员会仲裁（当事人双方未在合同中约定仲裁机构，事后又未达成书面仲裁协议的，可向人民法院起诉）。

十一、双方商定的其他条款____

托修方单位名称（章） 单位地址： 法人代表人： 代表人： 电话：　　　　　　电挂： 开户银行： 账号： 邮政编码：	承修方单位名称（章） 单位地址： 法人代表人： 代表人 电话：　　　　　　电挂： 开户银行： 账号： 邮政编码：

说明：

1. 承、托修方签订书面合同的范围：汽车大修、主要总成大修、二级维护及维修费在一千元以上的。

2. 本合同正式一式____份，经承、托修方签章生效。

3. 本合同维修费是概算费用。结算时凭维修工时费、材料明细表，按实际发生金额结算。

4. 承修方在维修过程中，发现其他故障需增加维修项目及延长维修期限时，承修方应及时以书面形式（包括文书、电报）通知托修方，托修方必须在接到通知后____________天内给予书面答复，否则视为同意。

5. 承、托修方签订本合同时，应以《汽车维修合同实施细则》的规定为依据。

注：本合同一式________份。承、托修双方各一份，维修主管部门各________份。

监制：　　　　　　　　　　印制：

第四章　运输合同

一、签约须知

1. 签订客运合同需要注意以下几个方面的问题：根据《民法典》第八百一十条的规定，从事公共运输的承运人不得拒绝旅客、托运人通常、合理的运输要求。如果承运人拒载，乘客有权向交通运输的主管部门投诉；客运合同表现为车票、船票、机票等。从乘客买票的那一刻起，运输合同宣告成立，但合同的生效是在检票时；实践中经常有先上车后买票的情况发生。在这种情况下，客运合同从旅客乘坐交通工具时起成立。

2. 以货运单形式签订的合同应当具备以下条款：(1) 托运人、收货人的名称或姓名及其详细住所或地址；(2) 发货站、到货站及主管铁路局；(3) 货物的名称；(4) 货物的包装、标志、件数和数量；(5) 承运日期；(6) 运到期限；(7) 运输费用；(8) 货车的类型或车号；(9) 双方商定的其他事项。

3. 按时间段（年度、半年度、季度或月份）签订的运输合同，应当具备以下内容：(1) 托运人和收货人的名称或者姓名及住所；(2) 发货站与到货站的详细名称；(3) 货物的名称（运输标的名称）；(4) 货物的性质（是否属易碎、易燃、易爆物品……）；(5) 货物的重量；(6) 货物的数量（如车种、车数、件数……）；(7) 运输形式（零担、速递、联运……）；(8) 收货地点；(9) 违约责任；(10) 费用的承担；(11) 包装要求；(12) 合同纠纷解决方式；(13) 双方约定的其他事项等。

4. 在履行货运合同的过程中，应当注意下列事项：(1) 承运人要按照约定的时间发送货物，保证货物安全、准时到达目的地，及时通知收货人提货，并将托运人交付的有关文件和单据转交给收货人；(2) 承运人托运的货物需要按照法律规定或者合同约定采取包装措施；没有统一规定的，包装要达到保障货物运输安全的要求。达不到这一要求的，承运人可以拒绝接收。承运人要按照合同约定的时间提交货物，支付费用。运输合同的内容需要变更或者解除的，托运人需要预先向承运人提出书面申请，经双方协商一致后变更或解除合同。

二、重点法条

《民法典》第三编第二分编第十九章运输合同

第一节 一般规定

第八百零九条 运输合同是承运人将旅客或者货物从起运地点运输到约定地点，旅客、托运人或者收货人支付票款或者运输费用的合同。

第八百一十条 从事公共运输的承运人不得拒绝旅客、托运人通常、合理的运输要求。

第八百一十一条 承运人应当在约定期限或者合理期限内将旅客、货物安全运输到约定地点。

第八百一十二条 承运人应当按照约定的或者通常的运输路线将旅客、货物运输到约定地点。

第八百一十三条 旅客、托运人或者收货人应当支付票款或者运输费用。承运人未按照约定路线或者通常路线运输增加票款或者运输费用的，旅客、托运人或者收货人可以拒绝支付增加部分的票款或者运输费用。

第二节 客运合同

第八百一十四条 客运合同自承运人向旅客出具客票时成立，但是当事人另有约定或者另有交易习惯的除外。

第八百一十五条 旅客应当按照有效客票记载的时间、班次和座位号乘坐。旅客无票乘坐、超程乘坐、越级乘坐或者持不符合减价条件的优惠客票乘坐的，应当补交票款，承运人可以按照规定加收票款；旅客不支付票款的，承运人可以拒绝运输。

实名制客运合同的旅客丢失客票的，可以请求承运人挂失补办，承运人不得再次收取票款和其他不合理费用。

第八百一十六条 旅客因自己的原因不能按照客票记载的时间乘坐的，应当在约定的期限内办理退票或者变更手续；逾期办理的，承运人可以不退票款，并不再承担运输义务。

第八百一十七条 旅客随身携带行李应当符合约定的限量和品类要求；超过限量或者违反品类要求携带行李的，应当办理托运手续。

第八百一十八条 旅客不得随身携带或者在行李中夹带易燃、易爆、有毒、有腐蚀性、有放射性以及可能危及运输工具上人身和财产安全的危险物品或者违禁物品。

旅客违反前款规定的，承运人可以将危险物品或者违禁物品卸下、销毁或者送交有关部门。旅客坚持携带或者夹带危险物品或者违禁物品的，承运人应当拒绝运输。

第八百一十九条 承运人应当严格履行安全运输义务，及时告知旅客安全运输应当注意的事项。旅客对承运人为安全运输所作的合理安排应当积极协助和配合。

第八百二十条 承运人应当按照有效客票记载的时间、班次和座位号运输旅客。承运人迟延运输或者有其他不能正常运输情形的，应当及时告知和提醒旅客，采取必要的安置措施，并根据旅客的要求安排改乘其他班次或者退票；由此造成旅客损失的，承运人应当承担赔偿责任，但是不可归责于承运人的除外。

第八百二十一条　承运人擅自降低服务标准的，应当根据旅客的请求退票或者减收票款；提高服务标准的，不得加收票款。

第八百二十二条　承运人在运输过程中，应当尽力救助患有急病、分娩、遇险的旅客。

第八百二十三条　承运人应当对运输过程中旅客的伤亡承担赔偿责任；但是，伤亡是旅客自身健康原因造成的或者承运人证明伤亡是旅客故意、重大过失造成的除外。

前款规定适用于按照规定免票、持优待票或者经承运人许可搭乘的无票旅客。

第八百二十四条　在运输过程中旅客随身携带物品毁损、灭失，承运人有过错的，应当承担赔偿责任。

旅客托运的行李毁损、灭失的，适用货物运输的有关规定。

第三节　货运合同

第八百二十五条　托运人办理货物运输，应当向承运人准确表明收货人的姓名、名称或者凭指示的收货人，货物的名称、性质、重量、数量，收货地点等有关货物运输的必要情况。

因托运人申报不实或者遗漏重要情况，造成承运人损失的，托运人应当承担赔偿责任。

第八百二十六条　货物运输需要办理审批、检验等手续的，托运人应当将办理完有关手续的文件提交承运人。

第八百二十七条　托运人应当按照约定的方式包装货物。对包装方式没有约定或者约定不明确的，适用本法第六百一十九条的规定。

托运人违反前款规定的，承运人可以拒绝运输。

第八百二十八条　托运人托运易燃、易爆、有毒、有腐蚀性、有放射性等危险物品的，应当按照国家有关危险物品运输的规定对危险物品妥善包装，做出危险物品标志和标签，并将有关危险物品的名称、性质和防范措施的书面材料提交承运人。

托运人违反前款规定的，承运人可以拒绝运输，也可以采取相应措施以避免损失的发生，因此产生的费用由托运人负担。

第八百二十九条　在承运人将货物交付收货人之前，托运人可以要求承运人中止运输、返还货物、变更到达地或者将货物交给其他收货人，但是应当赔偿承运人因此受到的损失。

第八百三十条　货物运输到达后，承运人知道收货人的，应当及时通知收货人，收货人应当及时提货。收货人逾期提货的，应当向承运人支付保管费等费用。

第八百三十一条　收货人提货时应当按照约定的期限检验货物。对检验货物的期限没有约定或者约定不明确，依据本法第五百一十条的规定仍不能确定的，应当在合理期限内检验货物。收货人在约定的期限或者合理期限内对货物的数量、毁损等未提出异议的，视为承运人已经按照运输单证的记载交付的初步证据。

第八百三十二条 承运人对运输过程中货物的毁损、灭失承担赔偿责任。但是，承运人证明货物的毁损、灭失是因不可抗力、货物本身的自然性质或者合理损耗以及托运人、收货人的过错造成的，不承担赔偿责任。

第八百三十三条 货物的毁损、灭失的赔偿额，当事人有约定的，按照其约定；没有约定或者约定不明确，依据本法第五百一十条的规定仍不能确定的，按照交付或者应当交付时货物到达地的市场价格计算。法律、行政法规对赔偿额的计算方法和赔偿限额另有规定的，依照其规定。

第八百三十四条 两个以上承运人以同一运输方式联运的，与托运人订立合同的承运人应当对全程运输承担责任；损失发生在某一运输区段的，与托运人订立合同的承运人和该区段的承运人承担连带责任。

第八百三十五条 货物在运输过程中因不可抗力灭失，未收取运费的，承运人不得请求支付运费；已经收取运费的，托运人可以请求返还。法律另有规定的，依照其规定。

第八百三十六条 托运人或者收货人不支付运费、保管费或者其他费用的，承运人对相应的运输货物享有留置权，但是当事人另有约定的除外。

第八百三十七条 收货人不明或者收货人无正当理由拒绝受领货物的，承运人依法可以提存货物。

第四节 多式联运合同

第八百三十八条 多式联运经营人负责履行或者组织履行多式联运合同，对全程运输享有承运人的权利，承担承运人的义务。

第八百三十九条 多式联运经营人可以与参加多式联运的各区段承运人就多式联运合同的各区段运输约定相互之间的责任；但是，该约定不影响多式联运经营人对全程运输承担的义务。

第八百四十条 多式联运经营人收到托运人交付的货物时，应当签发多式联运单据。按照托运人的要求，多式联运单据可以是可转让单据，也可以是不可转让单据。

第八百四十一条 因托运人托运货物时的过错造成多式联运经营人损失的，即使托运人已经转让多式联运单据，托运人仍然应当承担赔偿责任。

第八百四十二条 货物的毁损、灭失发生于多式联运的某一运输区段的，多式联运经营人的赔偿责任和责任限额，适用调整该区段运输方式的有关法律规定；货物毁损、灭失发生的运输区段不能确定的，依照本章规定承担赔偿责任。

三、典型案例

乘车途中遭遇抢劫，能否要求客车公司赔偿？

王某外出务工，在某城市做蔬菜零售生意。2020年春节，王某回家过年，将做蔬菜生意积攒的16000元钱揣在身上。在搭乘某长途汽车公司汽车返乡途中，遭遇犯罪分子抢劫，王某为保护身上的血汗钱，与犯罪分子搏斗，被犯罪分子用刀扎伤。犯罪分子乘机逃逸。王某被司乘人员送往医院，经抢救后脱离危险。长途汽车公司垫付了部分医疗费用。此后，王某与长途汽车公司协商赔偿事宜。因双方不能达成一致，王某向人民法院提起诉讼。

《民法典》第八百二十二条规定：“承运人在运输过程中，应当尽力救助患有急病、分娩、遇险的旅客。”第八百二十三条规定：“承运人应当对运输过程中旅客的伤亡承担赔偿责任；但是，伤亡是旅客自身健康原因造成的或者承运人证明伤亡是旅客故意、重大过失造成的除外。前款规定适用于按照规定免票、持优待票或者经承运人许可搭乘的无票旅客。”根据以上规定，对旅客在运输过程中的人身遇险，承运人承担的是无过错责任。在本案中，旅客的人身受到第三人侵害，由于不存在“旅客自身健康原因”以及“旅客故意、重大过失”等免责事由，承运人应当向受到侵害的旅客承担赔偿责任，而不问承运人是否有过错。

对承运人而言，应当对车上可能发生的诸种情形事先预知，并采取积极的防范和应对措施，以确保旅客的人身和财产安全。某长途汽车公司丝毫没有考虑到作为消费者的旅客在接受运输服务时享有当然的获得安全保障的权利，作为服务方的承运人在提供服务时保障旅客的安全是其应尽义务。为保护受害旅客的合法权益，《民法典》规定承运人有义务尽一切可能保证旅客在运输中的安全。同时，承运人与旅客之间成立旅客运输合同关系，承运人未尽到安全运输的义务，一旦旅客向其主张合同上的权利，承运人应当承担违约赔偿责任，其承担责任后可以向直接责任人追偿，其权益丝毫无损，但受害旅客的合法权益可以得到最为完善的保护。

乘客因不明原因摔出车外，承运人应否赔偿？

谢某在外地务工。2020年春节，谢某乘长途汽车自务工地返乡。在途中，谢某坐在靠窗的座位上。当车行至某公路拐弯处时，谢某突然摔出窗外。司乘人员当即将其送往医院，但经抢救无效死亡。当地交警队经调查后认定：谢某的死亡不能认定是任何一方违反道路交通安全法律法规的行为造成的，不属于交通事故。谢某的家属向人民法院提起诉讼，要求长途汽车公司赔偿因谢某死亡造成的各种损失。

根据交通管理部门作出的认定，不能确认某长途汽车公司的工作人员存在违反道路交通安全法律法规的行为。长途汽车公司没有过错，不构成侵权。但这不意味着长途汽车公司对谢某的死亡不承担责任。《民法典》第八百一十四条规定：“客运合同自承运人向旅客出具客票时成立，但是当事人另有约定或者另有交易习惯的除外。”所谓客运合同，是指承运人将旅客及其行李安全运送到目的地，旅客为此支付运费的合同。谢某与长途汽车公司之间的客运合同有效成立。《民法典》第八百二十三条第一款规定：“承运人应当对运输过程中旅客的伤亡承担赔偿责任；但是，伤亡是旅客自身健康原因造成的或者承运人证明伤亡是旅客故意、重大过失造成的除外。”本案中并无证据证明谢某的死亡是其自身健康原因造成的，或者是谢某故意、过失造成的，长途汽车公司作为承运人应依法承担违约责任。

非法转让客运线路，责任如何承担？

某客运公司将该公司经营的一条客运线路承包给项某。在承包合同中约定：由项某通过资金购买车辆，客运公司负责以自己的名义办理行驶证。项某取得该客运线路的经营权，每年向客运公司上缴承包费。在营运过程中发生的一切交通事故，均由项某自行承担责任。项某取得经营权后投入运营。2019 年 8 月某日，车辆在运营中发生交通事故，造成乘客皮某受伤。在协商赔偿问题时，皮某与客运线路承包人项某无法达成一致，向人民法院提起诉讼。在起诉时，皮某将项某与某客运公司列为共同被告，要求两者承担连带责任。

《民法典》第一百五十三条规定："违反法律、行政法规的强制性规定的民事法律行为无效。但是，该强制性规定不导致该民事法律行为无效的除外。违背公序良俗的民事法律行为无效。"某客运公司与项某成立的承包关系违反法律规定，以合法形式掩盖非法目的，属于无效的民事行为。该合同名义上是经营承包，但这完全是一种隐蔽的民事行为，实质是转让路线经营权的行为，这种行为与出借营业执照的性质是一样的。客运公司未出资购买车辆，对车辆实际不应拥有所有权，虽然车辆登记为公司所有，但这完全是为了借公司的名义经营的需要。项某与公司订立合同的真实意思是项某以公司的名义经营客运路线。根据我国有关法律的规定，此公路经营权不属该公司所有，公司经有关运输管理部门批准，有营运的权利，但这种权利不能转让，因此公司以转让线路经营权向项某收取承包费的做法，违反有关法律规定，应认定无效。

客运线路的承包关系无效。虽然项某全额出资购买了车辆，但该车辆能否在规定的线路上进行客运业务，需由运输管理部门批准，但项某没有向有关部门申请，而是采用借用公司运营证的做法，这一行为也违反了有关法律的规定。项某经营的客运车辆发生交通事故，造成乘客受伤，应当承担赔偿责任。客运公司违法转让客运线路经营权，加大了客运线路运营的风险，并从肇事车辆的运营中获得利益，即取得承包费，也存在过错，应当承担连带责任。

出租车发生交通事故，责任如何承担？

杜某是一名出租车司机。为增加经济收入，杜某将车辆夜间营运权发包给边某，边某按照约定每月向其上缴承包费。2019 年 9 月某日，边某在夜间营运期间发生交通事故，将行人石某撞伤。经公安机关交通管理部门现场勘察后认定，边某对此次交通事故承担全部责任。公安机关就交通事故损害赔偿问题进行调解，由于双方对赔偿数额分歧较大，未能达成协议。石某向人民法院提起诉讼，要求杜某与边某两人承担连带赔偿责任。

在判定交通事故损害赔偿责任承担的过程中，一是看运营支配权的归属，即谁对车辆的运营具有支配和控制的权利；二是看运营利益的归属，即谁从车辆运营中获得利益。这种利益可以是因机动车运营而取得的直接利益，也包括间接利益。谁享有运营支配权和运营收益权，谁就应当承担赔偿责任。

在本案中，杜某将出租车夜间营运权发包给边某，边某按照约定每月向其上缴承包费。实际上是杜某将自己对车辆夜间运营的支配权交给了边某，由边某从事出租车夜间营运，而杜某则从出租车发包给边某从事夜间运营中获得了利益。根据谁从车辆运营中获得收益，谁就应当承担赔偿责任的原则，杜某与边某均从车辆的夜间运营中获得了收益。因此，两人应对事故承担连带赔偿责任。但交通事故毕竟是边某造成的，边某才是交通事故真正的责任人，杜某承担赔偿责任后可以向其追偿。

乘客和司机的免责约定是否有效?

2020 年春节，从外地回家年的宦某在公路边上等候汽车。因当日刚下过大雪，路面结冰，宦某等候多时，未见汽车。无奈之下，宦某拦了一辆个体出租车，出租车司机封某提出因路滑难行，如有意外，其概不负责且加倍收费。宦某因急于回家，表示同意。行驶过程中，因前方车辆行驶缓慢，封某遂将车驶入人行道，准备超车，但因路面太滑，刹车失控，该车撞到电线杆上，致使宦某头部碰伤，宦某因此支出医疗费用 5000 余元。之后，宦某要求出租车司机封某赔偿其损失未果，遂诉至法院。而封某则认为其与宦某事先有免责约定，不愿承担医疗费用。

《民法典》第五百零六条规定："合同中的下列免责条款无效：（一）造成对方人身损害的；（二）因故意或者重大过失造成对方财产损失的。"可见，对于合同履行过程中造成的对方人身伤害，不管违约方有无过错，均不能免责。在本案中，宦某和封某之间已订立了口头形式的运输合同。封某提出，他同意运送宦某回家，但因路滑难行，如有意外其概不负责，宦某因急于回家，表示同意。这样，双方实际上已达成了一项免责条款，其内容是：若发生意外造成宦某的损失，封某不负民事责任。显然，该条款违反了法律规定和社会公共道德。宦某加倍承担运费，却要增加对风险的承担，也是不符合公平原则的。因此，宦某可以请求确认该免责条款无效。封某未能将宦某安全地运达目的地，一方面违背了他们之间已成立的合同关系；另一方面由于封某的过错使宦某的身体受到伤害，侵害了宦某的生命健康权，封某的行为又构成侵权。宦某既可以主张封某违约，也可以主张封某侵权，要求其承担法律责任。

搭车人在交通事故中受伤，司机应否赔偿?

宗某从事个体运输业务。2011 年 11 月某日，宗某赴外地送货途中途经某村，农民向某在路边拦车，请求宗某带其进城。宗某起初不同意，后在向某的一再请求下，宗某同意让其搭顺风车。向某上车后，宗某让其坐到后排（前排座位上还有另一名乘车人）。向某不听宗某的劝告，坚持坐到前排，致使该车前排两个座位上挤了 3 个人。当车行驶到某县城城乡结合部时，因车速太快，客货两用车与在前面行驶的载货卡车追尾。两车相撞造成的冲击力将坐在外侧的向某摔出车外，导致其身上多处骨折和外伤。在抢救和治疗的过程中，共花去医疗费1万余元。向某要求宗某赔偿其医疗费和其他损失。宗某认为向某是无偿搭车，并且自己曾告诫向某不要坐到前排，以免发生危险，但向某不听其劝告，坚持坐到前排，才导致损害结果的发生，向某的损失应当由其自行承担。向某找其多次协商未果，遂向人民法院提起诉讼。

无偿搭车人与承运人之间的关系类似赠与关系。搭车人在乘车过程发生人身损害，如果承运人没有故意或重大过失的过错，不承担赔偿责任。《道路交通安全法》第四十三条规定："同车道行驶的机动车，后车应当与前车保持足以采取紧急制动措施的安全距离。"本案中，宗某违反交通管理法规，造成了此次交通事故，存在重大过失，对搭乘人向某所受损害应当承担赔偿责任。但搭乘人向某不听驾驶人宗某的劝阻，执意坐在客货两用车的前排，也有过错，并且其是无偿搭乘，所以应当减轻机动车驾驶人的责任。

四、示范文本

GF—2008—0410

国内快递服务协议①

1. 快递详情单是本协议的组成部分。本协议自寄件人、快递服务组织收寄人员在快递详情单上签字或盖章后成立。

2. 快递服务组织依法收寄快件，对信件以外的快件按照国家有关规定当场验视，对禁寄物品和拒绝验视的物品不予收寄。向寄件人提供自快件交寄之日起一年内的查询服务。

3. 寄件人不得交寄国家禁止寄递的物品，不得隐瞒交寄快件的内件状况，应当依照相关规定出示有效证件，准确、工整地填写快递详情单。

4. 快递服务组织在服务过程中造成快件延误、毁损、灭失的，应当承担赔偿责任。双方没有约定赔偿标准的，可按照相关法律规定执行。既无约定也无相关法律规定的，从快递服务标准规定。快递服务组织有偿代为封装的，承担因封装不善造成的延误、毁损、灭失责任。

5. 寄件人违规交寄或填单有误，造成快件延误、无法送达或无法退还，或因封装不善造成快件延误、毁损、灭失的，由寄件人承担责任。

6. 快递服务组织可以与寄件人约定送达时间，没有约定的从快递服务标准规定。快递服务组织将快件送达收件人，登记收件人有效证件号，经收件人签章，视为送达。收件人是单位的，由单位收件人员签章，加盖该单位收发章，视为送达。

7. 免责事由从法律法规规定，未尽事宜可由协议双方另行商定。

---

① 国家邮政局、国家市场监督管理总局（原国家工商行政管理总局）2008年8月18日发布，自2008年10月1日起施行。

国内快递详情单
EXPRESS WAYBILL

快递服务组织名称、标识
Express Service Provider Name & Logo

条形码或编号位置
Barcode or Waybill No.

寄件人姓名 FROM	联系电话（非常重要） PHONE（VERY IMPORTANT）	收件人姓名 TO	联系电话（非常重要） PHONE（VERY IMPORTANT）
单位名称 COMPANY NAME		单位名称 COMPANY NAME	
寄件地址 ADDRESS		收件地址 ADDRESS	
用户代码 CUSTOMER CODE	邮政编码 □□□□□□ POSTAL CODE	城市 CITY	邮政编码 □□□□□□ POSTAL CODE
文件□ DOCUMENT　物品□ PARCEL	如系物品，请据实填写内件名称及数量。如需保价，请据实申报保价金额并交纳保价费。 PLEASE SPECIFY THE CONTENTS AND AMOUNT OF THE PARCEL. DECLARE VALUE FOR CARRIAGE AND PAY THE APPROPRIATE CHARGE.	重量　千克 WEIGHT　KG	体积　长×宽×高=厘米^3 VOLUME　L×W×H =CM^3
	保价□ DECLARING A VALUE FOR CARRIAGE　保价金额：万 仟 佰 拾 元（大写） DECLARED VALUE FOR CARRIAGE	付款方式 MEANS OF PAYMENT	现金 □ CASH　协议结算□ AGREEMENT
内件品名 NAME OF CONTENTS	数 量 AMOUNT		

续 表

<table>
<tr><td rowspan="2">------------
------------</td><td rowspan="2" colspan="2">------------
------------</td><td>资费
CHARGE</td><td>¥</td><td>加急费
URGENCY
SURCH –
ARGE</td><td>¥</td><td>包装费
PACKAG
INGFEE</td><td>¥</td><td rowspan="2">保价费
CHARGE FOR ¥
DECKARED VAKYE
1% □ 2% □ 3% □
商定
AGREEMENT □</td></tr>
<tr><td>费用总计
TITAL</td><td colspan="5">¥</td></tr>
<tr><td>特别声明□
SPECIAL
STATEMENT</td><td colspan="2">非禁寄品□ 易碎□ 加急□ 其他□
NON-PROHIBITED ARTICLES FRAGILE URGENT OTHERS

收寄单位业务专用章
Business Seal of the express service provider</td><td colspan="3">非保价快件赔偿限额
COMPENSATION LIMITS FOR ARTICLES WITHOUT DECLARED VALUE</td><td colspan="4">资费 2 倍 □ 资费 5 倍 □ 商定□____
CHARGE ×2 CHARGE ×5 AGREEMENT</td></tr>
<tr><td rowspan="2">寄件人签名:
SENDER'S SOGNATURE
Y 年 M 月 D 日 H 时</td><td rowspan="2" colspan="2">收寄人员签章:
ACCEPTED BY
(SIGNATURE)</td><td colspan="4">收件人签名:
RECEIVER'S SIGNATURE:
Y 年 M 月 D 日 H 时
证件: 证件号:
ID: ID No.:</td><td colspan="3">代签人签名:
AUTHORIZED SIGNATORY:
Y 年 M 月 D 日 H 时
证件: 证件号:
ID: ID No.:</td></tr>
<tr><td colspan="7">备注 REMARKS</td></tr>
</table>

单号位置 填写本单前，务请阅读背面快递服务协议！您的签名意味着您理解并接受协议内容。

YOUR SIGNATURE INDICATES YOU HAVE READ, FULLY UNDERSTAND AND ACCEPT THE "DOMESTIC EXPRESS SERVICE AGREEMENT" ON THE BACK OF THIS FORM.

请正楷用力填写！ PRESS HARD　服务电话： HOTLINE　查询电话： INQUIRY LINE　网址： WEBSITE

GF—2017—2721

合同编号：CCLJ - - - -

北京市餐饮服务单位餐厨垃圾收集运输服务合同①

使用说明

1. 本合同为示范文本，由北京市城市管理委员会、北京市市场监督管理局（原工商行政管理局）共同制定，适用于本市行政区域内餐饮服务单位与餐厨垃圾收集运输单位之间的餐厨垃圾收集运输服务关系。

2. 合同中的横线处均可由双方根据实际情况协商约定具体内容。对于未实际发生或双方未作约定的，应当在横线处画×，以示删除。□后为待选内容，应当以画√方式选定。

3. 有关名词、术语解释：

（1）餐饮服务单位（甲方）：是指本市行政区域内从事餐饮经营活动的企业、个体工商户和有集体食堂的机关、部队、学校、社会团体、企事业等单位。甲方应当具有在有效期内的餐饮服务许可证或食品经营许可证，经营性餐饮服务单位还应当具有在有效期内的营业执照。

（2）餐厨垃圾收运单位（乙方）：是指餐厨垃圾收集运输专业服务单位，包括具有从事餐厨垃圾经营性收集、运输服务行政许可资质的企业和各区承担环境卫生作业的事业单位。

（3）收集运输：是指乙方将餐厨垃圾收集并运送到符合规定的垃圾处理设施的过程。

（4）餐厨垃圾：是指餐饮服务单位在食品加工、饮食服务、单位供餐等活动中产生的食物残渣、食品加工废料和废弃食用油脂。其中，废弃食用油脂是指不可再食用的动植物油脂和油水混合物。混在餐厨垃圾中的废弃食用油脂按照餐厨垃圾进行管理。单独收集的废弃食用油脂按照餐厨废弃油脂管理，并参照《北京市餐厨废弃油脂收集运输服务合同（试行版）》（BF——2012——2722）签约。

（5）餐厨垃圾处理费：是指对餐厨垃圾实行无害化集中处理所需的费用，主要包括餐厨垃圾收集、运输和集中处理所需的费用。收费目的是为促进城市发展与人口资源环境相协调，推进环境污染治理，促进垃圾减量化、资源化、无害化，落实“谁产生，谁付费”“多排放多付费、少排放少付费，混合垃圾多付费、分类垃圾少付费”

① 北京市城市管理委员会、北京市市场监督管理局（原工商行政管理局）制定。

的原则。

4. 合同编号：由甲方所在地街道办事处或乡镇政府负责编号。合同编号共分五部分，具体编码规则为：

第一部分：CCLJ（“餐厨垃圾”的首字母大写）；

第二部分：合同签订时的4位年份数；

第三部分：甲方所在地区和街道的代码，共9位数（如：东华门街道办事处代码为110101001，可登陆百度网站（http：//www. baidu. com），输入“最新全国街道乡镇级以上行政区划代码表”查询；

第四部分：甲方统一社会信用代码中的第9位至第17位主体标识码（即组织机构代码），共9位数；

第五部分：乙方统一社会信用代码中的第9位至第17位主体标识码（即组织机构代码），共9位数；

例如：位于东华门街道的餐饮单位与有资质的收运单位，于2017年签订合同，合同编号为：

CCLJ－2017－110101001－×××××××××－×××××××××

餐饮服务单位（甲方）：____________________

餐厨垃圾收运单位（乙方）：____________________

根据《中华人民共和国合同法》《中华人民共和国固体废物污染环境防治法》《城市生活垃圾管理办法》《北京市生活垃圾管理条例》《北京市食品安全条例》等法律、法规和规章的规定，甲、乙双方在平等、自愿、公平和诚实信用的基础上，就乙方为甲方提供餐厨垃圾收集运输服务事项订立本合同。

第一条　餐厨垃圾收集运输的服务内容

1. 服务期限：______年____月____日起至______年____月____日。

2. 收集地点：____________区__________街道（乡镇）____________。

3. 收集时间：____________________。

4. 处理地点：____________________。

5. 乙方服务电话：____________________。

第二条　双方资格信息

1. 甲方资格信息

（1）□统一社会信用代码：____________________

□组织机构代码：____________________

（如两个代码均有，请全部填写）

（2）单位性质：□经营性餐饮服务单位　□其他单位

（3）□餐饮服务许可证号：＿＿＿＿＿＿有效期至：＿＿＿年＿＿月＿＿日
□食品经营许可证号：＿＿＿＿＿＿有效期至：＿＿＿年＿＿月＿＿日
□营业执照号：＿＿＿＿＿＿＿＿＿有效期至：＿＿＿年＿＿月＿＿日

2. 乙方资格信息

（1）□统一社会信用代码：＿＿＿＿＿＿＿＿＿＿＿＿＿＿＿＿＿＿＿＿＿＿＿＿
□组织机构代码：＿＿＿＿＿＿＿＿＿＿＿＿＿＿＿＿＿＿＿＿＿＿＿＿＿＿

（如两个代码均有，请全部填写）

（2）单位性质：□事业性单位　□经营性企业

如为经营性企业，“从事餐厨垃圾经营性收集运输服务”行政许可决定书发文字号：＿＿＿＿＿＿＿＿＿＿＿＿＿＿＿＿＿＿＿＿＿＿＿＿＿＿＿＿＿＿＿＿＿＿＿

3. 任何一方均有权核验对方证照资质的原件，并留存复印件。

第三条　餐厨垃圾收费和缴费约定

1. 依据《北京市发展和改革委员会 北京市市政市容管理委员会关于调整本市非居民垃圾处理收费有关事项的通知》（京发改〔2013〕2662 号）和《北京市市政市容管理委员会 北京市发展和改革委员会关于加强本市非居民垃圾处理费收缴工作的通知》（京政容发〔2013〕95 号），餐厨垃圾处理费收费标准：以重量计为 100 元/吨；以容积计为 11 元/120 升桶。按称重计费的，以称重记录为准，收运车辆具有称重功能或双方共同以台秤称重并记录。按容积计费的，收集不满半个标准容器的，按半个标准容器记录；收集超过半个标准容器、不满壹个标准容器的，按壹个标准容器记录。

2. 计费方式：□按称重（□车载称重　□台秤称重）计费。
□按容积（□120 升　　□240 升）桶计费。

3. 计费周期：□年　□半年　□季　□月。

4. 支付方式：□银行转账 □银行汇款 □转账支票 □现金 □第三方平台支付（微信、支付宝）。

乙方账户开户行：＿＿＿＿＿＿＿＿＿＿，账户名称：＿＿＿＿＿＿＿＿＿＿，账号：＿＿＿＿＿＿＿＿＿＿＿＿＿＿＿。

5. 缴费和结算方式：按照以下第＿＿＿种方式执行。

（1）预缴费结算方式。每计费周期开始前，甲方将餐厨垃圾核定费用金额：人民币（小写）＿＿＿＿＿元（大写）＿＿＿＿＿＿＿＿元支付给乙方，本计费周期届满后＿＿日内，甲、乙双方根据共同确认的《北京市餐厨垃圾收集运输三联单》记载的餐厨垃圾送交量，计算并结清实际发生的餐厨垃圾处理费。预缴费用不足或有剩余的，甲方应当即时补足费用或将剩余费用转至下一计费周期使用。

（2）后缴费结算方式。每计费周期届满后＿＿日内，甲、乙双方根据共同确认的《北京市餐厨垃圾收集运输三联单》记载的餐厨垃圾送交量，计算并结清实际发生的餐厨垃圾处理费。

第四条 甲方权利和义务

1. 甲方应当单独收集、贮存本单位餐厨垃圾，并做好分拣分类，将餐厨垃圾与木筷、塑料、纸类、金属、玻璃、织物、灰土、炊具、餐具、建筑垃圾等非餐厨垃圾分离。

2. 甲方应当将分类好的餐厨垃圾装入绿色的标准收集容器内，并保证装载不外露，保持收集容器外观干净、整洁、无破损；如出现收集容器破旧、污损或者数量不足的，应当及时维修、更换、清洗或补设。

3. 甲方应当保证收集容器的专门存放地点无争议，收集时间不扰民，满足乙方车辆作业需求并为乙方人员提供便利条件，保证收运作业正常进行。

4. 甲方应当指派专人协助乙方完成餐厨垃圾装车工作，在乙方提供的《北京市餐厨垃圾收集运输三联单》上签字确认，并留存一联。

5. 甲方应当将分类好的餐厨垃圾全部交由乙方收集运输，并按照合同约定支付相关费用。

6. 乙方收集运输车辆不符合甲方所在地政府管理部门要求或作业时不注意保护环境的，甲方有权向城管执法部门举报。

7. 其他：____
____
____。

第五条 乙方权利和义务

1. 乙方应当严格按照国家规定及合同约定，向甲方提供规范、及时的餐厨垃圾收集运输服务，每次收集完毕后应当将收集容器交还甲方人员或归位至专门存放地点。

2. 乙方应当具备符合甲方所在地政府管理部门要求的收集运输车辆，作业时应当注意保护环境，做到密闭运输，不发生垃圾遗洒。

3. 甲方使用不符合标准的收集容器，或收集容器未放在专门存放地点，不能满足乙方车辆作业需求，或将非餐厨垃圾混入餐厨垃圾的，乙方有权要求甲方改正；甲方拒不改正的，乙方有权拒绝收集运输。

4. 乙方有权要求甲方在《北京市餐厨垃圾收集运输三联单》上签字确认，并将其中一联交甲方留存。

5. 甲方缴纳餐厨垃圾处理费后，乙方应当开具符合相关规定的票据。

6. 乙方在收集运输过程中应当做好安全提示、设置警示标志、开启警示灯等安全防范工作。

7. 其他：____
____
____。

第六条　违约责任

1. 甲方违约责任

（1）甲方使用不符合标准的收集容器，或收集容器未放在专门存放地点，不能满足乙方车辆作业需求，或将非餐厨垃圾混入餐厨垃圾，且拒不改正的，甲方应当每次向乙方支付违约金________元，每月超过3次的，乙方有权向城管执法部门举报。

（2）如有证据证明甲方未将每日产生的餐厨垃圾全部交由乙方收集运输的，甲方应当每次向乙方支付违约金________元，乙方有权向城管执法部门举报。

（3）乙方服务达到合同约定标准，但甲方人员未在《北京市餐厨垃圾收集运输三联单》上签字确认的，甲方应当每次向乙方支付违约金________元。

（4）甲方未按照合同约定向乙方缴费的，应当按照中国人民银行公布的同期人民币贷款利率向乙方计算支付违约金。

（5）其他：____。

2. 乙方违约责任

（1）乙方未按约定时间收运餐厨垃圾的，应当每次向甲方支付违约金______元。

（2）乙方未能提供《北京市餐厨垃圾收集运输三联单》或未将双方签字后其中一联交甲方留存的，应当每次向甲方支付违约金______元。

（3）乙方在作业过程中给甲方或第三方造成人身或财产损失的，应当承担相应赔偿责任。

（4）其他：____。

第七条　转让限制

甲、乙双方均不得将基于本合同所产生的权利及义务的全部或部分转让给双方以外的任何人。

第八条　合同解除

任何一方依法解除本合同的，均应当提前一个月以书面形式通知对方，协商一致并签订书面解除协议。合同解除后未有新收运单位承接的，乙方应当继续提供收运服务，直至新收运单位提供服务为止。甲方应当依据共同确认的《北京市餐厨垃圾收集运输三联单》记载的继续提供服务期间的餐厨垃圾收运量，向乙方缴纳餐厨垃圾处理费。

第九条　保密

对因签订和履行本合同知悉的对方任何保密信息，甲、乙双方均负有保密的义务。否则违约方应当赔偿由此给对方造成的损失。本条规定不因合同终止而失效。

第十条　不可抗力

由于不可抗力对合同履行产生影响时，受影响的一方应当立即将事件情况通知对方，并在10日内提供事件详情以及本合同不能履行，或部分不能履行，或需要延期履行的理由的有效证明文件。按不可抗力事件对履行本合同的影响程度，由双方协商决定是否解除本合同、部分免除或变更本合同责任，或延期履行本合同。

第十一条　争议解决方式

本合同项下发生的一切争议，双方均应当协商解决；协商不成的，任何一方均可向____________人民法院提起诉讼。

第十二条　其他约定

1. 本合同自双方签字盖章之日起生效。

2. 本合同服务期限届满后如双方同意继续合作的，应当重新签订合同。

3. 本合同签订后如出现法律、法规和政策等变化的，按照新的法律、法规和政策等规定执行。

4. 本合同未尽事宜，由双方协商解决并签订补充协议，本合同正文、附件、补充协议均为合同有效组成部分，具有同等法律效力。

5. 本合同正本一式____份，在签订后由甲方将全部合同正本报至所在地街道办事处或乡镇政府，街道办事处或乡镇政府负责为合同编号并进行登记。登记后，街道办事处或乡镇政府留存贰份，并将其中壹份交区城市管理委（市政市容委）留存，甲方执____份，乙方执____份，各份合同正本具有同等法律效力。

6. 其他：____
____
____。

附件：北京市餐厨垃圾收集运输三联单

（以下无正文）

甲方（盖章）：	乙方（盖章）：
法定代表人：	法定代表人：
委托代理人：	委托代理人：
通信地址：	通信地址：
联系电话：	联系电话：
签约日期：　　年　月　日	签约日期：　　年　月　日

附件：

北京市餐厨垃圾收集运输三联单

北京市餐厨垃圾收集运输三联单

××区城市管理委（市政市容委）监制

北京市餐厨垃圾收集运输三联单

年　　月　　日

餐饮服务单位：____

收运服务单位：____________________　　　　车号：______________

____时____分双方经办人对此次送交的餐厨垃圾作如下确认：

1. 数量：桶数：______（□120 升 □240 升）桶　　重量：__________（kg）

2. 分类质量：□合格（不含木筷、塑料、纸类、金属、玻璃、织物、灰土、炊具、餐具、建筑垃圾等杂质），□不合格（含□木筷　□塑料　□纸类　□金属　□玻璃　□织物　□灰土　□炊具　□餐具　□建筑垃圾　□其他__________），收运服务单位不接收。

餐饮服务单位经办人：____________　　收运服务单位经办人：____________

第一联：收运服务单位留存

北京市餐厨垃圾收集运输三联单

年　　月　　日

餐饮服务单位：____

收运服务单位：______________________　　　　车号：________________

____时____分双方经办人对此次送交的餐厨垃圾作如下确认：

1. 数量：桶数：______（□120 升 □240 升）桶　　重量：__________（kg）

2. 分类质量：□合格（不含木筷、塑料、纸类、金属、玻璃、织物、灰土、炊具、餐具、建筑垃圾等杂质），□不合格（含□木筷　□塑料　□纸类　□金属　□玻璃　□织物　□灰土　□炊具　□餐具　□建筑垃圾　□其他__________），收运服务单位不接收。

餐饮服务单位经办人：____________　　收运服务单位经办人：____________

第二联：餐饮服务单位留存

北京市餐厨垃圾收集运输三联单

年　　月　　日

餐饮服务单位：____

收运服务单位：______________________　　　　车号：________________

____时____分双方经办人对此次送交的餐厨垃圾作如下确认：

1. 数量：桶数：__________（□120 升 □240 升）桶　　重量：__________（kg）

2. 分类质量：□合格（不含木筷、塑料、纸类、金属、玻璃、织物、灰土、炊具、餐具、建筑垃圾等杂质），□不合格（含□木筷　□塑料　□纸类　□金属　□玻璃　□织物　□灰土　□炊具　□餐具　□建筑垃圾　□其他__________），收运服务单位不接收。

餐饮服务单位经办人：____________　　收运服务单位经办人：____________

第三联：区城市管理委（市政市容委）留存

第五章　供用电、水、气、热力合同

一、签约须知

1. 供用电合同应当具备以下条款：(1) 当事人双方的名称（姓名）、住所；(2) 电力负荷，即发电、输变电、用电设备在单位时间内生产、变换和消耗的电能，以“千瓦”为单位；(3) 供电质量，即频率质量、电压质量和供电可靠性；(4) 电量，即标志电力消耗的计算单位，以“千瓦时”（度）来表示；(5) 供电时间，即用电的时间段；(6) 电费；(7) 违约责任；(8) 纠纷解决方式。

2. 供用电合同的履行地点问题：合同履行地点就是电力所有权由供电人转移于用电人的地点。当事人双方可以通过合同来约定供用电合同的履行地点。如果当事人双方对供用电合同履行地点没有约定或者约定不明确的，以供电设施的产权分界处作为供用电合同的履行地点。如果用电人是单位，供电设施的产权分界处指的是该单位变电设备的第一个磁瓶或开关；如果用电人是个人，供电设施的产权分界处则为进户墙的第一个接收点。

3. 在供电合同的履行过程中，经常会因为自然灾害等不可抗力造成断电事故，例如暴风雪、鸟害等不能预见、又无法避免的外力影响造成的断电。根据我国法律的规定，因为不可抗力导致合同无法履行的，可以免除当事人的违约责任。在供用电合同的履行中，如果出现了不可抗力，供电人必须积极抢修电力设施，争取尽快地恢复电力供应，避免用电人的损失扩大。如果因为供电人怠于履行自己的义务，没有采取积极措施抢修电力设施，给用电人造成损失或者导致损失进一步扩大的，供电人应当承担赔偿责任。

二、重点法条

《民法典》第三编第二分编第十章供用电、水、气、热力合同

第六百四十八条　供用电合同是供电人向用电人供电，用电人支付电费的合同。

向社会公众供电的供电人，不得拒绝用电人合理的订立合同要求。

第六百四十九条　供用电合同的内容一般包括供电的方式、质量、时间，用电容量、地址、性质，计量方式，电价、电费的结算方式，供用电设施的维护责任等条款。

第六百五十条　供用电合同的履行地点，按照当事人约定；当事人没有约定或者约定不明确的，供电设施的产权分界处为履行地点。

第六百五十一条 供电人应当按照国家规定的供电质量标准和约定安全供电。供电人未按照国家规定的供电质量标准和约定安全供电，造成用电人损失的，应当承担赔偿责任。

第六百五十二条 供电人因供电设施计划检修、临时检修、依法限电或者用电人违法用电等原因，需要中断供电时，应当按照国家有关规定事先通知用电人；未事先通知用电人中断供电，造成用电人损失的，应当承担赔偿责任。

第六百五十三条 因自然灾害等原因断电，供电人应当按照国家有关规定及时抢修；未及时抢修，造成用电人损失的，应当承担赔偿责任。

第六百五十四条 用电人应当按照国家有关规定和当事人的约定及时支付电费。用电人逾期不支付电费的，应当按照约定支付违约金。经催告用电人在合理期限内仍不支付电费和违约金的，供电人可以按照国家规定的程序中止供电。

供电人依据前款规定中止供电的，应当事先通知用电人。

第六百五十五条 用电人应当按照国家有关规定和当事人的约定安全、节约和计划用电。用电人未按照国家有关规定和当事人的约定用电，造成供电人损失的，应当承担赔偿责任。

第六百五十六条 供用水、供用气、供用热力合同，参照适用供用电合同的有关规定。

三、典型案例

供电合同中未约定违约责任，能否要求用电人支付违约金?

2017年6月6日，某电力公司与某洗煤厂签订供用电合同，合同中对供电的方式、质量、时间、用电容量、地址、性质、计量方式、电价、电费的结算方式以及供用电设施的维护责任等均作了约定。其中，电费的结算方式及时间为每月25日前以现金形式付清上个月的电费，在合同中，双方并未对逾期交付电费的责任进行约定。在合同履行过程中，双方依照合同履行至2018年2月。洗煤厂自2019年3月至7月的电费计20万元（每月均为5万元）未交付，双方发生纠纷。2019年9月，电力公司诉至法院，请求判令洗煤厂支付电费20万元及逾期之日起每日千分之一的违约金。洗煤厂对所欠的电费数额没有异议，但对违约金不同意，理由是合同中并未约定违约金。

《民法典》第六百五十四条规定："用电人应当按照国家有关规定和当事人的约定及时支付电费。用电人逾期不支付电费的，应当按照约定支付违约金。经催告用电人在合理期限内仍不支付电费和违约金的，供电人可以按照国家规定的程序中止供电。供电人依据前款规定中止供电的，应当事先通知用电人。"供电合同是一种特殊的买卖合同，用电人如同买受人，支付货款是一项基本义务。用电人应当按照国家批准的电价和用电计量装置的记录，按照约定的结算方式如期交付电费，同时对供电人抄表收费等行为提供方便。用电人未在约定期限内交付电费的，应当承担迟延支付电费的违约责任。

根据《电力供应与使用条例》第三十九条的规定，逾期未交付电费的，供电人可以从逾期之日起，每日按照电费总额的1‰至3‰加收违约金，具体比例由供电双方在供电合同中约定；自逾期之日起计算超过30日的，经催交仍未交付电费的，供电人可以按照国家规定的程序停止供电。由于本案合同并未约定违约责任方式，应当适用法定方式。

自来水公司提前恢复供水，应否赔偿用户损失？

郑某是某小区居民。2019年8月上旬，当地某自来水公司在该小区张贴了《停水通知》，称"因管道维修，定于某日12时至18时停水"。当日下午，郑某欲烧开水，打开水阀放水未果，却没有及时关上。而自来水公司管道维修提前完工，于当日15时提前恢复供水。当时，郑某家中无人，未关上的水阀中自来水直往外溢，造成室内被淹。郑某认为某自来水公司未事先通知居民即恢复供水，是造成其财产损害的直接原因，遂向自来水公司索要赔偿。某自来水公司认为自己没有提前供水的通知义务，郑某的财产损失是其自身疏忽大意造成的，拒绝给予赔偿。在双方无法协商一致的情况下，郑某向人民法院提起诉讼。

停水通知仅是在履行合同过程中，出现法律准许暂停履行合同义务的特殊情况下，自来水公司依法履行的停水告知义务。通知中的6小时是暂停履行合同义务所允许的最长停水期限，而非必须停止供水期间。其目的一是制约自来水公司暂停履行合同义务的时间，二是让居民住户做好准备，备足所需要的用水，保障居民停水期间的用水需要。通知停水6小时不是双方作出的必须停足6小时供水的约定。

因此，供水是自来水公司应当履行的义务，提前恢复供水是一种有利于公益，有利于生产、生活的积极行为，自来水公司主观上没有过错，客观上与法不悖。我国法律没有规定提前恢复供水必须履行先行通知或告知义务，恢复供水如果需要先行通知，则必然导致恢复供水的延迟，不利于公共利益，提前恢复供水没有过错。

本案中郑某自己有过错。在郑某欲烧开水而发现停水后，应当能预知自来水阀不关的后果，也应当预知停水后可能会提前供水。其疏忽大意不关水阀，具有过错，由此造成的损失应当自行承担。

供暖温度低于政府标准，费用如何承担？

孙某是某小区居民。小区实行统一供暖。按照该小区供暖协议的规定，供暖温度需要达到政府规定的25度以上。2019年冬，小区供暖开始后，孙某发现温度低于25度，遂多次找到物业管理公司商谈，但始终未见改善。孙某拒绝交纳全部供暖费用，物业管理公司遂向人民法院提起诉讼。

在供暖协议中，当事人订立合同的目的在于获得暖气以抵御寒冷，对于抵御寒冷的程度或许有别，但只要供暖人提供了暖气，即可部分实现合同目的，而不能谓为根本无法实现合同目的，故除非供暖一点不起作用，不能称为不能实现合同目的而主张解除合同。

虽然政府对供暖温度有最低标准的要求，但该规定乃是行政性法规，其目的在于保障居民的基本生活要求，对于未达到该要求的供暖单位，应负行政责任。但基于供暖合同基本上属于私法合同，其内容应依私法予以规范，故供暖合同当事人的权利义务仍应根据《民法典》的规定加以调整。

换言之，供暖单位行政责任的承担不影响其民事责任的承担，也不损害其私法利益，故对于供暖不足的单位，从行政角度，则可依据行政法规予以处罚，其目的在于维护居民基本生活保障的公共利益；从民事角度，则应依其供暖程度如何作为其收费的标准，以实现民事权利义务的公平配置。

供暖纠纷的举证责任由谁承担？

武某原为某单位职工，享受免费供暖的待遇。后来，武某离开了单位，遂与单位就供暖达成协议。协议约定，单位按照供暖标准供暖，武某交付供暖费若干。2018年，由于单位供暖有的时候达不到政府规定的标准，经双方协商，减收部分供暖费。2019年，单位的供暖还是与往年一样，时好时坏，武某遂拒绝交付供暖费。2019年供暖期过了以后，单位将武某诉至法院，要求其按照合同约定支付供暖费。在庭审中，由于双方皆未保留2019年供暖期内武某家中的温度情况，对供暖是否达到标准应由谁举证产生争议。

在单位按照协议供暖的时候，武某作为用暖人，负有接受履行的协助义务。对于单位供暖不符合合同约定的，应在一定期间内提出异议，并保留证据材料以证明供暖尚未达到约定温度的事实。对于温度测量，用暖人既可以与供暖人协商，由供暖人测量供暖期间室内温度，也可以自行委托测量单位进行测量，并予以公证，以保留证据材料。若供暖确实未达到约定标准，则该项费用支出，系供暖人未按照合同约定履行合同而给用暖人造成的损失，应由供暖人承担赔偿责任。用暖人未在供暖期间提出异议或保留相应证据材料，应认为供暖人已经按照合同约定履行供暖义务，用暖人不得在供暖期结束后再行主张供暖人供暖未达到约定的质量。

四、示范文本

GF—1999—0503

城市供用热力合同

（示范文本）①

合同编号：____________________

签约地点：____________________

签约时间：____________________

供热人：______________________________

用热人：______________________________

为了明确供热人和用热人在热力供应和使用中的权利和义务，根据《中华人民共和国合同法》等有关法律、法规和规章，经供、用热双方协商，订立本合同，以便共同遵守。

第一条　用热地点、面积及用热量

（一）用热地点：______________________________。

（二）用热面积（按照法定的建筑面积计算）：__________平方米，收费面积为__________平方米。

（三）用热量为：蒸汽量为__________吨/小时；生活热水为__________吉焦/小时；__________用热量为__________吉焦/小时。

第二条　供热期限及质量

（一）供热人在地方政府规定的供热期限内为用热人供热。冬季供热时间为每年______月____日起至次年______月____日止。

（二）供热期间，在供用热条件正常情况下，供热质量应当符合国家规定的质量标准，供热人要保证用热人正常的用热参数。

第三条　热费标准及结算方式

（一）供热价格：供热人根据用热人的用热种类和用热性质，按照__________政府__________（部门）批准的价格收取热费。

合同有效期内，遇价格调整时，按照调价文件规定执行。

（二）采暖性质的用热，用热人应当在每年______月____日前将热费以____________方式全额付给供热人。其他方式的用热，用热人的热费按月结算。

① 建设部、国家市场监督管理总局（原国家工商行政管理总局）1999年11月1日发布。

第四条　供、用热设施产权分界与维护管理

经供热人和用热人协商确认，供、用热设施产权分界点设在______处。供、用热双方对各自负责的供、用热设施的维护、维修及更新改造负责。

第五条　供热人的权利和义务

（一）有权对用热人的用热情况及设施运行状况进行监督和检查。

（二）监督用热人在合同约定的用热地点、数量、范围内用热，有权制止用热人超量、超使用范围用热。

（三）对新增用热人，供热人有权在供热之前对用热人采暖系统进行检查验收。

（四）用热人违反操作规程，造成计量仪表显示数字与实际供热量不符、伪造供热记录的，供热人有权要求用热人立即改正。用热人应当按照本采暖期中最高用热月份用热量的热费支付当月热费。

（五）用热人用热设施或者安全管理存在不安全隐患、可能造成供热设施损害时，或者用热人在合同约定的时限内拒不交费的，供热人有权中断供热。

（六）属供热人产权范围内的供热设施出现故障，不能正常供热或者停热 8 个小时以上的，供热人应当通知用热人，并立即组织抢修，及时恢复供热。

（七）供热人因供热设施临时检修或者用热人违法用热等原因，需要中断供热时，应当提前____小时通过媒体或者其他方式通知用热人。因不可抗力等原因中断供热时，供热人应当及时抢修，并在____小时内通知用热人。

（八）有义务按照合同约定的数量、质量和使用范围向用热人供热。

第六条　用热人的权利和义务

（一）监督供热人按照合同约定的数量和质量向用热人提供热力。

（二）有权对供热人收取的热费及确定的热价申请复核。

（三）用热人新增或者增加用热，应当向供热人办理用热申请手续，并按照规定办理有关事项。

（四）用热人变更用热性质、变更户名、减少用热量、暂停或者停止用热、移动表位和迁移用热地址，应当事先向供热人办理手续。停止用热时，应当将热费结清。

（五）用热人的开户银行或者账号如有变更，应当及时通知供热人。

（六）应当按照合同约定向供热人交热费：

（七）对自己产权范围内的用热设施应当认真维护，及时检修。

第七条　违约责任

（一）供热人的违约责任

1. 因供热人责任未按照合同约定的期限向用热人供热的，除按照延误供热时间，折算标准热价减收或者退还用热人热费外，还应当向用热人支付热费百分之____违约金。

2. 由于供热人责任事故，给用热人造成损失的，由供热人承担赔偿责任。供热人应当减收或者退还给用热人实际未达到供热质量标准部分的热费。

但有下列情况之一，造成供热质量达不到规定的标准，供热人不承担责任：

（1）用热人擅自改变居室结构和室内供热设施的；

（2）室内因装修和保温措施不当影响供热效果的；

（3）停水、停电造成供热中断的；

（4）热力设施正常的检修、抢修和供热试运行期间。

3. 供热人的供热设施出现故障，未能及时通知用热人，给用热人造成损失的，供热人应当承担赔偿责任。

4. 由于不可抗力的原因或者政府行为造成停止供热，使用热人受到损失的，供热人不承担赔偿责任。

（二）用热人的违约责任

1. 用热人逾期交热费的，还应当支付滞纳金。逾期一个月仍不交热费和滞纳金的，供热方有权限热或者停止供热。

2. 用热人违反合同约定，用热人应当向供热人支付百分之______的违约金。

3. 用热人擅自进行施工用热，供热人有权立即停止供热，用热人应当赔偿供热人因此而受到的损失。损失额按照擅自进行施工用热的建筑物面积和实际用热天数热费的______倍计算。开始擅自进行施工用热的时间难以确定的，按照当地开始供热时间为准。

第八条 合同有效期限

合同期限为____年，从______年____月____日起至______年____月____日止。

第九条 合同的变更

当事人如需要修改合同条款或者合同未尽事宜，须经双方协商一致，签订补充协定，补充协定与本合同具有同等效力。

第十条 争议的解决方式

本合同在履行过程中发生的争议，由双方当事人协商解决，协商不成的，按下列第____种方式解决：

（一）提交____________仲裁委员会仲裁；

（二）依法向人民法院起诉。

第十一条 其他约定

____

____

供热人：	用热人：
（盖章）	（盖章）
住　　所：	住　　所：
法定代表人（签字）：	法定代表人（签字）：

委托代理人（签字）：　　　　委托代理人（签字）：
开户银行：　　　　开户银行：
账　　号：　　　　账　　号：
电　　话：　　　　电　　话：

GF—2003—0511

购售电合同

（示范文本）①

《购售电合同（示范文本）》使用说明

一、本《购售电合同（示范文本）》（以下简称《示范文本》）适用于装机容量为50兆瓦及以上的独立水电厂和单机容量为100兆瓦及以上的独立火电厂并网运行签订购售电合同，其他火电厂、水电厂、核电厂等项目可参照使用。《示范文本》不适用于发电企业向大用户和配电网直接供电的情形。

二、《示范文本》主要供合同双方签订年度购售电合同时使用。合同双方可参考《示范文本》的原则内容和格式协商签订适用多年的购售电原则协议，在此协议下签订年度购售电合同。

三、《示范文本》中有关空格的内容由双方根据实际情况填写。《示范文本》所列数字、百分比、期间均为参考值。合同双方可根据具体情况，在公平、合理和协商一致的基础上对参考值进行适当调整②，对有关章节或条款进行补充、细化或完善，增加或减少定义、附件等。法律、法规或者国家有关部门有规定的，按照规定执行。

四、《示范文本》仅处理与购售电有关的商务问题，所有关于电网、电厂运行的安全和技术问题纳入并网调度协议。合同双方应注意并网调度协议与购售电合同相关约定的一致性。

五、根据现行体制，《示范文本》按购电人与电力调度机构是同一实体考虑。如购电人与电力调度机构不是同一实体，则双方应对本合同相应章节或条款进行必要调整和修改。

六、《示范文本》尚未考虑“竞价上网”情形。实行“竞价上网”时，合同双方应按照电力监管机构有关规则、办法对本合同进行必要调整和修改。待“竞价上网”

---

① 国家电力监管委员会、国家市场监督管理总局（原国家工商行政管理总局）2003年10月12日发布。

② 在正式合同文本中，所列数字、百分比、期间等均应为确定值，以免由此产生争议。

和电力市场化改革到一定时期，国家电力监管委员会和国家市场监督管理总局（原国家工商行政管理总局）将制定新的《购售电合同（示范文本）》。

目 录

（合同编号：　　　　　　）

本购售电合同（以下简称本合同）由下列双方签署：

购电人：＿＿＿＿＿＿，系一家电网经营企业，在＿＿＿＿＿＿市场监督管理局（原工商行政管理局）登记注册，已取得＿＿＿＿＿＿＿电力监管委员会/局[1]颁发的输电业务许可证[2]（许可证编号：＿＿＿＿＿＿＿＿），税务登记号：＿＿＿＿＿＿，住所：＿＿＿＿＿＿，法定代表人：＿＿＿＿＿＿。

售电人：＿＿＿＿＿＿，系一家具有法人资格的发电企业，在＿＿＿＿＿＿市场

① 《示范文本》中符号“/”表示其左右横线上的内容供双方当事人根据实际情况选择。

② 关于取得输电业务许可证的陈述适用于已经实行了输电业务许可证制度的地区，下同。

监督管理局（原工商行政管理局）登记注册，已取得＿＿＿＿＿＿电力监管委员会/局颁发的本合同所指电厂（机组）发电业务许可证①（许可证编号：＿＿＿＿＿＿），税务登记号：＿＿＿＿＿＿，住所：＿＿＿＿＿＿，法定代表人：＿＿＿＿＿＿。

双方提供联络通信及开户银行信息如下：

购电人名称：＿＿＿＿＿＿＿＿＿＿＿＿＿＿＿

收件人：＿＿＿＿＿＿＿＿＿＿电子邮件：＿＿＿＿＿＿＿＿＿＿

电话：＿＿＿＿＿＿传真：＿＿＿＿＿＿邮编：＿＿＿＿＿＿

通信地址：＿＿＿＿＿＿＿＿＿＿＿＿＿＿＿

开户名称：＿＿＿＿＿＿＿＿＿＿＿＿＿＿＿

开户银行：＿＿＿＿＿＿＿＿＿＿＿＿＿＿＿

账　　号：＿＿＿＿＿＿＿＿＿＿＿＿＿＿＿

售电人名称：＿＿＿＿＿＿＿＿＿＿＿＿＿＿＿

收件人：＿＿＿＿＿＿＿＿＿＿电子邮件：＿＿＿＿＿＿＿＿＿＿

电话：＿＿＿＿＿＿传真：＿＿＿＿＿＿邮编：＿＿＿＿＿＿

通信地址：＿＿＿＿＿＿＿＿＿＿＿＿＿＿＿

开户名称：＿＿＿＿＿＿＿＿＿＿＿＿＿＿＿

开户银行：＿＿＿＿＿＿＿＿＿＿＿＿＿＿＿

账　　号：＿＿＿＿＿＿＿＿＿＿＿＿＿＿＿

鉴于：

（1）售电人在＿＿＿＿＿＿＿＿拥有/兴建 并/并将 经营管理总装机容量为＿＿＿＿＿＿兆瓦（MW）的＿＿＿＿＿＿电厂（以下简称电厂）；

（2）电厂已/将并入购电人经营管理的电网运行。

双方根据《中华人民共和国合同法》《中华人民共和国电力法》《电网调度管理条例》以及国家其他有关法律法规，本着平等、自愿、诚实信用的原则，经协商一致，签订本合同。

第1章　定义和解释

1.1 本合同所用术语，除上下文另有要求外，定义如下：

1.1.1 电厂：指位于＿＿＿＿＿＿由售电人拥有/兴建 并/并将 经营管理的一座总装机容量为＿＿＿＿兆瓦（MW）（单机容量为＿＿＿＿＿＿兆瓦（MW），装机台数为＿＿台，分别为＿＿＿＿、＿＿＿＿、＿＿＿＿、＿＿＿＿、＿＿＿＿号机组）②的发电设施以及延伸至产权分界点的全部辅助设施。

① 关于取得发电业务许可证的陈述适用于已经实行了发电业务许可证制度的地区，下同。

② 如果机组核定容量与其铭牌容量不符，则以经有关部门认定的核定容量为准，下同。

1.1.2 年实际上网电量：指售电人每年在计量点输送给购电人的电量；电量的计量单位为千瓦时（kWh）。

1.1.3 年合同上网电量：指本合同第 4.1 条约定的每年的上网电量。

1.1.4 年（月）累计购电量：指本合同第 4.4.1 款规定的购电量。

1.1.5 调试运行期上网电量：指电厂不同机组首次并网开始，到正式交付商业运行前为止的上网电量。

1.1.6 计划停运：指电厂机组处于计划检修期内的状态，包括机组的大修、小修、公用系统计划检修及购电人（电力调度机构）要求的节假日检修、低谷消缺等。电厂每台机组每年允许的计划停运小时详见附件三。

1.1.7 非计划停运：指电厂机组处于不可用而又不是计划停运的状态。根据需要停运的紧急程度，非计划停运分为以下 5 类：第 1 类为立即停运；第 2 类为可短暂延迟但必须在 6 小时以内退出的停运；第 3 类为可延至 6 小时以后，但必须在 72 小时之内退出的停运；第 4 类为可延至 72 小时以后，但必须在下次计划停运以前退出的停运；第 5 类为超过计划停运期限的延长停运。

1.1.8 强迫停运：第 1.1.7 款中第 1、2、3 类非计划停运统称为强迫停运。

1.1.9 可用小时：指机组处于可用状态的小时数，为运行小时与备用小时之和。

1.1.10 降低出力等效停运小时：指机组降低出力小时数折合成按铭牌容量计算的停运小时数。

1.1.11 等效可用系数：指机组可用小时减去机组降低出力等效停运小时与机组的统计期间小时的比例。就本合同而言，________号机组的等效可用系数的计划指标值在大修年度为________，在无大修年度为________；其他机组的等效可用系数分别为________________。

1.1.12 等效非计划停运小时：指非计划停运小时与非计划降低出力等效停运小时之和。

1.1.13 购电人原因：指由于购电人的要求或责任。包括因购电人未执行国家有关规定和标准等，导致事故范围扩大而应当承担的责任。

1.1.14 售电人原因：指由于售电人的要求或责任。包括因售电人未执行国家有关规定和标准等，导致事故范围扩大而应当承担的责任。

1.1.15 计量点：指附件二所示的安装电能计量装置的点。一般情况下，计量点位于双方产权分界点；不能在双方产权分界点安装电能计量装置的，由双方协商确定安装位置。

1.1.16 紧急情况：指电网发生事故或者发电、供电设备发生重大事故；电网频率或电压超出规定范围、输变电设备负载超过规定值、主干线路功率值超出规定的稳定限额以及其他威胁电网安全运行，有可能破坏电网稳定，导致电网瓦解以至大面积停电等运行情况。

1.1.17 技术参数：指附件一所述的电力设施（包括电厂设备和并网设施）的技术限制条件。

1.1.18 工作日：指除法定节假日①以外的公历日。如约定支付日不是工作日，则支付日顺延至下一工作日。

1.1.19 不可抗力：指不能预见、不能避免并不能克服的客观情况。包括：火山爆发、龙卷风、海啸、暴风雪、泥石流、山体滑坡、水灾、火灾、来水达不到设计标准、超设计标准的地震、台风、雷电、雾闪等，以及核辐射、战争、瘟疫、骚乱等②。

1.2 解释

1.2.1 本合同中的标题仅为阅读方便，不应以任何方式影响对本合同的解释。

1.2.2 本合同附件与正文具有同等的法律效力。

1.2.3 本合同对任何一方的合法承继者或受让人具有约束力。但当事人另有约定的除外。

遇有本款约定的情形时，相关义务人应当依法履行必要的通知义务及完备的法律手续。

1.2.4 除上下文另有要求外：本合同所指的日、月、年均为公历日、月、年。

1.2.5 本合同中的“包括”一词指：包括但不限于。

第2章　双方陈述

任何一方在此向对方陈述如下：

2.1 本方为一家依法设立并合法存续的企业，有权签署并有能力履行本合同。

2.2 本方签署和履行本合同所需的一切手续（包括办理必要的政府批准、取得营业执照和电力业务许可证等）均已办妥并合法有效。

2.3 在签署本合同时，任何法院、仲裁机构、行政机关或监管机构均未作出任何足以对本方履行本合同产生重大不利影响的判决、裁定、裁决或具体行政行为。

2.4 本方为签署本合同所需的内部授权程序均已完成，本合同的签署人是本方法定代表人或委托代理人。本合同生效后即对合同双方具有法律约束力。

第3章　合同双方的义务

3.1 购电人的义务包括：

3.1.1 按照本合同的约定购买售电人电厂机组的电能。

3.1.2 遵守双方签署的并网调度协议，按照国家标准、电力行业标准运行、维护有关输变电设施，维护电力系统安全、优质、经济运行。

3.1.3 按照国家有关规定，公开、公正、公平地实施电力调度及信息披露，为履

---

① 此处法定节假日包括双休日。

② 此处列举了一些典型的不可抗力，双方可根据当地实际情况选择适用。

行本合同提供有关用电负荷；备用容量、输变电设施运行状况等信息。

3.1.4 依据国家有关规定或双方约定，向售电人提供重新启动电厂机组所需的电力。

3.1.5 按照国家有关规定向售电人补偿其按要求提供的有偿辅助服务所发生的合理费用。

3.2 售电人的义务包括：

3.2.1 按照本合同的约定向购电人出售符合国家标准和电力行业标准的电能。

3.2.2 遵守双方签署的并网调度协议，服从电力统一调度，按照国家标准、电力行业标准及调度规程运行和维护电厂，确保发电机组的运行能力达到国家有关部门颁发的技术标准和规则的要求，维护电力系统安全、优质、经济运行。

3.2.3 按月向购电人提供电厂机组可靠性指标和设备运行情况，及时提供设备缺陷情况，定期提供电厂机组检修计划，严格执行经购电人统筹安排、平衡并经双方协商确定的电厂机组检修计划。

3.2.4 按照国家有关规定向购电人补偿其按要求提供的有偿辅助服务所发生的合理费用。

3.2.5 未经国家有关部门批准，不经营直接对用户的供电业务。

第 4 章　电力电量购销

4.1 年合同上网电量

以政府定价电量和有关部门下达的年发电量预期调控目标为基础，由合同双方根据适用多年的购售电原则协议和当年预测的电力需求总量，按照同网[①]同类型机组利用小时相当的原则协商确定。

双方据此确定__________年年合同上网电量为__________亿千瓦时。

结合机组年度检修计划和电力供需规律，具体分解到每个月的合同上网电量[②]为：

1 月份：______亿千瓦时；

2 月份：______亿千瓦时；

3 月份：______亿千瓦时；

4 月份：______亿千瓦时；

5 月份：______亿千瓦时；

6 月份：______亿千瓦时；

7 月份：______亿千瓦时；

8 月份：______亿千瓦时；

9 月份：______亿千瓦时；

---

① 本合同指购电人管辖或经营管理的电网。

② 因水电厂来水具有较大的不确定性，合同双方可合理滚动调整水电厂月度合同电量，保证年度合同电量的完成。

10 月份：______亿千瓦时；

11 月份：______亿千瓦时；

12 月份：______亿千瓦时。

合同签订后的每年 8 月，双方可根据当年电力供需实际情况，在协商的基础上适当调整当年年合同上网电量[①]及剩余月份的合同上网电量，形成书面协议；每年 10 月底以前，双方应协商确定下一年度的年合同上网电量，并于 11 月底以前签订下一年度的购售电合同。

4. 2 等效可用系数

购电人根据本合同向售电人购买不低于第 4. 1 条规定的年合同上网电量的前提是：根据电厂该年的年合同上网电量确定的电厂机组的计划等效可用系数应达到____%[②]以上。若电厂机组的实际等效可用系数[③]达不到前述规定时，购电人应有权按其降低比例相应调减年合同上网电量[④]。

4. 3 实际发电功率允许偏差[⑤]

在任何时段，电厂的实际发电功率与电力调度机构下达的日发电调度计划曲线（包括临时调整曲线）所定功率的允许偏差范围为：-3%—3%[⑥]。

热电联产机组结合国家规定的“以热定电”原则下达日发电调度计划曲线并确定功率允许偏差范围。

4. 4 累计购电量及超购或少购电量[⑦]

4. 4. 1 电厂机组合同年（月）度在第 4. 3 条规定的允许偏差范围内出力形成的发电量与由于购电人原因造成超出第 4. 3 条规定的偏差范围出力形成的发电量之和，加上其他情况下电厂机组出力形成的发电量中符合调度指令要求的电量，为年（月）累计购电量。年（月）累计购电量与年（月）合同上网电量之差为购电人年（月）超购或少购电量。

---

① 调整幅度按照全网机组等比例调整的原则确定。

② 采用此方法确定年利用小时需考虑在大修年份，机组的可用小时低于其他无大修年份，对等效可用系数应得出不同的较低要求。另外，(1) 特殊项目，如核电、抽水蓄能电厂等应有特别处理；(2) 综合利用的小规模火电厂，由购电人根据国家产业政策及当时电网的需求状况调度电厂。

③ 由于不可抗力导致实际等效可用系数的降低是否作为扣减电量的考虑因素，由合同双方协商确定。

④ 可以考虑将电网内备用容量是否达到某一比例作为是否扣减电量的依据。

⑤ 本条不适用于电厂（机组）参加电网的自动发电控制（AGC）时段。

⑥ 实际允许偏差范围可由合同双方根据机组（电厂）容量的大小和所在电网的实际需要协商确定。

⑦ 实际“竞价上网”时，即可取消超购电量的概念，而设置竞价上网电量。竞价上网电量的电价和数量根据电力监管机构制定的市场规则和竞价办法形成。在此情况下，竞价上网电量与合同电量之间的关系应重新考虑。

4.4.2 年（月）累计购电量按第 5.2 条规定的上网电价结算[①]。

4.4.3 到合同年度末，若购电人年累计购电量少于年合同上网电量[②]，则购电人应依据下列公式计算结果向售电人支付年少购电量违约金。

年少购电量 = 年合同上网电量 - 年累计购电量 - 该年因售电人发生不可抗力而少发的电量[③] - 该年售电人违约少发电量

（其中：累计购电量 = 实际上网电量 - 售电人违约超发电量）

年少购电量违约金 = 年少购电量 × 政府价格主管部门批准的上网电价

4.5 违约超发或少发电量

4.5.1 在任何时段，如果售电人违反调度指令发电、不发电或违反调度指令超出允许偏差范围发电，造成超发或少发的电量部分为售电人违约超发或少发电量。违约超发或少发电量包括以下三种情形：（1）售电人未经购电人同意擅自开机或停机造成超发或少发的电量；（2）电厂机组超出第 4.3 条规定的允许偏差范围发电经购电人警告无效，或者超出第 4.3 条规定的允许偏差范围连续超过 2 分钟[④]造成超发或少发的电量；（3）紧急情况下，售电人不听从调度要求减少或增加机组出力的指令造成超发或少发的电量。

4.5.2 对售电人违约超发电量部分，购电人不进行结算，同时售电人还应向购电人支付超发电量违约金。

年超发电量违约金 = 年违约超发电量 × 政府价格主管部门批准的上网电价[⑤] ×2

4.5.3 对售电人违约少发电量部分，按非计划停运折算，同时售电人还应向购电人支付少发电量违约金。

年少发电量违约金 = 年违约少发电量 × 政府价格主管部门批准的上网电价

---

① 另一种办法是：将政府定价电量也分解到月。（1）在年（月）合同上网电量小于该年（月）政府定价电量的情况下，当年（月）累计购电量未超过政府定价电量时，年（月）累计购电量按第 5.2 条规定的上网电价结算；当年（月）累计购电量超过政府定价电量时，未超过部分按第 5.2 条规定的上网电价结算，超过部分的电价由合同双方协商，报国家有关部门批准后确定。（2）在年（月）合同上网电量大于或等于该年（月）政府定价电量的情况下，当年（月）累计购电量未超过合同上网电量时，年（月）累计购电量按第 5.2 条规定的上网电价结算；当年（月）累计购电量超过合同上网电时，未超过部分按第 5.2 条规定的上网电价结算，超过部分的电价由合同双方协商，报国家有关部门批准后确定。

② 年合同上网电量应按第 4.1 条确定并按第 4.2 条调整，下同。

③ 根据此项安排，因不可抗力而少发的电量由售电人承担。根据合同双方谈判的结果，也可由双方共同承担。

④ 连续超过允许偏差范围的时间可由合同双方根据机组（电厂）容量的大小以及所在电网的实际需要协商确定。还可根据具体情况对量化方法进行行之有效的调整或者进一步细化。此项规定不适用于机组起停时段。

⑤ 对于按规定实行峰谷、丰枯上网电价的，应分时段、分季段计算后相加，下同。

4.5.4 对售电人违反调度指令的行为，还应按照有关法律、法规的规定及并网调度协议的约定处理。

第5章　上网电价

5.1 调试运行期上网电价

售电方电厂机组调试运行期上网电量的电价按照补偿电厂机组变动成本的原则，由合同双方协商确定。

经双方协商，售电方电厂机组调试运行期上网电价确定为：__________元/（千瓦时）。

5.2 商业运行期上网电价

电厂机组的商业运行期上网电价，由售电人按国家有关规定进行测算，报政府价格主管部门批准后执行。

经政府价格主管部门批准，电厂机组的商业运行期上网电价为：__________元/（千瓦时）。

5.3 临时上网电价

在电厂机组正式商业运行后，如政府价格主管部门未批准上网电价，其临时上网电价应按照国家有关部门的规定执行。

由此确定电厂机组临时上网电价为：__________元/（千瓦时）。

第6章　电能计量

6.1 计量点

电厂上网电量和用网电量计量点设置在以下各点（详见附件二）：

（1）____；

（2）____；

（3）____。

6.2 电能计量装置及相关设备

6.2.1 电能计量装置包括电能表、计量用电压互感器（PT）、电流互感器（CT）及二次回路、电能计量柜/箱等。

电能量远方终端是指具有接收电能表输出的数据信息，并进行采集、处理、分时存储、长时间保存和远方传输等功能的设备。

电能量主站管理系统是指能够实现对远方数据进行自动采集、分时存储、统计、分析的系统。

6.2.2 电能计量装置参照《电能计量装置技术管理规程》（DL/T448－2000）进行配置。在电压互感器二次回路中不得装设隔离开关辅助接点，不得接入任何形式的电压补偿装置。

6.2.3 电能表采用静止式多功能电能表，技术性能符合《0.2S 和 0.5S 级静止式交流有功电度表》（GB/T 17883－1999）和《多功能电能表》（DLrr 614－1997）的要求。电能表配有标准通信接口、失压记录和失压计时、对时、事件记录功能，具备数据本地通信和（或通过电能量远方终端）远传的功能，并接入购电人电能量主站管理系统。

电能量远方终端的技术性能应满足《电能量远方终端》（DL/T 743－2001）的要求，并且具有日负荷曲线记录功能；支持网络通信方式，可至少同时与两个电能量主站管理系统通信；兼容性好；具有足够的安全防范措施，防止非授权人进入。

如果电能表的功能不能完全满足本款要求，则电能量远方终端必须具备电能表欠缺的功能。

6.2.4 电能计量装置由售电人或购电人负责在电厂并网前按要求安装完毕，并结合电能数据采集终端与电能量主站管理系统进行通道、规约和系统调试。电能计量装置投运前，由合同双方依据《电能计量装置技术管理规程》（DL/T 448－2000）的要求进行竣工验收。

业已运行的电能计量装置，参照本款要求，由经国家计量管理部门认可、双方确认的电能计量检测机构对电能计量装置的技术性能及管理状况进行技术认定；对于不能满足要求的项目内容，应经双方协商一致，限期完成改造。

6.2.5 在同一计量点应安装同型号、同规格、准确度相同的主、副电能表各一套。主、副表应有明确标志。

6.2.6 在计量上网电量和用网电量的同一计量点，应分别安装计量上网电量和用网电量的电能表，电能表应满足第6.2.3款的要求。

6.2.7 电能计量装置由经国家计量管理部门认可、双方确认的电能计量检测机构检定并施加封条、封印或其他封固措施。任何一方均不能擅自拆封、改动电能计量装置及其相互间的连线或更换计量装置元件。若一方提出技术改造，改造方案需经另一方同意且在双方到场的情况下方可实施，并须按第6.2.4款要求通过竣工验收后方可投入使用。

6.3 上网电能计量装置由售电人付费购买、安装、调试，并由售电人负责日常管理和维护；用网电能计量装置由购电人付费购买、安装、调试（或由供用电合同约定），并由购电人负责日常管理和维护，电厂应协助进行日常管理和维护（或由供用电合同约定）。

6.4 电能计量装置的校验

6.4.1 电能计量装置的故障排查和定期校验，由经国家计量管理部门认可、双方确认的电能计量检测机构承担，双方共同参加。由此发生的费用，上网电能计量装置由售电人承担，用网电能计量装置由购电人承担（或由供用电合同约定）。

6.4.2 任何一方可随时要求对电能计量装置进行定期校验以外的检验或测试由经国家计量管理部门认可、双方确认的电能计量检测机构进行。若经过校验或测试发现电能计量装置误差达不到规定的精度，由此发生的费用，上网电能计量装置由售电人承担，用网电能计量装置由购电人承担（或由供用电合同约定）。若不超差，则由提出校验的一方承担。

6.5 计量异常处理

合同双方的任一方发现电能计量装置异常或出现故障而影响电能计量时，应立即通知对方和双方认可的计量检测机构，共同排查问题，尽快恢复正常计量。

正常情况下，结算电量以贸易结算计量点主表数据为依据；若主表出现异常，则以副表数据为准。如果贸易结算计量点主、副表均异常，则按对方主表数据确定；对方主表异常，则按对方副表数据为准。对其他异常情况，双方在充分协商的基础上，可根据失压记录、失压计时等设备提供的信息，确定异常期内的电量。

第7章　电量计算

7.1 上网电量或用网电量以月为结算期，实现日清月结，年终清算。双方以计量点计费电能表月末最后一天北京时间24:00时抄见电量为依据，经双方共同确认，据以计算电量。用网电量计量事项由供用电合同约定时，遵循供用电合同的约定。

7.2 结算电量数据的抄录

7.2.1 正常情况下，合同双方以主表计量的电量数据作为结算依据，副表的数据用于对主表数据进行核对或在主表发生故障或因故退出运行时，代替主表计量。

7.2.2 现场抄录结算电量数据。在购电人电能量远方终端投运前，利用电能表的冻结功能设定第7.1条所指24:00时的表计数为抄表数，由双方人员约定于次日现场抄表。

7.2.3 远方采集结算电量数据。在购电人电能量主站管理系统正式投入运行后，双方同意以该系统采集的电量为结算依据。若主站管理系统出现问题影响结算数据正确性，或双方电能量主站管理系统采集的数据不一致，或售电人未配置电能量主站管理系统时，以现场抄录数据为准。

7.3 电量计算

7.3.1 上网电量

上网电量为电厂机组向购电人送电、按第6.1条计量点抄见的所有输出电量（正向）的累计值。

因购电人穿越功率引起的电厂联络变压器损耗由购电人承担。

7.3.2 用网电量

用网电量为电厂启动调试阶段或由于自身原因机组全停时，电网向电厂送电的电量。用网电量为按第6.1条计量点抄见的所有输入电量（反向）和所有启备变压器输入电量的累计值（或由供用电合同约定）。

7.4 上网电量和用网电量原则上分别结算，不应互相抵扣[①]。

第8章　电费结算和支付

8.1 电费计算

8.1.1 电费以人民币结算。

8.1.2 上网电费按以下公式计算：

上网电费 = 累计购电量 × 对应的上网电价（含税）[②]

8.2 电费结算

8.2.1 双方按第7.2条完成抄表后，售电人应按照抄表记录准确计算上网电量和电费，填制《电量结算单》和《电费计算单》后，于当日或下一个工作日将《电量结算单》和《电费计算单》传真给购电人，原件以特快专递同日寄出[③]。

8.2.2 购电人在收到售电人传送的《电量结算单》和《电费计算单》后应尽快进行核对、确认，如有异议，在收到传真后3个工作日内通知售电人。经双方协商修正后，售电人将修正后的《电量结算单》和《电费计算单》传真给购电人，原件以特快专递同日寄出。如购电人在收到传真后3个工作日内不通知售电人有异议，则视同已经确认没有异议[④]。

8.2.3 售电人根据购电人确认的《电费计算单》开具增值税发票，并送交给购电人。购电人收到正确的《电量结算单》《电费计算单》和增值税发票原件后，分两次付清该期上网电费：(1) 收到上述原件后的5个工作日内，支付该期上网电费的50%；(2) 收到上述原件后的15个工作日内，付清该期上网电费剩余的50%。

若购电人因故不能按照约定的期限付清上网电费，自逾期之日起，每日按照缓付部分的0.3‰—0.5‰加收违约金。经双方协商，本合同具体约定每日按照缓付部分的____%加收违约金。逾期天数从第二次支付截止日的下一日开始计算。

8.3 调试运行期上网电量的电费支付

电厂机组单机调试运行期结束后，购电人应在一个月内支付调试运行期上网电量的电费。具体支付办法和约定比照第8.2条进行。

8.4 有偿辅助服务费用的计算和支付

购电人电网或售电人电厂机组提供有偿辅助服务业务费用的计算和支付事宜，由双方根据国家有关规定执行。在国家有关规定正式施行之前，遵循现行办法。

---

① 部分水电机组因来水问题经常发生全停。此种情况下合同双方可根据有关规定或实际情况相互协商，确定用于电厂用电的用网电量与上网电量互要抵扣。

② 对于按规定实行峰谷、丰枯上网电价或协商确定电价的，应分段计算后相加。

③ 此为送达方式举例。也可采取双方协商确定的更为便捷有效的方式送达。

④ 此为确认方式举例。也可采取双方协商确定的更为便捷有效的确认方式。

8.5 临时电价与批复电价差额调整的电费支付

对于临时结算电价与批复电价之间的差异造成的结算电费差额部分，双方根据第5.3条的约定和批复文件的规定执行，并在双方确定差额后的一个月内清算完毕，多退少补。

8.6 计量差错调整的电费支付

根据本合同第6.5条约定，由于计量差错，购电人需向售电人增加支付款项或售电人需向购电人退还款项的，由合同双方达成书面协议后在次月电费结算中一并清算。

8.7 用网电费的支付

根据本合同第7.3.2款计算的电厂用网电量，在国家相关规定出台前，按电网平均销售电价标准核算电费，电厂应在下一个月内支付。电厂与当地供电企业另行签订供用电合同的，应按照该合同的约定支付用网电费。

8.8 违约金、补偿金的年度清算

对于没有按月结算的违约金、补偿金等，合同双方应于次年1月底以前完成上一年度的清算工作。

8.9 付款方式

任何一方根据本合同应付另一方的任何款项，均应直接汇入收款方在本合同中提供的银行账户。当收款方书面通知另一方变更开户银行或账号时，汇入变更后的银行账户。

收款方增值税专用发票上注明的银行账户应与本合同提供的或书面变更后的相同。

8.10 资料与记录

双方同意各自保存原始资料与记录，以备根据本合同在合理范围内对报表、记录检查或计算的精确性进行核查。

第9章　不可抗力

9.1 若不可抗力的发生完全或部分地妨碍一方履行本合同项下的任何义务，则该方可免除或延迟履行其义务，但前提是：

（1）免除或延迟履行的范围和时间不超过消除不可抗力影响的合理需要；

（2）受不可抗力影响的一方应继续履行本合同项下未受不可抗力影响的其他义务，包括所有到期付款的义务；

（3）一旦不可抗力结束，该方应尽快恢复履行本合同。

9.2 若任何一方因不可抗力而不能履行本合同，则该方应立即告知另一方，并在3日内以书面方式正式通知另一方。该通知中应说明不可抗力的发生日期和预计持续的时间、事件性质、对该方履行本合同的影响及该方为减少不可抗力影响所采取的措施。

应对方要求，受不可抗力影响的一方应在不可抗力发生之日（如遇通信中断，则自通信恢复之日）起30日内向另一方提供一份不可抗力发生地相应公证机构出具的证明文件。

9.3 受不可抗力影响的双方应采取合理措施，减少因不可抗力给一方或双方带来的损失。双方应及时协商制定并实施补救计划及合理的替代措施以减少或消除不可抗力的影响。

如果受不可抗力影响的一方未能尽其努力采取合理措施减少不可抗力的影响，则该方应承担由此而扩大的损失。

9.4 如果不可抗力阻碍一方履行义务持续超过____日，双方应协商决定继续履行本合同的条件或终止本合同。如果自不可抗力发生后____日，双方不能就继续履行合同的条件或终止本合同达成一致意见，任何一方有权通知另一方解除合同，本合同另有规定除外。

9.5 因政府行为、法律变更或电力市场发生较大变化，导致售电人或购电人不能完成本合同项下的售、购电义务，双方应本着公平合理的原则尽快协商解决。必要时，适当修改本合同。

第10章　非计划停运①

10.1 双方商定，该年度由于售电人原因造成的电厂机组等效非计划停运小时允许值累计为____小时②。如由于售电人原因，电厂机组该年度实际累计等效非计划停运小时超过该年度允许值，则按照机组铭牌容量乘以超过的小时数计算的电量扣减当月结算电量③。

10.2 双方商定，该年度由于售电人原因造成的电厂机组非计划停运中，机组强迫停运允许次数为____次④。如由于售电人原因，电厂机组该年度实际累计强迫停运次数超过该年度机组强迫停运允许次数，则每超过1次，按照机组铭牌容量乘以2小时计算的电量扣减当月结算电量⑤。

10.3 由于购电人原因造成电厂机组非计划停运（包括非计划降低出力）而少购的电量，按照第4.4.3款执行。

10.4 由于购电人原因造成电厂机组强迫停运，则每停运1次，按照机组铭牌容量乘以2小时计算的电量增加当年年合同上网电量。

---

① 不包括调试运行期的情况。

② 以同网同类型机组前三年等效非计划停运小时平均值的70%—80%确定。

③ 超过该年度允许值的等效非计划停运小时数，也可分段处理：对超过小时数数值较少的部分，约定一个较小的扣减系数；对超过小时数数值较大的部分，约定一个较大的扣减系数。

④ 以同网同类型机组前三年强迫停运次数平均值的70%—80%确定。

⑤ 超过该年度允许值的强迫停运次数，也可分段处理：对超过次数数值较少的部分，约定一个较小的扣减系数；对超过次数数值较大的部分，约定一个较大的扣减系数。

第 11 章　违约责任

11.1 任何一方违反本合同约定条款视为违约，另一方有权要求违约方赔偿因违约造成的经济损失。

11.2 除本合同其他各章约定以外，双方约定购电人应当承担的违约责任还包括：____。

11.3 除本合同其他各章约定以外，双方约定售电人应当承担的违约责任还包括：____。

11.4 一旦发生违约行为，非违约方应立即通知违约方停止违约行为，并尽快向违约方发出一份要求其纠正违约行为和请求其按照本合同的约定支付违约金的书面通知。违约方应立即采取措施纠正其违约行为，并按照本合同的约定确认违约行为、支付违约金或赔偿另一方的损失。

11.5 在本合同规定的履行期限届满之前，任何一方明确表示或以自己的行为表明不履行合同义务的，另一方可要求对方承担违约责任。

第 12 章　合同的生效和期限

12.1 本合同经双方法定代表人或委托代理人签字并加盖公章，在并网调度协议生效后生效。

12.2 本合同期限，自______年____月____日至______年____月____日止。

12.3 在本合同期满前____个月，双方应就续签本合同的有关事宜进行商谈。

第 13 章　适用法律

13.1 本合同的订立、效力、解释、履行和争议的解决均适用中华人民共和国法律。

第 14 章　合同变更、转让和终止

14.1 本合同的任何变更、修改和补充必须以书面形式进行。生效条件同第 12.1 条。

14.2 售电人和购电人明确表示，未经对方书面同意，均无权向第三方转让本合同项下所有或部分的权利或义务。

14.3 在本合同的有效期限内，有下列情形之一的，双方同意对本合同进行相应调整和修改：

（1）国家有关法律、法规、规章以及政策变动；

（2）国家电力监管机构颁布实施有关规则、办法、规定等；

（3）双方约定的其他情形：______________________________。

14.4 合同解除

如任何一方发生下列事件之一的，则另一方有权在发出解除通知____日后终止本合同：

（1）一方破产、清算，一方或电厂被吊销营业执照或电力业务许可证；

（2）一方与另一方合并或将其所有或大部分资产转移给另一实体，而该存续的企业不能承担其在本合同项下的所有义务；

（3）双方签订的并网调度协议终止；

（4）由于售电人原因，电厂机组持续____日不能按照本合同安全发送电；

（5）由于购电人原因，购电人持续____日未能按照本合同正常接受电力电量；

（6）双方约定的其他解除合同的事项：________________________________。

第15章　争议的解决

15.1 凡因执行本合同所发生的与本合同有关的一切争议，双方应协商解决，也可提请电力监管机构调解。协商或调解不成的，选择以下第____条处理[①]：

（1）双方同意提请____________仲裁委员会，请求按照其仲裁规则进行仲裁。仲裁裁决是终局的，对双方均具有法律约束力。

（2）任何一方依法提请人民法院通过诉讼程序解决。

第16章　其他

16.1 保密

双方保证对从另一方取得且无法自公开渠道获得的资料和文件予以保密。未经该资料和文件的原提供方同意，另一方不得向任何第三方泄露该资料和文件的全部或部分内容。但国家另有规定的除外。

16.2 合同附件[②]

附件一：电厂主要技术参数

附件二：电厂主接线图及计量点图示

附件三：电厂每台机组每年允许的计划停运小时

本合同的附件是本合同不可缺少的组成部分，与本合同具有同等法律效力。当合同正文与附件之间产生解释分歧时，首先应依据争议事项的性质，以与争议点最相关的和对该争议点处理更深入的内容为准。如果采用上述原则后分歧和矛盾仍然存在，则由双方本着诚实信用的原则按合同目的协商确定。

16.3 合同全部

本合同及其附件构成双方就本合同标的达成的全部协议，并且取代所有双方在此之前就本合同所进行的任何讨论、谈判、协议和合同。

16.4 通知与送达

任何与本合同有关的通知、文件和合规的账单等均须以书面方式进行。通过挂号

---

① 仅可择一。

② 实际签订合同时，附件应完整、准确、清楚，不得省略。

信、快递或当面送交的，经收件方签字确认即被认为送达；若以传真方式发出并被接收，即视为送达。所有通知、文件和合规的账单等均在送达或接收后方能生效。一切通知、账单、资料或文件等应发往本合同提供的地址。当该方书面通知另一方变更地址时，发往变更后的地址。

16.5 双方约定的其他事项：____。

16.6 文本

本合同共____页，一式____份，双方各执____份，送__________电力监管委员会/局①备案贰份。

购电人（盖章）：

法定代表人：

委托代理人：

签字日期：______年____月____日

签字地点：____________________

售电人（盖章）：

法定代表人：

委托代理人：

签字日期：______年____月____日

签字地点：____________________

GF—2003—0512

并网调度协议

（示范文本）②

《并网调度协议（示范文本）》使用说明

一、《并网调度协议（示范文本）》（以下简称《示范文本》）是对电厂并入电网时调度和运行行为的约定，适用于电厂与电网之间签订并网调度协议。

二、《示范文本》主要针对电厂并入电网调度运行的安全和技术问题，设定了双方应承担的基本义务、必须满足的技术条件和行为规范。

三、《示范文本》中有关空格的内容由双方约定或据实填写。《示范文本》所列数字、百分比、期间均为参考值。协议双方可根据具体情况和电力系统安全运行的需要，在公平、合理和协商一致的基础上对参考值进行适当调整③，对有关章节或条款进行补充、细化或完善，增加或减少定义、附件等。法律、法规或者国家有关部门有规定

---

① 此处指国家电子监管机构设在电厂（机组）所在地的相应分支机构。在该电力监管分支机构成立之前，合同双方应将所签购售电合同分别送电厂（机组）所在省（区、市）电子管理部门备案。

② 国家电力监管委员会、国家市场监督管理总局（原国家工商行政管理总局）2003 年 12 月 30 日发布。

③ 在正式协议文本中，所列数字、百分比、期间等均应为确定值，以免由此产生争议。

的，按照规定执行。

四、《示范文本》按电力调度机构与电网经营企业为同一实体考虑。如遇不同体制，则双方可根据实际情况对本协议相应章节或条款进行必要调整和修改。

五、签订并网调度协议的主要目的是保障电力系统安全、优质、经济运行，维护电网经营企业和发电企业的合法权益，保证电力交易合同的实施。协议双方应注意所签并网调度协议与购售电合同相关约定的一致性。

六、实行“竞价上网”时，协议双方应按照电力监管机构有关规则、规范等对本协议进行必要调整和修改。待“竞价上网”和电力市场化改革到一定时期，国家电力监管委员会和国家市场监督管理总局（原国家工商行政管理总局）将制定新的《示范文本》。

目　录

（协议编号：　　　　　　）

本并网调度协议（以下简称本协议）由下列双方签署：

甲方：____________，系一家电网经营企业，在____________市场监督管理局（原工商行政管理局）登记注册，已取得____________电力监管委员会/局①颁发的输电业务许可证②（许可证编号：____________），税务登记号：____________，住所：____________，法定代表人：____________。

乙方：____________，系一家具有法人资格的发电企业，在____________市场监督管理局（原工商行政管理局）登记注册，已取得____________电力监管委员会/局颁发的本协议所指电厂（机组）发电业务许可证③（许可证编号：________________________），税务登记号：____________，住所：____________，法定代表人：____________。

鉴于：

（1）甲方经营管理适于电厂运行的电网，并同意乙方电厂根据本协议的约定并入电网运行；

（2）乙方在_______________拥有/兴建 并/并将 经营管理总装机容量为____________兆瓦（MW）的____________电厂（以下简称电厂），并同意根据本协议的约定将该电厂并入甲方电网运行。

为保证电力系统安全、优质、经济运行，规范调度和并网运行行为，维护协议双方的合法权益，根据《中华人民共和国电力法》《中华人民共和国合同法》《电网调度管理条例》以及国家其他有关法律、法规，本着平等、自愿、诚实信用的原则，双方经协商一致，签订本协议。

第1章　定义与解释

1.1 本协议中所用术语，除上下文另有要求外，定义如下：

1.1.1 电力调度机构：指____________电力调度通信中心/局/所，是依法对电力系统运行进行组织、指挥、指导和协调的机构，隶属甲方。

1.1.2 电厂：指位于____________由乙方拥有/兴建 并/并将 经营管理的一座总装机容量为__________兆瓦（MW）（共____台，分别为____号机组__________MW、

① 《示范文本》中符号“/”表示其左右横线上的内容供双方当事人根据实际情况选择（计算公式除外）。

② 关于取得输电业务许可证的陈述适用于已经实行了输电业务许可证制度的地区。下同。

③ 关于取得发电业务许可证的陈述适用于已经实行了发电业务许可证制度的地区。下同。

____号机组__________MW、____号机组__________MW、号机组__________MW，技术参数详见附件二)[①] 的发电设施以及延伸至产权分界点的全部辅助设施。

1.1.3 并网点：指电厂与电网的连接点（见附件一）。

1.1.4 首次并网日：指电厂（机组）与电网进行同期连接的第一天。

1.1.5 并网申请书：指由乙方向甲方提交的要求将其电厂（机组）并入电网的书面申请文件。

1.1.6 并网方式：指电厂（机组）与电网之间一次系统的连接方式。

1.1.7 AGC：指自动发电控制（Automatic Generation Control）。

1.1.8 AVC：指自动电压控制（Automatic Voltage Control）。

1.1.9 RTU：指远动装置（Remote Terminal Unit）。

1.1.10 解列：本协议专指与电网相互连接在一起运行的发电设备与电网的电气联系中断。

1.1.11 特殊运行方式：指因某种需要而使电厂或电网接线方式不同于正常方式的运行安排。

1.1.12 机组可用容量：指机组任何时候受设备条件限制[②]修正后的出力。

1.1.13 计划停运：指电厂机组处于计划检修、备用期内的状态，包括大修、小修、公用系统计划检修及电力调度机构要求的节假日检修、低谷消缺和停机备用等。

1.1.14 非计划停运：指电厂机组处于不可用而又不是计划停运的状态。根据需要停运的紧急程度，非计划停运分为以下 5 类：第 1 类为立即停运；第 2 类为可短暂延迟但必须在 6 小时以内退出的停运；第 3 类为可延至 6 小时以后，但必须在 72 小时之内退出的停运；第 4 类为可延至 72 小时以后，但必须在下次计划停运以前退出的停运；第 5 类为超过计划停运期限的延长停运。

1.1.15 强迫停运：第 1.1.14 款中第 1、2、3 类非计划停运统称为强迫停运。

1.1.16 降低出力等效停运小时：指机组降低出力小时数折合成按铭牌最大容量计算的停运小时数。

1.1.17 等效非计划停运小时：指非计划停运小时与非计划降低出力等效停运小时之和。

1.1.18 年计划停运允许小时数：指双方根据设备制造商的建议和并网电厂发电机组的运行状况，按同网[③]同类型机组分类而确定的任何一年计划停运的允许小时数[④]。机组的年计划停运允许小时数分为大修年度的年计划停运允许小时数和无大修年度的

---

① 如果机组核定容量与其铭牌容量不符，则以经国家有关部门认定的核定容量为准。下同。

② 对于水电站，应包括水情、航运等对机组出力的限制。

③ 指甲方经营管理的电网。

④ 以同网同类型机组前三年实际计划停运小时数平均值的 70%—80% 确定。

年计划停运允许小时数。

1.1.19 年等效非计划停运允许小时数：指双方根据设备制造商的建议和并网电厂发电机组的运行状况，按同网同类型机组分类而确定的任何一年等效非计划停运的允许小时数①。本协议中仅指因乙方原因造成的非计划停运。机组的年等效非计划停运允许小时数分为大修年度的年等效非计划停运允许小时数和无大修年度年等效非计划停运允许小时数。

1.1.20 日发电调度计划曲线：指电力调度机构每日编制的用于确定电厂次日各时段发电出力的曲线。

1.1.21 紧急情况：指电力系统内发电、供电设备发生重大事故；电网频率或电压超出规定范围、输变电设备负载超出规定值、主干线路功率值超出规定的稳定限额以及其他威胁电力系统安全运行，有可能破坏电力系统稳定，导致电力系统瓦解以至大面积停电等运行情况。

1.1.22 电力系统调度规程②：指根据《电网调度管理条例》、国家标准和电力行业标准制定的用于规范本区域电力系统调度、运行行为的规程。

1.1.23 甲方原因：指由于甲方的要求或可以归咎于甲方的责任。包括因甲方未执行国家有关规定和标准等，导致事故范围扩大而应当承担的责任。

1.1.24 乙方原因：指由于乙方的要求或可以归咎于乙方的责任。包括因乙方未执行国家有关规定和标准等，导致事故范围扩大而应当承担的责任。

1.1.25 购售电合同：指甲方与乙方就电厂所发电量的购售及相关商务事宜签订的合同。

1.1.26 不可抗力：指不能预见、不能避免并不能克服的客观情况。包括：火山爆发、龙卷风、海啸、暴风雪、泥石流、山体滑坡、水灾、火灾、来水达不到设计标准、超设计标准的地震、台风、雷电、雾闪等，以及核辐射、战争、瘟疫、骚乱等③。

1.2 解释

1.2.1 本协议中的标题仅为阅读方便，不应以任何方式影响对本协议的解释。

1.2.2 本协议附件与正文具有同等的法律效力。

1.2.3 本协议对任何一方的合法承继者或受让人具有约束力。但当事人另有约定的除外。

1.2.4 除上下文另有要求外，本协议所指的年、月、日均为公历年、月、日。

1.2.5 本协议中的“包括”一词指：包括但不限于。

1.2.6 本协议中的数字、期限等均包含本数。

---

① 以同网同类型机组前三年实际等效非计划停运小时数平均值的70%—80%确定。

② 也称电网调度规程。

③ 此处列举了一些典型的不可抗力，双方可根据当地实际情况选择适用。

第 2 章　双方陈述

任何一方在此向对方陈述如下：

2.1 本方为一家依法设立并合法存续的企业，有权签署并有能力履行本协议。

2.2 本方签署和履行本协议所需的一切手续（包括办理必要的政府批准、取得营业执照和电力业务许可证等）均已办妥并合法有效。

2.3 在签署本协议时，任何法院、仲裁机构、行政机关或监管机构均未作出任何足以对本方履行本协议产生重大不利影响的判决、裁定、裁决或具体行政行为。

2.4 本方为签署本协议所需的内部授权程序均已完成，本协议的签署人是本方法定代表人或委托代理人。本协议生效后即对协议双方具有法律约束力。

第 3 章　双方义务

3.1 甲方的义务包括：

3.1.1 遵守国家法律法规、国家标准和电力行业标准，以电力系统安全、优质、经济运行为目标，根据电厂的技术特性及其所在电力系统的规程、规范，本着公开、公平、公正的原则，对电厂进行统一调度（调度范围见附件三）。

3.1.2 负责所属电网相关设备、设施的运行管理、检修维护和技术改造，满足电厂正常运行的需要。

3.1.3 以有关部门下达的发电量预期调控目标为基础，根据购售电合同的约定，结合电网运行实际情况，按时编制并向乙方提供月度发电计划、日发电调度计划曲线及无功出力曲线（或电压曲线）。

3.1.4 合理安排电厂的设备检修。

3.1.5 支持、配合乙方对相应设备进行技术改造或参数调整；对乙方与电网有关的调度、运行管理进行指导和协调；对乙方运行中涉及电网运行安全的电气设备、继电保护及安全自动装置、励磁系统（包括 PSS）、AGC 及调速系统、电能计量系统、电力调度通信、调度自动化等相关专业、业务进行指导和协调，并提供必要的技术支持。

3.1.6 按照相关规定及时向乙方通报与其相关的电网重大设备缺陷信息、与电厂相关的输电通道能力，定期披露与乙方有关的电力调度信息。

3.1.7 根据电力系统运行需要及乙方设备的特性，及时按程序修改相应规程、规范。

3.1.8 采取措施，防止影响电力系统安全运行的事故发生。定期开展各项涉及电网安全的专项和专业安全检查，根据需要制定反事故措施。经电力监管机构授权，电力调度机构制定网厂联合反事故演习方案并组织实施。

3.1.9 配合乙方进行事故调查。

3.2 乙方的义务包括：

3.2.1 遵守国家法律法规、国家标准、电力行业标准及所在电力系统的规程、规范，以维护电力系统安全、优质、经济运行为目标，服从电力调度机构的统一调度，合理组织电厂生产。

3.2.2 按照电力调度机构调度指令组织电厂实时生产运行，参与电力系统的调峰、调频、调压和备用。

3.2.3 按照电力调度机构要求提供电厂设备检修计划建议，执行已批准的检修计划，做好设备检修维护工作。

3.2.4 接受甲方根据第3.1.5 款作出的业务指导和协调；并配备相应的技术管理和检修管理人员，配合甲方工作。

3.2.5 根据需要及时对设备进行技术改造或参数调整，并报甲方备案（涉及电网安全的须征得甲方同意）。

3.2.6 按照相关规定及时、准确、客观、完整地向甲方提供电厂设备运行情况及生产信息，包括燃料、水情等。

3.2.7 制定与甲方电力系统规程、规范相一致的现场运行规程，并送甲方备案。

3.2.8 采取措施，防止影响电力系统安全运行的事故发生。配合甲方定期开展各项涉及电网安全的专项和专业安全检查，落实检查中提出的防范措施；电力调度机构有明确的反事故措施或其他电力系统安全要求的，乙方应按要求实施并运行维护；将有关安全措施文件送电力调度机构备案；参加电力调度机构组织的联合反事故演习。

3.2.9 配合甲方进行事故调查。

第4章 并网条件

4.1 乙方一、二次设备须符合国家标准、电力行业标准和其他有关规定①，按经国家授权机构审定的设计要求安装、调试完毕，经国家规定的基建程序验收合格；并网正常运行方式已经明确，有关参数已合理匹配，设备整定值已按照要求整定，具备并入甲方电网运行、接受电力调度机构统一调度的条件。

4.2 电厂继电保护及安全自动装置（包括励磁系统、调速系统）须符合国家标准、电力行业标准和其他有关规定，按经国家授权机构审定的设计要求安装、调试完毕，经国家规定的基建程序验收合格，并符合本协议第10章的有关约定。

4.3 电厂调度自动化设施②符合国家标准、电力行业标准和其他有关规定，按经国家授权机构审定的设计要求安装、调试完毕，经国家规定的基建程序验收合格，并符合本协议第11章的有关约定。

4.4 电厂电力调度通信设施须符合国家标准、电力行业标准和其他有关规定，按

---

① 指防止设备闪络、电气误操作、继电保护及安全自动装置发生误动或拒动的反事故措施等。下同。

② 装有AGC的机组，则包括AGC；装有AVC的机组，则包括AVC。

经国家授权机构审定的设计要求安装、调试完毕，经国家规定的基建程序验收合格，并符合本协议第12章的有关约定。

4.5 电厂电能计量装置参照《电能计量装置技术管理规程》（DL/T448－2000）进行配置，并通过由双方共同组织的测试和验收①。

4.6 电厂的二次系统按照《电网和电厂计算机监控系统及调度数据网络安全防护规定》（国家经贸委令第30号）的要求及有关规定，已实施安全防护措施，并经电力调度机构认可，具备投运条件。

4.7 电厂运行、检修规程齐备，相关的管理制度齐全，其中涉及电网安全的部分应与所在电网的安全管理规定相一致。

4.8 电厂有调度受令权的运行值班人员，须根据《电网调度管理条例》及有关规定，经过严格培训，取得相应的合格证书，持证上岗。

4.9 甲方与乙方运行对应的一、二次设备须符合国家标准、电力行业标准和其他有关规定，按经国家授权机构审定的设计要求安装、调试完毕，经国家规定的基建程序验收合格，有关参数已合理匹配，设备整定值已按照要求整定，具备电厂接入运行的条件。

4.10 双方针对电厂并入电网后可能发生的紧急情况，已制定相应的反事故措施，并送电力调度机构备案。

第5章 并网申请及受理

5.1 乙方电厂并网须向甲方申请，并在甲方受理后按照要求的方式并入。

5.2 并网申请。

乙方应在电厂（机组）首次并网日的____日前，向甲方提交并网申请书，并网申请书应包含本次并网设备的基本概况、验收情况、并网电厂（机组）调试方案和调试计划等内容，并附齐本协议第5.5条所列的资料。

5.3 并网申请的受理。

甲方在接到乙方并网申请书后应按照本协议第4章约定和其他并网相关规定认真审核，及时答复乙方，不得无故拖延。

5.3.1 并网申请书所提供的资料符合要求的，甲方应在收到乙方并网申请书后____日内予以确认，并在机组首次并网日____日前向乙方发出书面确认通知。

5.3.2 并网申请书所提供的资料不符合要求的，甲方有权不予确认，但应在收到并网申请书后____日内书面通知乙方不确认的理由。

---

① 业已运行的电能计量装置，由经国家计量管理部门认可、双方确认的电能计量检验测机构对电能计量装置的技术性能及管理状况进行技术认定；对于不能满足要求的项目内容，应经双方协商一致，限期完成改造。

5.4 并网申请确认后，双方应就电厂并网的具体事宜作好安排。

5.4.1 甲方应在已商定的首次并网日前____日向乙方提供与电厂相关的电力系统数据、设备参数及系统图，包括与电厂相关的电网继电保护整定值（或限额）和与电网有关的电厂继电保护及安全自动装置的整定值（或限额）。

5.4.2 向乙方提供联系人员（包括有调度发令权人员、运行方式人员、继电保护人员、自动化人员、通信人员等）名单和联系方式。

5.4.3 乙方应在收到确认通知后____日内，按照甲方的要求，提交并网调试项目和调试计划，并与电力调度机构商定首次并网的具体时间与程序。

5.4.4 甲方应在电厂首次并网日____日前对乙方提交的机组并网调试项目和调试计划予以书面确认。

5.4.5 双方认为需要商定的其他具体事宜：________________________________。

5.5 乙方提交并网申请书时，应向甲方提供准确的中文资料[①]（需要在并网启动过程中实测的参数可在机组并网后____日内提交），包括：

（1）潮流、稳定计算和继电保护整定计算所需的发电机（包括调速器、励磁系统）、主变压器等主要设备技术规范、技术参数及实测参数（包括主变压器零序阻抗参数）；

（2）与电网运行有关的继电保护及安全自动装置图纸（包括发电机、变压器整套保护图纸）、说明书，电力调度管辖范围内继电保护及安全自动装置的安装调试报告；

（3）与甲方有关的电厂调度自动化设备技术说明书、技术参数以及设备验收报告等文件，电厂远动信息表（包括电流互感器、电压互感器变比及遥测满刻度值），电厂电能计量系统竣工验收报告，电厂计算机系统安全防护有关方案和技术资料；

（4）与甲方通信网互联或有关的通信工程图纸、设备技术规范以及设备验收报告等文件；

（5）机组励磁系统及 PSS 装置（设计、实测参数）、低励限制、失磁、失步保护及动态监视系统的技术说明书和图纸；

（6）其他与电网运行有关的主要设备技术规范、技术参数和实测参数；

（7）现场运行规程；

（8）电气一次接线图；

（9）机组开、停机曲线图和机组升、降负荷的速率，机组 AGC、AVC、一次调频有关参数和资料；

（10）厂用电保证措施；

（11）机组调试计划、升压站和机组启动调试方案；

（12）电厂有调度受令权的值班人员名单、上岗证书复印件及联系方式；

（13）运行方式、继电保护、自动化、通信专业人员名单及联系方式。

---

① 对提供资料的时间有特别要求的，双方可另行约定。

第6章　调试期的并网调度

6.1 乙方根据甲方已确认的调试项目和调试计划可进行电厂并网运行调试。

6.1.1 电厂调试运行机组应视为并网运行设备，纳入电力系统统一运行管理，遵守电力系统运行规程、规范，服从统一调度。

6.1.2 电厂应根据已确认的调试项目和调试计划，编制详细的机组并网调试方案，并按调试进度逐项①向电力调度机构申报。

6.1.3 具体的并网调试操作应严格按照调度指令进行。

6.1.4 对仅属电厂自行管辖的设备进行可能对电网产生冲击的操作时，应提前告知电力调度机构做好准备工作及事故预想，并严格按照调试方案执行。

6.2 甲方应配合乙方进行并网调试。

6.2.1 将并网调试电厂纳入正式调度范围，按照电力系统有关规程、规范进行调度管理。

6.2.2 根据电厂要求和电网情况编制专门的调试调度方案（含应急处理措施），合理安排电厂的调试项目和调试计划。调试开始____日前将调试调度方案和具体调试计划通知电厂。

6.2.3 根据机组调试进度及电网运行情况，经与电厂协商同意，可对调试计划进行滚动调整。

6.2.4 电力调度机构可视需要派员进行现场调度，并给予必要的技术指导或支持。

6.3 甲方必须针对乙方调试期间可能发生的紧急情况制定应急预案，明确处理原则及具体处理措施，确保电力系统及设备安全。

第7章　调度运行

7.1 电厂运行值班人员在运行中应严格服从电力调度机构值班调度员的调度指令。

7.1.1 电厂必须迅速、准确执行电力调度机构下达的调度指令，不得以任何借口拒绝或者拖延执行。若执行调度指令可能危及人身和设备安全时，电厂值班人员应立即向电力调度机构值班调度员报告并说明理由，由电力调度机构值班调度员决定是否继续执行②。

7.1.2 属电力调度机构直接调度范围内的设备，电厂必须严格遵守调度有关操作制度，按照调度指令执行操作；如实告知现场情况，回答电力调度机构值班调度员的询问。

7.1.3 属电力调度机构许可范围内的设备，电厂运行值班人员操作前应报电力调

① 经电力调度机构同意，也可一次申报。

② 电力系统调度规程另有规定的，从其规定。

度机构值班调度员，得到同意后方可按照电力系统调度规程及电厂现场运行规程进行操作。

7.2 电力调度机构应依照有关要求合理安排电厂的日发电调度计划曲线。运行中，值班调度员可根据实际运行情况对日发电调度计划曲线作适当调整，值班调度员对日发电调度计划曲线的调整应提前______分钟（min）通知电厂值班人员。

7.3 电厂运行设备出现异常情况时，电厂按照电力系统调度规程的规定可提前______小时（h）向电力调度机构提出检修申请。电力调度机构应根据电力系统调度规程的规定和电网实际情况，履行相关规定的程序后，提前______小时（h）批复检修申请，并修改相应计划。如设备需紧急停运者，电力调度机构应视情况及时答复。电厂应按照电力调度机构的最终批复执行①。

7.4 电力调度机构应按照同网同类型同等技术条件的机组调整幅度基本相同的原则，兼顾电网结构和电厂的电气技术条件，安全、优质、经济地安排电厂参与电力系统调峰、调频、调压、备用。

7.4.1 调峰。

电厂应根据国家有关规定、标准、机组能力参与电力系统调峰。调峰幅度应达到国家有关规定、标准，或双方商定为______________________________。

7.4.2 调频。

经双方商定，电厂（机组）为第______调频电厂（机组）或非调频电厂（机组），应按照电力系统调度规程的要求参与电力系统调频。

电厂 AGC 安装与投运应依据国家现行的关于发电厂并网运行管理的政策执行。按照国家有关规定，电厂______号机组应安装 AGC，其整定参数及机组出力响应速度符合电网安全运行的需要，由电力调度机构根据机组特性、试验结果和相关要求统一设定，乙方不得擅自更改。机组 AGC 的投入与退出应按照调度指令执行。

7.4.3 调压。

电厂应按照电力调度机构下达的无功出力曲线（或电压曲线）运行，保证电厂母线电压运行在规定的范围内。如果电厂失去电压控制能力时，应立即报告电力调度机构值班调度员。

7.4.4 备用。

如电力调度机构要求，电厂应留有一定比例的旋转备用容量。当旋转备用容量不能满足电力调度机构的要求时，应立即报告电力调度机构值班调度员。

7.5 甲方因设备更新改造等原因出现特殊运行方式，可能影响电厂正常运行时，电力调度机构应将有关方案提前____日通知电厂，并按商定的方案执行。

---

① 如因电网运行需要，电力调度机构暂时不能安排的，双方应按照电力系统调度规程的规定协商预防事故的措施和事故处理的程序。

7.6 乙方因设备更新改造等原因出现特殊运行方式，可能影响电网正常运行时，应将更改方案提前____日通知电力调度机构，并按商定的方案执行。

7.7 电力调度机构应与并网电厂定期组织网厂联席会议，邀请乙方参加，分析电网运行情况、预测系统形势、说明有关电网安全技术措施的落实情况，协商处理有关电力系统运行的重大问题。乙方应参加网厂联席会议，通报电厂的运行情况及有关电厂安全技术措施的落实情况。

7.8 双方应以书面形式互换相关值班人员名单，并及时告知变动情况。

第8章　发电计划

8.1 乙方应根据已签订的购售电合同及电厂运行实际情况，按下列要求提交电厂的年度、月度、节日或特殊运行方式发电计划建议：

（1）乙方在机组首次并网日____日前及在此后每年的______月____日前，向甲方提交下一年度发电计划建议；

（2）乙方在每月的____日前向甲方提交下一月度发电计划建议；

（3）乙方在国家法定节日（包括元旦、春节、劳动节、国庆节等）或特殊运行方式出现____日前向甲方提交节日或特殊运行方式期间的发电计划建议。

8.2 根据购售电合同，结合乙方申报的发电计划建议①，甲方在每年____月____日前将编制的下一年度分月发电计划通知乙方。

8.3 根据第8.2条制定的年度分月发电计划、电厂完成发电量的进度和电网近期的负荷情况，甲方在每月____日前或国家法定节日____日前或特殊运行方式出现____日前将其编制的下一月度、节日或特殊运行方式发电计划通知乙方。

8.4 根据第8.3条制定的月度发电计划、电网实际情况和电厂提供的数据（电厂须在每日____时前向电力调度机构申报次日发电机组的最大可用容量或可用容量的变化情况，并报告影响其发电设备能力的缺陷和故障以及机组AGC的投入状况），电力调度机构编制电厂次日日发电调度计划曲线，并在每日____时前将次日计划曲线下达给电厂。

8.5 电厂应严格执行电力调度机构下达的日发电调度计划曲线（包括值班调度员临时修改的曲线）和调度指令，及时调节机组的有功出力，安排电厂生产运行。

第9章　设备检修

9.1 并网运行电厂设备检修应按照计划进行。

9.1.1 乙方在按本协议约定向甲方提交年度、月度、节日、特殊运行方式发电计划建议的同时，将年度、月度、节日、特殊运行方式的设备检修计划建议报电力调度机构。

---

① 如乙方为水电厂，电力调度机构应考虑水库来水情况。

9.1.2 经双方协商后，电力调度机构将电厂设备检修计划纳入电力系统年度、月度、节日、特殊运行方式检修计划。

（1）在每年____月____日前将经核准的电厂下一年度设备检修计划通知电厂；

（2）在每月____日前将经核准的电厂下月设备检修计划通知电厂；

（3）在国家法定节日____日前或特殊运行方式出现____日前将节日或特殊运行方式设备检修计划通知电厂。

9.2 如果电厂需要在系统负荷低谷时段（____时至次日____时）消除缺陷，应在当日____时前向电力调度机构提出申请，电力调度机构应根据电网情况尽量予以安排，并及时修改日发电调度计划曲线。

9.3 检修申请与批复。

电厂设备实际检修工作开始前需向电力调度机构提交检修申请，获得批准后方可开工。

9.3.1 检修申请应于实际检修工作开始____日前提交给电力调度机构。

9.3.2 检修申请应包括检修设备的名称、检修内容、隔离措施、对系统的要求等内容。

9.3.3 电力调度机构应于实际检修工作开始____日前将检修申请的批复通知电厂，并说明电厂应采取的安全措施及其他相关要求，同时做好事故应急预案。

9.4 乙方应严格执行已批复的检修计划，按时完成各项检修工作。

9.4.1 电厂由于自身原因，不能按已批复计划检修的，可在已批复的计划开工日前____日向电力调度机构提出修改检修计划的申请。电力调度机构应根据电网运行情况，合理调整检修计划。能够安排的，应将调整后电厂检修计划提前____日通知电厂；确实无法安排的，电厂应设法按原批复计划执行，否则，电力调度机构在本年度内原则上不再另行安排计划检修。

9.4.2 电厂检修工作需延期的，须在已批复的检修工期过半前向电力调度机构申请办理延期手续。

9.4.3 由于电力系统运行需要，电厂不能按计划进行机组检修的，电力调度机构应提前与电厂协商，调整检修计划并通知电厂。如果机组必须超期运行，双方应针对机组超期运行期间可能出现的紧急情况商定应急措施，以及转入检修状态的程序，并按相关规定处理。

9.5 电网一次设备检修如影响电厂送出能力，应尽可能与电厂设备检修（或停机备用）相配合。

9.6 电力调度机构应合理安排调度管辖范围内电网、电厂继电保护及安全自动装置、电力调度自动化及电力调度通信系统等二次设备的检修。二次设备的检修原则上不应影响一次设备的正常运行，否则，应尽可能与一次设备的检修相配合。

9.7 设备检修完成后，电厂应及时向电力调度机构报告，并按规定程序恢复设备运行。

第10章　继电保护及安全自动装置

10.1 甲方应严格遵守有关继电保护及安全自动装置的设计、运行和管理规程、规范，负责调度管辖范围内继电保护及安全自动装置的运行管理，并符合以下要求：

（1）负责调度管辖范围内继电保护及安全自动装置的整定计算和运行，对装置动作情况进行分析和评价。

（2）对所属继电保护及安全自动装置进行调试并定期进行校验、维护，使其满足原定的装置技术要求，符合电力调度机构整定要求，并保存完整的调试报告和记录。

（3）电网继电保护及安全自动装置动作后，须立即按规程进行分析和处理，并将有关资料报电力调度机构。与电厂有关的，应与其配合进行事故分析和处理。

（4）电网继电保护及安全自动装置误动或出现缺陷后，须立即按规程进行处理，并分析原因，及时采取防范措施。涉及电厂的，应将有关情况书面通知电厂。

（5）指导和协助电厂进行有关继电保护及安全自动装置的整定和运行，提供必要的技术支持。

（6）严格执行国家及有关部门颁布的继电保护及安全自动装置反事故措施。

（7）于每月____日前完成上月继电保护及安全自动装置的运行分析报告，提供____份给乙方。

10.2 乙方应严格遵守有关继电保护及安全自动装置的设计、运行和管理规程、规范，负责所属继电保护及安全自动装置的运行管理，并符合以下要求：

（1）负责电厂所属继电保护及安全自动装置的整定计算（电厂内属调度管辖的继电保护及安全自动装置整定值由电力调度机构下达，其他继电保护及安全自动装置整定值由电厂自行计算整定后送电力调度机构备案）和运行维护，对装置动作情况进行分析和评价。

（2）对所属继电保护及安全自动装置进行调试并定期进行校验、维护，使其满足原定的装置技术要求，符合整定要求，并保存完整的调试报告和记录。

（3）与电网运行有关的继电保护及安全自动装置必须与电网继电保护及安全自动装置相配合，相关设备的选型应征得电力调度机构的认可。

（4）若甲方继电保护及安全自动装置运行状态改变，电厂应按电力调度机构要求及时变更所辖的继电保护及安全自动装置的整定值及运行状态。

（5）电厂继电保护及安全自动装置动作后，须立即报告电力调度机构值班员，按规程进行分析和处理，并按要求将有关资料送电力调度机构。与电网有关的，应与其配合进行事故分析和处理。

（6）电厂继电保护及安全自动装置误动或出现缺陷后，须立即报告电力调度机构值班员，按规程进行处理，并分析原因，及时采取防范措施。涉及电网的，应将有关情况书面送电力调度机构。

（7）严格执行国家及有关部门颁布的继电保护及安全自动装置反事故措施。

（8）于每月____日前完成上月电厂继电保护（包括线路保护、变压器保护、发电机保护、母线保护等）及安全自动装置的运行分析报告，提供____份给电力调度机构。

10.3 双方为提高电力系统的稳定性能，应及时进行设备的更新、改造。

10.3.1 继电保护及安全自动装置设备更新改造应相互配合，确保双方设备协调一致①。

10.3.2 改造设备须经过调试验收，确认合格后②按规定程序投入运行。

10.4 乙方的继电保护及安全自动装置应达到如下主要运行指标（不计因甲方原因而引起的误动和拒动）：

（1）继电保护主保护运行率③≥____%；

（2）__________ kV 保护及以上保护动作正确率≥____%；

（3）故障录波完好率④≥____%；

（4）安全自动装置投运率≥____%；

（5）安全自动装置动作正确率≥____%；

（6）双方约定的其他运行指标：________________________________。

10.5 双方应分别指定人员负责继电保护及安全自动装置的运行维护工作，确保继电保护及安全自动装置的正常运行。

第 11 章　调度自动化

11.1 甲方应严格遵守有关调度自动化系统的设计、运行和管理规程、规范，负责调度端调度自动化系统的运行维护，并符合以下要求：

（1）监督调度自动化系统的可靠运行，负责电力调度自动化系统运行情况的监测，协调运行中出现的重大问题；

（2）按设计要求为电厂自动化信号的接入提供条件；

（3）将系统有关信号及时准确地传送至电厂调度自动化系统；

（4）及时分析调度自动化系统故障原因，采取防范措施；

（5）指导、协助乙方调度自动化系统的运行维护工作，配合乙方进行事故调查；

（6）计算机监控系统符合《电网和电厂计算机监控系统及调度数据网络安全防护规定》（国家经贸委令第 30 号）。

11.2 乙方应严格遵守有关调度自动化系统的设计、运行和管理规程、规范，负责电厂端调度自动化设备的运行维护，并符合以下要求：

---

① 若双方在协调中出现分歧，应按照局部利益服从整体利益的原则处理。

② 涉及对方的，须经双方确认。

③ 主保护运行率＝主保护装置处于运行状态时间/主保护装置统计周期时间。下同。

④ 录波完好率＝录波完好次数/应评价的次数。下同。

（1）电厂 RTU 或计算机监控系统、电量采集与传输装置的远动数据和电能计量数据应按照符合国家标准或行业标准的传输规约传送至电力调度机构的调度自动化系统和电能计量系统。电能计量系统应通过经双方认可的具有相应资质的检测机构的测试，保证数据的准确传输。电厂运行设备实时信息的数量和精度应满足国家有关规定和电力调度机构的运行要求。

（2）及时分析所属调度自动化系统故障原因，采取防范措施。

（3）协助甲方调度自动化系统的运行维护工作，配合甲方进行事故调查。

（4）电厂计算机监控系统符合《电网和电厂计算机监控系统及调度数据网络安全防护规定》（国家经贸委令第 30 号）。

（5）装有 AGC 的电厂（机组）参加电网的发电控制时，电力调度机构下发的 AGC 指令信号应能够通过电厂 RTU 或计算机监控系统准确输出至电厂 AGC 系统。装有 AVC 的电厂（机组）参加电网的电压控制时，电力调度机构下发的 AVC 指令信号应能够通过电厂 RTU 或计算机监控系统准确输出至电厂 AVC 系统。

11.3 双方应遵守电力系统调度规程及调度自动化系统有关规程运行维护自动化设备，不得随意退出或停用。

11.4 电厂 RTU 或计算机监控系统、电量采集与传输装置应达到如下主要运行指标：

（1）RTU 或计算机监控系统远动工作站可用率（月）≥____%；

（2）遥测量准确度误差≤____；

（3）机组 AGC 可投入率[①]≥____%；

（4）机组 AVC 可投入率≥____%；

（5）双方约定的其他运行指标：________________________________。

11.5 双方应分别指定人员负责所属调度自动化系统的运行维护工作，确保调度自动化系统的正常运行。

第 12 章　调度通信

12.1 甲方应严格遵守有关调度通信系统的设计、运行和管理规程、规范，负责调度端通信系统的运行维护，并符合以下要求：

（1）监督调度通信系统的可靠运行，负责调度通信系统运行情况的监测和调度指挥，协调运行中出现的重大问题；

（2）负责调度端通信设备及__________、__________、__________通信线路的运行维护，并保证其可靠运行；

（3）及时分析调度通信系统故障原因，采取防范措施；

---

① 电厂与电力调度机构之间 AGC 或 AVC 信号的传输与运行指标由双方协商确定或按照本区域/省（区、市）统一规则确定。

（4）指导、协助乙方调度通信系统的运行维护工作，配合乙方进行事故调查。

12.2 乙方应严格遵守有关调度通信系统的设计、运行和管理规程、规范，负责电厂端调度通信系统的运行维护，并符合以下要求：

（1）负责电厂端调度通信系统的运行维护，并保证其可靠运行；

（2）及时分析调度通信系统故障原因，采取防范措施；

（3）协助甲方调度通信系统的运行维护工作，配合甲方进行事故调查。

12.3 乙方与甲方电力通信网互联的通信设备选型和配置应协调一致，并征得甲方的认可。

12.4 乙方使用与甲方电力通信网相关的载波频率、无线电频率，须向甲方申请，经甲方同意并书面确认后方可使用。

12.5 双方应有备用通信系统，确保电网或电厂出现紧急情况时的通信联络。

12.6 乙方的调度通信系统应达到如下主要运行指标：

（1）通信电路运行率①≥____%；

（2）设备运行率②≥____%。

其中：

（1）微波设备运行率≥____%；

（2）光通信设备运行率≥____%；

（3）调度交换设备运行率≥____%；

（4）双方约定的其他运行指标：____。

12.7 双方应分别指定人员负责所属调度通信系统的运行维护工作，确保调度通信系统的正常运行。

第 13 章 事故处理与调查

13.1 电力调度机构和电厂应按照各自管辖范围，依据电力系统调度规程和电厂现场运行规程的有关规定，正确、迅速地进行事故处理，并及时相互通报事故处理情况。

13.2 电力调度机构调度管辖范围内的设备事故处理，应严格执行电力调度机构值班调度员的指令（现场规程明确规定可不待调度指令自行处理的除外）。

13.3 电力调度机构应按照《电力系统安全稳定导则》（DL755－2001）、电力系统调度规程及其他有关规定，结合电网结构、运行特点及电厂的具体情况，制定事故处理原则与具体的反事故措施，并对电厂应采取的必要措施提出明确要求。

---

① 通信电路运行率＝｛1－∑［中断路数（路）×电路故障时间（min）］/［实际路数（路）×全月日历时间（min）］｝×100%。

② 设备运行率＝｛1－∑［中断路数（路）×本端设备故障时间（min）］/［配置路数（路）×全月日历时间（min）］｝×100%。

13.3.1 在威胁电网安全的任何紧急情况下，电力调度机构值班调度员可以采取必要手段确保和恢复电网安全运行，包括调整电厂发电出力、发布开停机指令、对电厂实施解列等。

13.3.2 如果必须将电厂或其任何机组解列，电力调度机构应在该紧急情况结束后或已经得到补救后，将电厂或机组恢复并网运行。

13.3.3 电力调度机构应在事后向乙方说明电厂或机组解列的原因。

13.4 发生事故一方或双方应按照《电业生产事故调查规程》进行事故调查。事故调查的结论应包括：事故原因、事故责任方及其承担的责任、防止类似事故发生的反事故措施。事故责任方应按照调查结论承担责任，并及时落实反事故措施。

13.4.1 对于发生的电网事故，由甲方调查分析的，涉及乙方时，应邀请乙方参加。乙方对甲方的工作应予支持，配合实地调查，提供故障录波图、事故时运行状态和有关数据等事故分析资料。

13.4.2 对于发生的电厂事故，由乙方调查分析的，涉及甲方时，应邀请甲方参加。甲方对乙方的工作应予支持，配合实地调查，提供故障录波图、事故时运行状态和有关数据等事故分析资料。

13.4.3 对于涉及双方的网厂事故，如果起因在短时间内无法确定并达成一致时，按国家有关规定组成专门调查组进行事故调查。

13.4.4 任何一方的事故或双方事故的调查报告都应公布。报告内容应包括：事故原因、事故处理过程、事故责任方及其应承担的责任、整改方案及事故预防措施等。

13.4.5 事故责任方应及时纠正错误，落实整改方案和事故预防措施。整改方案和事故预防措施涉及对方时，应经对方认可。

第14章 不可抗力

14.1 若不可抗力的发生完全或部分地妨碍一方履行本协议项下的任何义务，则该方可免除或延迟履行其义务，但前提是：

（1）免除或延迟履行的范围和时间不超过消除不可抗力影响的合理需要；

（2）受不可抗力影响的一方应继续履行本协议项下未受不可抗力影响的其他义务；

（3）一旦不可抗力结束，该方应尽快恢复履行本协议。

14.2 若任何一方因不可抗力而不能履行本协议，则该方应立即告知另一方，并在3日内以书面方式正式通知另一方。该通知中应说明不可抗力的发生日期和预计持续的时间、事件性质、对该方履行本协议的影响及该方为减少不可抗力影响所采取的措施。

应对方要求，受不可抗力影响的一方应在不可抗力发生之日（如遇通信中断，则自通信恢复之日）起30日内向另一方提供一份不可抗力发生地相应公证机构出具的证明文件。

14.3 受不可抗力影响的双方应采取合理措施，减少因不可抗力给一方或双方带来的损失。双方应及时协商制定并实施补救计划及合理的替代措施，以减少或消除不可抗力的影响。

如果受不可抗力影响的一方未能尽其努力采取合理措施减少不可抗力的影响，则该方应承担由此而扩大的损失。

14.4 如果不可抗力阻碍一方履行义务持续超过____日，双方应协商决定继续履行本协议的条件或终止本协议。如果自不可抗力发生后____日，双方不能就继续履行协议的条件或终止本协议达成一致意见，任何一方有权通知另一方解除协议。本协议另有约定的除外。

第 15 章　违约责任

15.1 任何一方违反本协议约定条款视为违约，另一方有权要求违约方承担违约责任。

15.2 甲方有下列违约行为之一的，应按第 15.3 条所列方式向乙方承担违约责任：

（1）未履行第 3 章约定的义务，给乙方造成直接经济损失；

（2）违反第 4.9 条的约定，导致电厂不能按期发电、不能正常发电或给乙方造成直接经济损失；

（3）违反第 5.3 条、第 5.4 条的约定，导致电厂不能按期发电或给乙方造成直接经济损失；

（4）违反第 6.2 条的约定，导致电厂不能按期发电或给乙方造成直接经济损失；

（5）违反电力系统调度规程，给乙方造成直接经济损失；

（6）电力调度机构要求电厂（机组）超出其运行能力或本协议约定进行调峰、调频、调压，给乙方造成直接经济损失；

（7）电网一、二次设备因甲方原因整定或控制错误，给乙方造成直接经济损失；

（8）因可归咎于甲方的责任，发生第 9.4.3 款所述情形，给乙方造成直接经济损失；

（9）因甲方处理不当，在执行第 13.3.1 款的约定时，给乙方造成直接经济损失；

（10）因甲方原因造成继电保护及安全自动装置、调度自动化系统、调度通信系统故障，给乙方造成直接经济损失；

（11）其他因甲方处理不当，给乙方造成直接经济损失；

（12）双方约定甲方应当承担的其他违约责任：________________。

15.3 甲方每违约一次，应按下列方式承担违约责任：

（1）一次性向乙方支付违约金__________万元①；

（2）给乙方造成直接经济损失且按本条第（1）项约定支付的一次性违约金不足以补偿的，应补足乙方设备修复及恢复正常运行的直接费用；

（3）给乙方造成电量损失的，按照双方签订的购售电合同的有关约定处理。

---

① 经双方同意，可选用电量补偿等多种形式。下同。

15.4 乙方有下列违约行为之一的，应按第 15.5 条所列方式向甲方承担违约责任：

（1）未履行第 3 章约定的义务，给甲方造成直接经济损失；

（2）未按照第 4 章的有关约定完成并网准备工作，给甲方带来直接经济损失；

（3）违反第 5.2 条、第 5.4 条的约定，给甲方造成直接经济损失；

（4）违反第 6.1 条、第 7.1.1 款的约定；

（5）因乙方原因造成与电网运行有关的电厂一、二次设备异常或故障，给甲方造成直接经济损失；

（6）未按照第 7.4 条的约定参与电力系统调峰、调频、调压或备用；

（7）因乙方原因导致检修期限变动，给甲方造成直接经济损失；

（8）不如实向电力调度机构反映电厂设备（如发电机、汽轮机、锅炉及电气设备等）和有关设施的真实情况；

（9）电厂继电保护及安全自动装置未达到第 10.4 条约定批标，或由于乙方原因引起其继电保护及安全自动装置故障或不正确动作，导致事故及事故扩大，给甲方造成直接经济损失；

（10）电厂电力调度自动化系统未达到第 11.4 条约定指标，或由于乙方原因引起电厂电力调度自动化系统故障，导致事故或事故扩大，给甲方造成直接经济损失；

（11）电厂调度通信系统未达到第 12.6 条约定指标，或由于乙方原因引起电厂电力调度通信系统故障，导致事故或事故扩大，给甲方造成直接经济损失；

（12）双方约定乙方应当承担的其他违约责任：＿＿＿＿＿＿＿＿＿＿＿＿＿＿。

15.5 乙方每违约一次，应按下列方式承担违约责任：

（1）一次性向甲方支付违约金＿＿＿＿＿万元；

（2）给甲方造成直接经济损失且按本条第（1）项约定支付的一次性违约金不足以补偿的，应补足甲方设备修复及恢复正常运行的直接费用；

（3）给甲方造成电量损失的，按照双方签定的购售电合同的有关约定处理。

15.6 乙方有下列严重违约行为之一的，甲方可采取强制措施，直至对违约电厂（机组）实施解列。乙方无权就此类解列后造成的损失向甲方提出索赔。

（1）电厂未经电力调度机构同意擅自开机并网或停机解列；

（2）在紧急情况下，电厂违反第 6.1 条、第 7.1.1 款的约定；

（3）在紧急情况下，电厂不如实向电力调度机构反映电厂设备（如发电机、汽轮机、锅炉及电气设备等）和有关设施的真实情况；

（4）双方约定的其他严重违约行为：＿＿＿＿＿＿＿＿＿＿＿＿＿＿＿＿＿＿。

15.7 除本协议另有约定外，一旦发生违约行为，守约方应立即通知违约方停止违约行为，并尽快向违约方发出一份要求其纠正违约行为和请求其按照本协议的约定承担违约责任的书面通知。

15.8 违约方应立即采取措施纠正其违约行为，并按照本协议的约定确认违约行为，承担违约责任。

（1）一次性违约金应在违约行为确认后______日内支付；

（2）直接经济损失超过一次性违约金部分应在损失认定后______日内支付；

（3）造成电量违约的，按照双方签定的购售电合同的有关约定处理。

15.9 在本协议规定的履行期限届满之前，任何一方明确表示或以自己的行为表明不履行协议义务的，另一方可要求对方承担违约责任。

第 16 章　协议的生效和期限

16.1 本协议经双方法定代表人或委托代理人签字并加盖公章后生效。

16.2 本协议期限，自______年____月____日至______年____月____日止。

16.3 在本协议期满前______个月，双方应就续签本协议的有关事宜进行商谈。

第 17 章　协议的变更、转让和终止

17.1 本协议的任何变更、修改和补充必须以书面形式进行。生效条件同第 16.1 条。

17.2 双方明确表示，未经对方书面同意，均无权向第三方转让本协议项下所有或部分的权利或义务。

17.3 在本协议的有效期限内。有下列情形之一的，双方同意对本协议进行相应调整和修改：

（1）国家有关法律、法规、规章以及政策变动；

（2）本协议内容与国家电力监管机构颁布实施的有关强制性规则、办法、规定等相抵触；

（3）双方约定的其他情形：____。

17.4 协议解除

如任何一方发生下列事件之一的，则另一方有权在发出解除通知____日后终止本协议：

（1）一方破产、清算，一方或电厂被吊销营业执照或电力业务许可证；

（2）一方与另一方合并或将其所有或大部分资产转移给另一实体，而该存续的企业不能承担其在本协议项下的所有义务；

（3）双方约定的其他解除协议的事项：__________________________________。

第 18 章　争议的解决

18.1 凡因执行本协议所发生的与本协议有关的一切争议，双方应协商解决，也可提请电力监管机构调解。协商或调解不成的，选择以下第____条处理①：

---

① 仅可择一。

（1）双方同意提请____________仲裁委员会，请求按照其仲裁规则进行仲裁。仲裁裁决是终局的，对双方均具有法律约束力；

（2）任何一方依法提请人民法院通过诉讼程序解决。

第19章　适用法律

19.1 本协议的订立、效力、解释、履行和争议的解决均适用中华人民共和国法律。

第20章　其他

20.1 保密

双方保证对从另一方取得且无法自公开渠道获得的资料和文件予以保密。未经该资料和文件的原提供方同意，另一方不得向任何第三方泄露该资料和文件的全部或部分内容。但国家另有规定的除外。

20.2 协议附件①

附件一　并网点图示

附件二　电厂技术参数

附件三　电厂设备调度范围划分

本协议（包括特别条款）的附件是本协议不可缺少的组成部分，与本协议具有同等法律效力。当协议正文与附件之间产生解释分歧时，首先应依据争议事项的性质，以与争议点最相关的和对该争议点处理更深入的内容为准。如果采用上述原则后分歧和矛盾仍然存在，则由双方本着诚实信用的原则按协议目的协商确定。

20.3 协议全部

本协议（包括特别条款）及其附件构成双方就本协议标的达成的全部协议，并且取代所有双方在此之前就本协议所进行的任何讨论、谈判、合同和协议。

20.4 通知与送达

任何与本协议有关的通知、文件均须以书面方式进行。通过挂号信、快递或当面送交的，经收件方签字确认即被认为送达；若以传真方式发出，则被确认已接收即视为送达。所有通知、文件均在送达或接收后方能生效。所有通知应发往本协议提供的下列地址。当一方书面通知另一方变更地址时，应发往变更后的地址。

甲　方：

收件人：________________________

电　话：____________传　真：____________邮　编：____________

电子邮件：________________________

通信地址：________________________

---

①　实际签订协议时，附件应完整、准确、清楚，不得省略。

乙　方：

收件人：________________________________

电　话：____________传　真：____________邮　编：____________

电子邮件：________________________________

通信地址：________________________________

20.5 不放弃权利

任何一方未通过书面方式声明放弃其在本协议项下的任何权利，则不应被视为其弃权。任何一方未行使其在本协议项下的任何权利，均不应被视为对任何上述权利的放弃或对今后任何上述权利的放弃。

20.6 继续有效

本协议中有关仲裁和保密的条款在本协议终止后仍然有效。

20.7 协议文本

本协议共____页，一式____份，双方各执____份，送____________电力监管委员会/局①备案贰份。

甲方（盖章）：

法定代表人：

或

委托代理人：

签字日期：______年____月____日

签字地点：____________________

乙方（盖章）：

法定代表人：

或

委托代理人：

签字日期：______年____月____日

签字地点：____________________

特别条款

水电厂水库调度②

1.1 水库特性和基本参数

1.1.1 电厂的水库调节特性属于：径流水库/日调节水库/周调节水库/季调节水库/年调节水库/多年调节水库

1.1.2 基本参数

（1）控制流域面积：____________平方公里（km^2）；

（2）正常蓄水位及相应库容：____________米（m）、__________立方米（m^3）；

---

① 此处指国家电力监管机构设在电厂（机组）所在地区的相应分支机构。

② 如果电厂属水电厂，则应在协议中增加有关水库调度的条款。抽水蓄能、核能、热电联产、资源综合利用等其他类型电厂根据需要，可增加必要的特别条款。

（3）死水位及相应库容：＿＿＿＿＿＿米（m）、＿＿＿＿＿立方米（m^3）；

（4）设计洪水位及相应库容：＿＿＿＿＿＿米（m）、＿＿＿＿＿立方米（m^3）；

（5）校核洪水位及相应库容：＿＿＿＿＿＿米（m）、＿＿＿＿＿立方米（m^3）；

（6）防洪高水位：＿＿＿＿＿＿米（m）；

（7）汛期起调水位：＿＿＿＿＿＿米（m）。

1.1.3 库容

（1）总库容：＿＿＿＿＿＿立方米（m^3）；

（2）防洪库容：＿＿＿＿＿＿立方米（m^3）；

（3）兴利库容：＿＿＿＿＿＿立方米（m^3）；

（4）其他参数：＿＿＿＿＿＿＿＿＿＿＿＿＿＿＿＿＿＿＿＿。

1.1.4 流量

（1）设计洪水：＿＿＿＿＿＿立方米/秒（m^3/s）；

（2）校核洪水：＿＿＿＿＿＿立方米/秒（m^3/s）；

（3）设计最大下泄流量：＿＿＿＿＿＿立方米/秒（m^3/s）；

（4）设计最小下泄流量：＿＿＿＿＿＿立方米/秒（m^3/s）；

（5）最大发电流量：＿＿＿＿＿＿立方米/秒（m^3/s）。

1.1.5 水利枢纽围堰发电期库水位变化范围：＿＿＿米（m）到＿＿＿米（m）。

1.2 水库调度范围

具体调度范围由协议双方根据电厂的运行及水库的实际情况确定。

1.3 水库调度原则

（1）依照有关法律法规及水库调度规程做好水库调度工作，确保水库运行安全；

（2）严格按照工程设计防洪原则调度，保证枢纽工程安全，满足上、下游防洪标准要求；

（3）充分利用水能资源，发挥水库的综合利用效益。

1.4 水库调度工作的基本要求

（1）乙方应按照甲方要求向甲方提供水电站设计资料、运行统计资料及运行总结；

（2）电厂应于每年＿＿月＿＿日前向电力调度机构提交本年度汛方案；密切注意汛期流域内气象变化，及时提供水情信息与防汛有关情况，做好短期洪水预报工作。遇重大汛情或灾害性天气时，乙方应及时向甲方通报；

（3）乙方应按照甲方要求传送水库和机组实时运行信息；

（4）电厂水库水位应按照设计的调度图或双方协商确定的水库水位消落计划控制，并确保不低于设计死水位运行，一般情况下每年汛期末水库水位应蓄至正常蓄水位；

（5）在确保水电站大坝安全和水电厂设备安全的前提下，应充分发挥水电站的综合效益以及在电网中的调频、调峰和事故备用作用；

（6）双方应互相配合，共同努力，充分利用水能，少弃水，多发电。当水库安全与兴利发生矛盾时，兴利应服从安全。

附件一　并网点图示

1. 标明并网点设备及装置、产权所有方、运行维护方、调度方（略）

2. 图中属甲方的区域及设备（略）

3. 图中属乙方的区域及设备（略）

附件二　电厂技术参数

1. 电厂发电机组的铭牌参数

机组编号	发电机型号	额定容量（MVA）	有功功率（MW）	额定功率因数	额定转速（r/min）

2. 电厂并入甲方电网的并网线路

（1）线路名称：____________线、____________线、____________线；

（2）电压等级：____________ kV。

3. 乙方根据设备的设计参数，以及并网调试结果，准确提供电厂的其他技术参数①。

3.1 正常运行出力范围

电厂____________机组的正常运行最大出力为额定容量的____%，正常运行最小出力为额定容量的____%。

或给出该机组的运行出力范围：从额定容量的____%至____%；额定容量的____%至____%；额定容量的____%至____%；____________________________________。

3.2 电网在____________特殊情况下，电厂____________机组最小出力为额定容量的____%；____。

3.3 正常运行期间机组的功率调整速率

__________机组为____________ MW/min。

__________机组为____________ MW/min。

____。

3.4 从接到调度指令到机组达到并网出力的最短时间或从零出力到额定出力的最短时间为：

① 如果电厂有不同类型的机组，则在协议的实际使用过程中，应根据本条所列的内容，将不同机组的技术参数分别写明。

火电机组：

冷启动（锅炉处于冷备用状态）______ h；

热启动（锅炉处于热备用状态）______ h；

温启动（机组与电网解列在______ h 内）______ h；

热启动（机组与电网解列在______ h 内）______ h；

水电及抽水蓄能机组：______ h；

其他类型机组：______ h。

3.5 从接到调度指令后从满负荷出力到零负荷最短停机时间：______ h。

3.6 从机组解列后到重新并网之间的最短停运时间：______ h。

3.7 电厂机组在达到其最低或以上的运行水平后须以该最低或以上运行水平运行的最短时间：______ h。

3.8 __________机组进相深度为____________。

3.9 双方认为需要明确的其他技术参数①：____________________________________。

4. 设备制造商加以限制的或不予推荐的运行方式：

（1）______机组____________情况下不作调相运行；

（2）______机组____________情况下不宜调频运行。

其他不宜的运行方式：____。

5. 电厂投入商业运行后，如乙方发现机组运行参数发生变化，不能达到上述第 3 条已提供的技术指标而需要修改，应向电力调度机构说明，并提交经具备资质的机构确认的测试报告。

附件三：电厂设备调度范围划分

1. 电厂并网后属电力调度机构直接调度的范围

（1）____________发电机组

____；

（2）一次设备

____；

（3）与甲方电网运行有关的继电保护与安全自动装置

____；

（4）与甲方调度业务有关的调度自动化和通信设施

____；

---

① 其他技术参数是指正常运行方式下的电压水平、紧急情况下的电压水平、频率、发电机额定功率因数、运行功率因数范围及机组最多启动次数等。前述参数中需要根据运行方式变化予以调整的参数，可以协议履行过程中，将其不断修改的内容作为协议的附件。

(5) 电力调度机构认为与电网安全有关的其他设施
____;
(6) ____。
2. 电厂并网后属电力调度机构调度许可的范围
(1) ____;
(2) ____;
(3) ____。

GF—2009—0513

大用户与发电企业直接交易购售电合同

(示范文本)(试行)①

使用说明

一、《大用户与发电企业直接交易购售电合同(示范文本)(试行)》(以下简称《示范文本》)适用于按规定经有关部门批准参加大用户与发电企业直接交易的双方签订购售电合同。

二、《示范文本》主要供合同双方签订长期(一年及以上)购售电合同时使用。

三、《示范文本》所列数字、百分比、期间均为参考值。合同双方可根据具体情况,在公平、合理和协商一致的基础上对参考值进行适当调整②,对有关章节或条款进行补充、细化或完善,增加或减少定义、附件等。法律、法规或者国家有关部门有规定的,按照规定执行。

四、《示范文本》仅处理与购售电有关的商务问题,所有关于电网、发电厂、大用户运行的安全和技术问题纳入并网调度协议和供用电合同。

五、如国家法律、法规发生变化或者政府有关部门、监管机构出台有关规定、规则,合同双方应按照法律、法规、规定和规则予以调整和修改。

(合同编号:)

本购售电合同(以下简称本合同)由下列双方签署:

购电人(甲方即大用户):________,系一家具有法人资格/经法人单位授权③的

---

① 国家电力监管委员会、国家市场监督管理总局(原国家工商行政管理总局)2009年7月制定。

② 在正式合同文本中,所列数字、百分比、期间等均应为确定值,以免由此产生争议。

③ 《示范文本》中符号"/"表示其左右横线上的内容供双方当事人根据实际情况选择。

________ 企业，企业所在地为________，在________ 市场监督管理局（原工商行政管理局）登记注册，税务登记号：________，住所：____________，法定代表人/授权代理人：________。

售电人（乙方即发电企业）：__________，系一家具有法人资格/经法人单位授权的电力生产企业，企业所在地为____________，在________ 市场监督管理局（原工商行政管理局）登记注册，已取得________电力监管委员会/局颁发的本合同所指电厂（机组）发电业务许可证（许可证编号：______），税务登记号：__________，住所：__________，法定代表人/授权代理人：________。

双方提供联络通信信息如下：

甲方名称：________________________________

收件人：__________电子邮件：______________

电话：________传真：________邮编：________

通信地址：________________________________

乙方名称：________________________________

收件人：________ 电子邮件：______________

电话：________传真：________邮编：________

通信地址：________________________________

鉴于：

（1）甲方在______________拥有并经营管理一家用电电压等级为______ 千伏（kV），总用电容量为________兆瓦（MW）或变压器容量为________兆伏安（MVA）的用电企业；

（2）乙方在____________ 拥有并经营管理总装机容量为____兆瓦（MW）的发电厂，装机台数为____台，分别为____兆瓦（MW）____台（____年投产）、____兆瓦（MW）____台（____年投产）、____兆瓦（MW）____台（____年投产）、____兆瓦（MW）____台（____年投产），并且已转入商业运营。

双方根据国家有关法律、法规，按照经国家有关部门审定的直接交易实施方案，本着平等、自愿、诚信的原则，经协商一致，签订本合同。

第1章 定义和解释

1.1 定义

1.1.1 计量点：指经甲乙双方及输配电服务方确认的本合同中直接交易购售电能计量装置关口表安装位置。

1.1.2 合同电量：指经甲乙双方协商，由本合同约定的直接交易电量。

1.1.3 紧急情况：指电力系统发生事故或者发电、供电、用电设备发生重大事故；电网频率或电压超出规定范围、输变电设备负载超过规定值、主干线路功率值超出规定的稳定限额以及其他威胁电网安全运行，有可能破坏电网稳定，导致电网瓦解以至大面积停电等运行情况，并且该情况在结束后得到电力监管机构确认。

1.1.4 工作日：指除星期六、星期日及法定节假日以外的公历日。

1.1.5 不可抗力（视情况选择适用）：指不能预见、不能避免并不能克服的客观情况。包括：火山爆发、龙卷风、海啸、暴风雪、泥石流、山体滑坡、水灾、火灾、来水达不到设计标准、超设计标准的地震、台风、雷电、雾闪等，以及核辐射、战争、瘟疫、骚乱等①。

1.2 解释

1.2.1 本合同中的标题仅为阅读方便，不应以任何方式影响对本合同的解释。

1.2.2 本合同附件与正文具有同等的法律效力。

1.2.3 本合同对任何一方的合法承继者或受让人具有约束力。但当事人另有约定的除外。

遇有本款约定的情形时，相关义务人应当依法履行必要的通知义务及完备的法律手续。

1.2.4 除上下文另有要求外，本合同所指的日、月、年均为公历日、月、年。

1.2.5 合同中的“包括”一词指：包括但不限于。

第2章　双方陈述

2.1 任何一方在此向对方陈述如下：

2.1.1 本方为一家依法设立并合法存续的企业，有权签署并有能力履行本合同。

2.1.2 本方签署和履行本合同所需的一切手续（包括办理必要的政府批准、取得营业执照和电力业务许可证等）均已办妥并合法有效。

2.1.3 在签署本合同时，任何法院、仲裁机构、行政机关或监管机构均未作出任何足以对本方履行本合同产生重大不利影响的判决、裁定、裁决或具体行政行为。

2.2 本方为签署本合同所需的内部授权程序均已完成，本合同的签署人是本方法定代表人或授权代理人。本合同生效后即对合同双方具有法律约束力。

2.3 如国家法律、法规发生变化或者政府有关部门、监管机构出台有关规定、规则，合同双方应按照法律、法规、规定和规则予以调整和修改。

第3章　双方的权利和义务

3.1 甲方的权利和义务

3.1.1 甲方的权利包括：

3.1.1.1 按照本合同购买并使用乙方提供的电量。

---

① 此处列举了一些典型的不可抗力，双方可根据当地实际情况选择适用。

3.1.1.2 获得乙方与履行本合同相关的生产计划和检修计划及调整信息。

3.1.1.3 与乙方协商制订与履行本合同有关的发电生产计划和设备检修计划。

3.1.1.4 查阅与履行本合同有关的关口计量数据。

3.1.1.5 根据本合同约定向乙方收取违约金和赔偿金。

3.1.2 甲方的义务包括：

3.1.2.1 按照国家有关用电管理规定和技术规范运行、维护有关用电设施。

3.1.2.2 应乙方要求，向乙方提供有关用电负荷、用电计划等信息。

3.1.2.3 发生紧急情况时，按照合同约定调整电量计划。

3.1.2.4 向乙方提供电量费用结算服务。

3.1.2.5 根据本合同约定向乙方支付直接交易电量电费、违约金和赔偿金。

3.2 乙方的权利和义务

3.2.1 乙方的权利包括：

3.2.1.1 获得甲方与履行本合同相关的生产计划和检修计划信息。

3.2.1.2 查阅与履行本合同有关的关口计量数据。

3.2.1.3 根据本合同约定向甲方收取直接交易电量费用、违约金和赔偿金。

3.2.2 乙方的义务包括：

3.2.2.1 按本合同约定向甲方提供电量。

3.2.2.2 按照国家有关规定和技术规范运行、维护有关发电设施。

3.2.2.3 应甲方要求，向甲方提供与履行本合同有关的信息。

3.2.2.4 发生紧急情况时，按照合同约定调整电量计划。

3.2.2.5 根据本合同约定向甲方支付违约金和赔偿金。

3.2.2.6 向甲方提供电量费用结算服务。

第 4 章　电能交易及辅助服务

4.1 甲乙双方同意，自____年____月____日____时____分至____年____月____日____时____分，甲方从乙方购电总量为______兆瓦时（MWh，计量侧为甲方侧），年度购电量分月计划见附件一。

若合同有效期为一年，合同签订后的每年 8 月，双方可根据当年电力供需实际情况，在协商的基础上适当调整当年年合同电量及剩余月份的合同电量，形成书面协议；每年 10 月底以前，双方应协商确定下一年度的合同电量，并于 11 月底以前签订下一年度的直接交易购售电合同。

4.2 甲方最大负荷______兆瓦（MW），最小负荷______兆瓦（MW），年度平均负荷（即乙方直接交易容量）______兆瓦（MW）。

4.3 由于甲方原因，预计本合同约定的次月直接交易电量发生变化，双方最迟于次月 1 日之前 3 日与相应电力调度机构协商，在不影响系统安全的情况下，进行月度间计划滚动平衡。甲方实际月度用电量与月度计划电量偏差在±3%以内，视同无偏差。

4.4 违约电量

因甲方或乙方原因，造成年度实际直接交易电量占第4.1条约定的合同电量的比例低于97%，则低于合同电量97%的部分视为违约电量。

4.5 乙方辅助服务按照《________区域并网发电厂辅助服务管理实施细则》提供。

第5章　供电方式

5.1 双方经协商同意

5.1.1 [　]① 通过____________电力公司/电网公司____千伏（kV）__________线路供电。

5.1.2 [　] 通过甲方或乙方/和乙方已有____千伏（kV）__________线路供电。

第6章　电能计量

6.1 本合同电量以甲方与所在电网企业签订的《供用电合同》和乙方与电网企业已签的《购售电合同》中所注明的计量点关口表计量的电量为准（详见附件二）。

6.2 本合同的电能计量装置、电能计量装置校验要求和计量装置异常处理办法按甲方与所在电网企业签订的《供用电合同》和乙方与电网企业签订的《购售电合同》的约定执行。

第7章　交易电价与电量结算

7.1 在本合同有效期内，直接交易电量电价由双方协商确定，详见附件一，网损电价按附件一电价执行。

7.2 电网的输配电价在甲乙双方与________电力公司/电网公司另外签署的《大用户与发电企业直接交易输配电服务合同》中明确。

7.3 直接交易合同电量结算原则为“月度结算，年度清算”。

7.4 月度甲乙双方直接交易电量结算按如下方式计算：

7.4.1 当甲方月度用电量大于等于月度直接交易合同电量的103%：

月度实际直接交易电量=月度直接交易合同电量×103%。

7.4.2 当甲方月度用电量小于月度直接交易合同电量的103%：

月度实际直接交易电量=甲方月度用电量。

7.4.3 乙方按照月度实际直接交易电量进行结算。

---

① 《示范文本》中符号“[　]”表示其后的条款为选择条款，由双方在方括号中打“√”选择。

7.5 年度实际直接交易电量清算按如下方式进行：

7.5.1 若乙方年度上网电量小于甲方累计月度实际直接交易电量且小于直接交易合同电量，则按照乙方年度上网电量作为年度实际直接交易电量进行清算。

7.5.2 若乙方年度上网电量大于甲方累计月度实际直接交易电量且小于直接交易合同电量，则按照甲方累计月度实际直接交易电量作为年度实际直接交易电量进行清算。

7.5.3 若乙方年度上网电量大于或等于直接交易合同电量，则按照甲方累计月度实际直接交易电量进行清算。

第8章　电费结算和支付

8.1 直接交易电费 = 实际直接交易电量 × 直接交易电价。

8.2 双方协商同意[①]：

8.2.1 [　] 甲乙双方直接结算。

8.2.2 [　] 甲乙双方委托承担输配电服务的______________电力公司/电网公司进行结算。

8.3 若采用第8.2.1条方式结算，则结算流程如下：

8.3.1 甲方预付电费，双方协商预付周期，余额低于该周期预付电费的25%时，乙方负责提醒甲方续费，如余额为零，乙方不再继续提供直购电量，直至甲方恢复续费，由此产生的年度电量偏差视为甲方原因产生的偏差。

8.3.2 甲方按照本合同第7.1条确定的电价，根据直接交易计划，以______日为周期向乙方预付电费，次年15个工作日内完成清算。乙方在收到甲方预付电费后，向甲方开具《预付电费收据单》，并传真给甲方，原件以特快专递同日寄出或派人直接送达[②]。

8.3.3 双方委托承担合同电量输配电业务的_________电力公司/电网公司出具结算电量数据。

8.3.4 乙方应在收到承担合同电量输配电业务的____________________电力公司/电网公司结算电量数据后，对直接交易电量在2个工作日内准确填制《直接交易电量结算单》和《直接交易电费结算单》，并传真给甲方。

8.3.5 甲方在收到乙方传真的《直接交易电量结算单》和《直接交易电费结算单》后应尽快进行核对、确认，如有异议，在收到传真后______个工作日内通知乙方。经双方协商修正后，乙方将修正后的《直接交易电量结算单》和《直接交易电费结算单》传真给甲方，如甲方在收到传真后______个工作日内不通知乙方有异议，则视同已经确认没有异议[③]，原件以特快专递同日寄出或派人直接送达。

8.3.6 乙方根据双方确认的《直接交易电费结算单》开具增值税发票，并送达给甲

---

① 仅可择一。

② 此为送达方式举例。也可采取双方协商确定的更为便捷有效的方式送达。

③ 此为确认方式举例。也可采取双方协商确定的更为便捷有效的确认方式。

方。甲方收到正确无误的《直接交易电量结算单》《直接交易电费结算单》和增值税发票原件后，在_____个工作日内，退回乙方开具的上一周期《预付电费收据单》原件。

8.4 若采用第8.2.2条方式结算，则相关约定在另行签署的《大用户与发电企业直接交易输配电服务合同》中明确①。

8.5 存在异议的电量和电费不应影响无异议部分的电费结算和支付。

8.6 输配电服务费（过网费）和网损电费的结算在甲乙双方与________电力公司/电网公司另行签署的《大用户与发电企业直接交易输配电服务合同》中明确。

8.7 付款方式

任何一方根据本合同应付另一方的任何款项，应依照《中华人民共和国票据法》和人民银行颁布的《支付结算办法》规定的支付方式进行支付。合同双方提供的银行账户资料如下：

甲　　方：

开户名称：______________________________；

开户银行：______________________________；

账　　号：______________________________。

乙　　方：

开户名称：______________________________；

开户银行：______________________________；

账　　号：______________________________。

当收款方书面通知另一方变更开户银行或账号时，汇入变更后的银行账户。收款方增值税专用发票上注明的银行账户应与本合同提供的或书面变更后的相同。

第9章　合同变更和转让

9.1 合同变更与修改

9.1.1 本合同的任何修改、补充或变更必须以书面的形式进行，双方法定代表人或授权代理人签字后方为有效。

9.1.2 合同期内，如甲方用电需求计划超出约定的合同电量，如果乙方能满足甲方需求，经相应电力调度机构进行安全校核后，甲乙双方另行签订补充协议约定。

合同期内，甲方用电需求计划低于约定的合同电量，如果乙方同意变更合同电量，经相应电力调度机构进行安全校核后，甲乙双方另行签订补充协议约定。

9.1.3 因国家法律、法规发生变化或者政府有关部门、监管机构出台有关规定、规则，导致双方不能完成合同约定的购售电义务，双方应相应变更本合同。

---

① 如本条生效，则删除第8.3条。

9.2 合同转让

未经电力监管机构同意，甲乙双方均不得向任何第三方转让本合同或部分转让合同电量[①]。

第10章　合同违约和解除

10.1 任何一方违反本合同约定条款视为违约，合同另一方有权要求违约方赔偿违约造成的经济损失。

10.2 违约的处理原则

10.2.1 违约方应承担支付违约金、继续履行合同和采取补救措施等责任。在支付违约金、继续履约或者采取补救措施后，仍给对方造成其他损失的，应当赔偿损失。

10.2.2 在本合同履行期限届满之前，任何一方明确表示或者以自己的行为表明不履行合同义务的，另一方可在履行期限届满前解除合同，并要求对方承担相应的违约责任。

10.2.3 一方违约后，另一方应当采取适当的措施防止损失的扩大。如果该方没有采取适当的措施致使损失扩大的，则其不得就扩大的损失要求违约方承担赔偿责任。

10.3 对于4.4条中的违约电量，责任方按____元/千瓦时向对方支付违约金。

违约金＝违约电量×____元/千瓦时

10.4 除本合同其他各章约定以外，双方约定：

甲方应当承担的违约责任还包括：______________。

乙方应当承担的违约责任还包括：______________。

10.5 除另有规定外，一旦发生任何一方未能履行本合同项下的任何义务的情况，非违约方将向违约方发出有关违约的书面通知，如果在通知发出后____个工作日内，违约方仍未纠正其违约行为的，应承担违约责任。

10.6 合同解除

任何一方发生下列事件，另一方有权在发出解除通知后解除本合同：

（1）除双方另有约定外，一方未及时支付或预付本合同项下的任何到期应付款项，且未能收到另一方书面通知后____日内得到纠正；

（2）乙方持续______日不能按照本合同安全发电；甲方持续______日未能按照本合同正常用电；

（3）一方被申请破产、清算或被吊销营业执照；

（4）一方与另一实体联合、合并或将其所有或大部分资产转移给另一实体，而该存续的企业不能合理地承担其在本合同项下的所有义务。

---

① 因技术原因，乙方参与直接交易机组无法完成本合同电量，由直接交易机组同厂内的其他机组代为完成，不视为转让合同电量。

10.7 甲、乙双方均有权解除合同，如果因甲方原因导致合同解除，则甲方应赔偿乙方因此而遭受的损失。如果因乙方原因导致合同解除，则乙方应赔偿甲方因此而遭受的损失。

第11章　不可抗力

11.1 若不可抗力的发生完全或部分地妨碍一方履行本合同确定的任何义务，则该方可暂停履行其义务，但前提是：

11.1.1 暂停履行的范围和时间不超过消除不可抗力事件影响的合理需要。

11.1.2 受不可抗力影响的一方应当继续履行本合同项下未受不可抗力事件影响的其他义务，包括所有到期付款的义务。

11.1.3 一旦不可抗力结束，该方应尽快恢复履行本合同。

11.2 若任何一方因不可抗力而不能履行本合同，则该方应尽快书面通知另一方，并在3日内以书面方式正式通知另一方。该通知书应说明不可抗力的发生日期和预计持续的时间、事件性质、对该方履行本合同的影响及该方为减少不可抗力影响所采取的措施。

受不可抗力影响的一方应在不可抗力发生之日（如遇通信中断，则自通信恢复之日）起____日内向另一方提供一份由不可抗力发生地公证机构出具的证明文件。

11.3 受不可抗力影响的双方应采取合理的措施，以减少因不可抗力事件给一方或双方带来的损失。双方应及时协商制订并实施补救计划及合理的替代措施以减少或消除不可抗力的影响。

如果受不可抗力影响的一方未能尽其努力采取合理措施减少不可抗力的影响，则该方应承担因此而扩大部分的损失。

11.4 如果发生不可抗力，则双方首先应努力调整当年余下的发电和生产计划，尽可能使当年的结算电量接近当年的年合同电量。

11.5 不可抗力造成的解除

如果任何不可抗力阻碍一方履行其义务持续超过____日，双方应协商决定继续履行本合同的条件或解除本合同。如果自不可抗力发生后____日内，双方不能就继续履行合同的条件或解除本合同达成一致意见，任何一方有权书面通知另一方解除本合同，并报各自所在地电力监管机构备案。

第12章　争议的解决

12.1 凡因执行本合同所发生的与本合同有关的一切争议，双方应协商解决，也可提请电力监管机构调解。协商或调解不成的，按以下第______种方式处理[①]：

---

① 仅可择一。

（1）双方同意提请__________仲裁委员会，请求按照其仲裁规则进行仲裁。仲裁裁决是终局的，对双方均具有法律约束力。

（2）任何一方依法提请人民法院通过诉讼程序解决。

第13章　适用法律

13.1 本合同的订立、效力、解释、履行和争议的解决均适用中华人民共和国法律。

第14章　合同生效与期限

14.1 本合同的生效条件是：

（1）双方已与有关电网企业签署《大用户与发电企业直接交易输配电服务合同》（合同号__________）①；

（2）本合同相关的试点实施方案已通过国家电监会等单位审定；

（3）经双方法定代表人或授权代理人签字并加盖公章；

（4）已向各自所在地电力监管机构备案，完成相关备案流程。

14.2 本合同有效期：自____年____月____日起____年____月____日止。

第15章　其他

15.1 保密

双方保证对从另一方取得且无法自公开渠道获得的资料和文件予以保密。未经该资料和文件的原提供方同意，另一方不得向任何第三方透露该资料和文件的全部或部分。但国家另有规定的除外。

15.2 合同附件②

附件一：直接交易购售电量计划（甲方侧）

附件二：直接交易电量计量关口表位置

本合同的附件是本合同不可缺少的组成部分，与本合同具有同等法律效力。当合同正文与附件之间产生解释分歧时，首先应依据争议事项的性质，以与争议点最相关的和对该争议点处理更深入的内容为准。如果采用上述原则后分歧和矛盾仍然存在，则由双方本着诚实信用的原则按合同目的协商确定。

15.3 合同全部

本合同及其附件构成双方就本合同标的达成的全部协议，并且取代双方在此之前就本合同标的所进行的任何讨论、谈判、协议和合同。

15.4 通知与送达

任何与本合同有关的通知、文件和合规的账单等均须以书面方式进行。通过挂号

---

① 如采用第5.1.2条供电方式，则删除本条。

② 实际签订合同时，附件应完整、准确、清楚，不得省略。

信、快递或当面送交的，经收件方签字确认即被认为送达；若以传真、电子邮件方式发出并被接收，即视为送达。所有通知、文件和合规的账单等均在送达或接收后方能生效。一切通知、账单、资料或文件等应按照约定的联络信息发给对方，直至一方书面通知另一方变更联络信息为止。

15.5 不放弃权利

任何一方未通过书面形式声明放弃其在本合同项下的任何权利，则不应被视为其弃权。任何一方未行使其在本合同项下的任何权利，均不应被视为对任何上述权利的放弃或对今后任何上述权利的放弃。

15.6 本合同签订后，电网企业与发电企业之间已经签订的《购售电合同》《并网调度协议》和电网企业与用户之间已经签订的《供用电合同》继续有效，互为补充；当《购售电合同》《并网调度协议》《供用电合同》约定的内容与本合同不一致时，应按协商一致的原则，经合同签订方协商确定后执行，协商不成的按程序报政府、监管机构协调。

15.7 本合同中有关解除、仲裁和保密的条款在本合同解除后仍然有效。

15.8 未尽事宜，由双方协商签订补充协议，补充协议与本合同具有同等法律效力。

15.9 本合同正本一式______份，甲方执______份，乙方执______份，送有关部门备案清单如下：

送电力监管机构①，2 份；

送______________，____ 份。

甲方：______________________（盖章）

法定代表人/授权代理人：______/______

签字日期：____年____月____日

乙方：______________________（盖章）

法定代表人/授权代理人：______/______

签字日期：____年____月____日

签订地点：__________________________

---

① 指大用户与发电企业各自所在地电力监管机构。

附件一：

直接交易购售电量计划（甲方侧）

（____年____月____日____时____分至____年____月____日____时____分）

单位：兆瓦时（MWh）；元/千瓦时

月份	月度小计	
	电量	电价
1		
2		
3		
4		
5		
6		
7		
8		
9		
10		
11		
12		
年度小计		

附件二：

直接交易电量计量关口表位置

表 1　直接交易下网电量计量关口表（用户侧）位置

序号	变电站（所）名称	线路名称	电压等级（kV）	开关编号
1				
2				
……				

表2　直接交易上网电量计量关口表（电厂侧）位置

序号	电厂（站）名称	线路名称	电压等级（kV）	开关编号
1				
2				
……				

GF—2009—0514

大用户与发电企业直接交易输配电服务合同

（示范文本）（试行）①

使　用　说　明

一、《大用户与发电企业直接交易输配电服务合同（示范文本）》（试行）（以下简称《示范文本》）适用于按规定经有关部门批准可参与大用户与发电企业直接交易的大用户、发电企业和电网企业三方之间签订的输配电服务合同。

二、《示范文本》主要供合同三方签订长期（一年及以上）输配电服务合同时使用。

三、《示范文本》所列数字、百分比、期间均为参考值。合同三方可根据具体情况，在公平、合理和协商一致的基础上对参考值进行适当调整，对有关章节或条款进行补充、细化或完善，增加或减少定义、附件等②。法律、法规或者国家有关部门有规定的，按照规定执行。

四、《示范文本》仅处理与购售电及输配电有关的商务问题，所有关于电网、发电厂、大用户运行的安全和技术问题纳入并网调度协议和供用电合同。

五、如国家法律、法规发生变化或者政府有关部门、监管机构出台有关规定、规则，合同三方应按照法律、法规、规定和规则予以调整和修改。

（合同编号：________）

本输配电服务合同（以下简称本合同）由下列三方签署：

（1）________________公司（以下简称甲方），系一家具有法人资格/经法人单

① 国家电力监管委员会、国家市场监督管理总局（原国家工商行政管理总局）2009年7月制定。

② 在正式合同文本中，所列数字、百分比、期间等均应为确定值。

位授权[①]的________企业，企业所在地为___________，在________市场监督管理局（原工商行政管理局）登记注册，税务登记号：___________，住所：___________，法定代表人/授权代理人：________。

（2）_____________公司（以下简称乙方），系一家具有法人资格/经法人单位授权的电力生产企业，企业所在地为___________，在___________市场监督管理局（原工商行政管理局）登记注册，已取得_____________电力监管委员会/局颁发的本合同所指电厂（机组）发电业务许可证（许可证编号：__________），税务登记号：__________，住所：________，法定代表人/授权代理人：________。

（3）_______________公司（以下简称丙方），系一家具有法人资格/经法人单位授权的电网企业，企业所在地为________，在________市场监督管理局（原工商行政管理局）登记注册，已取得________电力监管委员会/局颁发的本合同所指输配电业务许可证（许可证编号：________），税务登记号：__________，住所：________，法定代表人/授权代理人：________。

鉴于：

（1）甲方在___________拥有并经营管理一家用电电压等级为____千伏（kV），总用电容量为____兆瓦（MW）或变压器容量为____兆伏安（MVA）的用电企业。

（2）乙方在___________拥有并经营管理一座总发电容量为____兆瓦（MW）的电厂，装机为____台，分别为____兆瓦（MW）____台（____年投产）、____兆瓦（MW）____台（____年投产）、____兆瓦（MW）____台（____年投产），并且已转入商业运营。

（3）丙方在_____________拥有并经营管理_________地区的电网。

甲、乙两方拟通过丙方完成购售电直接交易，三方根据国家有关法律、法规，按照经国家有关部门审定的直接交易实施方案，本着平等、自愿、公平和诚信的原则，经协商一致，签订本合同。

第1章　定义和解释

1.1 定义

1.1.1 直接交易电量：指甲、乙两方协商确定，经相应电力调度机构安全校核后，由甲乙两方直接交易购售电合同约定的直接交易的电量。

1.1.2 计量点：指经合同三方确认的本合同中计量过网直接交易电量的电能计量装置关口表安装位置。

1.1.3 输配电服务费（过网费）：指丙方输送甲乙两方过网直接交易电量，甲方向丙方支付的相关费用。

---

① 《示范文本》中“/”表示其左右横线上的内容供三方当事人根据实据实际情况选择。

1.1.4 紧急情况：指电力系统发生事故或发电、输配电、用电设备发生重大事故，电网频率或者电压超出规定范围，输变电设备负载超过规定值，主干线路功率超出规定的稳定限额以及其他威胁电网安全运行，有可能破坏电网稳定，导致电网瓦解以至大面积停电等运行情况，并且该情况在结束后得到电力监管机构确认。

1.1.5 工作日：指除星期六、星期日及法定节假日以外的公历日。

1.1.6 不可抗力：指不能预见、不能避免并不能克服的客观情况。包括：火山爆发、龙卷风、海啸、暴风雨、泥石流、山体滑坡、水灾、火灾、来水达不到设计标准、超设计标准的地震、台风、雷电、雾闪等，以及核辐射、战争、瘟疫、骚乱等①。

1.2 解释

1.2.1 本合同中的标题仅为阅读方便，不应被视为本合同的组成部分，亦不应以任何方式影响对本合同的解释。

1.2.2 本合同附件与正文具有同等的法律效力。

1.2.3 本合同对任何一方的合法承继者或受让人具有约束力。但当事人另有约定的除外。

遇有本款约定的情形时，相关义务人应当依法履行必要的通知义务及完备的法律手续。

1.2.4 除上下文另有要求外，本合同所指的日、月、年均为公历日、月、年。

1.2.5 合同中的“包括”一词指：包括但不限于。

第2章　三方陈述

2.1 甲、乙、丙三方任何一方在此向其他两方陈述如下：

2.1.1 本方为一家依法设立并合法存续的公司/企业，有权签署并有能力履行本合同。

2.1.2 本方签署和履行本合同所需的一切手续（包括办理必要的政府批准、取得许可和营业执照等）均已办妥并合法有效。

2.1.3 在签署本合同时，任何法院、仲裁机构或行政机关均未作出任何足以对本方履行本合同产生重大不利影响的判决、裁定、裁决或其他法律行为。

2.2 本方为签署本合同所需的内部授权程序均已完成，签署本合同的是本方法定代表人或授权代理人，并且本合同生效后即对三方具有法律约束力。

2.3 如国家法律、法规发生变化或者政府有关部门、监管机构出台有关规定、规则，合同三方同意按照法律、法规、规定和规则予以调整和修改。

---

① 此处列举了一些典型的不可抗力，双方可根据当地实际情况选择适用。

第3章　三方的权利和义务

3.1 甲方的权利包括：

3.1.1 根据已与丙方签订的《供用电合同》，按照国家有关法规享受丙方提供的有关用电服务。

3.1.2 根据本合同享受丙方的输配电服务，与丙方协商制订用电计划和设备维修计划。

3.1.3 获得乙方、丙方履行本合同义务相关的信息、资料及查阅关口计量数据。

3.2 甲方的义务包括：

3.2.1 按照国家有关法规、规定和技术规范，运行、维护有关用电设施，合理控制用电系统电能质量。

3.2.2 事先向丙方和有关电力调度机构提供直接交易容量、电量、负荷曲线及其他生产运行信息。

3.2.3 发生紧急情况时，按照三方约定调整运行方式。

3.2.4 向丙方支付输配电服务费、国家规定由丙方代收的政府性基金及附加。

3.2.5 向乙方和丙方提供与履行本合同相关的其他信息。

3.2.6 向本合同其他方提供电能结算服务。

3.3 乙方的权利包括：

3.3.1 根据已与丙方签署的《并网调度协议》，按照国家有关法规享受丙方提供的并网调度服务。

3.3.2 根据本合同享受丙方提供的输配电服务。

3.3.3 与丙方协商制订生产计划和设备维修计划。

3.3.4 获得甲方、丙方履行本合同义务相关的信息、资料及查阅关口计量数据。

3.4 乙方的义务包括：

3.4.1 向丙方提供符合国家标准和电力行业标准的电能。

3.4.2 遵守已与丙方签署的《并网调度协议》，按照国家有关法规、规定和技术规范，运行、维护有关发电设施。

3.4.3 事先向丙方和有关电力调度机构提供直接交易容量、电量、负荷曲线及其他生产运行信息。

3.4.4 发生紧急情况时，按照三方约定调整运行方式。

3.4.5 向甲方和丙方提供与履行本合同相关的其他信息。

3.4.6 向本合同其他方提供电能结算服务。

3.5 丙方的权利包括：

3.5.1 与甲方、乙方协商制订生产计划和设备维修计划。

3.5.2 向甲方收取输配电服务费、国家规定由丙方代收的政府性基金及附加。

3.5.3 获得甲方、乙方履行本合同义务相关的信息、资料及查阅关口计量数据。

3.5.4 由于电网存在输电阻塞导致不同的大用户与发电企业直接交易不能同时完成时，根据国家有关文件规定安排输电通道。

3.6 丙方的义务包括：

3.6.1 遵守已与甲方签订的《供用电合同》和已与乙方签订的《并网调度协议》。

3.6.2 按本合同合理安排电力调度，按规定的服务质量标准向甲方和乙方提供输配电服务。

3.6.3 根据国家有关法规规定和合同约定，按照有关规程、规范，调度、运行有关电力设备。

3.6.4 在保证电网安全稳定运行的前提下，满足甲方合理的用电需求。

3.6.5 按国家有关规定及时向甲方和乙方披露有关电力调度信息。

3.6.6 向甲方和乙方提供与履行本合同相关的其他信息。

3.6.7 向本合同其他方提供电能结算服务。

第4章 过网电量和负荷

4.1 本合同各方同意，根据《大用户与发电企业直接交易购售电合同》中的有关约定，丙方输送过网直接交易电量为____兆瓦时（MWh，计量侧为甲方侧）。年度过网直接交易电量分月计划见附件一。

若合同有效期为一年，合同签订后的每年8月，三方可根据当年电力供需实际情况，在协商的基础上适当调整当年年合同电量及剩余月份的合同电量，形成书面协议。每年10月底以前，应协商确定下一年度的年购售电量，并于11月底前签订下一年度的输配电服务合同。

4.2 甲方最大负荷为____兆瓦（MW），最小负荷为____兆瓦（MW），年度平均负荷（即乙方直接交易容量）为____兆瓦（MW）。

4.3 相应电力调度机构根据合同三方协商结果，制订日直接交易上网电量发电计划曲线和日直接交易用电计划曲线，并分别下达给乙方和甲方执行。

4.4 在任何时段，乙方实际运行曲线与丙方下达的发电计划曲线（包括临时调整曲线）所定功率允许偏差范围按照《______区域发电厂并网运行管理实施细则》中的有关规定执行。

4.5 如甲乙两方预计次月直接交易电量将发生变化，则最迟于次月1日之前3日与相应电力调度机构协商，在不影响电力系统安全运行的情况下，进行月度交易计划滚动调整。甲方实际月度用电量与月度计划电量偏差在±3%以内，视同按照约定完成直接交易计划电量。

4.6 违约电量

因甲方、乙方或丙方原因，造成年度实际直接交易电量低于约定的合同电量97%

时，低于合同电量97%的部分视为违约电量。

第5章 供电方式

5.1 甲、乙、丙三方经协商同意：

5.1.1 [　　][1] 通过丙方____千伏（kV）__________ 线路供电。

5.1.2 [　　] 通过甲方或乙方/和乙方的自有____千伏（kV）____线路供电。

第6章 输配电价和辅助服务

6.1 国家有关部门批复的输配电价为______，输配电损耗率为______。批文标题及文号：________________。（合同有效期内，如国家进行调整，则按新规定执行。）

如通过甲方或乙方/和乙方的自有线路供电，则按另行签订的协议执行。

6.2 按照国家规定的政府性基金及附加标准为______________________________。

6.3 合同三方同意，在有关辅助服务单独核算政策规定出台之前，由丙方根据系统可靠性和电能质量标准的要求，组织提供辅助服务，甲方、乙方根据《大用户与发电企业直接交易购售电合同》约定提供辅助服务。

第7章 电能计量

7.1 过网直接交易电量以甲方与丙方签订的《供用电合同》和乙方与丙方签订的《购售电合同》中所注明的计量点关口表计量的电量为依据（详见附件二）。

7.2 计量过网直接交易电量的电能计量装置、电能计量装置校验要求和计量装置异常处理办法按甲方与丙方签订的《供用电合同》和乙方与丙方签订的《购售电合同》的约定执行。

第8章 电量结算、电费结算和支付

8.1 过网直接交易电量结算原则为“月度结算，年度清算”。

8.2 月度实际过网直接交易电量结算

甲、乙两方月度实际过网直接交易电量按照《大用户与发电企业直接交易购售电合同》中确定的原则进行结算。

甲方超出月度直接交易计划电量3%以上部分按目录电价的110%与丙方结算。

8.3 年度实际过网直接交易电量清算

根据《大用户与发电企业直接交易购售电合同》中的电量清算结果，确定年度实际过网直接交易电量。

---

① “[　　]”表示其后的条款为可选择项。

8.3.1 甲方与丙方年度实际过网直接交易电量的清算

当年度实际过网直接交易电量小于累计月度实际过网直接交易电量时，甲方需要与丙方进行年度实际过网直接交易电量清算。

年度清算电量 = 累计月度实际过网直接交易电量 - 年度实际过网直接交易电量

清算电价 = 目录电价 ×110% -（输配电价 + 政府性基金及附加标准）- 直接交易电价

8.3.2 乙方与丙方年度实际过网直接交易电量的清算

当年度实际过网直接交易电量小于乙方实际已结过网直接交易电量时，乙方需要与丙方进行年度实际过网直接交易电量清算。

年度清算电量 = 乙方实际已结过网直接交易电量 - 年度实际过网直接交易电量

清算电价 = 上网电价 ×90% - 直接交易电价

8.4 输配电服务费的结算与支付

8.4.1 输配电服务费的计算

输配电费 = 过网直接交易电量 × 输配电价

（输配电损耗费 = 过网直接交易电量 × 直接交易电价 × 输配电损耗率）

8.4.2 政府性基金及附加 = 过网直接交易电量 × 国家规定的政府性基金及附加标准

8.4.3 丙方应在电量计量月的次月头____个工作日内按第8.2条明确的原则，计算并填制《过网直接交易电量结算单》和《输配电服务费计算单》并传真给甲方，《过网直接交易电量结算单》传真给乙方，原件以特快专递寄出或直接送达方式分别送达甲方和乙方[①]。

8.4.4 甲方在收到丙方传真的《过网直接交易电量结算单》和《输配电服务费计算单》、乙方在收到丙方传真的《过网直接交易电量结算单》后应尽快进行确认。如有异议，在收到传真后____个工作日内通知丙方。经合同三方协商修正后，丙方将修正后的《过网直接交易电量结算单》和《输配电服务费计算单》传真给甲方，《过网直接交易电量结算单》传真给乙方，如甲、乙方在收到传真后____个工作日内不通知丙方有异议，则视同已经确认没有异议[②]，原件以特快专递寄出或直接送达方式分别送达甲方和乙方。

8.4.5 输配电服务费的支付

丙方根据确认的《输配电服务费计算单》开具增值税发票，并送交甲方。甲方收到已经确认的《过网直接交易电量结算单》《输配电服务费计算单》和增值税发票原件后，在____个工作日内，向丙方付清当期全部输配电服务费。

---

① 此为送达方式举例。也可采取双方协商确定的更为便捷有效的方式送达。

② 此为确认方式举例。也可采取双方协商确定的更为便捷有效的确认方式。

8.5 电费结算

8.5.1 直接交易电费＝过网实际直接交易电量×直接交易电价

8.5.2 电费结算方式可选择由甲乙双方直接结算，相关约定在甲乙双方签署的《大用户与发电企业直接交易购售电合同》中明确。

8.5.3 电费结算方式也可选择委托丙方结算，且丙方同意该项委托，按《国家电监会发电企业与电网企业电费结算暂行办法》《供用电协议》《购售电合同》中的有关规定执行。

8.5.4 异议的电量和电费不应影响无异议部分的结算和支付。

8.6 付款方式

合同任一方根据本合同约定支付给本合同其他方的款项，应按照《中华人民共和国票据法》和人民银行颁布《支付结算办法》的有关规定进行支付。开户银行及账号为：

甲　　方：

开户名称：________________

开户银行：________________

账　　号：________________

乙　　方：

开户名称：________________

开户银行：________________

账　　号：________________

丙　　方：

开户名称：________________

开户银行：________________

账　　号：________________

收款方增值税专用发票上注明的银行账户应与本合同提供的或书面变更后的相同。

第9章　合同变更和转让

9.1 合同变更和修改

9.1.1 本合同的任何修改、补充或变更必须以书面的形式进行，三方授权代表签字后方为有效。

9.1.2 合同期内，甲方用电需求计划超出约定的合同电量，如乙方能满足甲方需求，可经相应电力调度机构安全校核后，甲乙双方另行签订补充协议约定。乙方不能满足甲方需求，可由丙方负责组织提供。

合同期内，甲方用电需求计划低于约定的合同电量，如果乙方同意削减合同电量，可在进行安全校核后，甲乙双方另行签订补充协议约定。

9.1.3 因国家法律、法规发生变化或者政府有关部门、监管机构出台有关规定、规则，导致三方不能正常履行合同约定时，三方应相应变更本合同。

9.2 合同转让

未经电力监管机构同意，甲、乙、丙三方均不得向任何第三方转让本合同或部分转让合同电量①。

第10章 合同违约和解除

10.1 任何一方违反本合同约定条款视为违约，合同其他任一方有权要求违约方赔偿违约造成的经济损失。

10.2 违约的处理原则

10.2.1 违约方应承担继续履行合同、采取补救措施等责任。在继续履约或者采取补救措施后，仍对非违约方造成其他损失的，应当赔偿损失。

10.2.2 在本合同履行期限届满之前，任何一方明确表示或以自己的行为表明不履行合同义务的，另外两方可在履行期限届满前解除合同并要求其承担相应的违约责任。

10.2.3 一方违约后，另外两方应当采取适当的措施防止损失进一步扩大，如果因没有采取适当的措施致使损失扩大的，则其不得就扩大的损失要求违约方承担赔偿责任。

10.3 违约赔偿

10.3.1 由于甲方原因，造成丙方年度实际输送过网直接交易电量低于合同电量97%时，违约电量按____元/千瓦时进行赔偿。

10.3.2 由于乙方原因，造成丙方年度实际输送过网直接交易电量低于合同电量97%时，违约电量按____元/千瓦时进行赔偿。

10.3.3 由于丙方原因，造成甲方年度实际过网直接交易电量低于合同电量97%时，违约电量按____元/千瓦时进行赔偿；造成乙方年度实际过网直接交易电量低于合同电量97%时，违约电量按____元/千瓦时进行赔偿。

10.4 除本合同其他各章约定以外，三方约定：

甲方应当承担的违约责任还包括：__________；

乙方应当承担的违约责任还包括：__________；

丙方应当承担的违约责任还包括：__________。

10.5 除另有约定外，一旦发生任何一方未能履行本合同项下的任何义务的情况，非违约方可向违约方发出有关违约的书面通知，如果在通知发出后____日内，违约方仍未纠正其违约的，应承担相应的违约责任。

---

① 因技术原因，乙方参与直接交易机组无法完成本合同电量，由直接交易机组同厂内的其他机组代为完成，不视为转让合同电量。

10.6 合同解除

如任何一方发生下列事件，则另外两方有权在发出解除通知后解除本合同：

（1）除另有约定外，合同任一方未及时支付本合同项下的任何到期应付款项，且未能在收到相关方书面通知后____日内得到纠正；

（2）甲方持续____日未能按照本合同正常用电；乙方持续____日未能按照本合同正常发电；丙方持续____日不能按照本合同安全供电；

（3）一方被申请破产、清算或被吊销营业执照；

（4）一方与另一实体联合、合并或将其所有或大部分资产转移给另一实体，而该存续的企业不能合理地承担其在本合同项下的所有义务。

10.7 甲、乙、丙三方均有权解除合同，如果因甲方原因导致合同解除，则甲方应赔偿乙方和丙方因此而遭受的损失；如果因乙方原因导致合同解除，则乙方应赔偿甲方和丙方因此而遭受的损失；如果因丙方原因导致合同解除，则丙方应赔偿甲方和乙方因此而遭受的损失。

第11章　不可抗力

11.1 若不可抗力的发生完全或部分地妨碍合同任一方履行本合同项下的任何义务，则该方可暂停履行其义务，但前提是：

（1）暂停履行的范围和时间不超过消除不可抗力影响的合理需要；

（2）受不可抗力影响的一方应继续履行本合同项下未受不可抗力影响的其他义务，包括所有到期付款的义务；

（3）一旦不可抗力结束，该方应尽快恢复履行本合同。

11.2 若任何一方因不可抗力而不能履行本合同，则该方应尽快书面通知另外两方。该通知书应说明不可抗力的发生日期和预计持续的时间、事件性质、对该方履行本合同的影响及该方为减少不可抗力影响所采取的措施。

受不可抗力影响的一方应在不可抗力发生之日（如遇通信中断，则自通信恢复之日）起____日内向其余两方提供一份由不可抗力发生地公证机构出具的证明文件。

11.3 受不可抗力影响的一方应采取合理的措施，以减少因不可抗力给合同其他方带来的损失。三方应及时协商制订并实施补救计划及合理的替代措施以减少或消除不可抗力的影响。

如果受不可抗力影响的一方未能尽其努力采取合理措施减少不可抗力的影响，则该方应承担由此扩大的损失。

11.4 如果发生不可抗力，三方首先应尽量调整当年发电和生产计划，尽可能使当年的结算电量接近当年的年合同电量。

11.5 不可抗力造成的合同解除

如果任何不可抗力阻碍一方履行其义务持续超过____日，三方应协商决定继续履行本合同的条件或解除本合同。如果自不可抗力发生后____日内，三方不能就继续履行合同的条件或解除本合同达成一致意见，任何一方有权书面通知另外两方解除本合同，并报各自所在地电力监管机构备案。

第 12 章　争议的解决

12.1 凡因执行本合同所发生的与本合同有关的一切争议，三方应协商解决，也可提请电力监管机构调解。协商或调解不成的，按以下第____种方式处理①：

（1）三方同意提请__________仲裁委员会，请求按照其仲裁规则进行仲裁。仲裁裁决是终局的，对三方均具有法律约束力。

（2）任何一方依法提请人民法院通过诉讼程序解决。

第 13 章　适用法律

13.1 本合同的订立、效力、解释、履行和争议的解决均适用中华人民共和国法律。

第 14 章　合同生效和期限

14.1 合同的生效条件是：

（1）国家有关部门已审定本合同相关的直接交易实施方案；

（2）本合同经三方法定代表人或委托代理人签字并加盖公章；

（3）已向各自所在地电力监管机构备案，完成相关备案流程。

14.2 本合同有效期：自____年____月____日起____年____月____日止。

第 15 章　其他

15.1 保密

甲、乙、丙三方均应保证对其从另外两方取得的所有无法自公开渠道获得的资料和文件（包括财务、技术等内容）予以保密。未经该资料和文件的原提供方同意，另外两方不得向任何第四方透露该资料和文件的全部或任何部分，但按照法律、法规规定可做出披露的情况除外。

15.2 合同附件②

附件一：年度过网直接交易电量分月计划（甲方侧）

附件二：过网直接交易电量计量关口表位置

本合同的附件是本合同不可缺少的组成部分，与本合同具有同等法律效力。

---

① 仅可择一。

② 实际签订合同时，附件应完整、准确、清楚，不得省略。

15.3 合同全部

本合同及其附件构成三方就本合同标的达成的全部内容，取代所有三方在此之前就本合同标的所签订的协议和合同。

15.4 通知和送达

任何与本合同有关的通知、文件和合规的账单等均须以书面方式进行。通过挂号信、快递或当面送交的，经收件方签字确认即被认为送达；若以传真、电子邮件方式发出并被接收，即视为送达。所有通知、文件和合规的账单等均在送达或接收后方能生效。一切通知、账单、资料或文件等应按照约定的联络信息发给对方，直至一方书面通知另一方变更联络信息为止。

15.5 不放弃权利

任何一方未通过书面形式声明放弃其在本合同项下的任何权利，则不应被视为其弃权。任何一方未行使其在本合同项下的任何权利，均不应被视为对任何上述权利的放弃或对今后任何上述权利的放弃。

15.6 乙方与丙方已经签订的《购售电合同》《并网调度协议》和甲方与丙方已签订的《供用电合同》继续有效，互为补充；当《购售电合同》《并网调度协议》《供用电合同》约定的内容与本合同不一致时，应按协商一致的原则，经合同签订方协商确定后执行，协商不成的按程序报政府、监管机构协调。

15.7 本合同中有关解除、仲裁和保密的条款在本合同解除后仍然有效。

15.8 未尽事宜，由三方协商签订补充协议。补充协议与本合同具有同等法律效力。

15.9 本合同正本一式____份，甲方执____份，乙方执____份，丙方执____份，送有关部门备案清单如下：

送电力监管机构①，2 份；

送______________，____份。

甲方：______________________

法定代表人/授权代理人：______/______

签字日期：____年____月____日

乙方：____________________

法定代表人/授权代理人：______/______

签字日期：____年____月____日

丙方：____________________

法定代表人/授权代理人：______/______

签字日期：____年____月____日

签订地点：____________________

---

① 指大用户与发电企业各自所在地电力监管机构。

附件一：

年度过网直接交易电量分月计划（甲方侧）

（　　年　月　日　时　分至　　年　月　日　时　分）

单位：兆瓦时（MWh）；元/千瓦时

月份	月度小计	
	电量	电价
1		
2		
3		
4		
5		
6		
7		
8		
9		
10		
11		
12		
年度合计		

附件二：

过网直接交易电量计量关口表位置（甲方侧）

序号	变电站（所）名称	线路名称	电压等级（kV）	开关编号
1				
2				

过网直接交易电量计量关口表位置（乙方侧）

序号	电厂（站）名称	线路名称	电压等级（kV）	开关编号
1				
2				

第六章　租赁合同

一、签约须知

1. 依据我国法律的规定，出租人必须是房产的产权人。企事业单位承租房屋的，须提供《营业执照》；企事业单位以外的其他组织，包括机关、团体、部队等承租房屋的，要提供民政部门审批的有效文件。承租人是自然人的，如果是本地居民，在签订租赁合同时应当出示本人的身份证；如果是外来人口，要提供本人的身份证和公安部门发放的暂住证。

2. 租赁合同对出租房屋的位置、面积、装修及设施状况必须明确描述。房屋能够正常使用是承租人租赁房屋的基本要求，因此，在签订租赁合同时，必须明确房屋交付使用时的基本状况。这样一来，一旦房屋因达不到使用要求引起纠纷，就可以依据租赁合同的约定明确当事人的责任。

3. 房屋的用途是租赁合同中必须明确约定的条款。房屋的用途不同，租赁的价格也会随之发生变化。房屋的承租人不得随意改变约定的用途，例如将民用房屋改作商用等。在租赁合同约定的用途内，房屋出现的正常损耗，出租人无权要求承租人承担赔偿责任。

4. 对房屋的租赁期限进行明确约定，在法律上具有多重意义。第一，在约定的租赁期限内，出租人要求提前收回房屋的，应当给出充分的理由，而且必须征得承租人的同意。在解决好承租人的居住问题时，如果给承租人造成了经济损失，出租人要承担相应的赔偿责任。第二，承租人在租赁期限内死亡的，与承租人共同居住的人有权继续履行租赁合同，办理租赁合同的更名手续。第三，根据买卖不破租赁的原则，房屋的产权因为买卖、赠与、继承等原因发生转移的，如果承租期限没有届满，承租人可以与新的产权人继续履行合同。

5. 租金的标准和交付方式是租赁合同的重要内容。当事人双方应当根据出租房屋所在地政府规定的租金标准进行协商；如果没有政府规定的租金标准，当事人双方可以根据当地房屋租金的一般水平协商确定租金标准。租金按月、按季或者按年支付以及交付租金的具体日期，需要在租赁合同中明确约定。

6. 房屋的修缮是出租人应当承担的合同义务。房屋修缮的目的是保证其能够按照约定的用途正常使用，修缮的范围包括房屋本身及其附属设施以及其他属于出租人修缮范围内的设备。出租人检查、修缮房屋时，承租人应当提供必要的协助。出租人拖延履行修缮房屋的义务，承租人可以请求当地房管部门进行实地勘察，确认房屋需要修缮的，承租人可以自行修理。由此产生的费用从租金中扣除，或者由出租人负责偿还。

7. 房屋租赁合同的变更与解除条件包括以下几种情形：第一，符合法律规定或者合同约定可以变更或解除合同条款的；第二，因不可抗力致使合同不能继续履行的；第三，经当事人协商一致的。

二、重点法条

《民法典》第三编第二分编第十四章租赁合同

第七百零三条 租赁合同是出租人将租赁物交付承租人使用、收益，承租人支付租金的合同。

第七百零四条 租赁合同的内容一般包括租赁物的名称、数量、用途、租赁期限、租金及其支付期限和方式、租赁物维修等条款。

第七百零五条 租赁期限不得超过二十年。超过二十年的，超过部分无效。

租赁期限届满，当事人可以续订租赁合同；但是，约定的租赁期限自续订之日起不得超过二十年。

第七百零六条 当事人未依照法律、行政法规规定办理租赁合同登记备案手续的，不影响合同的效力。

第七百零七条 租赁期限六个月以上的，应当采用书面形式。当事人未采用书面形式，无法确定租赁期限的，视为不定期租赁。

第七百零八条 出租人应当按照约定将租赁物交付承租人，并在租赁期限内保持租赁物符合约定的用途。

第七百零九条 承租人应当按照约定的方法使用租赁物。对租赁物的使用方法没有约定或者约定不明确，依据本法第五百一十条的规定仍不能确定的，应当根据租赁物的性质使用。

第七百一十条 承租人按照约定的方法或者根据租赁物的性质使用租赁物，致使租赁物受到损耗的，不承担赔偿责任。

第七百一十一条 承租人未按照约定的方法或者未根据租赁物的性质使用租赁物，致使租赁物受到损失的，出租人可以解除合同并请求赔偿损失。

第七百一十二条 出租人应当履行租赁物的维修义务，但是当事人另有约定的除外。

第七百一十三条 承租人在租赁物需要维修时可以请求出租人在合理期限内维修。出租人未履行维修义务的，承租人可以自行维修，维修费用由出租人负担。因维修租赁物影响承租人使用的，应当相应减少租金或者延长租期。

因承租人的过错致使租赁物需要维修的，出租人不承担前款规定的维修义务。

第七百一十四条 承租人应当妥善保管租赁物，因保管不善造成租赁物毁损、灭失的，应当承担赔偿责任。

第七百一十五条 承租人经出租人同意，可以对租赁物进行改善或者增设他物。

承租人未经出租人同意，对租赁物进行改善或者增设他物的，出租人可以请求承租人恢复原状或者赔偿损失。

第七百一十六条 承租人经出租人同意，可以将租赁物转租给第三人。承租人转租的，承租人与出租人之间的租赁合同继续有效；第三人造成租赁物损失的，承租人应当赔偿损失。

承租人未经出租人同意转租的，出租人可以解除合同。

第七百一十七条 承租人经出租人同意将租赁物转租给第三人，转租期限超过承租人剩余租赁期限的，超过部分的约定对出租人不具有法律约束力，但是出租人与承租人另有约定的除外。

第七百一十八条 出租人知道或者应当知道承租人转租，但是在六个月内未提出异议的，视为出租人同意转租。

第七百一十九条 承租人拖欠租金的，次承租人可以代承租人支付其欠付的租金和违约金，但是转租合同对出租人不具有法律约束力的除外。

次承租人代为支付的租金和违约金，可以充抵次承租人应当向承租人支付的租金；超出其应付的租金数额的，可以向承租人追偿。

第七百二十条 在租赁期限内因占有、使用租赁物获得的收益，归承租人所有，但是当事人另有约定的除外。

第七百二十一条 承租人应当按照约定的期限支付租金。对支付租金的期限没有约定或者约定不明确，依据本法第五百一十条的规定仍不能确定，租赁期限不满一年的，应当在租赁期限届满时支付；租赁期限一年以上的，应当在每届满一年时支付，剩余期限不满一年的，应当在租赁期限届满时支付。

第七百二十二条 承租人无正当理由未支付或者迟延支付租金的，出租人可以请求承租人在合理期限内支付；承租人逾期不支付的，出租人可以解除合同。

第七百二十三条 因第三人主张权利，致使承租人不能对租赁物使用、收益的，承租人可以请求减少租金或者不支付租金。

第三人主张权利的，承租人应当及时通知出租人。

第七百二十四条 有下列情形之一，非因承租人原因致使租赁物无法使用的，承租人可以解除合同：

（一）租赁物被司法机关或者行政机关依法查封、扣押；

（二）租赁物权属有争议；

（三）租赁物具有违反法律、行政法规关于使用条件的强制性规定情形。

第七百二十五条 租赁物在承租人按照租赁合同占有期限内发生所有权变动的，不影响租赁合同的效力。

第七百二十六条 出租人出卖租赁房屋的，应当在出卖之前的合理期限内通知承租人，承租人享有以同等条件优先购买的权利；但是，房屋按份共有人行使优先购买权或者出租人将房屋出卖给近亲属的除外。

出租人履行通知义务后，承租人在十五日内未明确表示购买的，视为承租人放弃优先购买权。

第七百二十七条 出租人委托拍卖人拍卖租赁房屋的，应当在拍卖五日前通知承租人。承租人未参加拍卖的，视为放弃优先购买权。

第七百二十八条 出租人未通知承租人或者有其他妨害承租人行使优先购买权情形的，承租人可以请求出租人承担赔偿责任。但是，出租人与第三人订立的房屋买卖合同的效力不受影响。

第七百二十九条 因不可归责于承租人的事由，致使租赁物部分或者全部毁损、灭失的，承租人可以请求减少租金或者不支付租金；因租赁物部分或者全部毁损、灭失，致使不能实现合同目的的，承租人可以解除合同。

第七百三十条 当事人对租赁期限没有约定或者约定不明确，依据本法第五百一十条的规定仍不能确定的，视为不定期租赁；当事人可以随时解除合同，但是应当在合理期限之前通知对方。

第七百三十一条 租赁物危及承租人的安全或者健康的，即使承租人订立合同时明知该租赁物质量不合格，承租人仍然可以随时解除合同。

第七百三十二条 承租人在房屋租赁期限内死亡的，与其生前共同居住的人或者共同经营人可以按照原租赁合同租赁该房屋。

第七百三十三条 租赁期限届满，承租人应当返还租赁物。返还的租赁物应当符合按照约定或者根据租赁物的性质使用后的状态。

第七百三十四条 租赁期限届满，承租人继续使用租赁物，出租人没有提出异议的，原租赁合同继续有效，但是租赁期限为不定期。

租赁期限届满，房屋承租人享有以同等条件优先承租的权利。

《民法典》第三编第二分编第十五章融资租赁合同

第七百三十五条 融资租赁合同是出租人根据承租人对出卖人、租赁物的选择，向出卖人购买租赁物，提供给承租人使用，承租人支付租金的合同。

第七百三十六条 融资租赁合同的内容一般包括租赁物的名称、数量、规格、技术性能、检验方法，租赁期限，租金构成及其支付期限和方式、币种，租赁期限届满租赁物的归属等条款。

融资租赁合同应当采用书面形式。

第七百三十七条　当事人以虚构租赁物方式订立的融资租赁合同无效。

第七百三十八条　依照法律、行政法规的规定，对于租赁物的经营使用应当取得行政许可的，出租人未取得行政许可不影响融资租赁合同的效力。

第七百三十九条　出租人根据承租人对出卖人、租赁物的选择订立的买卖合同，出卖人应当按照约定向承租人交付标的物，承租人享有与受领标的物有关的买受人的权利。

第七百四十条　出卖人违反向承租人交付标的物的义务，有下列情形之一的，承租人可以拒绝受领出卖人向其交付的标的物：

（一）标的物严重不符合约定；

（二）未按照约定交付标的物，经承租人或者出租人催告后在合理期限内仍未交付。

承租人拒绝受领标的物的，应当及时通知出租人。

第七百四十一条　出租人、出卖人、承租人可以约定，出卖人不履行买卖合同义务的，由承租人行使索赔的权利。承租人行使索赔权利的，出租人应当协助。

第七百四十二条　承租人对出卖人行使索赔权利，不影响其履行支付租金的义务。但是，承租人依赖出租人的技能确定租赁物或者出租人干预选择租赁物的，承租人可以请求减免相应租金。

第七百四十三条　出租人有下列情形之一，致使承租人对出卖人行使索赔权利失败的，承租人有权请求出租人承担相应的责任：

（一）明知租赁物有质量瑕疵而不告知承租人；

（二）承租人行使索赔权利时，未及时提供必要协助。

出租人怠于行使只能由其对出卖人行使的索赔权利，造成承租人损失的，承租人有权请求出租人承担赔偿责任。

第七百四十四条　出租人根据承租人对出卖人、租赁物的选择订立的买卖合同，未经承租人同意，出租人不得变更与承租人有关的合同内容。

第七百四十五条　出租人对租赁物享有的所有权，未经登记，不得对抗善意第三人。

第七百四十六条　融资租赁合同的租金，除当事人另有约定外，应当根据购买租赁物的大部分或者全部成本以及出租人的合理利润确定。

第七百四十七条　租赁物不符合约定或者不符合使用目的的，出租人不承担责任。但是，承租人依赖出租人的技能确定租赁物或者出租人干预选择租赁物的除外。

第七百四十八条　出租人应当保证承租人对租赁物的占有和使用。

出租人有下列情形之一的，承租人有权请求其赔偿损失：

（一）无正当理由收回租赁物；

（二）无正当理由妨碍、干扰承租人对租赁物的占有和使用；

（三）因出租人的原因致使第三人对租赁物主张权利；

（四）不当影响承租人对租赁物占有和使用的其他情形。

第七百四十九条 承租人占有租赁物期间，租赁物造成第三人人身损害或者财产损失的，出租人不承担责任。

第七百五十条 承租人应当妥善保管、使用租赁物。

承租人应当履行占有租赁物期间的维修义务。

第七百五十一条 承租人占有租赁物期间，租赁物毁损、灭失的，出租人有权请求承租人继续支付租金，但是法律另有规定或者当事人另有约定的除外。

第七百五十二条 承租人应当按照约定支付租金。承租人经催告后在合理期限内仍不支付租金的，出租人可以请求支付全部租金；也可以解除合同，收回租赁物。

第七百五十三条 承租人未经出租人同意，将租赁物转让、抵押、质押、投资入股或者以其他方式处分的，出租人可以解除融资租赁合同。

第七百五十四条 有下列情形之一的，出租人或者承租人可以解除融资租赁合同：

（一）出租人与出卖人订立的买卖合同解除、被确认无效或者被撤销，且未能重新订立买卖合同；

（二）租赁物因不可归责于当事人的原因毁损、灭失，且不能修复或者确定替代物；

（三）因出卖人的原因致使融资租赁合同的目的不能实现。

第七百五十五条 融资租赁合同因买卖合同解除、被确认无效或者被撤销而解除，出卖人、租赁物系由承租人选择的，出租人有权请求承租人赔偿相应损失；但是，因出租人原因致使买卖合同解除、被确认无效或者被撤销的除外。

出租人的损失已经在买卖合同解除、被确认无效或者被撤销时获得赔偿的，承租人不再承担相应的赔偿责任。

第七百五十六条 融资租赁合同因租赁物交付承租人后意外毁损、灭失等不可归责于当事人的原因解除的，出租人可以请求承租人按照租赁物折旧情况给予补偿。

第七百五十七条 出租人和承租人可以约定租赁期限届满租赁物的归属；对租赁物的归属没有约定或者约定不明确，依据本法第五百一十条的规定仍不能确定的，租赁物的所有权归出租人。

第七百五十八条 当事人约定租赁期限届满租赁物归承租人所有，承租人已经支付大部分租金，但是无力支付剩余租金，出租人因此解除合同收回租赁物，收回的租赁物的价值超过承租人欠付的租金以及其他费用的，承租人可以请求相应返还。

当事人约定租赁期限届满租赁物归出租人所有，因租赁物毁损、灭失或者附合、混合于他物致使承租人不能返还的，出租人有权请求承租人给予合理补偿。

第七百五十九条 当事人约定租赁期限届满，承租人仅需向出租人支付象征性价款的，视为约定的租金义务履行完毕后租赁物的所有权归承租人。

第七百六十条 融资租赁合同无效，当事人就该情形下租赁物的归属有约定的，按照其约定；没有约定或者约定不明确的，租赁物应当返还出租人。但是，因承租人原因致使合同无效，出租人不请求返还或者返还后会显著降低租赁物效用的，租赁物的所有权归承租人，由承租人给予出租人合理补偿。

三、典型案例

一房两租的如何处理？

易某拥有一套平房，被其弟占用。易某曾多次想收回平房，均被其弟拒绝。2019年5月，易某与聂某签订房屋租赁合同，双方约定：易某将该平房出租给聂某，租金每月500元，按季度支付；租期自2019年6月至2021年6月。由于房屋被其弟占用，拒绝搬出，合同无法履行。易某表示：待其弟搬出后履行合同，聂某再交纳租金。2019年9月，易某在没有通知聂某是否解除已签订合同情况下，与劳某签订了该套平房的房屋租赁合同，租金每月700元，租期3年。2019年10月，劳某交付了半年的租金。其弟腾出房屋后，易某将该房屋交付给劳某使用。聂某获悉后，当即找到易某，要求履行合同，遭到拒绝。易某认为，聂某与自己签订房屋租赁合同后一直没有交纳租金，故应视为双方已自行解除合同。期间，聂某找到劳某说明了自己先行租赁房屋的情况，要求其解除与易某的租赁合同。劳某认为，自己与易某签订的租赁合同合法有效，不同意解除。聂某先行租赁该房屋一事，是其与房主易某之间的纠纷，与自己无关。此后，劳某按照合同约定入住和使用了承租房屋。无奈之下，聂某诉至法院，请求法院依法确认自己与易某签订的房屋租赁合同有效，继续履行合同。

易某作为出租标的物的所有权人，有权按照租赁合同出租标的物，其与聂某所签的租赁合同是合法有效的，聂某依据此合同已取得该标的物的使用权，因租赁房屋的原承租人其弟正在使用，房屋没有让出，故聂某未能按合同及时取得使用权，但其依据合同享有了他物权。易某在未对该合同是否履行、是否中止、是否解除作出定论情况下，无权就同一标的物另签租赁合同，其行为违反一物上设定两个不同使用权的规定，侵害了聂某的他物权，其与劳某所签合同应属无效合同，不应受到法律保护。

聂某在获悉被告易某与劳某签订房屋租赁合同后，即向易某、劳某分别提出异议。作为他物权人的聂某根据其对出租标的物的合法占有权要求易某按原有效房屋租赁合同履行是有法律依据的，聂某的主张应当得到支持。劳某在获悉聂某与易某存在房屋租赁法律关系，并主张履行原租赁合同时，应当待易某与聂某就相关问题处理后再考虑履行合同，居住使用房屋的问题，但其对聂某提出的异议不予理睬，仍然入住和使用承租房屋。因此，其租赁房屋的使用权不符合善意取得。为保护承租人聂某的合法权益，易某与劳某先前签订的房屋租赁合同也不宜认定为有效。由此造成的损失，劳某应向易某主张赔偿。

由此可见，易某在未对原租赁合同作出明确的解除或中止情况下而与案外人劳某另签租赁合同，违反有关法律规定，所签合同应属无效合同。因原合同合法有效，聂某因合法占有权而提起的排斥所有权人和第三人对占有物的侵害，主张继续履行合同的诉讼请求，应当得到支持。

被法院查封的房屋能否出租？

杭某为经营需要向某银行贷款30万元，并将自有房屋一套作为贷款抵押。由于其到期未清偿银行贷款，经某银行申请，人民法院查封了杭某用于贷款抵押担保的房屋，并到当地房地产管理部门办理查封登记手续，通知该机关不予办理该房屋过户手续。此后，杭某将该房屋出租给巴某，租赁合同约定：巴某承租杭某的三居室楼房一套，租期自2019年6月至2021年6月；租金每月1500元，按半年一次支付。双方到当地房地产管理部门办了登记备案手续。2020年7月，该房屋被人民法院强制执行，过户给某银行。某银行要求巴某腾退房屋，遭到拒绝，向人民法院提起诉讼。

若租赁后于查封存在，则在债权人依法定程序取得被查封财产所有权后，原租赁契约并不适用于债权人，除非债权人同意（此时应视为一个新的租赁契约成立）。对承租人损失，若承租人知道或应当知道租赁物已被查封的，则损失由承租人自己负担，这是因为意思自治是民法中的一项基本理念。所谓意思自治是指当事人按照自己的理性判断去设计自己的生活，管理自己的事务，从积极方面来讲是指自主参与、自主选择，从消极方面来讲指自己责任，即自己要为自己的判断、选择负担。若承租人知道或应当知道租赁物已被查封但仍然与出租人订立租赁契约，这是他自主选择，其后果与他人无涉，由此带来的风险只能由他自己承担。若承租人不知道或不应当知道租赁物已被查封的，则损失应当在承租人或出租人之间按照双方过错承担相应责任。在此案件中，因巴某的租赁权后于查封事实而存在，因此，不得主张“买卖不破租赁”。因为租赁物为房屋，而房屋则以登记为其公示方式，巴某在缔约时应当知道房屋已被查封的事实，应当知道租约有不能履行的风险却仍然与杭某订立租约，这一风险只能由巴某自己承受，其损失也只能由巴某自己负担。

擅自转租房屋的如何处理？

狄某是某城市居民，有一套闲置的三居室房屋。方某大学毕业后到该城市工作，无房居住。获悉狄某有闲置房屋出租后，两人取得联系，经协商后签订房屋租赁合同。合同约定：狄某将三居室房屋出租给方某，月租金1500元，按季度缴纳；租期1年。方某在居住和使用房屋的过程中，感到房屋太大，自己一个人无法充分利用，便想找人合租，以便分担租金。由于担心狄某可能会不同意，方某未征求其意见，便自行寻找合租人。经协商，方某将三居室中的一间转租给张叙。不久，狄某获悉方某擅自转租后，告知其不同意转租，但方某置之不理。狄某向法院起诉，要求方某立即解除与张叙之间的租赁合同并承担违约责任。

《民法典》第七百一十六条规定：“承租人经出租人同意，可以将租赁物转租给第三人。承租人转租的，承租人与出租人之间的租赁合同继续有效；第三人造成租赁物损失的，承租人应当赔偿损失。承租人未经出租人同意转租的，出租人可以解除合同。”非法转租应发生以下法律效果：第一，出租人与承租人之间的关系。承租人转租为严重的违约行为，出租人有权解除合同。出租人解除合同的可以请求损害赔偿；出租人不解除合同的，租赁关系仍然有效，不因承租人的转租而受影响。第二，承租人与次承租人之间的关系。双方之间的租赁合同有效，承租人负有使次承租人取得对租赁物使用收益的义务。承租人不能使次承租人取得使用收益的权利，次承租人可以向承租人要求损害赔偿。第三，出租人与次承租人的关系。次承租人的租赁权不能对抗出租人。虽然转租合同是有效合同，但这仅是就承租人与次承租人之间的法律关系而言。次承租人不能以转租合同有效为由而拒绝交还房屋，即不能以自己和承租人之间的合同权利来对抗出租人的租赁合同解除权。出租人终止租赁关系时，出租人可以直接向次承租人请求返还租赁物。本案中，狄某可以行使解除权，解除与方某的租赁合同，收回出租房屋。合同解除后，方某与张叙的转租关系终止，张叙可以要求方某承担违约责任。

承租人主张优先购买权的期限是多久?

霍某有一处闲置的房屋。2017 年 6 月，霍某与麻某签订了房屋租赁合同，约定：麻某租赁霍某的楼房二居室一套，租金每年 15000 元，按年度支付；租期自 2017 年 7 月至 2019 年 7 月。麻某交纳了 1 年的租金，霍某将住房交付给其使用。2018 年 4 月，霍某因工作调动至外地，拟将该住房卖出。单位同事单某有意购买。经双方协商，于 2018 年 5 月签订了房屋买卖合同，单某以 30 万元的价格购买该房屋。霍某通知麻某，该房屋已经出卖，麻某可与新房主协商继续租赁事宜。麻某表示异议，认为霍某在未通知自己的情况下将房屋出卖给第三人，侵犯了自己的优先购买权。双方无法协商一致。此后，麻某拒绝迁出房屋或向新房主交纳房租。2019 年 11 月，单某向人民法院提起诉讼，要求麻某迁出房屋。麻某提出反诉，认为霍某与单某的房屋买卖法律关系无效，请求人民法院确认自己与霍某同等条件的房屋买卖法律关系成立。

《民法典》第七百二十六条规定：“出租人出卖租赁房屋的，应当在出卖之前的合理期限内通知承租人，承租人享有以同等条件优先购买的权利；但是，房屋按份共有人行使优先购买权或者出租人将房屋出卖给近亲属的除外。出租人履行通知义务后，承租人在十五日内未明确表示购买的，视为承租人放弃优先购买权。”虽然买卖出租房屋未通知承租人，但承租人应在知道房屋买卖后的 3 个月内行使优先购买权的权利，比较合理，也与出卖前3个月通知承租人的规定相吻合。这样既维护了承租人的权利，也保护了房屋买受人的权利。在本案中，出租人霍某在未通知承租人的情况下将出租房屋出卖给他人，侵犯了承租人的优先购买权。但作为承租人的麻某应当在获悉权利被侵害之日起3个月内提起诉讼，主张自己的权利。而其在1年零6个月后才作为被告在反诉中主张优先购买权，显然超出了行使权利的合理期限，优先购买权已经归于消灭。其诉讼请求无法得到支持。麻某既不向房主单某交纳租金，又不腾退房屋，侵犯了所有人的财产权益，人民法院应当依法排除妨碍，判令其腾退房屋。

承租人能否优先购买部分房屋？

甘某是某地居民，在当地城郊拥有一套平房和一个完整的院落。平房共有7间，正房3间，东偏房和西偏房各2间。由于甘某在城里购买了住宅，便将闲置的平房出租。7间平房分别由曹某和李某两家承租。曹某承租正房3间和东偏房2间，李某承租西偏房2间。双方签订了租赁合同。2019年6月，甘某由于急需用钱，打算将平房出售。在未通知李某的情况下，甘某单独和曹某协商，以10万元的价格将平房出售给曹某。双方签订了房屋买卖合同。李某获悉后，要求甘某自己承租的2间平房以相应的价格出售给自己，遭到甘某的拒绝。双方发生争议，诉至人民法院。

就本案而言，房屋承租人李某对于承租房屋具有优先购买权自无异议。《民法典》第七百二十六条并没有对承租人享有优先购买权的条件作出限制，也没有在享有优先购买权的承租人之间对实现的顺位作出选择性规定。被告出售房屋前没有通知原告参加竞买，违反了法定的通知义务。事实上，如果通过竞价的方式，房屋可能会卖到更高的价钱。现原告主张被告和第三人侵犯其优先购买权应予支持；第三人主张承租的房屋比原告多，因此优先享有房屋购买权，没有法律依据。

但在房屋存在多个承租人，出租人意欲整体出售，而承租人要求购买自己承租的部分房屋时，应当结合以下因素综合把握：1. 房屋能否分割。如果不能分割或分割后降低房屋的使用价值，应当允许出租人整体出售；2. 分割转让是否影响房屋的交易价值。出租人作为所有权人，其利益应受到最大程度的保护，不能因为承租人享有优先购买权，出租人还要牺牲经济代价去满足之。3. 即使在承租人不享有优先购买权的情况下，出租人提前通知的义务也不能免除，这是出租人的法定义务。在本案中，争议的房屋共有7间，享有同一个院落，构成了一个完整的整体，如果分割后出售显然会降低房屋的价值，损害出租人的利益。因此，原告要求以相应价格购买自己承租的部分房屋的诉讼请求不能得到支持。本案争议的房屋应当作为一个整体由全部承租人竞价购买。

四、示范文本

GF—2000—0602

房屋租赁合同

（示范文本）[1]

合同编号：__________________

签订地点：__________________

签订时间：______年____月____日

出租人：__________________

承租人：__________________

第一条 租赁房屋坐落在________________________、间数______、建筑面积____________、房屋质量________________。

第二条 租赁期限从______年____月____日至______年____月____日。

（提示：租赁期限不得超过二十年。超过二十年的，超过部分无效）

第三条 租金（大写）：____

第四条 租金的支付期限与方式：____

____

____

第五条 承租人负责支付出租房屋的水费、电费、煤气费、电话费、光缆电视收视费、卫生费和物业管理费。

第六条 租赁房屋的用途：____

第七条 租赁房屋的维修：____

出租人维修的范围、时间及费用负担：______________________________________

____

承租人维修的范围及费用负担：____

____

第八条 出租人（是/否）允许承租人对租赁房屋进行装修或改善增设他物。装修、改善增设他物的范围是：____

____

租赁合同期满，租赁房屋的装修、改善增设他物的处理：____________________

____

---

① 国家市场监督管理总局（原国家工商行政管理总局）2000 年 9 月 22 日发布。

第九条 出租人（是/否）允许承租人转租租赁房屋。

第十条 定金（大写）____________元。承租人在____________前交给出租人。

第十一条 合同解除的条件

有下列情形之一，出租人有权解除本合同：

1. 承租人不交付或者不按约定交付租金达____个月以上；
2. 承租人所欠各项费用达（大写）____________元以上；
3. 未经出租人同意及有关部门批准，承租人擅自改变出租房屋用途的；
4. 承租人违反本合同约定，不承担维修责任致使房屋或设备严重损坏的；
5. 未经出租人书面同意，承租人将出租房屋进行装修的；
6. 未经出租人书面同意，承租人将出租房屋转租第三人；
7. 承租人在出租房屋进行违法活动的。

有下列情形之一，承租人有权解除本合同：

1. 出租人迟延交付出租房屋____个月以上；
2. 出租人违反本合同约定，不承担维修责任，使承租人无法继续使用出租房屋；
3. ____。

第十二条 房屋租赁合同期满，承租人返还房屋的时间是：____

第十三条 违约责任：____

出租人未按时或未按要求维修出租房屋造成承租人人身受到伤害或财物毁损的，负责赔偿损失。

承租人逾期交付租金的，除应及时如数补交外，还应支付滞纳金。

承租人违反合同，擅自将出租房屋转租第三人使用的，因此造成出租房屋毁坏的，应负损害赔偿责任。

第十四条 合同争议的解决方式：本合同在履行过程中发生的争议，由双方当事人协商解决；也可由有关部门调解；协商或调解不成的，按下列第______种方式解决：

（一）提交____________仲裁委员会仲裁；

（二）依法向人民法院起诉。

第十五条 其他约定事项：____

出租人：（章） 住所： 法定代表人： （签名） 居民身份证号码： 委托代理人： （签名） 电话： 开户银行： 邮政编码：	承租人：（章） 住所： 法定代表人： （签名） 居民身份证号码： 委托代理人： （签名） 电话： 开户银行： 邮政编码：	鉴（公）证意见： 鉴（公）证机关（章） 经办人： ______年______月______日

监制部门：　　　　　　　　　　　　印制单位：

GF—2013—0603

柜台租赁经营合同

（示范文本）[①]

使用说明

一、本合同文本是根据《中华人民共和国合同法》等法律法规制定的示范文本，供当事人约定使用。

二、本合同适用于商业企业或者个体工商户（出租人）提供固定柜台（包括摊位、铺位、商位等）、相应设施以及物业服务，出租给其他商业企业或个体工商户（承租人）用于从事独立的商业经营，出租人收取租金和服务报酬的行为。

三、本合同租赁期限不得超过20年，超过20年的，超过部分无效。租赁期间届满，当事人可以续订租赁合同，但约定的租赁期限自续订之日起不得超过20年。

四、本合同相关条款中的空白处，供双方自行约定或者补充约定。

五、本合同由国家市场监督管理总局负责解释，并在全国范围内推行使用。

---

① 国家市场监督管理总局（原国家工商行政管理总局）制定。

合同编号：____________

出租人：______________________________

承租人：______________________________

根据《中华人民共和国合同法》等法律法规以及相关规章的规定，为明确合同双方的权利和义务，双方就租赁柜台进行经营的有关事宜协商一致，订立本合同：

第一条 租赁柜台的基本情况

出租人将以下柜台出租给承租人使用，承租人按约定从事经营活动。

地　址	
位置	（可附图）
柜台长、宽、高（米）	
经营面积（平方米）	
装修及配套设施	
其他	

第二条 租赁期限

从________年____月____日出租人将柜台交付承租人使用，到________年____月____日收回，租赁期共____年零____个月。

第三条 租金标准、租金总额、支付方式等

1. 租金标准：______________________________
2. 租金总额：______________________________
3. 支付方式：______________________________
4. 支付期限：______________________________
5. 其　　他：______________________________

第四条 租赁柜台的用途

____

第五条 租赁柜台的交付

租赁柜台交付的时间、方式及验收：

____。

第六条 租赁柜台的使用

承租人按照________________________方法使用租赁柜台。

第七条 租赁柜台的维修

1. 出租人应履行租赁柜台的维修义务。双方也可以约定在租赁期内，租赁柜台的维修按以下方式处理：

出租人的维修范围、时间及费用负担：____；

承租人的维修范围、时间及费用负担：____。

由于维修责任方未履行维修义务的，另一方可以自行维修，维修费用由维修责任方承担。

2. 因维修租赁柜台影响承租人使用的，应当相应减少租金或者延长租期，对承租人造成损失的，赔偿损失。因承租人过错致使维修租赁柜台的除外。具体约定是：____。

第八条 租赁柜台的改善或增设他物

1. 出租人（同意/不同意）允许承租人对租赁柜台进行改善或增设他物。改善或增设他物不得因此损害租赁柜台。承租人未经出租人同意，对租赁柜台进行改善或增设他物的，出租人可以要求承租人恢复原状或者赔偿损失。出租人同意改善或增设他物的，对费用、改善要求等内容进行约定。具体约定是：____。

2. 合同期满，对租赁柜台的改善或增设的他物的处理办法是：________________。

第九条 租赁柜台的转租

出租人（同意/不同意）允许承租人转租租赁柜台。承租人未经同意转租的，出租人可以解除合同。

出租人同意转租的，转租期限应在本合同租赁期限之内。转租期间，本合同继续有效。第三人对租赁柜台造成损失的，承租人应承担赔偿损失的责任。

第十条 出租人的权利义务

1. 出租人权利

（1）出租人有按照约定收取租金的权利；

（2）出租人有根据法律、法规的规定及经营发展需要，制定有关经营场所管理制度的权利；

（3）出租人有督促承租人诚信守法经营的权利；

（4）出租人有查验承租人的营业执照、税务登记证和各类经营许可证的权利；

（5）出租人有在日常检查或接受投诉举报中发现承租人有涉嫌违法问题的线索，及时报告或移交有关监管部门处置的权利；

（6）出租人有积极配合监管部门依法查处承租人违法违规经营行为的权利；

（7）消费者合法权益受到损害的，柜台租赁期满后，如消费者要求出租人赔偿，出租人先行赔偿后，有向承租人追偿的权利；

（8）其他权利：____。

2. 出租人义务

（1）出租人有按照约定交付租赁柜台给承租人使用的义务；

（2）出租人有依法领取营业执照，诚信守法经营的义务；

（3）出租人有在租赁期间保持租赁柜台符合约定的用途，以保障承租人正常经营的义务；

（4）出租人有不得随意改变经营场所用途和布局，不得无故干涉承租人正常经营的义务；

（5）其他义务：____。

第十一条 承租人的权利义务

1. 承租人权利

（1）承租人有按照约定使用出租人提供的柜台（摊位、铺位、商位等）和服务依法自主经营的权利。

（2）承租人有拒绝出租人不合理的要求的权利。

（3）承租人有在出租人将租赁柜台所有权转移给第三人时，在合同履约期内继续履行合同的权利。

（4）因不可归责于承租人的事由，致使租赁柜台部分或者全部毁损、灭失，承租人有权要求减少租金或者免予支付租金。因租赁柜台部分或者全部毁损、灭失，致使不能实现合同目的的，承租人有权解除合同。

本合同第一条中约定的租赁柜台及设立柜台的场所有危及承租人的安全或者健康的，承租人有权随时解除合同。

（5）承租人有权就租赁柜台存在的瑕疵请求出租人承担相应的责任。

（6）其他权利：____。

2. 承租人义务

（1）承租人有按照约定交纳租金的义务；

（2）承租人有在租赁柜台的显著位置悬挂营业执照、税务登记证以及其他许可证书的义务；

（3）承租人有诚信守法经营，自觉遵守出租人各项管理制度的义务；

（4）承租人有不得以出租人的名义从事经营活动的义务；

（5）承租人有执行进货查验，不销售假冒伪劣及国家明令禁止的商品、不作虚假宣传的义务；

（6）承租人有妥善保管和使用租赁柜台的义务；

（7）承租人有租赁期届满归还租赁柜台的义务；

（8）其他义务：____。

第十二条 违约责任

1. 出租人的违约责任

（1）出租人未按约定时间提供租赁柜台的，每逾期一日，按（年/月）租金的________%向承租人支付违约金。经催告后在________日内仍未提供租赁柜台的，承租人有权解除合同；

（2）出租人未按约定的面积、方位等提供租赁柜台的，按（年/月）租金的________%向承租人支付违约金，经催告后在合理期限内仍未履行义务的，承租人有权解除合同；

（3）设立柜台的场所水电、消防、安全、卫生、供暖等设施不符合有关要求，经催告后在________日内仍无改善的，致使承租人无法正常经营的，按（年/月）租金的________%向承租人支付违约金，承租人有权解除合同；

（4）其他责任____。

2. 承租人的违约责任

（1）承租人未按约定交纳租金，每逾期一日，按（年/月）租金的____%向出租人支付违约金。经催告后在____日内仍未交纳的，出租人有权解除合同；

（2）承租人未按照约定的方法妥善保管和使用租赁柜台，致使租赁柜台受到损失的，承租人应承担赔偿损失的责任；

（3）租赁期届满，承租人未按约定归还租赁柜台的，每逾期一日，按（年/月）租金的____%向出租人支付违约金；

（4）其他责任____。

第十三条　合同争议的解决方式

本合同在履行过程中发生的争议，由双方当事人协商解决；也可由有关部门调解；协商或调解不成的，按下列第____种方式解决：

1. 提交____仲裁委员会仲裁；
2. 依法向人民法院起诉。

第十四条　其他约定事项

____

第十五条　合同生效

本合同自双方当事人签字或盖章后生效。本合同一式____份，双方各执____份，具有同等法律效力。

出 租 人（盖章）：	承 租 人（盖章）：
住　　所：	住　　所：
法定代表人（签字）：	法定代表人（签字）：
电　　话：	电　　话：
身份证号码：	身份证号码：
代 理 人：	代 理 人：
电　　话：	电　　话：
邮　　编：	邮　　编：
签订时间：	签订地点：

GF—2000—0604

建筑施工物资租赁合同

（示范文本）①

合同编号：__________
签订地点：__________
签订时间：_____年____月____日

出租人：__________
承租人：__________

根据《中华人民共和国合同法》的有关规定，按照平等互利的原则，为明确出租人与承租人的权利义务，经双方协商一致，签订本合同。

第一条 租赁物资的品名、规格、数量、质量（详见合同附件）：__________

____

第二条 租赁物资的用途及使用方法：__________

____

第三条 租赁期限：自_____年____月____日至_____年____月____日，共计_____天。承租人因工程需要延长租期，应在合同届满前_____日内，重新签订合同。

第四条 租金、租金支付方式和期限

收取租金的标准：__________

__________；

租金的支付方式和期限：__________

__________。

第五条 押金（保证金）

经双方协商，出租人收取承租人押金_____元。承租人交纳押金后办理提货手续。租赁期间不得以押金作租金；租赁期满，承租人返还租赁物资后，押金退还承租人。

第六条 租赁物资交付的时间、地点及验收方法：__________

____

第七条 租赁物资的保管与维修

一、承租人对租赁物资要妥善保管。租赁物资返还时，双方检查验收，如因保管不善造成租赁物资损坏、丢失的，要按照双方议定的《租赁物资缺损赔偿办法》，由

① 国家市场监督管理总局（原国家工商行政管理总局）2000年10月10日发布。

承租人向出租人偿付赔偿金。

二、租赁期间，租赁物资的维修及费用由______人承担。

第八条　出租人变更

一、在租赁期间，出租人如将租赁物资所有权转移给第三人，应正式通知承租人，租赁物资新的所有权人即成为本合同的当然出租人。

二、在租赁期间，承租人未经出租人同意，不得将租赁物资转让、转租给第三人使用，也不得变卖或作抵押品。

第九条　租赁期满租赁物资的返还时间为：______________________________。

第十条　本合同解除的文件：____。

第十一条　违约责任

一、出租人违约责任：

1. 未按时间提供租赁物资，应向承租人偿付违约期租金____%的违约金；

2. 未按质量提供租赁物资，应向承租人偿付违约期租金____%的违约金；

3. 未按数量提供租赁物资，致使承租人不能如期正常使用的，除按规定如数补齐外，还应偿付违约期租金____%的违约金；

4. 其他违约行为：____。

二、承租人违约责任：

1. 不按时交纳租金，应向出租人偿付违约期租金____%的违约金；

2. 逾期不返还租赁物资，应向出租人偿付违约期租金____%的违约金；

3. 如有转让、转租或将租赁物资变卖、抵押等行为，除出租人有权解除合同，限期如数收回租赁物资外，承租人还应向出租人偿付违约期租金____%的违约金；

4. 其他违约行为：____。

第十二条　本合同在履行过程中发生的争议，由双方当事人协商解决；也可由当地市场监督管理部门（原工商行政管理部门）调解；协商或调解不成的，按下列第____种方式解决：

（一）提交____________仲裁委员会仲裁；

（二）依法向人民法院起诉。

第十三条　其他约定事项：____。

第十四条　本合同未作规定的，按照《中华人民共和国合同法》的规定执行。

第十五条　本合同一式____份，合同双方各执____份。本合同附件____份都是合同的组成部分，与合同具有同等效力。

出租人	承租人	鉴（公）证意见：
出租人：（章） 住所： 法定代表人：（签名） 委托代理人：（签名） 电话： 传真： 开户银行： 账号： 邮政编码：	承租人：（章） 住所： 法定代表人：（签名） 委托代理人：（签名） 电话： 传真： 开户银行： 账号： 邮政编码：	鉴（公）证机关（章） 经办人： ______年______月______日

监制部门：　　　　　　　　印制单位：

第七章　保管合同

一、签约须知

1. 对保管人承担的保管义务要明确。保管人的义务因有偿保管和无偿保管而有所不同。在无偿保管的条件下，保管人只有在存在故意或者重大过失的情况下，才对寄存人承担赔偿责任；在有偿保管条件下，只要保管人对寄存物的损失存在过失，就应当承担赔偿责任。

2. 如果是比较贵重的物品，寄存人应当事先声明。在寄存人未明示的情况下，导致寄存物发生损坏的，保管人可以按照普通物品给予赔偿。所谓普通物品，是根据物品的外观从普通人的角度判断其价值。在国家的法律、法规或者合同范本对此作出明确规定的情况下，按照有关规定进行赔偿；在没有相应规定的情况下，则按照普通人的判断标准进行赔偿。

3. 对保管人的转保管问题要加以明确。保管人根据合同约定，在自身无法履行保管义务的情况下，可以将寄存物交给第三人保管。保管人应当选择适合的第三人承担保管责任，并对该第三人交代有关的注意事项，如果因保管人择人不当或者未交代注意事项，导致寄存物损坏的，应当承担赔偿责任。

4. 消费保管合同是一种特殊类型的保管合同。消费保管合同的标的物为可替代的种类物，因此，在消费保管合同履行的过程中，寄存物的所有权由保管人享有，保管人可以行使占有、使用、收益和处分的权利。保管期限届满后，保管人可以向寄存人返还品质、种类、数量相同的物品，不必返还原物。

二、重点法条

《民法典》第三编第二分编第二十一章保管合同

第八百八十八条　保管合同是保管人保管寄存人交付的保管物，并返还该物的合同。

寄存人到保管人处从事购物、就餐、住宿等活动，将物品存放在指定场所的，视为保管，但是当事人另有约定或者另有交易习惯的除外。

第八百八十九条　寄存人应当按照约定向保管人支付保管费。

当事人对保管费没有约定或者约定不明确，依据本法第五百一十条的规定仍不能确定的，视为无偿保管。

第八百九十条 保管合同自保管物交付时成立，但是当事人另有约定的除外。

第八百九十一条 寄存人向保管人交付保管物的，保管人应当出具保管凭证，但是另有交易习惯的除外。

第八百九十二条 保管人应当妥善保管保管物。

当事人可以约定保管场所或者方法。除紧急情况或者为维护寄存人利益外，不得擅自改变保管场所或者方法。

第八百九十三条 寄存人交付的保管物有瑕疵或者根据保管物的性质需要采取特殊保管措施的，寄存人应当将有关情况告知保管人。寄存人未告知，致使保管物受损失的，保管人不承担赔偿责任；保管人因此受损失的，除保管人知道或者应当知道且未采取补救措施外，寄存人应当承担赔偿责任。

第八百九十四条 保管人不得将保管物转交第三人保管，但是当事人另有约定的除外。

保管人违反前款规定，将保管物转交第三人保管，造成保管物损失的，应当承担赔偿责任。

第八百九十五条 保管人不得使用或者许可第三人使用保管物，但是当事人另有约定的除外。

第八百九十六条 第三人对保管物主张权利的，除依法对保管物采取保全或者执行措施外，保管人应当履行向寄存人返还保管物的义务。

第三人对保管人提起诉讼或者对保管物申请扣押的，保管人应当及时通知寄存人。

第八百九十七条 保管期内，因保管人保管不善造成保管物毁损、灭失的，保管人应当承担赔偿责任。但是，无偿保管人证明自己没有故意或者重大过失的，不承担赔偿责任。

第八百九十八条 寄存人寄存货币、有价证券或者其他贵重物品的，应当向保管人声明，由保管人验收或者封存；寄存人未声明的，该物品毁损、灭失后，保管人可以按照一般物品予以赔偿。

第八百九十九条 寄存人可以随时领取保管物。

当事人对保管期限没有约定或者约定不明确的，保管人可以随时请求寄存人领取保管物；约定保管期限的，保管人无特别事由，不得请求寄存人提前领取保管物。

第九百条 保管期限届满或者寄存人提前领取保管物的，保管人应当将原物及其孳息归还寄存人。

第九百零一条 保管人保管货币的，可以返还相同种类、数量的货币；保管其他可替代物的，可以按照约定返还相同种类、品质、数量的物品。

第九百零二条 有偿的保管合同，寄存人应当按照约定的期限向保管人支付保管费。

当事人对支付期限没有约定或者约定不明确，依据本法第五百一十条的规定仍不能确定的，应当在领取保管物的同时支付。

第九百零三条　寄存人未按照约定支付保管费或者其他费用的，保管人对保管物享有留置权，但是当事人另有约定的除外。

三、典型案例

保管人转托第三人保管，责任由谁承担？

陶某与田某系邻居，平日关系尚好。2019年3月22日，陶某因出差需在外地一段时间，临走前将一辆山地自行车托付给田某代为保管，答应出差回来后立即取回，田某立即应承下来。5月1日，田某所在单位组织春游，田某遂将陶某的山地车转托给另一邻居熊某保管。

当田某春游归来之后，得知熊某家中遭火灾，屋内所有贵重物品均遭毁损，而陶某的那辆山地车也未能幸免。陶某出差回来后得知自行车已被烧毁，当即表示要田某照价赔偿，但遭到拒绝。陶某遂于2019年6月10日向人民法院起诉，以田某未经同意擅自将山地车转托他人导致山地车被损为由，要求法院判令田某赔偿自行车的价款。

《民法典》第八百九十四条规定："保管人不得将保管物转交第三人保管，但是当事人另有约定的除外。保管人违反前款规定，将保管物转交第三人保管，造成保管物损失的，应当承担赔偿责任。"但在本案中，陶某和田某是无偿保管合同的当事人，而熊某是第三人。陶某和田某在原合同中并未约定保管人的转保管权利，因此田某非因特殊情况不得擅自转让合同义务，否则将对保管物的一切损失负赔偿责任。但是，由于田某的外出旅游是田某所在单位在陶某出差后决定的，因此田某不可能在陶某交付保管物时告知这一情况。田某的外出是突然的，又无法及时地通知寄存人，而按照常理田某也不可能因为替陶某保管一辆自行车而闭门不出，只要他将自行车转交另一有保管能力的第三人，即可避免因无法继续履行保管义务而给保管人带来的不利后果。因此，田某的转保管行为是适法的，且在人选和保管事宜上已尽了转保管人的注意义务，可以认定，田某无须承担保管物的毁损赔偿责任。《民法典》第897条规定："保管期内，因保管人保管不善造成保管物毁损、灭失的，保管人应当承担赔偿责任。但是，无偿保管人证明自己没有故意或者重大过失的，不承担赔偿责任。"陶某可以向有过错的责任人请求赔偿。陶某的请求对象应是火灾事故的责任人而不是田某，纵然事故的责任人是田某所选任的第三人熊某，田某亦不承担任何责任，陶某可向熊某索赔。

无偿保管物品，应否承担赔偿责任？

彭某是某大学学生。2019年6月某日，彭某携带笔记本电脑到中学同学聂某所在的学校下载文章。期间，彭某因为有事而将笔记本电脑交给聂某保管，自己外出办事。聂某将笔记本电脑放在自己的床铺上，到别的宿舍闲聊。返回时发现笔记本电脑丢失，宿舍内无人。报案后，经公安机关侦查，未能寻回电脑。彭某要求聂某给予赔偿，遭到聂某的拒绝。无奈之下，彭某向人民法院提起诉讼。

《民法典》第八百八十九条规定：“寄存人应当按照约定向保管人支付保管费。当事人对保管费没有约定或者约定不明确，依据本法第五百一十条的规定仍不能确定的，视为无偿保管。”在本案中，聂某与彭某形成了无偿保管合同关系。彭某将笔记本电脑交付聂某保管，在未约定保管费用的情况下，聂某接受了保管，双方虽未订立书面保管协议，但口头协商一致，其保管法律关系即已成立。双方应为无偿保管合同关系。

《民法典》第八百九十七条规定：“保管期内，因保管人保管不善造成保管物毁损、灭失的，保管人应当承担赔偿责任。但是，无偿保管人证明自己没有故意或者重大过失的，不承担赔偿责任。”聂某既然接受了彭某交给的保管物进行保管，根据《民法典》第八百九十二条第一款的规定，保管人应当妥善保管保管物。聂某应当在其条件许可范围内尽注意义务妥善保管电脑。同时，双方属无偿保管合同关系，聂某应当尽普通人的注意义务。可是，聂某明知笔记本电脑属于贵重物品，却将其放在自己的床铺上后到其他宿舍聊天，未采取妥善的保管措施，导致电脑丢失。由此可见，聂某未尽到作为一名普通人应当尽到的注意义务，存在重大过失，应承担赔偿责任。

车辆在小区内被盗，能否要求物业赔偿?

胡某是某小区业主，并与某公司签订了入住合同。某公司在对小区进行物业管理过程中，先后制定了《小区入住须知》《小区管理规定》《门卫岗位责任制》《关于加强车辆安全管理的通知》《关于摩托车进出小区专项管理规定》等规章制度，并在小区内公布。《小区管理规定》要求小区内住户每年向某公司交纳物业管理费200元，由某公司负责对小区内的公共设施养护、安全防范措施等方面提供服务。某公司在发布以上规章后，便开始向小区住户收缴物业管理费，但胡某一直未交纳。2019年6月24日，胡某中午下班后将自己的摩托车未加防盗锁就停放在小区内，等下午上班时，胡某发现自己的摩托车已不在停放点，便立即报案，但公安机关一直未破案。6月27日，胡某向某公司交纳了200元的物业管理费，之后便起诉至人民法院，请求法院判令某公司赔偿胡某的经济损失。

胡某在摩托车失窃前并未将摩托车钥匙或行驶证交付给某公司，而某公司也未对胡某出具取车凭证。显然，双方当事人之间就该车辆并不存在保管合同关系。某公司制定了一系列规章制度，这表明某公司已对小区进行了管理，履行了管理职责，胡某摩托车被盗纯属意外事件，某公司对此并无主观上的过错，其行为也未违法，更无侵害胡某财产的事实。所以，某公司对胡某的摩托车被盗并无责任。相反，胡某摩托车被盗恰恰是因为胡某未遵守某公司的规章制度，自己对车辆疏于防范，未停放在自己车库，也未加防盗锁，结果使摩托车被盗，依据过错责任原则，这个后果应当由胡某自己承担。

寄存的物品丢失，超市应否赔偿?

康某是某小区居民。该小区附近有一家大型超市。某日，康某下班后到该超市购物。该超市为方便顾客存放随身物品，设置了大量自助储物柜。自助储物柜上贴有“操作步骤”和“寄存须知”。操作步骤：1. 将柜门关上；2. 从投币口投币；3. 取出密码纸，勿向他人展示密码；4. 包放入箱内；5. 关门，保留好密码纸。取包步骤：1. 输入密码；2. 取出物品；3. 关门。在寄存须知中说明：1. 不会使用自助储物柜应当向管理员请教；2. 贵重物品及现金（价值500元以上）不得寄存；3. 密码纸只能使用一次。康某将手提包存入了自助储物柜。

购物结束后，康某到自助储物柜处取包时发现，其所持的密码条无法打开储物柜。康某要求超市给予解决，并声称柜内手提包中有MP3等价值2000余元的物品。超市工作人员按照操作步骤打开该储物柜，发现里面并没有康某的手提包。康某认为自己的手提包在超市内丢失，超市应当赔偿，双方协商未果后，康某到当地派出所报案。派出所调解未果后，康某诉至法院，要求赔偿手提包失窃造成的财产损失。

经法庭审理查明，所指储物柜没有被撬压的痕迹，经检验，使用正常。除免费自助储物柜外，超市还有另外两种存物方式：一种是将物品交给超市人工服务台的工作人员，工作人员将物品当面用专用袋封存后，存放在服务台的固定位置，发给顾客号牌，顾客购物结束后到服务台凭号牌领取物品；另一种是将物品放入超市专用的储存袋，由工作人员进行封存后，顾客自己可以带入卖场。

在本案中，第一，超市无法对顾客的物品进行控制占有，这不符合保管合同保管物转移的特征。第二，顾客自行控制自助储物柜，从而实现对借用物的占有。顾客可以根据自己的意思随时开启储物柜，存放物品，也可以在不通过超市的情况下随意取走存放的物品。第三，从自助储物柜的使用规则来看，只要将储物柜进行一次正常的开关，不管是否将物品放入柜内，储物柜都会打印密码纸。自助储物柜输出的密码纸仅代表超市借用给顾客储物柜的凭证，而不是该超市向顾客出具的保管物品的凭证。因此，双方形成的是借用储物柜的关系，而不是保管物品的关系。

此外，这里还存在合同的名称与实质内容不符的问题。自助储物柜就是名为寄存，实为借用。因此，当事人双方形成的是借用的合同关系。从本案的事实看，该超市已经尽到了说明、注意、谨慎管理等义务。第一，超市在“寄包须知”中要求使用者看清“操作步骤”和“寄包须知”，不会使用者向管理员请教后再操作。这表明超市已经告知消费者的使用方法。第二，生产自助储物柜的厂家在柜上已经明示不得放入现金及贵重物品，超市也在醒目处通过“免费自助储物柜注意事项”中对此进行了说明，要求顾客寄存物品价值不得超过500元。该行为应当视为超市向消费者对可能危及财产安全的服务作出了真实的说明和明确的警示。第三，超市同时提供了人工寄存服务，并允许将物品用专用袋封存后带入超市卖场，这说明超市已经提供防止危害发生的方法。第四，在与消费者构成的借用法律关系当中，超市尽到了出借人的谨慎管理义务，保证出借设施的完好与安全，这表现在自助储物柜外观上没有被撬压的痕迹，自身质量不存在瑕疵。

因此，在本案的自助储物柜的借用关系中，超市对自助储物柜已经尽到必要的说明、注意义务与管理责任，康某丢失物品不是超市的故意或者重大过失所致。在这种情况下，就不能再要求超市对自助储物柜内的物品安全负完全的责任。但超市应当根据公平的原则对顾客的损失承担适当比例的责任，如在超市规定的“寄存物品价值不得超过500元”的范围内给予补偿。

四、示范文本

GF—2000—0801

保管合同

（示范文本）①

合同编号：____________

保管人：____________　　　　签订地点：____________

寄存人：____________　　　　签订时间：______年______月______日

第一条　保管物

保管物名称：____

____

性质：____

____

数量：____

____

价值：____

____

第二条　保管场所：____

____

第三条　保管方法：____

____

第四条　保管物（是/否）有瑕疵。瑕疵是：____________________________

____

① 国家市场监督管理总局（原国家工商行政管理总局）2000年9月22日发布。

第五条　保管物（是/否）需要采取特殊保管措施。特殊保管措施是：__________

____

第六条　保管物（是/否）有货币、有价证券或者其他贵重物。______________

____

第七条　保管期限自______年____月____日起至______年____月____日止。

第八条　寄存人交付保管物时，保管人应当验收，并给付保管凭证。

第九条　寄存人（是/否）允许保管人将保管物转交他人保管。

第十条　保管费（大写）____________元。

第十一条　保管费的支付方式与时间：______________________________

____

第十二条　寄存人未向保管人支付保管费的，保管人（是/否）可以留置保管物。

第十三条　违约责任：____

____

第十四条　合同争议的解决方式：本合同在履行过程中发生的争议，由双方当事人协商解决；协商不成的，按下列第______种方式解决：

（一）提交____________________仲裁委员会仲裁；

（二）依法向人民法院起诉。

第十五条　本合同自____________________时成立。

第十六条　其他约定事项：______________________________________

____

保管人：　　　　　　　　　　　　寄存人：

监制部门：　　　　　　　　　　　监制单位：

第八章　仓储合同

一、签约须知

1. 在签订仓储合同时，对保管人的资格要严格审查，挑选设备优良、信誉良好的保管人。由于储存物自身的特性，对保管人的技术要求也有所不同，在挑选保管人时，要结合储存物的特性，考察仓库的场地情况、设备条件、与车站和码头的距离远近等问题。

2. 仓储合同的主要目的是保证货物的安全，合同的重点是储存物入库和出库两个环节。在仓储合同中，对于货物进出库的手续、时间、地点、运输方式要作出明确约定。在货物入库环节，应当明确是由存货人或运输部门、供货单位送货到库，还是由保管人到供货单位、车站、码头等处提取货物；在货物出库环节，应当明确是由存货人、用户自提或是由保管人代送、代办发送手续。在保管人代办运输的情况下，仓储合同中要约定保管人必须及时办理车船托运手续。

3. 有关的验收方式和标准要在仓储合同中详尽地加以规定。验收主要包括三个方面的内容：（1）在不需要开箱的情况下即可判明的货物质量情况，包括货物的品名、规格、数量、外包装状况等；（2）包装货物的品名、规格、数量要以外包装或者货物上的标记为准，没有标记的，则以供货方提供的文件资料为准；（3）对于散装货物，要按照国家的有关规定或者合同的约定进行验收。

4. 储存货物的包装问题是一个非常重要的问题。货物的包装由存货人负责，有国家或者专业包装标准的，安装规定的标准执行，没有规定的标准的，可以由当事人双方协商决定，以保证货物储存和运输安全为目的。

5. 货物需要特殊储存条件的，存货人要向保管人明确告知，例如易燃、易爆、容易变质的货物。当事人双方应当在合同中就储存设施和技术要求作出明确约定，存货人负责提供相关的资料，以便保管人采取科学合理的保管措施。

6. 对于计费项目、标准和结算方式要有明确的约定。仓储合同的计费项目通常包括：仓储费、转仓费、出入库装卸搬运费，车皮、站台、包装整理、商品养护等费用。在仓储合同中，要明确这些费用由谁承担以及计算标准和支付方式。

二、重点法条

《民法典》第三编第二分编第二十二章仓储合同

第九百零四条　仓储合同是保管人储存存货人交付的仓储物，存货人支付仓储费的合同。

第九百零五条　仓储合同自保管人和存货人意思表示一致时成立。

第九百零六条　储存易燃、易爆、有毒、有腐蚀性、有放射性等危险物品或者易变质物品的，存货人应当说明该物品的性质，提供有关资料。

存货人违反前款规定的，保管人可以拒收仓储物，也可以采取相应措施以避免损失的发生，因此产生的费用由存货人负担。

保管人储存易燃、易爆、有毒、有腐蚀性、有放射性等危险物品的，应当具备相应的保管条件。

第九百零七条　保管人应当按照约定对入库仓储物进行验收。保管人验收时发现入库仓储物与约定不符合的，应当及时通知存货人。保管人验收后，发生仓储物的品种、数量、质量不符合约定的，保管人应当承担赔偿责任。

第九百零八条　存货人交付仓储物的，保管人应当出具仓单、入库单等凭证。

第九百零九条　保管人应当在仓单上签名或者盖章。仓单包括下列事项：

（一）存货人的姓名或者名称和住所；

（二）仓储物的品种、数量、质量、包装及其件数和标记；

（三）仓储物的损耗标准；

（四）储存场所；

（五）储存期限；

（六）仓储费；

（七）仓储物已经办理保险的，其保险金额、期间以及保险人的名称；

（八）填发人、填发地和填发日期。

第九百一十条　仓单是提取仓储物的凭证。存货人或者仓单持有人在仓单上背书并经保管人签名或者盖章的，可以转让提取仓储物的权利。

第九百一十一条　保管人根据存货人或者仓单持有人的要求，应当同意其检查仓储物或者提取样品。

第九百一十二条　保管人发现入库仓储物有变质或者其他损坏的，应当及时通知存货人或者仓单持有人。

第九百一十三条　保管人发现入库仓储物有变质或者其他损坏，危及其他仓储物的安全和正常保管的，应当催告存货人或者仓单持有人作出必要的处置。因情况紧急，保管人可以作出必要的处置；但是，事后应当将该情况及时通知存货人或者仓单持有人。

第九百一十四条 当事人对储存期限没有约定或者约定不明确的，存货人或者仓单持有人可以随时提取仓储物，保管人也可以随时请求存货人或者仓单持有人提取仓储物，但是应当给予必要的准备时间。

第九百一十五条 储存期限届满，存货人或者仓单持有人应当凭仓单、入库单等提取仓储物。存货人或者仓单持有人逾期提取的，应当加收仓储费；提前提取的，不减收仓储费。

第九百一十六条 储存期限届满，存货人或者仓单持有人不提取仓储物的，保管人可以催告其在合理期限内提取；逾期不提取的，保管人可以提存仓储物。

第九百一十七条 储存期内，因保管不善造成仓储物毁损、灭失的，保管人应当承担赔偿责任。因仓储物本身的自然性质、包装不符合约定或者超过有效储存期造成仓储物变质、损坏的，保管人不承担赔偿责任。

第九百一十八条 本章没有规定的，适用保管合同的有关规定。

三、典型案例

仓储合同的生效时间如何确定?

2018年7月2日，某粮食有限公司（下称粮食公司）与某储运保管公司（下称保管公司）签订一份仓储合同。合同约定：保管公司为粮食公司保管大豆100万公斤，保管期限自2018年8月2日至2019年7月2日，储存费为70000元，任何一方违约均按储存费用的20%支付违约金。合同签订后，保管公司立即开始清理其仓库，并拒绝其他相关仓储保管业务。2018年7月23日，粮食公司致函保管公司，称因收购的大豆不足30万公斤，不需存放大豆，提出终止双方的仓储合同。保管公司立即回函，称同意仓储合同终止履行，但要求粮食公司支付14000元的违约金。粮食公司拒绝支付违约金，保管公司遂向法院提起诉讼，要求粮食公司承担违约责任。

本案中，粮食公司在交付仓储物之前通知保管公司终止仓储合同，应否承担违约责任呢?《民法典》第九百零五条规定："仓储合同自保管人和存货人意思表示一致时成立。"可见，仓储合同是诺成性合同，自签订之日起生效。粮食公司书面通知保管公司并不足以抗辩其违约责任，因为双方的仓储合同自签订之日即生效，粮食公司不履行合同义务，应当承担违约责任。

迟于约定时间入库，仓储费应否减少?

陈某在某仓库寄存一批高档服装，价值30万元。双方商定：仓库自2019年6月10日至8月10日期间保管；陈某支付保管费6000元。由于运输问题，该批服装于2019年6月25日入库。保管期满，陈某前来取货时，双方为保管费发生争议。陈某认为自己的货物实际是在6月25日才入库，应当少付保管费1500元。某仓库拒绝减少保管费，理由是仓库早已为陈某的货物准备了地方，至于陈某是不是准时进库是陈某的事情，与仓库无关。由于双方协商未果，某仓库拒绝陈某提货。陈某向人民法院提起诉讼，要求某仓库履行给付义务并减少保管费。

本案当事人签订的是仓储合同，《民法典》第九百零五条规定："仓储合同自保管人和存货人意思表示一致时成立。"这就意味着仓储合同是诺成性合同，而诺成性合同，其成立不以交付标的物为要件，双方当事人就合同主要条款达成一致，合同即成立。若合同签订后，因存货人原因货物不能按约定入库，依然要交付仓储费。因此，陈某要求减少仓储费，是没有法律依据的。那么，在陈某拒绝按约定支付仓储费的情况下，某仓库留置其货物是否合法呢？

《民法典》"仓储合同"部分第九百一十八条规定："本章没有规定的，适用保管合同的有关规定。"关于保管合同，《民法典》第九百零三条规定："寄存人未按照约定支付保管费或者其他费用的，保管人对保管物享有留置权，但是当事人另有约定的除外。"所以本案虽为仓储合同，但在寄存人不支付仓储费，而双方对留置无相反约定的情况下，保管人可以留置仓储物，拒绝其提取仓储物。但本案保管人某仓库明显过多留置了陈某的货物，是不妥的。因为在仓储物是可分物时，保管人在留置时仅可留置价值相当于仓储费部分的仓储物。而本案的仓储物恰恰是可分物。所以某仓库没有理由留置全部服装，而只能留置相当于6000元的服装。

四、示范文本

GF—2000—0901

仓 储 合 同

（示范文本）①

合同编号：__________

保管人：__________　　签订地点：__________

存货人：__________　　签订时间：__________

第一条　仓储物

品名	品种规格	性质	数量	质量	包装	件数	标记

（注：空格如不够用，可以另接）

① 国家市场监督管理总局（原国家工商行政管理总局）2000年9月22日发布。

第二条 储存场所、储存物占用仓库位置及面积：____________________

____

第三条 仓储物（是/否）有瑕疵。瑕疵是：____________________

____

第四条 仓储物（是/否）需要采取特殊保管措施。特殊保管措施是：________

____

第五条 仓储物入库检验的方法、时间与地点：____________________

____

第六条 存货人交付仓储物后，保管人应当给付仓单。

第七条 储存期限：从______年______月______日至______年______月______日。

第八条 仓储物的损耗标准及计算方法：____________________

____

第九条 保管人发现仓储物有变质或损坏的，应及时通知存货人或仓单持有人。

第十条 仓储物（是/否）已办理保险，险种名称：__________；保险金额：__________；保险期限：__________；保险人名称：__________。

第十一条 仓储物出库检验的方法与时间：____________________

____

第十二条 仓储费（大写）：____________元。

第十三条 仓储费结算方式与时间：____________________

____

第十四条 存货人未向保管人支付仓储费的，保管人（是/否）可以留置仓储物。

第十五条 违约责任：____________________

____

第十六条 合同争议的解决方式：本合同在履行过程中发生的争议，由双方当事人协商解决；也可由当地市场监督管理部门（原工商行政管理部门）调解；协商或调解不成的，按下列第____种方式解决：

（一）提交____________________仲裁委员会仲裁；

（二）依法向人民法院起诉。

第十七条 其他约定事项：____________________

____

存　货　人	保　管　人	鉴（公）证意见：
存货人（章）： 住所： 法定代表人： 委托代理人： 电话： 开户银行： 账号： 邮政编码：	保管人（章）： 住所： 法定代表人： 委托代理人： 电话： 开户银行： 账号： 邮政编码：	鉴（公）证机关（章） 经办人： ______年______月______日

监制部门：　　　　　　　　印制单位：

第九章　委托合同

一、签约须知

1. 签署委托合同的人应当是企业的法定代表人或者其代理人。由代理人出面签订委托合同的情况下，代理人应当持有法定代表人的授权书。代理人签订委托合同之前，应当将合同文本事先交给本企业的法定代表人审查，以免落入合同陷阱。法人代表的把关对于避免合同风险是非常重要的。

2. 在委托合同上加盖的公章或者合同专用章的企业名称应当与合同书上载明的当事人名称一致。另外，企业内部职能机构的章不能代替企业公章或者合同专用章。

3. 在签订委托合同时，要采取先签合同后盖章的办法，不能将加盖了公章或者合同专用章的空白合同书交给代理人，以免代理人超出授权范围签订合同。

4. 不能借用其他企业的公章或者合同专用章来签订委托合同。否则，合同将归于无效，由此产生的法律后果由出借人和借用人承担连带责任。

二、重点法条

《民法典》第三编第二分编第二十三章委托合同

第九百一十九条　委托合同是委托人和受托人约定，由受托人处理委托人事务的合同。

第九百二十条　委托人可以特别委托受托人处理一项或者数项事务，也可以概括委托受托人处理一切事务。

第九百二十一条　委托人应当预付处理委托事务的费用。受托人为处理委托事务垫付的必要费用，委托人应当偿还该费用并支付利息。

第九百二十二条　受托人应当按照委托人的指示处理委托事务。需要变更委托人指示的，应当经委托人同意；因情况紧急，难以和委托人取得联系的，受托人应当妥善处理委托事务，但是事后应当将该情况及时报告委托人。

第九百二十三条　受托人应当亲自处理委托事务。经委托人同意，受托人可以转委托。转委托经同意或者追认的，委托人可以就委托事务直接指示转委托的第三人，受托人仅就第三人的选任及其对第三人的指示承担责任。转委托未经同意或者追认的，受托人应当对转委托的第三人的行为承担责任；但是，在紧急情况下受托人为了维护委托人的利益需要转委托第三人的除外。

第九百二十四条　受托人应当按照委托人的要求，报告委托事务的处理情况。委托合同终止时，受托人应当报告委托事务的结果。

第九百二十五条　受托人以自己的名义，在委托人的授权范围内与第三人订立的合同，第三人在订立合同时知道受托人与委托人之间的代理关系的，该合同直接约束委托人和第三人；但是，有确切证据证明该合同只约束受托人和第三人的除外。

第九百二十六条　受托人以自己的名义与第三人订立合同时，第三人不知道受托人与委托人之间的代理关系的，受托人因第三人的原因对委托人不履行义务，受托人应当向委托人披露第三人，委托人因此可以行使受托人对第三人的权利。但是，第三人与受托人订立合同时如果知道该委托人就不会订立合同的除外。

受托人因委托人的原因对第三人不履行义务，受托人应当向第三人披露委托人，第三人因此可以选择受托人或者委托人作为相对人主张其权利，但是第三人不得变更选定的相对人。

委托人行使受托人对第三人的权利的，第三人可以向委托人主张其对受托人的抗辩。第三人选定委托人作为其相对人的，委托人可以向第三人主张其对受托人的抗辩以及受托人对第三人的抗辩。

第九百二十七条　受托人处理委托事务取得的财产，应当转交给委托人。

第九百二十八条　受托人完成委托事务的，委托人应当按照约定向其支付报酬。

因不可归责于受托人的事由，委托合同解除或者委托事务不能完成的，委托人应当向受托人支付相应的报酬。当事人另有约定的，按照其约定。

第九百二十九条　有偿的委托合同，因受托人的过错造成委托人损失的，委托人可以请求赔偿损失。无偿的委托合同，因受托人的故意或者重大过失造成委托人损失的，委托人可以请求赔偿损失。

受托人超越权限造成委托人损失的，应当赔偿损失。

第九百三十条　受托人处理委托事务时，因不可归责于自己的事由受到损失的，可以向委托人请求赔偿损失。

第九百三十一条　委托人经受托人同意，可以在受托人之外委托第三人处理委托事务。因此造成受托人损失的，受托人可以向委托人请求赔偿损失。

第九百三十二条　两个以上的受托人共同处理委托事务的，对委托人承担连带责任。

第九百三十三条　委托人或者受托人可以随时解除委托合同。因解除合同造成对方损失的，除不可归责于该当事人的事由外，无偿委托合同的解除方应当赔偿因解除时间不当造成的直接损失，有偿委托合同的解除方应当赔偿对方的直接损失和合同履行后可以获得的利益。

第九百三十四条　委托人死亡、终止或者受托人死亡、丧失民事行为能力、终止的，委托合同终止；但是，当事人另有约定或者根据委托事务的性质不宜终止的除外。

第九百三十五条 因委托人死亡或者被宣告破产、解散，致使委托合同终止将损害委托人利益的，在委托人的继承人、遗产管理人或者清算人承受委托事务之前，受托人应当继续处理委托事务。

第九百三十六条 因受托人死亡、丧失民事行为能力或者被宣告破产、解散，致使委托合同终止的，受托人的继承人、遗产管理人、法定代理人或者清算人应当及时通知委托人。因委托合同终止将损害委托人利益的，在委托人作出善后处理之前，受托人的继承人、遗产管理人、法定代理人或者清算人应当采取必要措施。

三、典型案例

委托人解除合同，应否支付违约金？

丁某原是某企业负责人，退休后打算到南方某城市从事餐饮业。为此，丁某与在该城市工作的朋友冯某联系，委托其代为租赁两处店面，两人达成协议：每租赁一处店面，丁某付给冯某代理费5000元。如有违约，支付代理费20%的违约金。冯某按照要求在城市商业中心地带为其寻找符合要求的店面，经过多方打探和磋商，为丁某租赁了一处面积300平方米的店面。丁某对该处店面的情况较为满意，支付了1年的租金，并由冯某代为签订了租赁合同。在冯某积极寻找第二处店面的过程中，丁某电话通知其不再租赁第二处店面，原因是资金和人力有限，无法同时经营。冯某要求其按协议约定支付违约金，遭到丁某的拒绝。经多次协商未能达成一致，冯某向人民法院提起诉讼。

《民法典》第九百三十三条规定：“委托人或者受托人可以随时解除委托合同。因解除合同造成对方损失的，除不可归责于该当事人的事由外，无偿委托合同的解除方应当赔偿因解除时间不当造成的直接损失，有偿委托合同的解除方应当赔偿对方的直接损失和合同履行后可以获得的利益。”有种意见认为：该条所规定的是委托合同的任意解除权，也属于法定解除权。委托合同的当事人不能以约定排除合同任意解除权。

《民法典》第九百三十三条并不是强制性条款，该条只是规定“当事人可以随时解除合同”。“可以”的含义是当事人可以随时解除合同，也可以不解除合同。这种排除解除权的合意，在《民法典》第九百三十三条的授权范围内，并不违反法律。在本案中，委托合同当事人约定如果任何一方违约，应当承担违约责任，并不违反法律规定。该约定是当事人的真实意思表示，合法有效，对当事人双方均具有约束力。根据该条“有偿委托合同的解除方应当赔偿对方的直接损失和合同履行后可以获得的利益”的规定，丁某作为委托人单方解除合同，应当承担违约责任，支付违约金。

承运人代收货款被抢，应否赔偿？

2019年11月3日，某粮油加工厂与个体司机罗某签订一份合同，约定由罗某装运加工厂一车大米送往某粮站销售，运费1300元；交货后，由罗某代领货款。罗某将大米送到目的地出售后，代领了货款32000元并返回。返回途中，遭遇他人抢劫，货款被洗劫一空，罗某立即向当地公安机关报案，该案处在侦查阶段。加工厂要求罗某按合同支付货款32000元。

在现实生活中，运输合同往往附带一些与运输没有直接联系的内容，比如委托运输人收取货款，本案就是这样的纠纷。问题的关键在于，这种附带的内容是否属于运输合同的一部分。罗某与加工厂签订的合同从内容上看，分为与运输合同有关事项的约定和与委托合同有关事项的约定两部分，属于运输合同与委托合同两种有名合同的联合，该两种有名合同应各具其独立性，不分主次，分别适用各有关《民法典》的规定。本案运输合同的履行没有争议，产生纠纷的属委托合同的履行，为此，本案应属委托合同纠纷，适用有关委托合同的规定。

《民法典》第九百二十九条第一款规定："有偿的委托合同，因受托人的过错造成委托人损失的，委托人可以请求赔偿损失。无偿的委托合同，因受托人的故意或者重大过失造成委托人损失的，委托人可以请求赔偿损失。"罗某收取代收货款的行为并不是有偿的，因此适用故意或者重大过失归责原则。罗某对货款被抢显然没有故意或者重大过失，因而不对此承担责任。

委托关系纠纷的举证责任如何分配？

丁某和夏某、岳某三人是中学同学，读书时是形影不离的好朋友。高中毕业后，丁某参加了工作，在一家工厂做工。夏某则考上了外地的一所大学，成了一名大学生。岳某没有考上大学，待在家里，无所事事。2019年春节时，夏某回家过年，见到了百无聊赖的岳某，遂提议让他到自己就读学校所在的城市去打工。岳某征得了家人的同意，在寒假结束后，跟随返校的夏某来到某市。由于岳某没有一技之长，又缺乏工作经验，因此，工作找得很不顺利，生活也十分艰难。2020年6月某日，正在上班的丁某接到了岳某发来的电报，请求他尽快汇2000元钱到夏某的名下。电报中未说明具体的理由。丁某感到朋友一定是遇到了困难，急需用钱，便立即到银行取出2000元钱并电汇到夏某所在的学校。但他没有想到的是，正是这2000元钱，让自己的两个好朋友——岳某和夏某闹上了公堂，打了一场谁也说不清楚的官司。

岳某提出，自己因生活困难，向好友丁某借钱，由于自己没有固定的通讯地址，便将钱汇到了夏某名下。夏某收到钱后，将2000元钱据为己有。现请求人民法院判决夏某交出被其非法占有的2000元钱。

夏某提出，岳某因没有工作，生活拮据，曾向自己借2000元钱。此次丁某汇来的钱，是岳某用来偿还借款的。因为是好朋友，所以当初借款时没有打借条。在诉讼过程中，两个人各执己见，但都不能提供充分的证据证明自己的主张。

在本案中，当事人双方都承认丁某曾应岳某的要求，汇款2000元到夏某的名下，但岳某主张该款应当由夏某转交给自己，而夏某则主张该款是用来偿还岳某的欠款的。

双方都没有证据证明自己的主张和驳倒对方的主张。本案的关键即在于夏某占有该笔汇款是否有法律上的根据，能否得到证明。在双方都不能提供证明以证明自己主张的事实的情况下，本案的焦点就集中在谁应当承担不当得利的证明责任上，即夏某取得该款有无法律根据的证明责任由谁承担，谁就将面临不利的诉讼后果。

在本案中，夏某显然属于得到利益的一方，一般不会保留证据，而岳某属于间接地给付利益的一方，通常会保留证据，所以，由他承担举证责任符合人们的生活习惯。在委托他人受领汇款的情况下，人们通常会要求汇款人在汇款凭据上注明该款由受委托人转交给自己，以便日后要求其返还汇款。在岳某不能提供上述证据的情况下，就要承担败诉的后果。

受托人利用空白合同行骗，委托人应否承担责任？

2020 年，某建筑公司（以下简称某公司）因生产经营需要，委托个体工商户老板向某到某建材厂联系购买建材的相关事宜。某公司总经理陈某亲自填写了授权委托书，授权范围为“以本公司名义代为购买建筑材料 1000 吨”，并把盖有某公司公章和合同专用章的空白合同书若干份交给了向某。向某分几次购买了建筑材料共计 1000 吨，某公司在验货后也及时支付了全部货款。

3 个月后，某建材厂再次到某公司索要建筑材料货款，某公司表示已经支付了所购买的 1000 吨建筑材料的全部货款，自己与该厂已不存在债权债务关系。但该建材厂却说某公司只支付了 1000 吨建筑材料的货款，还有 500 吨的货款没有支付。而某公司表示自己只购买了 1000 吨建筑材料，建材厂提到的 500 吨建材一事与该公司无关。

经解释，某公司才发现，原来向某利用自己未及时收回的授权委托书和盖有公章的空白合同书以某公司的名义从建材厂购买了 500 吨建材。现在陈某已不知去向，对于这 500 吨建材某公司根本就没有收到，因此拒绝支付相应的价款。建材厂在多次索要货款未果的情况下，将某公司告到法院，要求某公司支付这 500 吨建材的货款及相应利息。

在本案中，某建筑公司授权个体工商户老板向某为该公司购买建筑材料 1000 吨，并把授权委托书及盖有本公司公章和合同专用章的空白合同书一并交与了向某，可以说这一委托关系是合法有效的。在向某以代理人的身份为某公司签订了购买建筑材料的合同，买卖双方也已履行完毕后，向某与某公司之间的委托关系实际上已经终止。向某再次以某公司名义签订建材买卖合同，购买 500 吨建筑材料的行为属于代理权终止后的行为。但由于某公司在委托关系终止后未及时将交与向某的授权委托书和盖有公章的空白合同书收回，以致给交易对方——某建材厂造成了假象，使建材厂认为向某仍然具有代理权，这实际上已经构成表见代理。其购买 500 吨建材的行为仍然应该由某公司承担相应的责任。参照《民法典》第五百零四条的规定：“法人的法定代表人或者非法人组织的负责人超越权限订立的合同，除相对人知道或者应当知道其超越权限外，该代表行为有效，订立的合同对法人或者非法人组织发生效力。”某公司应该支付这500吨建材的货款及相应利息。

代为照管孩子发生纠纷，受托人应否赔偿？

张某、王某夫妇二人外出打工，将孩子张某某（8岁）委托给邻居孙某（未婚）照看。双方约定：孙某负责煮饭给张某某吃，代管张某某的零花钱，在家调皮时进行管教。之后，张某某与孙某一起吃饭，孙某每天给张某某5角钱的零花钱，王某不定期回来为孩子洗衣服。2019年10月某日，孙某下地干活，张某某和同村的孩子一起下河游泳溺水死亡。张某夫妇要求孙某赔偿丧葬费、死亡赔偿金等3万元。

张某夫妇外出打工之后，将孩子委托给孙某照看，孙某负责孩子的吃饭、管理孩子的零花钱，实际上是将张某某的监护职责部分委托给孙某，其委托合同成立。根据双方的口头约定，其委托并无对价关系，故应视为无偿委托合同。从合同的履行情况看，孙某煮饭给张某某吃、管零花钱，按约定履行了义务。关于调皮的管教问题，张某某已经8岁，户外活动多，孙某不可能随时跟在其身边，即使是其父母也无法做到。孙某下地干活，不可能对张某某实施监管。因此，对于张某某下河游泳时意外溺水死亡，孙某并无故意或者重大过失。由于委托合同是无偿的，《民法典》第九百二十九条第一款规定：“有偿的委托合同，因受托人的过错造成委托人损失的，委托人可以请求赔偿损失。无偿的委托合同，因受托人的故意或者重大过失造成委托人损失的，委托人可以请求赔偿损失。”因此，张某夫妇要求孙某承担责任无事实和法律根据。

四、示范文本

GF—2016—2002 合同编号：＿＿＿＿＿＿＿＿

机动车驾驶培训先学后付、计时收费模式服务合同

（示范文本）[①]

使用说明

1. 本合同为示范文本，供学驾人与机动车驾驶培训机构（以下简称培训机构）之间签订机动车驾驶培训先学后付、计时收费模式服务合同时使用。

---

① 交通运输部、国家市场监督管理总局（原国家工商行政管理总局）制定，自2016年10月1日起施行。

2. 双方当事人应当结合具体情况选择本合同协议条款中所提供的选择项，空格处应当以文字形式填写完整。

3. 双方当事人可以书面形式对本示范文本内容进行变更或者补充，但变更或者补充的内容，不得减轻或者免除应当由培训机构承担的责任。

4. 本示范文本由交通运输部和国家市场监督管理总局共同制定，在全国范围内推行使用。

学驾人：
性　别：　　　　　　　　　　　　　　　联系电话：
身份证号码：
地址（住所）：

培训机构：
法定代表人：
委托代理人：　　　　　　　　　　　　　联系电话：
经营注册地址：
道路运输经营许可证编号：

根据《中华人民共和国合同法》《中华人民共和国道路交通安全法》《中华人民共和国道路运输条例》等相关法律法规和政府管理部门规范行业经营服务行为的管理规定，学驾人、培训机构双方在自愿、平等的基础上，经协商，就机动车驾驶培训相关服务事宜达成如下协议：

第一条　培训机构证照

培训机构须公示经政府管理部门许可其经营机动车驾驶员培训业务的《道路运输经营许可证》等有关证照，为学驾人提供机动车驾驶“先学后付、计时收费”培训服务。

第二条　学驾车型

学驾人选择培训的准驾车型：__________________（代号________）。

第三条　合同有效期

本合同有效期自签订之日起到________年____月____日止。

第四条　培训内容与学时

依据《机动车驾驶培训教学与考试大纲》（以下简称《大纲》），培训机构提供的培训服务内容与学时：

“道路交通安全法律、法规和相关知识”培训__________学时（其中，课堂教学__________学时，远程网络教学__________学时）；“驾驶模拟”培训__________学时；“基础和场地驾驶”培训__________学时；“道路驾驶”培训__________学时；

“安全文明驾驶常识”培训＿＿＿＿＿学时（其中，课堂教学＿＿＿＿＿学时，远程网络教学＿＿＿＿＿学时）。

第五条　培训机构提供的培训服务地址（地点）

课堂教学地点：＿＿＿＿＿＿＿＿＿＿＿＿＿＿＿＿＿＿＿＿＿＿＿＿＿＿＿；

远程网络教学网址：＿＿＿＿＿＿＿＿＿＿＿＿＿＿＿＿＿＿＿＿＿＿＿＿：

“驾驶模拟”培训地点：＿＿＿＿＿＿＿＿＿＿＿＿＿＿＿＿＿＿＿＿＿＿＿；

“基础和场地驾驶”培训教练场地：＿＿＿＿＿＿＿＿＿＿＿＿＿＿＿＿＿；

“道路驾驶”训练路线、时间（区域）：＿＿＿＿＿＿＿＿＿＿＿＿＿＿＿。

第六条　费用与支付方式

1. 学驾人一次性支付“道路交通安全法律、法规和相关知识”“安全文明驾驶常识”理论知识培训费与教材费、建立档案材料费等共计（大写）＿＿＿＿＿＿元。

2. 学驾人每次完成驾驶操作技能培训后，按预约时段学时价格支付培训费用。不同时段的学时单价详见本合同附件（机动车驾驶培训费用构成明细表）。

3. 学驾人　☐ 购买 / ☐ 不购买　学车意外保险，费用＿＿＿＿元。

4. 培训机构提供以下费用支付方式：

☐ 现金；☐ 银行卡；☐ 其他支付方式＿＿＿＿＿＿＿＿＿＿＿＿＿＿＿＿。

第七条　培训流程与预约考试学时要求

1. 培训机构应在学驾人支付本合同第六条第一项所述费用起＿＿＿＿个工作日内，为学驾人办理入学手续、建立培训档案、发放培训教材，安排学驾人参加《大纲》第一部分“道路交通安全法律、法规和相关知识”培训。学驾人完成第一部分培训达到＿＿＿＿学时后，自主预约科目一考试。

2. 学驾人取得学习驾驶证明后，培训机构应按学驾人预约日期提供驾驶操作技能培训服务。学驾人完成《大纲》第二部分“基础和场地驾驶”培训达到＿＿＿＿学时后，自主预约科目二场地驾驶技能考试。

3. 学驾人完成《大纲》第三部分“道路驾驶”培训达到＿＿＿＿学时后，自主预约科目三道路驾驶技能考试。

4. 学驾人完成《大纲》第四部分“安全文明驾驶常识”培训达到＿＿＿＿学时后，自主预约科目四安全文明驾驶常识考试。

第八条　学驾人的权利

1. 学驾人有权要求培训机构按照《大纲》要求及本合同约定，完成培训服务内容和学时；在驾驶操作技能培训过程中，学驾人可自主预约培训时段、自主选择教练员。

2. 在培训过程中，学驾人若发现培训机构提供的教练车未经检测合格、教练员和管理人员减少培训项目和学时、伪造或篡改培训数据、向学驾人索取、收受财物或牟取其他利益等问题的，有权要求培训机构予以纠正，并可拒付相应时段的培训费用。

3. 学驾人发现培训机构未在交通运输管理部门许可核定的训练场地或未在公安机

关交通管理部门指定的路线、时间提供培训服务的，有权要求培训机构予以纠正，并可拒付相应时段的培训费用。

4. 学驾人参加“驾驶模拟、基础和场地驾驶、道路驾驶”培训，可提前______天进行预约。预约方式为：□ 互联网（网址：__________________）、□ 培训机构经营场所预约窗口、□ 电话__________________、□ 其他方式__________________。

第九条　学驾人的义务

1. 学驾人提供的证件、体检证明及相关信息资料应真实、准确、完整，个人信息如有变化应及时告知培训机构。

2. 学驾人每次参加培训，应办理签到、签退手续。培训结束后，应对本次培训情况进行确认和评价；学驾人每次驾驶操作技能培训结束后，应当场向培训机构支付本次培训费用。当次支付费用经培训机构确认后，学驾人方可预约下一次培训。

3. 学驾人在培训过程中，应严格遵守培训机构的培训规定，在无教练员指导的情况下不得擅自操作教练车。由此造成后果的，学驾人承担相应责任。

4. 学驾人取消预约的，应在预约日期______天______时之前通过 □ 互联网（网址：__________________）、□ 培训机构经营场所预约窗口、□ 电话____________、□ 其他方式________________按培训机构规定的流程取消预约。

5. 学驾人在怀孕期间或患有妨碍安全驾驶疾病的，不得参加培训。若隐瞒上述情形继续参加培训造成不利后果的，学驾人承担责任。

第十条　培训机构的权利

1. 培训机构可采集学驾人个人相关信息，培训机构采集的学驾人信息仅用于培训服务。

2. 学驾人在培训过程中，未按约定办理签到、签退手续的，培训机构有权要求学驾人补办手续。

3. 学驾人每次完成驾驶操作技能培训，未能支付当次培训费用的（含培训费用未支付成功），培训机构可暂停提供后续培训服务，直至学驾人付费成功。

4. 学驾人未按照培训机构流程预约培训时间和教练员，培训机构有权不予安排培训。

第十一条　培训机构的义务

1. 培训机构应提前将培训服务相关信息告知学驾人；培训机构应公示教练员的基本信息和培训服务质量排行情况供学驾人选择；培训机构提供的教学设施设备应符合国家相关技术标准；培训机构应按本合同第二条约定提供教练车，安排学驾人预约的教练员提供培训服务。

2. 培训机构应采取有效措施加强对学驾人个人信息保护，确保信息安全，防止信息泄露和滥用；如确因培训机构过错导致学驾人个人信息泄露的，应承担相应的法律责任。

3. 培训机构应规范使用机动车驾驶计时培训系统，如实记录学驾人培训过程，并为学驾人建立培训档案；培训机构应对学驾人的培训数据真实性负责；培训机构应为学驾人提供便捷的培训数据查询方式。

4. 学驾人在学习驾驶中有道路交通安全违法行为或造成交通事故的，培训机构承担责任。

5. 学驾人支付培训费用，培训机构应向学驾人开具培训发票；学驾人选择购买学车意外保险的，培训机构应及时投保。

6. 学驾人完成《大纲》规定的培训内容与学时的，培训机构应安排具备结业考核资质的人员对学驾人进行考核。考核合格的，培训机构向学驾人颁发《结业证书》。

第十二条　合同的终止与解除

（一）有以下情形之一的，本合同终止：

1. 学驾人完成本合同约定的培训服务内容和学时，并取得《结业证书》的；

2. 学驾人学习驾驶证明有效期届满的；

3. 学驾人在学习驾驶证明有效期内，科目二（场地驾驶技能考试）、科目三（道路驾驶技能）第五次考试不合格的；

4. 法律法规规定的其他情形。

（二）有以下情形之一的，学驾人可解除合同：

1. 培训机构工作人员对学驾人的培训学时、数据弄虚作假，经学驾人提出后拒不纠正的；

2. 培训机构未按公示的收费项目、收费标准收取费用，经学驾人提出后拒不纠正的；

3. 培训机构工作人员存在索取、收受学驾人财物或牟取其他利益等不良行为，经学驾人提出后培训机构拒不纠正的；

4. 法律法规规定的其他情形。

（三）有以下情形之一的，培训机构可解除合同：

1. 学驾人存在不得申请《机动车驾驶证》情形的；

2. 学驾人在培训过程中，严重影响教学安全和教学秩序，拒不纠正的；

3. 法律法规规定的其他情形。

（四）解除合同的，培训机构应退回学驾人提交的个人信息资料；未完成理论知识培训的，培训机构应按照学驾人未参加的培训学时，退还相应费用。

第十三条　违约责任

（一）学驾人违约责任

1. 因学驾人提供的证件或信息不真实、不准确、不完整造成后果的，学驾人承担相应责任。

2. 因学驾人迟到、早退等原因造成培训学时不足的，学驾人应按预约学时支付费用，并在后续培训中补足相应学时和费用。

3. 因学驾人原因造成预约成功后不能参加培训的（包括没有成功取消预约的），学驾人应按本次预约培训费用的________%支付违约金。

（二）培训机构违约责任

1. 因培训机构信息录入错误、设备故障等原因造成后果的，培训机构承担相应责任。

2. 因培训机构人员、设备等原因造成学驾人预约培训学时不足的，培训机构应为学驾人提供培训服务补足学时，并免收相应费用。

3. 因培训机构原因造成学驾人不能按预约时段参加培训的，培训机构应免收该预约时段的培训费用，并向学驾人按本次预约培训费用的________%（该比率应不小于学驾人违约责任第3项中的比率）支付违约金。

第十四条　争议的解决

本合同在履行过程中发生争议，双方可协商解决。协商未达成一致的，可通过培训机构所在地机动车驾驶员培训行业协会或消费者协会（消费者权益保护委员会）调解，也可选择以下一种方式：

□1. 向________________仲裁委员会申请仲裁。

□2. 向培训机构所在地有管辖权的人民法院提起诉讼。

第十五条　其他约定

1. ____。

2. ____。

3. ____。

4. ____。

第十六条　补充协议

本合同有未尽事宜的，双方可另行协商并签订补充协议。本合同补充协议、附件与本合同具有同等法律效力。

第十七条　合同生效、份数

本合同一式____份，学驾人执____份，培训机构执____份，自签订之日起生效。

学驾人签名：　　　　　　　　　　　培训机构法定代表人
　　　　　　　　　　　　　　　　　或委托代理人（盖章）：

签订日期：　　年　月　日　　　　　签订日期：　　年　月　日

附件

机动车驾驶培训费用构成明细表

<table>
<tr><th>序号</th><th colspan="2">项目</th><th colspan="2">收费金额</th><th>备注</th></tr>
<tr><td rowspan="3">1</td><td rowspan="3">相关服务费用</td><td>教材费</td><td colspan="2"></td><td></td></tr>
<tr><td>档案材料费</td><td colspan="2"></td><td></td></tr>
<tr><td>人身意外伤害保险费</td><td colspan="2"></td><td>由学驾人自愿选择</td></tr>
<tr><td rowspan="2">2</td><td rowspan="2">理论知识培训</td><td>课堂教学</td><td colspan="2"></td><td rowspan="2">1. 理论知识教学内容包括：“道路交通安全法律、法规和相关知识”和“安全文明驾驶常识”。
2. 课堂教学为________学时（学时单价为________元/学时）；远程网络教学为________学时（学时单价为________元/学时）。</td></tr>
<tr><td>远程网络教学</td><td colspan="2"></td></tr>
<tr><td colspan="3">小计</td><td colspan="2"></td><td></td></tr>
<tr><td rowspan="3">3</td><td rowspan="3">“驾驶模拟”培训</td><td>普通时段</td><td>元/学时</td><td rowspan="3"></td><td rowspan="9">1. 普通时段：
2. 高峰时段：
3. 节假日时段：</td></tr>
<tr><td>高峰时段</td><td>元/学时</td></tr>
<tr><td>节假日时段</td><td>元/学时</td></tr>
<tr><td rowspan="3">4</td><td rowspan="3">“基础和场地驾驶”培训</td><td>普通时段</td><td>元/学时</td><td rowspan="3"></td></tr>
<tr><td>高峰时段</td><td>元/学时</td></tr>
<tr><td>节假日时段</td><td>元/学时</td></tr>
<tr><td rowspan="3">5</td><td rowspan="3">“道路驾驶”训练</td><td>普通时段</td><td>元/学时</td><td rowspan="3"></td></tr>
<tr><td>高峰时段</td><td>元/学时</td></tr>
<tr><td>节假日时段</td><td>元/学时</td></tr>
</table>

安徽省电商平台服务合同

（示范文本）①

使用说明

一、本合同为示范文本，供安徽省行政区域内电子商务平台经营者与平台内经营者签订服务合同时参照使用。

二、专业术语解释：

电子商务平台经营者是指在电子商务中为交易各方提供网络经营场所、交易撮合、信息发布等服务，供交易各方独立开展交易活动的法人或者非法人组织。

平台内经营者是指通过电子商务平台销售商品或者提供服务的电子商务经营者。

账号是指平台内经营者在使用电子商务平台服务的过程中须使用的用户名和密码，用于登录平台网站及客户端。

平台使用是指由电子商务平台经营者或其关联方利用开发或经营的网络平台，为平台内经营者开展网络交易活动提供的服务。

消费者权益保证金是指电子商务平台经营者与平台内经营者依据法律法规规定协议设立，用于保障消费者权益而向平台内经营者预先收取的款项。

三、合同签订前，双方当事人应了解相关法律法规，认真阅读本合同全部条款。当事人对合同条款理解发生争议时，应按照有关法律法规规定对条款进行解释。

四、双方当事人可以结合具体情况选择本合同条款中所提供的选择项。选择同意的，在选择项前的□打√。对于实际情况未发生或合同双方不作约定的，应当在选择项前的□打×，以示删除。相关条款空格处供双方自行约定或者补充约定。

五、双方当事人可以根据实际情况以签订补充协议的形式对本示范文本内容进行补充，但补充的内容不得与相关法律法规相冲突。

六、双方当事人订立和履行合同，适用《中华人民共和国合同法》《中华人民共和国电子商务法》《中华人民共和国电子签名法》等法律法规的规定。

七、本示范文本由安徽省市场监督管理局制定、发布。

甲方：【电子商务平台经营者】（以下简称“甲方”）

____

□法定代表人/□负责人：________________________

统一社会信用代码：____________________________

---

① 安徽省市场监督管理局制定，自2019年11月1日起施行。

联 系 人：____
联系地址：____
联系电话：____
电子邮箱：____

乙方：【平台内经营者】（以下简称“乙方”）

____
□法定代表人/□负责人/□自然人：__________________________
□统一社会信用代码：______________________________
□个体工商户注册号：______________________________
□身份证号码：____________________________________
联系人：____
联系地址：____
联系电话：____
电子邮箱：____

为规范电子商务经营行为，维护各方当事人合法权益，根据《中华人民共和国合同法》《中华人民共和国电子商务法》《中华人民共和国电子签名法》等法律法规规定，经甲乙双方共同协商，在平等自愿的基础上，订立本合同。

第一条　服务内容

□平台使用

□技术服务

□其他______________

第二条　服务开通

（一）服务开通时间

□甲乙双方签订书面协议的，经双方签字或盖章后，由甲方开通服务并通知乙方。

□甲乙双方在线达成协议的，由乙方按照规定提交相关资质资信信息，甲方经审核通过后开通服务并通知乙方。

（二）甲方向乙方提供平台账号，并负责平台使用的日常维护、技术支持，保障平台使用的正常运行和安全。

（三）乙方应妥善保管账号，不得出借、转让或用作其他用途。乙方未妥善保管账号而造成的损失，由乙方承担。

第三条　资质资信

（一）甲方应为依法办理市场主体登记及依法应当取得其他行政许可并有效存续的法人或非法人组织。

（二）除法律法规另有规定的，乙方应为依法办理市场主体登记及依法应当取得其他行政许可并有效存续的法人、非法人组织或自然人。

（三）乙方为法人、非法人组织的须提交依据法律、行政法规规定其经营业务所必需的文件或证明并加盖乙方公章或签字，包括但不限于营业执照、行政许可证、开户银行证明、商标注册证、商标使用授权书、质检报告、报关单、检验检疫证书、产品来源地证明、法人、非法人组织法定代表人（负责人）身份证明等。

乙方为自然人的应提交真实有效身份证明等相关文件和证明。

文件或证明发生变更的，乙方应及时通知甲方并提交更新后的文件或证明。

（四）乙方依法无须办理市场主体登记的情形：

□个人销售自产农副产品；

□个人销售家庭手工业产品；

□个人利用自己的技能从事依法无须取得许可的便民劳务活动；

□零星小额交易活动；

□依照法律、行政法规不需要进行登记的。

第四条　服务期限

服务期限自______年____月____日起至______年____月____日止。

第五条　服务费用

（一）□佣金

1. □固定金额方式：

□______元/月；□______元/季；□______元/年。

乙方应于合同签订后______日内向甲方支付。

2. □浮动费率方式：

□订单销售款的______%。□按订单销售款实时结算/□按甲乙双方约定的结算期订单销售款______元为参照基数，据实结算。

（1）甲方代为收款的，在结算期（□月/□季/□年）满______日内在乙方订单销售款中扣除。

（2）乙方直接收款的，在结算期（□月/□季/□年）满______日内向甲方指定账户支付。

3. □置换等其他方式：

补充条款____
____。

（二）□技术服务费

1. □固定金额方式：

□______元/月；□______元/季；□______元/年。

乙方应于合同签订后______日内向甲方支付。

2. □浮动费率方式：

□订单销售款的______%。□按订单销售款实时结算/□按甲乙双方约定的结算期订单销售款______元为参照基数，据实结算。

（1）甲方代为收款的，在结算期（□月/□季/□年）满______日内在乙方订单销售款中扣除。

（2）乙方直接收款的，在结算期（□月/□季/□年）满______日内向甲方指定账户支付。

3. □置换等其他方式：

补充条款____。

（三）□其他费用______________

1. □固定金额方式：

□______元/月；□______元/季；□______元/年。

乙方应于合同签订后______日内向甲方支付其他费用。

2. □浮动费率方式：

□订单销售款的______%。□按订单销售款实时结算/按甲乙双方约定的结算期订单销售款______元为参照基数，据实结算。

（1）甲方代为收款的，在结算期（□月/□季/□年）满______日内在乙方订单销售款中扣除。

（2）乙方直接收款的，在结算期（□月/□季/□年）满______日内向甲方指定账户支付。

3. □置换等其他方式：

补充条款____。

第六条　结算支付

结算支付以下费用以【人民币】作为结算货币。

乙方应付款=□佣金+□技术服务费+□其他费用。

补充条款____。

（一）□乙方直接收款的，按照约定支付应付款至甲方指定收款账户。

补充条款____。

甲方指定收款账户信息如下：

账户名称：____

开户银行：____

收款账号：____

（二）□甲方代为收款的，按照约定在结算期满______日内支付结算款至乙方指定收款账户。

结算款=订单销售款-乙方应付款。

补充条款____。

乙方指定收款账户信息如下：

账户名称：____

开户银行：____

收款账号：____

（三）□置换等其他支付方式____________

补充条款____。

（四）当出现销售退回等原因造成退款时，如甲乙双方存在未结算款项的，可以从未结算款项中直接扣减；如甲乙双方款项已经结清，一方应当协助另一方进行退款，并将应退的款项划入指定账户并处理后续工作。

第七条　消费者权益保证金

甲乙双方经协商：□设立/□不设立消费者权益保证金（以下简称保证金）。

设立保证金的，双方约定如下：

（一）经甲乙双方协商一致，乙方向甲方缴纳保证金______元（大写________________），仅用于支付因乙方责任给予消费者的赔付及损害赔偿。

（二）甲方应设立专项账户并严格管理保证金，按照银行同期存款利率计算保证金的利息。

甲方专项账户信息如下：

账户名称：____

开户银行：____

收款账号：____

（三）甲方使用乙方的保证金支付因乙方责任给予消费者的赔付及损害赔偿，应以书面方式（包括但不限于电子邮件、传真、平台内通知等）通知到乙方，并在书面通知中说明赔付及损害赔偿的原因、依据及金额。

（四）如保证金不足以支付时，乙方应自行支付额外的款项；如甲方就乙方应承担的责任向消费者支付了超出保证金数额的款项，甲方应及时通知乙方并有权向乙方追偿。

（五）乙方应当自收到甲方补交保证金通知之日起______日内补足保证金。

（六）合同期满后，保证金按照如下处理：

1. □合同续期的，自动结转至下一周期；

2. □合同终止的，在保证金所担保事项了结后，如保证金未使用的，甲方应将保证金及利息足额退还至乙方指定收款账户；如有使用的，甲方应将剩余保证金及利息足额退还至乙方指定收款账户。

第八条　甲方的权利义务

（一）甲方有权依据平台服务合同和交易规则对乙方违反法律法规的行为实施警示、暂停或者终止服务等措施，并及时公示。

（二）甲方有权在接到知识产权权利人侵权通知及初步证据后，及时采取删除、屏蔽、断开链接、终止交易和服务等必要措施处置侵权行为，并将该通知及初步证据转送乙方。甲方应及时将乙方提交附有不存在侵权行为的声明转送发出通知的知识产权权利人，在声明到达知识产权权利人后十五日内，未收到权利人已经投诉或起诉通知的，应及时终止所采取的措施并告知乙方。应建立知识产权保护规则，依法保护知识产权。

（三）甲方应采取相关技术措施和其他必要措施以保证其网络安全、稳定运行，防范网络违法犯罪活动，有效应对网络安全事件，保障电子商务交易安全。

（四）甲方应提示未办理市场主体登记的乙方依法办理登记，并配合市场监督管理部门，针对电子商务的特点，为应当办理市场主体登记的乙方办理登记提供便利。应对乙方报送的信息进行核验、登记，建立登记档案，并定期核验更新。

（五）甲方修改平台服务合同和交易规则，应当在其首页显著位置公开征求意见，采取合理措施确保乙方能够及时充分表达意见，且修改内容应当至少在实施前七日予以公示。

（六）甲方应建立健全信用评价制度，公示信用评价规则，提供对平台内销售的商品或者提供的服务进行评价的途径。

（七）法律法规规定的其他权利义务。

第九条　乙方的权利义务

（一）乙方有权不接受甲方擅自提出的平台服务合同和交易规则的修改内容，因此要求退出平台的，甲方不得阻止，并按照修改前的平台服务合同和交易规则承担相应责任。

（二）乙方有权在接到甲方转送的知识产权权利人认为其知识产权受到侵害的通知时提交附有不存在侵权行为证据的声明。在甲方将该声明及时转送到知识产权权利人后十五日内，未收到权利人已经投诉或起诉通知的，乙方有权要求甲方及时终止所采取的措施。

（三）乙方应向甲方提供申请进入平台销售商品或者提供服务的身份、地址、联系方式、行政许可等真实有效信息。

（四）乙方应在其首页显著位置，持续公示营业执照信息、与其经营业务有关的行政许可信息、依法不需要办理市场主体登记情形等信息，或者上述信息的链接标识。信息发生变更的应及时更新公示信息。

（五）乙方应全面、真实、准确、及时地披露商品或者服务信息，保障消费者的知情权和选择权。不得以虚构交易、编造用户评价等方式进行虚假或者引人误解的商业宣传，欺骗、误导消费者。

（六）乙方销售的商品或者提供的服务应当符合保障人身、财产安全的要求和环境保护要求，不得销售或者提供法律、行政法规禁止交易的商品或者服务。

（七）法律法规规定的其他权利义务。

第十条　合同的变更、解除和续期

（一）甲乙双方协商一致，可以变更合同。法律、行政法规规定变更合同应当办理批准、登记等手续的，依照其规定。

（二）合同有效期间，因不可抗力影响合同履行时，甲、乙双方可以依法解除合同，甲方已收取的乙方应付款费用按照以下处理：

1. 因不可抗力致使合同全部不能履行的，甲方在扣除应收取（实际发生）的费用后，将剩余部分退还给乙方；

2. 因不可抗力致使合同部分履行的，由甲乙双方协商确定费用调整。

（三）合同期满：

1. 需要续期的，乙方应在合同期满前______日内向甲方提出申请，经甲乙双方协商确定续期。

补充条款____。

2. 乙方不再申请续期的，其依法应向消费者承担的售后服务及产品保证责任不得免除。

第十一条　违约责任

（一）甲方违约责任

1. 除不可抗力外，甲方未按照约定时间向乙方开通服务，逾期______日，甲方向乙方支付违约金______元。

2. 除不可抗力外，甲方未按照约定时间向乙方支付结算款，逾期______日，甲方向乙方支付违约金______元。

（二）乙方违约责任

除不可抗力外，乙方未按照约定时间向甲方支付应付款，逾期______日，乙方向甲方支付违约金______元。

（三）其他违约责任

违反本合同其他约定，违约方须向守约方支付违约金______元。

补充条款：____

第十二条　保密

（一）甲乙双方为执行本合同提供给对方的任何技术及商业信息等，除信息提供方明确表示该信息为非保密信息，均构成甲乙双方的保密信息。未经信息提供方同意，信息接受方不得泄露、出售或者非法向他人提供上述保密信息。

（二）甲方依照《电子商务法》等相关法律法规向有关主管部门报送乙方相关信息（包括但不限于身份信息、纳税相关信息、交易信息等）不属于违反本条保密条款。

（三）本条保密义务属于本协议履行的法定附随义务，在本合同终止后，上述的保密条款所涉及的义务并不因为本合同的终止而免除。

第十三条　合同争议的解决方式

本合同在履行过程中发生的争议，甲乙双方当事人可以通过协商和解，请求相关行业协会、依法成立的调解组织等调解，提请仲裁，或者提起诉讼等方式解决。协商不成的，双方约定采用如下方式解决：

（一）□向＿＿＿＿＿＿仲裁委员会申请仲裁。

（二）□向＿＿＿＿＿＿人民法院提起诉讼。

第十四条　附则

（一）本合同未尽事宜，经甲乙双方协商一致后可以签订补充协议。补充协议与本合同具有同等法律效力。

补充条款（可另附件）：＿＿＿＿＿＿＿＿＿＿＿＿＿＿＿＿＿＿＿＿＿＿＿＿＿＿

＿＿＿＿＿＿＿＿＿＿＿＿＿＿＿＿＿＿＿＿＿＿＿＿＿＿＿＿＿＿＿＿＿＿＿＿＿＿

＿＿＿＿＿＿＿＿＿＿＿＿＿＿＿＿＿＿＿＿＿＿＿＿＿＿＿＿＿＿＿＿＿＿＿＿＿＿

（二）甲乙双方均承诺遵守相关法律法规、互联网技术规范和安全规范等。

（三）甲乙双方使用自动信息系统订立或者履行合同的行为对双方当事人具有法律效力。

（四）甲乙双方同意以电子签章方式签订本合同电子版的，不得以此为由拒绝履行本合同项下的义务。

（五）甲乙双方采用书面纸质形式订立合同的，应当在合同书上签字或者盖章或者摁手印。

本合同纸质版一式＿＿＿份。甲方执＿＿＿份，乙方执＿＿＿份。

甲方【电子商务平台经营者】
（签字或盖章）

甲方委托代理人：＿＿＿＿
（签字或盖章）

签订地点：＿＿＿＿＿＿
网址：＿＿＿＿＿＿＿＿
签订时间：　　年　月　日

乙方【平台内经营者】
（签字或盖章）

乙方委托代理人：＿＿＿＿
（签字或盖章）

签订地点：＿＿＿＿＿＿
网址：＿＿＿＿＿＿＿＿
签订时间：　　年　月　日

第十章　行纪合同

一、签约须知

1. 行纪合同应当具备以下主要条款：（1）合同主体，即委托人与行纪人的名称（姓名）以及所在单位、职务（职业）、地址、联系方式等项目；（2）委托事项，例如代购、代销或者寄售某一商品；（3）委托人对行纪事项的具体要求，如果是代购、代销商品，应当明确商品的名称、种类、质量、规格、型号、数量等；（4）价格，即行纪的货物或者劳务的价格；（5）酬金；（6）保管责任，即行纪人在购销货物时要承担妥善保管货物的责任；（7）违约责任；（8）纠纷解决方式。

2. 行纪人以自己的名义、将自己作为合同相对人，从而完成行纪事务，被称为自我交易。行纪人为了谋取不正当利益，低价卖出、高价买入，损害了委托人的利益。在订立行纪合同时，需要对此加以防范。

3. 行纪人可能在未取得委托人同意的情况下，将委托物交第三人保管，给委托人的利益造成损失。例如，行纪人将委托物移交委托人的竞争对手保管，使委托人的商业秘密被泄露。

4. 现实中常出现委托人外出时，行纪人以无法与委托人取得联系为借口，与第三人恶意串通，以低价出售商品，从而损害委托人利益的情况。所以，在签订行纪合同中，要针对这种风险作出约定。

二、重点法条

《民法典》第三编第二分编第二十五章行纪合同

第九百五十一条　行纪合同是行纪人以自己的名义为委托人从事贸易活动，委托人支付报酬的合同。

第九百五十二条　行纪人处理委托事务支出的费用，由行纪人负担，但是当事人另有约定的除外。

第九百五十三条　行纪人占有委托物的，应当妥善保管委托物。

第九百五十四条　委托物交付给行纪人时有瑕疵或者容易腐烂、变质的，经委托人同意，行纪人可以处分该物；不能与委托人及时取得联系的，行纪人可以合理处分。

第九百五十五条　行纪人低于委托人指定的价格卖出或者高于委托人指定的价格

买入的，应当经委托人同意；未经委托人同意，行纪人补偿其差额的，该买卖对委托人发生效力。

行纪人高于委托人指定的价格卖出或者低于委托人指定的价格买入的，可以按照约定增加报酬；没有约定或者约定不明确，依据本法第五百一十条的规定仍不能确定的，该利益属于委托人。

委托人对价格有特别指示的，行纪人不得违背该指示卖出或者买入。

第九百五十六条　行纪人卖出或者买入具有市场定价的商品，除委托人有相反的意思表示外，行纪人自己可以作为买受人或者出卖人。

行纪人有前款规定情形的，仍然可以请求委托人支付报酬。

第九百五十七条　行纪人按照约定买入委托物，委托人应当及时受领。经行纪人催告，委托人无正当理由拒绝受领的，行纪人依法可以提存委托物。

委托物不能卖出或者委托人撤回出卖，经行纪人催告，委托人不取回或者不处分该物的，行纪人依法可以提存委托物。

第九百五十八条　行纪人与第三人订立合同的，行纪人对该合同直接享有权利、承担义务。

第三人不履行义务致使委托人受到损害的，行纪人应当承担赔偿责任，但是行纪人与委托人另有约定的除外。

第九百五十九条　行纪人完成或者部分完成委托事务的，委托人应当向其支付相应的报酬。委托人逾期不支付报酬的，行纪人对委托物享有留置权，但是当事人另有约定的除外。

第九百六十条　本章没有规定的，参照适用委托合同的有关规定。

三、典型案例

行纪人能否拍卖标的物抵债?

某瓷器厂与某商场签订合同，由商场代售该厂生产的瓷器500件，价格由瓷器厂决定，同时该厂支付总价款的10%作为报酬。由于瓷器厂的瓷器价格过高、质量一般，6个月过去了，仍未售出。商场便通知瓷器厂取回货物并支付报酬，瓷器厂仍不予理睬。6个月后，商场再次要求瓷器厂取回并支付报酬，否则，2个月后将拍卖瓷器。瓷器厂仍不予理睬。2个月后，商场将瓷器拍卖，扣除报酬后，将剩余款项汇给瓷器厂。该厂以商场擅自拍卖其货物，对其造成重大损失为由，向法院提起诉讼。

一般来讲，委托物拍卖的构成要件有以下几点：1. 依照诚实信用原则委托物不能卖出，委托人已收到行纪人的通知或委托人已知悉委托物不能卖出，并且行纪人无继续保管之义务。2. 委托人知悉委托物不能卖出或撤回出卖委托之后，不在合理期限内取回或处分其物。3. 标的物不适于提存或提存费用过高的。由于瓷器体积较大且易碎，所花提存费用较高，故商场的依法拍卖瓷器是合适的。

买方不支付货款，卖方能否向行纪人索取？

甲商场委托乙公司代购热水器3000台。甲乙双方在合同中约定，乙方与供货厂家成交后，由乙方通知甲方直接向供货厂家支付货款，甲方在乙方收货后向乙方支付报酬8000元。乙方随后找到厂家丙方，与其签订了热水器买卖合同，规定由丙方提供热水器3000台，并于乙方收到货物后立即支付价款20万元。

不久，丙方在合同规定的期间内向乙方交付了热水器，乙方在收到货物之后，立即通知甲方向丙方付款，并向自己支付报酬。甲方收到通知后，向乙方支付了报酬8000元，并取走货物，却未向丙方支付价款。丙方由于一直未收到货款，遂要求乙方支付货款并承担迟延履行的违约责任。乙方则称：依照与甲方签订的行纪合同，它无向丙方付款的义务，自己并未违约，丙方应向甲方主张权利。丙方遂提起诉讼。

《民法典》第九百五十八条第一款规定："行纪人与第三人订立合同的，行纪人对该合同直接享有权利、承担义务。"由于本案乙方与丙方订立合同的同时，丙方并不知道乙方的行为系代理行为，因而乙方与甲方之买卖合同不能约束丙方。因此，丙方为维护自己的合法权益应向乙方主张权利。而乙方则可依据行纪合同之规定，以甲方未履行向第三人付款之义务为由向甲方行使追索权。因此，本案中，丙方有权向乙方索取货款，乙方则应向甲方要求履行合同。

四、示范文本

GF—2000—1101

行 纪 合 同

（示范文本）①

合同编号：____________

行纪人：____________　　签订地点：____________

委托人：____________　　签订时间：______年______月______日

第一条 委托人委托行纪人买入（卖出）的货物、数量、价格：

① 国家市场监督管理总局（原国家工商行政管理总局）2000年9月22日发布。

货物名称	商标或品牌	规格型号	生产厂家	计量单位	数量	单价	金额	质量标准	包装要求
合计人民币金额（大写）：									

（注：空格如不够用，可以另接）

第二条 委托人将委托卖出的货物交付行纪人的时间、地点、方式及费用负担：

____

第三条 行纪人将买入的货物交付给委托人的时间、地点、方式及费用负担：___

____

第四条 委托人与行纪人结算货款的方式、地点及期限：________________

____

第五条 报酬的计算方式及支付期限：________________________

____

第六条 行纪人以高于委托人指定的价格卖出货物时，报酬的计算方法：______

____

行纪人以低于委托人指定的价格买入货物时，报酬的计算方法：____________

____

第七条 委托人委托行纪人处理委托事务的期限为：________________

____

第八条 本合同解除的条件：____________________________

____

第九条 委托人未向行纪人支付报酬或货物的，行纪人（是/否）可以留置货物。

第十条 违约责任：________________________________

____

第十一条 合同争议的解决方式：本合同在履行过程中发生的争议，由双方当事人协商解决；也可由当地市场监督管理部门（原工商行政管理部门）调解；协商或调解不成的，按下列第____种方式解决：

（一）提交__________________仲裁委员会仲裁；

（二）依法向人民法院起诉。

第十二条 其他约定事项：______________________________

____

第十三条 本合同未作规定的，按《中华人民共和国合同法》的规定执行。

委 托 人	行 纪 人	鉴（公）证意见：
委托人：（章） 住所： 法定代表人： 居民身份证号码： 委托代理人： 电话： 开户银行： 账号： 邮政编码：	行纪人：（章） 住所： 法定代表人： 居民身份证号码： 委托代理人： 电话： 开户银行： 账号： 邮政编码：	（公）证机关（章） 经办人： 年　月　日

监制部门：　　　　　　　　　　印制单位：

GF—2000—1102

商品代销合同

（示范文本）[①]

合同编号：____________

委托人：____________　　签订地点：____________

代销人：____________　　签订时间：______年______月______日

第一条　代销商品、数量、价格

商品名称	商标品牌	规格型号	生产厂家	计量单位	数量	单价
合计人民币金额（大写）：						

（注：空格如不够用，可以另接）

第二条　代销商品的质量标准：____________________

第三条　代销商品的交付时间、地点、方式及费用负担：____________________

____

第四条　代销期限：从______年______月______日至______年______月______日。

① 国家市场监督管理总局（原国家工商行政管理总局）2000年9月22日发布。

第五条　代销期限终止后，未售出的代销商品的处理：____________________

____

第六条　代销商品报酬的计算方法是：____________________________

____

第七条　报酬、货款的结算（可按下列方式选择，未选择的划掉）

1. 已售商品的价款每月______日结算一次，代销人的相应报酬从价款中扣除。最后一批代销商品价款与报酬在代销期限终止时结清；

2. 已售商品达百分之______时，代销人与委托人结算一次价款，相应报酬从价款中扣除。最后一批代销商品价款与报酬在代销期限终止时结清；

3. ____。

第八条　本合同解除的条件：________________________________

____

第九条　违约责任：____

____

第十条　合同争议的解决方式：本合同在履行过程中发生的争议，由双方当事人协商解决；协商不成的，按下列第______种方式解决：

（一）提交____________________仲裁委员会仲裁；

（二）依法向人民法院起诉。

第十一条　其他约定事项：____________________________________

____

委托人	代销人
委托人名称：（章）	代销人名称：（章）
住所：	住所：
法定代表人：	法定代表人：
委托代理人：	委托代理人：
居民身份证号码：	居民身份证号码：
电话：	电话：
开户银行：	开户银行：
账号：	账号：
邮政编码：	邮政编码：

监制部门：　　　　　　　　　　印制单位：

中国福利彩票代销合同

（示范文本）①

甲方（委托方）：________________（福利彩票销售机构名称）
法定代表人：
职务：
住所：
委托代理人：
身份证号码：
通信地址：
电话：
传真：
邮编：

乙方（受托方为自然人用）：________________
身份证号码：
户口所在地：
住所：
通信地址：
电话：
邮编：

乙方（受托方为法人用）：________________
法定代表人：
职务：
住所：
委托代理人：
身份证号码：
通信地址：
电话：
传真：
邮编：

① 民政部2012年8月30日发布。

甲、乙双方根据《中华人民共和国合同法》《彩票管理条例》《彩票管理条例实施细则》等相关法律法规和省级以上人民政府财政部门、民政部门以及国务院民政部门设立的福利彩票发行机构制定的有关彩票管理政策和规定、规范，本着平等自愿、诚实信用的原则，就乙方代理销售中国福利彩票（以下简称“福利彩票”）事宜签订本合同。具体内容约定如下：

第一条　委托事项

甲方委托乙方在________省（自治区、直辖市）________市________区（县）____________（具体地点）设立福利彩票销售站点，代销____________（具体品种）福利彩票。

第二条　委托期限

乙方代销福利彩票的期限为______年，自______年____月____日起，至______年____月____日止。

第三条　代销费用

甲方按照双方的约定，向乙方支付福利彩票销售额____%的代销费。

第四条　甲方的权利

（一）甲方有权要求乙方遵守《彩票管理条例》《彩票管理条例实施细则》等相关法规、规章和省级以上人民政府财政部门、民政部门以及国务院民政部门设立的福利彩票发行机构制定的有关彩票管理政策和规定、规范；

（二）甲方有权根据相关规定及委托事项对乙方销售福利彩票的行为进行监督、检查；

（三）甲方有权根据国家政策调整和彩票市场发展需要，调整代销费比例；

（四）甲方有权向乙方收取押金或者保证金，押金或者保证金不计利息；

（五）甲方有权对乙方拖欠的福利彩票销售款、其他应缴费用和因乙方原因造成甲方提供的福利彩票销售设备故障、损坏或者丢失产生的损失，从其押金或者保证金中予以扣除。

第五条　甲方的义务

（一）甲方应按本合同第三条约定向乙方支付福利彩票代销费；

（二）甲方与乙方签订福利彩票代销合同后，应在____个工作日内，向乙方发放福利彩票代销证，并提供相应的合格福利彩票销售设备供乙方使用。甲方提供的福利彩票销售设备所有权归甲方所有；

（三）甲方接到乙方福利彩票销售专用设备发生故障的报修申请后，应及时响应，并予以维修。经维修后仍不能正常使用的，应予更换；

（四）甲方应对乙方的福利彩票销售员进行上岗前培训，经考核合格后准予其上岗；

（五）甲方应在合同权利义务终止、收回甲方提供的可正常使用的福利彩票销售设备和福利彩票代销证、结清有关款项后，在____个工作日内退还乙方押金或者保证金。

第六条 乙方的权利

（一）乙方有权按本合同第三条约定取得代销费；

（二）合同权利义务终止且乙方无违约情形，乙方交还甲方提供的可正常使用的福利彩票销售设备和福利彩票代销证、结清有关款项后，有权向甲方要求返还所交纳的押金或者保证金；

（三）乙方有权在合同履行期间，对甲方提供的销售设备以及宣传品，按照有关规定和本合同约定的用途、方式，合理使用。

第七条 乙方的义务

（一）乙方应当遵守《彩票管理条例》《彩票管理条例实施细则》等相关法规、规章和省级以上人民政府财政部门、民政部门以及国务院民政部门设立的福利彩票发行机构制定的有关彩票管理政策和规定、规范；

（二）乙方销售福利彩票后，应及时向甲方交纳福利彩票销售款，或者按照与甲方约定的预存款交款方式或实时交款方式，及时结交福利彩票销售款；

（三）乙方应当向甲方交纳押金或者保证金，押金或者保证金不计利息。押金或者保证金金额不足时，乙方应当及时予以补足；

（四）乙方应当维护福利彩票的形象，不得侵犯甲方的名誉权、知识产权；

（五）乙方销售福利彩票，应当妥善保管甲方发放的福利彩票代销证，将其置于彩票销售场所的显著位置，不得转借、出租、出售；设置福利彩票标识；张贴福利彩票发行宗旨的宣传标语、针对非理性购买彩票的提示标语、不得向未成年人销售彩票和兑奖的警示标语；公示开奖结果；承担兑奖义务并回收兑奖彩票，防止流失已兑奖彩票；

（六）乙方必须按照彩票游戏规则和兑奖操作规程兑奖。应当以人民币现金形式向彩票中奖者一次性兑付彩票中奖奖金，不得以实物形式兑付，不得分期多次兑付；

（七）乙方有义务对彩票中奖者个人信息予以保密，未经彩票中奖者本人同意，不得泄露彩票中奖者身份特征信息；不得违背彩票中奖者本人意愿，以任何理由和方式要求彩票中奖者捐赠中奖奖金或者变相捐赠中奖奖金；

（八）乙方有义务对销售的福利彩票票面的完整性予以审核，不得销售票面信息不完整的福利彩票；

（九）乙方应当规范使用、维护甲方提供的福利彩票销售设备，不得转借、出租、出售甲方提供的福利彩票销售设备，不得擅自改变甲方提供的福利彩票销售设备用途，不得拆卸甲方提供的福利彩票销售设备或更换其零部件；不得查阅、修改、复制、删除甲方提供的福利彩票销售设备装载的程序和有关数据文件，或者安装、运行其他程序和文件；不得擅自外接设备。甲方提供的福利彩票销售设备出现故障、损坏或者丢失，乙方应当在____个小时内告知甲方；

（十）乙方应按甲方制定的福利彩票销售站点规范化建设的要求建设销售站点。未经甲方书面同意，乙方不得擅自迁移销售站点；

（十一）乙方福利彩票销售人员须接受甲方组织的上岗前培训，并取得福利彩票销售资格。如乙方更换福利彩票销售人员，应当提前____个工作日以书面形式通知甲方；

（十二）乙方及其销售人员应当参加甲方组织的与其销售福利彩票行为相关的会议、培训及活动；

（十三）乙方销售福利彩票，不得有本合同约定之外的其他彩票销售行为；

（十四）乙方不得无正当理由中止销售福利彩票，不得变更或者变相变更福利彩票面额销售，不得以赊销、信用方式销售福利彩票；

（十五）乙方不得向未成年人销售福利彩票和兑奖；

（十六）乙方如果提前解除合同，应当向甲方送交书面申请，经甲方书面同意后方能停止销售福利彩票，并按规定办理有关手续；

（十七）福利彩票代销合同权利义务终止后____个工作日内，乙方应当将甲方提供的福利彩票销售设备、福利彩票代销证退还甲方，并保证退还的福利彩票销售设备能正常使用。

第八条　甲方的违约责任

（一）甲方未按约定向乙方支付代销费的，每迟延一日，应当额外向乙方支付拖欠费用的____‰作为违约金，最高不超过____%。违约金达到拖欠费用15%的，乙方有权解除合同并要求甲方支付所欠费用及违约金；

（二）乙方使用甲方提供的福利彩票销售专用设备出现故障并向甲方报修后，甲方拒绝维修或经维修仍无法正常使用且不更换可以正常使用的销售设备达到____天的，乙方有权解除合同并要求甲方支付违约金。违约金支付具体事宜由甲乙双方另行约定；

（三）甲方在合同权利义务终止、收回甲方提供的福利彩票销售设备和福利彩票代销证、结清有关款项____个工作日内，未向乙方退还押金或者保证金的，每迟延一日，应额外向乙方支付拖欠费用的____‰作为违约金，最高不超过____%。

第九条　乙方的违约责任

（一）因乙方原因造成甲方提供的福利彩票销售设备故障、损坏或者丢失的，由乙方承担维修费用或照价赔偿责任，乙方应按甲方要求赔偿损失；

（二）乙方未按甲、乙双方约定交纳福利彩票销售款、押金或者保证金的，每迟延一日，应额外支付拖欠金额的____‰作为违约金，最高不超过____%；

（三）乙方有下列情形之一，经甲方提出____天后拒不改正，甲方有权责令乙方暂停销售福利彩票并进行限期整改：

1. 对彩票中奖者，未以人民币现金形式一次性兑付彩票中奖奖金，或者无故拒绝兑奖、拖延兑奖的，或者违背彩票中奖者本人意愿，以任何理由和方式要求彩票中奖者捐赠中奖奖金或变相捐赠中奖奖金的，或者泄露彩票中奖者个人信息但未造成严重后果的；

2. 未按规定期限交纳福利彩票销售款及其他应缴费用的；

3. 无正当理由连续或者累计停止销售福利彩票，一年内达到____天的；

4. 未按规定设置福利彩票代销证、福利彩票标识的；

5. 未按规定张贴福利彩票发行宗旨的宣传标语、针对非理性购买彩票的提示标语、不得向未成年人销售彩票和兑奖的警示标语的；

6. 私自更换销售人员，或者销售人员未取得销售资格而销售福利彩票的；

7. 无正当理由不参加由甲方组织的与乙方销售福利彩票行为相关的会议、培训及活动的；

8. 以赊销、信用方式销售福利彩票的；

9. 以诋毁同业者等手段进行不正当竞争的；

10. 具有其他应当限期进行整改的情况的。

乙方整改后经甲方认定具备销售条件的，可以重新恢复福利彩票销售资格。

（四）乙方有包括但不限于下列情形之一的，甲方有权取消乙方福利彩票代销资格，并以书面形式通知乙方解除本合同，自通知到达乙方之日起合同解除。甲方有权视损失情况扣除乙方的押金或者保证金：

1. 向未成年人销售福利彩票和兑奖的；

2. 以误导、欺骗方式销售福利彩票的；

3. 设立分销站点，或者转让、转租、转借销售站点的；

4. 转借、出租、出售福利彩票代销证的；

5. 销售本合同约定之外的其他彩票的；

6. 通过手机、互联网等超出福利彩票机构规定范围和方式销售福利彩票的；

7. 变更或者变相变更彩票面额进行销售，或者销售已经作废的福利彩票的；

8. 未按批准的地址设立销售站点，或擅自迁移销售站点的；

9. 转借、出租、出售甲方提供的福利彩票销售设备，或者擅自改变甲方提供的福利彩票销售设备用途，或者拆卸甲方提供的福利彩票销售设备或更换其零部件，或者查阅、修改、复制、删除甲方提供的福利彩票销售设备装载的程序和有关数据文件，或者安装、运行其他程序和文件，或者擅自外接设备的；

10. 泄露彩票中奖者个人信息造成严重后果的；

11. 进行虚假性、误导性宣传的；

12. 有损害福利彩票形象的言行的。

第十条　合同的终止

（一）合同期满自然终止；

（二）双方协商一致的，可以提前解除本合同；

（三）因国家法律、法规、政策调整或根据彩票市场发展需要，甲方需调整代销费比例或变更代销合同条款，乙方不予认可的，乙方可以单方解除本合同；

（四）乙方有包括但不限于第九条第四款所列情形之一的，甲方可以单方解除本合同；

（五）因乙方自然人死亡、丧失民事行为能力或者法人破产、被吊销营业执照的，本合同解除。

第十一条　特别约定

（一）乙方在履行本合同期间，因其他违法行为受到相应行政机关的行政处罚或者被追究刑事责任的，甲方有权解除本合同；

（二）因自然灾害等不可抗力事件导致本合同不能继续履行的，双方互不承担违约责任。但遭受不可抗力一方应在不可抗力事由消失后及时通知对方，并采取必要的措施，减少损失；

（三）因电力、通信等非甲乙双方的原因造成不能正常销售福利彩票的，双方互不承担责任；

（四）由于非甲方原因造成乙方及第三方人身伤害或者财产损失的，甲方不承担责任；

（五）因国家法律、法规、政策调整导致本合同不能继续履行或者解除的，双方互不承担违约责任；

（六）因履行本合同发生争议的，双方应协商解决。协商不成的，应向甲方所在地人民法院提起诉讼。

第十二条　其他

（一）甲方与乙方均应遵守法律法规、规章制度和省级以上人民政府财政部门、民政部门以及国务院民政部门设立的福利彩票发行机构制定的有关彩票管理的政策和规定、规范，严格履行本合同。如本合同的条款与上述法律法规、规章制度和政策规定不一致的，以上述法律法规、规章制度和政策规定为准；

（二）对本合同未尽事宜及对本合同部分条款的变更，双方可另行签订补充协议，补充协议与本合同具有同等法律效力；

（三）《中国福利彩票代销申请书》作为本合同附件，与本合同具有同等法律效力；

（四）甲乙双方通信地址等联系方式发生变化的，应于变化后的____日内通知对方，否则按原通信地址等联系方式进行的联系，视为送达；

（五）乙方符合甲方有关福利彩票销售场所条件的，双方签字、盖章。本合同自双方签字、盖章之日起生效，一式____份，双方各执____份，具有同等法律效力。

甲方：____（福利彩票销售机构名称）
法定代表人（签字）：
委托代理人（签字）：
甲方公章
签订地点：
年 月 日

乙方（自然人或法定代表人）（签字）：
委托代理人（签字）：
乙方印鉴或者公章
签订地点：
年 月 日

附件：《中国福利彩票代销申请书示范文本》

附件：

中国福利彩票代销申请书示范文本

申请人（自然人）姓名：______性别：____出生日期：__________

身份证号码：____________________________

家庭地址及邮编：________________________

住宅电话：______________________________

移动电话：______________________________

电子邮件：______________________________

申请人（单位）名称：____________________

法定代表人或负责人：____________________

单位地址及邮编：____________________

联系人姓名：________办公电话：________移动电话：________

一、申请事项

申请设立福利彩票销售场所地址：

申请销售福利彩票品种：

二、申请人承诺

（一）申请人具有可用于代销________________（具体品种）中国福利彩票的固定经营场所及所需资金。

（二）申请人不具有以下任何一种情形：

1. 申请人为自然人但无民事行为能力或者限制民事行为能力，或者申请人为单位但不具有独立法人资格的；

2. 担任破产清算的公司、企业的董事或者厂长、经理，对该公司、企业的破产负有个人责任的，自该公司、企业破产清算完结之日起未逾三年；

3. 担任因违法被吊销营业执照、责令关闭的公司、企业的法定代表人，并负有个人责任的，自该公司、企业被吊销营业执照之日起未逾三年；

4. 有被人民法院强制执行、结案的案件，未逾三年的；

5. 代销福利彩票因违反规定被解除合同未逾三年的；

6. 存在刑事处罚记录和不良商业信用记录未逾五年的。

（三）申请人按规定为彩票销售人员提供符合所在地县级以上人民政府人力资源社会保障部门规定的相关工资、保险和福利待遇。

（四）如申请人所承诺内容不实，或者未能履行承诺内容，____________（福利彩票销售机构名称）可以解除福利彩票代销合同，因此造成的损失由申请人承担。

三、申请人需要提供的证明材料明细

1. 申请人及销售人员的基本信息，包括：身份证复印件（申请人为单位的，须提供经其法定代表人签字的法定代表人身份证复印件）、《企业法人营业执照》复印件和企业年检合格证明的复印件。

2. 经营场所房屋权属证明或者租赁合同。

3. 金融机构出具的资金证明。

申请人（签字）：
（印鉴或者公章）
年　月　日

第十一章　中介合同

一、签约须知

1. 在中介合同中，要对支付中介费设置严格的条件。按照《民法典》的规定，中介费用应当在委托人与第三人签订合同后支付。在此基础上，委托人可以在中介合同中进一步设置中介服务费用支付的限制条件。例如，当事人双方可以约定，如果由于第三人的欺诈行为导致委托人与第三人的合同无法履行，委托人可以要求中介人退还已经支付的中介费。

2. 对中介合同中提供的任务的真实性和第三人的真实身份进行调查。由于中介人经常提供虚假信息来骗取中介费用，所以，委托人要对中介合同中涉及的任务的真实性进行确认，以免落入合同陷阱中。与此同时，要对第三人的真实身份进行审查，可以从以下几个方面着手进行：（1）审查营业执照的正本和副本原件，不能只看营业执照的复印件；（2）通过市场监督管理部门、税务机关核实第三人的法人资格以及其经营状况等信息，例如该企业是否存在不法经营行为，是否通过了市场监督管理部门的年检等；（3）要特别注意第三人的经营活动是否超出了其合法的经营范围。

3. 注意审查中介广告和中介合同之间是否一致，因为中介人经常在广告中发布虚假信息或者夸大其词，引诱委托人与其签订中介合同，骗取中介费。中介广告本身并不具有法律效力，不是合同的一部分。所以，在签订中介合同的过程中，要注意广告的内容是否明确列入了合同文本里。如果中介机构不肯将广告的内容纳入合同条款，就不能盲目地与之签订中介合同，以免落入合同陷阱当中。

4. 在加工承揽的中介服务中，要详细考察加工承揽任务的样品，判断加工承揽要求是否科学合理。提供加工承揽任务的第三人往往要求中介服务委托人交纳保证金，试制样品，样品经其验收合格后才开始履行加工承揽合同。在样品的试制、验收环节，中介服务委托人往往无法制作出符合第三人要求的样品，从而遭遇合同欺诈，损失中介服务费、保证金。所以，对于第三人提供的样品和设计图纸必须严格审查，了解清楚加工承揽的具体要求，综合考察和权衡后，然后再决定是否签订中介合同，支付中介费。

二、重点法条

《民法典》第三编第二分编第二十六章中介合同

第九百六十一条 中介合同是中介人向委托人报告订立合同的机会或者提供订立合同的媒介服务，委托人支付报酬的合同。

第九百六十二条 中介人应当就有关订立合同的事项向委托人如实报告。

中介人故意隐瞒与订立合同有关的重要事实或者提供虚假情况，损害委托人利益的，不得请求支付报酬并应当承担赔偿责任。

第九百六十三条 中介人促成合同成立的，委托人应当按照约定支付报酬。对中介人的报酬没有约定或者约定不明确，依据本法第五百一十条的规定仍不能确定的，根据中介人的劳务合理确定。因中介人提供订立合同的媒介服务而促成合同成立的，由该合同的当事人平均负担中介人的报酬。

中介人促成合同成立的，中介活动的费用，由中介人负担。

第九百六十四条 中介人未促成合同成立的，不得请求支付报酬；但是，可以按照约定请求委托人支付从事中介活动支出的必要费用。

第九百六十五条 委托人在接受中介人的服务后，利用中介人提供的交易机会或者媒介服务，绕开中介人直接订立合同的，应当向中介人支付报酬。

第九百六十六条 本章没有规定的，参照适用委托合同的有关规定。

三、典型案例

第三人实施合同诈骗的，中介人应否承担赔偿责任？

姚某从事劳务中介。受某贸易公司老板刘某的委托，姚某为其介绍了运输司机张某。刘某与张某达成书面运输协议，约定由张某为某贸易公司运输服装1000套，发货地点为某贸易公司，卸货地点为某服装城，收货人为李某。在该货物运输协议书上注明经办单位为某运输服务中心，经办人为姚某；张某给付姚某信息费300元。协议达成后，张某从某贸易公司装货后出发，但收货人李某一直未收到张某所运输的货物。2019年9月，刘某诉至法院，以张某是姚某介绍的，由于姚某不具有配货资格，充当中介机构，致使其货物被司机张某骗取，至今下落不明，要求姚某赔偿原告货物损失。

我国《民法典》第九百六十二条专门规定了中介人的如实告知义务：“中介人应当就有关订立合同的事项向委托人如实报告。中介人故意隐瞒与订立合同有关的重要事实或者提供虚假情况，损害委托人利益的，不得请求支付报酬并应当承担赔偿责任。”根据上述规定和一般侵权归责原则，中介人承担赔偿责任应具备四个条件：第一，故意不提供全面或真实信息，给委托人造成损害。如果是由于中介人的过失，如疏忽大意或中介人不知道的重要事实而造成损害，则中介人不承担责任。第二，有实施侵害委托人利益的客观行为，即必须有隐瞒与订立合同有关的重要事实或提供虚假情况的行为。第三，须有损害事实的发生。第四，中介人的行为与损害后果有因果关系。

本案中，刘某未能提供任何证据证明姚某在中介服务时没有尽到中介人如实告知的义务，也没有证据证明被告姚某与原告货物丢失的损害后果有因果关系，因此，其无权要求姚某承担损害赔偿责任。其货物丢失的责任因基于原告刘某与司机张某之间的货物运输合同关系，应另行起诉司机张某未完全履行运输合同而违约。

合同未缔结，中介人能否要求违约金？

2019 年 6 月 12 日，某投资顾问有限公司（以下简称顾问公司）与林某（买受方）和案外人陈某（出卖方）签订《房地产买卖中介协议》一份（公司条款由顾问公司统一制定），约定顾问公司作为中介人将案外人的房屋介绍给林某购买，该房总房款为人民币 245 万元，并约定了付款方式、意向金的数额及处理办法。协议第 10 条还约定，由于林某的原因导致房地产买卖合同未签订的，应向顾问公司支付总房款 3% 的违约金。协议签订后，林某按照合同支付给顾问公司意向金 5000 元。

后林某与案外人因故未签订房地产买卖合同，顾问公司遂诉至法院，以林某在签订《房地产买卖合同》时提出不合理的贷款要求被拒，即拒绝签订该买卖合同为由，要求判令林某依约支付违约金 49000 元。林某则表示，在《房地产买卖中介协议》中约定买受方和出卖方向中介人支付违约金的条款属“霸王条款”，故要求撤销该条款。

本案中，顾问公司提供的《房地产买卖中介协议》是顾问公司在与林某及案外人订约以前就已经预先制定出来，而非在双方当事人反复协商的基础上制定；该协议适用于与顾问公司订约的不特定的委托人。故系争条款具备格式条款的属性。该格式条款加重了对方的责任、排除了对方的主要权利，意味着中介合同一经签订则房屋买卖必须成交，否则委托人即应向中介人承担违约责任。因此，系争条款属无效的格式条款，顾问公司在买卖双方未成功签订《房地产买卖合同》时无权要求按约收取违约金。

承运人利用运输合同行骗的，托运人能否要求中介人赔偿？

刘某受王某的委托，为其介绍了运输司机赵某，并于 2019 年 2 月 18 日达成书面运输协议，约定由赵某为某石材厂运输石材 30 吨，发货地点为某石材厂，卸货地点为某陶瓷城，收货人为林某。2019 年 4 月 18 日，某石材厂发货，2019 年 4 月 20 日卸货，运费 5100 元。在该货物运输协议书上注明经办单位为某运输服务中心，经办人为刘某；赵某给付刘某信息费 300 元。协议达成后，赵某于 2019 年 4 月 18 日从某石材厂装货后于当日出发，至2019年4月20日，某陶瓷城林某一直未收到赵某所运输货物。2020年4月17日，王某诉至法院，以赵某是刘某介绍的，由于刘某不具有配货资格，充当中介机构，致使其货物被司机赵某骗取，至今下落不明，要求刘某赔偿原告货物损失21160元。

从全案及三方签订的运输协议来看，刘某受王某的委托，为其联系运输司机赵某，由赵某将王某的货物从某石材厂运至某陶瓷城，赵某与王某之间存在一个运输合同关系；刘某既不作为代理人参与运输合同，也不以自己的名义参与该运输合同中，只是以中介人的身份为他们提供一定的媒介服务促成合同的签订成功，因此，本案是典型的中介合同纠纷。

刘某作为中介人受原告王某的委托介绍原告王某与司机赵某订立了货物运输合同，刘某的中介合同已经全面履行完毕。原告王某与司机赵某订约成功后，其运输合同能否得到适当正确的履行，按照《民法典》的规定，只要中介人在中介服务时无故意提供虚假信息的恶意，中介人刘某不负担合同责任。

中介人是否有权向第三人索取报酬？

2019年9月10日，王某在报纸上发布广告，求租适合五金生产的独立厂房。孙某看到该广告后，即寻找适合承租的房屋。2019年10月21日，孙某与案外人陈某订立中介协议，约定孙某为某仓储部（陈某为其负责人）介绍客户承租仓库用地。如介绍成功，以出租仓库用地的1个月租金为佣金，两个月内分两期付清给孙某。同年12月中旬，经孙某介绍，王某与陈某接洽，商谈有关租赁事宜。2020年2月8日，王某与某仓储部正式签订《厂房租赁合同》，约定某仓储部向王某出租厂房11000平方米，合同有效期从2020年3月15日至2021年7月31日，每月租金42000元。合同签订后，王某进场经营。孙某依据法律关于中介报酬由合同当事人平均负担的规定，多次向王某要求支付中介报酬未果，遂起诉至法院。另外，孙某向仓储部收取了佣金。

在本案中，孙某与王某就王某与案外人陈某签订厂房租赁合同有过接触，但孙某与王某之间的交往并没有订立合同的行为，仅仅是孙某为履行其与陈某签订的中介合同而在王某与陈某之间进行的中介行为。因此，孙某与王某没有订立中介合同的行为，更没有成立中介合同。

本案中，孙某坚持王某支付中介报酬的一个重要理由便是《民法典》第九百六十三条关于“因中介人提供订立合同的媒介服务而促成合同成立的，由该合同的当事人平均负担中介人的报酬”的规定。上述规定明确了中介报酬最终由谁负担的问题，即中介报酬在委托人与相对人之间最终平均负担的规定，并不意味着中介人可以依此条规定请求合同相对人支付中介报酬。

四、示范文本

合同编号：____________

黄浦区自费出国留学中介服务合同范本

（2018 试行版）①

说　明

一、本合同范本根据《中华人民共和国合同法》《中华人民共和国消费者权益保护法》等法律法规及相关规章制定，供消费者与经营者签订服务合同时使用。

二、双方当事人应当结合具体情况选定本合同范本的选择性条款，划线处应当以文字形式填写完整。

三、本合同中的未尽事宜可由各签订方协商一致后，订立补充条款予以明确。

四、本合同范本自下发之日起使用。今后在未制定新的版本前，本版本延续使用。

甲方（自费出国留学申请人）：____________

身份证号码：____________

联系电话：____________　电子邮箱：____________

联系地址：____________

甲方法定代理人：____________　与甲方关系：____________

身份证号码：____________

联系地址：____________

联系电话：____________　电子邮箱：____________

乙方（自费出国留学中介服务机构）：____________

社会统一信用代码：____________

经营场所：____________

联系电话：____________　电子邮箱：____________

为了维护当事人的合法权益，根据《中华人民共和国合同法》《中华人民共和国消费者权益保护法》等相关法律法规规定，甲乙双方本着自愿、平等、公平、诚实信用的原则，就乙方接受甲方的委托提供自费出国留学中介服务事宜，达成如下协议：

---

① 上海市黄浦区市场监督管理局制定。

第一条　服务内容及范围

经双方协商，甲方可在以下范围内选择服务项目，委托乙方提供自费留学中介服务：

□向甲方提供出国留学教育政策咨询、留学前往国家的留学教育政策、院校情况、专业情况，并为甲方提供留学方案的咨询及建议，帮助甲方制定留学教育方案；

□向甲方介绍其意向留学院校的入学要求及入学申请程序，指导甲方准备出国留学入学申请的相关材料并提供申请文书的准备、修改等服务；

□在甲方出国留学申请阶段，协助甲方或甲方代理人策划、制作申请文书，指导甲方向确定的留学院校提出留学申请，并协助提交、补充相关资料；

□指导或代理甲方向确定的留学院校提出留学申请并提交、补充相关资料；

□根据甲方的委托，代为与申请留学院校联系、协调，代为办理入学、签证申请等手续；

□为甲方提供申请留学院校组织的面试指导以及申请国家使（领）馆面签指导；

□在甲方获取签证后，为甲方提供出国留学前期准备工作，并对申请出国留学教育所在国生活、学习习惯进行介绍；

除上述服务外，甲乙双方可以约定其他服务内容：____。

第二条　甲方的权利与义务

（一）参考乙方提供的信息和咨询、建议，决定申请留学的国家、院校中英文名称、留学层次、就读专业或专业方向，确定留学方案并签署本合同附件《院校及专业确认表》。

（二）有权选择自行缴纳院校申请注册费、材料寄送费、签证等第三方收取的费用。

（三）填写《自费出国留学申请人信息表》，并向乙方提供留学申请所需的全部文件、材料，材料应于合同签署______日内提供，并保证所提供的信息、文件、材料真实、有效。

（四）配合乙方及时完成申请准备及向申请留学院校提交申请、寄送资料等工作，如遇前往国家留学政策、签证政策、入学标准发生变化，应根据新的要求及时提供补充材料。

（五）按照留学院校要求，如期缴纳学费等有关费用。

（六）按期办理护照及签证。

（七）按照本合同约定支付中介服务费。

（八）甲方有权对乙方提供咨询及服务的进度进行了解，并有权要求乙方保证服务质量及进度，有权要求乙方书面报告服务进度。

（九）双方约定的其他权利和义务：____。

第三条 乙方的权利与义务

（一）乙方有权要求甲方及时提供办理出国留学教育服务所需信息、文件、资料及为履行本合同约定的其他义务。

（二）乙方有权按本合同约定收取出国留学教育服务费用。

（三）按照法律法规规定及出国留学教育服务行业规范要求提供本合同约定的相关服务，并向甲方书面通报工作进展情况，不得擅自更改或减少服务内容或者拖延服务进度。

（四）乙方应根据甲方的综合情况，为甲方推荐至少______所申请学校，具体学校及专业以附件《院校及专业申请表》为准。

（五）乙方向甲方提供的出国留学教育相关信息，应当真实、准确，如遇涉及出国留学教育的相关情况发生变化，应及时通知甲方补充相应材料，并根据情况变化与甲方协商调整方案。

（六）对甲方委托的留学申请，应当在______年____月____日前取得委托人申请留学院校的录取通知书。

（七）乙方对在出国留学教育服务过程中获取的甲方的个人信息及资料，负有妥善保管及保密义务，非经甲方许可不得用于留学教育外的其他用途。

（八）无论何种原因解除合同，乙方应当在合同解除后30日内协助甲方按留学院校退款政策索还甲方支付给校方的费用。

（九）双方约定的其他权利和义务：____。

第四条 服务费用及支付方式

（一）双方约定，在本合同约定的服务范围内，服务费为人民币（大写）____________元整（¥______）；甲方申请的留学院校超出附件一《院校及专业申请表》范围，每增加一所学校甲方须另缴纳中介服务费人民币（大写）____________元整（¥______）；每增加一项专业甲方须另缴纳中介服务费人民币（大写）____________元整（¥______）。

（二）服务费支付方式：

☐ 现金　　☐ 信用卡/借记卡　　☐ 汇款

☐ 其他____；

账户名称：____；

开户银行：____；

收款银行账号：____。

双方约定，采用以下方式支付服务费用：

□ 一次性付款方式：

在签署本合同_____日内，甲方需缴纳服务费人民币（大写）_______________元整（¥______），乙方在收到此款项后开始为委托人提供服务。

□ 分期付款方式：

在签署本合同_____日内，甲方向乙方支付第一笔服务费人民币（大写）____________元整（¥______），乙方在收到此款项后开始为委托人提供服务。

甲方在收到符合约定的任何一所院校的录取通知书（包括有条件录取通知书及无条件录取通知书）______日内，向乙方支付第二笔服务费人民币（大写）_____________元整（¥______）。

□ 其他方式____。

（三）第三方服务费用。本合同约定的服务费用为出国留学教育服务费用，不包含国际快递费、公证费、翻译费、护照办理及签证费用、学费及杂费等支付给第三方的费用。上述涉及第三方的支付费用，均由乙方事先告知甲方，并有甲方选择第三方服务机构。如若甲方委托乙方代为办理，应向乙方支付对应的第三方服务费用。

第五条　退费条款

按照双方合同约定，甲方收到符合约定的任何一所院校的录取通知书，即视为留学申请成功。

（一）在双方都没有出现违约的情况下，如乙方未能协助甲方在______年____月____日前获得任一所约定的留学院校之录取通知书或留学院校签发的录取通知书与附件一《院校及专业申请表》中所载明的申请院校、专业等不一致的，甲方向乙方提出退款要求的，乙方可以扣除已支付服务费总额的____%，用来抵扣其已提供服务的必要费用支出，余款应当在______年____月前以________________方式退还给甲方。

（二）在双方未出现违约的情况下，甲方出国留学教育申请成功，但因甲方原因造成签证申请被拒签的，乙方不退还任何费用。因非甲方原因造成签证申请被拒签的，根据拒签原因，双方协商一致乙方须将服务费中所含办理申请签证服务的费用全部或部分共计人民币（大写）__________元整（¥______）退还给甲方。

（三）在出现本条第（二）项约定情形时，如甲方已向留学院校缴纳费用，乙方协助甲方按留学院校退款政策索还甲方支付给校方的费用。

（四）本合同签署后，如甲方因个人原因单方面要求解除本合同，则根据本合同实际履行的阶段，按以下办法处理：

1. 在本合同签订后，甲方尚未提供任何入学申请材料，乙方也尚未开始服务前，乙方扣除已支付服务费总额____%后，余额退还给甲方，本合同终止；

2. 在本合同签订后，甲方已经提供入学申请材料，但乙方尚未协助甲方向拟申请留学院校提交入学申请或送交相关材料的，乙方扣除已支付服务费总额____%后，余额退还给甲方，本合同终止；

3. 在本合同签订后，乙方已协助甲方向拟申请留学院校提交入学申请及相关材料，但留学申请尚未成功的，乙方扣除已支付服务费总额____%后，余额退还给甲方，本合同终止；

4. 出国留学教育申请成功，但甲方尚未提供办理签证申请服务的，乙方扣除已支付服务费总额____%后，余额退还给甲方，本合同终止；

5. 出现本条所约定退费情形，乙方于收到甲方书面通知后____个工作日内按本合同约定予以退还。本合同约定的退费情况不包括向第三方支付的费用。

第六条　违约责任

（一）甲方违反本合同约定，按照下列不同违约情形，承担相应违约责任。

1. 迟延向乙方支付服务费，每迟延一日应向乙方支付逾期付款总额万分之____的违约金。迟延支付费用超过____日的，乙方有权解除本合同。

2. 迟延提供材料或提供虚假材料，从而导致出国留学申请失败或被拒签的，视为乙方服务完成，甲方应自行承担由此产生的后果。

（二）乙方违反本合同约定，按照下列不同违约情形，承担相应违约责任。

1. 为达成签订本合同目的而向甲方提供虚假文件材料的，除全额退还服务费外，还应按服务费的____%作为违约金支付给甲方。

2. 未能在约定的时间内为甲方申请到拟留学院校的录取通知书，甲方有权解除合同，但应及时通知乙方。乙方除全额退还服务费外，还应按服务费的____%作为违约金支付给甲方。如甲方要求继续履行，乙方应负责在______年____月____日前为委托人申请到拟留学院校的录取通知书，并按服务费的____%向甲方支付迟延履行违约金。

3. 导致甲方留学院校申请失败或被拒签，乙方全额退还服务费，并按服务费的____%作为违约金支付给甲方。

上述违约金不足以弥补甲方损失的，乙方按照实际损失赔偿。

（三）因守约方追究违约方的违约责任发生的全部费用（包括但不限于诉讼费、仲裁费、保全费、公证费、差旅费、评估费、拍卖费、律师费等）由违约方承担。

第七条　不可抗力

本合同在履行过程中，由于地震、台风、水灾、火灾、战争、政治原因等不可抗力，致使本合同无法履行或无法按期履行，遇有上述不可抗力的一方，应及时通知对方，按其对本合同的影响程度由双方协商决定是否解除合同、免除或者部分免除履行合同的责任，或者延期履行合同。

第八条　合同的生效及期限

本合同自甲方（如未满18周岁由甲方法定代理人签署）及乙方签字或盖章之日起生效，至本合同约定的事项完成之日终止。

第九条　合同的法律适用及争议解决方式

（一）本合同的履行、解释及争议解决均适用中华人民共和国有关法律。

（二）本合同在履行过程中所发生的任何争议，双方应通过友好协商方式解决。协商不成时，双方一致同意选择以下解决方式：

□向______________________仲裁委员会申请仲裁；

□向人民法院提起诉讼；

第十条　通知与送达

1. 甲方通信地址：____

联系人：____________　　电子邮件：____________________________________

2. 乙方通信地址：____

联系电话：____________　　电子邮件：__________________________________

上述约定的地址、联系人及电子通信终端为双方工作联系往来、法律文书及争议解决时人民法院或仲裁机构的法律文书送达地址，人民法院或仲裁机构的诉讼文书（含裁判文书）向合同任何一方当事人的上述地址或市场监管部门登记公示地址（居民身份证登记地址）送达的，视为有效送达。当事人对电子通信终端的联系送达适用于争议解决时的送达。

第十一条　其他

1. 本合同由合同本身及附件《院校及专业申请表》组成，本合同和其附件具有同等法律效力。

2. 本合同一式两份，甲乙双方各执一份，具有同等法律效力。

第十二条　双方约定的其他事项

____

____

____

____

____。

甲方：　　　　　　　　　　　　　　乙方：（盖章）

甲方法定代理人：　　　　　　　　　乙方代表：

日期：　　　　　　　　　　　　　　日期：

附件

院校及专业申请表

<table>
<tr><td colspan="4">姓名：</td></tr>
<tr><td colspan="4">在读/毕业学校：</td></tr>
<tr><td colspan="4">专业：</td></tr>
<tr><td colspan="4">毕业时间：</td></tr>
<tr><td colspan="4">确定申请学校名单</td></tr>
<tr><td>序号</td><td>申请类型</td><td>学校名称（标准）</td><td>申请专业</td></tr>
<tr><td rowspan="2">1</td><td rowspan="2"></td><td>中文名</td><td rowspan="2">外文名</td></tr>
<tr><td>外文名</td></tr>
<tr><td rowspan="2">2</td><td rowspan="2"></td><td>中文名</td><td rowspan="2">外文名</td></tr>
<tr><td>外文名</td></tr>
<tr><td rowspan="2">3</td><td rowspan="2"></td><td>中文名</td><td rowspan="2">外文名</td></tr>
<tr><td>外文名</td></tr>
<tr><td rowspan="2">4</td><td rowspan="2"></td><td>中文名</td><td rowspan="2">外文名</td></tr>
<tr><td>外文名</td></tr>
<tr><td rowspan="2">5</td><td rowspan="2"></td><td>中文名</td><td rowspan="2">外文名</td></tr>
<tr><td>外文名</td></tr>
</table>

（根据申请院校数量可增加表格）

第十二章　赠与合同

一、签约须知

1. 赠与合同应当包括的条款有合同当事人双方、赠与财产的名称、财产当前的状况、赠与合同履行的期限和方式、赠与是否附条件以及附什么条件、赠与合同的违约责任和争议的解决方式。

2. 赠与人对赠与的财产和权利必须有充分的处分权，也就是说，不归自己所有的或者自己无权处分的财产和权利，不能赠与他人。因此，在赠与合同中要附有证明赠与人处分权的文件，确保赠与行为合法有效。

3. 站在赠与人的立场上，基于在交付赠与财产和转移权利之前有可能撤销赠与的考虑，最好不要进行公证。经过公证的赠与很难撤销；而从受赠人的立场出发，则最好对赠与合同进行公证，以免赠与人随意撤销赠与合同。办理赠与公证时应当提交以下证明材料：申请人的身份证明（法人的营业执照以及法定代表人的身份证明、自然人的身份证或户口簿），由代理人办理公证的，要提交赠与人或受赠人的委托书；赠与合同；赠与财产或权利的所有权、处分权证明文件，如果赠与物是多人共有的，需要提供其他共有人同意赠与的证明文件。

4. 赠与财产需要经有关部门审批登记的，要及时办理相关手续。赠与房屋需要到房管部门办理产权转移登记，未办理的，赠与行为无效。

5. 赠与财产存在瑕疵的，要在赠与合同中列明。赠与人不说明赠与财产的瑕疵，给受赠人造成损失的，要承担赔偿责任。

6. 赠与人在赠与财产和权利时可以附条件，受赠人不能满足赠与人提出的要求，赠与人可以撤销赠与。

二、重点法条

《民法典》第三编第二分编第十一章赠与合同

第六百五十七条　赠与合同是赠与人将自己的财产无偿给予受赠人，受赠人表示接受赠与的合同。

第六百五十八条　赠与人在赠与财产的权利转移之前可以撤销赠与。

经过公证的赠与合同或者依法不得撤销的具有救灾、扶贫、助残等公益、道德义务性质的赠与合同，不适用前款规定。

第六百五十九条 赠与的财产依法需要办理登记或者其他手续的，应当办理有关手续。

第六百六十条 经过公证的赠与合同或者依法不得撤销的具有救灾、扶贫、助残等公益、道德义务性质的赠与合同，赠与人不交付赠与财产的，受赠人可以请求交付。

依据前款规定应当交付的赠与财产因赠与人故意或者重大过失致使毁损、灭失的，赠与人应当承担赔偿责任。

第六百六十一条 赠与可以附义务。

赠与附义务的，受赠人应当按照约定履行义务。

第六百六十二条 赠与的财产有瑕疵的，赠与人不承担责任。附义务的赠与，赠与的财产有瑕疵的，赠与人在附义务的限度内承担与出卖人相同的责任。

赠与人故意不告知瑕疵或者保证无瑕疵，造成受赠人损失的，应当承担赔偿责任。

第六百六十三条 受赠人有下列情形之一的，赠与人可以撤销赠与：

（一）严重侵害赠与人或者赠与人近亲属的合法权益；

（二）对赠与人有扶养义务而不履行；

（三）不履行赠与合同约定的义务。

赠与人的撤销权，自知道或者应当知道撤销事由之日起一年内行使。

第六百六十四条 因受赠人的违法行为致使赠与人死亡或者丧失民事行为能力的，赠与人的继承人或者法定代理人可以撤销赠与。

赠与人的继承人或者法定代理人的撤销权，自知道或者应当知道撤销事由之日起六个月内行使。

第六百六十五条 撤销权人撤销赠与的，可以向受赠人请求返还赠与的财产。

第六百六十六条 赠与人的经济状况显著恶化，严重影响其生产经营或者家庭生活的，可以不再履行赠与义务。

三、典型案例

赠与财产尚未交付的，合同能否撤销？

2019年11月23日，刘某与王某签订赠与合同，合同约定：刘某将其所有的一台电视机，于2020年3月2日无偿赠送给王某。2020年1月13日，刘某的儿子大学毕业回家，正好需要一台电视机，于是决定不再赠送给王某。2020年3月6日，王某向刘某要电视机，刘某称其子毕业回家，需要一台电视机，决定不再赠送。而王某则认为双方白纸黑字，刘某自己签订的赠与合同，应当履行。之后，王某起诉至法院，要求刘某履行赠与合同义务，交付电视机。

《民法典》第六百五十八条规定：“赠与人在赠与财产的权利转移之前可以撤销赠

与。经过公证的赠与合同或者依法不得撤销的具有救灾、扶贫、助残等公益、道德义务性质的赠与合同，不适用前款规定。”赠与的任意撤销，是指赠与合同成立后，赠与财产的权利转移之前，赠与人可以根据自己的意思不再为赠与行为。法律规定赠与的任意撤销，源于赠与是无偿行为。即便赠与合同已经成立，也可以允许赠与人因自身的某种事由撤销赠与，这也是赠与合同与其他有偿合同的显著区别。尤其是有的赠与合同的订立，是因一时情感因素而欠于考虑，如果绝对不允许赠与人撤销，则对赠与人太过苛刻，也有失公允。

结合本案，王某与刘某签订的赠与合同，该赠与合同自双方签订之日起即告成立。本案中的赠与合同并不具有救灾、扶贫等社会公益、道德义务性质，可见，刘某可以行使撤销权。刘某告知王某其子回家，不再赠送电视机，便是通知王某在行使撤销赠与行为的权利，显然，刘某的撤销是合法的。因此，王某并不能要求刘某交付电视机。

赠与人撤销赠与给受赠人造成损失的，应否赔偿？

刘某长期在外经商。2019 年 5 月 3 日，刘某回家乡看到家乡的村小学房屋年久失修，拥挤不堪，便主动找到小学校长以及村支书提出愿捐款 20 万元为村小学盖一栋教学楼，同时提出村小学必须为此投入一笔配套资金。村小学当即表示同意，并表示感谢。2019 年 5 月 19 日，刘某与学校协商确定了资金的到位时间和开工时间，刘某表示其现有资金正在商业流通中，捐款要在 9 月底到位，在此之前，村小学作好开工准备，包括准备好必要的配套资金、联系好建筑公司等。期间，村广播站也详细报道了村民刘某的捐款义举，村民们交口称赞。2019 年 6 月 21 日，村小学为准备建新教学楼将原有的 5 间教室拆除，并向乡信用社贷款 50 万元，期限 1 年，接着联系好建筑公司，签了建筑工程合同，就等刘某的捐款资金到位开工。直到 2019 年 10 月 15 日，村小学找到刘某询问捐款时，刘某表示因生意亏损无力捐款。经调查，刘某确实生意亏本无力支付这笔捐款。村小学遂起诉到法院，要求刘某履行其诺言，否则赔偿其全部损失。刘某辩称双方没有签订书面合同，他没有义务必须捐款，至于村小学的损失是其自身的原因造成的，他不应承担村小学的损失。

刘某主动向小学校长和村支书表示赠与 20 万元用于修建教学楼，并达成协议。学校属于公益事业单位，而且，村广播站也将其作为一个爱村之举的典型事例作了报道，可以认定这一赠与合同属于具有公益性质的赠与合同。根据《民法典》第六百五十八条的规定，赠与人在赠与财产交付之前是不能任意撤销赠与的。

另外，《民法典》第六百六十六条规定：“赠与人的经济状况显著恶化，严重影响其生产经营或者家庭生活的，可以不再履行赠与义务。”刘某能否依据此条规定主张免除自己的交付义务呢？赠与合同虽然已经成立，赠与人应当依约履行义务，但现在赠与人确实因生意亏损无力交付赠与款项，应当构成“严重影响其生产经营”，刘某有权解除赠与合同，不再履行赠与义务。

《民法典》第五百六十六条第一款规定："合同解除后，尚未履行的，终止履行；已经履行的，根据履行情况和合同性质，当事人可以请求恢复原状或者采取其他补救措施，并有权请求赔偿损失。"本案中，村小学依约履行合同义务（即赠与合同所附的义务）：拆迁房屋、贷款、与建筑公司签约等一系列开工准备工作。现在刘某突然不履行赠与义务，解除了赠与合同，使其遭受了一些损失，如银行利息损失、与建筑公司解约的违约金、拆迁费用等。其虽然不能请求违约责任，但有权向合同解除人刘某要求赔偿损失。

广告承诺为买家办理保险但未兑现，应否赔偿？

某电器商场为招徕顾客购买电脑，开展促销活动并刊登广告，在广告中承诺：凡1个月之内在本商场购买电脑的顾客，本商场将在购买当天免费为其办理保险期为1年、保险金额为3万元的家庭财产保险。该商场还在当地报刊上刊登了相同内容的广告。听到这个消息，顾客傅某到该商场购买了一台电脑，店员因疏忽未给傅某办理家庭财产保险手续。傅某将电脑搬运回家后想起未办理财产保险手续，但因第二天要到外地出差，心想几天后再补办也不迟，于是没有再补办保险手续。

但是，在他出差的第3天夜里，家中遭窃，包括该电脑等家用电器被洗劫一空。傅某找到该商场，要求按照刊登广告的内容赔偿其损失，该商场经调查后发现，傅某在购买电脑时，并没有办理家庭财产保险手续，于是拒绝为傅某的电脑赔偿损失。双方为此发生争执。傅某遂起诉至人民法院，请求法院判令该商场赔偿责任。

在本案中，某商场在所做广告中宣传"凡1个月之内在本商场购买电脑者，本商场将在购买之日免费为其办理保险期为1年、保险金额为3万元的家庭财产保险"，这是完全符合要约的构成要件的。而且，某商场的广告还明确约定了承诺的时间是"1个月之内"，承诺的方式是受要约人在该商场作购买电脑的行为。这种承诺方式是法律所允许的，《民法典》第四百八十条规定："承诺应当以通知的方式作出；但是，根据交易习惯或者要约表明可以通过行为作出承诺的除外。"可见，要约可约定通过行为作出承诺。所以，在本案中，对于任何一位在规定的时间内在该商场购买电脑的顾客来说，都与商场订立了合同——某购物中心为其免费办理家庭财产保险。

《民法典》第六百五十七条规定："赠与合同是赠与人将自己的财产无偿给予受赠人，受赠人表示接受赠与的合同。"在本案中，某购物中心向顾客赠与的意思已通过其广告表明，而傅某也通过购买行为表明了自己愿意接受赠与的意思，该赠与合同已经成立。某购物中心有义务为傅某免费办理家庭财产保险。而某购物中心因工作人员的疏忽，未给傅某办理家庭财产保险，因此，某购物中心应当承担违约责任。

赠品导致顾客人身伤害的，商家应否赔偿？

2020年"五一"节日期间，某商场举行让利酬宾活动。当地居民项某在某商场购物时获赠电饭煲一只。在使用该电饭煲煮饭时，因电饭煲漏电将项某击伤造成左手部分功能丧失，后经法医鉴定为七级伤残。项某向当地人民法院提起诉讼，要求某商场赔偿损失。人民法院委托产品质量技术监督部门对该电饭煲进行检验，结果是该电饭煲常态绝缘电阻为零，可以直接导致电饭煲外壳带电，为质量不合格商品。

《民法典》第六百六十二条规定："赠与的财产有瑕疵的，赠与人不承担责任。附义务的赠与，赠与的财产有瑕疵的，赠与人在附义务的限度内承担与出卖人相同的责任。赠与人故意不告知瑕疵或者保证无瑕疵，造成受赠人损失的，应当承担赔偿责任。""买一赠一"中的赠与，并不是无偿的，而是有条件或附义务的，即必须购买价值较大的商品，因而接受的赠品仍然是通过有价交换取得，只不过消费者不必直接就该赠品的价格负担付款义务。该付款义务已转移到赠与前的商品买卖中去了，这个商品买卖就是赠与的前提条件。因此，在本案中的赠与并不是无偿的，而是商品买卖中附条件的赠与。某商场从商品买卖中获取利润，按照权利与义务相对等的原则，商场应对其赠品的瑕疵承担责任。由于该商场提供的赠品——电饭煲质量不合格，导致项某在使用过程中，因电饭煲漏电被电击伤致残，商场应当承担赔偿责任，不过应当在赠与行为所附义务范围内有限度地赔偿。

公益赠与能否无故撤销？

2019 年 8 月，某市遭到百年不遇的暴雨洪水。某电视台举办抗洪救灾义演，动员社会募捐。某公司法定代表人认为这是企业做广告的好机会，予以协同其他股东商定，决定在演出晚会上举牌捐献。在电视台举办的抗洪救灾义演晚会上，某公司的法定代表人在晚会现场，代表公司认捐 10 万元。此后，抗洪救灾的募集单位每次打电话给某公司的法定代表人，该法定代表人以其经济发生困难为由拒绝履行，并以书面形式表明撤销捐献。之后募集单位经过实际调查，发现某公司并未如其法定代表人所称的出现经济困难，而是有关负责人对当初的捐献反悔。募集单位于是将某公司起诉至法院。

本案涉及赠与合同的撤销权问题。《民法典》第六百五十八条规定："赠与人在赠与财产的权利转移之前可以撤销赠与。经过公证的赠与合同或者依法不得撤销的具有救灾、扶贫、助残等公益、道德义务性质的赠与合同，不适用前款规定。"第六百六十条规定："经过公证的赠与合同或者依法不得撤销的具有救灾、扶贫、助残等公益、道德义务性质的赠与合同，赠与人不交付赠与财产的，受赠人可以请求交付。依据前款规定应当交付的赠与财产因赠与人故意或者重大过失致使毁损、灭失的，赠与人应当承担赔偿责任。"由于赠与合同为单务合同，仅由赠与人单方承担义务，当赠与人不履行交付赠与财产的义务时，其责任也应当有所限制，而不像一般双务合同那样，在履行给付义务时还应当支付迟延利息或者赔偿其他损失。《民法典》规定的赠与人不交付赠与的财产的，受赠人可以请求交付，即不包括迟延利息和其他损害赔偿，而仅限于赠与财产的本身。结合本案，即募集单位可以根据《民法典》的规定，要求赠与人履行赠与义务，即交付赠与的财产。

四、示范文本

GF—2000—1301

赠与合同

（示范文本）①

合同编号：________________

赠与人：__________________　　签订地点：__________________

受赠人：__________________　　签订时间：_____年____月____日

第一条 赠与财产的名称、数量、质量和价值

一、名称：____________________________________

二、数量：____________________________________

三、质量：____________________________________

四、价值：____________________________________

赠与的财产属不动产的，该不动产所处的详细位置及状况：________________

____

第二条 赠与目的：____________________________________

____

第三条 本赠与合同（是／否）是附义务的赠与合同。所附义务是：________

____

第四条 赠与物（是／否）有瑕疵。瑕疵是指赠与物的____________________

____

第五条 赠与财产的交付时间、地点及方式：____________________________

____

第六条 合同争议的解决方式：本合同在履行过程中发生的争议，由双方当事人协商解决；协商不成的，按下列第_____种方式解决：

（一）提交__________________仲裁委员会仲裁；

（二）依法向人民法院起诉。

第七条 本合同未作规定的，按照《中华人民共和国合同法》的规定执行。

第八条 本合同经双方当事人签字、盖章后生效。

第九条 其他约定事项：

① 国家市场监督管理总局（原国家工商行政管理总局）2000年9月22日发布。

赠与人：（章） 住所： 法定代表人： 居民身份证号码： 委托代理人： 电话： 邮政编码：	受赠人：（章） 住所： 法定代表人： 居民身份证号码： 委托代理人： 电话： 邮政编码：

监制部门：　　　　　　　　　　印制单位：

第十三章　特许经营合同

一、签约须知

我们从商业连锁加盟的角度来谈一谈签订特许经营合同的注意事项。

首先，是加盟费的问题。一些所谓的“连锁公司”就是借加盟费的名义来行骗的，另外一些则声称缴纳加盟费后可以得到公司赠送的产品，例如海报、广告牌等，可是仔细权衡一下，与动辄几万、十几万、几十万的加盟费相比，这些东西的价值就微乎其微了。

其次，是保证金的问题。连锁公司收取保证金的理由很多，如确保加盟店公司划分的区域经营，承诺将来退还保证金，但是以货物的形式退还。可是，保证金一旦缴纳，连锁公司往往以各种理由拒绝返还，诸如加盟店有违约行为，销售额没有达到公司要求等。

最后，有的连锁公司既不收取加盟费，也不收取保证金，而且承诺如果产品销售不出去，可以百分之百换货。虽然听起来比较好，但其中的陷阱还是要留意。这些公司对于加盟店第一次进货量是有要求的，通常比较大。虽然产品可以换，但换货的成本是由商家自己承担的，仅运费就是一笔不小的开支。有些连锁公司甚至与物流公司串通起来，从运费中分成。例如，运费本来是 100 元，但由于是到付，就加码到 200 元，凭空多出的 100 元由连锁公司和物流公司分享。

以上这些问题都是在签订商业连锁特许经营合同的过程中需要特别注意的。

二、重点法条

《商业特许经营管理条例》

第七条　特许人从事特许经营活动应当拥有成熟的经营模式，并具备为被特许人持续提供经营指导、技术支持和业务培训等服务的能力。

特许人从事特许经营活动应当拥有至少 2 个直营店，并且经营时间超过 1 年。

第十一条　从事特许经营活动，特许人和被特许人应当采用书面形式订立特许经营合同。

特许经营合同应当包括下列主要内容：

（一）特许人、被特许人的基本情况；

（二）特许经营的内容、期限；

（三）特许经营费用的种类、金额及其支付方式；

（四）经营指导、技术支持以及业务培训等服务的具体内容和提供方式；

（五）产品或者服务的质量、标准要求和保证措施；

（六）产品或者服务的促销与广告宣传；

（七）特许经营中的消费者权益保护和赔偿责任的承担；

（八）特许经营合同的变更、解除和终止；

（九）违约责任；

（十）争议的解决方式；

（十一）特许人与被特许人约定的其他事项。

第十二条　特许人和被特许人应当在特许经营合同中约定，被特许人在特许经营合同订立后一定期限内，可以单方解除合同。

第十三条　特许经营合同约定的特许经营期限应当不少于3年。但是，被特许人同意的除外。

特许人和被特许人续签特许经营合同的，不适用前款规定。

第十六条　特许人要求被特许人在订立特许经营合同前支付费用的，应当以书面形式向被特许人说明该部分费用的用途以及退还的条件、方式。

第十七条　特许人向被特许人收取的推广、宣传费用，应当按照合同约定的用途使用。推广、宣传费用的使用情况应当及时向被特许人披露。

特许人在推广、宣传活动中，不得有欺骗、误导的行为，其发布的广告中不得含有宣传被特许人从事特许经营活动收益的内容。

第十八条　未经特许人同意，被特许人不得向他人转让特许经营权。

被特许人不得向他人泄露或者允许他人使用其所掌握的特许人的商业秘密。

第二十条　特许人应当依照国务院商务主管部门的规定，建立并实行完备的信息披露制度。

第二十一条　特许人应当在订立特许经营合同之日前至少30日，以书面形式向被特许人提供本条例第二十二条规定的信息，并提供特许经营合同文本。

第二十二条　特许人应当向被特许人提供以下信息：

（一）特许人的名称、住所、法定代表人、注册资本额、经营范围以及从事特许经营活动的基本情况；

（二）特许人的注册商标、企业标志、专利、专有技术和经营模式的基本情况；

（三）特许经营费用的种类、金额和支付方式（包括是否收取保证金以及保证金的返还条件和返还方式）；

（四）向被特许人提供产品、服务、设备的价格和条件；

（五）为被特许人持续提供经营指导、技术支持、业务培训等服务的具体内容、提供方式和实施计划；

（六）对被特许人的经营活动进行指导、监督的具体办法；

（七）特许经营网点投资预算；

（八）在中国境内现有的被特许人的数量、分布地域以及经营状况评估；

（九）最近2年的经会计师事务所审计的财务会计报告摘要和审计报告摘要；

（十）最近5年内与特许经营相关的诉讼和仲裁情况；

（十一）特许人及其法定代表人是否有重大违法经营记录；

（十二）国务院商务主管部门规定的其他信息。

三、典型案例

解除特许经营合同后，加盟费应否返还？

某连锁公司与张某签订了加盟合同，双方约定：某连锁公司授予张某特许经营权，为期10年，张某支付加盟费10万元；张某须按月支付特许使用费等费用。在合同的履行过程中，由于张某拖延支付特许使用费等费用，某连锁公司经过多次催讨未果后，宣布解除合同。张某要求某连锁公司返还10万元加盟费，遭到连锁公司的拒绝，双方诉至法院。

加盟费是“被特许人为获得特许经营权而向特许人支付的一次性费用”。在特许经营合同开始履行后，特许方如果切实履行收取加盟费所应承担的合同义务，将特许经营权授予被特许人，即使合同中途解除，也不需要返还加盟费。在本案中，某连锁公司履行了合同义务，将特许经营权授予张某，而且合同的解除是由于张某的过错，因此，加盟费不应返还。

解除特许经营合同后，保证金应否返还？

孙某与某公司签订了特许经营合同，合同中约定：孙某需要向某公司支付保证金3万元，保证金不具有定金性质，孙某违约的情况下，某公司可以没收保证金。在合同履行过程中，当事人双方因为供货问题发生争议，孙某要求解除合同。某公司以孙某违约为名，将保证金没收。孙某对此提出异议，双方协商未果，向人民法院提起诉讼。

保证金是“为确保被特许者履行特许经营合同，特许人向被特许人收取的一定费用。合同到期后，保证金应退还被特许人”。在特许经营法律关系中，特许方收取保证金的目的是担保合同的履行，但这种担保形式与我们通常所说的定金有所不同，差别在于保证金是不适用“定金罚则”的，即“一方违约时，另一方扣除或要求双倍返还保证金”。保证金的作用主要是对当事人产生心理压力，保证合同履行。在本案中，当事人双方已经明确约定，保证金不具有定金性质，所以，即便是被特许人违约，特许人也不能以此为由没收保证金。合同解除后，保证金应该返还给被特许人。

四、示范文本

GF—2004—2501

城市供水特许经营协议

（示范文本）[①]

目　录

第一章　总则

鉴于＿＿＿＿＿＿＿＿＿＿＿＿＿＿＿＿，为加强城市供水企业管理，保证城市用水安全和供水企业的合法权益；（注：请根据项目具体情况，简单介绍本协议签署的目的、原则、过程，及本协议的主要内容）

第一条　根据＿＿＿＿＿＿（注：请填入本协议的法律依据），和本协议第二条所述双方于＿＿＿年＿＿月＿＿日在中国＿＿＿省（自治区）＿＿＿市（县）签署本

① 建设部2004年9月14日发布。

协议。

第二条 协议双方分别为：经中国______省（自治区）______市（县）人民政府授权（注：该授权可以通过以下两种形式，1. 该人民政府发布规范性文件；2. 该人民政府就本协议事项签发授权书），中国______省（自治区）______市（县）人民政府局（委）（下称甲方），法定地址：____________，法定代表人：____________，职务：______________；和__________________公司（下称乙方），注册地点：______________，注册号：______________，法定代表人：_________，职务：__________，国籍：______。

第二章 定义与解释

第三条 名词解释：

中国：指中华人民共和国，仅为本协议之目的，不包括香港特别行政区、澳门特别行政区和台湾地区。

法律：指所有适用的中国法律、行政法规、地方性法规、自治条例和单行条例、规章、司法解释及其他有法律约束力的规范性文件。

供水工程：是指以管道及其附属设施向单位和居民的生活、生产及其他各项建设提供用水的工程设施，包括：专用水库、引水渠道、取水口、泵站、井群、输（配）水管网、净（配）水厂、水站、进户总水表等，详见本协议第十二条和第十三条的规定。（注：本定义是假设乙方负责取水、净水、送水和出厂输水给终端用户而规定的，请根据具体情况进行相应修改）

特许经营权：是指本协议中甲方授予乙方的、在特许的经营期限和经营区域范围内设计、融资、建设、运营、维护供水工程、向用水户提供服务并收取费用（注：请根据乙方是否负责向终端用户供水而相应修改）的权利。

生效日：指本协议条款中双方约定的本协议生效日期。

特许经营期：是指从本协议生效日开始的______年期间，可根据本协议延长。

特许经营区域范围：是指实施本协议时附件__________《工程和特许经营区域范围》规定的经营和服务区域范围。

不可抗力：是指在签订本协议时不能合理预见的、不能克服和不能避免的事件或情形。以满足上述条件为前提，不可抗力包括但不限于：

（1）雷电、地震、火山爆发、滑坡、水灾、暴雨、海啸、台风、龙卷风或旱灾；

（2）流行病、瘟疫；

（3）战争行为、入侵、武装冲突或外敌行为、封锁或军事力量的使用，暴乱或恐怖行为；

（4）全国性、地区性、城市性或行业性罢工；

（5）由于不能归因于乙方的原因引起的供水工程供电中断；

（6）由于不能归因于乙方的原因造成的原水水质恶化或供应不足。

日、月、季度、年：均指公历的日、月份、季度和年。

建设期：是指从本协议生效日至最终完工日的期间。

运营期：是指从最终完工日（注：适用于新建项目）或开始运营日（注：适用于已经投产项目）起至移交日的期间。

工程综合设计供水能力：是指按供水设施取水、净化、送水、出厂输水干管等环节设计能力计算的综合生产能力。计算时，以四个环节中能力最小的环节确定工程综合设计供水能力。

移交：是指乙方根据本协议的规定向甲方或其指定机构移交供水工程。

移交日：是指特许经营期届满之日（适用于本协议期满终止）或根据本协议第一百二十七条规定确定的移交日期（适用于本协议提前终止）。

营业日：是指中国除法定节、假日之外的日期，若支付到期日为非营业日，则应视支付日为下一个营业日。

批准：指乙方为履行本协议需从政府部门获得的许可、执照、同意、批准、核准或备案。

法律变更：指中国立法机关或政府部门颁布、修订、修改、废除、变更和解释的任何法律；或者甲方的任何上级政府部门在本协议签署日之后修改任何批准的重要条件或增加任何重要的额外条件，并且上述任何一种情况导致：

（1）适用于乙方或由乙方承担的税收、税收优惠或关税发生任何变化；及

（2）对供水工程的融资（包括有关外汇兑换和汇出）、设计、建设、运营、维护和移交的要求发生任何变化。

建设：指按本协议建设供水工程。（注：适用于包含或将来可能发生的新建项目或工程）

环境污染：指供水工程、供水工程用地或其任何部分之上、之下或周围的空气、土地、水或其他方面的污染，且该等污染违背或不符合有关环境的适用法律或国际惯例。

最终完工证书：指根据第______条颁发或视为颁发的证书。

最终完工日：指最终完工证书颁发或视为颁发之日。

计划最终完工日：详见附件____________《工程进度》。

最终性能测试：指第______条所述的确认供水工程具有安全、可靠、稳定性能的测试。

融资交割：当下述条件具备时，为完成融资交割：

（1）乙方与贷款人已签署并递交所有融资文件，融资文件要求的获得首笔资金的每一前提条件已得到满足或被贷款人放弃，并且

（2）乙方收到融资文件要求的股权投资人的认股书或股权出资。

融资文件：指经有关政府部门依适用法律批准的并报甲方备案的、与项目的融资

或再融资相关的贷款协议、票据、契约保函、外汇套期保值协议和其他文件，及担保协议，但不包括：（注：如乙方的水价或提前终止补偿条款与贷款文件有密切联系，则应规定“贷款文件应取得甲方同意”）

（1）与股权投资者的认股书或股权出资相关的任何文件，或

（2）与提供履约保函和维护保函相关的文件。

贷款人：指融资文件中的贷款人。

维护保函：指乙方根据第______条向甲方提供的维护保函。

进度日期：指附件____________《工程进度》中所述的日期。

终止通知：指根据第______条发出的通知。

计划开始运营日：指双方确定的、预计供水工程可以开始运营的日期，即______年____月____日。（注：适用于已经投产的项目，对于新建项目，该日期应与计划最终完工日为同一日期）

开始运营日：指乙方根据第______条向甲方发出供水工程已准备就绪可以开始运营的书面通知中明确之日。（注：适用于已经投产的项目，对于新建项目，该日期应与最终完工日为同一日期）

履约保函：指乙方按照第______条向甲方提供的履约保函。

前期工作：指第______条所述的工作。

初步完工通知：指根据第______条发出的通知。

初步完工证书：指根据第______条颁发或视为颁发的证书。

初步性能测试：指第______条所述的确保项目设施达到技术标准、规范和要求及设计标准的测试。

谨慎运营惯例：指在熟练和有经验的中国的供水企业在运营类似于本供水工程的项目中所采用或接受的惯例、方法和做法以及国际惯例和方法。

担保协议：指由乙方与贷款人签订的、有关政府部门依适用法律批准、并经甲方同意的向贷款人提供的在乙方股东持有的乙方公司股权或乙方拥有的任何财产、权利或权益之上设置抵押、质押、债权负担或其他担保权益的任何协议。

项目合同：指本协议、融资文件与本供水工程项目的设计、重要设备原材料采购、施工建设、监理、运营维护及其他相关合同。

允许供水通知：指根据第______条发出或视为发出的通知。

允许供水日：指允许供水通知发出或视为发出之日。

项目：指乙方根据本协议设计、融资、建设、运营、维护供水工程，向用水户提供服务并收取费用。

第三章　协议的应用

第四条　各方同意本协议是乙方在特许经营期内进行项目融资、设计、建设、运营、维护、服务的依据之一，也是甲方按照本协议对乙方在特许经营期内的经营行为

实施监管的依据之一。

第五条　本协议并不构成甲方和乙方之间的合营或合伙关系。

第六条　本协议并不限制或以其他方式影响甲方行使其法定权力。

第七条　当以下先决条件满足或被甲方书面放弃时，甲方开始履行本协议项下义务：

（1）乙方已向甲方提交了符合本协议要求的履约保函；

（2）融资交割完成；

（3）有关项目合同依适用法律获得批准；

（4）乙方已经按第十四章购买保险；

（5）已营运的城市供水企业还应当：

①依法清产核资、产权界定、资产评估、产权登记，并依适用法律获本城市人民政府相关部门批准；

②职工安置方案按法定程序获得批准；

③按附件____________《项目和企业相关批准文件》的约定交割完资产资金，须担保、质押等文件依适用法律获得批准；

④已经取得依法应当取得的其他批准文件。

如果因乙方原因未能在生效日后______日内满足前述先决条件，则甲方有权提取履约保函项下的所有款项，并有权终止本协议。

第八条　甲方和乙方声明和保证如下：

（1）他们有权签署本协议并按本协议履行义务，所有为授权其签署和履行本协议所必需的组织或公司内部行动和其他行动均已完成；

（2）本协议构成甲方和乙方的有效、合法、有约束力的义务，按其条款依适用法律对其有强制执行力；

（3）签署和履行本协议不违反甲方或乙方应遵守的任何适用法律或对甲方或乙方有约束力的其他任何协议或安排。

第九条　未经甲方书面同意，乙方不得：

（1）从事本协议规定特许经营权以外的任何经营活动；

（2）将依本协议所取得的土地使用权用于供水工程以外的任何其他用途。

第十条　乙方有义务且必须就由于建设、运营和维护供水工程设施而造成的环境污染及因此而导致的任何损害、费用、损失或责任，对甲方予以赔偿。但若所要求的损害、费用、损失或责任是由甲方违约所致或依本协议乙方不承担责任的环境污染除外。

第十一条　本协议自双方法定代表人或授权代表人签字并加盖公章之日起生效，特许经营期限为______年，即自______年____月____日起至______年____月____日止。如果出现下述情况影响到本协议的执行，有关的进度日期应相应延长，同时，甲方应选择支付补偿金，或调整供水价格，或相应延长特许经营期：

（1）不可抗力事件；

（2）因甲方违约而造成延误；

（3）在供水工程建设用地上发现考古文物、化石、古墓及遗址、艺术历史遗物及具有考古学、地质学和历史意义的任何其他物品；

（4）因法律变更导致乙方的资本性支出每年增加__________元人民币或收益性支出每年增加__________元人民币。

第四章 供水工程项目

第十二条 供水工程名称为____________，规模为____________万万立方米/日。

第十三条 供水工程项目包括[净（配）水厂、管网及相关附属设施等]。工程位于______国______省______市______地区，其确切位置见附件____________《工程和经营服务范围》。（注：该表述是假设乙方负责取水、净水、送水和出厂输水给终端用户而规定的，请根据具体情况进行相应修改）

第十四条 工程项目最终批复的施工设计文件为工程建设和竣工的依据。（注：只适用于新建项目）

第十五条 工程造价为____________万元人民币，建设期利息为____________万元人民币，工程总造价为____________万元人民币，见附件____________《工程和特许经营区域范围》，如有追加，应经甲方批准。（注：只适用于新建项目）

第十六条 除本协议规定的其他义务外，乙方在特许期内负责：

（1）工程项目的设计与工程技术服务、采购、建造、和运营和维护；（注：本项只适用于新建项目）

（2）建设工程项目的所有费用及所有必要的融资安排；（注：本项只适用于新建项目）

（3）承担供水工程前期工作和永久性市政设施建设和其他工作的费用。（注：请根据具体情况进行相应修改）

第十七条 除本协议规定的其他义务外，在遵守、符合中国法律要求的前提下，甲方负责协助、监督、检查乙方实施以下工作，但甲方并不因其承担有关协助、监督、检查工作而承担任何责任，且并不解除或减轻乙方应承担的任何义务或责任：

（1）监督和检查供水工程的设计、建造、运营和维护；

（2）协助乙方获得设计、建造、运营和维护供水工程所需的所有批准；

（3）协助乙方取得供水工程场地的土地使用权；

（4）协助乙方完成前期工作和永久性市政设施建设和其他工作，包括：

①安置受建设影响的居民和其他人，拆除需要建设供水工程的场地上的任何建筑物或障碍物；

②供水工程建设所需的临时或永久用电、供水、排水、排污和道路。（注：本条只

适用于新建项目）

第十八条　在生效日后______个营业日内，乙方必须向甲方提交格式为附件____________《履约保函和维护保函格式》的或甲方同意的其他格式的履约保函。

履约保函必须由甲方可接受的金融机构出具，金额为__________万元人民币。（注：本条只适用于新建项目）

第十九条　乙方必须确保于生效日后______个营业日之内实现融资交割，并在融资交割时向甲方交付所有已签署的融资文件复印件，以及甲方可能合理要求的表明融资交割已实现的任何其他文件。

第五章　供水工程设计和建设

（注：本章只适用于新建工程）

第二十条　乙方必须按照经投资管理部门核准的项目申请报告、附件____________《工程和特许经营区域范围》所述项目范围、附件____________《技术规范和要求》所述技术标准、规范和要求、附件____________《设施维护方案》所述维护方案、附件____________《工程技术方案》所述技术方案，自费完成供水工程的初步设计。

第二十一条　未经有关政府部门书面批准，不对经批准的初步设计进行实质性修改。

第二十二条　乙方必须按照初步设计和初步设计批复文件、附件____________《工程和特许经营区域范围》所述项目范围、附件____________《技术规范和要求》所述技术标准、规范和要求、附件____________《设施维护方案》所述维护方案、附件____________《工程技术方案》所述技术方案，自费完成供水工程设施的施工图设计。

第二十三条　乙方必须随时将施工图设计已编制的部分提交甲方审查，并且在提交施工图设计之后的______工作日内未经甲方批准，不得将施工图设计文件用于建设。

第二十四条　乙方必须按照提交给甲方的施工图设计、附件____________《工程和特许经营区域范围》所述项目范围、附件____________《技术规范和要求》所述技术标准、规范和要求、附件____________《设施维护方案》所述维护方案、附件____________《工程技术方案》所述技术方案，自费建设供水工程设施。

乙方可以将供水工程设计和施工分包给具有相应资质的设计、施工机构，完成供水工程设施的建设。但乙方在本协议项下的任何义务不因分包行为而免除、减轻或受其他影响。

第二十五条　乙方必须按附件____________《工程进度》规定的日期开始工程建设和实现最终完工并向甲方提交工程建设方案，工程建设方案应合理、详细地反映为实现最终完工日而计划的活动、活动次序和期限。

乙方若修改工程建设方案，则必须将修改稿提交给甲方，修改稿应合理详细地反映对活动、活动次序和期限的修改。

第二十六条 对用于建设的材料和主要设备在离开制造厂前，乙方必须按适用法律安排测试和检验。

乙方应在对材料和主要设备进行每次测试和检验前合理的时间内通知甲方。

甲方的代理人或代表有权参加测试和检验，但是如果甲方未提出书面反对，或未对乙方通知予以答复，并且在通知测试和检验的时间没有到场，则测试和检验可以在甲方的代理人或代表缺席的情况下进行。

乙方在完成测试和检验后，应立即向甲方提交关于测试和检验程序和结果的报告。

甲方在收到上款所述报告后，可书面通知乙方：

（1）对测试和检验结果满意；或者

（2）说明测试和检验的程序或结果的不符合规定或要求的情形。

甲方检验并接受用于建设的材料和主要设备的任何部分，并不解除或减轻乙方在供水工程设施建设过程中应承担的所有义务或责任。

第二十七条 乙方必须将有关供水工程设计和建设的所有技术数据，包括设计报告、计算和设计文件，随进度在编制完成后立即提交给甲方，以使甲方能监督项目设施的设计和建设进度。

乙方向甲方保证，乙方对其用于供水工程设施的设计、建设且作为知识产权客体的初步设计、施工图设计和任何其他文件，拥有所有权或使用权。

乙方给予甲方不可撤销的、非独占的许可，使用本条第二款所述的任何文件：

（1）用于供水工程的目的，包括但不限于本协议因任何原因终止、移交后，甲方继续对供水项目进行建设、运营和维护；

（2）参加与本供水工程类似的供水工程的设计和建设方面的会议。

第二十八条 工程开工之日的下一月起，每月的第一天（如遇节假日顺延），乙方应向甲方供水工程建设进度报告。报告应详述：上一个月已完成的和在建的供水工程情况；预计本月完成建设情况；距离计划最终完工日期的进展情况；预计完成建设的时间；以及甲方合理要求的其他事宜。

第二十九条 除政府部门依照适用法律进行的监督检查以外，甲方的代理人或代表可在建设期间经合理的通知，在乙方代理人或代表参加的情况下对建设进行监督检查。

甲方的代理人或代表监督和检查的费用由甲方承担，除非监督和检查的结果表明建设、材料、设备或机器存在任何重大缺陷，在此情况下，乙方应承担监督和检查的费用。

第三十条 乙方必须：

（1）确保甲方的代理人或代表可以进入供水工程设施、供水工程设施用地，但该等进入不应妨碍建设；并且

（2）应甲方的代理人或代表要求，提供图纸和设计资料。

第三十一条 甲方有权在最终完工日之前的任何时候，要求乙方改正或更换不符合下列条件的任何建设工程、材料或机器设备：

（1）提交给甲方的施工图设计；

（2）附件___________《工程和特许经营区域范围》所述的项目范围；

（3）附件___________《技术规范和要求》所述的技术标准、规范和要求；或

（4）附件___________《设施维护方案》所述的维护方案。

并且，甲方必须书面通知乙方，并说明理由。

第三十二条 在收到第三十一条所述通知后，乙方必须在合理期限内采取所有必要措施改正建设工作或更换合适的材料和机器设备，并且乙方必须承担费用和支出，并对改正措施造成的工期延误负责。

第三十三条 乙方必须在建设初步完工前合理时间内提前向甲方发出初步完工通知，告知预计可以开始初步性能测试的日期（并且初步性能测试日期必须在发出通知后的______工作日后）。

第三十四条 乙方必须按照附件___________《技术规范和要求》在出具初步完工通知后，进行初步性能测试。

甲方的代理人或代表有权参加初步性能测试，但如果甲方未对初步完工通知提出书面异议或作出回复，并且在通知的初步性能测试的时间没有到场，则初步性能测试可在甲方的代理人或代表缺席的情况下进行。

第三十五条 初步性能测试完成之后，乙方必须立即向甲方提交一份报告，列明初步性能测试的程序和结果。

第三十六条 甲方收到第三十五条所述报告之后：

（1）如初步性能测试的结果符合本协议要求，应发出初步完工证书；或者

（2）如初步性能测试的结果不符合本协议要求，应书面通知初步性能测试的程序或结果不符合规定或要求的情形。

如果甲方在收到第三十五条所述报告之后______工作日之内不向乙方发出上述有关不符合情况的通知，应视为甲方对初步性能测试结果表示满意（或认可）。

第三十七条 如果供水工程设施未通过初步性能测试，乙方必须：

（1）采取所有必要的改正措施补救不符合情况；并

（2）至少提前______工作日向甲方发出书面通知，重复初步性能测试。

乙方必须承担费用和支出并对因上述改正措施和重复初步性能测试而发生的延误负责。

第三十八条 以有关政府部门和机构依适用法律完成项目工程各项验收为前提，在甲方发出初步完工证书或按第三十六条测试结果被视为满意（或认可）之后______工作日内，乙方必须书面通知甲方有关完工检查的日期和时间（完工检查日期应在发

出初步完工通知______工作日后)。

甲方的代理人或代表有权参加完工检查，但如果甲方未对通知提出书面异议或作出回复，并且在通知的完工检查的时间没有到场，则完工检查可在甲方的代理人或代表缺席的情况下进行。

第三十九条 在完工检查之后______工作日内，甲方应将供水工程的建设工作、材料、设备或机器中存在的所有缺陷详细列明并书面通知乙方。

如果甲方不参加完工检查，或者未在完工检查结束后______工作日之内向乙方发出有关缺陷的通知，则应视为供水工程的建设工作、材料、设备和机器已令甲方满意(或认可)。

第四十条 如果甲方向乙方发出上述有关缺陷的通知且乙方无异议，乙方必须改正所有缺陷。

甲方可对有关缺陷通知中列明的缺陷进行进一步的完工检查。

第四十一条 在完工检查后的______工作日内，如果初步性能测试和完工检查的结果令甲方满意（或认可）或视为令甲方满意（或认可)，甲方应发出允许供水通知。

第四十二条 只有在以下各项均已发生之后，乙方方可向甲方和有关政府部门发出供水工程可以开始试运营的书面通知:

（1）甲方已发出允许供水通知；

（2）甲方书面通知乙方其已收到或放弃收取以下各项:

①运营供水工程所需的所有批准均充分有效的书面证明；

②证明运营保险完全有效并符合本协议要求的证明的复印件；

③乙方已签署项目设施运营维护所需的化学品和零件供应合同的书面证明。

第四十三条 在开始试运营日后______日内，乙方必须按照附件____________《技术规范和要求》进行最终性能测试。

甲方的代理人或代表有权参加最终性能测试，但如果甲方不提出书面反对，或未作回复并且在通知的最终性能测试的时间没有到场，则最终性能测试也可在甲方代理人或代表不参加的情况下进行。

第四十四条 在完成最终性能测试且办理完毕竣工验收备案手续后，乙方必须立即向甲方提交有关最终性能测试的程序和结果的报告（包括但不限于竣工验收备案文件)。

收到上款所述报告后，甲方可以书面通知乙方，表示最终性能测试的结果符合本协议要求并发出最终完工证书，或认为与报告中所述的最终性能测试的程序或结果不符合规定或要求的情形。

如果甲方未在收到报告后______工作日内向乙方发出上述不符合通知，则最终性能测试结果视为符合本协议要求。

第四十五条 如果供水工程未通过最终性能测试，则乙方必须采取所有必要的改正措施来补救不符合情况，并应在至少提前______工作日向甲方发出书面通知后，重复最终性能测试。

乙方必须承担上述改正措施和重复最终性能测试的费用和支出，并对因上述改正措施和重复最终性能测试而发生的延误负责。

第四十六条 如果最终性能测试符合本协议要求且乙方办理完毕竣工验收备案手续，但甲方不按照第四十四条第二款发出最终完工证书，则最终完工证书在上述工作日期满时视为发出。

第四十七条 如果甲方①检查和验收供水工程建设工作、材料、机器或设备的全部或任何部分；②颁发允许供水证书；或③颁发最终完工证书，这些行为均不得解除乙方对供水工程的设计和建设所应承担的任何义务或责任。

第四十八条 供水工程最终完工后，乙方应当将供水工程项目外所受工程影响的地上和地下建构筑物恢复到工程施工前的相应状态；乙方不能实施的，甲方可指定机构代为实施，所需费用由乙方承担。

第四十九条 在最终完工日后______个月内，乙方必须向甲方提交下列资料（并按照适用法律归档）：

（1）供水工程有关的图纸（包括打印件和电脑磁盘）一式三份；

（2）所有设备的技术资料和图纸（包括设备随机图纸、文件、说明书、质量保证书、安装记录、质量监督和验收记录）一式三份；

（3）甲方合理要求的与本供水工程有关的其他技术文件或资料一式三份。

第五十条 甲方和乙方承认政府有关部门可依适用法律参加供水工程的测试和检查。

第五十一条 如果由于乙方违约造成的延误，使供水工程开始运营日或最终完工日延误，则乙方必须按______元人民币/日向甲方支付预定违约金直至开始运营日或最终完工日或本协议终止日（以先发生者为准）。

甲方获得这些预定违约金的权利，并不影响其终止本协议的权利。

第五十二条 如果除甲方违约事件或不可抗力事件以外的任何原因，乙方出现下列情况之一，则建设应视为已被放弃：

（1）书面通知甲方其终止建设，且并不打算重新开始建设的决定；

（2）未在生效日期后______日内开始建设；

（3）未在任何不可抗力事件结束后______日内恢复建设；

（4）停止建设连续或累计达______日；

（5）在允许供水日前直接或通过建设承包商从供水工程设施用地撤走全部或大部分的工作人员，并且在建设停止之日后______日内未更换建设承包商；

（6）未在允许供水日后______日内达到最终完工日；及

（7）未在计划最终完工日后______日内实现最终完工。

第五十三条 如果由于除甲方违约事件或不可抗力以外的任何原因，乙方放弃或被视为放弃建设，乙方必须向甲方支付第五十一条项下应付的金额，且甲方有权提取履约保函项下未提取的金额，作为乙方放弃或被视为放弃建设的预定违约金。

甲方行使该等权利不影响其终止本协议的权利。

第五十四条 为获取预定违约金的支付，甲方可以从履约保函中提款，直至履约保函金额全部提取完。

在履约保函的金额全部提取完后，乙方就延误到达最终完工日或开始运营日或放弃建设，对甲方不再有进一步的责任。

第五十五条 在下述日期中较迟的日期到来时，甲方应解除尚未提取的履约保函项下的金额：

(1) 最终完工日后的______个月届满之时；

(2) 乙方根据第______条向甲方提交维护保函之日。

如果在解除履约保函之前本协议终止，则履约保函应在本协议终止后______个月期限内保持有效。

第五十六条 乙方对于为移走在供水工程设施用地上发现的考古文物、化石、古墓及遗址、艺术历史遗物及具有考古学、地质学和历史意义的任何物品而发生的任何额外费用不承担责任。

第六章 供水工程的运营与维护

第五十七条 在特许经营期内，

(1) 乙方享有以下权利和义务：

①依据适用法律独家向特许经营区域范围内用户供水，合法经营并取得合理回报；

②根据社会和经济发展的情况，保障特许经营区域范围内水厂的运行、供水管网的正常维护以及特许经营区域范围内用户供水服务；

③根据中国法律和本协议的要求满足用户用水水质、水量、水压、供水服务需求；

④履行协议双方约定的社会公益性义务；

⑤除本协议另有规定外，应当将项目合同报甲方备案；

⑥法律和本协议规定的其他权利和义务。

(2) 甲方享有以下权利和义务：

①对乙方的供水服务进行监督检查；

②结合经济社会发展需要，制订供水服务标准和近、远期目标，包括水质、水量、水压以及维修、投诉处理等各项服务标准；

③制定年度供水水质监督检查工作方案，对乙方的供水水源、出厂水及管网水质进行抽检和年度综合评价；

④受理用户对乙方的投诉；

⑤维护特许经营权的完整；

⑥法律、规章和本协议规定的其他权利和义务。

第五十八条 乙方经营的供水工程目前净（配）水能力为________万立方米/日。见附件________《工程和特许经营区域范围》。

第五十九条 乙方应按照城市规划和供水规划的要求制订经营计划（包括供水计划、投资计划），并经甲方同意后方可实施。经营计划的修改须经甲方同意。

第六十条 乙方于开始运营日起______日内向甲方呈报第一个五年和年度经营计划。每个五年计划执行到期前______个月应向甲方提交下一个五年经营计划，每年十月底以前向甲方提交下一年度的经营计划。

甲方在收到乙方五年经营计划后三个月内、在收到年度经营计划后一个月内作出审查实施决定。

第六十一条 乙方应在每年第一季度向甲方提交上一年度的经营情况报告并保证报告内容准确真实。报告内容应包括投资和经营计划的执行情况、运营状况、财务报告、规范化服务和供水服务承诺实施以及本年度服务目标等。

乙方应将经营报告的主要内容以适当方式向社会公布。

第六十二条 在履约保函到期或解除之前，乙方必须向甲方提交不可撤销的、独立于本协议的有效的维护保函。其格式应为附件____________《履约保函和维护保函格式》规定的格式，或可为甲方接受的其他格式。

第六十三条 维护保函的出具人为可为甲方接受的金融机构，并且保函金额为__________万元，作为乙方履行本协议项下义务的保证。

第六十四条 如果甲方在特许经营期提取维护保函项下的款项，乙方必须在提取后______工作日内将维护保函的数额恢复到第六十三条所述之金额，并向甲方提供维护保函已恢复至该数额的证据。

乙方必须在特许经营期结束前______个月将维护保函增加至____________万元。

第六十五条 如果乙方没有遵守第六十四条的规定，并且乙方在收到甲方有关未遵守的书面通知后______个营业日内未予以纠正，甲方有权提取维护保函下的剩余款额和终止本协议。

第六十六条 甲方行使提取维护保函金额的权利不损害其在本协议项下的其他权利，并且不应解除乙方不履行本协议义务而对甲方所负的任何进一步的责任和义务。

第六十七条 乙方应对取水设施、净水厂、加压泵站、主干供水管网等主要供水工程的状况及性能进行定期检修保养，并于每年______月和______月向甲方提交设施运行情况报告。

第六十八条 乙方必须在特许经营期内按照附件____________《设施维护方案》所述维护方案和附件____________《工程技术方案》所述技术方案运营维护供水工程设施。

第六十九条 在运营期内如供水工程设施的任何部分需要替换，乙方必须支付必要的额外金额用以购买和安装替换部分，并将替换情况说明报甲方备案。

第七十条 在特许经营期内如乙方需要建造新的供水工程时，必须经__________市政府书面批准，其建设费用应由乙方承担。并应由双方根据本协议下第五章所述条款规定的原则签署补充协议。

第七十一条 乙方必须保证水净化处理设备、设施满足净水工艺的要求。在净化处理各工序（车间），应配备相应的水质检测手段。

第七十二条 乙方必须制定保障设备、设施正常运行及保证人身安全的技术操作规程、岗位责任制以及相关的安全制度，并负责组织实施。

第七十三条 乙方的运行操作人员必须按国家有关规定持证上岗。

第七十四条 乙方必须具备保证供水设施设备完好的定期检查、维护和故障抢修程序及手段。

第七十五条 乙方必须保证从事制水的人员按国家规定经过严格体检，无任何传染疾病。

第七十六条 乙方必须建立完整齐全的主要设备、设施档案并与实物相符。管网应具有大比例区切块网图，有完整阀门卡。

第七十七条 乙方必须建立生产、经营、服务全过程规范的原始记录、统计报表及台账。

第七十八条 乙方保证出厂水量、电耗、物耗准确计量，并按适用法律及时校准相关计量器具。

第七十九条 为确保乙方履行本协议的义务，在不妨碍乙方正常运营和维护项目设施的情况下，甲方的代理人或代表有权在任何时候进入供水工程用地和接近相关设备进行监督检查。

第八十条 甲方或其代理人或代表可要求乙方提供下列资料：

（1）净水和原水质量的检测分析报告；

（2）设备和机器的状况及设备和机器的定期检修情况的报告；

（3）财务报表；

（4）重大事故报告；

（5）计量器具校核证明文件；

（6）甲方认为需要提供的其他资料。

第八十一条 如果乙方违反其在本协议项下运营和维护供水工程的义务，甲方可就该违反行为向乙方发出书面通知。乙方在接到上述通知后应：

（1）对供水工程设施进行必要的纠正性维护；或者

（2）书面通知甲方其对通知内容有异议，争议应按照补偿与争议解决程序的规定解决。

第八十二条 如果根据争议解决程序，认定乙方未能按照本协议维护供水工程和履行本协议项下其他义务（包括但不限于第一百一十四条所规定的情形），并且乙方在补偿与争议解决程序规定的期限内未能补救，则甲方可以自行或指定第三方进行维护和运营供水工程，与维护和运营有关的风险和费用由乙方承担。乙方必须允许甲方及其指定的第三方的雇员、代理人和/或承包商及必要的工具、设备和仪器进入供水工程用地。

甲方应确保维护和运营工作尽量减少对供水工程运营的干扰。

第八十三条　如果乙方违反其运营维护供水工程的义务，则有关费用和开支必须由乙方承担。甲方有权提取维护保函金额，但是需将所发生的费用和开支的详细记录提交给乙方。

第八十四条　甲方有权对城市供水工程安全保护范围内危害供水工程安全的活动实施处罚。

第八十五条　经甲方同意，需要改装、拆除或迁移乙方经营的城市供水设施，甲方需与乙方进行协商并达成共识方可进行。

第八十六条　乙方应按照甲方的要求，制定保证在紧急情况下的基本供水的应急预案。并在供水紧急情况下，严格执行供水应急预案，服从甲方的调度。

第八十七条　乙方有权因启动供水应急预案而增加的合理成本向甲方提出补偿要求，甲方应选择支付补偿金，或调整水价，或延长特许经营期限给予补偿。

第八十八条　乙方应按照适用法律定时向甲方提供生产以及经营的统计数据。为了核实某些情况，甲方可要求乙方对供水系统的性能和运转情况提供统计资料。

第八十九条　乙方应无条件地向甲方提供有关供水服务和成本的信息和相关解释。并应按甲方的要求，在甲方或其代理人或代表在场的情况下，对设备进行试验和检测，以核实设备的实际运转状况。

第七章　供水服务

第九十条　乙方应按照适用法律在特许经营区域范围从事供水服务。

第九十一条　由于城市规划要求，甲方需要乙方提供另外供水服务，甲、乙双方应进行协商，努力就修改本协议达成共识。

第九十二条　乙方应保障每日 24 小时的连续供水服务，在因扩建及设施检修需停止供水服务时，应提前 24 小时通知用水户，因发生紧急事故或不可抗力，不能提前通知的，应在抢修的同时通知用水单位和个人，尽快恢复正常供水。停水时间必须在附件____________《供水服务标准》规定的期限内。出现或可能出现下列情况时：

（1）一次暂停供水时间超过十二小时的，应当提前____日报告并取得甲方同意；

（2）需要对直径______毫米以上市政主干管进行维修、造成供水影响较大的，应当提前______日报告并取得甲方同意；

（3）直接影响供水的重要设施、设备发生事故的，应当在发生事故后一小时内报告；

（4）由于不可抗力或者突发事故造成临时停水超过十二小时的，应当在发生事故后一小时内报告并采取临时供水措施。

第九十三条 乙方应按照本协议附件____________《供水服务标准》，实施规范化供水服务，向社会公开水质、水量、水压等涉及供水服务的各项服务指标，接受社会的监督。

第九十四条 乙方必须建立、健全水质监测制度，保证城市供水水质符合中国国家标准和其他相关标准。

第九十五条 乙方应建立原水水质监测制度。对取用地表水原水的浊度、pH值、温度、色度等项目应每______日进行检测；对取用地下水的原水水质应每______日进行检测。对本地区原水需要特别监测的项目，也可列入检测范围，根据需要增加监测次数。

第九十六条 乙方应对出厂水和管网水进行检测。水质的检测项目、检测频率及采样点的设置应符合中国国家标准和其他相关标准。

第九十七条 乙方发现水质问题，应及时通知甲方。

第九十八条 甲方对乙方的供水水质进行全面监督检查并进行评估。乙方必须允许甲方代理人或代表进入供水工程，并配合甲方代理人或代表进行水质监督和检查活动。

第九十九条 乙方必须按照适用法律设置管网测压点，保证供水管网压力符合相应标准。

第一百条 乙方提供的供水服务，必须全部按表计量收费。乙方可以委托物业管理单位对用户实行抄表服务，但不免除自己应承担的供水责任。在同一供水服务范围内，乙方应保证同类用户交纳同一水费、接受同一供水服务。

第一百零一条 乙方应按有关规定与用户签订《城市供水用水合同》。

第一百零二条 中国法律另有规定的除外，乙方不得拒绝或停止向特许经营区域范围内符合城市规划及用水地点具备供水条件的用户供水。

第一百零三条 按照适用法律，乙方应向社会公布用水申请程序，并有义务向办理用水申请手续的用户提供咨询服务。

第一百零四条 除水费及政府明文规定的收费外，乙方不得向用户收取其他任何费用。

第一百零五条 乙方须建立营业规章并报甲方备案。

第一百零六条 按照甲方的要求，乙方应随时向甲方提供有关供水服务的书面报告，并作详细的说明。

第八章　收费

第一百零七条 乙方向公众用户供水的价格实行政府定价。乙方按照________市人民政府批准的收费标准向其服务范围内的用水户收取费用。

本协议生效日时的综合水价是每立方米________元。生活用水每立方米________元，行政事业用水每立方米________元，工业用水每立方米________元，经营服务用水每立方米________元，特种行业用水每立方米________元。（注：本条适用于乙方直接向公众供水的情况）

第一百零八条　不同用水性质的用水共用一只计量水表时，除另有规定外，按从高使用水价计收水费。（注：本条适用于乙方直接向公众供水的情况）

第一百零九条　水费结算方式按照适用法律，实行周期抄验水表并结算水费。

第一百一十条　按照适用法律，双方同意水价调整原则、程序、时限在附件____________《水价调整协议》具体约定。

第一百一十一条　甲方协助有关部门按照适用法律制定城市供水收费标准、收费监督政策的调整计划。调整计划作为本协议的组成部分。

第一百一十二条　甲方有权对乙方经营成本进行监管，并对乙方的经营状况进行评估。（注：具体监管协议，各地根据实际情况在附件《水价调整协议》中约定）

乙方因非乙方原因造成的经营成本发生重大变动时，可提出城市供水收费标准调整申请。甲方核实后应向有关部门提出调整意见。

第九章　特许经营权的终止与变更

第一百一十三条　特许经营期满，甲方授予乙方的特许经营权终止。

第一百一十四条　在特许经营期内，乙方有下列行为之一且未在收到甲方通知后______日内纠正的，甲方有权提前通知乙方提前终止本协议：

（1）擅自转让、抵押、出租特许经营权的；

（2）擅自将所经营的财产进行处置或者抵押的；

（3）因管理不善，发生重大质量、生产安全事故的；

（4）未根据本协议规定提供、更新、恢复履约保函或维护保函的；

（5）擅自停业、歇业，严重影响到社会公共利益和安全的；

（6）乙方出现第五十二条规定的放弃建设或视为放弃建设；及

（7）严重违反本协议或法律禁止的其他行为。

第一百一十五条　在特许经营期内，乙方拟提前终止本协议时，应当提前向甲方提出申请。甲方应当自收到乙方申请的______个月内作出答复。在甲方同意提前终止协议前，乙方必须保证正常的经营与服务。

第一百一十六条　甲方有权在乙方没有任何违约行为的情况下提前______日通知乙方提前终止本协议，但是应按照本协议支付补偿款项。

第一百一十七条　在特许经营期内，如甲方严重违反本协议规定且未在收到乙方通知后______日内纠正，则乙方有权通知甲方提前终止本协议。

第一百一十八条　未经乙方事先的书面同意，甲方不得转让或让与其在本协议项下的全部或任何部分权利或义务。但前述规定不得妨碍甲方的分立，或其同中国政府部委、部门、机构，或代理机构，或其中国的任何行政下属机构，或任何中国国有企业或国有控股企业联合、兼并或重组，并且只要受让方或继承实体具有履行甲方在本协议项下义务的能力，并接受对履行甲方在本协议项下的权利和义务承担全面责任，不得妨碍甲方将其权利和义务移交给上述机构和公司。

第一百一十九条 未经甲方书面同意的情况下，乙方不得转让其在本协议下的全部或任何部分权利和义务。

第一百二十条 除下述第一百二十一条外，乙方不得对下列各项进行抵押、质押、设置任何留置权或担保权益，或以其他类似方式加以处置：

（1）供水工程用地的土地使用权；

（2）供水工程设施；

（3）本协议项下权利；

（4）供水服务所需的乙方的任何其他资产和权利。

第一百二十一条 为安排供水工程项目融资，乙方有权依适用法律以其在本协议项下的权利给贷款人提供担保，并且为贷款人的权利和利益在供水工程用地的土地使用权、供水工程设施或供水工程和服务所需的乙方的任何其他资产和权利上设抵押、质押、留置权或担保权益。但此类抵押、质押、担保权益设置（包括此类权益设置的变更）均须取得甲方书面同意，甲方不得不合理地拒绝同意。

第一百二十二条 乙方在开始运营日起____年后才能进行股东变更。（注：请协议各方根据具体情况协商确定，建议一般为 5 年）

第一百二十三条 如因任何原因乙方主要股东发生变更（实际持股数列前 2 位的股东变更，包括通过关联方持股使列前 2 位的股东发生变更），乙方必须书面通知甲方。

第十章　特许经营权终止后的移交

第一百二十四条 在第一百一十三条所述情况下，乙方在移交日应向甲方或其指定机构移交其全部固定资产、权利、文件和材料和档案，并确保该等固定资产、权利附件____________《技术规范和要求》和附件____________《工程技术方案》规定的功能标准要求。乙方在未正式完成交接前，应善意履行看守职责，保障正常生产和服务。

如本协议根据第一百一十四条和第一百一十五条终止，甲方应在乙方完成第一百二十七条规定的移交后____日内按照乙方在融资文件项下尚未偿还的贷款人的本金、利息、罚息和其他债务的金额补偿乙方，在任何情况下，该补偿金额应不超过按照甲方、乙方共同委托的资产评估机构对乙方移交的全部固定资产、权利所做评估的评估值。（注：1. 甲方应视项目情况要求乙方的注册资本金应达到一定的比例；2. 如项目公司是外商投资企业，其外资比例应符合国家外资准入政策）

如本协议根据第一百一十六条或第一百一十七条终止，甲方应在乙方完成第一百二十七条规定的移交后______日内按照甲方、乙方共同委托的资产评估机构对乙方移交的全部固定资产、权利所做评估的评估值和乙方从移交日起______年的预期利润补偿乙方。（注：评估时应考虑乙方已经提取的固定资产折旧等因素）

第一百二十五条　在特许经营期满之前不早于个______月，乙方应对供水工程进行一次最后恢复性大修，并应在甲方在场时进行供水工程性能测试，测试所得性能数据应符合附件___________《技术规范和要求》和附件___________《工程技术方案》规定的功能标准要求。

第一百二十六条　乙方保证在移交日后______个月内，修复由乙方责任而造成供水工程任何部分出现的缺陷或损坏。如果修理达不到附件___________《技术规范和要求》和附件___________《工程技术方案》规定的功能标准要求。甲方有权就供水设施性能降低而从维护保函中提取相应金额获得赔偿。

除非乙方的行为构成严重不当，乙方对甲方在上述保证期承担的责任应限于维护保函。

第一百二十七条　因法律变更导致任何一方根据第十三章提前终止本协议，甲方应在乙方完成第一百二十七条规定的移交后______日内按照下述金额或标准向乙方支付补偿。（注：双方根据项目具体情况公平合理地确定补偿金额或标准）

因不可抗力导致任何一方根据第十三章提前终止本协议，甲方应在乙方完成第一百二十七条规定的移交后______日内按照下述金额或标准向乙方支付补偿。（注：双方根据项目具体情况公平合理地确定补偿金额或标准）

第一百二十八条　如本协议提前终止，乙方应在收到甲方通知后______工作日内向甲方或其指定机构移交其全部固定资产、权利、文件和材料和档案，并确保这些固定资产和权利处于提前终止发生日的状态。乙方在未正式完成交接前，应善意履行看守职责，保障正常生产和服务。

因第一百一十四条和第一百一十五条所述情况下的本协议提前终止给甲方增加的任何合理成本或费用，乙方应给予补偿。

第十一章　违约与赔偿

第一百二十九条　除本协议另有规定外，当协议一方发生违反本协议的行为而使非违约方遭受任何损害、损失、增加支出或承担额外责任，非违约方有权获得赔偿，该项赔偿由违约方支付。

上款所述赔偿不应超过违约方在签订本协议时预见或应当预见的损害、损失、支出或责任。

如果违反本协议是由于不可抗力事件造成的，则甲方和乙方对此种违反不承担责任。

第一百三十条　对于是否发生违反本协议的情况有争议，应按照在补偿与争议解决程序中规定的争议解决程序解决。

第一百三十一条　非违约方必须采取合理措施减轻或最大限度地减少违反本协议

引起的损失，并有权从违约方获得为谋求减轻和减少损失而发生的任何合理费用。

如果非违约方未能采取上款所述措施，违约方可以请求从赔偿金额中扣除本应能够减轻或减少的损失金额。

第一百三十二条 如果损失是部分由于非违约方的作为或不作为造成的，或产生于应由非违约方承担风险的另一事件，则应从赔偿的数额中扣除这些因素造成的损失。

第十二章 文件

第一百三十三条 甲方和乙方对获取的有关本协议和供水工程的所有资料和文件，必须保密。保密期至本协议期满或终止后______年。

第一百三十四条 对以下情况，第一百三十二条不适用：

（1）已经公布的或按本协议可以其他方式公开取得的信息；

（2）一方以不违反保密义务的方式已经取得的信息；

（3）以不违反保密义务的方式从第三方取得的信息；

（4）按照适用法律要求披露的信息；

（5）为履行一方在本协议项下义务而披露的行为。

第十三章 不可抗力和法律变更

第一百三十五条 由于不可抗力事件或法律变更不能全部或部分履行其义务时，任一方可中止履行其在本协议项下的义务（在不可抗力事件或法律变更发生前已发生的应付且未付义务除外）。

如果甲方或乙方按照上款中止履行义务，其必须在不可抗力事件或法律变更结束后尽快恢复履行这些义务。

第一百三十六条 声称受到不可抗力或法律变更影响的一方必须在知道不可抗力事件或法律变更发生之后尽可能立即书面通知另一方，并详细描述有关不可抗力事件或法律变更的发生和可能对该方履行在本协议义务产生的影响和预计影响结束的时间。同时提供另一方可能合理要求的任何其他信息。

第一百三十七条 发生不可抗力事件时，任一方必须各自承担由于不可抗力事件造成的支出和费用。

第一百三十八条 受到不可抗力事件影响或法律变更的一方必须尽合理的努力减少不可抗力事件或法律变更的影响，包括：

（1）根据合理判断采取适当措施并为此支付合理的金额；

（2）与另一方协商制定并实施补救计划及合理的替代措施以消除不可抗力的影响，并确定为减少不可抗力事件或法律变更带来的损失应采取的合理措施；

（3）在不可抗力事件或法律变更结束之后必须尽快恢复履行本协议义务。

第一百三十九条 如果不可抗力事件是由于不可抗力定义中第（6）项原水恶化或供应不足，且该不可抗力事件全部或部分阻止乙方按本协议履行义务的时间，

（1）从第一个原水恶化或供应不足之日起计算的连续______个月期间内连续或累计超过______日，并且

（2）如在紧接着的______个月期间该情形再次阻止乙方按本协议履行其义务超过______个连续或累计日，则甲方和乙方应通过协商决定继续履行本协议的条件或双方同意终止本协议。

如果甲方和乙方不能按上款所述就终止条件达成协议，甲方或乙方的任何一方可在上款（2）所述的____________之后不少于______日后的任何时间给予另一方书面通知后终止本协议。

第一百四十条　如果不可抗力事件是由于不可抗力定义中第（6）项原水供应不足，且该不可抗力事件全部或部分阻止乙方按本协议履行义务的时间，从第一个原水恶化或供应不足之日起计算的连续______个月期间内连续或累计超过______日，则，如果融资文件要求，乙方可以在日期满后不少于______日后的任何时间书面通知甲方终止本协议。

第一百四十一条　如果任何其他不可抗力事件或法律变更全部或部分阻止甲方或乙方履行其在本协议义务的时间，在某一连续______个月期间连续或累计超过______日，双方必须协商决定继续履行本协议的条件。

第一百四十二条　如果甲方和乙方不能按第一百四十条所述就继续履行本协议的条件达成协议，则甲方或乙方可在第一百四十条所述的__________日期满后不少于______日的任何时间，给予另一方书面通知后终止本协议。

第十四章　保险

第一百四十三条　在特许经营期内，乙方必须自费购买和维持附件____________《保险》所述的保险。

未经甲方书面同意，乙方不得变更该等保险。

乙方必须使甲方列为保险单上的共同被保险人（受益人）和使所有保险单均注明保险商在取消保险或对之进行重大改变之前至少______日书面通知甲方。

第一百四十四条　乙方必须促使其保险公司或代理人向甲方提供保险证明，以证实按照第一百四十三条获得的保险及相关文件。

第一百四十五条　乙方未能按第一百四十三条、第一百四十四条要求投保或获得保险证明，不得减轻或以其他方式影响乙方依本协议应承担的义务和责任。

第一百四十六条　如果乙方不购买或维持根据第一百四十三条、第一百四十四条所要求的保险，则甲方有权购买该保险，并且有权根据本协议从履约保函或维护保函款项中提取需支付的保险费金额。

第十五章　通知

第一百四十七条　本协议的任何通知应以中文书面形式给予，应派人送达或挂号邮寄、电传或传真发送，地址如下：甲方地址：____________，电话：____________，

传真：____________，邮政编码：____________，收件人：____________；乙方地址：____________，电 话：____________，传 真：____________，邮 政 编 码：____________，收件人：____________。

任何一方如需改变上述通信方式应提前______天书面通知另一方，另一方收到这种通知后这种改变即生效。

第十六章 争议解决

第一百四十八条 在本协议有效期限内，双方代表应至少每半年开会一次讨论供水工程的建设、运行以便保证双方的安排在互相满意的基础上继续进行。

第一百四十九条 对于甲方可能在任何司法管辖区主张的其自身、其资产或其收益对诉讼、执行、扣押或其他法律程序享有的主权豁免，甲方同意不主张该等豁免并且在法律允许的最大限度内不可撤销地放弃该等豁免。

第一百五十条 双方同意，如在执行本协议时产生争议或歧义，双方应通过协商努力解决这种争议，如不能解决，双方同意按下述第____种方式解决：（注：只能选择一种方式）

（1）任何一方应将该争议提交中国国际经济贸易仲裁委员会由其根据其届时有效的仲裁规则在____________（注：可在北京、上海、深圳中选择）进行仲裁；或

（2）任何一方应就该争议向人民法院提起诉讼。

第十七章 适用法律及标准语言

第一百五十一条 本协议用中文书写，一式______份，双方各执______份。所有协议附件与本协议具有同等效力。

第一百五十二条 本协议受中华人民共和国法律管辖，并根据中华人民共和国法律解释。

第十八章 附件

附件一 《工程和特许经营区域范围》（注：根据项目情况，分别确定工程情况和范围、经营服务范围）（略）

附件二 《工程进度》（略）

附件三 《履约保函和维护保函格式》（略）

附件四 《项目和企业相关批准文件》（建设用地规划许可证、土地使用证、初步设计审批、建设工程规划许可证、外国设计商的资质审查及设计合同、设计承包合同的批准、外国建设承包商资格审批和资质证书、建设施工合同备案、建设工程施工许可证、环保设施的验收、竣工验收、卫生许可证、土地复垦验收、供水设施产权登记及其他权利登记、公司登记和营业执照、税务登记、财政登记、统计登记、海关登记备案、劳动管理有关事项、项目融资的批准和登记等）（注：请协议各方根据项目具体情况相应修改）（略）

附件五　《技术规范和要求》(注：对于新建项目，应考虑包括初步性能测试和最终性能测试的要求)(略)

附件六　《设施维护方案》(略)

附件七　《保险》(略)

附件八　《工程技术方案》(略)

附件九　《原水供应协议或取水协议》(略)

附件十　《水价调整协议》(注：各地可根据实际情况，考虑在财政监管和水价调整方面具体约定)(略)

附件十一　《供水服务标准》(略)

双方各自授权代表于______年____月____日签署本协议，以此为证。

甲方：________________	乙方：________________________
签字：________________	签字：________________________
法定代表人/授权代表：___________	法定代表人/授权代表：__________
(公章)：____________	(公章)：___________

GF—2004—2502

城市管道燃气特许经营协议

(示范文本)[1]

目　录

---

① 建设部2004年9月14日发布。

第十二章　争议解决
第十三章　附　　则
第十四章　适用法律及标准语言
第十五章　附　　件

第一章　总　　则

1.1 为了规范___________城市、地区管道燃气特许经营活动，加强市场监管，保障社会公共利益和公共安全，根据建设部《市政公用事业特许经营管理办法》和___________（地方法规名称），由协议双方按照法定程序于______年____月____日在中国________省（自治区）___________市签署本协议。

1.2 协议双方分别为：经中国________省（自治区）___________市（县）人民政府授权（注：该授权可以通过以下两种形式，1. 该人民政府发布规范性文件；2. 该人民政府就本协议事项签发授权书），中国________省（自治区）___________市（县）人民政府___________局（委）（下称甲方），法定地址：___________，法定代表人：___________，职务：___________；和___________公司（下称乙方），注册地点：___________，注册号：___________，法定代表人：___________，职务：___________，国籍：______。

1.3 特许经营原则

甲乙双方应当遵循以下原则：

（1）公开、公平、公正和公共利益优先；

（2）遵守中国的法律；

（3）符合城市规划及燃气专业规划；

（4）使用户获得优质服务、公平和价格合理的燃气供应；

（5）有利于保障管道燃气安全稳定供应，提高管理和科技水平；

（6）有利于高效利用清洁能源，促进燃气事业的持续发展。

第二章　定义与解释

本协议中下列名词或术语的含义遵从本章定义的意义或解释。

2.1 中国：指中华人民共和国，仅为本协议之目的，不包括香港特别行政区、澳门特别行政区和台湾地区。

2.2 法律：指所有适用的中国法律、行政法规、地方性法规、自治条例和单行条例、规章、司法解释及其他有法律约束力的规范性文件。

2.3 燃气：是指供给民用生活、商业经营和工业生产等使用者使用的液化石油气、天然气、人工煤气及其他气体燃料。

2.4 管道燃气：以管道输送方式向使用者提供燃气。

2.5 管道燃气业务：提供管道燃气及相关服务的经营业务。

2.6 燃气管网设施：指用于输送燃气的干线、支线、庭院等管道及管道连接的调压站（箱）和为其配套的设备、设施。

2.7 市政管道燃气设施：市政规划红线外所有燃气管道设施。

2.8 庭院管道燃气设施：市政规划红线内所有燃气管道设施。

2.9 影响用户用气工程：是指如果出现下列情况，则视为影响用户用气的工程：

（1）造成______户以上用户供气中断或供气压力显著降低，影响用户使用______小时以上；

（2）阻碍主干、次干道路车辆和行人通行______小时以上；

（3）影响其他公共设施使用。

2.10 燃气紧急事件：涉及管道燃气需要紧急采取非正常措施的事件，包括燃气爆炸、着火和泄漏等。

2.11 特许经营权：是指本协议中甲方授予乙方的、在特许经营期限内独家在特许经营区域范围内运营、维护市政管道燃气设施、以管道输送形式向用户供应燃气，提供相关管道燃气设施的抢修抢险业务等并收取费用的权利。

2.12 不可抗力：是指在签订本协议时不能合理预见的、不能克服和不能避免的事件或情形。以满足上述条件为前提，不可抗力包括但不限于：

（1）雷电、地震、火山爆发、滑坡、水灾、暴雨、海啸、台风、龙卷风或旱灾；

（2）流行病、瘟疫；

（3）战争行为、入侵、武装冲突或外敌行为、封锁或军事力量的使用，暴乱或恐怖行为；

（4）全国性、地区性、城市性或行业性罢工；

（5）由于不能归因于乙方的原因造成的燃气质量恶化或供应不足。

2.13 日、月、季度、年：均指公历的日、月份、季度和年。

第三章 特许经营权授予和取消

3.1 特许经营权授予

（1）甲方与乙方签署本特许经营协议；

（2）本协议签署______日内，甲方向乙方发放特许经营授权书，并向社会公布。

3.2 特许经营履约担保

签订协议后______日内，乙方应向甲方提供双方能接受的信誉良好的金融机构出具的履约保函。以保证乙方履行本协议项下有关建设项目实施以及第9.4条规定的义务。

履约保函金额____________（履约保函金可根据特许经营范围内用户数、用气量和用气性质等当地具体情况由协议双方商定）。

3.3 特许经营权期限

本协议之特许经营权有效期限为______年，自______年____月____日起至______年____月____日止。

3.4 特许经营权地域范围

本协议之特许经营权行使地域范围为___________现行行政管辖区域内，东起___________西至___________止；北起___________南至___________止。乙方不得擅自扩展特许经营权地域范围。

（附件三　特许经营地域范围图示）

3.5 特许经营业务范围

本协议规定之特许经营权的业务范围：___________（包括以管道输送形式向用户供应天然气、液化石油气、人工煤气及其他气体燃料，并提供相关管道燃气设施的维护、运行、抢修抢险业务等）。

3.6 特许经营权转让、出租和质押

在特许经营期间，除非甲乙双方另有约定，乙方不得将本特许经营权及相关权益转让、出租和质押给任何第三方。

3.7 特许经营权的取消

乙方在特许经营期间有下列行为之一的，甲方应当依法终止特许经营协议，取消其特许经营权，并实施临时接管：

（1）擅自转让、出租特许经营权的；

（2）擅自将所经营的财产进行处置或者抵押的；

（3）因管理不善，发生特别重大质量、生产安全事故的；

（4）擅自停业、歇业，严重影响到社会公共利益和安全的；

（5）法律禁止的其他行为。

第四章　特许经营协议的终止

4.1 期限届满终止

特许经营期限届满时，特许经营协议自动终止。

4.2 提前终止

（1）因不可抗力或一方认为有必要时，经甲乙双方协商可以提前终止本协议，并签订提前终止协议。协商不能达成一致时，任何一方不得擅自提前终止本协议。

（2）因特许经营权被取消，双方终止执行本协议。

4.3 特许经营协议终止日

（1）特许经营期限届满日；

（2）提前终止协议生效日；

（3）特许经营权被取消日。

4.4 特许经营终止协议

（1）本协议因特许经营期限届满而终止，应在终止日 180 日前完成谈判，并签署终止协议；

（2）本协议因特许经营权被取消而终止的，甲乙双方应在终止______日前签署终止协议。

4.5 资产归属与处置原则

（1）谁投资谁所有；

（2）资产处置以甲乙双方认定的中介机构对乙方资产评估的结果为依据；

（3）乙方不再拥有特许经营权时，其资产必须进行移交，并按评估结果获得补偿。

第五章　燃气设施的建设、维护和更新

5.1 燃气设施建设

在本协议规定的区域范围内，乙方应根据城市规划和燃气专业规划的要求，承担市政燃气管道和设施的投资建设。

5.2 燃气设施建设用地

特许经营期间，乙方在甲方投资建设的燃气设施，所占土地为公用事业用地，乙方按照城市基础设施用地交纳有关税费。未经审批，乙方不得变更该土地用途性质，也不得将该土地使用权转让和抵押。

5.3 燃气设施运行、维修及更新

特许经营期间，乙方应按照国家标准和地方标准以及相关规定，负责燃气设施运行、维修及更新。

5.4 燃气设施征用及补偿

甲方因公共利益需要，依法征用燃气设施，乙方应予配合，甲方应给予乙方合理补偿。

第六章　供气安全

6.1 燃气安全要求

甲乙双方须严格遵守国家和地方有关安全的法律、法规、规章及政策性文件，乙方承诺燃气供应、运行、质量、安全、服务符合国家、行业和地方相关标准，依法对特许经营区域内的管道燃气供气安全、公共安全和安全使用宣传负责。

6.2 燃气安全制度

乙方应建立和完善安全生产责任制度，建立安全生产保证体系，保障燃气安全和稳定供应、运行和服务，防止责任事故发生；

对出现燃气事故和在事故期间，乙方应采取各种应急措施进行补救，尽量减少事故对用户和社会公众的影响，同时乙方必须按照国家有关安全管理规定向有关部门报告；

乙方要加强燃气安全巡检，消除安全隐患，对危及燃气设施安全的案情应及时制止，并报告有关部门，同时应进行宣传、解释、劝阻和书面告知违反规定的单位或个人进行整改。对逾期不改的，书面向甲方或行政执法部门报告。甲方接到乙方报告后，

应及时协调执法部门予以查处。

6.3 管道燃气设施安全预防

乙方应严格执行《城镇燃气设施运行、维护和抢修安全技术规程》的规定，严格运行、维护和抢修安全技术程序，对管道燃气设施和用户设施的运行状况及性能进行定期的巡检。必要时（发生自然灾害、重大安全事故等），乙方应对地下燃气管网进行安全质量评估，并将设施运行状况定期报告甲方。

乙方应在与用户签订的供用气合同中明确双方的安全责任。

6.4 强制保险

乙方应针对燃气设施安全、公共责任安全、用户安全购买维持适当的保险，并承担保险费用。

6.5 应急抢修抢险

乙方要建立应急抢修抢险救灾预案和相应的组织、指挥、设备、物资等保障体系并保证在出现事关燃气应急事故时，保障体系能够正常启动。乙方要建立管道燃气设施应急抢修队伍，提供24小时紧急热线服务。

6.6 燃气安全用气宣传

乙方应根据《城镇燃气设施运行、维护和抢修安全技术规程》的标准，向管道燃气用户提供各种形式安全检查、宣传的服务，解答用户的燃气安全咨询，提高公众对管道燃气设施的保护意识。

6.7 影响用户用气工程的报告

乙方在进行管道燃气设施维护或改造工程时，如果是影响用户用气的工程，应当在开展工程作业前______小时告知用户，并通过新闻媒体向用户和社会公众预告工程简况、施工历时、可能受影响的程度及区域等相关情况。

6.8 紧急事件的通知

乙方处理燃气紧急事件影响或可能影响范围较大的用户正常使用燃气时，乙方应在处理的同时报告甲方，并应以适当的方式告知受到或可能受到影响的用户。

第七章　供气质量和服务标准

7.1 供气质量

乙方应当建立质量保证体系，确保其向用户所供应的燃气质量、管输和灶前压力、燃烧热值、华白指数、燃气加臭等方面符合本协议附件四所规定的质量要求。

7.2 服务标准

乙方应当根据用户的实际需要向用户提供业务热线、用户维修服务网点、营业接待、定期抄表、设施安装检修等综合服务，并确保能够达到附件五所规定的标准。

第八章　收　　费

8.1 批准的价格

乙方管道燃气销售价格执行当地政府物价主管部门批准的销售价格向其服务范围

内的用户收取费用。

乙方其他有偿服务价格标准须经当地政府物价主管部门另行批准。

8.2 燃气费计算

燃气气费的计算可按每立方米的单价乘以用气量计算，或采用热量单价计算。燃气费结算方式按照适用法律，实行周期抄表并结算燃气费。

8.3 价格调整程序

乙方因非乙方原因造成的经营成本发生重大变动时，可提出城市管道燃气收费标准调整申请。甲方核实后应向有关部门提出调整意见。

8.4 成本监管

甲方有权对管道燃气企业经营成本进行监管，并对企业的经营状况进行评估。

第九章　权利和义务

9.1 甲方权利

（1）甲方依照国家相关法律、法规及有关技术标准对乙方的特许经营业务进行监管；

（2）监督乙方实施特许经营协议内容，并可聘请中介机构对乙方的资产和经营状况进行评估，根据评估结果向乙方提出建议；

（3）享有审查乙方管道燃气五年规划和年度投资计划是否符合城市总体规划的权利；

（4）受理用户对乙方的投诉，进行核实并依法处理；

（5）法律、法规、规章规定的其他监管权利。

9.2 甲方义务

（1）维护特许经营权的完整性，在特许经营期间，甲方不得在已授予乙方特许经营权地域范围内，再将特许经营权授予第三方；

（2）维护特许经营范围内燃气市场秩序；

（3）为乙方的特许经营提供必要的政策支持和扶持；

（4）制订临时接管乙方管道燃气设施及运行预案，保证社会公众的利益；

（5）法律、法规及本协议规定的其他义务。

9.3 乙方权利

（1）享有特许经营权范围内的管道燃气业务独家经营的权利；

（2）拥有特许经营权范围内的管道燃气的投资、发展权利；

（3）维护燃气管网安全运行的权利；

（4）对用户燃气设施不符合国家有关安全技术标准以及存在安全隐患的，或者对严重违反燃气供用气合同或违法使用燃气的用户拒绝供气的权利；

（5）法律、法规及本协议规定的其他权利。

9.4 乙方义务

（1）制订管道燃气发展的远、近期投资计划，按照城市总体规划及燃气专业规划的要求组织投资建设；

（2）按照国家、行业、地方及企业标准提供燃气及相关服务；

（3）维护燃气管网设施正常运行，保证供气连续性。发生故障或者燃气安全事故时，应迅速抢修和援救；

（4）有普遍服务和持续经营义务，未经甲方同意，不得擅自决定中断供气、解散、歇业；

（5）接受甲方的日常监督管理及依照法律、法规、规章进行的临时接管和其他管制措施和社会公众的监督；

（6）乙方有义务且必须就由于建设、运营和维护市政管道燃气设施而造成的环境污染及因此而导致的任何损害、费用、损失或责任，对甲方予以赔偿，但若所要求的损害、费用、损失或责任是由甲方违约所致或依本协议乙方不承担责任的环境污染除外；

（7）乙方必须将有关市政管道燃气设施设计、建设和运行的所有技术数据，包括设计报告、计算和设计文件、运行数据，在编制完成后立即提交给甲方，以使甲方能监督项目设施的设计、建设进度和设施的运行；

（8）在特许经营权被取消或终止后，应在授权主体规定的时间内，保证正常供应和服务的连续性。在移交用于维持特许经营业务正常运作所必需的资产及全部档案给授权主体指定的单位时，对交接期间的安全、服务和人员安置承担全部责任。

9.5 定期报告

乙方在特许经营期间，应当对下列事项向甲方做出定期报告：

（1）乙方应于每年的____月____日前向甲方提交上一年度的特许经营报告（内容包括特许经营资产情况、发展、管理、服务质量报告、经营计划的执行情况和企业基本状况等）、特许经营财务报告；

（2）乙方应于每年____月前向甲方提交上一年度的管道燃气质量检测报告；

（3）乙方应于每年____月前向甲方提交本年度管道燃气发展、气量、投资项目计划报告，年度经营计划。

9.6 临时报告

乙方应当在下列事项出现后十日内向甲方提交书面备案报告：

（1）乙方制订远期经营计划（如五年或十年经营计划）；

（2）乙方董事、监事、总经理、副总经理、财务总监、总工程师等高级管理人员确定或发生人员变更；

（3）乙方的股东或股权结构发生变化；

（4）乙方董事会、监事会作出的有关特许经营业务的决议；

（5）乙方签署可能对公司特许经营业务有重大影响的合同、协议或意向书；

（6）发生影响燃气价格、安全、技术、质量、服务的重大事项；

（7）其他对公司特许经营业务有重大影响的事项。

第十章 违 约

10.1 赔偿责任

协议任何一方违反本协议的任一约定的行为，均为违约。违约方承担赔偿责任，包括对方因违约方的违约行为导致的向第三方支付的赔偿。

非违约方应当最大限度地减少因违约方违约引起的损失。

如部分损失是由于非违约方作为或不作为造成的，则应从获赔金额中扣除因此而造成的损失。

10.2 提前告知

乙方在知道或应该知道自己不再具备履行本协议能力时，应提前以书面形式向甲方告知自己真实情形，并协助甲方执行临时接管预案。乙方未及时通知甲方，造成损失或重大社会影响的，乙方及乙方责任人应承担相应法律责任。

10.3 合理补救

甲方认为乙方有致使其特许经营权被取消的行为时，应以书面形式向乙方告知，并应给予书面告知日后______日的补救期。乙方应在补救期内完成纠正或消除特许经营障碍，或在该期内对甲方的告知提出异议。甲方应于接到异议后______日内重新核实情况，并做出取消或不取消决定。

第十一章 不可抗力

11.1 不可抗力免责

由于不可抗力事件不能全部或部分履行其义务时，任何一方可中止履行其在本协议项下的义务（在不可抗力事件发生前已发生的应付未付义务除外）。

如果甲方或乙方按照上款中止履行义务，其必须在不可抗力事件结束后尽快恢复履行这些义务。

11.2 对不可抗力免责的限制

以下各项事件不构成不可抗力：

（1）因正常损耗、未适当维护设备或零部件存货不足而引起的设备故障或损坏；

（2）仅仅导致履约不经济的任何行为、事件或情况。

11.3 提出不可抗力一方的义务

声称受到不可抗力的一方必须在知道不可抗力事件发生之后尽可能立即书面通知另一方，并详细描述有关不可抗力事件或法律变更的发生和可能对该方履行在本协议义务产生的影响和预计影响结束的时间。同时提供另一方可能合理要求的任何其他信息。发生不可抗力事件时，任何一方必须各自承担由于不可抗力事件造成的支出和费用。

声称受到不可抗力的一方应在任何时候采取合理的行动，以避免或尽量减少不可抗力事件的影响。

第十二章　争议解决

12.1 协商解决争议

若双方对于由于本协议、在本协议项下或与本协议有关的或对其条款解释（包括关于其存在、有效或终止的任何问题），以及因履行本协议而产生的任何争议、分歧或索赔，都应尽力通过协商解决。

通过协商未能解决上述争议，则适用第12.2条的规定。

12.2 仲裁或者提起诉讼

若甲乙双方不能根据第12.1条规定解决争议，可依照适用法律通过仲裁途径解决；或者将该争议按照适用法律的规定，向有管辖权的人民法院提起诉讼。当适用法律对此类争议的解决方式做出明确结论时，依其结论处理。

第十三章　附　　则

13.1 协议签署

甲方、乙方签署本协议之代表均应在已经获得签署授权的情况下签署本协议，并在此前各方均已完成各自内部批准本协议的程序。

13.2 协议生效

本协议自甲乙双方代表签字并加盖公章之日起生效。本协议的补充协议以及附件是本协议的组成部分，与本协议具有同等效力。

13.3 协议修订

本协议有效存续期间，因适用法律法规及相关政策发生变化，导致本协议或本协议部分约定无法履行时，经双方协商一致可修订或签订补充协议。

13.4 协议可分割性

如果本协议任何条款不合法、无效或不能执行，或者被任何有管辖权的仲裁庭或法庭宣布为不合法、无效或不能执行，则其他条款仍然有效和可执行。

13.5 继续有效

本协议终止后，有关争议解决条款和在本协议规定终止后仍然有效的条款继续有效。

第十四章　适用法律及标准语言

14.1 本协议连同附件均用中文书写。正本____份由甲方、乙方各执____份，副本____份仍由上述各方各执____份。所有协议附件与本协议具有同等效力。

14.2 本协议受中华人民共和国法律管辖，并根据中华人民共和国法律解释。

第十五章　附　　件

附件一　甲方签约授权书

附件二　乙方签约授权书

附件三　特许经营区域范围图示

附件四　履约保函格式

附件五　项目和企业相关批准文件（建设用地规划许可证、土地使用证、初步设计审批、建设工程规划许可证、外国设计商的资质审查及设计合同、设计承包合同的批准、外国建设承包商资格审批和资质证书、建设施工合同备案、建设工程施工许可证、环保设施的验收、竣工验收、卫生许可证、土地复垦验收、管道燃气设施产权登记及其他权利登记、公司登记和营业执照、税务登记、财政登记、统计登记、海关登记备案、劳动管理有关事项、项目融资的批准和登记等）（注：请协议各方根据项目具体情况相应修改）

附件六　技术规范和要求

附件七　设施维护方案

附件八　保险（注：应包括但不限于，针对燃气设施安全、公共责任安全、用户安全购买维持适当的保险）

附件九　工程技术方案

附件十　管道燃气质量标准、供气服务标准

附件十一　安全管理标准

双方各自授权代表于______年____月____日签署本协议，以兹为证。

甲方：	乙方：
签字：	签字：
法定代表人/授权代表	法定代表人/授权代表
（公章）	（公章）

GF—2004—2505

城市生活垃圾处理特许经营协议

（示范文本）[1]

目　录

---

① 建设部2004年9月14日发布。

第四章　项目建设
第五章　项目的运营与维护
第六章　项目的移交
第七章　双方的一般义务
第八章　违约的补救
第九章　协议的转让和合同的批准
第十章　争议的解决
第十一章　其　　他
第十二章　附　　件

第一章　总　　则

第一条　为规范城市生活垃圾处理市场，加强城市生活垃圾处理企业管理，保证按照有关法律、法规和标准和规范的要求实施城市垃圾处理，维护垃圾处理企业的合法权益，根据＿＿＿＿＿和中国＿＿＿＿省（自治区）＿＿＿＿市（县）人民政府授权，由第二条所述双方于＿＿＿年＿＿月＿＿日在中国＿＿＿＿省（自治区）＿＿＿＿市（县）签署本协议。

第二条　协议一方：中国＿＿＿＿省（自治区）＿＿＿＿市（县）人民政府＿＿＿＿局（委）（下称“特许经营权授予方”），法定地址：＿＿＿＿＿＿，法定代表人：＿＿＿＿＿＿，职务：＿＿＿＿＿＿；协议另一方：＿＿＿＿＿＿公司（下称“项目公司”），注册地点：＿＿＿＿＿＿，注册号：＿＿＿＿＿＿，法定代表人：＿＿＿＿＿＿，职务：＿＿＿＿＿＿，国籍：＿＿＿。

第三条　本垃圾处理特许经营项目是＿＿＿＿＿＿，主要处理＿＿＿＿＿＿的垃圾，日处理规模＿＿＿＿吨/日（或＿＿＿＿吨/年），主要工艺为＿＿＿＿＿＿。

第四条　（特许经营权授予方）委托＿＿＿＿＿于＿＿＿年＿＿月至＿＿年＿＿月对＿＿＿＿＿＿项目进行了公开招标，经过＿＿＿＿＿＿，确定＿＿＿＿＿＿为本项目的中标人，组建项目公司。项目公司的组成为＿＿＿＿＿＿，＿＿＿＿＿＿和＿＿＿＿＿＿。

第五条　（中标人）符合资格预审要求，具有要求的技术实力，提供的技术方案成熟、可靠，技术路线正确、合理，经营方案切实可行。

第六条　＿＿＿＿＿市人民政府愿意授予项目公司特许经营权，由项目公司按照本协议的条款和条件实施项目，并授权特许经营权授予方与项目公司签署《特许经营协议》，并授权特许经营权授予方与项目公司签署作为本协议附件1的《垃圾供应与结算协议》。

第二章　定义与解释

第七条　名词解释：（对协议中涉及的技术的和商务的特定含义的词汇和语句进行定义或限定，明确协议中使用的字母缩写和单位，包括但不限于以下内容）

中国：指中华人民共和国，仅为本协议之目的，不包括香港特别行政区、澳门特别行政区和台湾地区。

法律：指所有适用的中国法律、行政法规、规章、自治条例、单行条例、地方性法规、司法解释及其他有法律约束力的规范性文件。

垃圾：指特许经营权授予方或由特许经营权授予方指定的其他机构按照《垃圾供应与结算协议》的规定提供给垃圾处理厂（场）处理的垃圾。

项目：指第三条规定的垃圾处理项目。

项目建设：指项目的垃圾处理厂（场）及其相关的设施和设备的设计、采购、施工、安装、完工、测试和调试。

公用设施：指由特许经营权授予方为了项目施工和运营，连接至场区边界并在特许期内负责维护和正常服务的输变电、供水、供气和通信等设施。

日处理量：指根据垃圾供应与结算协议确定的以吨（t）为单位的垃圾日处理量，包括额定日处理量、月核定日处理量、预计核定日处理量、最高日处理量和最低日处理量。

协议：指特许经营权授予方与项目公司之间签订的本特许经营协议，包括附件__1__至附件______，每一部分都应视为本协议的一部分。

批准：指需从政府部门依法获得的为项目公司或为垃圾处理厂（场）的投资、设计、建设、运营和移交所需的许可、执照、同意、授权、核准或批准，包括附件______所列举的批准。

仲裁协议：指特许经营权授予方、项目公司和贷款代理人在本协议签订之日签订的仲裁协议，并作为本协议附件15附后。

投标保函：指发起人按照投资竞争人须知要求与本项目建议书同时提交的保证金、担保书或备用信用证。

履约保函：指根据第__八__条要求向特许经营权授予方提供的针对项目建设阶段的保证金、担保书或备用信用证。

维护保函：指根据第__八__条要求向特许经营权授予方提供的针对项目运营和维护阶段的保证金、担保书或备用信用证。

法律变更：指

（a）在______年____月____日之后，任何政府部门对任何法令、法律、条例、法规、通知、通告的实施、颁布、修改或废除；

（b）在______年____月____日之后，任何政府部门对有关任何批准的发出、续延或修改实施、修改或废除了任何实质性的条件，

无论是上述哪一种情况，

（a）导致适用于项目公司的税收、税收优惠或关税发生任何变化；

（b）实施、修改或取消了对垃圾处理厂（场）的投资、建设、运营、维护或移交

的要求。

商业运营开始日：指完工证书签发日的同一日，即垃圾处理厂（场）的商业运营开始日。

建设工程开始：指建设承包商按照项目计划在场地进行的工程建设的开始。

项目公司：指以实施本协议为目的，根据中华人民共和国有关法律和法规在中国成立和登记注册的项目公司。

法定地址：________________，法定代表人：____________，国籍：______

及其继承人及经许可的受让人。

特许经营权：指本协议中特许经营权授予方授予项目公司的、在特许经营期限内独家在特许经营区域范围内投资、设计、建设、运营、维护垃圾处理项目并收取费用的权利。

建设合同：指由项目公司和建设承包商之间达成的且由特许经营权授予方及/或其他政府主管部门批准或备案的有关垃圾处理厂（场）设计、建筑安装、工程监理和材料与设备采购的一个或多个协议。

建设承包商：指由项目公司通过招标所聘用且由特许经营权授予方及/或其他政府主管部门批准或备案的根据建设合同和本协议履行建设工程的一个或多个承包商及其各自的继承人和许可受让人。

建设期：指自项目公司进场开工日始至完工日止的垃圾处理厂（场）的建设期间。

协调机构：指根据第__十__条规定成立的机构。

违约：指一方不履行其任何项目协议项下的义务，并且不是由于另一方的作为或不作为违反任何项目协议项下的义务，也不是由于不可抗力或另一方承担风险的事件造成的。

生效日：指本协议条款中双方约定的生效日期。

不可抗力：是指在签订本协议时不能合理预见的、不能克服和不能避免的事件或情形。以满足上述条件为前提，不可抗力包括但不限于：

（1）雷电、地震、火山爆发、滑坡、水灾、暴雨、海啸、台风、龙卷风或旱灾；

（2）流行病、瘟疫；

（3）战争行为、入侵、武装冲突或外敌行为、封锁或军事力量的使用，暴乱或恐怖行为；

（4）全国性、地区性、城市性或行业性罢工；

（5）国家政策的变更，如对垃圾处理设施的国有化等；

（6）国家政府部门实行的任何进口限制或配额限制；

（7）由于非特许经营权授予方或其指定或委托的机构造成的运输中断。

移交日期：是指特许经营期届满之日（适用于本协议期满终止）或根据本协议第

二十四条规定确定的移交日期（适用于本协议提前终止）。

环境污染：指垃圾处理项目对于地上、地下或周围的空气、土地或水的污染，且该等污染违背或不符合有关环境的适用法律或国际惯例。

融资文件：指依适用法律批准的与项目的融资或再融资相关的贷款协议、票据、契约、担保协议、保函、外汇套期保值协议和其他文件，但不包括

（1）与股权投资者的认股书或股权出资相关的任何文件；

（2）与提供履约保函和维护保函相关的文件。

贷款人：指融资文件中的贷款人。

验收：指第＿十四＿条所述的确保项目设施达到技术标准、规范和要求及设计标准的测试和审核。

第三章　特许经营权

第八条　特许经营权

本条主要包括以下几方面的内容：

（1）授权范围：

a. 规定特许经营权授予方授予项目公司承担一个特许经营垃圾处理建设或运营项目权利的范围；

b. 为控制项目公司的风险，限制项目公司从事未经特许经营权授予方批准或同意的其他业务的权利；

c. 涉及的所处理垃圾的地域范围和其他授权范围等。

（2）特许期限：即业主政府许可项目公司在该项目建成后运营合同设施的期限，该条款与业主政府及其用户、项目公司的利益都有非常密切的关系，特许经营期限应根据垃圾处理规模、技术路线、经营方式等因素确定，最长不得超过 30 年。并说明在不可抗力事件、一方违约、重大法律变更时特许期限的调整程序。

（3）转让和抵押

应说明项目公司抵押或转让垃圾处理设施的资产、设施和设备的条件。对于特许经营权的转让和抵押的限制等。其中：1. 项目公司如为本项目融资目的，经特许经营权授予方同意（特许经营权授予方不得不合理地拒绝同意）的情况下，可以在其资产和权利上设置担保权益；2. 项目公司股东在项目稳定运行＿＿＿年限后应可以转让股权，前提是不影响项目继续稳定运行。

（4）特许期内项目公司的主要责任和特许经营权下项目公司应支付的费用，如项目的前期开发费（如征地拆迁，勘察、设计等）、各种保函（或其他方式的担保）。

第九条　声明、保证和前提条件

主要是申明双方的法律地位、经济情况和对于项目的许可、评审、听证、公示、批准等情况及承担项目资格和能力、项目成立的基本条件等。

第十条　特许经营权的监管

（1）特许经营权授予方应明确对于垃圾处理特许经营过程的行业监督管理机构、监管内容和方式，并明确不合格情况下的处理措施；

（2）应当包括对于运行过程处理标准的监管、环境标准的监管、财务状况的监管和安全卫生的监管；

（3）明确协调机构的组建时间、人员组成、任务和责任。

第四章　项目建设

第十一条　土地使用权

主要包括土地使用权的获得过程中双方责权利，场地使用限制、使用权的改变和抵押、土地使用费等，土地使用期限及其延长。

第十二条　设计

包括设计要求、设计审批过程、设计变更程序等。

第十三条　建设

主要包括建设过程中特许经营权授予方和项目公司各自的责任、建设工程的质量保证和质量控制的责任和措施等，也包括了设备及材料采购和建设承包商的选择、项目计划及进度安排和保证措施、工期延误和不合格工程拒收等。

运营期的分期建设或扩建参照本章执行。

第十四条　验收和完工

（1）规定验收时间、依据的法规和标准；

（2）明确参加验收的人员组成；

（3）明确项目公司验收计划的通知的时间和通知方式；

（4）明确工程验收结果的认可方式，初步完工证书的颁发和试运营的进行，以及最后完工的审核和证书的颁发；

（5）明确验收失败后的重新验收或审核的方式和程序；

（6）特许经营权授予方对提前完工情况下项目的实施安排；

（7）明确特许经营权授予方检验和接收工程或设施及发出初步完工证书或完工证书并不解除项目公司承担项目设计或建设方面任何缺陷或延误的责任。

第十五条　完工延误和放弃

（1）明确由于不可抗力造成的完工延误情况下，双方责任的免除及进度日期的顺延；

（2）明确在特许经营权授予方导致的完工延误情况下，及进度日期的顺延；

（3）明确在不是由于特许经营权授予方的违约，或不是由于不可抗力造成的延误情况下，项目公司的责任；

（4）明确最后完工延误的违约金，以及这种违约金的最高限额；

（5）明确在由于项目公司违约造成建设工程已被项目公司放弃或视为放弃情况

下，项目公司的责任或违约金；

（6）明确项目公司被视为放弃的条件；

（7）明确特许经营权授予方解除全部或尚未支取的履约保函（或其他方式的担保）项下的金额的时间或条件；

（8）如对项目建设工期要求特别高，可以考虑加入介入建设条款，即如项目建设工期或质量严重不符合要求时，特许经营权授予方选择自行或指定第三方建设项目的条件。

第五章　项目的运营与维护

第十六条　运营与维护

（1）明确在整个特许期内项目公司负责垃圾处理设施的管理、运营、安全和维护的任务和责任；

（2）在整个特许期内运营维护期间，特许经营权授予方的责任和义务；

（3）明确监管机构对于运营安全和技术要求监督和检查要求；

（4）检验与维护手册：明确项目公司的垃圾处理设施的检验与维护手册的要求；

（5）监督管理手册：明确特许经营权授予方对于项目公司运营和维护工作的监督管理权限、程序、措施和惩处手段；

（6）明确运营与维护保函（或其他担保）数额、补足要求和有效期等；

（7）明确项目公司违反其维护垃圾处理设施的义务情况下的处理措施；

（8）明确项目或其任何部分违反应适用的中国的安全标准和法规情况下的处理措施；

（9）明确项目公司运营垃圾处理设施应达到附件 2 技术规范规定的处置标准、产品标准、环境标准；

（10）明确特许经营权授予方及其代表在不影响正常作业情况下进入垃圾处理设施，以监察垃圾处理设施的运营和维护的权利和条件；

（11）明确项目公司应提供的定期报告：包括运营报告、财务报告、环境监测报告等；

（12）明确如项目运营和维护严重不符合要求时，特许经营权授予方选择自行或指定第三方运营和维护的权利；

（13）明确运营期间需要扩建等建设项目时的程序与条件。

第十七条　垃圾的供应与运输

明确特许经营权授予方在整个特许期内根据附件 1 的条款，调配并向项目公司供应垃圾，项目公司应接收其运营垃圾处理设施所需的符合附件 1 条款要求的全部垃圾。项目公司不得接收附件 1 或其补充修订协议之外的垃圾。

第十八条　垃圾处理服务和垃圾处理费

特许经营权授予方应在整个特许期内根据附件 1 的有关条款供应垃圾，并向项目公司支付垃圾处理费，或明确收费方式和金额并办理完整的收费文件；协助相关部门核算和监控项目公司成本，提出价格调整意见。

第十九条　项目的融资和财务管理

（1）明确在特许期内，项目公司负责筹集垃圾处理设施建设、运营和维护所需的所有资金的义务；

（2）明确项目公司在特许期内项目公司股东在项目投资的股本金数额及比例要求；

（3）在使用外资情况下，规定项目公司所有需要以外汇进行有关本项目的结算的银行账户使用方法；

（4）在使用外资情况下，特许经营权授予方应明确项目公司、建设承包商和运营维护承包商在中国境内开立、使用外汇账户，向境外账户汇出资金等事宜；

（5）在使用外资情况下，应规定项目公司在特许期内将项目的人民币收入兑换成外汇，以支付项目外汇支出、外币贷款还本付息和支付外国股东股本金的利润等事宜；

（6）在利用外资情况下，项目公司（或股东）将其利润汇出境外的条件；

（7）对于项目公司财务报表的要求。

第六章　项目的移交

第二十条　特许期结束后的移交

（1）明确特许期结束后，项目公司向特许经营权授予方移交的有形、无形资产内容及完好程度；

（2）明确最后恢复性大修的时间、范围和要求，以及移交验收程序；

（3）明确移交的备品备件的内容和程序；

（4）填埋场情况下，对于项目公司进行封场及后处理的要求；

（5）明确移交日期垃圾处理设施的状况要求、缺陷责任期内项目公司的责任和责任的限制以及对于未能修复缺陷或损害的赔偿、对于移交维护保险的要求等；

（6）明确在移交时，项目公司所有承包商和供应商提供的尚未期满的担保及保证、所有保险单、暂保单和保险单批单等转让给特许经营权授予方或其指定机构的方式；

（7）关于项目公司运营和维护垃圾处理设施的所有文件、图纸、技术和技术诀窍，及所有无形资产的移交和授让方式；

（8）明确特许期结束后原项目公司雇员的处置；

（9）明确对于项目公司签订的、于移交日期仍有效的运营维护合同、设备合同、供货合同和所有其他合同的处置；

（10）明确项目公司移走的物品的范围和方式；

（11）明确项目公司应承担移交日期前垃圾处理设施的全部或部分损失或损坏的风险，除非损失或损坏是由特许经营权授予方的违约所致；

（12）明确所进行移交和转让及其批准所需的费用和支出方式；

（13）明确移交机构组成及移交程序；

（14）明确本协议移交后的效力；

（15）明确特许经营权授予方对于运营与维护保函（或其他担保）的余额解除的时间或条件；

（16）明确如果特许经营权授予方将再次授予特许经营权，项目公司是否有优先权及其条件。

第七章　双方的一般义务

第二十一条　特许经营权授予方的一般义务

（1）明确特许经营权授予方应始终遵守并促使遵守任何中华人民共和国及政府部门颁布的所有有关法律、法规和法令。

（2）明确在重要的法律变更情况下协议的执行和补偿。

（3）明确可能的税收优惠。

（4）明确对项目公司为垃圾处理设施的投资、设计、建设、运营和移交所需的审查、许可、执照、同意、授权或批准。

（5）明确需要获得和保持批准，包括特许经营权授予方协助获得的批准和将由特许经营权授予方给予的批准的责任。

（6）明确特许经营权授予方对于项目公司、建设承包商及运营维护承包商或其各自的授权代表的物品和设备进出口所需的批准清单及责任。

（7）明确特许经营权授予方对于为项目公司、建设承包商、运营维护承包商的外籍人员及向项目公司提供为垃圾处理设施服务的必要人员取得就业许可的责任。

（8）明确特许经营权授予方提供的公用设施条件。

（9）明确特许经营权授予方在垃圾处理设施的建设、运营和维护过程中，对项目公司的经营计划实施情况、产品和服务的质量以及安全生产情况进行监督，并向政府提交年度监督检查报告。监督检查工作不得妨碍项目公司的正常生产经营活动。

（10）在项目的建设及运营期间，根据双方商定，特许经营权授予方将联系有关部门向项目公司提供公共安全保障。

（11）明确限制特许经营权授予方不当提取项目公司提交的投标保函、履约保函和运营与维护保函或其他方式的担保。

（12）明确特许经营权授予方是垃圾供应与运输协议项下的首要义务人，并享有相应的所有权利和应承担其各自协议项下的所有义务。

（13）明确特许经营权授予方任何违反垃圾供应与运输协议项下的义务应为特许经营权授予方本协议项下的违约。

（14）明确特许经营权授予方对项目公司在特许经营期间有不当行为时的终止协议或取消特许经营权的情况。

（15）明确协议上报备案要求，以及受理调查公众对项目公司擅自停业、歇业的，应令其限期改正，督促其履行义务。

（16）项目公司承担政府公益性指令任务造成经济损失的，政府相应的补偿责任。

第二十二条　项目公司的一般义务

（1）明确对于项目公司所有权的变更及股份转让的限制，及变更名称、地址、法定代表人时应提前书面告之特许经营权授予方并经其同意。

（2）明确对于项目公司履行本协议项下的义务应遵守的法律、法规和法令的要求。

（3）明确重要的法律变更情况下的要求和垃圾处理价格调整的规定。

（4）接受主管部门对产品、安全、服务、质量的监督检查。

（5）按规定的时间将项目公司中长期发展规划、年度经营计划、年度报告、董事会决议等报特许经营权授予方备案。

（6）明确项目公司应遵守和执行的有关环保标准和要求，以及项目公司在建设、运营和维护垃圾处理设施时对于避免或尽量减少对设施、建筑物和居民区的妨害的责任。

（7）明确项目公司应保证生产设施、设备运营维护和更新改造所必需的投入，并确保设施完好。未经政府批准，项目公司不得擅自停业、歇业。

（8）项目公司对于考古、地质及历史文物的保护的要求。

（9）明确是否优先使用中国的服务、货物及优先条件，对于招标过程中是否优先使用中国的承包商或中国的服务及货物等的要求，以及本垃圾处理设施中使用中国的服务和货物的程度对于将来其他的特许经营权项目招商时对于本项目公司地位的影响。

（10）对于项目公司使用中国的劳动力的要求，明确应遵守的相关劳动和工会法律和尊重法规赋予的工人的各项权利。明确应遵守的健康和安全法规和标准规范。

（11）明确项目公司与本项目有关的文件、协议与本协议的一致性。

（12）明确项目公司应按照中华人民共和国及其政府部门颁布的法律和法规缴纳所有税金、关税及收费。

（13）明确在特许期内，项目公司应购买和保持的保险单；明确对于项目公司应责成其承保人或代理人向特许经营权授予方提供保险证明书的要求，对于项目公司向特许经营权授予方提供承保人的报告副本或项目公司从任何承保人处收到的其他报告副本等的要求。

（14）明确项目公司对承包商和其雇员及代理人的责任，应明确项目公司对于其雇用承包商的责任及与承包商签订的任何合同应包括使项目公司履行本协议必要的本协议项下的条款。

（15）明确项目公司融资文件的条款要求。

（16）项目公司对其财产和本协议项下的任何所有权或其他权利和权益进行质押、抵押、不动产抵押或其他担保物权给贷款人以外的任何人的限制。

（17）明确项目公司在协议有效期内单方提出解除协议的提前申请时限，及在特许经营权授予方同意解除协议前，项目公司履行正常经营的义务。

第二十三条 特许经营权授予方和项目公司的共同义务和权利

（1）明确对于不可抗力引起的中止履行的规定

a. 明确对于项目公司声称的不可抗力而中止履行本协议或作为其不履行本协议项下义务的理由的限制条件；

b. 明确对于特许经营权授予方声称不可抗力而中止履行其本协议项下的义务或作为其不履行协议项下义务的理由的限制条件；

c. 明确对于不可抗力声称的程序；

d. 明确不可抗力造成影响情况下的费用补偿条件或时间表修改要求；

e. 在商业运营开始日之后，不可抗力事件期间的支付条件和方式；

f. 明确不可抗力造成的终止的程序要求；

g. 对于在受到不可抗力影响情况下，双方减少损失和协商的责任和要求；

h. 如果不可抗力造成建设工程或垃圾处理设施的实质性损坏情况下，设施修复的责任。

（2）明确在危及或者可能危及公众利益、公众安全的紧急情况下，特许经营权授予方临时接管特许经营项目的条件和程序；

（3）明确由特许经营权授予方向项目公司提供的文件的权属和限制、由项目公司向特许经营权授予方提供的文件权属和限制以及双方遵守对于文件的有关规定；

（4）明确特许期结束后双方的保密规定；

（5）明确双方相互合作以实现本协议的目的义务；

（6）明确特许经营权授予方和项目公司反对以欺骗、贿赂等不正当手段获得特许经营权的陈述、保证、约定、法律责任并声明。

第八章 违约的补救

第二十四条 终止

（1）明确项目公司违约事件下，特许经营权授予方有权立即发出终止意向通知；

（2）明确特许经营权授予方违约事件下，项目公司有权立即发出终止意向通知；

（3）明确终止意向通知的形式和程序以及发出终止通知的条件、程序；

（4）明确贷款人限制终止的条件、贷款人的介入权和条件、贷款人的介入承诺的内容要求、程序、有效期及其限制等、介入期结束条件和贷款人选择一个替代本协议项下项目公司的替代公司的条件和程序；

（5）明确由特许经营权授予方或其指定机构经营垃圾处理设施的权利和条件以及在项目公司违约事件发生之后且特许经营权授予方发出终止意向通知之后，特许经营权授予方在任何时候终止协议的权利；

（6）明确如果垃圾供应与运输协议终止、垃圾供应与运输协议项下项目公司违约事件、在垃圾供应与运输协议项下出现不可抗力导致的协议终止等对于本协议的影响；

（7）明确本协议终止后双方在本协议项下的进一步的义务，或对其他条款的影响；

（8）终止后的补偿。

a. 明确项目公司违约事件下项目中止时，项目公司的赔偿方式和垃圾处理设施的处置；

b. 明确如果在生效日期后项目公司因特许经营权授予方违约事件终止本协议，特许经营权授予方对于项目公司的补偿方式；

c. 因法律变更导致的终止情况下特许经营权授予方对于项目公司的补偿方式。

（9）明确由于不可抗力造成垃圾处理设施破坏，致使本协议终止情况下，项目公司得到垃圾处理设施保险的保单项下的付款的权利，以及该保险赔款的支付顺序；

（10）明确一方终止本协议的权利并不排除该方采取本协议规定的或法律规定的其他可用的补救措施。

第二十五条　本协议违约的赔偿

（1）明确以本协议的其他规定为条件，每一方应有权获得因违约方未遵守本协议的全部或部分而使其遭受的损失、支出和费用的赔偿，该项赔偿由违约方支付；

（2）明确各方未能履行义务情况下的免责条件；

（3）明确由于另一方违约而遭受损失或受损失威胁的一方应采取合理行动减轻或最大限度地减少另一方违约引起的损失的责任；

（4）如果损失部分是由于受侵害方的作为或不作为造成的，或是由该方承担风险的事件造成的，赔偿的数额应按照这些因素对损失发生的影响程度而扣减；

（5）明确各方对于由于本协议引起的、在本协议下或与本协议有关的任何索赔为对方的任何间接、特殊、附带、后果性或惩罚性损害赔偿的责任；

（6）本条中的任何规定不应阻止任一方采取本协议规定的或有法可依的任何其他补救措施。

第二十六条　责任与保障

（1）明确每一方对于其在履行本协议中的违约所产生的死亡、人身伤害和财产损害或损失，从而产生的基于此之上的责任、损害、损失、费用和任何形式的请求权，对另一方进行赔偿、提供辩护的权利；

（2）明确项目公司是否对于保障、赔偿特许经营权授予方免于承担由于项目的建设、运营和维护造成的环境污染所产生的所有债务、损害、损失、费用和索赔等的规定；

（3）明确上述规定的各方由于在本协议期满或终止之前发生的任何作为、不作为、行动、事情或事件产生的义务在本协议期满或终止后的继续有效性；

（4）明确提出索赔和抗辩程序。

第九章　协议的转让和合同的批准

第二十七条　协议的转让

（1）明确对于特许经营权授予方授让或转让其本协议项下全部或部分的权利或义

务的条件和限制；

（2）明确项目公司转让其本协议项下全部或部分的权利或义务的条件和限制。

第二十八条　合同的批准

明确项目公司需要特许经营权授予方批准或备案的合同，并列于附件 10。并明确上述合同批准或备案的程序。同时，特许经营权授予方对合同的批准并不免除项目公司在本协议项下的任何义务或责任。

第十章　争议的解决

第二十九条　解释规则

（1）明确本协议包括的文件内容；

（2）明确本协议构成双方对项目的完全的理解，并且取代双方以前所有的有关项目的书面和口头声明、协议或安排；

（3）明确本协议任何修改、补充或变更的形式和程序；

（4）明确如果本协议任何部分被任何有管辖权的仲裁庭或法院宣布为无效，协议其他部分的有效性；

（5）明确特许期内本协议及附件 1 相对于其他协议的优先顺序；

（6）明确执行本协议需要的一些解释。

第三十条　争议的解决

（1）明确对于产生争议时，组织协调机构友好解决的方式和程序；

（2）明确在不能通过协调机构友好解决情况下，通过专家组的调解时，专家组的组成、调解程序和费用等；

（3）若双方未能通过协调机构友好解决或通过专家组的调解解决争议、分歧或索赔，或如果对专家组的决议提出异议时，进行仲裁解决的机构；

（4）根据仲裁协议（附件 15），明确双方将协议或附件项下的同一实质性问题发生的争议，提交仲裁的解决程序合并等事宜；

（5）明确通过司法解决争议、分歧或索赔的可能性；

（6）明确双方应在争议解决期间继续履行其本协议项下的所有义务；

（7）明确本条规定的争议解决条款在本协议终止后继续有效。

（注：争议解决方式只能选择仲裁机构和法院中的一种）

第十一章　其　　他

第三十一条　其他条款

（1）明确双方在本协议项下各自独立的责任、义务及债务；

（2）明确本协议项下的通知应采取的方式和文字；

（3）明确一些对于协议条款不视为弃权的行为；

（4）明确特许经营权授予方对于任何司法管辖权下对其自己或其财产或收益所具有的诉讼、执行、扣押或其他法律程序的主权豁免，同意不请求主权豁免并特此不可撤销地放弃上述主权豁免；

（5）明确本协议适用中华人民共和国法律并根据中华人民共和国法律解释；

（6）明确项目公司根据本协议及其附件的要求申请获得的各种执照、许可和审批，均应向特许经营权授予方提交复印件备案；

（7）规定协议文本的文字和数量。

第十二章　附　　件

附件 1　垃圾供应与结算协议

附件 2　技术规范与要求

附件 3　项目公司建设和运营范围

附件 4　特许经营权授予方提供的设施与服务

附件 5　建设、运营和维护的质量保证和质量控制计划

附件 6　技术方案

附件 7　融资方案

附件 8　项目公司的初始股东名单

附件 9　所需的执照、许可及批准

附件 10　需预先批准的合同清单

附件 11　保险

附件 12　终止补偿金额

附件 13　项目公司法律顾问的法律意见书格式

附件 14　特许经营权授予方法律顾问的法律意见书格式

附件 15　仲裁协议

附件 16　履约保函格式

附件 17　运营与维护保函格式

附件 18　供电购电协议（在利用垃圾发电的情况下）

本协议由愿受其法律效力约束的双方经正式授权的代表在其签字下注明之日签署本协议，以昭信守。

特许经营权授予方：	项目公司：
[公章]	[公章]
法定代表人（签字）：	法定代表人（签字）：
姓名：	姓名：
职务：	职务：
日期：	日期：

GF—2006—2503

城镇供热特许经营协议

(示范文本)①

目 录

① 建设部2006年5月22日发布。

第一章　总则

101 为规范＿＿＿＿＿＿城市、地区集中供热特许经营活动，保障供热行业的健康发展，保障社会公共利益和公共安全，根据建设部《市政公用事业特许经营管理办法》和＿＿＿＿＿＿（地方法规名称），由协议双方按照法定程序于＿＿＿年＿＿月＿＿日在中国＿＿＿＿省（自治区）＿＿＿＿市（县）签订本协议。

102 协议双方分别为：经中国＿＿＿＿省（自治区）＿＿＿＿市（县）人民政府授权（注：该授权可以通过以下两种形式，1. 该人民政府发布规范性文件；2. 该人民政府就本协议事项签发授权书），中国＿＿＿＿省（自治区）＿＿＿＿市（县）人民政府＿＿＿＿＿＿局（委）（以下简称甲方），地址：＿＿＿＿＿＿，法定代表人：＿＿＿＿＿＿，职务：＿＿＿＿＿＿；和＿＿＿＿＿＿公司（以下简称乙方），注册地点：＿＿＿＿＿＿，注册号：＿＿＿＿＿＿，法定代表人：＿＿＿＿＿＿，职务：＿＿＿＿＿＿，国籍：＿＿＿。

103 特许经营原则

甲、乙双方签订并付诸履行本协议，应当遵循以下原则：

（1）遵守中国的法律；

（2）公开、公平、公正；

（3）符合城市发展规划、环保规划及城镇供热专项规划；

（4）有利于保障供热安全和高效节能；

（5）有利于促进城镇供热行业的健康发展。

第二章　定义与解释

本协议中下列名词或术语的含义遵从本章的定义或解释。

201［中国］指中华人民共和国，仅为本协议之目的，不包括香港特别行政区、澳门特别行政区和台湾地区。

202［法律］指所有适用的中国法律、行政法规、地方性法规、自治条例和单行条例、规章、司法解释及其他有法律约束力的规范性文件。

203［供热］向热用户供应热能。

204［供热系统］由热源通过热网向热用户供应热能系统的总称。

205［集中供热］从一个或多个热源通过热网向城市、镇或某些区域热用户供热。

206［热力管网］由热源向热用户输送和分配供热介质的管线系统。

207［管道业务］在本协议规定的范围内，依照本协议价格机制制定的价格向使用者提供的管道热力及相关有偿服务的经营业务。

208［违约］指本协议签约任何一方未能履行其在本协议项下的任何义务，而且这种违约不能归咎于另一方违反本协议的作为或不作为或不可抗力等。

209［特许经营权］本协议规定之特许经营权为特许经营供热业务专营权，即在其有效期限和规定地域内，特许经营权受让方独自占有该项业务的经营权利。

210［户内共用管道热力设施］用户楼前引入管、楼内立管、水平管及阀门等热力设施。

211［用户自用管道热力设施］自户内共用热力管道引入用户室内的热力管道、阀门、计量表等设施。

212［热力紧急事件］涉及供热采暖需要紧急采取应急措施的事件，包括爆炸、泄漏以及管道热力设施紧急利用等。

213［履约保函］指为保证协议的正常履行，由金融机构通过保函形式向乙方提取的履约保证金，分为建设期履约保函，运营与维护保函，移交保函。

214［日、月、季度、年］均指公历的日、月、季度和年。

第三章　特许经营权授予、期限及履约担保

301 特许经营权授予

甲方自本协议生效之日起，授予乙方在本协议有效期限和规定地域内，独家享有供热业务的经营权利（以下简称“特许经营权”）。

甲方应当于本协议生效之日起 5 个工作日内向乙方发放特许经营权证书，并以适当方式公示。

302 特许经营期限

本协议之特许经营权有效期限为自本协议生效之日起计______年。自______年____月____日起至______年____月____日止。

303 特许经营履约担保

1. 乙方应在签订协议前十五日内向甲方提供双方能接受的信誉良好的金融机构出具的履约保函，以保证乙方履行本协议规定的义务。履约保函分作建设期保函、运营维护保函和移交保函，移交保函可并入运营维护保函。

2. 特许经营期间，乙方如拒绝履行本协议规定的义务、支付违约金或不及时实施事故处理，甲方可以提取履约担保作为违约金或用于事故处理，但不能挪作他用。

3. 履约担保金额共____________元，其中建设期履约担保金额____________元、运营维护履约担保金额____________元、移交履约担保金额____________元。（履约担保金额根据特许经营有效期限和规定区域内用户数、用热量和用热性质等具体情况由协议双方商定）

4. 凡用于乙方违约金及事故处理等费用支出的部分履约担保金额，乙方须于事项处理后的 10 日内向甲方补齐履约担保金额。

第四章　特许经营权范围与实施

401 特许经营权地域

甲方根据本协议确定授予乙方对下列地域的供热享有特许经营权。

1. 描述

2. 附图

（附件三　特许经营权地域范围图示）

402 特许经营权范围

本协议规定之特许经营权的范围为在规定的特许经营期限和地域范围内，乙方对该地域供热进行的投资、建设、运营和移交，乙方不得擅自拓展特许经营权地域范围。

403 特许经营权的实施

在特许经营期间，甲方不得将本项目特许经营权授予第三者或无故终止特许经营权，不得无故减少乙方特许经营权范围或妨碍特许经营权的实施，但本协议规定的特许经营权终止和撤销的情况除外。

在特许经营期间，乙方不得将特许经营权及相关权益进行出租、抵押或质押给任何第三方。

第五章　供热设施的所有权与经营权

501 供热设施的所有权依照相关法律确定权属。

502 在本协议规定的特许经营期限和地域范围内，供热设施经营权和维修权由乙方拥有。

第六章　供热设施的建设投资与建设用地

601 供热设施的建设投资

在本协议规定的特许经营期限和地域范围内供热设施建设投资权利和义务属于乙方，投资和建设必须符合相关规划、计划和技术规范的要求。

602 供热设施的建设用地

甲方应在本协议生效后，以＿＿（视供热设施建设具体情况而定）＿＿形式向乙方提供供热设施建设用地的土地使用权。无甲方事先书面同意，乙方不得变更该土地用途或将该土地使用权转让、出租和抵押。

第七章　供热设施的管理、维修、更新及征用、征收、补偿

701 供热设施的管理、维修及更新

乙方对住宅供热设施的管理应当到最终用户散热设备；对非住宅的供热设施的管理应当到建筑物、厂区院墙（无院墙的为单位建筑物墙）外的入户阀门井（含阀门井）。供、用热双方另有协议的除外。

乙方自本协议生效之日起，即承担法定的供热设施管理、维修及更新的责任。

由于热用户原因需要对供热设施进行维修、更新的，乙方可以实行有偿服务，收取合理费用。

702 供热设施征用及征收

甲方出于公共利益的需要可依法征用或征收供热设施，乙方应予配合，并获得甲方给予的本章第 703 条规定的补偿。

703 征用或收回的补偿

甲方征用或征收乙方特许经营的供热设施应按照国家相关法律给予补偿。

第八章　公共用地、道路及其他公用设施的占用

801 政府部门的批准及占用

特许经营期间，乙方在供热设施的管理、维护和建设中，需占用公共用地、城市道路及其公共设施时，应按规定报经有关部门批准，甲方应当协调其各相关部门给予必要协助和配合。占用结束后，乙方应当将占用或动用的设施恢复原状，依照有关收费标准承担相关的占用费用。

802 用户配合及甲方协助

特许经营期间，乙方在供热设施的管理、维护和建设中，需要进入居民用户室内或居民拥有土地使用权的范围内作业的，事先应与该用户协商。乙方在作业结束后应对所占用或动用的设施恢复原状。对用户不给予配合而使乙方无法或严重影响乙方向公众提供管道供热正常服务的，甲方应依法给予乙方必要协助。

第九章　影响用户用热工程、事故的报告与通知

901 影响用户用热工程报告

乙方进行供热设施维护或改造工程应当在非供热运行期，并应当在当地供热期开始前完成。如果可能影响到用户用热，则应当将工程简况、施工历时、可能受影响的程度及区域等情况向相关用户和社会公众公示通报，重要影响工程应报告供热管理部门。

902 影响用户用热的事故分类

事故分类标准按国家规定执行。

903 事故报告与通知

乙方应当在事故发生后，立即报告供热管理部门，重大事故应告知用户，预告事故可能造成的影响及处理的情况。

904 应急预案

乙方应制定供热事故应急预案，并报供热管理部门备案，将对用户可能受到的影响降到最低。

905 事故影响赔偿

由乙方责任造成的重大事故对用户造成影响的，乙方应按事故影响程度对用户进行赔偿。

第十章　供热价格

1001 供热价格制定和调整

供热采暖价格由甲方所在城市人民政府统一定价，其价格制定和调整须根据相关法律和国家政策组织制定并批准。乙方应严格遵照执行。

第十一章　供热安全

1101 安全责任

1. 乙方须严格遵守有关供热安全的法律及国家政策，供热生产、运行和服务的质

量、安全、服务标准应当符合国家、行业和地方相关标准。乙方对特许经营区域内的供热安全负责，甲方负有对乙方履行安全责任的监管责任。

2. 乙方应建立和完善安全生产制度，建立安全生产保证体系和稳定供应、运行和服务，防止事故发生；要建立抢修、抢险、救灾应急预案和相应的组织、指挥、设备等保障体系，并保证在出现重大意外事故时其保障体系能够正常启动。

3. 发生事故时，乙方应采取各种应急措施进行补救，尽量减少事故对用户的影响，同时，乙方必须及时、如实向有关部门报告。

4. 乙方要加强安全巡检，消除安全隐患，对危及热力设施安全的情况应及时制止，并报告有关部门，同时应进行宣传、解释、劝阻和书面告知违反规定的单位或个人进行整改；对逾期不改的，及时向甲方报告，甲方接到乙方报告后，应及时协调相关部门予以查处。

5. 乙方应采用必要的手段，监测管道供热工况，保持工况稳定，及时应对发生的紧急事故。

6. 乙方应严格执行有关建设工程开工报建前对地下管网进行核查的规定，并对认为有必要的建设项目实行管道供热设施现场监护，对野蛮施工危及管道供热设施安全的，要加以劝阻，劝阻不听的应及时向供热管理部门或城市管理综合行政执法部门报告，予以查处。

7. 乙方应开展各种形式的供热安全宣传活动，以提高公众对供热设施的保护意识和节能意识，加强对用户采暖的指导，解答用户的采暖咨询，发放用户采暖手册。

1102 供热设施安全预防

乙方应严格遵循运行、维护和抢修安全技术规程，对供热设施的状况及性能进行定期巡视、保养和检修，按期进行设备大修和更新改造，对运行 15 年以上的供热设施要进行质量安全评估，评估、检测由有资质的单位进行，出具评估、检测报告，并报告甲方。

乙方在发现属于用户的供热设施存有严重安全隐患时，乙方应立即采取可能的措施以防止安全事故的发生。

1103 因安全原因的停热

乙方可以在其认为有必要的时候对属于用户产权的供热设施进行查验，对认定不符合安全规定、违章安装管道设施或用户拒绝接受查验的，乙方经供热主管部门同意，可以在安全隐患被排除前停止向该用户供热。

1104 应急与临时接管

乙方应完善供热设施资料图档和设施信息化管理系统，建立应急抢修抢险预案，设立供热设施应急抢修队伍和用户维修服务网点，提供 24 小时紧急热线服务和紧急抢修抢险。

甲、乙双方均应建立供热应急预案（见附件九），对乙方在冬季供热运行期间因拒绝供热或不能保证供热质量，直接影响到居民正常采暖，并造成严重后果或恶劣影响的，甲方可以采取临时应急接管措施。

出现下列现象时，甲方也可以采取临时应急接管措施：

1. 公共利益需要；

2. 非因乙方原因，致使乙方无法履行本协议所规定的义务情况；

3. 任何发生本协议终止的情况。

第十二章　特许经营协议的终止

1201 特许经营协议期限届满的终止

特许经营期限届满时，特许经营协议自动终止。

1202 特许经营的提前终止

发生下列情况，特许经营协议可以提前终止：

1. 双方一致同意提前终止；

2. 因不可抗力发生后 180 天其后果仍未消除，致使双方或任何一方无法履行本协议情况的；

3. 发生下列情况，甲方有权提前终止特许经营协议：

（1）乙方擅自转让、出租特许经营权的；

（2）乙方擅自将所经营的财产进行处置或者抵押的；

（3）乙方因管理不善，发生重大安全生产责任事故，严重影响社会公众采暖的；

（4）乙方擅自停止供热，擅自提前结束供热，严重影响社会公众利益，责令其改正而拒不执行的；

（5）因乙方责任，造成大面积采暖用户室内温度不能达到相关标准和规定，供热管理部门责令其限期改正，逾期不改的；

（6）因乙方管理不善等原因造成停止供热，无法再继续正常供热或拒绝为用户供热，已危及社会公众利益的；

（7）乙方擅自停业、歇业或中止本协议，严重影响到社会公共利益和安全的；

（8）乙方严重违法违规经营，影响正常供热的；

（9）因设备等原因造成停热事故，乙方未能迅速采取有效措施恢复供热，并造成严重社会影响的；

（10）乙方在本协议下发生的其他重大违约行为，经甲方通知____天内，仍未补救的；

（11）有本协议第二十二章禁止之行为；

（12）乙方有其他法律禁止的行为。

4. 因特许经营协议任意一方认为有必要时，经甲、乙双方协商可以提前终止本协议，并签订提前终止协议。协商不能达成一致时，按照争议解决机制解决，终止前任意一方都有义务继续履行本协议的义务，不得擅自提前终止本协议。

第十三章　特许经营期限期满的移交

1301 在特许经营期限期满 1 年之前，由甲乙双方成立移交委员会；研究制定移交方案和计划，并应在终止日前 180 日内完成谈判，签订相关协议。

1302 特许经营期限届满后，乙方不再享有供热特许经营权的，乙方应将全部所有或使用的，以及正在建设的供热资产移交给甲方，但供热设施、设备备件以外的乙方用于经营或建设的动产除外；乙方在移交时必须保证移交后一年内正常运行的资产和备件，（移交资产的程序和标准见附件九）并出具移交保函。

乙方因自行投资形成自有产权移交及补偿问题按照终止补偿规定。

第十四章　特许经营权终止后的资产处置

1401 资产处置谈判

正常终止资产处置按照移交的规定；发生提前终止的情况，双方应对资产处置进行谈判，提前终止资产处置谈判应区分政府征用或征收、不可抗力、乙方违约、甲方违约等不同情况。

1402 不予补偿

乙方出现下列情况之一的，甲方不给予乙方任何补偿：

1. 乙方股东（大）会做出决议明确表示在余下的特许经营期内不再履行本协议，并且在 30 日内再次确认的；

2. 乙方未履行移交责任的；

3. 乙方移交的项目资产和设施存在重大瑕疵，致使甲方不能使用；

4. 有本协议第二十二章禁止之行为。

1403 特许经营权终止日的确定

特许经营权终止日依照下列各情况而定：

1. 特许经营权因特许经营期限届满而终止的，特许经营权终止日为特许经营期限届满日；

2. 特许经营权因本协议第十六章规定的特许经营权终止情况的出现而终止的，该情况发生日为特许经营权终止日；

3. 因本协议解除而引起特许经营权终止的，引起协议解除的情况发生日或者做出解除协议的决定日为特许经营权终止日。

第十五章　供热质量和服务

1501 供热质量

乙方应当建立供热质量保证体系和相应设施，确保向用户所供应的供热质量符合国家的有关规定和附件二所规定的标准。

1502 供热服务

乙方应当根据用户的实际需要向用户提供业务热线、营业接待、定期抄表、室温检测、设施安装检修等综合服务，并确保能够达到附件二所规定的标准。

第十六章　甲方的权利与义务

1601 甲方权利

1. 对乙方实施特许经营的行为实施监管；

2. 受理用户对乙方的供热投诉；

3. 依据本协议约定对乙方违规行为进行处罚；

4. 对乙方的供热五年规划和年度投资计划提出意见和建议，并监督实施；

5. 监督抽查乙方供热、安全运行和服务的质量，定期组织专家进行中期评估（评估方法和标准见附件七）；

6. 会同价格主管部门制定和调整、监管供热价格；

7. 核查乙方的特许经营报告、财务报告；

8. 甲方享有紧急处置权，甲方对乙方在冬季供热期间拒绝供热或不能保证供热质量，且直接影响到居民正常采暖，给社会造成恶劣影响的行为，可以采取临时应急接管措施；

9. 法律规定的其他监管权利。

1602 甲方义务

1. 在本协议生效后办理交付乙方特许经营的手续；

2. 维护特许经营权的完整、专营和独占性；

3. 维护特许经营范围内城镇供热市场秩序；

4. 为乙方的特许经营提供必需的政策支持；

5. 法律及本协议规定的其他义务。

第十七章　乙方的权利义务及承诺

1701 乙方权利

1. 对依据本协议规定的有效期限和区域范围内的供热业务享有独家经营的权利；

2. 拥有在特许经营有效期限和区域范围内的供热投资、发展权；

3. 依据本协议规定的价格机制，向用户收取规定的供热供应费及相关服务费；

4. 经有关部门批准，占用公共用地或城市道路维护供热管网的权利；

5. 对拒缴、欠缴应向乙方缴纳的费用的供热用户依法追缴的权利；

6. 对用热设施不符合国家有关安全技术标准或存在安全隐患的用户暂停供热服务的权利；

7. 对严重违反供、用热协议的用户有依法举报的权利；

8. 特许经营期限届满后，乙方重新参与特许经营权竞争的，在同等条件下乙方享有优先权；

9. 法律及本协议规定的其他权利。

1702 乙方义务和禁止行为

特许经营期间，乙方负有下列义务：

1. 接受甲方的监管及社会公众的监督；

2. 非经甲方批准，乙方不得自行决定或促使自身停热、解散、歇业；

3. 非经甲方批准及不可抗力事件发生，乙方必须保证特许经营区域内供热生产和运行正常，禁止擅自停热或降低供热质量，发生故障时应快速抢修，直至恢复安全运行；

4. 按照国家、省、市、行业及有关标准和乙方制定的各项规章制度，实施运行管理；

5. 按照乙方承诺供热质量和服务标准向用户提供供热相关服务；

6. 根据供热规划和市场需要，乙方应提高供热保障能力，扩建供热管网，积极发展用户，不断满足用户对供热的新需求；

7. 乙方应执行当地政府供热资源整合规划和环境治理的计划，积极配合完成资源整合和环保的任务；

8. 特许经营期间，乙方未经甲方批准，不得擅自转让、出租、抵押或变更特许经营权，不得放弃、变换、扩大、缩小、分包、承包、委托、出租、抵押供热主业；

9. 经甲方批准，对于乙方从事的特许经营业务衍生出来的相关业务，乙方可通过委托、发包等方式将其交由具备相应资质的社会第三方经营，但属于特许经营范畴的业务不得委托或发包给社会第三方经营。

特许经营期间，乙方不得实施以下行为：

1. 违规、违法经营的；

2. 未按要求履行本协议，供热供应、运行和服务质量不符合标准，并未按行业主管部门要求进行限期整改的；

3. 未经政府及甲方批准，擅自转让、出租、抵押或变更特许经营权的；

4. 未经甲方批准，擅自停热、停业、歇业或终止本协议，影响到社会公共利益和安全的；

5. 发生重大供热质量、安全生产责任事故或企业法人有重大违规违纪行为的；

6. 不按城市规划投资、建设供热设施，经供热管理部门限期改正但拒不改正的；

7. 在特许经营期限内滥用特许经营权，违背市场原则，以不正当竞争的手段垄断封闭供热建筑设计、施工、设备采购市场，进行关联交易，损害公众利益并造成不良影响，经有关主管部门劝阻拒绝改正的；

8. 拒绝接受监督管理，情节严重的；

9. 不履行特许经营协议义务，违反申请特许经营权时所承诺的；

10. 法律规定的其他情形。

1703 乙方承诺

1. 供热服务承诺

乙方保证善意地、适当地行使本协议授予乙方的供热特许经营权，最大限度地为市民、企业及其他供热用户提供公平、优质、普遍的供应与服务；并遵循城市发展规划、环保规划及城镇供热专项规划，投资建设新的供热设施，满足社会对供热利用的新需求。

2. 合理价格承诺

乙方保证采取一切应当采取的措施，严格控制成本，接受政府监管和社会监督，促使供热价格合理、公平、公开，并使之获得供热用户的理解和支持。

3. 降低供热成本承诺

乙方保证完善内部管理，严格控制成本，开发和应用先进技术，采用新型能源，不断地降低供热成本。

4. 提高环境保护质量承诺

乙方承诺在特许经营期间的一切经营和供热服务中，充分考虑对环境的影响，采用先进的环保技术和措施，减少环境污染，维护生态环境。

5. 开展公益服务承诺

乙方承诺在特许经营期间，面向广大市民及供热用户开展供热公益活动，宣传供热知识及相关能源知识，促进供热在人们生活、生产中的合理应用。

6. 提高供热信息化水平承诺

乙方承诺在特许经营期间不断提高企业信息化水平，对供热设施的图纸资料、供热管理资料、用户基本信息及其他与供热经营服务有关的信息进行收集、归类和整理，建立和完善供热服务信息管理系统。

乙方承诺建立收费、服务信息管理系统并纳入供热管理部门的网络，实现信息资源共享。

乙方承诺建立并完善其互联网站，以便向社会公众用户提供网上供热开户申请、用热咨询、安全说明、热费查询、受理投诉等综合信息服务。

第十八章　法律责任

1801 甲方法律责任

1. 甲方违反本协议第 403 条规定，对乙方的特许经营权构成妨碍的，应当及时改正，并应赔偿乙方因此而遭受的经济损失；

2. 甲方违反本协议的有关规定，不将其投资建设的供热设施交付乙方使用或擅自处置其投资建设的供热设施的，应当及时改正，并应赔偿乙方因此而遭受的经济损失；

3. 甲方违反本协议有关规定，在征用过程中或本协议终止后，拒不按照协议的约定进行补偿的，应当及时按照协议的约定进行补偿，并应按照中国人民银行公布的活期存款利率向乙方支付逾期支付补偿的利息；

4. 甲方违反有关价格法规及本协议定价、调价程序，给乙方造成经济损失的，应当及时按照有关规定补偿乙方因此受到的经济损失；

5. 甲方基于对获得特许经营者的监管的权力采用非正当行为对乙方实施罚款、吊销营业执照、撤销特许经营权，经法定程序（如行政复议、法院判决等）证明其行为错误时，应当改正其行为，并赔偿乙方因此受到的经济损失。

1802 乙方法律责任

1. 乙方对任何法律的违反，均适用所违反法律的处罚规定；

2. 乙方违反本协议规定，擅自处置供热设施的，应当恢复原状，如无法恢复原状的，应当重新投资建设相应的供热设施，并应向甲方或供热管理部门支付__________万元人民币的违约金；

3. 乙方违反本协议第702条的规定，拒不接受甲方的依法征用或征收时，应当服从甲方的依法征用或征收，并应向甲方或供热管理部门支付__________万元人民币的违约金；

4. 乙方违反本协议的规定，擅自解散或歇业的，应当及时恢复营业，并应向甲方或供热管理部门支付__________万元人民币的违约金；

5. 乙方违反本协议的规定，对擅自停热负有责任的，应当及时采取措施恢复供热，甲方可根据事态的严重程度要求乙方支付__________万到__________万元人民币的违约金；

6. 乙方违反本协议的规定，未经甲方批准，擅自转让、出租、抵押或变更特许经营权，擅自改变主业的，应当及时纠正并恢复主业，应向甲方或供热管理部门支付__________万元人民币的违约金；

7. 乙方违反本协议第1702条规定的，应当及时改正。甲方可酌情要求乙方支付__________万到__________万元人民币的违约金；

8. 乙方违背本协议承诺的义务时，应当及时改正，甲方可根据事态的严重程度要求乙方支付__________万到__________万元人民币的违约金；

9. 乙方违反或降低本协议及附件规定的技术、质量、安全、服务等标准向用户供热、提供维修服务和供热设施运行管理的，应当及时改正，甲方可根据事态的严重程度要求乙方支付__________万到__________万元人民币的违约金；

10. 甲方可根据供热用户的投诉对乙方的经营活动进行监管，用户投诉的情况属实，并且确属乙方的责任的，甲方可根据事态的严重程度要求乙方支付__________万到__________万元人民币的违约金；

11. 乙方未履行本协议的及时报告义务的，应当及时改正，甲方可酌情要求乙方支付__________万到__________万元人民币的违约金；

12. 甲方可以采用扣除保函的形式扣除违约金。

1803 不中断协议履行

除非本协议终止，针对本协议的任何违约责任的追究及责任承担，均不影响本协议之继续履行。

第十九章 协议的变更

1901 协议的变更

除非经过甲、乙双方就协议内容的变动协商并书面达成一致，否则任何情况都不构成本协议的变更。甲、乙双方可以采取签订书面补充协议或书面协议的方式修改本协议。

1902 协议执行中的修改

下列情况出现时，甲、乙双方应当在情况发生或将要发生的60日内完成协议的修改：

（1）出现新型可替代供热之能源；

（2）供热工程施工或技术运营条件发生重大变化；

（3）有关供热事业的法律或国家政策发生重大变化；

（4）导致供热价格波动超过30%以上的情况发生。

第二十章 不可抗力

2001 不可抗力

不可抗力是指不能预见、不能避免并不能克服的客观情况。

2002 不可抗力事件

构成不可抗力的行为、事件或情况包括但不限于下列所述行为、事件或情况：

（1）火灾、水灾、干旱、爆炸、闪电、暴雨、台风、龙卷风、地震、地陷、地面下沉、疫情或其他天灾；

（2）战争（无论是否宣战）、暴乱、封锁、叛乱、公敌行动、入侵、禁运、贸易制裁、破坏或恐怖行动等严重威胁；

（3）其他不可抗力事件。

2003 对不可抗力免责的限制

以下各项事件不构成不可抗力：

（1）因正常损耗、未适当维护设备或零部件存货不足而引起的设备故障或损坏；

（2）个别用户缺乏资金支付应付款项，除非发生全市所有有效支付方式失效的情况；

（3）仅仅导致履约不经济的任何行为、事件或情况。

2004 提出不可抗力一方的义务

提出不可抗力的一方应当：

（1）尽早（在任何情况下不迟于24小时）通知另一方发生了不可抗力事件，除非不可抗力事件或情况导致通知无法发出；

（2）尽早（在任何情况下不迟于48小时）通知另一方，说明不可抗力事件的详细情况以及预计的持续期间，除非不可抗力事件或情况导致通知无法发出；

（3）在任何时候采取合理的行动，以避免或尽量减少不可抗力事件的影响；

（4）在任何时候告知另一方不可抗力事件的进展及其预计结束日期；

（5）通知另一方能够部分或全面恢复履行其义务的日期。

2005 不可抗力免责

一方出现不可抗力且尽到本协议规定的义务时，无须对其延误或未履行其在本协议项下的义务承担责任。

第二十一章　争议的解决

2101 协议争议的协商

因本协议的签订、履行、变更和解除而产生的争议，甲、乙双方应当通过协商予以解决。协商应当在争议发生的 60 日内举行。60 日内未能就争议解决达成一致的，视为协商失败，甲、乙任何一方均可以循本协议规定的其他途径解决争议。

2102 仲裁或提起诉讼

若甲乙双方不能根据第 2101 条规定解决争议，可依照法律通过仲裁途径解决；或者将该争议按照法律规定，向有管辖权的人民法院提起诉讼。当法律对此类争议的解决方式做出明确结论时，依其结论处理。

第二十二章　附则

2201 协议文本

本协议连同附件均用中文书写。正本贰份由甲方、乙方各执壹份，副本____份仍由上述各方各执____份。

2202 协议签订

甲方、乙方签订本协议之代表均应在已经获得签订授权的情况下签订本协议，并在此前各方均已完成各自内部批准本协议之程序。

2203 协议生效

本协议自甲乙双方代表签字并加盖公章之日起生效。本协议的补充协议以及附件是本协议的组成部分，与本协议具有同等效力。

2204 协议适用的法律

本协议受中华人民共和国法律管辖，并根据中华人民共和国法律对其进行解释。

2205 协议附件

截至本协议签订日，本协议所附附件如下：

附件一　供热企业应具备的条件

附件二　供热质量和服务标准

附件三　特许经营权地域范围图示

附件四　乙方与用户的供用热合同样本

附件五　供热技术规范和标准

附件六　供热安全管理标准

附件七　供热特许经营中期评估方法及标准

附件八　供热事故应急预案

附件九　特许经营期限期满乙方移交资产的程序和标准
附件十　甲方签约授权证明
附件十一　乙方签约授权证明

双方各自授权代表于______年____月____日签订本协议，以此为证。

甲方：	乙方：
签字：	签字：
法定代表人/授权代表	法定代表人/授权代表
（公章）	（公章）

GF—2006—2504

城市污水处理特许经营协议

（示范文本）①

城市污水处理特许经营协议示范文本说明

本协议示范文本依据国家有关法律法规，以及建设部《关于加快市政公用行业市场化进程的意见》（建城［2002］272号）、《市政公用事业特许经营管理办法》（建设部令第126号）和《关于加强市政公用事业监管的意见》（建城［2005］154号）编制。

本协议示范文本主要用于污水处理特许经营项目，如BOT（建设－运营－移交），TOT（转让经营权）等形式。其他形式如股权转让等可参照本示范文本。

本协议示范文本作为各省（自治区）、直辖市、市（县）等实施污水处理特许经营过程中签订特许经营协议的示范性文件。鉴于项目的具体情况各有不同，各地在参照使用本协议示范文本时，应根据实际情况对本示范文本的相应条款加以细化和补充。

本协议的所有附件应由项目执行机构根据项目的实际情况制定。

目　录

① 建设部2006年5月22日发布。

第三章　特许经营权
第 2 条　特许经营权
2.1　特许经营权
2.2　特许经营期
第 3 条　声明和条件
3.1　甲方的声明
3.2　乙方的声明
3.3　履约保函（BOT 形式适用）
3.4　融资完成
3.5　甲方的权利和义务
3.6　乙方的权利和义务
第四章　项目建设（BOT 形式适用）
第 4 条　土地使用
4.1　土地使用权
4.2　对使用土地的限制
第 5 条　设计
5.1　设计要求
5.2　审阅设计标准和技术规范
5.3　施工图设计
5.4　甲方的责任
第 6 条　建设
6.1　乙方的主要义务
6.2　甲方的主要义务
6.3　质量保证和质量控制
6.4　项目进度计划
6.5　进度报告
6.6　甲方的监督和检查
6.7　不可免除
6.8　交付图纸和技术资料
6.9　对考古、地质及历史物品的保护
第 7 条　竣工
7.1　项目设施竣工验收
7.2　环保验收
7.3　开始商业运营
第五章 项目的运营与维护

第 8 条　运营与维护
8. 1　运营和维护的基本原则
8. 2　污水处理范围
8. 3　甲方的主要责任
8. 4　乙方的主要责任
8. 5　维护保函
8. 6　运行与维护手册
8. 7　水样的采集和储存
8. 8　水量的计量
8. 9　暂停服务
8. 10　环境保护
8. 11　未履行维护的处理
8. 12　甲方进入污水处理项目设施现场
第 9 条　污水处理服务费
9. 1　污水处理服务费
9. 2　污水处理服务费单价调整
9. 3　污水处理服务费的支付
9. 4　污水进水水质超标
9. 5　更改出水排放标准
9. 6　出水不符合排放标准的违约金
9. 7　处理水量不足违约金
第六章　项目设施的移交（BOT、TOT 形式适用）
第 10 条　特许经营期期满时污水处理项目设施的移交
10. 1　移交委员会
10. 2　移交范围
10. 3　最后恢复性大修和性能测试
10. 4　备品备件
10. 5　保证期
10. 6　承包商保证的转让
10. 7　移交效力
10. 8　维护保函的解除
10. 9　风险转移
第七章　双方的一般权利和义务
第 11 条　甲方和乙方共同的一般权利和义务
11. 1　不可抗力

第19条　争议的解决

19.1　双方友好协商解决

19.2　仲裁

19.3　争议解决期间的履行

19.4　继续有效

第十一章　其他

第20条　其他条款

20.1　通知

20.2　附件目录

20.3　不弃权

20.4　合同文字

20.5　生效日期

第一章　总　则

为加强城市污水处理行业管理，按照相关法律、法规、标准和规范的要求实施城市污水处理特许经营，维护污水处理企业的合法权益，根据＿＿＿＿＿（根据项目具体情况，简单介绍本协议签署的目的、原则和法律依据）＿＿＿＿＿，经中华人民共和国（以下简称“中国”）＿＿＿＿省（自治区）＿＿＿＿市（县）人民政府授权，本协议由＿＿＿＿市（县）＿＿＿＿＿＿（部门）（被授权人）（下称“甲方”），地址：＿＿＿＿＿＿，被授权代表：＿＿＿＿＿＿，职务：＿＿＿＿；与＿＿＿＿＿（下称“乙方”），注册地点：＿＿＿＿＿，注册号：＿＿＿＿＿，法定代表人：＿＿＿＿＿＿，职务：＿＿＿＿，国籍：＿＿＿＿。

于＿＿＿年＿＿月＿＿日在中国＿＿＿＿省（自治区）＿＿＿＿市（县）签署。

鉴于：

(1)＿＿＿＿＿＿人民政府决定以特许经营的方式实施＿＿＿＿＿＿污水处理项目（以下简称“项目”）。该项目已于＿＿＿年＿＿月＿＿日获得＿＿＿＿省＿＿＿＿（市、县）人民政府或有关部门的批准（批文见附件9）；

(2)＿＿＿＿＿＿＿＿（甲方）于＿＿＿年＿＿月至＿＿＿年＿＿月对＿＿＿＿＿＿项目遵循公开、公平、公正和公共利益优先的原则，经过＿＿＿＿＿＿，确定由＿＿＿＿＿＿（乙方）承担本项目。

双方在此达成如下条款：

＿＿

＿＿

＿＿

＿＿

＿＿

第二章　术语定义

第1条　术语定义

1.1　术语定义

在本协议中，下述术语具有下列含义：(以术语的拼音字母排序)

“项目”或“污水处理项目”	指____________污水处理项目，处理能力为每日______立方米，地址为____________。
“本协议”	指甲方与乙方之间签订的本特许经营协议，包括附件1至附件16，以及日后可能签订的任何本特许经营协议之补充修改协议和附件，上述每一文件均被视为并入本协议。
“出水采样点”	指为检测出水质量对出水进行采样之处。具体位置如附件4图中所示。
“法律变更”	指： a. 在本协议签署之后，中国任何政府部门颁布、修改、废除或重新解释的任何适用法律；或者 b. 甲方的任何上级政府部门在本协议签署日之后修改任何批准的重要条件或增加任何重要的额外条件。 并且，上述任何一种情况导致： (i) 适用于乙方或由乙方承担的税收、税收优惠或关税发生任何变化；或 (ii) 对项目的融资、建设、运营维护和移交的要求发生的任何变化。
“工作日”	指法定的正常工作日。
“化学品”	指工程技术方案中所述的用于污水处理的化学品。
“基本水量”	按每一个运营月内，日均______立方米计算的处理水量。
“谨慎运行惯例”	指在中国的大部分污水处理厂运营者为建设运营类似于本项目的项目所采用或接受的惯例、方法和作法以及采用的国际惯例和方法。
“进水采样点”	指为检测进水质量对进水进行采样之处。具体位置如附件4图中所示。
“接收点”	指本项目接收污水进水的具体地点，见附件4。
“交付点”	指污水经过本项目处理后的交付点，见附件4。
“开工日期”	指按以下方式确定的日期： (a) 本协议生效后______天，或 (b) ______年____月____日，或 (c) 其他条件。
“开始商业运营日”	指满足第7.3条的规定，项目视为开始商业运营之日。
“履约保函”	指乙方按照本协议第3.3条规定向甲方提供的保函。

续 表

"批准"	指根据本协议的规定，乙方为项目进行融资、建设、拥有、运营、维护和/或移交而需从政府部门获得的许可、执照、同意、授权或批准，包括附件9所列的批准文件。
"融资完成"	指乙方与贷款人签署并递交所需的有效融资文件（包括满足或放弃该融资文件要求的获得首笔资金的每一前提条件），用以证明乙方为本项目获得举债融资所需的全部交易办理完毕，同时乙方应一并收到本协议和融资文件可能要求的股权投资人的认股书（或股权出资）。
"融资文件"	指与项目的融资或再融资相关的贷款协议、保函、外汇套期保值协议和其他文件，但不包括： （1）与股权投资人的认购书或股权出资相关的任何文件；或 （2）与提供履约保函和维护保函相关的文件。
"生效日期"	本协议第20.4条款中约定的协议生效日期。
"适用法律"	指所有适用的中国法律、法规、规章和政府部门颁布的所有技术标准、技术规范以及所有其他适用的强制性要求。
"商业运营期"或"运营期"	指自开始商业运营日起至特许经营期最后一日止的期间。
"特许经营期"	具有第2.2条规定的含义。
"投标保函"	指投标人按照投标人须知与投标书同时提交的保函。
"维护保函"	指按照本协议第8.5条款向甲方提供的保函。
"违约"	指本协议签约任何一方未能履行其在本协议项下的任何义务，而且这种违约不能归咎于另一方违反本协议的作为或不作为或不可抗力等。
"违约利率"	指违约当时适用的中国人民银行规定的一年期贷款利率加____%。
"污水"	指经污水管道收集输送至污水处理项目接收点未经本项目处理的污水。
"污水处理项目用地"	指位于________共计________平方米将用于修建污水处理项目的场地，详见附件3。
"污水处理服务费"	指甲方根据本协议就污水处理项目应向乙方承担污水处理服务支付的费用。
"污水处理单价"	指处理每立方米污水的价格。
"运营年"	指运营期内任一公历年度期间，但第一个运营年的开始应自开始商业运营日开始，最后一个运营年的结束应在特许经营期的最后一日结束。
"运营月"	指运营期内任一个公历月期间，但第一个运营月的开始应在开始商业运营日开始，最后一个运营月的结束应在特许经营期的最后一日结束。

续 表

“运营日”	指运营期内每日从00：00时开始至同日24：00时结束的二十四小时期间。
“移交日”	指特许经营期结束后的第一个工作日，或经双方书面同意的移交项目设施的其他日期。
“政府部门”	指： （a）中国国务院及其下属的部、委、局、署、行，中国的任何立法、司法或军事当局，或具有中央政府行政管理功能的其他行政实体； （b）本项目所在区域的任何地方立法、行政、司法部门。
“最终竣工日”	指根据第7.1条款颁发或视为颁发最终完工通知之日。

1.2 其他

在本协议中：

（a）“元”指“人民币元”，为中华人民共和国法定货币；

（b）除本协议上下文另有规定外，“一方”或“各方”应为本协议的一方或各方；本协议、或融资文件的各方均包括其他各自的继任者和获准的受让人；

（c）所指的日、星期、月、年均指公历的日、星期、月、年；

（d）除上下文另有规定，“包括”一词在任何时候应被视为与“但不限于”连用；

（e）所指的合同是指有关的合同和合同附件，并且在任何情况下均指对该合同不时所作的补充或修改；

（f）所指的“维护”应始终解释为包括修理和更新，除非上下文另有规定。

第三章 特许经营权

第2条 特许经营权

2.1 特许经营权

甲方按照有关法律法规规定授予乙方的、在特许经营期内独家的权利，以使乙方进行＿（融资、建设、运营和维护）＿项目设施并取得污水处理服务费。

乙方的特许经营权在整个特许经营期内始终持续有效。

在特许经营期内，非经甲方同意，并仅限于本项目的融资担保所需，乙方不得擅自就本特许经营权及相关权益向任何第三方进行转让、出租、质押或其他任何处置。

2.2 特许经营期

除非依据本协议进行延长或第16条而终止，特许经营期应为＿＿＿年，自本协议生效之日起计算。

第3条 声明和条件

3.1 甲方的声明

甲方在此向乙方声明，在生效日期：

（1）甲方已获＿＿＿市人民政府授权管理本项目，有权签署本协议，并可以履行其在本协议项下的各项义务；

（2）甲方已经获得本协议附件9列出的应在生效日期前获得的所有批准；

（3）如果甲方在此所作的声明被证实在作出时存在实质方面的不属实，并且该等不属实声明严重影响本协议项下的污水处理项目的顺利进行，乙方有权终止本协议。

3.2　乙方的声明

乙方在此向甲方声明，在生效日期：

（1）乙方是依据中华人民共和国法律正式成立的合法机构，具有签署和履行本协议、其他项目合同和融资文件的法人资格和权利；

（2）乙方已经获得本协议附件9列出的应在生效日期前获得的所有批准；

（3）乙方应确保在特许经营期内的任何时候，在项目中的投资股本金数额高于或等于届时项目投资额的百分之三十（30%）；

（4）如果乙方在此所作的声明被证实在作出时存在实质方面的不属实，并且该等不属实声明严重影响本协议项下的污水处理项目的顺利进行，甲方有权终止本协议。

3.3　履约保函（BOT形式适用）

（1）生效日期后______个工作日内，乙方应向甲方提交按照附件10的格式出具的履约保函。履约保函的金额为人民币____________万元。以保证乙方履行本协议项下有关设计和建设的义务。

（2）履约保函的有效期为自生效日期起至最终竣工日后的一年届满之日，或乙方按第8.5条的规定提交维护保函的日期。上述较迟的一个日期到期时，甲方应解除履约保函，同时甲方在收到履约保函后______个工作日内，应解除投标保函。

3.4　融资完成

乙方应确保于生效日期后______个工作日内实现融资完成，在融资完成后______个工作日内向甲方书面确认融资完成，并交付所有签署的融资文件的复印件，以及甲方可能合理要求的表明融资完成已实现的其他证明文件。

3.5　甲方的权利和义务

（1）授予乙方特许经营权；

（2）根据本协议的规定按时向乙方支付污水处理服务费；

（3）在特许经营期内，协助乙方办理有关政府部门要求的各种与本项目有关的批准和保持批准有效；

（4）对乙方污水处理特许经营过程实施监管，包括产品和服务质量，项目经营状况和安全防范措施，以及协助相关部门核算和监控企业成本等；

（5）甲方本着尊重社会公众的知情权，鼓励公众参与监督的原则，有权及时将产品和服务质量检查、监测、评估结果和整改情况以适当的方式向社会公布，并受理公众对乙方的投诉，并进行核实处理；

(6) 遇紧急情况，在可能严重影响公众利益的情况下，可依法对乙方进行临时接管。

3.6 乙方的权利和义务

(1) 乙方在特许经营期内享有特许经营权；

(2) 根据本协议的规定，乙方应在特许经营期内自行承担费用、责任和风险，负责进行项目的________（融资、建设，以及项目设施的运营与维护）；

(3) 按照本协议规定的方式取得污水处理服务费；

(4) 接受政府部门的行业监管。服从社会公共利益，履行对社会公益性事业所应尽的义务和服务。

第四章 项目建设（BOT 形式适用）

第4条 土地使用

4.1 土地使用权

甲方应在本协议生效后，以＿（视项目具体情况而定）＿形式向乙方提供污水处理项目用地的土地使用权（以下简称“土地使用权”），并确保乙方在特许经营期内独占性地使用土地。

4.2 对使用土地的限制

无甲方事先书面同意，乙方不得将第 4.1 条污水处理项目土地用于项目之外的其他任何目的。

第5条 设计

5.1 设计要求

乙方应按附件 4 规定的技术规范和要求以及适用法律法规进行本项目设施的初步设计工作，按照相关法律法规及审批程序，自行承担或选择有相应资质的设计单位进行本项目初步设计和施工图设计，并承担相应费用。

乙方应对由于乙方原因造成的本项目设计中的任何缺陷负责，甲方未对设计文件提出异议不应被视为对本协议项下其权利的放弃，或以任何方式解除乙方在本协议项下的义务，唯有第 5.4 条规定的情况除外。

5.2 审阅设计标准和技术规范

乙方已审阅过附件 4 规定的设计标准和技术规范。对设计文件中的任何错误、不一致、不明确或遗漏应在下一阶段工作中提出并给予纠正，否则造成的后果和一切费用应由乙方承担。

5.3 施工图设计

乙方应根据批准的初步设计和附件 4 中列明的设计标准和技术规范进行施工图设计，并提供给甲方及具有审查资质的专门机构进行建设前审查。如果在施工图设计中需要对初步设计进行重大变更则应提出变更理由。有内容变更的施工图设计，必须经甲方批准方可以据此施工。如申报后______日内甲方未书面拒绝，视为甲方同意该施工图的内容变更。

5.4 甲方的责任

只有在下列情况下，甲方应对设计中的错误负责：

(a) 乙方认为甲方批复中部分内容错误，并书面通知甲方，在通知发出后______日内甲方没有对该错误进行纠正；

(b) 甲方在收到乙方有关错误的通知后，书面答复乙方按照原设计行事。

第6条 建设

6.1 乙方的主要义务

乙方应依照所有适用法律法规和建设程序以及本协议的要求，负责本项目设施的建设工程，并承担建设工程中应承担的费用和风险，包括：

(a) 在本协议规定的开工日期或之前，开始工程建设，在本协议规定的竣工日期或之前竣工。

(b) 进行施工前准备，及时提供所有必要的施工设施。

(c) 根据适用法律法规和基本建设程序、批准的初步设计和施工图设计、所有适用的施工标准和规范及本协议的其他要求，自行承担或选择有相应资质的承包商进行项目施工建设。在施工工程中安装的所有设备必须是全新的，使用的所有材料必须经检验是合格的。

(d) 按照适用法律法规选择有相应资质的监理公司进行项目建设施工的全过程监理，并承担相应费用。

(e) 在项目建设过程中，乙方在签署、取得或完成各种合同、审批等文件后，应于______个工作日内将相应的有关项目建设的文件之复印件报甲方备案。

(f) 在工程建设完成后，按照本协议第6.8条的规定交付有关竣工图纸和技术资料。

6.2 甲方的主要义务

(a) 在建设期内协助乙方办理有关政府部门所要求的批准和保持批准有效；

(b) 给予属于甲方批准权限内的批准并保持批准有效。

6.3 质量保证和质量控制

在工程建设开始之前，乙方应根据附件6制定和执行工程质量保证和质量控制计划，并在工程建设进度月报表中同时反映工程质量监控情况。

6.4 项目进度计划

6.4.1 项目计划

双方应根据附件6规定的进度计划履行其在本协议项下的建设义务。

如果出现下列情况，附件6规定的进度计划日期的最后期限将延长或修改。

(a) 第11.1条所述的不可抗力事件；

(b) 由于第6.9条所述的发现文物使工程建设的实施延误；

（c）由于甲方的违约而造成乙方的延误；

（d）由于乙方的违约而造成甲方的延误。

6.4.2 进度日期的延长

当第11.1条不可抗力事件发生后，一方应在实际发生延误的______个工作日之内，向另一方提出书面的延期要求，并说明该延期是已采取所有合理的措施后所无法回避的延期。

收到延期要求的一方应积极同提出要求的一方就延期事项进行协商，并达成书面意见。如提出书面要求的一方在______个工作日之内没有收到另一方对延期表示异议的书面意见，将被视为另一方对延期的要求已表示同意。

6.4.3 由于甲方的原因导致开始商业运营日的延误

如果由于甲方的违约造成开始商业运营日的任何延误，乙方应：

（a）提出附件6规定的进度计划日期作适当延长。

（b）有权获得延误的经济补偿，使乙方基本上恢复到该延误没有发生时相同的经济状况。其中经济补偿的金额为每日支付____________元（注：与6.4.4条件等同）。

（c）有权获得延长特许经营期，相应延长的特许经营期应不少于被延误的商业运营期。

6.4.4 乙方导致的竣工延误

如果因乙方的原因导致开始商业运营日的延误，则乙方应就发生的任何延误向甲方支付违约金。每延误一日，乙方应向甲方支付违约金额____________元。甲方可以从履约保函中兑取，直至履约保函全部兑取完。如果履约保函累计被兑取完毕或者违约金金额累计达到履约保函金额，甲方有权立即发出终止意向通知书。

6.5 进度报告

乙方每月应向甲方提交工程建设进度月报，该月报应反映已完成的和在建的建设工程进度和质量、预计完成工程的时间，如果进度和质量发生问题，应提出挽回的措施和计划。

6.6 甲方的监督和检查

6.6.1 对建设工程的检查

甲方有权在不影响工程施工的前提下，检查乙方进度和项目的质量控制检验方法及结果，以确认工程建设符合本协议规定的进度和质量要求。乙方应派代表陪同检查，提供检查工作的必要条件，若检查工作中涉及专有资料的保密问题，应按第11.2条保密条款执行。

6.6.2 不符合质量和安全要求

如果工程建设不符合本协议的质量或安全要求，甲方可以就此向乙方提出警告。如果乙方在甲方通知后的合理时间内不能或拒绝修正缺陷，甲方有权停止施工，责成乙方进行整改，直到安全得到保证、缺陷得到修补、质量得到控制方可恢复施工。停工造成的损失由乙方承担。

6.7　不可免除

不论甲方是否监督、检查建设工程的任何部分，都不应视为放弃其在本协议下的任何权利，也不能免除乙方在本协议下的任何义务。

6.8　交付图纸和技术资料

在竣工日之后______个月内，乙方应向甲方提交下列资料：

（a）______份项目设施的全套施工和竣工图纸、竣工验收记录；

（b）______份所有设备技术资料和图纸的复印件（包括设备平面图、说明书、使用和维护手册、质量保证书、安装记录、测试记录、质量监督和验收记录）；

（c）______份，甲方合理要求的与项目有关的其他技术文件或资料。

6.9　对考古、地质及历史物品的保护

如果乙方在污水处理项目设施建设运营和维护过程中，发现考古文物、化石、古墓遗址及具有考古学、地质学和历史意义的任何物品，应及时通知甲方，并采取适当的保护措施，如果上述发现导致建设工程的延误，应按第6.4.2条执行，或双方按照第6.4.3条款中（b）条款进行协商延长特许经营期或予以经济补偿。

第7条　竣工

7.1　项目设施竣工验收

乙方应至少提前______个工作日向甲方发出竣工验收的书面通知。

甲方在接到通知后的______日内派代表参加由乙方组织有关方面联合进行的竣工验收。如果甲方在收到通知后未参加竣工验收，则竣工验收可在甲方缺席的情况下按预定的时间进行，并将验收结果及时通报甲方。

如果竣工验收部分或全部不合格，甲方应在______个工作日内书面通知乙方并陈述不合格理由。乙方应采取所有必要的改正措施补救不合格情况，并应至少提前______个工作日向甲方发出书面通知，再次组织竣工验收。乙方应对因不合格而导致的费用增加和工期延误承担全部责任。

如果甲方在再次竣工验收结束后______个工作日内未发出有关不合格的书面通知，并且验收结果已得到有关部门的认可，则视为项目设施竣工。

7.2　环保验收

乙方应在开始商业运营日之前，在合理日期内上报环保部门进行环保验收。

7.3　开始商业运营

（a）乙方通过环保部门或甲、乙双方认可的具有认证资格的第三方监测机构检测，且项目连续______日出水水质满足污水处理出水质量标准，并接到环保部门发出的正式通过验收的通知后，应立即书面通知甲方，申请正式开始商业运营。

（b）甲方应自接到开始商业运营申请之日起______个工作日内通知乙方是否同意开始商业运营，如不同意须同时陈述理由。如果不同意原因是由甲方造成的，甲方应在______日内解决。如______日内仍未能解决，甲方应及时通知乙方，乙方收到通知第______日视为开始商业运营日。如甲方未于上述期限内发出同意或不同意的通知，视为同意乙方开始商业运营。乙方应将最终的开始商业运营日通知甲方。

（c）自开始商业运营日或视为开始商业运营日起，甲方有义务向乙方提供污水进水，并按照第9条规定支付污水处理服务费。

第五章　项目的运营与维护

第8条　运营与维护

8.1　运营和维护的基本原则

在整个运营期内，乙方应根据本协议的规定，自行承担费用（包括税费）和风险，管理、运营和维护污水处理设施。乙方应确保在整个运营期内，始终根据下列规定运营并维护污水处理项目设施：

（a）国家和地方现行的企业运行的有关法律法规，污水处理的有关法律法规、标准和规范，本项目有关批准文件的要求；

（b）附件6规定的质量保证、质量控制和安全生产的要求；

（c）运行维护手册以及污水处理项目内设备制造商提供的说明手册和指导。

乙方应确保污水处理项目设施始终处于良好营运状态并能够安全稳定地处理污水和污泥，使其达到排放标准，大气污染物和噪声满足环保要求。

8.2　污水处理范围

在特许经营期内，乙方应只对甲方收集的污水提供处理。未经甲方事先书面同意，不得接受任何第三方的污水进行处理（污水处理项目自身产生的污水除外）。

8.3　甲方的主要责任

甲方应确保在整个特许经营期内，收集和输送污水至污水处理项目交付点，如期达到本协议规定的基本水量和进水水质，即每一个运营月内平均日污水量为______ m^3和控制污水进水水质在附件1进水水质标准以内。

在整个特许运营期内，应督促乙方认真执行国家行业标准《城市污水处理厂运行、维护及其安全技术规程》、行业管理部门和地方政府的相关规定以及本协议规定的出水质量标准。

8.4　乙方的主要责任

从开始商业运营日起，乙方应连续接受和处理污水（除本协议另有规定外），将从接收点排入的进水经处理达到出水质量标准后，排放至交付点。

如果进水水量超过本协议规定的污水处理项目设计处理能力，乙方应及时通知甲方，同时提出拟采取的对超量污水进行处理的措施。通知发出______个工作日内甲方没有表示意见，则被视为同意乙方的措施建议。

乙方应按适用法律法规和合理的商业标准以及谨慎运行惯例认真而有效地处理其业务与事务，按附件15向甲方提交反映其经营情况的财务报表，并保证其真实性。

乙方应建立健全水质检测和检验制度，按照国家或行业规定的检测项目、检测频次和有关标准、方法定期检测污水处理厂进水和出水等项目，做好各项检测分析资料和水质报表的汇总、归档。

乙方应对污水处理设施的状况及性能建立定期检修保养制度，对各项设施的图纸资料进行收集、归类和整理，完善公用设施信息化管理系统，保持水处理设施处于良好使用状态，并在甲方的要求下将设施运行情况报告给甲方。

乙方在日常生产经营活动中，应充分考虑环境影响，维护生态环境。

乙方应建立完善安全生产制度和意外事故的应急机制，制定应急预案报甲方备案，并按要求定期进行应急预案演练；乙方应保障生产和服务的稳定和安全，防止事故发生。如出现重大意外事故，乙方应及时通报甲方，并尽最大人力、物力进行抢救，尽快恢复生产与服务；在事故影响期间，乙方应采取各种应急措施进行补救，尽量减少事故对公众的影响。

8.5 维护保函

8.5.1 维护保函的出具

在正式开始商业运营日之前，乙方应向甲方出具一份维护保函，其格式为甲方可接受的见索即付的银行保函，保函的金额为人民币____________万元。维护保函应至少每两年更新一次，作为其履行本协议项下污水处理项目设施维护义务及保证期义务的保证。分期提供保函时，下一期的保函必须在上一期保函结束前一个月提供，以确保保函的继续有效。最后一次保函有效期要持续到特许经营期结束后12个月。

8.5.2 恢复维护保函的数额

如果甲方在特许经营期内兑取维护保函项下的款项，乙方应确保在甲方兑取款项后的______个月内将维护保函的金额恢复到人民币____________万元，并向甲方提供维护保函已恢复的证据。

8.5.3 维护的责任

甲方行使兑取维护保函项下款项的权利不损害甲方在本协议项下的其他权利，且不应解除乙方不履行维护污水处理项目设施的义务。

8.6 运行与维护手册

在开始商业运营之前，乙方应编制运行与维护手册。该手册应包括生产运行、日常维护、设备检修内容、程序和频率等，并在开始商业运营日之前报送甲方备查。

8.7 水样的采集和储存

(a) 水样的采集和储存应满足附件4的相应要求；

(b) 用于检测水质的进水水样和出水水样应分别在污水进水采样点和污水出水采样点采集。

甲方有权指定代表或委派监督员在任何时候对乙方的检测程序、仪器、设备和结果进行现场检查和检测。

甲方核实或抽查的结果与乙方自检结果不一致时，应以双方认可的有资质的第三方检测结果为准。聘请第三方检测的细则由甲乙双方另行约定。

8.8 水量的计量

8.8.1 乙方应按附件4明示的位置安装计量检测装置，计量污水处理厂的进水量及出水量。在开始商业运营日或双方约定的时间，双方应将所有安装的流量计设定一个基础读数，以确定每一流量计的原始值。出水流量由乙方在每月______日抄表，以确定出水水量。水量以立方米计算。甲方有权随时核查流量计读数及乙方的抄表记录。如果甲乙双方就水量记录结果存在分歧，任何一方有权提请有资质的第三方进行检验确定。

8.8.2 乙方应使用符合要求的流量计连续测量、计算和记录在进水计量点提取的进水量和在出水计量点提取的出水量。包括瞬时流量和时、日、月、年的累计流量。

8.9 暂停服务

发生计划内暂停服务，乙方应于每年____月____日提交下一年度维护计划，其重大维护和更新内容上报甲方。甲方应在预计的计划内暂停服务开始之前给予书面答复或批准，乙方应尽最大努力使计划内暂停服务的影响降低到最小以使设施的处理能力在计划内暂停服务期间维持不少于______%的设计处理能力。每一运营年计划内暂停服务不得多于____天。计划内暂停服务期间甲方不承担基本水量义务。

若发生计划外暂停服务，乙方应立即通知甲方，解释其原因并尽最大努力在24小时内恢复正常服务。若因乙方原因计划外暂停服务超过____小时，乙方应按第9.7条款支付水量不足违约金。

8.10 环境保护

乙方应始终遵守有关公共卫生和安全的适用法律法规及本协议的规定。

乙方不应因项目设施的建设、运营和维护而造成污水处理厂场地和排水干管（如果有）土地（包括土壤、地下水或地表水及空气）或周围环境的污染。

乙方在项目设施的建设、运营和维护期间应采取一切合理措施来避免或尽量减少对项目设施周围建筑物和居民区的干扰。

但乙方对于以下任何一种情形不承担责任：（1）生效日期前已经存在的或潜在的；或者（2）因第三方的作为或不作为引起的；或者（3）甲方导致的环境污染及安全隐患。

8.11 未履行维护的处理

如果乙方违反其第8.4条项下污水处理项目设施维护的义务，甲方可就该违约向乙方发出通知，限期完成纠正性维护。乙方在接到上述通知后应对污水处理项目设施进行必要的纠正性维护。如乙方未在限期内进行纠正性维护，甲方有权依据附件11兑取维护保函项下款项对项目设施进行纠正性维护。

8.12 甲方进入污水处理项目设施现场

甲方及其代表应有权在任何时候进入污水处理项目设施，按照相关规定对污水处理项目设施的运营和维护进行监察，但甲方不得干涉、延误或干扰乙方履行其在本协议项下的义务。甲方有权要求乙方提交与生产、经营有关的报表、报告和资料，但应予保密，不得向任何第三人泄漏（政府相关管理机构行使行政职权的除外）。

第9条　污水处理服务费

9.1　污水处理服务费

在运营期内，甲方每月按污水处理项目当月处理后出水水量向乙方支付污水处理服务费。污水处理服务费包括以下两部分：

（a）甲方提供进入污水处理厂的污水量低于或等于基本水量时，乙方全部处理，污水处理服务费按污水处理单价____________元/立方米计费；污水处理服务费 = 污水处理单价 × 基本水量；

（b）甲方提供进入污水处理厂的污水量超过基本水量，且在项目设计处理能力范围之内时，乙方全部处理，除按（a）条规定计算污水处理服务费之外，超额部分的污水处理服务费 = 污水处理单价 × 超出基本水量的处理水量 × ____%。

9.2　污水处理服务费单价调整

每年______月乙方可根据能源、原材料、人员工资的变动以及由于政策法规的变更影响等因素，计算下一年的污水处理成本，若有必要可以向甲方提供污水处理服务费单价计算依据（人工费、药剂费、电价、物价指数等）和申请调整污水处理服务费单价的要求，甲方应履行必要的审核、审批程序并在______个月内给予答复。

9.3　污水处理服务费的支付

乙方应在每个运营月结束后______个工作日内按照计算的污水处理服务费金额向甲方开具账单或付款通知，并同时向甲方提供当月运营报告，包括处理水量、水质检测情况、设施运行状态等情况。甲方在收到账单______日内支付无争议的污水处理服务费金额。如甲方对账单有争议，应在收到付款通知后______日内通知乙方，甲乙双方就争议部分进行协商，也可提请有资质的第三方进行确定。如双方对检验结果均无异议，则甲方应依照第三方结果支付污水处理服务费。如甲乙双方未能协商解决，应依照第19条解决。

本协议项下任何逾期未付款项，应从到期应付之日起至收款方收到款项之日止按违约利率计息。

本协议项下的任何支付一律以人民币支付。

9.4　污水进水水质超标

如果污水进水水质超过本协议规定的标准致使乙方不能履行其在第8.4条项下的义务，乙方应立即通知甲方，按下列方法处理：

如果由于甲方责任造成进水水质超标，甲方应向乙方给予适当补偿。

（a）如果污水处理项目有能力处理，则甲方应补偿因增加处理负荷所造成的成本增加部分；

（b）如果污水处理项目没有能力处理，并持续______天，由甲乙双方共同协商处理办法，制订改造方案，经甲方同意后实施，改造费用应由甲方承担。在新的改造方案完成前，按本协议附件2的规定调整出水指标，并豁免由此造成乙方的出水水质超标的责任。

9.5　更改出水排放标准

因执行甲方要求改变的污水处理出水水质标准，造成运行成本的增加或资本性支出，乙方有权获得相应的补偿。

9.6　出水不符合排放标准的违约金

乙方出水不符合排放标准应按附件16向甲方支付违约金。但由于甲方原因造成出水水质不能达标时除外。

9.7　处理水量不足违约金

除非甲方的违约或不可抗力，乙方在设计处理能力之内未能对全部污水进行处理时，按未处理水量__________元/立方米交纳违约金。

第六章　项目设施的移交（BOT、TOT形式适用）

第10条　特许经营期期满时污水处理项目设施的移交

10.1　移交委员会

特许经营期结束______个月前，由甲方和乙方各自派员组成移交委员会，具体负责和办理移交工作，甲乙双方代表人数应当相同。移交委员会主任委员由政府指派有关部门担任，组织必要的会议会谈并商定设施移交的详尽程序，确定移交仪式，最后将移交信息在省级报上刊登，向社会公告。

10.2　移交范围

在特许经营期结束当日即移交日，乙方应向甲方无偿移交：

（a）乙方对污水处理项目设施的所有权利和利益，包括：

（i）污水处理项目设施的建筑物和构筑物；

（ii）与污水处理项目设施使用相关的所有机械和设备；

（iii）第10.4条要求的所有零备件和配件、化学药品以及其他动产；

（iv）运营和维护项目设施所要求的所有技术和技术诀窍、知识产权等无形资产（包括以许可方式取得的）；

（b）在用的各类管理章程和运营手册包括专有技术、生产档案、技术档案、文秘档案、图书资料、设计图纸、文件和其他资料，以使污水处理项目能平稳地正常地继续运营；

（c）土地使用权及与污水处理项目场地有关的其他权利。

这些资产在向甲方移交时应不存在任何留置权、债权、抵押、担保物权或任何种类的其他请求权。污水处理项目场地在移交日应不存在任何环境问题和环境遗留问题。

甲乙双方在办理移交工作的同时，应明确特许经营期结束后妥善安置原项目公司雇员的办法。

10.3 最后恢复性大修和性能测试

10.3.1 最后恢复性大修

（a）在移交日之前不早于______个月，乙方应按照移交委员会商定的最后恢复性大修计划对污水处理项目设施进行大修，此大修必须于移交日______个月之前完成；

（b）通过最后恢复性大修，乙方应确保污水处理厂关键设备的整体完好率达到____%、其他设备的整体完好率达到____%、污水处理厂厂内构筑物不存在重大破损；

（c）如果乙方不能根据上述要求进行最后恢复性大修或达到大修标准，甲方应有权兑取相应维护保函金额自行进行大修。在此情况下，应向乙方提供所发生的支出的详细记录。

10.3.2 性能测试

在移交日之前，移交委员会应进行污水处理项目设施的性能测试。乙方有责任使测试所得各项性能参数都能符合附件4技术规范的要求。如果所测参数仍有差距，甲方有权从维护保函中支取相应费用以修正上述缺陷。如果保函金额不足使用的，甲方承担费用以后有权向乙方追偿。

10.4 备品备件

10.4.1 在移交日，乙方应向甲方无偿移交按附件4技术规范要求的在______个月期间污水处理项目设施正常运行需要的消耗性备件和事故抢修的零备件，并提交备件的详细清单。

10.4.2 乙方应向甲方提交生产、销售污水处理项目设施所需全部备品备件的厂商名单。

10.5 保证期

乙方应在移交日后12个月的保证期内，承担全厂设备和设施质量缺陷的保修责任（因接受移交的单位使用不当造成的损坏除外），乙方在收到该通知后，应尽快自费进行保修。

在紧急情况下，或乙方没有及时保修，甲方有权兑取维护保函的相应金额进行保修，但应将支出的情况告诉乙方。

10.6 承包商保证的转让

在移交时，乙方有义务将所有承包商、制造商和供应商提供的尚未期满的担保及保证在可转让的范围内分别无偿转让给甲方，并促成供应商以过去同样的优惠价格供应设备，在移交时，甲方有权选择是否接受合同延续和承担由此发生的一切责任。

10.7 移交效力

除第10.5条规定以外，乙方在本协议项下的权利和义务随移交的完成而终止，甲方应接管污水处理项目的运营及享有污水处理项目的一切权利和义务。

10.8　维护保函的解除

甲方应在移交日起12个月后的______个工作日内解除所有或届时未兑取完的维护保函的余额。

10.9　风险转移

甲方承担移交日后污水处理项目的全部或部分损失或损坏的风险，除非损失或损坏是由乙方的过错或违约所致。

第七章　双方的一般权利和义务

第11条　甲方和乙方共同的一般权利和义务

11.1　不可抗力

11.1.1　不可抗力

不可抗力是指在签订本协议时不能合理预见的、不能克服和不能避免的事件或情形。以满足上述条件为前提，不可抗力包括但不限于：

（1）雷电、地震、火山爆发、滑坡、水灾、暴雨、海啸、台风、龙卷风或旱灾；

（2）流行病、瘟疫爆发；

（3）战争行为、入侵、武装冲突或外敌行为、封锁或军事力量的使用，暴乱或恐怖行为；

（4）全国性、地区性、城市性或行业性罢工；

（5）由于不能归因于甲乙方的原因引起的污水处理工程供电中断。

11.1.2　积极补救不可抗力的义务

（a）尽快向对方通告事件或情况的发生，对事件或情况的预计持续时间和其在本协议项下履行义务的可能影响作出估计；

（b）作出一切合理努力以继续履行其在本协议项下的义务；

（c）尽快采取行动纠正或补救造成免于履行义务的事件或情况；

（d）作出一切合理努力以减轻或限制对对方造成的损害；

（e）将其根据上述（b）（c）和（d）段采取的行动或行动计划定期通告对方，并在导致它免于履行义务的事件或情况不再存在时立即通知对方。

11.1.3　不可抗力的处理程序

不可抗力事件发生后，双方应本着诚信平等的原则，立即就此等不可抗力事件进行协商，

（a）如果双方在______日内达成一致意见，继续履行在本协议项下的义务，则甲方应按照附件12的规定向乙方进行补偿；

（b）如果双方不能够在上述______日期限内达成一致意见，则任何一方可送达终止通知。

11.1.4　费用

发生不可抗力事件时，任一方必须各自承担由于不可抗力事件造成的支出和费用。

乙方因不可抗力造成的损失，应由保险获得补偿，甲方可依不可抗力造成的时间损失给予延期并相应延长特许经营期。

11.1.5　不可抗力造成的终止

如果任何不可抗力事件阻止一方履行其义务的时间自该不可抗力发生日起连续超过______个工作日，双方应协商继续履行本协议的条件和重新履行本协议的时间。如果自不可抗力发生后______个工作日之内双方不能就继续履行的条件和时间达成一致意见，并且该不可抗力事件如果不能一致解决将会对项目的顺利进行造成实质性影响时，任何一方均可以按第16.3条款书面通知另一方终止本协议。

11.2　保密

任何一方或其雇员、承包商、顾问或代理人获得的所有资料和文件（不论是财务、技术或其他方面，但不包括与项目进展有关的非敏感信息），如果尚未公布即应保密，未经另一方事先书面同意，在特许经营期期满之后的______年期间不得向第三方透露或公开，但是法律要求的信息除外。本承诺在本协议终止后仍然有效。

11.3　合作义务，预先警告义务

双方应相互合作以达到本协议的目的，并应善意地行使和履行各自在本协议项下的权利和义务。在此前提下，双方同意：

（a）除本协议另有规定外，当一方要求取得另一方的同意时，被要求方应在10天或其他合理所需的时间内给予同意或批准，而不可以无理拒绝或迟延给予该等同意或批准；及

（b）如果任何一方获悉的任何事件或情形属于：

（i）经该方合理预计将对任何一方履行其本协议项下的义务或实施项目的能力造成重大不利影响的事件或情形；及

（ii）合理预计另一方不可能获悉该事件或情形；

则该方应尽快将该事件或情形通知另一方。

第12条　甲方的一般义务

12.1　不干预

甲方不得干预污水处理项目内部管理事务，除非本协议条款的执行受到影响。

12.2　不当兑取保证金

如果甲方兑取了乙方提交的投标保函、履约保函和维护保函中的款项，之后乙方通过仲裁或其他方式确定甲方无权兑取，甲方应退还兑取的金额，并应补偿乙方因此发生的所有费用和支出，以及支付自兑取之日至退还之日的利息，该利息按当时银行短期贷款利率执行。

第13条　乙方的一般义务

13.1　股权转让的限制

附件7是乙方原始股东的名单及各自在注册资本中所占的份额。乙方应在公司章

程中作出规定，确保在协议生效日之后______年内，未经甲方批准任何股东都不得将股权进行转让。在协议生效______年后，在符合下列__________情况下，甲方应批准乙方进行股权转让。

(a) ____

(b) ____

(c) ____

13.2 遵守适用法律

乙方履行本协议项下的义务时应始终遵守适用法律的规定。

13.3 劳动安全标准

乙方应遵守现行的劳动保护法规，尊重职工的权利和严格执行安全法规及有关标准。

13.4 项目文件的协调

乙方应确保融资文件、股东之间的任何合同、乙方章程、本协议项下的保险单以及由乙方签订的与本项目有关的任何其他合同都能符合本协议的规定和都能够履行本协议。

13.5 税金、关税及收费

乙方应按照适用法律缴纳所有税金、关税及行政性收费。

13.6 对承包商和其雇员及代理人的责任

乙方雇用任何承包商和其雇员及其代理人，不应解除乙方在本协议项下的任何义务。承包商和其雇员及其代理人为本协议目的的所有作为或不作为视同乙方的作为或不作为。

13.7 知识产权的赔偿处理

乙方应对本项目在建设、运营和管理工作中可能发生的侵犯知识产权而引起的诉讼负责应诉和赔偿。

第 14 条 保险

14.1 特许经营期内，乙方必须按照附件 8 的规定自费购买保险。

14.2 如果乙方不购买或维持本协议所要求的保险，则甲方有权购买该保险，并且有权根据本协议从履约保函或维护保函款中兑取需支付的保险费金额。

第八章 违约赔偿

第 15 条 违约赔偿

15.1 赔偿

任一方应有权获得因违约方违约而使该方遭受的任何损失、支出和费用的赔偿，该项赔偿由违约方支付。

15.2 减轻损失的措施

由于另一方违约而遭受损失的一方应采取合理行动减轻损失。如果一方未能采取此类措施，违约方可以请求从赔偿金额中扣除应能够减轻或减少的损失金额。

受损害的一方应有权从另一方获得为减轻损失而采取行动所发生的合理费用。

15.3 部分由于受损害方造成的损失

如果造成损失的部分原因是由于受损害方的作为或不作为造成的，赔偿的数额应扣除这些因素应承担的损失。

15.4 对间接损失不负责任

除非本协议另有规定，各方均不应对由于或根据本协议产生的或与其相关的任何索赔为对方的任何间接、特殊、利润损失或附带损失或惩罚性损害赔偿负责。

第九章 终止、变更和转让

第16条 终止

16.1 甲方的终止

下述每一条款所述事件，如果不是由于甲方的违约或由于不可抗力所致，如果有允许的纠正期限而乙方在该期限内未能纠正，即构成乙方违约事件，甲方有权立即发出终止意向通知，并兑取履约保函或维护保函中的保证金：

（a）乙方未按时实现融资完成；

（b）乙方擅自转让、出租特许经营权；

（c）乙方擅自将所经营的财产进行处置或者抵押；

（d）乙方因管理不善，发生特别重大质量、生产安全事故；

（e）乙方擅自停业、歇业，严重影响到社会公共利益和安全；

（f）根据中国法律乙方进行清算或资不抵债；

（g）乙方在第3.2条中的任何声明被证明在做出时即有严重错误，使乙方履行本协议的能力受到严重的不利影响；

（h）乙方未履行本协议项下的其他义务，构成对本协议的实质性违约，并且在收到甲方说明其违约并要求补救的书面通知______个工作日内仍未能补救该实质性违约。

16.2 乙方的终止

下述每一条款所述事件，如果不是由于乙方的违约或由于不可抗力所致，如果有允许的纠正期限而在该期限内未能纠正，即构成甲方违约事件，乙方有权立即发出终止意向通知：

（a）甲方在第3.1条中的任何声明被证明在做出时即有严重错误，使甲方履行本协议的能力受到严重的不利影响；

（b）甲方未能按照本协议的约定履行向乙方支付污水处理服务费的义务；

（c）甲方未履行其在本协议项下的任何其他义务构成对本协议的实质性违约，并且在收到乙方说明其违约并要求补救的书面通知后的______个工作日内未能补救该实质性违约。

16.3 终止意向通知和终止通知

16.3.1 终止意向通知

按照第16.1条或第16.2条发出的任何终止意向通知应表述违约事件的详细情况

并给出必要的协商期。

在终止意向通知发出之后，双方应在协商期内为避免本协议终止采取措施，如果双方就将要采取的措施达成一致意见，并且在相应的协商期内纠正了违约事件，终止意向通知应立即自动失效。

16.3.2 终止通知

在协商期届满之时，除非：

(i) 双方另外达成一致；或

(ii) 导致发出终止意向通知的违约事件得到纠正，

发出终止意向通知的一方有权发出终止通知。

16.4 终止的一般后果

如果本协议提前终止，则自任何一方发出终止通知起，至双方商定的提前终止日止，双方应继续履行本协议下的权利和义务。

本协议终止后，双方在本协议项下不再有进一步的义务，但根据第16.6条可能到期应付的任何款项，以及本协议到期或终止之前发生的而在本协议到期或终止之日尚未支付的付款义务除外。本协议的终止不影响本协议中争议解决条款和任何在本协议终止后仍然有效的其他条款。

16.5 终止后的补偿

16.5.1 乙方违约事件导致的终止

在生效日期后，如果甲方因乙方违约事件而终止本协议，则甲方应有权收回乙方对该项目的相关权益。甲方在向乙方支付附件12补偿表所列的补偿金额后，乙方对该项目的相关权益将转归甲方所有。

补偿金额的确定应从特许年限、已运营年限、乙方在项目中的总投入、乙方的过错程度等方面进行综合考虑和设定。

16.5.2 甲方违约事件导致的终止

在生效日期后，如果乙方因甲方违约事件根据第16.2条终止本协议，则乙方有权要求甲方收回该项目的相关权益。甲方在向乙方支付附件12补偿表中的补偿金额后，乙方在该项目中的相关权益将转归甲方所有。

补偿金额的确定应由甲乙双方从特许年限、乙方已运营年限、乙方在项目中的总投资、乙方已获取的收益、该项目的预期收益等方面进行综合考虑。

16.5.3 第11.1款项下不可抗力事件和/或法律变更导致的终止

如果因第11.1款所述的不可抗力事件导致任何一方依据第16条终止本协议，甲方应向乙方支付附件12补偿表中所列的补偿金额。甲方支付该项目的补偿金额后，乙方将该项目中的相关权益转让给甲方。

补偿金额的确定应由甲乙双方从特许年限、乙方已运营年限、乙方在项目中的总投资、乙方已获取的收益、该项目的预期收益以及各方对此等事件承担的能力等方面进行综合考虑。

16.6　终止后的移交

16.6.1　乙方根据第16.6.2条款向甲方移交参照第10.2条规定的污水处理项目所有设施的权利和权益。

16.6.2　乙方应于提前终止日立即向甲方移交污水处理项目的占有权和运行权。甲方和乙方应于______日内按照第16.5条款确定终止补偿金额。甲方应在确定终止补偿金额后______天内将终止补偿金全部支付。乙方在收到最后一笔终止补偿金当日，将项目设施的所有权和所有权益全部移交给甲方。

第17条　变更和转让

17.1　甲方的变更

由于政府机构改革造成甲方的变更，但新的甲方应：

（a）具有承担原甲方对项目的所有权利、义务和责任的能力，并重新得到政府的授权，以及

（b）接受并完全承担原甲方在本协议项下义务的履行。

17.2　乙方的转让

17.2.1　资产或合同的转让

未经甲方事先书面同意，乙方不得出让、转让、抵押、质押本项目的资产，也不得在上述资产、权利和利益上设置任何留置权或担保权益或者以其他方式处置这些资产、权利或利益。

第十章　解释和争议的解决

第18条　解释规则

18.1　修改

本协议任何修改、补充或变更只有以书面形式并由双方授权代表签字，并加盖公章方可生效并具约束力。

18.2　可分割性

如果本协议任何条款不合法、无效或不能执行，或者被任何有管辖权的仲裁庭或法院宣布为不合法、无效或不能执行，则

（a）其他条款仍然有效和可执行；

（b）双方应对不合法、无效或不能执行的条款进行修改，使之合法、有效并可执行，并且这些修改应尽可能平衡双方之间的利益。

第19条　争议的解决

19.1 双方友好协商解决

若双方对本协议条款的解释（包括关于其存在、有效或终止的任何问题）产生任何争议、分歧或索赔，则应尽力通过友好协商解决该争议、分歧或索赔。若在____个工作日内该争议未能得到解决，则应适用第19.2条的规定。

19.2 仲裁

本协议引起的或与本协议有关的所有争议，由甲乙双方选择仲裁或诉讼方式解决。选择仲裁方式解决争议的，应提交给____________仲裁委员会，按其届时有效的仲裁规则进行仲裁，仲裁裁决是终局的，对双方均有约束力。

19.3 争议解决期间的履行

在争议、分歧或索赔作出最终裁决前，各方应继续履行其在本协议项下的所有义务并继续享有其在本协议项下的所有权利，在最终裁决作出后按裁决进行最终调整。

19.4 继续有效

第19条规定的争议解决条款在本协议终止后继续有效。

（注：争议解决方式只能选择仲裁机构和法院中的一种）

第十一章 其他

第20条 其他条款

20.1 通知

本协议项下的通知，通过专人递交、快递、邮寄、传真或电子邮件按下述地址送至或发至对方：

甲方：

地址：

邮编：

收件人：

传真：

电子信箱：

乙方：

地址：

邮编：

收件人：

传真：

电子信箱：

一方的收件人地址、电传传真号码或电子邮箱若有变更应及时以书面形式通知另一方。下述情况应视为已送达：（i）如用信件进行任何通信，在由专人递交、快递或邮寄方式（挂号、要求回执）发送至上述地址时；和（ii）如用传真或电子邮件形式，在准确发送至上述传真号码或电子邮箱时。

20.2 附件目录

附件1 污水处理项目进水水质设计指标

附件2 污水处理项目出水水质质量指标

附件3 项目建设和运营的特许范围（或区域图示）

附件 4 技术规范和要求

附件 5 特许经营授予方提供的服务和设施

附件 6 建设、运营（考虑投入运营前的调试及试运行等环节）和维护方案

附件 7 乙方的初始股东名单

附件 8 保险

附件 9 所需的项目和企业相关文件

附件 10 履约保函格式

附件 11 维护保函格式

附件 12 终止补偿金额

附件 13 污水处理项目污泥处理与安全处置协议

附件 14 项目融资方案

附件 15 乙方的财务报表格式

附件 16 出水不符合标准违约金

20.3 不弃权

任何一方均不被视为放弃本协议中的任何条款，除非一方以书面形式作出放弃。任何一方未坚持严格履行本协议中的任何条款，或未行使其本协议中规定的任何权利，均不应被视为对任何上述条款的放弃或对今后行使任何上述权利的放弃。

20.4 合同文字

本协议以中文订立，正本一式四份，甲方和乙方各执二份。

本协议由双方各自正式授权的代表在其签名下注明的日期签署。双方愿受本协议的法律约束。

20.5 生效日期

（a）双方签字盖章后生效；或

（b）______________________________

（c）______________________________

主管部门（甲方）

[印章]

姓名：

职务：

日期：

公司名称（乙方）

[印章]

姓名：

职务：

日期：

第十四章　旅游合同

一、签约须知

1. 对旅行社的资格进行确认。在签订旅游合同之前，必须让旅行社出示《营业执照》，以确认其经营行为是否合法。同时，最好先了解清楚旅游线路以及该地区各种有关消费的价格水平。

2. 一份完整的旅游合同应当包括标准合同、旅游报名须知及责任细则、旅游行程表、发票等文件。站在游客的立场上，应当力争让合同细致、完备，以免被不法经营者钻了空子。要明确所支付的费用涵盖的旅游项目、行程的安排（包括乘坐交通工具、游览景点、住宿标准、购物次数等）、违约责任等。一些经营者经常在旅游行程、航班、住宿、景点等项目上设置陷阱，所以，在签订旅游合同时，对以下这些条款要格外注意：

有关游览景点的条款应当包括广告中的全部旅游点，同时要注明参观的起止时间。最好的办法是将旅行社的广告内容纳入旅游合同中，作为附件之一。

有关旅游费用的条款要尽可能地细化，将各项交通费、住宿点的食宿费用、景点的门票费、导游费、保险费等费用逐项加以明确。

有关乘坐的交通工具的条款，如果乘坐的是火车，应写明车次及软、硬座和卧铺位的情况；如果是客运汽车，要明确车型、有无空调设备、座位数等细节。

有关住宿标准的条款，要特别注意合同中惯用的“标准间”一词。“标准间”只有在旅游涉外星级饭店中才有明确的含义，一般的旅馆、招待所中，“标准间”没有具体的规范。所以，如果入住的是一般的旅馆或者招待所，要明确铺位数、有无洗澡间、空调、电视等设备。

有关购物的条款，在旅游合同中要对购物点、购物次数和停留的时间加以明确。

有关违约责任的条款，需要写明纠纷处理方法、投诉机构等内容。在合同中，要对万一因游客自身的原因或者旅行社方面的原因无法履行合同的情况进行约定，特别是退款的时间、额度等问题。

3. 在签订旅游合同时，要确认旅游合同是否加盖了旅行社的公章，经办人是否签署真实姓名。在缴纳旅游费用后，要索取正规发票。

二、重点法条

《旅游法》

第三十二条　旅行社为招徕、组织旅游者发布信息，必须真实、准确，不得进行虚假宣传，误导旅游者。

第三十五条　旅行社不得以不合理的低价组织旅游活动，诱骗旅游者，并通过安排购物或者另行付费旅游项目获取回扣等不正当利益。

旅行社组织、接待旅游者，不得指定具体购物场所，不得安排另行付费旅游项目。但是，经双方协商一致或者旅游者要求，且不影响其他旅游者行程安排的除外。

发生违反前两款规定情形的，旅游者有权在旅游行程结束后三十日内，要求旅行社为其办理退货并先行垫付退货货款，或者退还另行付费旅游项目的费用。

第三十六条　旅行社组织团队出境旅游或者组织、接待团队入境旅游，应当按照规定安排领队或者导游全程陪同。

第四十四条　景区应当在醒目位置公示门票价格、另行收费项目的价格及团体收费价格。景区提高门票价格应当提前六个月公布。

将不同景区的门票或者同一景区内不同游览场所的门票合并出售的，合并后的价格不得高于各单项门票的价格之和，且旅游者有权选择购买其中的单项票。

景区内的核心游览项目因故暂停向旅游者开放或者停止提供服务的，应当公示并相应减少收费。

第五十二条　旅游经营者对其在经营活动中知悉的旅游者个人信息，应当予以保密。

第五十四条　景区、住宿经营者将其部分经营项目或者场地交由他人从事住宿、餐饮、购物、游览、娱乐、旅游交通等经营的，应当对实际经营者的经营行为给旅游者造成的损害承担连带责任。

第五十八条　包价旅游合同应当采用书面形式，包括下列内容：

（一）旅行社、旅游者的基本信息；

（二）旅游行程安排；

（三）旅游团成团的最低人数；

（四）交通、住宿、餐饮等旅游服务安排和标准；

（五）游览、娱乐等项目的具体内容和时间；

（六）自由活动时间安排；

（七）旅游费用及其交纳的期限和方式；

（八）违约责任和解决纠纷的方式；

（九）法律、法规规定和双方约定的其他事项。

订立包价旅游合同时，旅行社应当向旅游者详细说明前款第二项至第八项所载内容。

第五十九条　旅行社应当在旅游行程开始前向旅游者提供旅游行程单。旅游行程单是包价旅游合同的组成部分。

第六十条 旅行社委托其他旅行社代理销售包价旅游产品并与旅游者订立包价旅游合同的，应当在包价旅游合同中载明委托社和代理社的基本信息。

旅行社依照本法规定将包价旅游合同中的接待业务委托给地接社履行的，应当在包价旅游合同中载明地接社的基本信息。

安排导游为旅游者提供服务的，应当在包价旅游合同中载明导游服务费用。

第六十一条 旅行社应当提示参加团队旅游的旅游者按照规定投保人身意外伤害保险。

第六十二条 订立包价旅游合同时，旅行社应当向旅游者告知下列事项：

（一）旅游者不适合参加旅游活动的情形；

（二）旅游活动中的安全注意事项；

（三）旅行社依法可以减免责任的信息；

（四）旅游者应当注意的旅游目的地相关法律、法规和风俗习惯、宗教禁忌，依照中国法律不宜参加的活动等；

（五）法律、法规规定的其他应当告知的事项。

在包价旅游合同履行中，遇有前款规定事项的，旅行社也应当告知旅游者。

第六十三条 旅行社招徕旅游者组团旅游，因未达到约定人数不能出团的，组团社可以解除合同。但是，境内旅游应当至少提前七日通知旅游者，出境旅游应当至少提前三十日通知旅游者。

因未达到约定人数不能出团的，组团社经征得旅游者书面同意，可以委托其他旅行社履行合同。组团社对旅游者承担责任，受委托的旅行社对组团社承担责任。旅游者不同意的，可以解除合同。

因未达到约定的成团人数解除合同的，组团社应当向旅游者退还已收取的全部费用。

第六十四条 旅游行程开始前，旅游者可以将包价旅游合同中自身的权利义务转让给第三人，旅行社没有正当理由的不得拒绝，因此增加的费用由旅游者和第三人承担。

第六十五条 旅游行程结束前，旅游者解除合同的，组团社应当在扣除必要的费用后，将余款退还旅游者。

第六十七条 因不可抗力或者旅行社、履行辅助人已尽合理注意义务仍不能避免的事件，影响旅游行程的，按照下列情形处理：

（一）合同不能继续履行的，旅行社和旅游者均可以解除合同。合同不能完全履行的，旅行社经向旅游者作出说明，可以在合理范围内变更合同；旅游者不同意变更的，可以解除合同。

（二）合同解除的，组团社应当在扣除已向地接社或者履行辅助人支付且不可退还的费用后，将余款退还旅游者；合同变更的，因此增加的费用由旅游者承担，减少的费用退还旅游者。

（三）危及旅游者人身、财产安全的，旅行社应当采取相应的安全措施，因此支出的费用，由旅行社与旅游者分担。

（四）造成旅游者滞留的，旅行社应当采取相应的安置措施。因此增加的食宿费用，由旅游者承担；增加的返程费用，由旅行社与旅游者分担。

第六十八条　旅游行程中解除合同的，旅行社应当协助旅游者返回出发地或者旅游者指定的合理地点。由于旅行社或者履行辅助人的原因导致合同解除的，返程费用由旅行社承担。

第六十九条　旅行社应当按照包价旅游合同的约定履行义务，不得擅自变更旅游行程安排。

经旅游者同意，旅行社将包价旅游合同中的接待业务委托给其他具有相应资质的地接社履行的，应当与地接社订立书面委托合同，约定双方的权利和义务，向地接社提供与旅游者订立的包价旅游合同的副本，并向地接社支付不低于接待和服务成本的费用。地接社应当按照包价旅游合同和委托合同提供服务。

第七十条　旅行社不履行包价旅游合同义务或者履行合同义务不符合约定的，应当依法承担继续履行、采取补救措施或者赔偿损失等违约责任；造成旅游者人身损害、财产损失的，应当依法承担赔偿责任。旅行社具备履行条件，经旅游者要求仍拒绝履行合同，造成旅游者人身损害、滞留等严重后果的，旅游者还可以要求旅行社支付旅游费用一倍以上三倍以下的赔偿金。

由于旅游者自身原因导致包价旅游合同不能履行或者不能按照约定履行，或者造成旅游者人身损害、财产损失的，旅行社不承担责任。

在旅游者自行安排活动期间，旅行社未尽到安全提示、救助义务的，应当对旅游者的人身损害、财产损失承担相应责任。

第七十一条　由于地接社、履行辅助人的原因导致违约的，由组团社承担责任；组团社承担责任后可以向地接社、履行辅助人追偿。

由于地接社、履行辅助人的原因造成旅游者人身损害、财产损失的，旅游者可以要求地接社、履行辅助人承担赔偿责任，也可以要求组团社承担赔偿责任；组团社承担责任后可以向地接社、履行辅助人追偿。但是，由于公共交通经营者的原因造成旅游者人身损害、财产损失的，由公共交通经营者依法承担赔偿责任，旅行社应当协助旅游者向公共交通经营者索赔。

第七十二条　旅游者在旅游活动中或者在解决纠纷时，损害旅行社、履行辅助人、旅游从业人员或者其他旅游者的合法权益的，依法承担赔偿责任。

第七十三条　旅行社根据旅游者的具体要求安排旅游行程，与旅游者订立包价旅游合同的，旅游者请求变更旅游行程安排，因此增加的费用由旅游者承担，减少的费用退还旅游者。

第七十四条　旅行社接受旅游者的委托，为其代订交通、住宿、餐饮、游览、娱乐等旅游服务，收取代办费用的，应当亲自处理委托事务。因旅行社的过错给旅游者造成损失的，旅行社应当承担赔偿责任。

旅行社接受旅游者的委托，为其提供旅游行程设计、旅游信息咨询等服务的，应当保证设计合理、可行，信息及时、准确。

第七十五条 住宿经营者应当按照旅游服务合同的约定为团队旅游者提供住宿服务。住宿经营者未能按照旅游服务合同提供服务的，应当为旅游者提供不低于原定标准的住宿服务，因此增加的费用由住宿经营者承担；但由于不可抗力、政府因公共利益需要采取措施造成不能提供服务的，住宿经营者应当协助安排旅游者住宿。

第九十二条 旅游者与旅游经营者发生纠纷，可以通过下列途径解决：

（一）双方协商；

（二）向消费者协会、旅游投诉受理机构或者有关调解组织申请调解；

（三）根据与旅游经营者达成的仲裁协议提请仲裁机构仲裁；

（四）向人民法院提起诉讼。

三、典型案例

导游与游客的口头约定是否有效?

某厂20名职工向某旅行社订购“北京8日游”旅游票20张，旅行社收取人民币2万元，并开具发票。行前双方口头约定：（1）旅途往返乘特快列车，抵京后有专车接到住宿地；（2）在京游览安排4天专用车；（3）在京游览15个风景点。某厂20名职工在导游陪同下乘坐直达列车赴京旅游。抵达后，因旅行社未派车来火车站接，迫使20名旅游者自己乘地铁后步行至住宿地。游览中，因旅行社未作合理安排，致使旅游团候车达4小时之久，未能按原订计划游览中山公园和军事博物馆。旅行社数次违约，引起旅游者的极大不满。旅游者与导游协商后达成退款协议，约定：某旅行社退给某厂20名职工人民币1000元。某厂20名职工乘坐特快列车返回。事后，某旅行社法定代表人对退款协议不予追认，并申明退款协议无效，因此产生纠纷。双方多次磋商违约金数额未能达成一致意见，某厂20名职工向法院提起诉讼。

在本案中，双方虽未有书面合同具体约定旅游活动中相关服务，但某厂20名职工持有某旅行社开具了发票的旅游票，双方对其口头约定无争议，且口头约定也是法律允许采用的合同形式，应承认其效力。依此口头约定，旅游者旅途往返应乘特快列车，但旅行社安排20名职工乘直达列车至北京；约定抵京后旅行社派专车接20名职工至住宿地，却未派专车来接，致使20名职工自己乘地铁后步行到住宿地；约定在京游览15个风景点，但实际上少游了2个景点。该旅行社在以上3点违反了合同约定，致使旅游者的合法权益受到损害。“有损害就应有赔偿”，且该旅行社不存在任何免责情形，主观上亦有过错，故旅行社未履行部分的价款应返还给20名职工。另外，旅行社还应向某厂20名职工支付惩罚性违约金。

在本案中，某旅行社导游与20名职工达成退款协议后，某旅行社法定代表人对该协议不予追认，主张退款协议无效，这涉及一个民法问题——职务代理。依民法理论和我国的法律规定，法人对其工作人员的职务行为承担民事责任。本案中，某旅行社导游与20名职工所签退款协议应属职务代理行为，属于有效代理，无须某旅行社法定代表人的追认（只有无权代理才会涉及追认的问题），某旅行社应对其工作人员的职务行为承担民事责任，即退款协议合法有效，某旅行社应执行该协议，向某厂20名职工退款。

旅行社违反合同约定，责任如何承担？

某旅行社刊登了新春南岳衡山赏雪四日游的广告，并在其所在的旅游刊物上称，此种旅游参观的主要景点有8个：南岳大庙、磨镜台、福严寺、忠烈祠、藏经殿、南天门、祝融峰、回雁峰。王某等9人利用2019年春节休假期间，各自交付旅游服务费人民币460元，参加了该旅行社组织的南岳衡山赏雪四日游旅游团。到达后，旅行社的导游李某（无导游证书）将其中的男女8人混合安排在该宾馆同一房间休息。在游览活动中，因天下大雪，旅行社只安排游览了南岳大庙、福严寺、忠烈祠3个景点，其余未安排。旅游团游览活动结束后，旅行社的导游未随团返回，由王某等9人自行返回。9人认为旅行社违反了旅游合同，造成其经济、精神损失，于是向旅行社要求赔偿并赔礼道歉。但旅行社只赔礼道歉，不同意其所要求的赔偿数额。据此，王某等9人起诉至某法院，要求旅行社无偿重新安排游览未游的5个旅游景点，否则应退还其全程旅游费；旅行社应登报向王某等9人赔礼道歉，并赔偿精神损失费每人200元，赔偿误工费每人200元。

本案中，某旅行社组织的是南岳衡山赏雪四日游，因此，活动中的风雪天气对活动内容的影响，其风险责任应在旅行社预料之中，不属于不可抗力，不能构成免责或减轻责任的理由。所以本案中，在旅行社本应安排8个旅游景点而实际上只安排了3个旅游景点的情况下，不能以风雪天气的客观原因为由主张免除或减轻责任。同时旅行社安排的导游没有导游证，在导游安排上也不符合要求，影响服务质量，导致王某等9人未能依合同享受到应有的服务，应减低收费标准。由于此次旅游活动已经结束，且主要内容为“赏雪”。故合同不可能继续履行或者采取重新安排游览的补救措施，所以旅行社应当承担赔偿责任。

关于赔礼道歉的诉讼请求。由于旅行社已经进行赔礼道歉，因此赔礼道歉的民事责任并无争议。关于误工费的诉讼请求。王某等9人是利用春节假期参加旅行社组织的旅游团，本身不存在误工的问题。重新安排旅游景点的请求也得不到支持。因为此次旅游活动已经结束。关于精神损害赔偿的诉讼请求。在本案的这种情况下，虽然旅行社的违约给王某等9人造成了精神上的不愉快，但并不构成法律意义的精神损害，所以王某等9人的精神损害赔偿请求得不到支持。

未按约定安排游客乘坐空调列车，能否解除旅游合同？

2019 年 7 月，李某与旅行社签订了赴某市旅行的协议书，并交纳了旅游费用人民币 1200 元。协议书中未写明铁路列车标准。签约时李某特别询问是否乘空调车，得到了工作人员的肯定回答。李某按旅行社的要求到某火车站集合，坐火车前往目的地。李某上车后发现车内热浪逼人，令人难以忍受。询问列车员后得知该次列车并非空调车。李某遂找导游询问，未得到明确答复。一怒之下，李某立即下车找旅行社质问，与旅行社负责人发生争执。2019 年 8 月，李某以旅行社擅自变更乘车标准为理由提起诉讼，要求撤销旅游合同并退还所交纳的 1200 元旅游费用。该旅行社则认为，双方合同业已生效，不能撤销，只同意退还普通列车与空调列车的车费差价。

《民法典》第一百四十八条规定："一方以欺诈手段，使对方在违背真实意思的情况下实施的民事法律行为，受欺诈方有权请求人民法院或者仲裁机构予以撤销。"也就是说，合同签订应建立在双方真实意思表示的基础上。如果合同一方有故意告知对方虚假情况或者故意隐瞒真实情况，而诱使合同另一方作出错误意思表示的欺诈行为，受欺诈的一方可以提出撤销合同的要求。

在本案中，旅行社组团旅行，事前对乘车条件应是清楚的。即使是铁路部门临时换车，旅行社在拿票时也应知道乘车标准。尽管李某与旅行社签订的旅游合同中没有写明乘车标准，但李某特别询问是否为乘空调车时，旅游公司给予了肯定答复。也就是说，双方达成了乘空调车的一致意见，李某也因此签下了旅游合同。旅行社为使李某签订合同而隐瞒不是空调车的真实情况的行为已构成欺诈，因此应当承担败诉的法律后果。李某可以解除该旅游合同。

四、示范文本

GF—2007—2602

中国公民出境旅游合同

（示范文本）[1]

使用说明

1. 本合同为示范文本，供中华人民共和国境内（不含港、澳、台地区）经营出境旅游业务的组团旅行社（以下简称"组团社"）与出境旅游者（以下简称"旅游者"）之间签订组团出境旅游合同时使用。

2. 双方当事人应当结合具体情况选择本合同协议条款中所提供的选择项，空格处

---

① 国家旅游局、国家市场监督管理总局（原国家工商行政管理总局）2007 年 2 月 28 日发布。

应以文字形式填写完整。

3. 双方当事人可以书面形式对本示范文本内容予以变更或者补充。变更或者补充的内容，不得减轻或者免除应由组团社承担的责任。

4. 本示范文本由国家旅游局和国家市场监督管理总局（原国家工商行政管理总局）共同制定、解释，并在全国范围内推行使用。

合同编号：____________

一、定义和概念

第一条　本合同的词语定义

1. 组团社，是指合法取得《企业法人营业执照》并经国家旅游局批准取得组织中国公民以团队形式出境旅游业务资格的旅行社，其名单由国家旅游局统一公布。

2. 旅游者，是指与组团社签订出境旅游合同，参加出境旅游活动的中国公民或者团体。

3. 出境旅游服务，是指组团社依据《旅行社管理条例》等法律法规，组织旅游者到中华人民共和国境外的国家及港、澳、台地区等旅游目的地旅行游览、代办旅游签证/签注，并亲自或者委托经境外旅游目的地政府指定的当地旅行社为旅游者代订旅游交通票务、安排餐饮、住宿、游览服务等经营活动。

4. 旅游费用，是指旅游者支付给组团社，用于购买出境旅游服务的费用。

旅游费用包括：必要的签证/签注的费用（旅游者自办的除外）；交通费（含境外机场税）；住宿费；餐费（不含酒水费）；非自费旅游项目景区景点的第一道门票费；行程中安排的其他项目费用；组团社、地接社、境外导游等服务费。

旅游费用不包括：旅游证件的费用和办理离团的费用；个人投保的旅游保险费；合同约定自费项目的费用；合同未约定由组团社支付的费用（包括：行程以外非合同约定活动项目所需的费用、自由活动期间发生的费用等）；境外小费；行程中发生的旅游者个人费用（包括：交通工具上的非免费餐饮费、行李超重费，住宿期间的洗衣、电话、饮料及酒类费，个人伤病医疗费，寻回个人遗失物品的费用及报酬，个人原因造成的赔偿费用等）。

5. 旅行社责任保险，是指旅行社根据与保险合同的约定，向保险公司支付保险费，保险公司对旅行社在从事旅游业务经营活动中，致使旅游者人身、财产遭受损害应由旅行社承担的责任，承担赔偿保险金责任的行为。

6. 离团，是指旅游者参加了组团社所组的出境旅游团队后，在境外因疾病、证件丢失等客观原因未能随团队完成约定行程的行为。

7. 脱团，是指旅游者参加了组团社所组的出境旅游团队后，在境外擅自脱离旅游团队，不随团完成约定行程的行为。

8. 转团，是指由于低于成团人数，组团社在保证所承诺的服务内容和标准不变的前提下，经旅游者书面同意，在出发前将其转至其他旅行社所组的出境旅游团队的行为。

9. 不可抗力，是指不能预见、不能避免并不能克服的客观情况，包括因自然原因和社会原因引起的，如自然灾害、战争、罢工、重大传染性疫情、政府行为等。

10. 意外事件，是指因当事人故意或者过失以外的偶然因素而发生的事故。如重大礼宾活动导致的交通堵塞、列车航班晚点等。

11. 业务损失费，是指组团社因旅游者行前退团而产生的经济损失。包括：乘坐飞机（车、船）等交通工具的费用（含预订金）、旅游签证/签注费、酒店住宿费用（含预订金）、旅游观光汽车的人均车租等已发生的实际费用。

12. 黄金周，是指春节、“五一”“十一”期间的7天节假日。其具体日期以当年国务院办公厅通知的放假时间为准。

二、合同的签订

第二条　旅游行程计划说明书

组团社应当提供带团号的《旅游行程计划说明书》（以下简称《计划书》），经双方签字或者盖章确认后作为本合同的组成部分。《计划书》应当对如下内容作出明确的说明：

（1）旅游目的地，线路行程时间（按自然日计算，含乘飞机、车、船等在途时间，不足24小时以一日计）；

（2）交通工具及其档次等级（明确交通工具出发时间段以及是否需中转等信息）；

（3）住宿安排及住宿酒店的名称、地点、档次等级（是否有空调、热水等相关的服务设施）；

（4）景点/景区及游览活动等旅游线路内容（含主要景点停留的最少时间）；

（5）用餐（早餐和正餐）的次数及其标准；

（6）购物安排（组团社安排的购物次数不超过行程日数的一半，并同时列明购物场所名称、停留的最多时间及主要商品等内容）；

（7）行程安排的娱乐活动（时间、地点、项目）；

（8）自费项目（如有安排，组团社应在签约时向旅游者提供《境外自费项目表》，由旅游者自愿选择并签字确认后作为本合同的组成部分；自费项目应以不影响原计划行程为原则，代收的自费项目费用不得高于当地同期市场零售价）；

《计划书》用语须准确清晰，不应出现“准×星级”“豪华”“优秀导游（领队）服务”“仅供参考”“以××为准”“与××同级”等不确定性用语。

第三条　签订合同

旅游者应当认真阅读本合同有关条款、《计划书》和《境外自费项目表》，在旅游者明晰本合同条款及有关附件内容的情况下，组团社和旅游者应当签订书面合同。

第四条 旅游广告及宣传制品

组团社的旅游广告及宣传制品应当遵循诚实信用的原则，其内容符合《合同法》要约规定的，视为本合同的组成部分，对组团社和旅游者双方具有约束力。

第五条 合同效力

本合同一式两份，双方各持一份，具有同等法律效力，自双方当事人签字或者盖章之日起生效。

三、合同双方的权利义务

第六条 组团社的权利

1. 根据旅游者的身体健康状况及相关条件决定是否接纳旅游者报名参团；

2. 有权核实旅游者提供的相关信息资料；

3. 按照合同约定向旅游者收取全额旅游费用；

4. 旅游团队遇紧急情况时，可采取紧急避险措施；

5. 有权拒绝旅游者提出的超出合同约定的不合理要求。

第七条 组团社的义务

1. 按照合同和《计划书》约定的内容和标准，为旅游者提供质价相符的旅游服务。对可能危及旅游者人身、财产安全的项目和须注意的问题，应当事前向旅游者作出真实说明和明确警示，并采取防止危害发生的措施。

2. 在出团前召开说明会，把根据《计划书》细化的《行程表》和《行程须知》发给旅游者，如实告知旅游的具体行程安排和各项服务标准；所到国家或地区的重要规定、风俗习惯；安全避险措施；境外收取小费的惯例及支付标准、外汇兑换事项；应急联络方式（包括我驻外使领馆及组团社境内、境外的应急联系人及联系方式）。

3. 为旅游团队安排符合《出境旅游领队人员管理办法》资质要求的领队人员。

4. 妥善保管旅游者提交的各项证件。

5. 按照《旅行社投保旅行社责任保险的规定》投保旅行社责任保险，并向旅游者推荐旅游个人保险及其他保险。

6. 行程中不得违反合同约定，强迫或者变相强迫安排旅游者购物、参加自费项目。

旅游者在《计划书》安排的购物点所购物品系假冒伪劣商品时，组团社应当积极协助旅游者进行索赔，自购物之日起 90 日内，旅游者无法从购物点获得赔偿的，组团社应当先行赔付。

7. 向旅游者提供合法的旅游费用发票。

8. 对《出境旅游报名表》的各项旅游者个人资料信息保密。

9. 积极协调处理旅游者在旅游行程中的投诉。出现纠纷时，采取适当措施防止损失扩大。

10. 由于第三方侵害等不可归责于组团社的原因导致旅游者人身、财产权益受到损害的，组团社应当履行协助义务，避免旅游者人身、财产权益损失扩大。

第八条　旅游者的权利

1. 依法享有《消费者权益保护法》和有关法律法规赋予消费者的各项权利；

2. 在支付旅游费用时有权要求组团社开具发票；

3. 有权要求组团社按照合同和《计划书》的内容和标准，兑现旅游行程服务；

4. 有权拒绝组团社未经事先协商一致的转团行为和合同约定以外的购物及自费项目安排。

第九条　旅游者的义务

1. 如实填写《出境旅游报名表》和签证/签注资料的各项内容，并对所填的内容承担责任；

2. 向组团社提交的因私护照或者通行证有效期应当在半年以上，自办签证/签注者还应当确保所持签证/签注在出游期间有效；

3. 按照合同约定支付旅游费用；

4. 遵守合同约定完成旅游行程，配合领队人员的统一管理；

5. 遵守我国和旅游目的地国家（地区）的法律法规和有关规定，不携带违禁物品出入境，不在境外滞留不归；

6. 尊重旅游目的地国家（地区）的风俗习惯，举止文明，不涉足色情场所，不参与赌博；

7. 妥善保管自己的行李物品，尤其是贵重物品；

8. 行程中发生纠纷，应当本着平等协商的原则解决，采取适当措施防止损失的扩大，不得以拒绝登机（车、船）等行为拖延行程或者脱团。

四、合同的变更

第十条　合同内容的变更

1. 组团社与旅游者双方协商一致，可以变更本合同约定的旅游内容，但应当以书面形式由双方签字确认。由此增加的旅游费用及给对方造成的损失由变更提出方承担，由此减少的旅游费用，组团社应当退还旅游者。

2. 因不可抗力或者意外事件导致无法履行或者继续履行合同的，组团社可以在征得多数旅游团队成员同意后对相应内容予以变更。因紧急情况无法征求意见时，组团社可决定内容的变更，但应当就作出的决定提供必要的说明和证据。

3. 在行前遇到不可抗力或者意外事件的，双方经协商可以取消行程或者延期出行。取消行程的，由组团社向旅游者全额退还旅游费用（但应当扣除已发生的签证/签注费用）。已发生旅游费用的，应当由双方协商后合理分担。

4. 在行程中遇到不可抗力导致无法履行或者继续履行合同的，组团社按本条第2款的约定实施变更后，将未发生的旅游费用退回旅游者，增加的旅游费用，应由双方协商后合理分担。

5. 在行程中遇到意外事件导致无法履行或者继续履行合同的，组团社按本条第2

款的约定实施变更后，将未发生的旅游费用退回旅游者，因此增加的旅游费用由提出变更的一方承担（但因紧急避险所致的，由受益方承担）。

第十一条　组团社转团

当组团低于成团人数不能成团时，组团社可以在保证所承诺的服务内容和标准不变的前提下，将旅游者转至其他组团社所组的出境旅游团队，但必须事先征得旅游者书面同意，在本合同协议条款中注明，并就受让出团的组团社违反本合同约定的行为先行承担责任，再行追偿。

旅游者和受让出团的组团社另行签订合同的，本合同的权利义务终止。

五、合同的解除

第十二条　不同意转团和延期出团的合同解除

在组团社低于成团人数不能成团时，旅游者既不同意转团也不同意延期出团的，视为组团社解除合同，按本合同第十三条、第十五条第 1 款相关约定处理。

第十三条　行程前的合同解除

旅游者和组团社在行前可以书面形式提出解除合同。在出发前 30 日（按出发日减去解除合同通知到达日的自然日之差计算，下同）以上（不含第 30 日）提出解除合同的，双方互不承担违约责任。组团社应当在解除合同的通知到达日起 5 个工作日内，向旅游者退还全部旅游费用。组团社提出解除合同的，不得扣除签证/签注费用；旅游者提出解除合同的，如已办理签证/签注的，应当扣除签证/签注费用。

旅游者或者组团社在旅游出发前 30 日以内（含第 30 日，下同）提出解除合同的，由提出解除合同的一方承担违约责任。

第十四条　行程中的合同解除

1. 旅游者未按约定时间到达约定集合出发地点，也未能在出发中途加入旅游团的，视为旅游者自愿解除合同，按照本合同第十六条第 1 款相关约定处理；

2. 旅游者在行程中脱团的，组团社可以解除合同。旅游者不得要求组团社退还旅游费用，如给组团社造成经济损失的，应当承担相应赔偿责任。

六、违约责任

第十五条　组团社的违约责任

1. 组团社在出发前 30 日以内（含第 30 日）取消出团的，向旅游者退还全额旅游费用（不得扣除签证/签注费），并按下列标准向旅游者支付违约金：

出发前 30 日至 15 日，支付旅游费用总额 2% 的违约金；

出发前 14 日至 7 日，支付旅游费用总额 5% 的违约金；

出发前 6 日至 4 日，支付旅游费用总额 10% 的违约金；

出发前 3 日至 1 日，支付旅游费用总额 15% 的违约金；

出发当日，支付旅游费用总额 20% 的违约金。

如上述违约金不足以赔偿旅游者的实际损失，组团社应当按实际损失对旅游者予以赔偿。

组团社应当在取消出团通知到达日起5个工作日内，向旅游者退还全额旅游费用，并支付上述违约金。

2. 组团社未按合同约定提供质价相符的服务，或者未经旅游者同意调整旅游行程（本合同第十条第2款规定的情况除外），造成项目减少、旅游时间缩短或者标准降低的，应当采取措施予以补救，未采取补救措施的，应当承担相应的赔偿责任。

3. 组团社领队或者境外导游未经旅游者签字确认，安排旅游者参加本合同约定以外的自费项目的，应当承担擅自安排的自费项目费用；擅自增加购物次数，每次按旅游费用总额的10%向旅游者支付违约金。

组团社强迫或者变相强迫旅游者购物的，应当按旅游费用总额的20%向旅游者支付违约金。

4. 组团社违反合同约定在境外中止对旅游者提供住宿、用餐、交通等旅游服务的，应当负担旅游者在被中止旅游服务期间所订的同等级别的住宿、用餐、交通等必要费用，并向旅游者支付旅游费用总额30%的违约金。如果因此给旅游者造成其他人身、财产损害的，组团社还应当承担损害赔偿责任。

5. 组团社擅自将旅游者转至其他旅行社出团，旅游者在出发前得知的，有权解除合同，要求组团社全额退回已交旅游费用，并按旅游费用总额的10%支付违约金；旅游者在出发当日或者出发后得知的，组团社应当按旅游费用总额的20%支付违约金。

如上述违约金不足以赔偿旅游者的实际损失，组团社应当按实际损失对旅游者予以赔偿。

6. 与旅游者出现纠纷时，组团社应当采取积极措施防止损失扩大。否则，应当就扩大的损失承担责任。

第十六条　旅游者的违约责任

1. 旅游者出发前30日以内（含第30日）提出解除合同的，应当按下列标准向组团社支付业务损失费：

出发前30日至15日，按旅游费用总额的5%；

出发前14日至7日，按旅游费用总额的15%；

出发前6日至4日，按旅游费用总额的70%；

出发前3日至1日，按旅游费用总额的85%；

出发当日，按旅游费用总额的90%；

如上述支付比例不足以赔偿组团社的实际损失，旅游者应当按实际损失对组团社予以赔偿，但最高额不得超过旅游费用总额。

组团社在扣除上述业务损失费后，应当在旅游者退团通知到达日起5个工作日内向旅游者退还剩余旅游费用。

2. 因不听从组团社及其领队的劝谕而影响团队行程，给组团社造成损失的，应当承担相应的赔偿责任。

3. 旅游者超出本合同约定的内容进行个人活动所造成的损失，由其自行承担。

4. 由于旅游者的故意或者过失，使旅行社遭受损害的，应由旅游者赔偿损失。

5. 与组团社出现纠纷时，旅游者应当采取积极措施防止损失扩大。否则，应当就扩大的损失承担责任。

第十七条　其他责任

1. 因旅游者提供材料存在问题或者其他自身原因被有关机关拒签、缓签、拒绝入境、出境的，相关责任和费用由旅游者自行承担，组团社将未发生的费用退还旅游者。如给组团社造成损失的，旅游者还应当承担赔偿责任。

2. 由于第三方侵害等不可归责于组团社的原因导致旅游者人身、财产权益受到损害的，组团社不承担赔偿责任。但因组团社不履行协助义务致使旅游者人身、财产权益损失扩大的，应当就扩大的损失承担赔偿责任。

七、协议条款

第十八条　出发与结束日期

出发日期____________，结束日期____________；具体集合时间、地点及解散地点见《计划书》。

第十九条　旅游费用与支付

（旅游费用以人民币为计算单位）

成人：¥__________元/人；儿童（不满 12 岁的）：¥__________元/人；

合计：¥__________元（其中签证/签注费用¥__________元/人）。

旅游费用支付的方式和时间：______________________________。

第二十条　个人投保的旅游保险

旅游者__________（同意或者不同意，打钩无效）委托组团社办理个人投保的旅游保险。

保险产品名称：______________________________

保险金额：__________________________________

保险费：____________________________________

第二十一条　成团人数与不成团安排

组团社最低成团人数：________________；组团低于此人数不能成团时，组团社应当在出发前______日及时通知旅游者。

如不能成团，旅游者是否同意按下列方式解决：

1. __________（同意或者不同意，打钩无效）组团社延期出团；

2. __________（同意或者不同意，打钩无效）转____________旅行社出团。

第二十二条　黄金周的特别约定

春节、“五一”“十一”黄金周旅游高峰期间，组团社和旅游者约定行前退团及取消出团的提前告知时间、相关责任如下：

提前告知时间	旅游者行前退团，旅游者应当支付组团社的业务损失费占旅游费用总额的百分比	组团社取消出团，组团社应当支付旅游者的违约金占旅游费用总额的百分比
出发前　日至　日		
出发前　日至　日		
出发前　日至　日		
出发前　日至　日		
出发前　日至　日		

第二十三条　争议的解决方式

本合同履行过程中发生争议，由双方协商解决；亦可向合同签订地的旅游质量监督管理所、消费者协会等有关部门或机构申请调解解决。协商或者调解不成的，按下列第____种方式解决：

1. 提交____________仲裁委员会仲裁；

2. 依法向人民法院起诉。

第二十四条　其他约定事项

未尽事宜，经旅游者和组团社双方协商一致，可列入补充条款。（如合同空间不够，可附纸张贴于空白处，在连接处需双方盖章。）

____

____

____

____

旅游者代表签字（盖章）：__________　　　　组团社签字（盖章）：__________

签约代表：______________

电话：　　　　　　　　　　　　　　　　　　电话：

传真：　　　　　　　　　　　　　　　　　　传真：

地址：　　　　　　　　　　　　　　　　　　地址：

邮编：　　　　　　　　　　　　　　　　　　邮编：

电子信箱：　　　　　　　　　　　　　　　　电子信箱：

签约日期：______年____月____日

签约地点：____________________

附件一：出境旅游报名表

旅游线路及编号＿＿＿＿＿＿　　旅游者出团时间意向＿＿＿＿＿＿＿＿

<table>
<tr><td>姓 名</td><td></td><td>性别</td><td></td><td>民族</td><td></td><td>出生日期</td><td></td></tr>
<tr><td>年龄</td><td colspan="7">（年龄低于18周岁，需要提交家长书面同意出行书）</td></tr>
<tr><td>身份证号码</td><td colspan="3"></td><td>联系电话</td><td colspan="3"></td></tr>
<tr><td>身体状况</td><td colspan="7">（需注明是否身体残疾 是否为妊娠中妇女，是否为精神疾病等健康受损情形，组团社在接受旅游者报名后在合理范围内给予特别关照，所需费用由双方协商确定。）</td></tr>
<tr><td colspan="8">旅游者全部同行人名单及分房要求（所列同行人均视为旅游者要求必须同时安排出团）：
＿＿＿＿与＿＿＿＿同住，＿＿＿＿与＿＿＿＿同住，＿＿＿＿与＿＿＿＿同住，
＿＿＿＿与＿＿＿＿同住，＿＿＿＿与＿＿＿＿同住，＿＿＿＿与＿＿＿＿同住，
＿＿＿＿＿＿为单男/单女需要安排与他人同住，＿＿＿＿＿＿＿＿不占床位，
＿＿＿＿＿＿＿＿＿＿全程要求入住单间（应当补交房费差额）。</td></tr>
<tr><td colspan="8">其他补充约定：

旅游者确认签名（盖章）：　　　　　　　　年　　月　　日</td></tr>
<tr><td colspan="8">以 下 各 栏 由 组 团 社 工 作 人 员 填 写</td></tr>
<tr><td colspan="2">营业部名称</td><td colspan="2"></td><td colspan="2">组团社经办人</td><td colspan="2"></td></tr>
</table>

附件二：带团号的《旅游行程计划说明书》（略）

GF—2014—2402

团队出境旅游合同

（示范文本）①

使 用 说 明

1. 本合同为示范文本，供中华人民共和国境内（不含港、澳、台地区）经营出境旅游业务或者边境旅游业务的旅行社（以下简称“出境社”）与出境旅游者（以下简称“旅游者”）之间签订团队出境包价旅游（不含赴台湾地区旅游）合同时使用。

2. 双方当事人应当结合具体情况选择本合同协议条款中所提供的选择项，空格处应当以文字形式填写完整。

3. 双方当事人可以书面形式对本示范文本内容进行变更或者补充，但变更或者补充的内容，不得减轻或者免除应当由出境社承担的责任。

4. 本示范文本由国家旅游局和国家市场监督管理总局（原国家工商行政管理总局）共同制定、解释，在全国范围内推行使用。

合同编号：__________

旅游者：__________________等____人（名单可附页，需出境社和旅游者代表签字盖章确认）；

出境社：____________________________________；

旅行社业务经营许可证编号：________________________。

第一章　术语和定义

第一条　本合同术语和定义

1. 团队出境旅游服务，指出境社依据《中华人民共和国旅游法》《中国公民出国旅游管理办法》和《旅行社条例》等法律、法规，组织旅游者出国旅游及赴中外双方政府商定的国外边境区域和港、澳地区等旅游目的地旅游，代办旅游签证/签注，代订公共交通客票，提供餐饮、住宿、游览等两项以上服务活动。

2. 旅游费用，指旅游者支付给出境社，用于购买本合同约定的旅游服务的费用。

旅游费用包括：

（1）必要的签证/签注费用（旅游者自办的除外）；

---

① 国家旅游局、国家市场监督管理总局（原国家工商行政管理总局）2014年4月制定。

（2）交通费（含境外机场税）；

（3）住宿费；

（4）餐费（不含酒水费）；

（5）出境社统一安排的景区景点的门票费；

（6）行程中安排的其他项目费用；

（7）导游服务费；

（8）边境旅游中办理旅游证件的费用；

（9）出境社、境外地接社等其他服务费用。

旅游费用不包括：

（1）办理护照、港澳通行证的费用；

（2）办理离团的费用；

（3）旅游者投保的人身意外伤害保险费用；

（4）合同未约定由出境社支付的费用，包括但不限于行程以外非合同约定项目所需的费用、自行安排活动期间发生的费用；

（5）境外小费；

（6）行程中发生的旅游者个人费用，包括但不限于交通工具上的非免费餐饮费、行李超重费，住宿期间的洗衣、通信、饮料及酒类费用，个人娱乐费用，个人伤病医疗费，寻找个人遗失物品的费用及报酬，个人原因造成的赔偿费用。

3. 履行辅助人，指与旅行社存在合同关系，协助其履行本合同义务，实际提供相关服务的法人、自然人或者其他组织。

4. 自由活动，特指《旅游行程单》中安排的自由活动。

5. 自行安排活动期间，指《旅游行程单》中安排的自由活动期间、旅游者不参加旅游行程活动期间、每日行程开始前、结束后旅游者离开住宿设施的个人活动期间、旅游者经领队或者导游同意暂时离团的个人活动期间。

6. 不合理的低价，指出境社提供服务的价格低于接待和服务费用或者低于行业公认的合理价格，且无正当理由和充分证据证明该价格的合理性。其中，接待和服务费用主要包括出境社提供或者采购餐饮、住宿、交通、游览、导游或者领队等服务所支出的费用。

7. 具体购物场所，指购物场所有独立的商号以及相对清晰、封闭、独立的经营边界和明确的经营主体，包括免税店，大型购物商场，前店后厂的购物场所，景区内购物场所，景区周边或者通往景区途中的购物场所，服务旅游团队的专门商店，商品批发市场和与餐饮、娱乐、停车休息等相关联的购物场所等。

8. 旅游者投保的人身意外伤害保险，指旅游者自己购买或者通过旅行社、航空机票代理点、景区等保险代理机构购买的以旅行期间自身的生命、身体或者有关利益为保险标的的短期保险，包括但不限于航空意外险、旅游意外险、紧急救援保险、特殊项目意外险。

9. 离团，指团队旅游者在境外经领队同意不随团队完成约定行程的行为。

10. 脱团，指团队旅游者在境外未经领队同意脱离旅游团队，不随团队完成约定行程的行为。

11. 转团，指由于未达到约定成团人数不能出团，出境社征得旅游者书面同意，在行程开始前将旅游者转至其他出境社所组的出境旅游团队履行合同的行为。

12. 拼团，指出境社在保证所承诺的服务内容和标准不变的前提下，在签订合同时经旅游者同意，与其他出境社招徕的旅游者拼成一个团统一安排旅游服务的行为。

13. 不可抗力，指不能预见、不能避免并不能克服的客观情况，包括但不限于因自然原因和社会原因引起的，如自然灾害、战争、恐怖活动、动乱、骚乱、罢工、突发公共卫生事件、政府行为。

14. 已尽合理注意义务仍不能避免的事件，指因当事人故意或者过失以外的客观因素引发的事件，包括但不限于重大礼宾活动导致的交通堵塞，飞机、火车、班轮、城际客运班车等公共客运交通工具延误或者取消，景点临时不开放。

15. 必要的费用，指出境社履行合同已经发生的费用以及向地接社或者履行辅助人支付且不可退还的费用，包括乘坐飞机（车、船）等交通工具的费用（含预订金）、旅游签证/签注费用、饭店住宿费用（含预订金）、旅游观光汽车的人均车租等。

16. 公共交通经营者，指航空、铁路、航运客轮、城市公交、地铁等公共交通工具经营者。

第二章　合同的订立

第二条　旅游行程单

出境社应当提供带团号的《旅游行程单》（以下简称《行程单》），经双方签字或者盖章确认后作为本合同的组成部分。《行程单》应当对如下内容作出明确的说明：

（1）旅游行程的出发地、途经地、目的地、结束地，线路行程时间（按自然日计算，含乘飞机、车、船等在途时间，不足 24 小时以一日计）；

（2）旅游目的地地接社的名称、地址、联系人和联系电话；

（3）交通服务安排及其标准（明确交通工具及档次等级、出发时间以及是否需中转等信息）；

（4）住宿服务安排及其标准（明确住宿饭店的名称、地址、档次等级及是否有空调、热水等相关服务设施）；

（5）用餐（早餐和正餐）服务安排及其标准（明确用餐次数、地点、标准）；

（6）出境社统一安排的游览项目的具体内容及时间（明确旅游线路内容包括景区

点及游览项目名称、景区点停留的最少时间)；

(7) 自由活动的时间；

(8) 行程安排的娱乐活动（明确娱乐活动的时间、地点和项目内容)；

《行程单》用语须准确清晰，在表明服务标准用语中不应当出现“准×星级”“豪华”“仅供参考”“以××为准”“与××同级”等不确定用语。

第三条 订立合同

旅游者应当认真阅读本合同条款和《行程单》，在旅游者理解本合同条款及有关附件后，出境社和旅游者应当签订书面合同。

由旅游者的代理人订立合同的，代理人需要出具被代理的旅游者的授权委托书。

第四条 旅游广告及宣传品

出境社的旅游广告及宣传品应当遵循诚实信用的原则，其内容符合《中华人民共和国合同法》要约规定的，视为本合同的组成部分，对出境社和旅游者双方具有约束力。

第三章 合同双方的权利义务

第五条 出境社的权利

1. 根据旅游者的身体健康状况及相关条件决定是否接纳旅游者报名参团；

2. 核实旅游者提供的相关信息资料；

3. 按照合同约定向旅游者收取全额旅游费用；

4. 旅游团队遇紧急情况时，可以采取安全防范措施和紧急避险措施并要求旅游者配合；

5. 拒绝旅游者提出的超出合同约定的不合理要求；

6. 要求旅游者对在旅游活动中或者在解决纠纷时损害出境社合法权益的行为承担赔偿责任；

7. 要求旅游者健康、文明旅游，劝阻旅游者违法和违反社会公德的行为。

第六条 出境社的义务

1. 按照合同和《行程单》约定的内容和标准为旅游者提供服务，不擅自变更旅游行程安排，不降低服务标准。

2. 向合格的供应商订购产品和服务。

3. 不以不合理的低价组织旅游活动，诱骗旅游者，并通过安排购物或者另行付费旅游项目获取回扣等不正当利益。

组织、接待旅游者，不指定具体购物场所，不安排另行付费旅游项目，但是，经双方协商一致或者旅游者要求，且不影响其他旅游者行程安排的除外。

4. 在出团前采取行前说明会等方式，如实告知具体行程安排和有关具体事项。具体事项包括但不限于旅游目的地国家或者地区的相关法律、法规和风俗习惯、文化传统和宗教禁忌；旅游活动中的安全注意事项和安全避险措施、旅游者不适合参加旅游活动的情形；出境社依法可以减免责任的信息；境外小费标准、外汇兑换事项、应急联络方式（包括我驻外使领馆及出境社境内和境外应急联系人及联系方式）；法律、法规规定的其他应当告知的事项。

5. 为旅游团队安排符合《中华人民共和国旅游法》《旅行社条例》《中国公民出国旅游管理办法》等法律、法规规定的持证领队人员。

6. 妥善保管旅游者交其代管的证件、行李等物品。

7. 为旅游者发放用中英文固定格式书写、由旅游者填写的安全信息卡（内容包括旅游者的姓名、国籍、血型、应急联络方式等）。

8. 旅游者人身、财产权益受到损害时，应采取合理必要的保护和救助措施，避免旅游者人身、财产权益损失扩大。

9. 积极协调处理旅游行程中的纠纷，采取适当措施防止损失扩大。

10. 提示旅游者按照规定投保人身意外伤害保险。

11. 向旅游者提供发票。

12. 依法对旅游者个人信息保密。

第七条 旅游者的权利

1. 要求出境社按照合同及《行程单》约定履行相关义务。

2. 拒绝出境社未经事先协商一致的转团、拼团行为。

3. 有权自主选择旅游产品和服务，有权拒绝出境社未与旅游者协商一致或者未经旅游者要求而指定购物场所、安排旅游者参加另行付费旅游项目的行为，有权拒绝出境社的导游、领队强迫或者变相强迫旅游者购物、参加另行付费旅游项目的行为。

4. 在支付旅游费用时要求出境社出具发票。

5. 人格尊严、民族风俗习惯和宗教信仰得到尊重。

6. 在人身、财产安全遇有危险时，有权请求救助和保护；人身、财产受到侵害的，有权依法获得赔偿。

7. 在合法权益受到损害时向有关部门投诉或者要求出境社协助索赔。

8.《中华人民共和国旅游法》《中华人民共和国消费者权益保护法》和有关法律、法规赋予旅游者的其他各项权利。

第八条 旅游者的义务

1. 如实填写《出境旅游报名表》、签证/签注资料和游客安全信息卡等各项内容，告知与旅游活动相关的个人健康信息，并对其真实性负责，保证所提供的联系方式准确无误且能及时联系。

2. 向出境社提交能有效使用的因私护照或者通行证，自办签证/签注者应当确保所持签证/签注在出游期间有效。

3. 按照合同约定支付旅游费用。

4. 按照合同约定随团完成旅游行程，配合领队人员的统一管理。

5. 遵守我国和旅游目的地国家（地区）的法律、法规和有关规定，不携带违禁物品出入境；不参与色情、赌博和涉毒活动；不擅自脱团；不在境外滞留不归。

6. 遵守旅游目的地国家（地区）的公共秩序和社会公德，尊重当地的风俗习惯，文化传统和宗教信仰，爱护旅游资源，保护生态环境，遵守《中国公民出国（境）旅游文明行为指南》等文明行为规范。

7. 对国家应对重大突发事件暂时限制旅游活动的措施以及有关部门、机构或者旅游经营者采取的安全防范和应急处置措施予以配合。

8. 妥善保管自己的行李物品，随身携带现金、有价证券、贵重物品，不在行李中夹带。

9. 在旅游活动中或者在解决纠纷时，应采取适当措施防止损失扩大，不损害当地居民的合法权益，不干扰他人的旅游活动，不损害旅游经营者和旅游从业人员的合法权益，不采取拒绝上、下机（车、船）、拖延行程或者脱团等不当行为。

10. 在自行安排活动期间，应当在自己能够控制风险的范围内选择活动项目，遵守旅游活动中的安全警示规定，对自己的安全负责。

第四章　合同的变更与转让

第九条　合同的变更

1. 出境社与旅游者双方协商一致，可以变更本合同约定的内容，但应当以书面形式由双方签字确认。由此增加的旅游费用及给对方造成的损失，由变更提出方承担；由此减少的旅游费用，出境社应当退还旅游者。

2. 行程开始前遇到不可抗力或者出境社、履行辅助人已尽合理注意义务仍不能避免的事件的，双方经协商可以取消行程或者延期出行。取消行程的，按照本合同第十四条处理；延期出行的，增加的费用由旅游者承担，减少的费用退还旅游者。

3. 行程中遇到不可抗力或者出境社、履行辅助人已尽合理注意义务仍不能避免的事件，影响旅游行程的，按以下方式处理：

（1）合同不能完全履行的，旅行社经向旅游者作出说明，旅游者同意变更的，可以在合理范围内变更合同，因此增加的费用由旅游者承担，减少的费用退还旅游者；

（2）危及旅游者人身、财产安全的，旅行社应当采取相应的安全措施，因此支出的费用，由出境社与旅游者分担；

（3）造成旅游者滞留的，旅行社应采取相应的安置措施。因此增加的食宿费用由旅游者承担，增加的返程费用双方分担。

第十条 合同的转让

旅游行程开始前，旅游者可以将本合同中自身的权利义务转让给第三人，出境社没有正当理由的不得拒绝，并办理相关转让手续，因此增加的费用由旅游者和第三人承担。

正当理由包括但不限于：对应原报名者办理的相关服务不可转让给第三人的；无法为第三人办妥签证/签注、安排交通等情形的；旅游活动对于旅游者的身份、资格等有特殊要求的。

第十一条 不成团的安排

当未达到约定的成团人数不能成团时，旅游者可以与出境社就如下安排在本合同第二十三条中做出约定。

1. 转团：出境社可以在保证所承诺的服务内容和标准不降低的前提下，经事先征得旅游者书面同意，委托其他旅行社履行合同，并就受委托出团的出境社违反本合同约定的行为先行承担责任，再行追偿。旅游者和受委托出团的出境社另行签订合同的，本合同的权利义务终止。

2. 延期出团或者改签线路出团：出境社经征得旅游者书面同意，可以延期出团或者改签其他线路出团，因此增加的费用由旅游者承担，减少的费用出境社予以退还。需要时可以重新签订旅游合同。

第五章 合同的解除

第十二条 出境社解除合同

1. 未达到约定的成团人数不能成团时，出境社解除合同的，应当采取书面等有效形式。出境社在行程开始前30日（按照出发日减去解除合同通知到达日的自然日之差计算，下同）以上（含第30日，下同）提出解除合同的，不承担违约责任，出境社向旅游者退还已收取的全部旅游费用（不得扣除签证/签注费用）；出境社在行程开始前30日以内（不含第30日，下同）提出解除合同的，除向旅游者退还已收取的全部旅游费用外，还应当按照本合同第十七条第1款的约定承担相应的违约责任。

2. 旅游者有下列情形之一的，出境社可以解除合同（相关法律、行政法规另有规定的除外）：

（1）患有传染病等疾病，可能危害其他旅游者健康和安全的；

（2）携带危害公共安全的物品且不同意交有关部门处理的；

（3）从事违法或者违反社会公德的活动的；

（4）从事严重影响其他旅游者权益的活动，且不听劝阻、不能制止的；

（5）法律规定的影响合同履行的其他情形。

出境社因上述情形解除合同的，应当以书面等形式通知旅游者，按照本合同第十五条的相关约定扣除必要的费用后，将余款退还旅游者。

第十三条　旅游者解除合同

1. 未达到约定的成团人数不能成团时，旅游者既不同意转团，也不同意延期出行或者改签其他线路出团的，出境社应及时发出不能成团的书面通知，旅游者可以解除合同。旅游者在行程开始前30日以上收到旅行社不能成团通知的，旅行社不承担违约责任，向旅游者退还已收取的全部旅游费用；旅游者在行程开始前30日以内收到旅行社不能成团通知的，按照本合同第十七条第1款相关约定处理。

2. 除本条第1款约定外，在行程结束前，旅游者亦可以书面等形式解除合同（相关法律、行政法规另有规定的除外）。旅游者在行程开始前30日以上提出解除合同的，未办理签证/签注的，出境社应当向旅游者退还全部旅游费用；已办理签证/签注的，应当扣除签证/签注费用（旅游者自办的除外）；旅游者在行程开始前30日以内提出解除合同的，出境社按照本合同第十五条相关约定扣除必要的费用后，将余款退还旅游者。

3. 旅游者未按约定时间到达约定集合出发地点，也未能在出发中途加入旅游团队的，视为旅游者解除合同，按照本合同第十五条相关约定处理。

第十四条　因不可抗力或者已尽合理注意义务仍不能避免的事件解除合同

因不可抗力或者出境社、履行辅助人已尽合理注意义务仍不能避免的事件，影响旅游行程，合同不能继续履行的，出境社和旅游者均可以解除合同；合同不能完全履行，旅游者不同意变更的，可以解除合同（因已尽合理注意义务仍不能避免的事件提出解除合同的，相关法律、行政法规另有规定的除外）。

合同解除的，出境社应当在扣除已向地接社或者履行辅助人支付且不可退还的费用后，将余款退还旅游者。

第十五条　必要的费用扣除

1. 旅游者在行程开始前30日以内提出解除合同或者按照本合同第十二条第2款约定由出境社在行程开始前解除合同的，按下列标准扣除必要的费用：

行程开始前29日至15日，按旅游费用总额的5%；

行程开始前14日至7日，按旅游费用总额的20%；

行程开始前6日至4日，按旅游费用总额的50%；

行程开始前3日至1日，按旅游费用总额的60%；

行程开始当日，按旅游费用总额的70%。

2. 在行程中解除合同的，必要的费用扣除标准为：

旅游费用×行程开始当日扣除比例+（旅游费用－旅游费用×行程开始当日扣除比例）/旅游天数×已经出游的天数。

如按上述第1款或者第2款约定比例扣除的必要的费用低于实际发生的费用，旅游者按照实际发生的费用支付，但最高额不应当超过旅游费用总额。

解除合同的，出境社扣除必要的费用后，应当在解除合同通知到达日起 5 个工作日内为旅游者办结退款手续。

第十六条 出境社协助旅游者返程及费用承担

旅游行程中解除合同的，出境社应协助旅游者返回出发地或者旅游者指定的合理地点。因旅行社或者履行辅助人的原因导致合同解除的，返程费用由出境社承担；行程中按照本合同第十二条第 2 款，第十三条第 2 款约定解除合同的，返程费用由旅游者承担；按照本合同第十四条约定解除合同的，返程费用由双方分担。

第六章 违约责任

第十七条 出境社的违约责任

1. 出境社在行程开始前 30 日以内提出解除合同的，或者旅游者在行程开始前 30 日以内收到出境社不能成团通知，不同意转团、延期出行和改签线路解除合同的，出境社向旅游者退还已收取的全部旅游费用（不得扣除签证/签注等费用），并按下列标准向旅游者支付违约金：

行程开始前 29 日至 15 日，支付旅游费用总额 2% 的违约金；

行程开始前 14 日至 7 日，支付旅游费用总额 5% 的违约金；

行程开始前 6 日至 4 日，支付旅游费用总额 10% 的违约金；

行程开始前 3 日至 1 日，支付旅游费用总额 15% 的违约金；

行程开始当日，支付旅游费用总额 20% 的违约金。

如按上述比例支付的违约金不足以赔偿旅游者的实际损失，出境社应当按实际损失对旅游者予以赔偿。

出境社应当在取消出团通知或者旅游者不同意不成团安排的解除合同通知到达日起 5 个工作日内，为旅游者办结退还全部旅游费用的手续并支付上述违约金。

2. 出境社未按合同约定提供服务，或者未经旅游者同意调整旅游行程（本合同第九条第 3 款规定的情形除外），造成项目减少、旅游时间缩短或者标准降低的，应当依法承担继续履行、采取补救措施或者赔偿损失等违约责任。

3. 出境社具备履行条件，经旅游者要求仍拒绝履行本合同义务的，出境社向旅游者支付旅游费用总额 30% 的违约金，旅游者采取订同等级别的住宿、用餐、交通等补救措施的，费用由出境社承担；造成旅游者人身损害、滞留等严重后果的，旅游者还可以要求出境社支付旅游费用一倍以上三倍以下的赔偿金。

4. 未经旅游者同意，出境社转团、拼团的，出境社应向旅游者支付旅游费用总额 25% 的违约金；旅游者解除合同的，出境社还应向未随团出行的旅游者退还全部旅游费用，向已随团出行的旅游者退还尚未发生的旅游费用。如违约金不足以赔偿旅游者的实际损失，出境社应当按实际损失对旅游者予以赔偿。

5. 出境社有以下情形之一的，旅游者有权在旅游行程结束后30日内，要求出境社为其办理退货并先行垫付退货货款，或者退还另行付费旅游项目的费用：

（1）出境社以不合理的低价组织旅游活动，诱骗旅游者，并通过安排购物或者另行付费旅游项目获取回扣等不正当利益的；

（2）未经双方协商一致或者未经旅游者要求，出境社指定具体购物场所或者安排另行付费旅游项目的。

6. 与旅游者出现纠纷时，出境社应当积极采取措施防止损失扩大，否则应当就扩大的损失承担责任。

第十八条 旅游者的违约责任

1. 因不听从出境社及其领队的劝告、提示而影响团队行程，给出境社造成损失的，应当承担相应的赔偿责任；

2. 旅游者超出本合同约定的内容进行个人活动所造成的损失，由其自行承担；

3. 由于旅游者的过错，使出境社、履行辅助人、旅游从业人员或者其他旅游者遭受损害的，应当由旅游者赔偿损失；

4. 旅游者在旅游活动中或者在解决纠纷时，应采取措施防止损失扩大，否则应当就扩大的损失承担相应的责任；

5. 旅游者违反安全警示规定，或者对国家应对重大突发事件暂时限制旅游活动的措施、安全防范和应急处置措施不予配合，造成旅行社损失的，应当依法承担相应责任。

第十九条 其他责任

1. 因旅游者提供材料存在问题或者自身其他原因被拒签、缓签、拒绝入境和出境的，相关责任和费用由旅游者承担，出境社将未发生的费用退还旅游者。如给出境社造成损失的，旅游者还应当承担赔偿责任。因出境社原因导致旅游者被拒签而解除合同的，依据本合同第十七条第1款处理。

2. 由于旅游者自身原因导致本合同不能履行或者不能按照约定履行，或者造成旅游者人身损害、财产损失的，出境社不承担责任。

3. 旅游者自行安排活动期间人身、财产权益受到损害的，出境社在事前已尽到必要警示说明义务且事后已尽到必要救助义务的，出境社不承担赔偿责任。

4. 由于第三方侵害等不可归责于出境社的原因导致旅游者人身、财产权益受到损害的，出境社不承担赔偿责任。但因出境社不履行协助义务致使旅游者人身、财产权益损失扩大的，应当就扩大的损失承担赔偿责任。

5. 由于公共交通经营者的原因造成旅游者人身损害、财产损失依法应承担责任的，出境社应当协助旅游者向公共交通经营者索赔。

第七章　协议条款

第二十条　线路行程时间

出发时间______年____月____日____时，结束时间______年____月____日____时；共____天，饭店住宿____夜。

第二十一条　旅游费用及支付（以人民币为计算单位）

成人________元/人，儿童（不满14岁）______元/人；其中，导游服务费______元/人。

旅游费用合计：__________________元。

旅游费用支付方式：____。

旅游费用支付时间：____。

第二十二条　人身意外伤害保险

1. 出境社提示旅游者购买人身意外伤害保险；

2. 旅游者可以做以下选择：

□委托出境社购买（出境社不具有保险兼业代理资格的，不得勾选此项）：保险产品名称________________（投保的相关信息以实际保单为准）；

□自行购买；

□放弃购买。

第二十三条　成团人数与不成团的约定

成团的最低人数：__________人。

如不能成团，旅游者是否同意按下列方式解决：

1. ________（同意或者不同意，打钩无效）出境社委托__________出境社履行合同；

2. ________（同意或者不同意，打钩无效）延期出团；

3. ________（同意或者不同意，打钩无效）改签其他线路出团；

4. ________（同意或者不同意，打钩无效）解除合同。

第二十四条　拼团约定

旅游者________（同意或者不同意，打钩无效）采用拼团方式拼至________出境社成团。

第二十五条　自愿购物和参加另行付费旅游项目约定

1. 旅游者可以自主决定是否参加出境社安排的购物活动、另行付费旅游项目；

2. 出境社可以在不以不合理的低价组织旅游活动、不诱骗旅游者、不获取回扣等不正当利益，且不影响其他旅游者行程安排的前提下，按照平等自愿、诚实信用的原则，与旅游者协商一致达成购物活动、另行付费旅游项目协议；

3. 购物活动、另行付费旅游项目安排应不与《行程单》冲突；

4. 地接社及其从业人员在行程中安排购物活动、另行付费旅游项目的，责任由订立本合同的出境社承担；

5. 购物活动、另行付费旅游项目具体约定见《自愿购物活动补充协议》（附件三）、《自愿参加另行付费旅游项目补充协议》（附件四）。

第二十六条　争议的解决方式

本合同履行过程中发生争议，由双方协商解决，亦可向合同签订地的旅游质监执法机构、消费者协会、有关的调解组织等有关部门或者机构申请调解。协商或者调解不成的，按下列第____种方式解决：

1. 提交______________仲裁委员会仲裁；

2. 依法向人民法院起诉。

第二十七条　其他约定事项

未尽事宜，经旅游者和出境社双方协商一致，可以列入补充条款。（如合同空间不够，可以另附纸张，由双方签字或者盖章确认。）

____

____

____

第二十八条　合同效力

本合同一式____份，双方各持____份，具有同等法律效力，自双方当事人签字或者盖章之日起生效。

旅游者代表签字（盖章）：__________	出境社盖章：______________________
证件号码：______________________	签约代表签字（盖章）：____________
住　　址：______________________	营业地址：______________________
联系电话：______________________	联系电话：____________________
传　　真：______________________	传　　真：______________________
邮　　编：______________________	邮　　编：______________________
电子信箱：______________________	电子信箱：______________________
签约日期：____年 ____月____日	签约日期：____年____月____日
	签约地点：______________________

出境社监督、投诉电话：__________________

______省______市旅游质监执法机构：

投诉电话：__________

电子信箱：__________

地　　址：__________

邮　　编：__________

附件一：

出境旅游报名表

旅游线路及编号＿＿＿＿＿＿＿旅游者出团意向时间＿＿＿＿＿＿＿

<table>
<tr><td>姓 名</td><td></td><td>性别</td><td></td><td>民族</td><td></td><td>出生日期</td><td></td></tr>
<tr><td colspan="2">身份证件号码</td><td colspan="3"></td><td colspan="2">联系电话</td><td></td></tr>
<tr><td colspan="2">国籍</td><td colspan="3"></td><td colspan="2">出境证件号</td><td></td></tr>
<tr><td colspan="2">身体状况</td><td colspan="6">（需注明是否有身体残疾、精神疾病、高血压、心脏病等健康受损病症、病史，是否为妊娠期妇女。）</td></tr>
<tr><td colspan="8">旅游者全部同行人名单及分房要求（所列同行人均视为旅游者要求必须同时安排出团）：
＿＿＿与＿＿＿同住，＿＿＿与＿＿＿同住，＿＿＿与＿＿＿同住，
＿＿＿与＿＿＿同住，＿＿＿与＿＿＿同住，＿＿＿与＿＿＿同住，
＿＿＿＿为单男/单女需要安排与他人同住，＿＿＿＿＿不占床位，
＿＿＿＿＿＿＿＿＿＿全程要求入住单间（同意补交房费差额）。</td></tr>
<tr><td colspan="8">其他补充约定：

旅游者确认签名（盖章）：　　　　　　　　年　　月　　日</td></tr>
<tr><td>备注</td><td colspan="7">（年龄低于18周岁，需要提交监护人书面同意出行书）</td></tr>
<tr><td colspan="8">以下由出境社工作人员填写</td></tr>
<tr><td colspan="2">服务网点名称</td><td colspan="2"></td><td colspan="2">出境社经办人</td><td colspan="2"></td></tr>
</table>

附件二：

带团号的《旅游行程单》

旅游者：（代表人签字）　　　　出境社：（盖章）

经办人：（签字）

年　月　日

附件三：

自愿购物活动补充协议

具体时间	地点	购物场所名称	主要商品信息	最长停留时间（分钟）	其他说明	旅游者签名同意
年　月　日　时						签名：
年　月　日　时						签名：
年　月　日　时						签名：

出境社经办人签名：______________

附件四：

自愿参加另行付费旅游项目补充协议

具体时间	地点	项目名称和内容	费用（元）	项目时长（分钟）	其他说明	旅游者签名同意
年　月　日　时						签名：
年　月　日　时						签名：
年　月　日　时						签名：

出境社经办人签名：________________

GF—2014—2401

团队境内旅游合同

（示范文本）①

使　用　说　明

1. 本合同为示范文本，供中华人民共和国境内（不含港、澳、台地区）旅行社与旅游者之间签订团队境内包价旅游合同时使用（不含赴港、澳、台地区旅游及边境游）。

2. 双方当事人应当结合具体情况选择本合同协议条款中所提供的选择项，空格处应当以文字形式填写完整。

3. 双方当事人可以书面形式对本示范文本内容予以变更或者补充，但变更或者补充的内容，不得减轻或者免除应当由旅行社承担的责任。

① 国家旅游局、国家市场监督管理总局（原国家工商行政管理总局）2014 年 4 月制定。

4. 本示范文本由国家旅游局和国家市场监督管理总局（原国家工商行政管理总局）共同制定、解释，在全国范围内推行使用。

合同编号：____________

旅游者：______等____人（名单可附页，需旅行社和旅游者代表签字盖章确认）；

旅行社：____；

旅行社业务经营许可证编号：________________________________。

第一章 术语和定义

第一条 本合同术语和定义

1. 团队境内旅游服务，指旅行社依据《中华人民共和国旅游法》《旅行社条例》等法律、法规，组织旅游者在中华人民共和国境内（不含香港、澳门、台湾地区）旅游，代订公共交通客票，提供餐饮、住宿、游览等两项以上服务活动。

2. 旅游费用，指旅游者支付给旅行社，用于购买本合同约定的旅游服务的费用。

旅游费用包括：

（1）交通费；

（2）住宿费；

（3）餐费（不含酒水费）；

（4）旅行社统一安排的景区景点门票费；

（5）行程中安排的其他项目费用；

（6）导游服务费；

（7）旅行社（含地接社）的其他服务费用。

旅游费用不包括：

（1）旅游者投保的人身意外伤害保险费用；

（2）合同未约定由旅行社支付的费用，包括但不限于行程以外非合同约定活动项目所需的费用、自行安排活动期间发生的费用；

（3）行程中发生的旅游者个人费用，包括但不限于交通工具上的非免费餐饮费、行李超重费，住宿期间的洗衣、电话、饮料及酒类费，个人娱乐费用，个人伤病医疗费，寻找个人遗失物品的费用及报酬，个人原因造成的赔偿费用。

3. 履行辅助人，指与旅行社存在合同关系，协助其履行本合同义务，实际提供相关服务的法人、自然人或者其他组织。

4. 自由活动，特指《旅游行程单》中安排的自由活动。

5. 自行安排活动期间，指《旅游行程单》中安排的自由活动期间、旅游者不参加旅游行程活动期间、每日行程开始前、结束后旅游者离开住宿设施的个人活动期间、旅游者经导游同意暂时离团的个人活动期间。

6. 不合理的低价，指旅行社提供服务的价格低于接待和服务费用或者低于行业公认的合理价格，且无正当理由和充分证据证明该价格的合理性。其中，接待和服务费用主要包括旅行社提供或者采购餐饮、住宿、交通、游览、导游等服务所支出的费用。

7. 具体购物场所，指购物场所有独立的商号以及相对清晰、封闭、独立的经营边界和明确的经营主体，包括免税店，大型购物商场，前店后厂的购物场所，景区内购物场所，景区周边或者通往景区途中的购物场所，服务旅游团队的专门商店，商品批发市场和与餐饮、娱乐、停车休息等相关联的购物场所等。

8. 旅游者投保的人身意外伤害保险，指旅游者自己购买或者通过旅行社、航空机票代理点、景区等保险代理机构购买的以旅行期间自身的生命、身体或者有关利益为保险标的的短期保险，包括但不限于航空意外险、旅游意外险、紧急救援保险、特殊项目意外险。

9. 离团，指团队旅游者经导游同意不随团队完成约定行程的行为。

10. 脱团，指团队旅游者未经导游同意脱离旅游团队，不随团队完成约定行程的行为。

11. 转团，指由于未达到约定成团人数不能出团，旅行社征得旅游者书面同意，在行程开始前将旅游者转至其他旅行社所组的境内旅游团队履行合同的行为。

12. 拼团，指旅行社在保证所承诺的服务内容和标准不变的前提下，在签订合同时经旅游者同意，与其他旅行社招徕的旅游者拼成一个团，统一安排旅游服务的行为。

13. 不可抗力，指不能预见、不能避免并不能克服的客观情况，包括但不限于因自然原因和社会原因引起的，如自然灾害、战争、恐怖活动、动乱、骚乱、罢工、突发公共卫生事件、政府行为。

14. 已尽合理注意义务仍不能避免的事件，指因当事人故意或者过失以外的客观因素引发的事件，包括但不限于重大礼宾活动导致的交通堵塞，飞机、火车、班轮、城际客运班车等公共客运交通工具延误或者取消，景点临时不开放。

15. 必要的费用，指旅行社履行合同已经发生的费用以及向地接社或者履行辅助人支付且不可退还的费用，包括乘坐飞机（车、船）等交通工具的费用（含预订金）、饭店住宿费用（含预订金）、旅游观光汽车的人均车租等。

16. 公共交通经营者，指航空、铁路、航运客轮、城市公交、地铁等公共交通工具经营者。

第二章　合同的订立

第二条　旅游行程单

旅行社应当提供带团号的《旅游行程单》（以下简称《行程单》），经双方签字或者盖章确认后作为本合同的组成部分。《行程单》应当对如下内容作出明确的说明：

（1）旅游行程的出发地、途经地、目的地、结束地，线路行程时间和具体安排

（按自然日计算，含乘飞机、车、船等在途时间，不足24小时以一日计）；

（2）地接社的名称、地址、联系人和联系电话；

（3）交通服务安排及其标准（明确交通工具及档次等级、出发时间以及是否需中转等信息）；

（4）住宿服务安排及其标准（明确住宿饭店的名称、地点、星级，非星级饭店应当注明是否有空调、热水、独立卫生间等相关服务设施）；

（5）用餐（早餐和正餐）服务安排及其标准（明确用餐次数、地点、标准）；

（6）旅行社统一安排的游览项目的具体内容及时间（明确旅游线路内容包括景区点及游览项目名称等，景区点停留的最少时间）；

（7）自由活动的时间；

（8）行程安排的娱乐活动（明确娱乐活动的时间、地点和项目内容）；

《行程单》用语须准确清晰，在表明服务标准用语中不应当出现"准×星级""豪华""仅供参考""以××为准""与××同级"等不确定用语。

第三条　订立合同

旅游者应当认真阅读本合同条款、《行程单》，在旅游者理解本合同条款及有关附件后，旅行社和旅游者应当签订书面合同。

由旅游者的代理人订立合同的，代理人需要出具被代理的旅游者的授权委托书。

第四条　旅游广告及宣传品

旅行社的旅游广告及宣传品应当遵循诚实信用的原则，其内容符合《中华人民共和国合同法》要约规定的，视为本合同的组成部分，对旅行社和旅游者双方具有约束力。

第三章　合同双方的权利义务

第五条　旅行社的权利

1. 根据旅游者的身体健康状况及相关条件决定是否接纳旅游者报名参团；

2. 核实旅游者提供的相关信息资料；

3. 按照合同约定向旅游者收取全额旅游费用；

4. 旅游团队遇紧急情况时，可以采取安全防范措施和紧急避险措施并要求旅游者配合；

5. 拒绝旅游者提出的超出合同约定的不合理要求；

6. 要求旅游者对在旅游活动中或者在解决纠纷时损害旅行社合法权益的行为承担赔偿责任；

7. 要求旅游者健康、文明旅游，劝阻旅游者违法和违反社会公德的行为。

第六条　旅行社的义务

1. 按照合同和《行程单》约定的内容和标准为旅游者提供服务，不擅自变更旅游行程安排；

2. 向合格的供应商订购产品和服务；

3. 不以不合理的低价组织旅游活动，诱骗旅游者，并通过安排购物或者另行付费旅游项目获取回扣等不正当利益；

组织、接待旅游者，不指定具体购物场所，不安排另行付费旅游项目，但是，经双方协商一致或者旅游者要求，且不影响其他旅游者行程安排的除外；

4. 在出团前如实告知具体行程安排和有关具体事项，具体事项包括但不限于所到旅游目的地的重要规定、风俗习惯；旅游活动中的安全注意事项和安全避险措施、旅游者不适合参加旅游活动的情形；旅行社依法可以减免责任的信息；应急联络方式以及法律、法规规定的其他应当告知的事项；

5. 按照合同约定，为旅游团队安排符合《中华人民共和国旅游法》《导游人员管理条例》规定的持证导游人员；

6. 妥善保管旅游者交其代管的证件、行李等物品；

7. 为旅游者发放用固定格式书写、由旅游者填写的安全信息卡（包括旅游者的姓名、血型、应急联络方式等）；

8. 旅游者人身、财产权益受到损害时，应当采取合理必要的保护和救助措施，避免旅游者人身、财产权益损失扩大；

9. 积极协调处理旅游行程中的纠纷，采取适当措施防止损失扩大；

10. 提示旅游者投保人身意外伤害保险；

11. 向旅游者提供发票；

12. 依法对旅游者个人信息保密；

13. 旅游行程中解除合同的，旅行社应当协助旅游者返回出发地或者旅游者指定的合理地点。

第七条 旅游者的权利

1. 要求旅行社按照合同及《行程单》约定履行相关义务；

2. 拒绝未经事先协商一致的转团、拼团行为；

3. 有权自主选择旅游产品和服务，有权拒绝旅行社未与旅游者协商一致或者未经旅游者要求而指定购物场所、安排旅游者参加另行付费旅游项目的行为，有权拒绝旅行社的导游强迫或者变相强迫旅游者购物、参加另行付费旅游项目的行为；

4. 在支付旅游费用时要求旅行社出具发票；

5. 人格尊严、民族风俗习惯和宗教信仰得到尊重；

6. 在人身、财产安全遇有危险时，有权请求救助和保护；人身、财产受到损害的，有权依法获得赔偿；

7. 在合法权益受到损害时向有关部门投诉或者要求旅行社协助索赔；

8. 《中华人民共和国旅游法》《中华人民共和国消费者权益保护法》和有关法律、法规赋予旅游者的其他各项权利。

第八条 旅游者的义务

1. 如实填写《旅游报名表》、游客安全信息卡等各项内容，告知与旅游活动相关的个人健康信息，并对其真实性负责，保证所提供的联系方式准确无误且能及时联系；

2. 按照合同约定支付旅游费用；

3. 遵守法律、法规和有关规定，不在旅游行程中从事违法活动，不参与色情、赌博和涉毒活动；

4. 遵守公共秩序和社会公德，尊重旅游目的地的风俗习惯、文化传统和宗教信仰，爱护旅游资源，保护生态环境，遵守《中国公民国内旅游文明行为公约》等文明行为规范；

5. 对国家应对重大突发事件暂时限制旅游活动的措施以及有关部门、机构或者旅游经营者采取的安全防范和应急处置措施予以配合；

6. 妥善保管自己的行李物品，随身携带现金、有价证券、贵重物品，不在行李中夹带；

7. 在旅游活动中或者在解决纠纷时，应采取措施防止损失扩大，不损害当地居民的合法权益；不干扰他人的旅游活动；不损害旅游经营者和旅游从业人员的合法权益，不采取拒绝上、下机（车、船）、拖延行程或者脱团等不当行为；

8. 自行安排活动期间，应当在自己能够控制风险的范围内选择活动项目，遵守旅游活动中的安全警示规定，并对自己的安全负责。

第四章 合同的变更与转让

第九条 合同的变更

1. 旅行社与旅游者双方协商一致，可以变更本合同约定的内容，但应当以书面形式由双方签字确认。由此增加的旅游费用及给对方造成的损失，由变更提出方承担；由此减少的旅游费用，旅行社应当退还旅游者。

2. 行程开始前遇到不可抗力或者旅行社、履行辅助人已尽合理注意义务仍不能避免的事件的，双方经协商可以取消行程或者延期出行。取消行程的，按照本合同第十四条处理；延期出行的，增加的费用由旅游者承担，减少的费用退还旅游者。

3. 行程中遇到不可抗力或者旅行社、履行辅助人已尽合理注意义务仍不能避免的事件，影响旅游行程的，按以下方式处理：

（1）合同不能完全履行的，旅行社经向旅游者作出说明，旅游者同意变更的，可以在合理范围内变更合同，因此增加的费用由旅游者承担，减少的费用退还旅游者；

（2）危及旅游者人身、财产安全的，旅行社应当采取相应的安全措施，因此支出的费用，由旅行社与旅游者分担；

（3）造成旅游者滞留的，旅行社应采取相应的安置措施。因此增加的食宿费用由旅游者承担，增加的返程费用双方分担。

第十条 合同的转让

旅游行程开始前，旅游者可以将本合同中自身的权利义务转让给第三人，旅行社没有正当理由的不得拒绝，并办理相关转让手续，因此增加的费用由旅游者和第三人承担。

正当理由包括但不限于：对应原报名者办理的相关服务不可转让给第三人的；无法为第三人安排交通等情形的；旅游活动对于旅游者的身份、资格等有特殊要求的。

第十一条 不成团的安排

当旅行社组团未达到约定的成团人数不能成团时，旅游者可以与旅行社就如下安排在本合同第二十三条中做出约定。

1. 转团：旅行社可以在保证所承诺的服务内容和标准不降低的前提下，经事先征得旅游者书面同意，委托其他旅行社履行合同，并就受委托出团的旅行社违反本合同约定的行为先行承担责任，再行追偿。旅游者和受委托出团的旅行社另行签订合同的，本合同的权利义务终止。

2. 延期出团和改变线路出团：旅行社经征得旅游者书面同意，可以延期出团或者改变其他线路出团，因此增加的费用由旅游者承担，减少的费用旅行社予以退还。需要时可以重新签订旅游合同。

第五章 合同的解除

第十二条 旅行社解除合同

1. 未达到约定的成团人数不能成团时，旅行社解除合同的，应当采取书面等有效形式。旅行社在行程开始前 7 日（按照出发日减去解除合同通知到达日的自然日之差计算，下同）以上（含第 7 日，下同）提出解除合同的，不承担违约责任，旅行社向旅游者退还已收取的全部旅游费用；旅行社在行程开始前 7 日以内（不含第 7 日，下同）提出解除合同的，除向旅游者退还已收取的全部旅游费用外，还应当按本合同第十七条第 1 款的约定，承担相应的违约责任。

2. 旅游者有下列情形之一的，旅行社可以解除合同：

（1）患有传染病等疾病，可能危害其他旅游者健康和安全的；

（2）携带危害公共安全的物品且不同意交有关部门处理的；

（3）从事违法或者违反社会公德的活动的；

（4）从事严重影响其他旅游者权益的活动，且不听劝阻、不能制止的；

（5）法律、法规规定的其他情形。

旅行社因上述情形解除合同的，应当以书面等形式通知旅游者，按照本合同第十五条相关约定扣除必要的费用后，将余款退还旅游者。

第十三条 旅游者解除合同

1. 未达到约定的成团人数不能成团时，旅游者既不同意转团，也不同意延期出行或者改签其他线路出团的，旅行社应及时发出不能成团的书面通知，旅游者可以解除合同。旅游者在行程开始前7日以上收到旅行社不能成团通知的，旅行社不承担违约责任，向旅游者退还已收取的全部旅游费用；旅游者在行程开始前7日以内收到旅行社不能成团通知的，按照本合同第十七条第1款相关约定处理。

2. 除本条第1款约定外，在旅游行程结束前，旅游者亦可以书面等形式解除合同。旅游者在行程开始前7日以上提出解除合同的，旅行社应当向旅游者退还全部旅游费用；旅游者在行程开始前7日以内和行程中提出解除合同的，旅行社按照本合同第十五条相关约定扣除必要的费用后，将余款退还旅游者。

3. 旅游者未按约定时间到达约定集合出发地点，也未能在出发中途加入旅游团队的，视为旅游者解除合同，按照本合同第十五条相关约定处理。

第十四条 因不可抗力或者已尽合理注意义务仍不能避免的事件解除合同

因不可抗力或者旅行社、履行辅助人已尽合理注意义务仍不能避免的事件，影响旅游行程，合同不能继续履行的，旅行社和旅游者均可以解除合同；合同不能完全履行，旅游者不同意变更的，可以解除合同。合同解除的，旅行社应当在扣除已向地接社或者履行辅助人支付且不可退还的费用后，将余款退还旅游者。

第十五条 必要的费用扣除

1. 旅游者在行程开始前7日以内提出解除合同或者按照本合同第十二条第2款约定由旅行社在行程开始前解除合同的，按下列标准扣除必要的费用：

行程开始前6日至4日，按旅游费用总额的20%；

行程开始前3日至1日，按旅游费用总额的40%；

行程开始当日，按旅游费用总额的60%。

2. 在行程中解除合同的，必要的费用扣除标准为：

旅游费用×行程开始当日扣除比例+（旅游费用－旅游费用×行程开始当日扣除比例）÷旅游天数×已经出游的天数。

如按上述第1款或者第2款约定比例扣除的必要的费用低于实际发生的费用，旅游者按照实际发生的费用支付，但最高额不应当超过旅游费用总额。

解除合同的，旅行社扣除必要的费用后，应当在解除合同通知到达日起5个工作日内为旅游者办结退款手续。

第十六条 旅行社协助旅游者返程及费用承担

旅游行程中解除合同的，旅行社应协助旅游者返回出发地或者旅游者指定的合理地点。因旅行社或者履行辅助人的原因导致合同解除的，返程费用由旅行社承担；行程中按照本合同第十二条第2款，第十三条第2款约定解除合同的，返程费用由旅游者承担；按照本合同第十四条约定解除合同的，返程费用由双方分担。

第六章 违约责任

第十七条 旅行社的违约责任

1. 旅行社在行程开始前 7 日以内提出解除合同的，或者旅游者在行程开始前 7 日以内收到旅行社不能成团通知，不同意转团、延期出行和改签线路解除合同的，旅行社向旅游者退还已收取的全部旅游费用，并按下列标准向旅游者支付违约金：

行程开始前 6 日至 4 日，支付旅游费用总额 10% 的违约金；

行程开始前 3 日至 1 日，支付旅游费用总额 15% 的违约金；

行程开始当日，支付旅游费用总额 20% 的违约金。

如按上述比例支付的违约金不足以赔偿旅游者的实际损失，旅行社应当按实际损失对旅游者予以赔偿。

旅行社应当在取消出团通知或者旅游者不同意不成团安排的解除合同通知到达日起 5 个工作日内，为旅游者办结退还全部旅游费用的手续并支付上述违约金。

2. 旅行社未按合同约定提供服务，或者未经旅游者同意调整旅游行程（本合同第九条第 3 款规定的情形除外），造成项目减少、旅游时间缩短或者标准降低的，应当依法承担继续履行、采取补救措施或者赔偿损失等违约责任。

3. 旅行社具备履行条件，经旅游者要求仍拒绝履行本合同义务的，旅行社向旅游者支付旅游费用总额 30% 的违约金，旅游者采取订同等级别的住宿、用餐、交通等补救措施的，费用由旅行社承担；造成旅游者人身损害、滞留等严重后果的，旅游者还可以要求旅行社支付旅游费用一倍以上三倍以下的赔偿金。

4. 未经旅游者同意，旅行社转团、拼团的，旅行社应向旅游者支付旅游费用总额 25% 的违约金；旅游者解除合同的，旅行社还应向未随团出行的旅游者退还全部旅游费用，向已随团出行的旅游者退还尚未发生的旅游费用。如违约金不足以赔偿旅游者的实际损失，旅行社应当按实际损失对旅游者予以赔偿。

5. 旅行社有以下情形之一的，旅游者有权在旅游行程结束后 30 日内，要求旅行社为其办理退货并先行垫付退货货款，或者退还另行付费旅游项目的费用：

（1）旅行社以不合理的低价组织旅游活动，诱骗旅游者，并通过安排购物或者另行付费旅游项目获取回扣等不正当利益的；

（2）未经双方协商一致或者未经旅游者要求，旅行社指定具体购物场所或者安排另行付费旅游项目的。

6. 与旅游者出现纠纷时，旅行社应当采取积极措施防止损失扩大，否则应当就扩大的损失承担责任。

第十八条 旅游者的违约责任

1. 旅游者因不听从旅行社及其导游的劝告、提示而影响团队行程，给旅行社造成损失的，应当承担相应的赔偿责任。

2. 旅游者超出本合同约定的内容进行个人活动所造成的损失，由其自行承担。

3. 由于旅游者的过错，使旅行社、履行辅助人、旅游从业人员或者其他旅游者遭受损害的，旅游者应当赔偿损失。

4. 旅游者在旅游活动中或者在解决纠纷时，应采取措施防止损失扩大，否则应当就扩大的损失承担相应的责任。

5. 旅游者违反安全警示规定，或者对国家应对重大突发事件暂时限制旅游活动的措施、安全防范和应急处置措施不予配合，造成旅行社损失的，应当依法承担相应责任。

第十九条 其他责任

1. 由于旅游者自身原因导致本合同不能履行或者不能按照约定履行，或者造成旅游者人身损害、财产损失的，旅行社不承担责任。

2. 旅游者在自行安排活动期间人身、财产权益受到损害的，旅行社在事前已尽到必要警示说明义务且事后已尽到必要救助义务的，旅行社不承担赔偿责任。

3. 由于第三方侵害等不可归责于旅行社的原因导致旅游者人身、财产权益受到损害的，旅行社不承担赔偿责任。但因旅行社不履行协助义务致使旅游者人身、财产权益损失扩大的，旅行社应当就扩大的损失承担赔偿责任。

4. 由于公共交通经营者的原因造成旅游者人身损害、财产损失依法应承担责任的，旅行社应当协助旅游者向公共交通经营者索赔。

第七章 协议条款

第二十条 线路行程时间

出发时间____年____月____日____时，结束时间____年____月____日____时；共____天，饭店住宿____夜。

第二十一条 旅游费用及支付（以人民币为计算单位）

成人：____元/人，儿童（不满14岁）：____元/人；其中，导游服务费：____元/人。

旅游费用合计：____________________元。

旅游费用支付方式：____。

旅游费用支付时间：____。

第二十二条 人身意外伤害保险

1. 旅行社提示旅游者购买人身意外伤害保险；

2. 旅游者可以做以下选择：

□委托旅行社购买（旅行社不具有保险兼业代理资格的，不得勾选此项）：保险产品名称________________（投保的相关信息以实际保单为准）；

□自行购买；

□放弃购买。

第二十三条 成团人数与不成团的约定

成团的最低人数：________人。

如不能成团，旅游者是否同意按下列方式解决：

1. ________（同意或者不同意，打钩无效）旅行社委托______旅行社履行合同；

2. ________（同意或者不同意，打钩无效）延期出团；

3. ________（同意或者不同意，打钩无效）改变其他线路出团；

4. ________（同意或者不同意，打钩无效）解除合同。

第二十四条 拼团约定

旅游者______（同意或者不同意，打钩无效）采用拼团方式拼至________旅行社成团。

第二十五条 自愿购物和参加另行付费旅游项目约定

1. 旅游者可以自主决定是否参加旅行社安排的购物活动、另行付费旅游项目；

2. 旅行社可以在不以不合理的低价组织旅游活动、不诱骗旅游者、不获取回扣等不正当利益，且不影响其他旅游者行程安排的前提下，按照平等自愿、诚实信用的原则，与旅游者协商一致达成购物活动、另行付费旅游项目协议；

3. 购物活动、另行付费旅游项目安排应不与《行程单》冲突；

4. 地接社及其从业人员在行程中安排购物活动、另行付费旅游项目的，责任由订立本合同的旅行社承担；

5. 购物活动、另行付费旅游项目具体约定见《自愿购物活动补充协议》（附件三）、《自愿参加另行付费旅游项目补充协议》（附件四）。

第二十六条 争议的解决方式

本合同履行过程中发生争议，由双方协商解决；亦可向合同签订地的旅游质监执法机构、消费者协会、有关的调解组织等有关部门或者机构申请调解。协商或者调解不成的，按下列第________种方式解决：

1. 提交______________仲裁委员会仲裁；

2. 依法向人民法院起诉。

第二十七条 其他约定事项

未尽事宜，经旅游者和旅行社双方协商一致，可以列入补充条款。（如合同空间不够，可以另附纸张，由双方签字或者盖章确认。）

____

第二十八条 合同效力

本合同一式____份，双方各持____份，具有同等法律效力，自双方当事人签字或者盖章之日起生效。

旅游者代表签字（盖章）：________	旅行社盖章：______________
证件号码：________________	签约代表签字（盖章）：________________
住　　址：________________	营业地址：________________
联系电话：________________	联系电话：________________
传　　真：________________	传　　真：________________

邮　　编：＿＿＿＿＿＿＿＿＿＿

电子信箱：＿＿＿＿＿＿＿＿＿＿

签约日期：＿＿年＿＿月＿＿日

邮　　编：＿＿＿＿＿＿＿＿＿＿

电子信箱：＿＿＿＿＿＿＿＿＿＿

签约日期：＿＿年＿＿月＿＿日

签约地点：＿＿＿＿＿＿＿＿＿＿＿

旅行社监督、投诉电话：＿＿＿＿＿＿＿＿＿＿＿

＿＿省＿＿市旅游质监执法机构：

投诉电话：＿＿＿＿＿＿

电子信箱：＿＿＿＿＿＿

地　　址：＿＿＿＿＿＿

邮　　编：＿＿＿＿＿＿

附件一：

旅游报名表

旅游线路及编号＿＿＿＿＿＿＿＿旅游者出团时间意向＿＿＿＿＿＿＿＿＿＿＿＿

<table>
<tr><td>姓 名</td><td></td><td>性别</td><td></td><td>民族</td><td></td><td>出生日期</td><td></td></tr>
<tr><td>身份证件号码</td><td colspan="3"></td><td colspan="2">联系电话</td><td colspan="2"></td></tr>
<tr><td>身体状况</td><td colspan="7">（需注明是否有身体残疾、精神疾病、高血压、心脏病等健康受损病症、病史，是否为妊娠期妇女。）</td></tr>
<tr><td colspan="8">旅游者全部同行人名单及分房要求（所列同行人均视为旅游者要求必须同时安排出团）：
＿＿＿与＿＿＿同住，＿＿＿与＿＿＿同住，＿＿＿与＿＿＿＿同住，
＿＿＿与＿＿＿同住，＿＿＿与＿＿＿同住，＿＿＿与＿＿＿＿同住，
＿＿＿＿为单男/单女需要安排与他人同住，＿＿＿＿＿＿不占床位，
＿＿＿＿＿＿＿＿＿＿＿＿全程要求入住单间（应当补交房费差额）。</td></tr>
<tr><td colspan="8">其他补充约定：

旅游者确认签名（盖章）：　　　　　　　　年　　月　　日</td></tr>
<tr><td>备注</td><td colspan="7">（年龄低于18周岁，需要提交家长书面同意出行书）</td></tr>
<tr><td colspan="8">以下各栏由旅行社工作人员填写</td></tr>
<tr><td>服务网点名称</td><td colspan="3"></td><td colspan="2">旅行社经办人</td><td colspan="2"></td></tr>
</table>

附件二：

带团号的《旅游行程单》

旅游者：（代表人签字）　　　　　　　旅行社：（盖章）

经办人：（签字）

年　月　日

附件三：

自愿购物活动补充协议

具体时间	地　点	购物场所名称	主要商品信息	最长停留时间（分钟）	其他说明	旅游者签名同意
年　月　日　时						签名：
年　月　日　时						签名：
年　月　日　时						签名：

旅行社经办人签名：＿＿＿＿＿＿

附件四：

自愿参加另行付费旅游项目补充协议

具体时间	地点	项目名称和内容	费用（元）	项目时长（分钟）	其他说明	旅游者签名同意
年　月　日　时						签名：
年　月　日　时						签名：
年　月　日　时						签名：

旅行社经办人签名：＿＿＿＿＿＿＿＿

《游客安全信息卡》参考式样

（正面 90mm×110mm）

外出旅游，随身携带

游客安全信息卡

Tourist Information Card

（请游客自行填写并根据身体实际选择打钩。
本卡篇幅有限，游客可另纸说明，并随身携带）

国家旅游局制
CNTA

←折叠线→

姓和名 Family name and Given Name：

______ – ______

护照号码 Passport Number：

□□□□□□□□□□□□□□□□□□

身份证号码 ID card number：

□□□□□□□□□□□□□□□□□□

国籍 Nationality：______

急救情况下联系人姓名、手机号码、备用电话号码

Emergency contact：______

______

（背面 90mm×110mm）

血型 Blood type ：A□B□O□AB□其他______

过敏史 Allergy history：

抗生素类药物 antibiotic□磺胺类药物 Sulfur□

破伤风抗毒素 tetanus antitoxin□

麻醉用药 stupefacient□镇静安眠药 phenobarbital□

其他______

既往疾病 Formerly medical history：

恶性肿瘤 tumor□糖尿病 diabetes□

心血管病 cardiovascular disease□

高血压 high blood pressure□

癫痫 epilepsy□精神疾病 psychopathy□

其他______

可以使用的商业保险 Commercial insurance company name：______

______

______

特别说明：______

______

______

______

______

______持卡人签字：______

GF—2014—2411

境内旅游组团社与地接社合同

（示范文本）①

使 用 说 明

1. 本合同为示范文本，供中华人民共和国境内（不含港、澳、台地区）组团社和地接社就国内旅游接待业务签订合同时使用。

2. 本合同示范文本在合同有效期内可反复使用，操作单团接待业务时，与合同双方达成的具体协议（主要指《接待计划书》）共同使用。

3. 本合同示范文本中“组团社”即“组团旅行社”，是指与旅游者订立包价旅游合同的旅行社；“地接社”即“地方接待旅行社”是指接受组团社委托，在旅游目的地接待旅游者的旅行社。

4. 本合同示范文本中“履行辅助人”，是指与旅行社存在合同关系，协助其履行包价旅游合同义务，实际提供相关服务的法人、自然人或者其他组织。

5. 本合同示范文本中有关条款留有空白处，供双方自行约定。对双方不予约定的空白处，应当划“／”以示没有特别约定。

6. 签订合同后，双方均应认真保存合同有关资料、相关证明材料及履行合同过程中发生的有关票据资料，以备查用。

7. 本合同示范文本由国家旅游局和国家市场监督管理总局（原国家工商行政管理总局）共同制定、解释。

合同编号：__________

组团社：

法定代表人（主要负责人）： 职务：

业务经营许可证号：

经营地址：

经办人： 职务：

联系电话： 传真：

电子信箱：

地接社：

① 国家旅游局、国家市场监督管理总局（原国家工商行政管理总局）2014年4月制定。

法定代表人（主要负责人）：　　　　　　　　　职务：

业务经营许可证号：

经营地址：

经办人：　　　　　　　　　　　　　　　　　职务：

联系电话：　　　　　　　　　　　　　　　　传真：

电子信箱：

组团社将其组织的旅游者交由地接社接待，地接社按照双方确认的标准和要求，为组团社组织的旅游者提供接待服务。组团社与地接社双方经平等协商，达成如下协议：

第一条　合同构成

下列内容作为本合同的有效组成部分，与本合同具有同等法律效力：

1. 《接待计划书》；

2. 双方业务往来确认；

3. 双方就未尽事宜达成的补充协议；

4. 财务确认及结算单据；

5. 其他约定：____________________。

第二条　合同当事人

组团社和地接社是依照中华人民共和国法律、法规设立的旅行社或者分社，依法取得旅行社业务资质，且在合同有效期内双方资质有效存续。

双方均应于签订合同前向对方提供营业执照、业务经营许可证（分社备案登记证明）、旅行社责任保险单、安全管理制度、突发事件处理预案等文书复印件并加盖印章。如上述信息发生变更，变更一方应于变更之日起______日内书面通知对方并提供更新后的材料。

第三条　《接待计划书》订立

组团社可以通过电话、传真、电子邮件等通信方式与地接社洽谈接待相关事宜，在此过程中双方最终达成一致的事项，应形成《接待计划书》，并由双方签字盖章确认。

《接待计划书》应明确以下内容：

1. 旅游者人数及名单；

2. 接待费用；其中地接导游费用为____________；

3. 抵离时间、航班、车次；

4. 交通、住宿、餐饮服务安排及标准；

5. 游览行程安排、游览内容及时间；

6. 自由活动次数及时间；

7. 对导游的要求；

8. 其他：____________。

第四条 《接待计划书》变更

《接待计划书》一经确认，单方不得擅自变更。

出团前如遇不可抗力或者其他原因确需变更的，经协商一致，就变更后的内容由双方签字盖章确认。紧急情况下，双方可通过电话、传真、电子邮件等通信方式进行协商，但应在紧急情况消失之日起________日内由双方签字盖章确认。

除法律、法规规定外，出团后《接待计划书》不得变更。

第五条 接待服务要求

地接社接待服务应符合：

1.《中华人民共和国旅游法》（以下简称《旅游法》）《旅行社条例》《导游人员管理条例》等法律、法规；

2. 双方约定的接待服务标准；

3. 相关的国家标准和行业标准。

第六条 接待费用结算

结算方式及期限：________________________________。

地接社应配合组团社关于接待费用结算的要求及时填写结算单，并加盖地接社财务专用章，送达组团社财务部门。组团社应在收到地接社结算单据后______日内核对，并按约定按时足额支付接待费用。

第七条 合同义务

（一）组团社义务

1. 组团社应按约定的时限、数额支付接待费用；

2. 组团社应真实、明确说明接待要求和标准，将与旅游者达成的合同、单团《旅游行程单》的副本提供给地接社；

3. 组团社应对地接社完成接待服务予以必要协助。

（二）地接社义务

1. 地接社应严格按照双方约定安排旅游行程、旅游景点、服务项目等，不得因与组团社团款等纠纷擅自中止旅游服务；

2. 未经组团社书面同意，地接社不得以任何方式将组团社组织的旅游者与其他旅游者合并接待，或者转交任何第三方接待；

3. 地接社应选择合格且具有相应接待能力的供应商；

4. 地接社应积极配合组团社做好接待服务质量测评工作，按约定通报团队动态和反馈接待服务质量信息，服务质量测评方式及达标标准双方约定为：______________；

5. 要求导游引导旅游者健康、文明旅游，劝阻旅游者违法和违反社会公德的行为。

（三）双方共同义务

1. 双方约定的接待费用不应低于接待和服务成本；

2. 双方的约定应遵守《旅游法》《消费者权益保护法》等法律、法规，不应损害旅游者的合法权益；

3. 一方违约后，对方应采取适当措施防止损失的扩大；

4. 双方均应保守经营活动中获取的商业秘密；

5. 旅游行程中旅游者主张解除合同的，旅行社应当协助旅游者返回出发地或者旅游者指定的合理地点。

第八条 风险防范

1. 组团社和地接社均应按法律、法规规定足额投保旅行社责任保险；

2. 组团社应提示其组织的旅游者购买人身意外伤害保险；

3. 地接社为组团社组织的旅游者安排的车辆及司机必须具备合法有效资质，地接社选择的客运经营者应已购买承运人责任保险，且保险金额不低于____万元；

4. 组团社和地接社均应保证旅游者的安全，对于可能危及旅游者人身及财产安全的事项，应做出真实的说明和明确的警示，并采取必要措施防止危害发生和扩大；

5. 地接社接待过程中，旅游者受到人身、财产损害的，地接社应采取救助措施并先行垫付必要费用，及时向组团社反馈信息，收集和保存相关证据，组团社和地接社在责任划分明确后______日内根据各自承担的责任进行结算，属于第三方责任的，地接社应协助旅游者索赔。

第九条 旅游纠纷处理

1. 旅游者在地接社接待过程中提出投诉的，地接社应尽力在当地及时解决，并将处理情况书面通知组团社，未能在当地解决的，应及时书面通知组团社。地接社应积极配合组团社处理旅游者投诉、仲裁、诉讼等服务质量纠纷，及时提供所需证据材料。

2. 组团社和地接社应根据调查情况，划分各自应承担的赔偿责任，并于责任划分明确后____日内进行结算。因组团社原因导致行程延误、更改、取消等所造成的经济损失由组团社承担，因地接社接待服务质量问题造成的经济损失由地接社承担。

3. 因地接社接待服务质量问题所产生的经济赔偿，组团社依照或者参照如下标准做出赔偿后，地接社应在组团社提出追索请求并提供相关证明后____日内对组团社予以全额赔偿：

（1）依照组团社和旅游者约定的赔偿标准；

（2）参照国家旅游局制定的《旅行社服务质量赔偿标准》；

（3）依照法院、仲裁机构裁决所确定的数额标准。

第十条　不可抗力

1. 因不可抗力等不可归责于合同任何一方的事由致使一方不能履行合同的，应根据影响程度，部分或者全部免除责任，但迟延履行后发生不可抗力等不可归责于合同任何一方的事由的，不能免除责任。

2. 一方因不可抗力等不可归责于合同任何一方的事由不能履行合同的，应当及时通知另一方，并在合理期限内提供证明。双方应采取合理适当措施防止损失扩大，因一方未履行相关义务造成对方损失的，应承担赔偿责任。

3. 因不可抗力等不可归责于合同任何一方的事由导致行程延滞，组团社和地接社应及时与旅游者协商、调整行程，所增加的费用，同意旅游者不承担的部分由组团社和地接社协商承担。

4. 因不可抗力等不可归责于合同任何一方的事由危及旅游者人身、财产安全，组团社和地接社应采取相应的安全救助措施，所支出的费用，同意旅游者不承担的部分由组团社和地接社协商承担。

第十一条　违约责任

1. 组团社未按合同约定按时足额支付接待费用，应以未支付团款为基数，按日____%向地接社支付违约金，违约金不足以弥补实际损失的，按实际损失赔偿。

2. 组团社因如下情形造成地接社经济损失的，应按实际损失向地接社承担违约责任：

（1）接待要求、标准等信息说明不明确或者错误；

（2）未对地接社完成接待服务予以必要协助。

3. 地接社未经组团社书面同意，将组团社组织的旅游者与其他旅游者合并接待，或者转交任何第三方接待，地接社应向组团社支付当团接待费用____%的违约金，违约金不足以弥补实际损失的，按实际损失赔偿。

4. 地接社未按合同约定选择合格且具有相应接待能力的供应商，地接社应向组团社支付当团接待费用____%的违约金，违约金不足以弥补实际损失的，按实际损失赔偿。

5. 因地接社违法违规行为导致组团社受到行政处罚的，地接社应向组团社支付当团接待费用____%的违约金，违约金不足以弥补实际损失的，按实际损失赔偿。

6. 地接社未能在当地解决旅游者提出的投诉，又未及时书面通知组团社的，地接社应就造成的损失承担赔偿责任。

7. 组团社和地接社双方或者任何一方未积极采取补救措施防止损失扩大，在各自责任范围内就扩大的损失承担赔偿责任。

8. 组团社和地接社任何一方泄露在经营活动中获取的商业秘密，违约一方应向另一方支付当团接待费用____%的违约金，违约金不足以弥补实际损失的，按实际损失赔偿。

第十二条 合同解除

1. 组团社超出约定付款期限____日以上未支付接待费用的，地接社有权解除合同，并要求组团社承担相应的赔偿责任；

2. 地接社接待服务质量未达到本合同第七条第（二）款第4项约定的达标标准____次（含本数）以上的，组团社有权解除合同，并要求地接社承担相应的赔偿责任；

3. 因地接社原因引发旅游者有责投诉、仲裁或者民事诉讼____次（含本数）以上，组团社有权解除合同，并要求地接社承担相应的赔偿责任；

4. 因地接社违约给组团社或者旅游者造成经济损失，地接社拒不改正或者拒绝赔偿____次（含本数）以上，组团社有权解除合同，并要求地接社承担相应的赔偿责任；

5. 双方约定合同解除的其他情形：________________。

第十三条 争议解决

组团社和地接社因单团接待业务引发的争议，可协商解决，协商不成的，按下列第____种方式解决（选择一种）：

1. 提交仲裁，双方约定仲裁委员会为____________（标明仲裁委员会所属地区和名称）；

2. 提起民事诉讼，双方约定诉讼管辖地为________（限于被告住所地、合同履行地、合同签订地、原告住所地、标的物所在地）。

第十四条 合同效力与期限

1. 本合同一式____份，双方各持____份，具有同等法律效力；

2. 本合同自双方签字盖章之日起生效，有效期为____。一方可于合同有效期届满前____日向另一方书面提出续签合同；

3. 本合同终止或者解除时，双方在合同有效期内已确认的接待计划应当继续履行。

组团社签章：　　　　　　　　地接社签章：

签约时间：　　　　　　　　　签约时间：

签约地点：　　　　　　　　　签约地点：

GF－2013－2405

国内旅游“一日游”合同（示范文本）[①]

合同编号：＿＿＿＿＿＿

<table>
<tr><td rowspan="2">旅游者（　）人</td><td>姓　名</td><td>身份证件号码</td><td rowspan="2">旅行社</td><td>名　称</td><td>许可证编号</td><td rowspan="2">导游员</td><td>姓　名</td><td>导游证号</td><td>手 机 号</td></tr>
<tr><td></td><td></td><td></td><td></td><td></td><td></td><td></td></tr>
<tr><td rowspan="9">行程安排</td><td colspan="2">成行团号</td><td colspan="2">出发时间</td><td colspan="2">出发地点</td><td colspan="3">返回地点</td></tr>
<tr><td colspan="2"></td><td colspan="2"></td><td colspan="2"></td><td colspan="3"></td></tr>
<tr><td rowspan="2">线路及景点</td><td colspan="5" rowspan="2"></td><td colspan="2">景点是否含购物</td><td>含购物景点名称</td></tr>
<tr><td colspan="2"></td><td></td></tr>
<tr><td rowspan="2">交通安排</td><td colspan="2">使用形式</td><td>车牌号码</td><td colspan="2">驾驶员姓名</td><td colspan="3">标　准</td></tr>
<tr><td colspan="2">合车游（　）包车游（　）</td><td></td><td colspan="2"></td><td colspan="3">空调（　）无空调（　）面包车（　）中巴（　）大巴（　）</td></tr>
<tr><td rowspan="3">餐饮安排</td><td></td><td colspan="2">早　餐</td><td colspan="3">午　餐</td><td colspan="2">晚　餐</td></tr>
<tr><td>地点</td><td colspan="2"></td><td colspan="3"></td><td colspan="2"></td></tr>
<tr><td>标准</td><td colspan="2"></td><td colspan="3">＿＿荤＿＿素＿＿汤（＿＿人/桌）</td><td colspan="2">＿＿荤＿＿素＿＿汤（＿＿人/桌）</td></tr>
<tr><td rowspan="3">旅游费用</td><td colspan="9">成人＿＿人×＿＿元/人＋儿童＿＿人×＿＿元/人＝＿＿元。
含：景点第一道门票、＿＿＿＿午（晚）餐费、往返车费、导游服务费＿＿＿＿＿＿；不含：＿＿＿＿＿＿＿＿。</td></tr>
<tr><td>支付时间</td><td colspan="8"></td></tr>
<tr><td>支付方式</td><td colspan="8">现金（　）转账（　）　银行账号＿＿＿＿＿＿</td></tr>
<tr><td>特别提示</td><td colspan="9">1. 行程线路须注明道路名称、途经地等信息；2. 行程景点须注明游览项目的具体内容及最短停留时间；3. 旅行社不得指定购物场所或另行付费项目，如果景点本身包含购物，需向旅游者明示；4. 旅行社及导游员、驾驶员不得强迫或者变相强迫购物；5. 旅游者可自愿购买人身意外保险；6. 本合同一式两份，双方各执一份，自双方签字盖章之日起生效</td></tr>
</table>

① 国家旅游局、国家市场监督管理总局（原国家工商行政管理总局）制定。

续表

争议解决方式	1. 协商。旅行社客服电话______。2. 投诉。____省____ 市旅游质监执法机构投诉电话______，消费者协会投诉电话______。协商或投诉调解不成的，按下列第____种方式解决：1. 将争议提交______仲裁委员会仲裁；2. 依法向人民法院提起民事诉讼。
其他约定	
合同附件（作为合同的有效组成部分需双方签字盖章确认）	1. 旅游者名单表；2. 旅游行程单。
是否已阅读并同意下述（合同责任）条款： 旅游者（签约代表）签字：　　身份证号码： 住所：　　电话：　　传真： 电子信箱： 签约日期：____年____月____日　　签约地点：	是否已阅读并同意下述（合同责任）条款： 旅行社签章： 经办人：　　身份证号码： 营业地址：　　电话：　　传真：　　电子信箱： 签约日期：____年____月____日　　签约地点：

合同责任

第一条 旅行社

1. 除法律另有规定外，旅行社对可能危及旅游者人身、财产安全的旅游项目未履行告知、警示义务，并采取防止危害发生的必要措施，造成旅游者人身损害、财产损失的，应承担相应的赔偿责任。发生危及旅游者人身安全的情形，旅行社未采取必要处置措施的，应承担相应的赔偿责任。

2. 旅行社距约定出发时间 12 小时（含 12 小时）以上解除合同的，应向旅游者全额退还预付旅游费用；旅行社距约定出发时间 12 小时之内解除合同的，还应向旅游者支付旅游费用总额 20% 的违约金。

3. 旅行社未按合同约定安排具有合法有效资质的旅游车辆、驾驶员或导游员的，应向旅游者全额退还已付旅游费用。如果因此给旅游者造成其他人身、财产损害的，旅行社还应承担相应的赔偿责任。

4. 旅行社在行程中弃置旅游者的，应向旅游者全额退还已付旅游费用，并承担弃置期间给旅游者造成的必要的住宿费、餐饮费、返回交通费等实际损失。如果因此给旅游者造成其他人身、财产损害的，旅行社还应承担相应的赔偿责任。

5. 旅行社违反合同包车游约定安排合车游的，应向旅游者支付旅游费用总额 20% 的违约金。出发前旅游者要求解除合同的，旅行社还应向旅游者全额退还已付旅游费用。

6. 旅行社及导游员、驾驶员安排旅游者在其指定的购物场所购物或以参观等形式变相安排购物（合同中明示景点含购物场所的除外）的、强迫或者变相强迫旅游者购物的，每安排或强迫一次，旅行社应向旅游者支付旅游费用总额 20% 的违约金。旅游者要求退货的，旅行社应自旅游者向其交付货物之日起三日内承担退货责任。

7. 旅行社及导游员、驾驶员安排另行付费项目的，旅行社应向旅游者全额退还另行付费项目价款。

8. 旅行社及导游员、驾驶员擅自缩短游览时间、遗漏旅游景点、减少旅游服务项目的，应退还旅游者相应旅游费用（约定旅游服务项目未完成时间 ÷ 总游览时间 × 旅游费用总额），并支付旅游费用总额 20% 的违约金。

9. 旅行社出现其他《旅行社服务质量赔偿标准》规定的需承担赔偿责任的情形，依照《旅行社服务质量赔偿标准》承担赔偿责任。

第二条 旅游者

1. 旅游者不按约定支付旅游费用的，旅行社有权解除合同，旅游者应向旅行社支付业务损失费（最高不超过旅游费用总额）。

2. 旅游者在距约定出发时间 12 小时（含 12 小时）以上解除合同的，旅游者应向旅行社支付实际发生的费用；旅游者在距约定出发时间 12 小时以内解除合同的，还应向旅行社支付旅游费用总额 20% 的违约金（实际发生的费用与违约金总计最高不超过旅游费用总额）。旅游者未按约定时间到达约定集合出发地点，也未能在出发中途加入旅游团队的，视为旅游者在距约定出发时间 12 小时以内解除合同。

3. 旅游者在行程中解除合同或者擅自脱离旅游团队的，旅游者应向旅行社支付实际发生的费用。因此造成旅行社其他经济损失的，旅游者还应承担相应的赔偿责任。

4. 旅游者违反合同约定妨碍旅游行程，给旅行社造成经济损失的，应承担相应的赔偿责任。

5. 旅游者采取拖延行程等不正当方式解决争议，妨碍旅游行程、造成损失扩大的，应就扩大的损失承担相应的赔偿责任。

6. 旅游者其他过错行为给旅行社造成经济损失的，应承担相应的赔偿责任。

第三条 不可抗力

发生不可抗力等不可归责于合同任何一方的事由，按下述情况处理：

1. 导致合同无法履行或继续履行的，旅行社和旅游者均有权解除合同。未实际发生费用的，旅行社应向旅游者全额退还已付旅游费用；已实际发生费用的，由旅行社与旅游者协商合理分担，剩余费用退还旅游者。

2. 危及旅游者人身、财产安全的，旅行社应当采取相应的安全措施。因此支出的费用，由旅行社和旅游者协商合理分担。

3. 造成旅游者滞留的，旅行社应当采取相应安置措施。因此增加的食宿费用，由旅游者承担；增加的返回出发地的费用，由旅行社和旅游者协商合理分担。

使用说明

1. 本合同为示范文本，供在中华人民共和国境内的旅行社与旅游者签订国内旅游“一日游”合同时使用。

2. 合同双方可根据具体情况，在协商一致的基础上以书面形式对解除合同的方式、退还旅游费用及支付违约金的期限等本合同示范文本有关条款的内容进行补充、细化，补充、细化的内容不得减轻或者免除应当由旅行社承担的责任。

3. 本合同示范文本由国家旅游局和国家市场监督管理总局（原国家工商行政管理总局）共同制定、解释。

第十五章　用地合同

一、签约须知

签订土地承包合同，首先要注意程序合法。一是经过作为集体经济组织成员的村民会议 2/3 以上成员或者 2/3 以上的村民代表的同意；二是选举产生承包工作小组；三是承包工作小组要依照法律规定拟订并公布承包方案，召开村民会议讨论通过承包方案，公开组织实施承包方案，签订承包合同。

另外，在签订农村土地承包合同时有以下事项要特别加以注意："承包方代表姓名"要与身份证一致；"承包土地人口"为农户的现有人口；"土地承包经营权共有人"与"承包方代表关系"要明确；"承包期限"的起始日期为签订合同的现时日期；"承包方签章"如果没有私章的，应由承包方签名并按手印加以确认；"承包土地地块情况"长、宽可以不填，面积一定要填，地块"田界"必须准确具体，台账登记不准确具体的应予纠正；"地块地类"只分水田和旱地两类；"承包地附着物情况"要实事求是，不能漏填、错填。

二、重点法条

《农村土地承包法》

第九条　承包方承包土地后，享有土地承包经营权，可以自己经营，也可以保留土地承包权，流转其承包地的土地经营权，由他人经营。

第十七条　承包方享有下列权利：

（一）依法享有承包地使用、收益的权利，有权自主组织生产经营和处置产品；

（二）依法互换、转让土地承包经营权；

（三）依法流转土地经营权；

（四）承包地被依法征收、征用、占用的，有权依法获得相应的补偿；

（五）法律、行政法规规定的其他权利。

第十八条　承包方承担下列义务：

（一）维持土地的农业用途，未经依法批准不得用于非农建设；

（二）依法保护和合理利用土地，不得给土地造成永久性损害；

（三）法律、行政法规规定的其他义务。

第二十一条 耕地的承包期为三十年。草地的承包期为三十年至五十年。林地的承包期为三十年至七十年。

前款规定的耕地承包期届满后再延长三十年，草地、林地承包期届满后依照前款规定相应延长。

第二十二条 发包方应当与承包方签订书面承包合同。

承包合同一般包括以下条款：

（一）发包方、承包方的名称，发包方负责人和承包方代表的姓名、住所；

（二）承包土地的名称、坐落、面积、质量等级；

（三）承包期限和起止日期；

（四）承包土地的用途；

（五）发包方和承包方的权利和义务；

（六）违约责任。

第二十七条 承包期内，发包方不得收回承包地。

国家保护进城农户的土地承包经营权。不得以退出土地承包经营权作为农户进城落户的条件。

承包期内，承包农户进城落户的，引导支持其按照自愿有偿原则依法在本集体经济组织内转让土地承包经营权或者将承包地交回发包方，也可以鼓励其流转土地经营权。

承包期内，承包方交回承包地或者发包方依法收回承包地时，承包方对其在承包地上投入而提高土地生产能力的，有权获得相应的补偿。

第三十条 承包期内，承包方可以自愿将承包地交回发包方。承包方自愿交回承包地的，可以获得合理补偿，但是应当提前半年以书面形式通知发包方。承包方在承包期内交回承包地的，在承包期内不得再要求承包土地。

第三十二条 承包人应得的承包收益，依照继承法的规定继承。

林地承包的承包人死亡，其继承人可以在承包期内继续承包。

第三十三条 承包方之间为方便耕种或者各自需要，可以对属于同一集体经济组织的土地的土地承包经营权进行互换，并向发包方备案。

第三十四条 经发包方同意，承包方可以将全部或者部分的土地承包经营权转让给本集体经济组织的其他农户，由该农户同发包方确立新的承包关系，原承包方与发包方在该土地上的承包关系即行终止。

第三十六条 承包方可以自主决定依法采取出租（转包）、入股或者其他方式向他人流转土地经营权，并向发包方备案。

第四十条 土地经营权流转，当事人双方应当签订书面流转合同。

土地经营权流转合同一般包括以下条款：

（一）双方当事人的姓名、住所；

（二）流转土地的名称、坐落、面积、质量等级；

（三）流转期限和起止日期；

（四）流转土地的用途；

（五）双方当事人的权利和义务；

（六）流转价款及支付方式；

（七）土地被依法征收、征用、占用时有关补偿费的归属；

（八）违约责任。

承包方将土地交由他人代耕不超过一年的，可以不签订书面合同。

第四十一条　土地经营权流转期限为五年以上的，当事人可以向登记机构申请土地经营权登记。未经登记，不得对抗善意第三人。

三、典型案例

承包的荒地被征用，能否获得土地补偿费？

李某是某村村民，与该村村委会签订了土地承包合同，承包集体荒地。李某对荒地进行改造，种植大片果树，收益颇丰。但出乎他意料的是，3 年后，因为国家建设需要，这片荒地被征用。村委会经过研究决定，征用土地的补偿费和安置费归村委会，果树补偿费归李某。李某感觉很不公平，要求得到全部补偿费用，理由是双方的承包合同尚未到期，自己在该片土地上投入了大量资金和人力物力。双方协商未果，向人民法院提起诉讼。

根据我国《土地管理法实施条例》的规定，土地补偿费的归属主体只能是集体经济组织，地上附着物的补偿费的归属主体应当是果农。因此，李某有权获得果树补偿费，但无权要求取得土地补偿费和安置费。不过，李某的请求也有合理之处，他在荒地上进行了大量投入，将荒地改造成了果园，促进了土地的增值。所以，应当根据土地承包期限、承包人的投入情况和往年的收益，给予其适当的补偿。

承包土地可以转包吗？

苏某与所在村村委会签订了为期30年的土地承包合同，但由于他外出务工，无法料理耕地，抛荒又非常可惜，便将土地转包给同村的杨锐。村委会获悉后，认为苏某无权转包土地，如果他本人无法耕作，应该由村委会收回，重新分配给缺地的村民。苏某向人民法院提起诉讼。

根据我国《农村土地承包法》的规定：国家保护承包方依法、自愿、有偿地进行土地承包经营权流转；通过家庭承包取得的土地承包经营权可以依法采取转包、出租、互换、转让或者其他方式流转；土地承包经营权流转的主体是承包方。承包方有权依法自主决定土地承包经营权是否流转和流转的方式。土地承包经营权采取转包、出租、互换、转让或者其他方式流转，当事人双方应当签订书面合同。采取转让方式流转的，应当经发包方同意；采取转包、出租、互换或者其他方式流转的，应当报发包方备案。苏某转包土地是合法的，不需要经过村委会的同意，只需要向作为发包方的村委会备案即可。

四、示范文本

合同编号：____________

上海市农村土地经营权流转合同

（示范文本）（2019 版）①

使用说明

一、本合同为示范文本，供当事人在农村土地经营权出租（转包）时参照使用。

二、本示范文本签订前请仔细阅读，签订合同的条款应当力求具体、确定。需要约定的条款请表述清楚，不需要约定的条款请载明“本合同不涉及此条款”或“本合同对此条款不需约定”。

三、本示范文本中农村土地经营权流转价款的事项，应当由当事人协商确定。流转的收益归农村土地经营权出让方所有，任何组织和个人不得擅自截留、扣缴。

四、本示范文本由上海市市场监督管理局、上海市农业农村委员会共同制定，并自 2019 年 10 月 15 日起在上海市范围内推行使用。今后在未制定新的版本前，本版本延续使用。

甲方（农村土地经营权出让方）：____________

乙方（农村土地经营权受让方）：____________

根据《中华人民共和国合同法》《中华人民共和国农村土地承包法》和国家环境保护的有关规定，本着平等、自愿的原则，甲乙双方就农村土地经营权流转事宜协商一致，订立本合同。

一、土地基本情况

1. 土地位置：该土地位于上海市________区________乡（镇）________村________组。

2. 流转面积________亩；其中：承包地________亩，自留地________亩，机动地________亩，集体其他耕地________亩。

① 上海市市场监督管理局、上海市农业农村委员会制定。

3. 流转承包地情况：

序号	地块名称（地块编号）	面积（亩）	四至				土地承包经营权证或承包合同编号
			东	南	西	北	
1							
2							
3							
4							
合计							

4. 土地质量等级：＿＿＿＿＿＿＿＿＿＿＿＿＿＿＿＿＿＿＿＿＿＿＿＿＿＿。

二、流转期限

土地经营权流转期限为＿＿＿年，自＿＿＿年＿＿月＿＿日起至＿＿＿年＿＿月＿＿日止。

三、土地的用途

该土地以＿＿＿＿＿＿＿＿方式流转给乙方经营，具体项目为：＿＿＿＿＿＿＿＿＿＿＿＿＿＿＿＿＿＿＿＿。流转期限内，乙方不得擅自改变流转土地的用途或用于非农建设。

四、土地交付时间

甲方应于＿＿＿年＿＿月＿＿日前将流转土地交付乙方。

五、流转价款

双方同意按以下第＿＿种方式确定流转价款：

1. 流转单价为每年每亩＿＿＿元，年合计＿＿＿＿＿元。

2. 第一年流转单价为每亩＿＿＿元，年合计＿＿＿＿＿元；以后流转单价每年递增率为＿＿%。

3. 流转单价为每年每亩按＿＿＿斤稻谷计算，第一年流转单价按当地政府收购指导价折合＿＿＿元，年合计＿＿＿＿＿元。

4. 其他＿＿＿＿＿＿＿＿＿＿＿＿＿＿＿＿。流转单价为每年每亩＿＿＿元，年合计＿＿＿＿＿元。

六、支付方式

双方同意按以下第＿＿种方式支付流转价款：

1. 一次性支付：乙方应于＿＿＿年＿＿月＿＿日前向甲方全部支付完毕。

2. 分期支付：乙方应于＿＿＿年＿＿月＿＿日前向甲方支付第一年度流转价款，以后每年＿＿月＿＿日前付清该年度流转价款。

3. 其他____。

七、风险保障金

乙方应于本合同签订之日起____日内向甲方支付________元作为农村土地流转风险保障金。

八、双方权利和义务

1. 甲方有权获得流转收益，有权按照合同约定的期限到期收回流转的土地。

2. 甲方有权要求乙方按约履行合同义务，有权监督乙方合理利用土地，制止乙方损坏土地、其他农业资源和环境的行为。

3. 甲方保证其流转的土地经营权合法、真实、有效。

4. 在合同约定的期限内，甲方不得干涉乙方依法进行正常的生产经营活动。

5. 乙方有权自主开展农业生产经营并取得相关收益。

6. 经甲方同意，乙方可以依法投资改良土壤，建设农业生产附属、配套设备，并取得相关生产经营收益。

7. 乙方不得损害农田基础设施，不得从事掠夺性经营，不得损害土地、其他农业资源和环境。

8. 未经甲方同意，乙方不得将土地再流转。

9. 流转土地被依法征收、征用、占用时，双方有权依法获得相应的补偿。征收、征用、占用时有关补偿费归属____。

九、违约责任

1. 甲方逾期交付土地的，每逾期一天，应向乙方支付______元违约金。

2. 乙方逾期支付流转价款的，每逾期一天，应向甲方支付______元违约金。

3. 乙方有下列情形之一的，甲方有权解除合同；给甲方造成损失的，乙方应予以赔偿：

（1）擅自改变土地的农业用途的；

（2）弃耕抛荒连续两年以上的；

（3）给土地造成严重损害或者严重破坏土地生态环境的；

（4）有其他严重违约行为的。

对于（1）项情形，甲方还有权要求乙方恢复土地原状，乙方所交风险保障金不予退还。

4. 甲方非法干预乙方正常生产经营活动的，乙方有权解除合同；给乙方造成损失的，甲方应予以赔偿。

5. 其他违约责任____。

十、其他约定

1. 合同期满，双方同意按以下第____种方式处理乙方的相关设施及地上附着物。

（1）归甲方所有，甲方不作补偿。

(2) 双方协商通过折价方式由甲方给予乙方补偿，归甲方所有；协商不成的，由乙方在____日内拆除，恢复原状，甲方不作补偿。

2. 流转土地交还时，双方关于土地恢复原状的约定：____。

3. 其他约定____。

十一、争议解决方式

双方发生争议的，可以自行和解，也可以请求村民委员会、乡（镇）人民政府等调解解决。双方和解、调解不成或者不愿和解、调解的，可以向________________区农村土地承包仲裁委员会申请仲裁，也可以直接向人民法院提起诉讼。

十二、附则

1. 本合同未尽事项，双方可以另行签订补充协议。补充协议与本合同具有同等法律效力。

2. 本合同自甲乙双方签字或盖章之日起生效。

3. 甲乙双方可以自愿向乡镇农村土地流转管理部门办理合同鉴证。

4. 本合同一式四份，双方各执一份，发包方和乡（镇、街道）农村土地承包管理部门各备案一份。

甲　　方（签字/签章）：
（农村土地经营权出让方）
身份证号（组织机构代码）：
住　　所：
联系方式：
签约日期：

乙　　方（签字/签章）：
（农村土地经营权受让方）
身份证号（组织机构代码）：
住　　所：
联系方式：
签约日期：

鉴 证 方（签字/签章）：
地　　址：
联系方式：
鉴证日期：

GF—2014—2602　　　　　　　　　　　　　　　　合同编号：__________

集体林地承包合同

（示范文本）①

使 用 说 明

一、本合同文本为示范文本，由国家林业局与国家市场监督管理总局（原国家工商行政管理总局）联合制定，供集体林地承包当事人签订合同时参照使用。

二、合同签订前，发包方和承包方当事人应当仔细阅读本合同内容，特别是其中具有选择性、补充性、填充性、修改性的内容；对合同中的专业用词理解不一致的，可向当地林业主管部门咨询。

三、为体现合同双方的自愿原则，本合同文本中相关条款后都有空白行，供双方自行约定或者补充约定。双方（发包方、承包方）当事人可以对文本条款的内容进行修改、增补或者删减。合同签订生效后，未被修改的文本印刷文字视为双方同意内容。

四、本合同文本中涉及的选择、填写内容以手写项为优先。

五、合同签订前，发包方应当出示本合同涉及的有关证书、证明文件等。

六、本合同编号由县级林业主管部门按统一规则填写。

__________县（市、区）

发 包 方：________乡（镇）__________村__________组

法定代表人（负责人）：____________________

身份证号码：____________________

联系方式：____________________

住　　所：____________________

承 包 方：____________________

法定代表人（负责人）：____________________

身份证号码：____________________

联系方式：____________________

住　　所：____________________

为维护林地承包双方当事人的合法权益，促进林业发展，根据《中华人民共和国农村土地承包法》《中华人民共和国森林法》《中华人民共和国合同法》《中华人民共和国物权法》等有关法律法规，按照本集体经济组织成员会议三分之二以上成员或者

① 国家林业局、国家市场监督管理总局（原国家工商行政管理总局）2014年12月制定。

三分之二以上村民代表同意的林地承包方案，在公开、平等、自愿的原则下，经双方（发包方、承包方）协商同意，订立本合同。

第一条　承包林地情况

发包方将坐落在____________________________________的林地，宗地序号：________________宗地编号：________________，树种：____________________，面积共________________亩的林地（具体见下表及附图）承包经营权和林木所有权以__________（家庭承包形式为协商一致；“四荒地”非家庭承包形式为招标、拍卖、公开协商等其他形式）的方式发包给承包方，承包期限自____年____月____日起至____年____月____日止共_____年。

上述林地、林木交付现状：____。

序号	地块名称	面积（亩）	四至界线			
			东	南	西	北
1						
2						
3						
4						
5						
6						

第二条　承包林地的用途

本承包林地必须用于林业生产，未经依法批准不得用于非林业建设或者其他建设。

第三条　承包价款及支付方式、期限

（一）承包价款

本合同约定林地承包价款总计为__________元人民币（大写：________________________________人民币）。

1. 林地承包价格为____元/亩·年，承包____年合计____元人民币。

2. 林地上附属建筑及设施承包价款为________________________元人民币。

3. 林地上林木承包款为______________________元人民币。

（二）价款支付方式及支付时间

承包方采取下列第____种方式支付：

1. 现金方式一次性支付：

____。

2. 分期付款支付：

____

____。

3. 其他方式支付：

____

____。

第四条 双方的权利和义务

（一）发包方的权利和义务

1. 权利

（1）发包方有权监督承包方依照本合同约定的用途合理利用和保护林地；

（2）发包方有权制止承包方损害承包林地和其他森林资源的行为；

（3）承包方对承包林地造成永久性损害的，发包方有权向承包方要求损害赔偿；

（4）发包方有基于承包林地所有权获得收益的权利；

（5）发包方有权要求承包方按规划完成造林任务。

2. 义务

（1）确认前述承包的林地、林木产权清晰，没有权属纠纷和经济纠纷；没有作为抵押或担保物；

（2）维护承包方的林地承包经营权，不得擅自变更、解除承包合同；

（3）尊重承包方的生产经营自主权，不得干涉承包方依法经合同约定进行正常的生产经营活动；

（4）协助承包方申领林权证；

（5）协助承包方做好护林防火、林业有害生物防治等工作；

（6）依照本合同约定为承包方提供生产、技术、信息等服务。

（二）承包方的权利和义务

1. 权利

（1）依法享有承包林地使用、收益权；有权自主组织生产经营和依法处置林木及产品；有权依法自主决定承包林地是否流转和流转的方式；

（2）享受国家优惠政策和扶持；

（3）以家庭承包方式承包林地的，在承包期内，承包方家庭内部成员分户需要对承包林地进行分割经营的，可经家庭成员协商一致后，以原承包合同为依据，各分立的家庭分别与发包方签订承包合同，并依法申办林权证变更登记手续；

（4）林地承包的承包人死亡，其继承人可以在承包期内依法继续承包；

（5）承包期内承包林地被依法征用、占用的，有权依法获得相应的补偿。

2. 义务

（1）维持承包林地的林业用途，不得用于非林建设或者使之闲置荒芜。属生态公益林的，不得改变公益林性质。

（2）落实造林和管护措施。荒山应自承包合同生效之日起____年内参照国家有关造林标准造林。林木采伐后应在当年或次年更新。

（3）依法保护和合理利用林地，不得自行或准许他人在承包林地内实施毁林开垦、采石、挖沙、取土等给林地造成永久性损害的行为。在承包林地内发生毁林和乱占滥用林地行为时，应积极采取措施予以制止，并及时向有关部门报告。

（4）保护好野生动物、植物资源，依法做好森林防火和林业有害生物防治工作。

（5）在承包期内转让林地承包经营权的，应经发包方同意，否则转让无效；转包（仅家庭承包方式适用）、出租、互换（仅家庭承包方式适用）或者以其他方式流转林地承包经营权的，应当报发包方备案。

（6）及时、足额支付承包费。如遇国家征用、占用林地，配合林业等有关部门办理相关手续。

（7）配合发包方执行县（市、区）、乡（镇、办事处）林业总体规划、重点工程实施方案，组织本集体经济组织内部的林业基础设施建设。

第五条　特别约定

（一）发包方通过招标、拍卖、公开协商等方式发包“四荒地”林地经营权的，应提供：

1. 发包方《林权证》复印件；

2. 依法经本集体经济组织成员的村民会议三分之二以上成员或者村民代表会议三分之二以上村民代表同意承包的票决记录复印件；

3. 乡（镇）政府批准意见书。

（二）其他：

____

____。

第六条　合同的变更、解除和终止

（一）本合同法律效力不受双方（发包方、承包方）负责人变动影响，也不因集体经济组织的分立或合并而变更或解除，任何一方不得擅自终止合同。

（二）合同有效期间，如因政府依法征占该承包林地，或者因不可抗力因素致使合同全部不能履行时，本合同自动终止。

（三）承包合同期满后，承包方在________日内将原承包的林地交还给发包方。未采伐林木的处理方式约定为____。

（四）合同终止或解除后，原由承包方修建的道路、灌溉渠等设施，处置方式为____。修建的房屋及其他可拆卸设施，处置方式为____

____。

（五）合同期满后，如承包方继续承包经营该林地，在同等条件下，承包方拥有优先承包经营权，但需与发包方重新协商签订合同。

第七条 违约责任

（一）本合同签订后，如因发包方发包地手续不合法或因发包地权属不清产生纠纷，致使合同全部或部分不能履行的，视为发包方违约，由发包方负责协调处理，由此给承包方造成经济损失的，由发包方负责全额赔偿。

（二）承包期内，发包方擅自收回承包林地，或者干预承包方正常的生产经营活动，使承包方遭受损失的，应承担赔偿责任。

（三）承包期内，承包方未按规定用途使用承包地、改变林地用途，未按合同约定落实造林营林等经营及管护责任，或者造成林地永久性损害的，经劝阻无效发包方可依法解除合同，并由承包方承担林地恢复费用。

（四）承包方不按约定缴纳林地承包费用，按日承担应缴资金______‰的滞纳金；逾期超过30日不缴纳的，发包方可解除合同收回承包林地。

（五）承包方在承包的林地上非法建筑、开矿等改变林地用途的，发包方有权终止合同，并视情节交由相关部门处理。

第八条 合同争议的解决方式

本合同在履行过程中发生的合同争议，由双方协商解决；协商不成的，由村民委员会、乡（镇）政府等进行调解；协商、调解不成的，可采取以下第______种方式解决：

（一）向______________仲裁委员会申请仲裁；

（二）向______________人民法院申请诉讼。

第九条 其他约定

____。

第十条 其他事项

（一）本合同履行期间，如有未尽事宜，应由双方共同协商，作出补充规定，补充规定与本合同具有同等效力。

（二）本合同一式____份，由发包方、承包方、乡镇林业工作站、______、____________________各执一份。

（三）本合同自签订之日起生效。

发包方（盖章）：____________　　负责人（签字）：__________________

签约日期：____年____月____日

承包方（盖章）：____________　　负责人（签字）：__________________

签约日期：____年____月____日

鉴证方（盖章）：____________　　负责人（签字）：__________________

附件：

附件一　承包林地四至范围附图（图幅比例）

附件二　其他

GF—2014—2603

集体林权流转合同

（示范文本）①

使　用　说　明

一、本合同为示范文本，供中华人民共和国境内（不含港、澳、台地区）集体林权流转当事人签订合同时参照使用。

二、签约之前，双方当事人应当阅读本合同全部条款，双方对合同条款及用词理解不一致的，应当协商达成一致意见，必要时可以在合同中予以明确。

三、合同签订前，当事人应当了解流转法律法规，可向当地林业主管部门咨询。

四、双方当事人应当结合具体情况选择本合同协议条款中所提供的选择项，在选择项前的□打√。相关条款空格处是供双方自行约定或者补充约定的，应当以文字形式填写完整。

五、双方当事人可以对文本条款的内容进行修改、增补或者删减。修改条款具有《合同法》第五十二条和第五十三条规定情形的，该条款无效。

六、本合同文本中涉及的选择、填写内容以手写项为优先。

七、本合同签订生效后，未被修改的文本印刷文字视为双方当事人同意内容。

八、当事人订立合同的，应当在合同书上签字或者盖章或者摁手印。

九、本合同编号由县级林业主管部门按统一规则填写。

十、本示范文本由国家林业局和国家市场监督管理总局（原国家工商行政管理总局）共同制定、解释，在全国范围内推行使用。

合同编号：＿＿＿＿＿＿＿＿

集体林权流转合同

甲方（出让方）：＿＿＿＿＿＿＿＿　证件类型及编号：＿＿＿＿＿＿＿＿

联系地址：＿＿＿＿＿＿＿＿　联系电话：＿＿＿＿＿＿＿＿

① 国家林业局、国家市场监督管理总局（原国家工商行政管理总局）2014年12月制定。

经营主体类型：□农村居民　　□城镇居民　　□村集体经济组织
□企业法人　　□农民合作社　　□其他______

乙方（受让方）：________　　证件类型及编号：________
联系地址：________　　联系电话：________
经营主体类型：□农村居民　　□城镇居民　　□村集体经济组织
□企业法人　　□农民合作社　　□其他______

为规范集体林权流转行为，维护流转当事人的合法权益，根据《中华人民共和国合同法》《中华人民共和国农村土地承包法》《中华人民共和国森林法》等相关规定，经甲乙双方共同协商，在平等自愿的基础上，订立本合同。

第一条　特定术语和规范

（一）本合同所称的集体林权流转是指在不改变集体林地所有权及林地用途和公益林性质的前提下，林权权利人将其依法取得的林木所有权、使用权和林地承包经营权或者林地经营权，依法全部或部分转移给其他公民、法人及其他组织的行为。

（二）集体林权流转应当遵循依法自愿、公平公正和诚实守信原则，任何组织和个人不得强迫或者阻碍进行林地承包经营权流转，流转的期限不得超过承包期的剩余期限。

（三）通过家庭承包取得的林权，采取转让方式流转的，应当经发包方同意；采取转包、出租、互换或者其他方式流转的，应当报发包方备案。

（四）集体统一经营管理的林权流转给本集体经济组织以外的单位或者个人的，应当在本集体经济组织内提前公示，经本集体经济组织成员会议三分之二以上成员或者三分之二以上村民代表同意后报乡（镇）人民政府批准。村集体经济组织应当对受让方的资信情况和经营能力进行审查后，再签订合同。

（五）林权采取互换、转让方式流转，当事人要求权属变更登记的，应当向县级以上地方人民政府申请登记。

第二条　流转标的物及流转

（一）预定流转林权的林权证书号（可另附件）：________，以林权证登记面积为准，共计____亩，其中公益林___亩，商品林___亩。

（二）甲方现通过□转包　□出租　□互换　□转让　□入股　□作为出资、合作条件　□其他________方式流转给乙方，乙方对其受让的林地、林木应当依法开发利用。

（三）甲方将□林地经营权　□林木所有权　□林木使用权流转给乙方。

（四）流转林地上的附属建筑和资产情况及处置方式（可另附件）：________。

（五）林权流转期限从___年__月__日起至___年__月__日止，共计__年。甲方应于___年__月__日之前将林地林木交付乙方。

第三条　流转价款及支付方式

（一）以资金进行计价：

1. 一次性付款方式。林地经营权流转价款按每年每亩为____元，面积____亩，共计为______元，如林地上的林木一并转让的，按每年每亩____元，共计____元，支付时间为____年____月____日。

2. 分期付款方式。共分为____期，每期____年，每期林地流转价款递增____%。合同生效后____日内由乙方向甲方一次性支付第一期的流转价款____元，以及林地上的林木转让款____元，共____元。以后每____年于当年____月____日前由乙方向甲方支付下一期的林地流转价款。

（二）以实物或者实物折资进行计价或者其他方式：____。

（三）公益林流转的，森林生态效益补偿资金由□甲方□乙方受偿，或者______。

（四）本合同生效后____日内，乙方向甲方支付____元作为合同定金。采取一次性付款的，定金在流转合同期满后____日内一次性返还。分期付款的，定金在最后一期的流转价款中抵扣。

第四条　甲方的权利和义务

（一）有权依法获得流转收益，有权要求乙方按合同规定缴交林权流转价款。监督乙方依照合同约定的用途合理利用和保护林地。

（二）有权在本合同约定的流转林地期限届满后收回流转林地经营权或使用权。

（三）所提供的林地林木权属应清晰、合法，无权属纠纷和经济纠纷。如在流转后发现原转出的林地林木存在权属纠纷或经济纠纷的，由甲方负责处理并承担相应责任。

（四）提供所流转林地范围的全国统一式样的林权证、原转出方合法的集体决议纪录或与集体经济组织签订的原承包、流转经营合同等证明材料。

（五）不干涉和破坏乙方的生产经营活动。协助乙方做好护林防火和林区治安管理工作。协助乙方申办林地林木权属登记或变更登记、林木采伐手续，有关费用由乙方承担。

第五条　乙方的权利和义务

（一）依法享有受让林地使用、收益的权利，有权自主组织生产经营和处置产品。

（二）按合同约定及时支付流转价款。如该流转林地被依法征占的，有权依法按规定获得相应的补偿。

（三）依法按规定申办林地林木权属登记或变更登记、林木采伐审批手续，不得非法砍伐林木。

（四）应当做好造林培育，其采伐迹地应在当年或者次年内完成造林更新，不得闲置丢荒，并保护好生态环境和水资源。

（五）依法做好护林防火、林业有害生物防治责任，保护野生动植物资源工作。

（六）应当严格按照国家和本地林业管理规定开发利用，不得擅自改变林地用途和公益林性质，不得破坏林业综合生产能力。

第六条 合同的变更、解除和终止

（一）在流转期内，乙方不得擅自将林地再次流转，如乙方确实需要再次流转的，必须经甲方同意，并依法办理相关手续。

（二）合同有效期间，因不可抗力因素致使合同全部不能履行时，本合同自动终止，甲方将合同终止日至流转到期日的期限内已收取的林权流转款退还给乙方；致使合同部分不能履行的，其他部分继续履行，流转价款作相应调整。

（三）合同期满后，如乙方继续经营该流转林地，必须在合同期满前90日内书面向甲方提出申请。如乙方不再继续流转经营，在合同期满后____日内将原流转的林地交还给甲方，乙方必须将原流转经营林地的林木妥善处理。未采伐林木的处理约定为____。

（四）合同终止或解除后，原由乙方修建的道路、灌溉渠等设施，处置方式为__________；修建的房屋及其他可拆卸设施，处置方式为________________________。

第七条 违约责任

（一）如甲方违约致使合同不能履行，须向乙方双倍返还定金；如乙方违约致使合同不能履行，所交付定金不予退还。因违约给对方造成损失的，违约方还应承担赔偿责任。

（二）甲方应按合同规定按时向乙方交付林地，逾期一日应向乙方支付应缴纳的流转价款的____‰作为滞纳金。逾期____日，乙方有权解除合同，甲方承担违约责任。

（三）甲方流转的林地手续不合法，或林地林木权属不清产生纠纷，致使合同全部或部分不能履行，甲方应承担违约责任。甲方违反合同约定擅自干涉和破坏乙方的生产经营，致使乙方无法进行正常的生产经营活动的，乙方有权单方解除合同，甲方应承担违约责任。

（四）乙方应按照合同规定按时足额向甲方支付林地林木流转价款，逾期一日乙方应向甲方支付本期（年）应付流转价款的____‰作为滞纳金。逾期____日，甲方有权单方解除合同，乙方应承担违约责任。

（五）自宜林地造林绿化约定期满____日后，乙方不履行造林绿化约定的，甲方有权无偿收回未造林绿化的林地。

（六）乙方给流转林地造成永久性损害，或者擅自改变林地用途或者造成森林资源严重破坏，经县级以上林业主管部门确认后，甲方有权要求乙方赔偿违约损失、有权单方解除合同，收回该林地经营使用权，所收取的定金不予退还。

第八条　合同争议的解决方式

因本合同的订立、效力、履行、变更及终止等发生争议时，双方当事人可以通过协商解决，也可以请求村民委员会、乡（镇）人民政府等调解解决。当事人不愿协商、调解或者协商、调解不成的，约定采用如下方式解决：

□提请当地农村土地仲裁机构仲裁。□向有权管辖的人民法院提起诉讼。

第九条　附则

（一）本合同未尽事宜，经出让方、受让方协商一致后可签订补充协议。补充协议与本合同具有同等法律效力。

补充条款（可另附件）：____。

（二）本合同自当事人签字盖章起生效。本合同一式____份，由出让方、受让方、林地所有权的集体经济组织、县级林业主管部门、__________、__________各执一份。

甲方盖章（签字）：　　　　　　　　　　乙方盖章（签字）：

法定代表（委托代理人）签字：　　　　　法定代表（委托代理人）签字：

鉴证单位：（签章）　　　　　　　　　　鉴证人：（签章）

附件：

附件一　甲、乙双方（负责人）身份证明复印件；

附件二　流转林地四至范围附图；

附件三　流转林权基本情况信息；

附件四　甲方《林权证》复印件；

附件五　属集体统一经营林地对本村、组外承包的应提供：依法经本集体经济组织成员的村民会议三分之二以上成员或者村民代表会议三分之二以上村民代表同意对外承包的票决记录复印件和镇（乡）政府批准意见书；

附件六　属再次流转的，出让方应提供原出让方同意流转的书面意见的相关证明材料；

附件七　其他。

流转林权基本情况信息

预定流转林地、林木交付现状：____。

序号	地块名称	林权证编号	面积（亩）	四至界线				GPS 拐点坐标
				东	南	西	北	
1								
2								
3								
4								
5								
6								

预定流转林地上的建筑及附着物现状：____

____

____

____。

第十六章　劳动合同

一、签约须知

1. 在签订劳动合同之前，要认真审查用人单位的资格，例如企业是否经过市场监督管理部门登记以及企业注册的有效期限。与合法的用人单位签订的劳动合同才能得到法律的保护。

2. 劳动合同应当具备以下条款：用人单位的名称、住所和法定代表人或者主要负责人；劳动者的姓名、住址和居民身份证或者其他有效身份证件号码；劳动合同期限；工作内容和工作地点；工作时间和休息休假；劳动报酬；社会保险；劳动保护、劳动条件和职业危害防护；法律、法规规定应当纳入劳动合同的其他事项。

3. 劳动合同应当在建立劳动关系的1个月内订立；用人单位自用工之日起超过1个月不满1年未与劳动者订立书面劳动合同的，应当向劳动者每月支付两倍的工资；同时，视为用人单位与劳动者已订立无固定期限劳动合同。

4. 订立劳动合同要采取书面形式。书面的劳动合同有利于明确当事人双方的权利义务，将来发生争议的时候有据可依。劳动合同的文字表述要准确、清晰，不能含糊其辞，以免在履行合同的过程中发生歧义，造成纠纷。

5. 依据法律规定，劳动合同期限3个月以上不满1年的，试用期不得超过1个月；劳动合同期限1年以上不满3年的，试用期不得超过2个月；3年以上固定期限和无固定期限的劳动合同，试用期不得超过6个月。同一用人单位与同一劳动者只能约定一次试用期。同时，试用期的工资不得低于本单位相同岗位最低档工资或者劳动合同约定工资的百分之八十，并不得低于用人单位所在地的最低工资标准。

6. 对于劳动合同中规定的劳动者违约金条款要特别注意。依据《劳动合同法》的规定，企业与劳动者在合同中约定违约金只适用于两种情况：其一，用人单位为劳动者支付了专项培训费用；其二，负有保守商业秘密和知识产权义务的高级管理人员、高级技术人员和其他负有保密义务的人员，违反劳动合同中关于竞业限制的约定，应当支付违约金。

二、重点法条

《劳动合同法》

第七条 用人单位自用工之日起即与劳动者建立劳动关系。用人单位应当建立职工名册备查。

第九条 用人单位招用劳动者，不得扣押劳动者的居民身份证和其他证件，不得要求劳动者提供担保或者以其他名义向劳动者收取财物。

第十条 建立劳动关系，应当订立书面劳动合同。

已建立劳动关系，未同时订立书面劳动合同的，应当自用工之日起一个月内订立书面劳动合同。

用人单位与劳动者在用工前订立劳动合同的，劳动关系自用工之日起建立。

第十七条 劳动合同应当具备以下条款：

（一）用人单位的名称、住所和法定代表人或者主要负责人；

（二）劳动者的姓名、住址和居民身份证或者其他有效身份证件号码；

（三）劳动合同期限；

（四）工作内容和工作地点；

（五）工作时间和休息休假；

（六）劳动报酬；

（七）社会保险；

（八）劳动保护、劳动条件和职业危害防护；

（九）法律、法规规定应当纳入劳动合同的其他事项。

劳动合同除前款规定的必备条款外，用人单位与劳动者可以约定试用期、培训、保守秘密、补充保险和福利待遇等其他事项。

第十九条 劳动合同期限三个月以上不满一年的，试用期不得超过一个月；劳动合同期限一年以上不满三年的，试用期不得超过二个月；三年以上固定期限和无固定期限的劳动合同，试用期不得超过六个月。

同一用人单位与同一劳动者只能约定一次试用期。

以完成一定工作任务为期限的劳动合同或者劳动合同期限不满三个月的，不得约定试用期。

试用期包含在劳动合同期限内。劳动合同仅约定试用期的，试用期不成立，该期限为劳动合同期限。

第二十条 劳动者在试用期的工资不得低于本单位相同岗位最低档工资或者劳动合同约定工资的百分之八十，并不得低于用人单位所在地的最低工资标准。

第三十条 用人单位应当按照劳动合同约定和国家规定，向劳动者及时足额支付劳动报酬。

用人单位拖欠或者未足额支付劳动报酬的，劳动者可以依法向当地人民法院申请支付令，人民法院应当依法发出支付令。

第三十九条　劳动者有下列情形之一的，用人单位可以解除劳动合同：

（一）在试用期间被证明不符合录用条件的；

（二）严重违反用人单位的规章制度的；

（三）严重失职，营私舞弊，给用人单位造成重大损害的；

（四）劳动者同时与其他用人单位建立劳动关系，对完成本单位的工作任务造成严重影响，或者经用人单位提出，拒不改正的；

（五）因本法第二十六条第一款第一项规定的情形致使劳动合同无效的；

（六）被依法追究刑事责任的。

《劳动法》

第四十八条　国家实行最低工资保障制度。最低工资的具体标准由省、自治区、直辖市人民政府规定，报国务院备案。

用人单位支付劳动者的工资不得低于当地最低工资标准。

第四十九条　确定和调整最低工资标准应当综合参考下列因素：

（一）劳动者本人及平均赡养人口的最低生活费用；

（二）社会平均工资水平；

（三）劳动生产率；

（四）就业状况；

（五）地区之间经济发展水平的差异。

《职业病防治法》

第三十三条　用人单位与劳动者订立劳动合同（含聘用合同，下同）时，应当将工作过程中可能产生的职业病危害及其后果、职业病防护措施和待遇等如实告知劳动者，并在劳动合同中写明，不得隐瞒或者欺骗。

劳动者在已订立劳动合同期间因工作岗位或者工作内容变更，从事与所订立劳动合同中未告知的存在职业病危害的作业时，用人单位应当依照前款规定，向劳动者履行如实告知的义务，并协商变更原劳动合同相关条款。

用人单位违反前两款规定的，劳动者有权拒绝从事存在职业病危害的作业，用人单位不得因此解除或者终止与劳动者所订立的劳动合同。

三、典型案例

劳动争议的举证责任如何分配？

2019 年 3 月，韩某与某企业签订了劳动合同。劳动合同约定：韩某的试用期为 6 个月；试用期工资为 3000 元。在试用期内，韩某拼命工作，有活就抢着干，希望能给单位留下一个好的印象，不想失去这份来之不易的工作。但让韩某担心的事情发生了，在试用期的第5个月，单位人事部门通知韩某，由于他在试用期内不能胜任自己的工作岗位，单位决定解除与他的劳动合同。韩某找到单位领导，询问自己有什么地方不能胜任工作，为什么被无故解除劳动合同。单位领导的态度十分蛮横："想开你就开你，还要什么理由吗?"韩某觉得十分委屈。后来经人指点，他才明白：这家单位就是通过这样的方式来降低工资成本的。试用期的员工马上就要转正的时候，找个理由将其开除，然后录用新的员工，还是给试用期的工资。明白了个中的奥秘后，韩某决定用法律的武器保护自己的合法权益，申请劳动争议仲裁。仲裁裁决：维持某企业的决定。韩某向人民法院提起诉讼。在诉讼中，某企业没有提供证明韩某不能胜任工作的任何证据。

《最高人民法院关于审理劳动争议案件适用法律若干问题的解释》第十三条规定："因用人单位作出的开除、除名、辞退、解除劳动合同、减少劳动报酬、计算劳动者工作年限等决定而发生的劳动争议，用人单位负举证责任。"

在本案中，用人单位在试用期内以韩某不能胜任工作为由解除劳动合同。韩某对用人单位的决定不服，向人民法院提起诉讼。按照上述司法解释的规定，用人单位在诉讼中应当举证证明解除劳动合同的法定事由：韩某不能胜任工作的事实。但韩某所在单位未能提供任何证据证明韩某有不能胜任工作的情况，所以应当承担举证不能的败诉后果。《劳动合同法》第四十八条规定："用人单位违反本法规定解除或者终止劳动合同，劳动者要求继续履行劳动合同的，用人单位应当继续履行；劳动者不要求继续履行劳动合同或者劳动合同已经不能继续履行的，用人单位应当依照本法第八十七条规定支付赔偿金。"某企业违反劳动法律、法规的规定解除劳动合同，韩某不要求继续履行合同，而要求某企业给予赔偿，具有法律依据。

一边裁员一边招聘临时工，是否合法?

某企业（集体所有制）自2018年起由个人承包经营。2019年11月，某企业宣布裁员50%。在裁员的同时，雇用了大批临时工从事生产。林某等人在裁减之列，双方就裁员问题发生争议。林某等人向劳动争议仲裁委员会申请仲裁，劳动争议仲裁委员会裁决：某企业裁员方案符合法定程序，予以维持，驳回了林某等人的申诉。林某等人向人民法院提起诉讼。

《劳动合同法》第四十一条第一款规定："有下列情形之一，需要裁减人员二十人以上或者裁减不足二十人但占企业职工总数百分之十以上的，用人单位提前三十日向工会或者全体职工说明情况，听取工会或者职工的意见后，裁减人员方案经向劳动行政部门报告，可以裁减人员：（一）依照企业破产法规定进行重整的；（二）生产经营发生严重困难的；（三）企业转产、重大技术革新或者经营方式调整，经变更劳动合同后，仍需裁减人员的；（四）其他因劳动合同订立时所依据的客观经济情况发生重大变化，致使劳动合同无法履行的。"第三款规定："用人单位依照本条第一款规定裁减人员，在六个月内重新招用人员的，应当通知被裁减的人员，并在同等条件下优先招用被裁减的人员。”

在本案中，被告大幅度裁减员工，同时又招用临时工顶替工作岗位，其目的显然是减少工资成本。被告的裁员方案不符合法律规定的条件，也违反了《劳动合同法》关于“在六个月内重新招用人员的，应当通知被裁减的人员，并在同等条件下优先招用被裁减的人员”的规定。因此，应当确认被告的裁员方案无效，继续履行与原告的劳动合同。

企业合并后应否继续履行劳动合同?

刘某是某市第一棉纺厂职工。2019 年 8 月，第一棉纺厂与第二棉纺厂合并，成立某市棉纺厂。合并后，某市棉纺厂宣布：由于两厂合并，人员过剩，需裁减部分员工。刘某等人在裁减之列。刘某向某市棉纺厂提出异议，认为该厂不存在经济性裁员的法定条件，但某市棉纺厂坚持解除与其的劳动关系。刘某向劳动争议仲裁委员会申请仲裁。仲裁裁决：维持某市棉纺厂裁员决定。刘某向人民法院提起诉讼。

《劳动合同法》第三十四条规定：“用人单位发生合并或者分立等情况，原劳动合同继续有效，劳动合同由承继其权利和义务的用人单位继续履行。”在本案中，被告由某市第一棉纺厂和第二棉纺厂合并而成，原告与第一棉纺厂的劳动合同继续有效。由承继第一棉纺厂权利义务的被告继续履行。因此，被告主张原劳动合同因用人单位合并解散而终止，被告与原告不存在劳动关系，显然是不能成立的。

员工未追回欠款，能否停发其工资?

彭某是某公司市场营销部业务员。在其经手办理的几笔业务中，有一部分货款一直未能收回。2019 年 6 月，某公司通知彭某：从即日起，停发其工资、奖金以及其他各项福利待遇，直至货款收回之日。为了能够早日收回货款，彭某想方设法，但直到 2019 年 10 月，仍然有部分货款未能收回。由于工资被停发，造成生活困难，彭某要求某公司补发工资、奖金等并从即日起正常发放工资，遭到该公司拒绝，遂向劳动争议仲裁委员会申请仲裁。仲裁裁决：某公司应当补发工资并支付经济补偿金。某公司不服，向人民法院提起诉讼。

《劳动法》第五十条规定：“工资应当以货币形式按月支付给劳动者本人。不得克扣或者无故拖欠劳动者的工资。”《工资支付暂行规定》第十五条规定：“用人单位不得克扣劳动者工资。有下列情况之一的，用人单位可以代扣劳动者工资：(1) 用人单位代扣代缴的个人所得税；(2) 用人单位代扣代缴的应由劳动者个人负担的各项社会保险费用；(3) 法院判决、裁定中要求代扣的抚养费、赡养费；(4) 法律、法规规定可以从劳动者工资中扣除的其他费用。”第十六条规定：“因劳动者本人原因给用人单位造成经济损失的，用人单位可按照劳动合同的约定要求其赔偿经济损失。经济损失的赔偿，可从劳动者本人的工资中扣除。但每月扣除的部分不得超过劳动者当月工资的20%。若扣除后的剩余工资部分低于当地月最低工资标准，则按最低工资标准支付。”

在本案中，被告经手的业务中有部分货款未能及时收回，原告能否以被告给单位造成经济损失为由，要求被告赔偿，并从被告的工资中扣除呢？被告经手办理业务，并不是被告的个人行为，而是代表原告实施的职务行为。客户拖欠的货款也不是被告个人的款项，而是拖欠原告的款项，要求被告个人对拖欠的货款承担责任，有失公平。而且，拖欠货款在当前的经济生活中属于一种正常现象，不能归咎于被告个人。认为由于被告的原因造成拖欠货款，给原告带来经济损失，依据不足。并且，被告已经为收回货款尽了最大努力，原告停发工资、奖金以及其他福利待遇的行为违反了劳动法律、法规的规定，侵犯了劳动者的合法权益。

员工自愿放弃社会保险，是否有效？

2018 年 9 月，曾某应聘某公司技术岗位，并通过了考核与面试。某公司技术岗位的工资为 2000 元，公司提出：如果劳动者要求参加社会保险，每月从工资中扣除 300 元。曾某为了多领工资，遂同意不参加社会保险。双方签订了劳动合同，约定工资报酬为 3000 元/月（包括社会保险费用）。某公司对其社会保险问题不承担责任。2019 年 8 月，曾某因工负伤，经鉴定为 7 级伤残。劳动部门作出了工伤认定。某公司支付了曾某的医疗费用，但不同意支付其治疗期间的工资福利待遇以及一次性伤残补助金等。双方为此发生争议，曾某向劳动争议仲裁委员会申请仲裁，仲裁裁决：某公司未参加工伤保险，应当由其按照工伤保险待遇项目和标准支付曾某的工资福利待遇以及一次性伤残补助金等。某公司不服仲裁裁决，向人民法院提起诉讼。

《劳动法》第七十二条规定：“用人单位和劳动者必须依法参加社会保险，缴纳社会保险费。”《社会保险费征缴暂行条例》第四条第一款规定：“缴费单位、缴费个人应当按时足额缴纳社会保险费。”第十二条规定：“缴费单位和缴费个人应当以货币形式全额缴纳社会保险费。缴费个人应当缴纳的社会保险费，由所在单位从其本人工资中代扣代缴。社会保险费不得减免。”《工伤保险条例》第二条规定：“中华人民共和国境内的企业、事业单位、社会团体、民办非企业单位、基金会、律师事务所、会计师事务所等组织和有雇工的个体工商户（以下称用人单位）应当依照本条例规定参加工伤保险，为本单位全部职工或者雇工（以下称职工）缴纳工伤保险费。中华人民共和国境内的企业、事业单位、社会团体、民办非企业单位、基金会、律师事务所、会计师事务所等组织的职工和个体工商户的雇工，均有依照本条例的规定享受工伤保险待遇的权利。”社会保险不同于商业保险，属于国家强制性的保险。参加社会保险不以个人意志为转移，是国家法律的强制性规定，任何人不得违反。根据上述法律规定，为职工办理社会保险，缴纳或者代扣代缴社会保险费是用人单位的法定义务；享受社会保险待遇是劳动者的法定权利。该义务和权利不可以通过约定的方式免除或放弃。

在本案中，原、被告双方关于社会保险费以工资形式支付给劳动者，用人单位不负责劳动者社会保险问题的约定，违反了劳动法律、法规的强制性规定，劳动合同中的相关条款不具有法律效力。《工伤保险条例》第六十二条规定：“用人单位依照本条例规定应当参加工伤保险而未参加的，由社会保险行政部门责令限期参加，补缴应当缴纳的工伤保险费，并自欠缴之日起，按日加收万分之五的滞纳金；逾期仍不缴纳的，处欠缴数额1倍以上3倍以下的罚款。依照本条例规定应当参加工伤保险而未参加工伤保险的用人单位职工发生工伤的，由该用人单位按照本条例规定的工伤保险待遇项目和标准支付费用。用人单位参加工伤保险并补缴应当缴纳的工伤保险费、滞纳金后，由工伤保险基金和用人单位依照本条例的规定支付新发生的费用。”因此，原告应当按照上述法律规定支付被告的工伤待遇。至于以工资形式支付给劳动者的社会保险费用如何处理的问题，我们认为：原告与被告关于社会保险费以工资形式支付给劳动者的约定，目的是逃避法定的缴费义务，减少开支。原告把不属于工资的社会保险费用计算到工资中，实际上变相降低了劳动者的工资报酬。劳动合同约定的3000元/月工资是被告应当取得的劳动报酬，不应包括社会保险费用。被告不需要向原告返还社会保险费用。

四、示范文本

劳动合同

（通用）

甲方（用人单位）：________________

乙方（劳 动 者）：________________

签订日期：________年________月________日

注 意 事 项

一、本合同文本供用人单位与建立劳动关系的劳动者签订劳动合同时使用。

二、用人单位应当与招用的劳动者自用工之日起一个月内依法订立书面劳动合同，并就劳动合同的内容协商一致。

三、用人单位应当如实告知劳动者工作内容、工作条件、工作地点、职业危害、安全生产状况、劳动报酬以及劳动者要求了解的其他情况；用人单位有权了解劳动者与劳动合同直接相关的基本情况，劳动者应当如实说明。

四、依法签订的劳动合同具有法律效力，双方应按照劳动合同的约定全面履行各自的义务。

五、劳动合同应使用蓝、黑钢笔或签字笔填写，字迹清楚，文字简练、准确，不得涂改。确需涂改的，双方应在涂改处签字或盖章确认。

六、签订劳动合同，用人单位应加盖公章，法定代表人（主要负责人）或委托代理人签字或盖章；劳动者应本人签字，不得由他人代签。劳动合同由双方各执一份，交劳动者的不得由用人单位代为保管。

甲方（用人单位）：______________________________
统一社会信用代码：______________________________
法定代表人（主要负责人）或委托代理人：________________
注 册 地：______________________________
经 营 地：______________________________
联 系 电 话：______________________________

乙方（劳动者）：______________________________
居民身份证号码：______________________________
（或其他有效证件名称：__________证件号：________________）
户籍地址：______________________________
经常居住地（通信地址）：______________________________
联系电话：______________________________

根据《中华人民共和国劳动法》《中华人民共和国劳动合同法》等法律法规政策规定，甲乙双方遵循合法、公平、平等自愿、协商一致、诚实信用的原则订立本合同。

一、劳动合同期限

第一条 甲乙双方自用工之日起建立劳动关系，双方约定按下列第______种方式确定劳动合同期限：

1. 固定期限：自________年____月____日起至________年____月____日止，其中，试用期从用工之日起至______年____月____日止。

2. 无固定期限：自______年____月____日起至依法解除、终止劳动合同时止，其中，试用期从用工之日起至______年____月____日止。

3. 以完成一定工作任务为期限：自______年____月____日起至______________工作任务完成时止。甲方应当以书面形式通知乙方工作任务完成。

二、工作内容和工作地点

第二条 乙方工作岗位是________________，岗位职责为________________。乙方的工作地点为________________。

乙方应爱岗敬业、诚实守信，保守甲方商业秘密，遵守甲方依法制定的劳动规章制度，认真履行岗位职责，按时保质完成工作任务。乙方违反劳动纪律，甲方可依据依法制定的劳动规章制度给予相应处理。

三、工作时间和休息休假

第三条根据乙方工作岗位的特点，甲方安排乙方执行以下第______种工时制度：

1. 标准工时工作制。每日工作时间不超过8小时，每周工作时间不超过40小时。由于生产经营需要，经依法协商后可以延长工作时间，一般每日不得超过1小时，特殊原因每日不得超过3小时，每月不得超过36小时。甲方不得强迫或者变相强迫乙方加班加点。

2. 依法实行以______为周期的综合计算工时工作制。综合计算周期内的总实际工作时间不应超过总法定标准工作时间。甲方应采取适当方式保障乙方的休息休假权利。

3. 依法实行不定时工作制。甲方应采取适当方式保障乙方的休息休假权利。

第四条　甲方安排乙方加班的，应依法安排补休或支付加班工资。

第五条　乙方依法享有法定节假日、带薪年休假、婚丧假、产假等假期。

四、劳动报酬

第六条　甲方采用以下第____种方式向乙方以货币形式支付工资，于每月____日前足额支付：

1. 月工资____________元。

2. 计件工资。计件单价为__________________________，甲方应合理制定劳动定额，保证乙方在提供正常劳动情况下，获得合理的劳动报酬。

3. 基本工资和绩效工资相结合的工资分配办法，乙方月基本工资____________元，绩效工资计发办法为____。

4. 双方约定的其他方式____。

第七条　乙方在试用期期间的工资计发标准为____________或______________元。

第八条　甲方应合理调整乙方的工资待遇。乙方从甲方获得的工资依法承担的个人所得税由甲方从其工资中代扣代缴。

五、社会保险和福利待遇

第九条　甲乙双方依法参加社会保险，甲方为乙方办理有关社会保险手续，并承担相应社会保险义务，乙方应当缴纳的社会保险费由甲方从乙方的工资中代扣代缴。

第十条　甲方依法执行国家有关福利待遇的规定。

第十一条　乙方因工负伤或患职业病的待遇按国家有关规定执行。乙方患病或非因工负伤的，有关待遇按国家有关规定和甲方依法制定的有关规章制度执行。

六、职业培训和劳动保护

第十二条　甲方应对乙方进行工作岗位所必需的培训。乙方应主动学习，积极参加甲方组织的培训，提高职业技能。

第十三条　甲方应当严格执行劳动安全卫生相关法律法规规定，落实国家关于女职工、未成年工的特殊保护规定，建立健全劳动安全卫生制度，对乙方进行劳动安全卫生教育和操作规程培训，为乙方提供必要的安全防护设施和劳动保护用品，努力改善劳动条件，减少职业危害。乙方从事接触职业病危害作业的，甲方应依法告知乙方工作过程中可能产生的职业病危害及其后果，提供职业病防护措施，在乙方上岗前、在岗期间和离岗时对乙方进行职业健康检查。

第十四条 乙方应当严格遵守安全操作规程，不违章作业。乙方对甲方管理人员违章指挥、强令冒险作业，有权拒绝执行。

七、劳动合同的变更、解除、终止

第十五条 甲乙双方应当依法变更劳动合同，并采取书面形式。

第十六条 甲乙双方解除或终止本合同，应当按照法律法规规定执行。

第十七条 甲乙双方解除终止本合同的，乙方应当配合甲方办理工作交接手续。甲方依法应向乙方支付经济补偿的，在办结工作交接时支付。

第十八条 甲方应当在解除或终止本合同时，为乙方出具解除或者终止劳动合同的证明，并在十五日内为乙方办理档案和社会保险关系转移手续。

八、双方约定事项

第十九条 乙方工作涉及甲方商业秘密和与知识产权相关的保密事项的，甲方可以与乙方依法协商约定保守商业秘密或竞业限制的事项，并签订保守商业秘密协议或竞业限制协议。

第二十条 甲方出资对乙方进行专业技术培训，要求与乙方约定服务期的，应当征得乙方同意，并签订协议，明确双方权利义务。

第二十一条 双方约定的其他事项：______________________________
____。

九、劳动争议处理

第二十二条 甲乙双方因本合同发生劳动争议时，可以按照法律法规的规定，进行协商、申请调解或仲裁。对仲裁裁决不服的，可以依法向有管辖权的人民法院提起诉讼。

十、其他

第二十三条 本合同中记载的乙方联系电话、通信地址为劳动合同期内通知相关事项和送达书面文书的联系方式、送达地址。如发生变化，乙方应当及时告知甲方。

第二十四条 双方确认：均已详细阅读并理解本合同内容，清楚各自的权利、义务。本合同未尽事宜，按照有关法律法规和政策规定执行。

第二十五条 本合同双方各执一份，自双方签字（盖章）之日起生效，双方应严格遵照执行。

甲方（盖章）　　　　　　　　　　　　乙方（签字）

法定代表人（主要负责人）

或委托代理人（签字或盖章）

　　年　月　日　　　　　　　　　　　　年　月　日

附件1

续订劳动合同

经甲乙双方协商同意，续订本合同。

一、甲乙双方按以下第______种方式确定续订合同期限：

1. 固定期限：自________年____月____日起至________年____月____日止。

2. 无固定期限：自________年____月____日起至依法解除或终止劳动合同时止。

二、双方就有关事项约定如下：

1. ____；

2. ____；

3. ____。

三、除以上约定事项外，其他事项仍按照双方于________年____月____日签订的劳动合同中的约定继续履行。

甲方（盖章）　　　　　　　　　　　　　乙方（签字）

法定代表人（主要负责人）

或委托代理人（签字或盖章）

年　月　日　　　　　　　　　　　　　　年　月　日

附件2

变更劳动合同

一、经甲乙双方协商同意，自________年____月____日起，对本合同作如下变更：

1. ____；

2. ____；

3. ____。

二、除以上约定事项外，其他事项仍按照双方于________年____月____日签订的劳动合同中的约定继续履行。

甲方（盖章）　　　　　　　　　　　　　乙方（签字）

法定代表人（主要负责人）

或委托代理人（签字或盖章）

年　月　日　　　　　　　　　　　　　　年　月　日

劳动合同

（劳务派遣）

甲方（劳务派遣单位）：________________

乙方（劳动者）：________________

签订日期：________年____月____日

注意事项

一、本合同文本供劳务派遣单位与被派遣劳动者签订劳动合同时使用。

二、劳务派遣单位应当向劳动者出具依法取得的《劳务派遣经营许可证》。

三、劳务派遣单位不得与被派遣劳动者签订以完成一定任务为期限的劳动合同，不得以非全日制用工形式招用被派遣劳动者。

四、劳务派遣单位应当将其与用工单位签订的劳务派遣协议内容告知劳动者。劳务派遣单位不得向被派遣劳动者收取费用。

五、劳动合同应使用蓝、黑钢笔或签字笔填写，字迹清楚，文字简练、准确，不得涂改。确需涂改的，双方应在涂改处签字或盖章确认。

六、签订劳动合同，劳务派遣单位应加盖公章，法定代表人（主要负责人）或委托代理人应签字或盖章；被派遣劳动者应本人签字，不得由他人代签。劳动合同交由劳动者的，劳务派遣单位、用工单位不得代为保管。

甲方（劳务派遣单位）：____

统一社会信用代码：____

劳务派遣许可证编号：____

法定代表人（主要负责人）或委托代理人：________________________

注　册　地：____

经　营　地：____

联 系 电 话：____

乙方（劳动者）：____

居民身份证号码：____

（或其他有效证件名称：__________证件号：____________________）

户籍地址：____

经常居住地（通信地址）：________________________________

联系电话：____

根据《中华人民共和国劳动法》《中华人民共和国劳动合同法》等法律法规政策规定，甲乙双方遵循合法、公平、平等自愿、协商一致、诚实信用的原则订立本合同。

一、劳动合同期限

第一条 甲乙双方约定按下列第____种方式确定劳动合同期限：

1. 二年以上固定期限合同：自______年____月____日起至______年____月____日止。其中，试用期从用工之日起至______年____月____日止。

2. 无固定期限的劳动合同：自______年____月____日起至依法解除或终止劳动合同止。其中，试用期从用工之日起至______年____月____日止。

试用期至多约定一次。

二、工作内容和工作地点

第二条 乙方同意由甲方派遣到________________（用工单位名称）工作，用工单位注册地________________，用工单位法定代表人或主要负责人________________。派遣期限为________________，从______年____月____日起至______年____月____日止。乙方的工作地点为________________________。

第三条 乙方同意在用工单位________________岗位工作，属于临时性/辅助性/替代性工作岗位，岗位职责为____
____。

第四条 乙方同意服从甲方和用工单位的管理，遵守甲方和用工单位依法制定的劳动规章制度，按照用工单位安排的工作内容及要求履行劳动义务，按时完成规定的工作数量，达到相应的质量要求。

三、工作时间和休息休假

第五条 乙方同意根据用工单位工作岗位执行下列第______种工时制度：

1. 标准工时工作制，每日工作时间不超过8小时，平均每周工作时间不超过40小时，每周至少休息1天。

2. 依法实行以______为周期的综合计算工时工作制。

3. 依法实行不定时工作制。

第六条 甲方应当要求用工单位严格遵守关于工作时间的法律规定，保证乙方的休息权利与身心健康，确因工作需要安排乙方加班加点的，经依法协商后可以延长工作时间，并依法安排乙方补休或支付加班工资。

第七条 乙方依法享有法定节假日、带薪年休假、婚丧假、产假等假期。

四、劳动报酬和福利待遇

第八条 经甲方与用工单位商定，甲方采用以下第______种方式向乙方以货币形式支付工资，于每月______日前足额支付：

1. 月工资____________元。

2. 计件工资。计件单价为____。

3. 基本工资和绩效工资相结合的工资分配办法，乙方月基本工资______元，绩效工资计发办法为____。

4. 约定的其他方式____。

第九条 乙方在试用期期间的工资计发标准为____或________元。

第十条 甲方不得克扣用工单位按照劳务派遣协议支付给被派遣劳动者的劳动报酬。乙方从甲方获得的工资依法承担的个人所得税由甲方从其工资中代扣代缴。

第十一条 甲方未能安排乙方工作或者被用工单位退回期间，甲方应按照不低于甲方所在地最低工资标准按月向乙方支付报酬。

第十二条 甲方应当要求用工单位对乙方实行与用工单位同类岗位的劳动者相同的劳动报酬分配办法，向乙方提供与工作岗位相关的福利待遇。用工单位无同类岗位劳动者的，参照用工单位所在地相同或者相近岗位劳动者的劳动报酬确定。

第十三条 甲方应当要求用工单位合理确定乙方的劳动定额。用工单位连续用工的，甲方应当要求用工单位对乙方实行正常的工资调整机制。

五、社会保险

第十四条 甲乙双方依法在用工单位所在地参加社会保险。甲方应当按月将缴纳社会保险费的情况告知乙方，并为乙方依法享受社会保险待遇提供帮助。

第十五条 如乙方发生工伤事故，甲方应当会同用工单位及时救治，并在规定时间内，向人力资源社会保障行政部门提出工伤认定申请，为乙方依法办理劳动能力鉴定，并为其享受工伤待遇履行必要的义务。甲方未按规定提出工伤认定申请的，乙方或者其近亲属、工会组织在事故伤害发生之日或者乙方被诊断、鉴定为职业病之日起1年内，可以直接向甲方所在地人力资源社会保障行政部门提请工伤认定申请。

六、职业培训和劳动保护

第十六条 甲方应当为乙方提供必需的职业能力培训，在乙方劳务派遣期间，督促用工单位对乙方进行工作岗位所必需的培训。乙方应主动学习，积极参加甲方和用工单位组织的培训，提高职业技能。

第十七条 甲方应当为乙方提供符合国家规定的劳动安全卫生条件和必要的劳动保护用品，落实国家有关女职工、未成年工的特殊保护规定，并在乙方劳务派遣期间督促用工单位执行国家劳动标准，提供相应的劳动条件和劳动保护。

第十八条 甲方如派遣乙方到可能产生职业危害的岗位，应当事先告知乙方。甲方应督促用工单位依法告知乙方工作过程中可能产生的职业病危害及其后果，对乙方进行劳动安全卫生教育和培训，提供必要的职业危害防护措施和待遇，预防劳动过程中的事故，减少职业危害，为劳动者建立职业健康监护档案，在乙方上岗前、派遣期间、离岗时对乙方进行职业健康检查。

第十九条　乙方应当严格遵守安全操作规程，不违章作业。乙方对用工单位管理人员违章指挥、强令冒险作业，有权拒绝执行。

七、劳动合同的变更、解除和终止

第二十条　甲乙双方应当依法变更劳动合同，并采取书面形式。

第二十一条　因乙方派遣期满或出现其他法定情形被用工单位退回甲方的，甲方可以对其重新派遣，对符合法律法规规定情形的，甲方可以依法与乙方解除劳动合同。乙方同意重新派遣的，双方应当协商派遣单位、派遣期限、工作地点、工作岗位、工作时间和劳动报酬等内容，并以书面形式变更合同相关内容；乙方不同意重新派遣的，依照法律法规有关规定执行。

第二十二条　甲乙双方解除或终止本合同，应当按照法律法规规定执行。甲方应在解除或者终止本合同时，为乙方出具解除或者终止劳动合同的证明，并在十五日内为乙方办理档案和社会保险关系转移手续。

第二十三条　甲乙双方解除终止本合同的，乙方应当配合甲方办理工作交接手续。甲方依法应向乙方支付经济补偿的，在办结工作交接时支付。

八、劳动争议处理

第二十四条　甲乙双方因本合同发生劳动争议时，可以按照法律法规的规定，进行协商、申请调解或仲裁。对仲裁裁决不服的，可以依法向有管辖权的人民法院提起诉讼。

第二十五条　用工单位给乙方造成损害的，甲方和用工单位承担连带赔偿责任。

九、其他

第二十六条　本合同中记载的乙方联系电话、通信地址为劳动合同期内通知相关事项和送达书面文书的联系方式、送达地址。如发生变化，乙方应当及时告知甲方。

第二十七条　双方确认：均已详细阅读并理解本合同内容，清楚各自的权利、义务。本合同未尽事宜，按照有关法律法规和政策规定执行。

第二十八条　本劳动合同一式____份，双方至少各执一份，自签字（盖章）之日起生效，双方应严格遵照执行。

甲方（盖章）　　　　　　　　　　　　乙方（签字）

法定代表人（主要负责人）

或委托代理人（签字或盖章）

年　　月　　日　　　　　　　　　　年　　月　　日

附件 1

续订劳动合同

经甲乙双方协商同意，续订本合同。

一、甲乙双方按以下第______种方式确定续订合同期限：

1. 固定期限：自________年____月____日起至________年____月____日止。

2. 无固定期限：自________年____月____日起至依法解除或终止劳动合同时止。

二、双方就有关事项约定如下：

1. ____；

2. ____；

3. ____。

三、除以上约定事项外，其他事项仍按照双方于________年____月____日签订的劳动合同中的约定继续履行。

甲方（盖章）　　　　　　　　　　　　乙方（签字）

法定代表人（主要负责人）

或委托代理人（签字或盖章）

　　年　　月　　日　　　　　　　　　年　　月　　日

附件 2

变更劳动合同

一、经甲乙双方协商同意，自________年____月____日起，对本合同作如下变更：

1. ____；

2. ____；

3. ____。

二、除以上约定事项外，其他事项仍按照双方于________年____月____日签订的劳动合同中的约定继续履行。

甲方（盖章）　　　　　　　　　　　　乙方（签字）

法定代表人（主要负责人）

或委托代理人（签字或盖章）

　　年　　月　　日　　　　　　　　　年　　月　　日

家政服务合同

（员工制范本）[1]

合同编号：________________

聘请家政服务员须知

客户聘用家政服务人员，应到经政府主管部门登记注册、以家政服务为经营范围、具有法人资格的家政服务机构，不要在非法劳务市场中招雇。请您结合自己的情况选择家政服务项目，并按此规定办理：

1. 个人用户持居民身份证、户口本、居住证明或护照；单位用户持有合法证件及公函、介绍信。

2. 有稳定的经济收入来源并有能力支付相关费用。

3. 要正确看待家政服务行业，允许家政服务员有一周的适应过程，尊重家政服务员的人格，禁止打骂、歧视或侮辱家政服务员。

4. 愿意遵守国家和地方家政服务业的行业规则，配合家政服务机构的工作。

5. 能如实填写客户信息登记表。

6. 签订合同时知晓并认可双方的协商价格，选定服务项目、签订合同并交纳相关费用后，公司将为您提供相应期限的选项服务。

7. 家政服务员在您家工作时，若出现身体不适或其他疾病，发生意外事件，请您务必发扬人道主义精神，及时灵活做出处理，并通报家政服务机构。

以上规定及相关要求敬请客户仔细阅读，以求双方合作愉快。

甲方（客户）：　　　　　　　　身份证号：

联系电话：　　　　　　　　　　住宅地址：

乙方（家政服务机构）：

服务电话：　　　　　　　　　　经营地址：

法定代表人：　　　　　　　　　负责人：

根据《中华人民共和国合同法》《中华人民共和国侵权责任法》和《中华人民共和国消费者权益保护法》及其他有关法律、法规的规定，甲乙双方在平等、自愿、公平、诚实信用的基础上协商一致，签订本合同。

第一条　术语释义

甲方（客户）：是指具有完全行为能力的劳务服务的购买者。

乙方（家政服务机构）：依法成立的具有法人资格的家政服务机构。

---

① 商务部2014年5月制定。

劳务费用：乙方为甲方提供家政服务后，甲方需要支付给乙方的劳务报酬。

劳务费的构成：包括乙方的服务费和家政服务员工资。

第二条 服务内容

乙方应选派家政服务员________人，为甲方提供下列第__________项服务。

1. 普通家务劳动；2. 婴幼儿照护；3. 婴幼儿教育；4. 产妇与新生儿护理；5. 老人照护；6. 病人陪护；7. 计时服务；8. 家庭餐制作；9. 其他：____________________。

第三条 服务地址：____。

第四条 服务对象

1. 服务对象人数和内容：____；

2. 护理依赖程度（无此项服务内容的不填）：________%；

3. 特殊需求：____。

第五条 服务方式（请在□内打√）：□全日住家型 □日间照料型 □计时服务型 □其他：____

第六条 乙方家政服务员的条件

籍贯：________________性别：____年龄：____学历：____技能级别：________是否接受过培训：________

第七条 服务期限：____年____月____日至____年____月____日。日间照料型服务时间：每天____时至____时。

第八条 劳务服务费和保证金

1. 试用期收费：乙方家政服务员在试用期间的服务费____元/天，试用期______天。试用期满后服务费为____元/月。在试用期内，符合双方约定调换条件的，乙方应在甲方提出要求后____个工作日内予以调换，调换后试用期重新计算；甲方在合同期内免费调换超过____名家政服务员时，乙方每调换一次加收服务费____元/次。

2. 劳务服务费收取：甲方应于每月____日将上月的劳务服务费支付给乙方，如家政服务员实际服务时间不足一个月而双方终止合同时，乙方按实际服务天数收取服务费，多退少补。

3. 保证金收取：甲方应支付____元给乙方作为甲方的信誉保证金；合同终止后，甲方没有欠费等违约行为，保证金如数退还。

第九条 甲方权利义务

1. 甲方权利：

（1）甲方有权合理选定家政服务员。在乙方服务员不能胜任工作的情况下，有权要求调换乙方家政服务员。

（2）甲方对乙方家政服务员健康情况状况有异议的，有权要求重新体检，费用由甲方先行承担。体检合格的，体检费用由甲方自行支付；如体检不合格，体检费用由乙方支付；如甲方要求增加非常规体检项目，家政服务员也同意的，费用由甲方承担。

（3）甲方有权拒绝乙方家政服务员在服务场所内从事与家政服务无关的活动。

（4）甲方有权向乙方追究因乙方家政服务员故意或重大过失给甲方造成的损失。

（5）有下列情形之一的，甲方有权要求乙方调换家政服务员或解除合同：

①家政服务员有违法行为的；

②家政服务员患有传染病的；

③家政服务员未经甲方同意，由第三人代为提供服务的；

④家政服务员存在刁难、虐待甲方家庭成员行为的；

⑤家政服务员因过错给甲方造成财产损失的；

⑥家政服务员工作消极懈怠或服务质量不合格的；

⑦家政服务员主动要求离职的（家政服务员自身原因非甲方原因造成）；

⑧试用期内调换____名同级别的家政服务员后仍不能达到合同要求的；

⑨其他：____。

2. 甲方义务：

（1）甲方应在签订合同前出示有效身份证件，如实告知家庭住址、联系电话、居住条件、工作内容、工作强度、工作时间、薪酬待遇和对乙方家政服务员的具体要求，以及与乙方家政服务员健康安全有关的家庭情况（如家中是否有传染病人、精神病人等），以上内容变动应及时通知乙方。若甲方家庭成员有上述病史，甲方应采取预防措施以保证家政服务员不会受传染或是伤害，否则，造成的后果由甲方负责。

（2）甲方不得给家政服务员随意增加规定以外的服务内容及工作量，如需增加，应与乙方协商，适当增加报酬。

（3）甲方应尊重乙方家政服务员的人格和劳动，提供安全的劳动条件、服务环境和居住场所，保证家政服务员不与成年异性同居一室（生活完全由他人照护的失能者除外）。甲方应保证家政服务员的人身安全，如乙方家政服务员突发疾病或受伤时，甲方应及时采取必要的救治措施，并及时通知乙方。

（4）甲方应保证乙方家政服务员每周____天的休息时间和每天基本的睡眠时间，并保证其用餐与甲方一般家庭成员相一致。国家法定节假日确需乙方家政服务员照常工作的，要给予加班补助，加班工资按照________元/天发放，或在征得乙方家政服务员同意的前提下安排补休。

（5）甲方未经乙方同意，不得要求乙方家政服务员为第三方服务，也不得将家政服务员带往非约定场所工作或要求其从事非约定工作。

（6）甲方不得扣押家政服务员财产和证件或采取搜身、恐吓、殴打等侵犯家政服务员人身和财产权利的行为。

（7）甲方有义务配合乙方对家政服务员进行管理和工作指导，并妥善保管家中财物。

（8）服务期满甲方续用乙方家政服务员的，应提前7日与乙方续签合同。

第十条 乙方权利义务

1. 乙方权利：

（1）乙方有权向甲方询问、了解投诉情况或家政服务员反映情况的真实性。

（2）有下列情形之一的，乙方有权召回家政服务员或解除合同：

①甲方教唆家政服务员脱离乙方管理的；

②甲方家庭成员中有传染病人、精神病人等未如实告知乙方的，或者未采取预防措施的；

③甲方无正当理由未按时支付服务费用的；

④约定的服务场所或服务内容发生变更而未取得乙方同意的；

⑤甲方对家政服务员的工作要求违反国家法律、法规或有刁难、虐待等损害家政服务员身心健康情形的；

⑥ 其他：____。

2. 乙方义务：

（1）乙方应为甲方委派身份真实、文化程度、培训状况和体检合格并符合合同要求的家政服务员；乙方家政服务员应持有正规医疗机构在一年以内出具的体检合格证明。

（2）乙方应以诚信为本的宗旨，如实介绍家政服务员的情况，指导家政服务员完成约定服务项目。

（3）乙方对安排的家政服务员应经过培训，并进行过程管理，服务指导和监督，接受甲方投诉并妥善处理。

（4）乙方为家政服务员购买（请在□内打√）：□家政职业责任保险 □家政服务员意外伤害险加意外伤害医疗险。

（5）出示必备有效的资质证明：营业执照、税务登记证、组织机构代码证。

第十一条 合同的解除

1. 合同到期，双方无续签意向，合同自动解除。

2. 提出解除合同一方应提前____天通知对方，经双方协商一致可解除本合同。

3. 出现第九条1.（5）⑧情况，如甲方无其他违约情况，乙方应返还信誉保证金，收取发生月的相应服务费，不足一个月的按天计算收取。

第十二条 违约及赔偿责任

1. 任何一方如不能继续履行合同的，应与对方协商解决。

2. 甲方无正当理由逾期支付乙方服务费的，每超过 1 天按应付费用的 1% 支付违约金。

3. 甲方因乙方家政服务员原因（突发疾病或发现不良行为的）而不继续使用乙方家政服务员的，乙方应在家政服务员离职之日起 3 天内重新提供家政服务员，否则，每逾期 1 天按月服务费的 1% 向甲方支付违约金。

4. 由于乙方派出的家政服务员有违法行为或其他责任造成甲方损失的，甲方有权追究家政服务员的责任和经济赔偿，乙方协助处理，属于乙方管理责任，乙方应承担相关责任。

第十三条　免责条款

1. 甲方未尽审慎的注意义务，违反以下约定而导致的损失，乙方不予赔偿：

①甲方应妥善保管古董、文房、字画、珠宝、玉器、首饰等贵重、易碎物品，以及具有特殊纪念意义的物品，乙方对此类物品不负责清洁养护；

②对于各类家用电器，乙方不负责拆装和清洗，只负责外部清洁；

③对于高档衣物、皮具、饰品、鞋帽等，乙方不负责清洗、熨烫、保养；

④乙方不负责洗涤内裤，产妇、新生儿、婴幼儿、失去自理能力的服务对象或另有书面约定的除外；

⑤二层以上（含二层）住所的玻璃外侧，乙方不负责擦洗。

2. 如甲方要求乙方对价格昂贵的花卉果木或宠物进行照料，甲方须自行追加投保相关险种。甲方未按上述要求投保的，乙方对上述花卉果木或宠物的丢失、伤害、死亡等免责。

3. 以上内容若由乙方故意造成损失的，不在免责范围内。

第十四条　其他约定条款

____

____

____

____

____

第十五条　合同争议的解决方法

本合同发生的争议，由双方当事人协商解决或向消费者协会、行业协会等机构申请调解解决；协商不成的，按下列第____种方式处理。

1. 提交____________仲裁委员会仲裁；

2. 依法向____________人民法院起诉。

第十六条　未尽事宜及生效

未尽事宜双方应另以书面形式补充。

本合同一式四份，甲乙双方各执两份，具有同等法律效力，自双方签字、盖章之日起生效。

甲方（签字）：______________　　乙方（盖章）：______________

　　　　　　　　　　　　　　　　法定代表或负责人（签字或盖章）________

____年____月____日　　　　　　____年____月____日

附：1.《家政服务员须知》

2. 乙方与家政服务员的身份证复印件

3. 家政服务员的健康证明复印件

4. 商业保险保单复印件

家政服务合同变更书（格式）

经甲乙双方协商一致，对本合同做以下变更：

1. 变更后本合同期限为___年___月___日至___年___月___日。
2. 乙方家政服务员的服务内容变更为____________________。
3. 乙方家政服务员的服务场所变更为____________________。
4. 乙方家政服务员的服务方式变更为____________________。
5. 服务费变更为____________________。
6. 本合同第___条、第___条及第___条取消。

甲方（签字或盖章）________　　乙方（盖章）________

法定代表或负责人（签字或盖章）________

___年___月___日　　___年___月___日

家政服务合同续订书（格式）

本次续订合同期限为___年，自___年___月___日至___年___月___日。

甲方（签字或盖章）________　　乙方（盖章）________

法定代表或负责人（签字或盖章）________

___年___月___日　　___年___月___日

家政服务合同

（中介制范本）[①]

合同编号：____________

聘请家政服务员须知

客户聘用家政服务人员，应到经政府主管部门登记注册、以家政服务为经营范围、

① 商务部制定。

具有法人资格的家政服务机构，不要在非法劳务市场中招雇。请您结合自己的情况选择家政服务项目，并按此规定办理：

1. 个人用户持居民身份证、户口本、居住证明或护照；单位用户持有合法证件及公函、介绍信。

2. 有稳定的经济收入来源并有能力支付相关费用。

3. 要正确看待家政服务行业，允许家政服务员有一周的适应过程，尊重家政服务员的人格，禁止打骂、歧视或侮辱家政服务员。

4. 愿意遵守国家和地方家政服务业的行业规则，配合家政服务机构的工作。

5. 能如实填写客户信息登记表。

6. 签订合同时知晓并认可双方的协商价格，选定服务项目、签订合同并交纳相关费用后，公司将为您提供相应期限的选项服务。

7. 家政服务员在您家工作时，若出现身体不适或其他疾病，发生意外事件，请您务必发扬人道主义精神，及时灵活做出处理，并通报家政服务机构。

以上规定及相关要求敬请客户仔细阅读，以求双方合作愉快。

甲方（雇主）：____________________身份证号：____________________

联系电话：______________________ 住宅地址：____________________

乙方（家政服务员）：______________身份证号：____________________

联系电话：______________________ 户籍地址：____________________

现 住 址：______________________ 紧急联系方式：________________

中介方（家政服务机构）：____

服务电话：_______________________经营地址：____________________

法定代表人：_____________________负 责 人：____________________

根据《中华人民共和国合同法》《中华人民共和国侵权责任法》和《中华人民共和国消费者权益保护法》及其他有关法律、法规的规定，甲、乙、中介三方遵循平等、自愿、诚实信用原则，就家庭服务相关事宜签订本合同。

第一条 术语释义

甲方（雇主）：是指具有完全行为能力的家政服务员的雇用者。

乙方（家政服务员）：具有完全民事行为能力和家庭服务能力的劳动者。

中介方（家政服务机构）：依法成立的具有相关资质的，以居间人身份为雇主和家政服务员提供家政服务信息的家政服务组织。

第二条 服务内容

中介方介绍符合家政服务上岗条件（体检合格，经过培训并考核合格）的乙方为甲方家庭提供如下的第________项服务（可多选）：

1. 普通家务劳动；2. 婴幼儿照护；3. 婴幼儿教育；4. 产妇与新生儿护理；5. 老

人照护；6. 病人陪护；7. 计时服务；8. 家庭餐制作；9. 其他：________。

第三条 服务地址

____。

第四条 服务对象

1. 服务对象人数和内容：____；

2. 护理依赖程度（无此项服务内容的不填）：________%；

3. 特殊需求：____。

第五条 服务方式

□全日住家型 □日间照料型 □计时服务型 □其他____。（请在□内打√）

第六条 乙方条件

籍贯：______性别：______年龄：______学历：______技能级别：______是否接受过培训：____

第七条 服务期限

____年____月____日至____年____月____日，日间照料型服务时间：每天______时至______时。

第八条 中介服务费支付与方式

1. 在本合同签订之日，甲方支付中介方一次性中介服务费____元（该费用为一次性收取，不退）；

2. 在本合同签订之日，乙方需要向中介方支付中介服务费____元（该费用为一次性收取，不退）；

3. 合同期满后，三方续约，按照规定缴纳相关费用。

第九条 劳务报酬支付与方式

1. 乙方的劳务报酬为__________元/月（以每个自然月为准），乙方上岗试工期为____个工作日，试工期的劳务报酬为____元/天，遇国家法定节假日的劳务报酬为____元/天，或在征得乙方同意的前提下安排补休。试工期满合格后按合同约定支付劳务报酬，不足月的按平均日报酬结算。

2. 劳务报酬的支付方式为：甲方在接受服务满一个月时，足额支付乙方报酬。

第十条 甲方权利与义务

1. 甲方权利

（1）甲方有权要求乙方提供一年内正规医疗机构出具的体检合格证明，如有异议可要求重新体检，若体检合格，体检费用由甲方承担；若体检不合格，则由乙方承担；如若甲方要求乙方进行非常规体检项目，乙方应给予配合，费用由甲方承担。

（2）甲方有权辞退不能完成合同约定工作的乙方，有权要求中介方重新介绍合适的家政服务员。

（3）甲方有权追究因乙方过错造成损失的法律责任，并向责任方要求经济赔偿（但不得扣押财产和证件或采取搜身、恐吓、殴打、等侵犯乙方人身财产权利等处理方式）。

（4）甲方对乙方进行管理和工作指导，对乙方服务质量有异议的应及时到中介方进行人员调换，甲方有权在《客户信息登记表》的有效期内免费调换____名家政服务员，如甲方不满意，要求继续调换的，每调换一次收手续费______元。

2. 甲方义务

（1）因甲方原因造成乙方伤害，甲方应承担赔偿责任；在服务期间，若乙方突发疾病或遇其他伤害，甲方应采取必要的救治措施；若乙方外出未归或发生意外，在24小时内通知相关方。

（2）甲方在签订合同时应出示本人有效身份证件，办理用户登记手续，如实填写家庭地址、联系电话、接受服务的家庭成员人数、服务内容、工作强度、时间要求、特殊服务，并在洽谈时如实告知乙方和中介方家中是否有传染病及精神病人。

（3）若提供全日住家型家政服务的，甲方应保证乙方每月____天的休息和每天基本的睡眠时间，向乙方提供与家庭成员基本相同的伙食（病人、孕产妇、婴幼儿餐除外），国家法定节假日确需乙方照常工作的，要给予加班补助，加班工资按照____元/天发放，或在征得乙方家政服务员同意的前提下安排补休。

（4）为乙方（全日住家型）提供安全的居住场所，并保证不与成年异性同居一室（失能者除外），当乙方需接触病人的血液、呕吐物及排泄物时，应为乙方提供相应的卫生和劳保用品。

（5）妥善保管家中的贵重物品。

（6）甲方不得将乙方转让给他方服务，不得拖欠乙方劳务报酬。

第十一条 乙方权利与义务

1. 乙方权利

（1）有权按时得到劳务报酬，获得正常的休息时间。

（2）有权保护自己人身和名誉不受侵犯，有权追究因甲方过错造成的经济损失；有权与侵权行为或严重违反合同约定的甲方解除合同。

（3）有权拒绝从事与合同内容不符的工作，有权拒绝为第三方服务，有权拒绝在非约定地址服务。

2. 乙方义务

（1）遵守国家的法律法规，按合同约定服务；不得有损害甲方合法权益的行为，如因乙方过错而造成甲方人身或其他权益受侵害的，则要承担相应的法律责任。

（2）禁止擅自离岗，家政服务员外出应告知去向，如遇特殊情况不能按时返回的，应提前通知甲方。

（3）服从甲方的管理和指导，遵照甲方的生活习俗，尊重甲方的宗教信仰，善待服务对象。

（4）不得擅自将他人带入或留宿甲方家中；不得擅自翻动、拿用甲方物品；不参与甲方家庭内部事务和邻里纠纷；不泄露和传播甲方家庭及其成员隐私和个人信息。

第十二条 中介方权利与义务

1. 中介方促成、见证本合同的签订，甲乙双方应按照约定向中介方交纳介绍费；

2. 中介方核实甲方身份以及所提供信息的真实性，明确甲方需要提供的服务内容，考核甲方是否有雇请家政服务员的条件；

3. 中介方核实乙方身份以及所提供信息的真实性、健康状况、文化程度、服务技能，考察家政服务员是否具有上岗能力；

4. 出示家政服务机构的必备有效的资质证明：营业执照、税务登记证、组织机构代码证；

5. 甲乙双方在履约过程中，如有纠纷，中介方义务调解；

6. 甲方因乙方自身原因（体检不合格或有不良行为等）而不继续使用乙方的，中介方应重新为甲方提供符合约定的家政服务员。

第十三条 保险

甲乙双方协商□是/□否投保商业保险。

1. 商业保险种类（投保商业保险请在□内打√）：

□《家政职业责任险》；

□《家政服务员意外伤害加意外医疗险》；

□其他____。

2. 保费金额：______元，由______承担。

第十四条 合同期满与解除

1. 合同期满，甲方和乙方应到中介方办理续订或解除合同手续。

2. 甲方提前辞退乙方或是乙方要求提前离岗的，由甲乙双方协商确定，可到中介方办理相关手续，结清工资。

3. 乙方离岗时，甲方与乙方均应认真检查各自财物有无损坏和丢失，乙方离岗后，合同各方不再为他方承担任何责任。服务期满，在同等条件下，甲方有优先续用乙方的权利，按规定缴纳相关费用。

4. 如家政服务员在合同期内有更换，更换的家政服务员的详细信息作为本合同的附件，其他条款不变。

第十五条 违约责任

1. 甲、乙双方的任何一方如不能继续履行合约的，须提前 7 天通知对方（乙方生病或突发事件除外），甲、乙方协商解除合同的，应到中介方办理解除合约手续；

2. 甲方逾期支付乙方服务报酬的，每逾期 1 天应按劳务报酬的 1% 向乙方支付违约金；

3. 甲乙双方未如实告知对方自身有恶性传染病或精神疾病的，任何一方有权要求立刻解除合同；由违约方承担由此产生的一切费用，且违约方无权要求守约方退还任何费用。

第十六条 免责条款

1. 甲方未尽审慎的注意义务，违反以下约定而导致的损失，乙方不予赔偿：

（1）甲方应妥善保管古董、文房、字画、珠宝、玉器、首饰等贵重、易碎以及具有特殊纪念意义的物品，乙方对此类物品不负责清洁养护；

（2）对于各类家用电器，乙方不负责拆装和清洗，只负责外部清洁；

（3）对于高档衣物、皮具、饰品、鞋帽等，乙方不负责清洗、熨烫、保养；

（4）乙方不负责洗涤内裤，产妇、新生儿、婴幼儿、失去自理能力的服务对象或另有书面约定的除外；

（5）二层以上（含二层）住所的玻璃外侧，乙方不负责擦洗。

2. 如甲方要求乙方对价格昂贵的花卉果木或宠物进行照料，甲方须自行追加投保相关险种；甲方未按上述要求投保的，乙方对上述花卉果木或宠物的丢失、伤害、死亡等免责。

3. 以上内容若由乙方造成损失的，不在免责范围内。

第十七条 其他约定条款

____。

第十八条 合同争议解决办法

本合同如果发生争议，应由三方协商解决；也可向消费者协会或行业组织申请调解；协商或调解不成的，按下列第____种方式解决：

1. 提交______________________________仲裁委员会仲裁；

2. 向______________________________人民法院起诉。

本合同未尽事宜三方另行协商补充，补充协议与本合同具有同等法律效力；本合同一式三份，甲、乙、中介方三方各执一份，具有同等法律效力，自各方签字或盖章之日起生效；本合同内容有变更的，以“家政服务合同变更书”为准，除变更条款外，其他条款不变。

甲方（签字）：______________________ 中介方（盖章）：

年 月 日 法定代表人（签字）：

乙方（签字）： 委托代理人（签字）：

年 月 日 年 月 日

另需材料清单：

1. 甲方、乙方的身份证复印件

2. 家政服务员的健康证明复印件

3. 甲方、乙方信息登记表

家政服务合同变更书（格式）

经甲方、乙方、中介方三方协商一致，对本合同做以下变更：

1. 变更后本合同期限为____年____月____日至____年____月____日。
2. 乙方的服务内容变更为____。
3. 乙方的服务场所变更为____。
4. 乙方的服务方式变更为____。
5. 中介服务费变更为____。
6. 劳务报酬变更为____。
7. 本合同第____条、第____条及第____条取消。
8. 调换家政服务员姓名：______籍贯：____性别：______年龄：____________________学历：______技能级别：____是否接受过培训：______________________________。

甲方（签字或盖章）　　　　　　　　乙方（签字）

年　月　日　　　　　　　　　　　　年　月　日

中介方（盖章）

法人代表（签字或盖章）

年　月　日

家政服务合同续订书（格式）

本次续订合同期限为____年，自____年____月____日至____年____月____日。

甲方（签字或盖章）　　　　　　　　乙方（签字）

年　月　日　　　　　　　　　　　　年　月　日

中介方（盖章）

法人代表（签字或盖章）

年　月　日

客户信息登记表

填写日期：　　　　年　　月　　日　　　　　　　　　　　　编号：

<table>
<tr><td>姓　名</td><td></td><td>性别</td><td></td><td>年龄</td><td></td><td>民族</td><td></td></tr>
<tr><td>学　历</td><td></td><td>籍贯</td><td></td><td>电子信箱</td><td colspan="3"></td></tr>
<tr><td>身份证号</td><td colspan="3"></td><td>其他证件号</td><td colspan="3"></td></tr>
<tr><td>住宅电话</td><td colspan="3"></td><td>手机号码</td><td colspan="3"></td></tr>
<tr><td>家庭住址</td><td colspan="3"></td><td>邮编</td><td colspan="3"></td></tr>
<tr><td>服务地址</td><td colspan="3"></td><td>电话</td><td colspan="3"></td></tr>
<tr><td>乘车路线</td><td colspan="7"></td></tr>
<tr><td>工作单位</td><td colspan="5"></td><td>职务</td><td></td></tr>
<tr><td colspan="8">家庭常住成员共（　）人［成年人（　）人 6—18 岁（　）人 3—6 岁（　）人 3 岁以下（　）人］</td></tr>
<tr><td colspan="8">家居环境面积（　）平方米　［（　）厅　（　）房　（　）卫生间　（　）阳台　（　）花园］</td></tr>
<tr><td colspan="8">主要服务项目</td></tr>
<tr><td colspan="8">☐ 普通家务劳动　☐ 婴幼儿照护　☐婴幼儿教育　☐ 产妇与新生儿护理
☐ 老人照护　［男（　）女（　）自理（　）半自理（　）失能（　）年龄（　　）］
☐ 病人陪护　［男（　）女（　）独立看护　是（　）　否（　）　年龄（　　）］
☐ 计时服务　☐ 家庭餐制作　☐ 其他</td></tr>
<tr><td colspan="8">其他具体要求：</td></tr>
<tr><td>服务级别</td><td colspan="7">☐ 初级　☐ 中级　☐ 高级</td></tr>
<tr><td>付款方式</td><td colspan="7">☐ 现金　☐ 汇款</td></tr>
<tr><td>签约期限</td><td colspan="7">　年　　月　　日至　　年　　月　　日</td></tr>
<tr><td>公司
填写
记录</td><td colspan="7"></td></tr>
</table>

注：此表须认真填写，如需更改请通知公司，否则一律按填写内容办理服务事宜。

说明：1. 半自理：是指具有部分活动能力（进食、如厕能自理）。

2. 失能：是指全部日常生活均需他人照料。

家政服务员资料登记表

档案编号：

<table>
<tr><td>姓　名</td><td></td><td>性　别</td><td></td><td>出生日期</td><td></td><td rowspan="5"></td></tr>
<tr><td>民　族</td><td></td><td>年　龄</td><td></td><td>来京时间</td><td></td></tr>
<tr><td>学　历</td><td></td><td>政治面貌</td><td></td><td>原工作单位</td><td></td></tr>
<tr><td>身高（厘米）</td><td colspan="3"></td><td>邮政编码</td><td></td></tr>
<tr><td>联系电话</td><td></td><td>婚姻状况</td><td></td><td>健康状况</td><td></td></tr>
<tr><td>家庭住址</td><td colspan="3"></td><td colspan="2">是否从事过此项工作</td><td>是□ 否□</td></tr>
<tr><td>输送单位
或来源地</td><td colspan="6"></td></tr>
<tr><td>户口所在地</td><td colspan="3"></td><td>身份证号码</td><td colspan="2"></td></tr>
<tr><td>管辖派出所</td><td colspan="3"></td><td>籍　贯</td><td colspan="2"></td></tr>
<tr><td>提供证件情况</td><td colspan="6">户口本□　身份证□　暂住证□　边防证□　计生证□　健康证□　其他□</td></tr>
</table>

<table>
<tr><td rowspan="6">家庭主要人员</td><td>关　　系</td><td>姓　名</td><td>年龄</td><td>工　作　单　位</td><td>备　注</td></tr>
<tr><td></td><td></td><td></td><td></td><td></td></tr>
<tr><td></td><td></td><td></td><td></td><td></td></tr>
<tr><td></td><td></td><td></td><td></td><td></td></tr>
<tr><td></td><td></td><td></td><td></td><td></td></tr>
<tr><td></td><td></td><td></td><td></td><td></td></tr>
</table>

<table>
<tr><td rowspan="4">家政服务工作经历</td><td>普　　通
家　　务</td><td>□ 不合格　□ 合格
□ 良好　　□ 优秀</td><td>婴幼儿
照　护</td><td>□ 不合格　□ 合格
□ 良好　　□ 优秀</td><td>婴幼儿
教　育</td><td>□ 不合格　□ 合格
□ 良好　　□ 优秀</td></tr>
<tr><td>产妇与新
生儿护理</td><td>□ 不合格　□ 合格
□ 良好　　□ 优秀</td><td>老　人
照　护</td><td>□ 不合格　□ 合格
□ 良好　　□ 优秀</td><td>病　人
陪　护</td><td>□ 不合格　□ 合格
□ 良好　　□ 优秀</td></tr>
<tr><td>计时服务</td><td>□ 不合格　□ 合格
□ 良好　　□ 优秀</td><td>家庭餐
制　作</td><td>□ 不合格　□ 合格
□ 良好　　□ 优秀</td><td>其　他</td><td>□ 不合格　□ 合格
□ 良好　　□ 优秀</td></tr>
<tr><td colspan="6">结论：</td></tr>
</table>

<table>
<tr><td>奖惩情况
记　　录</td><td></td></tr>
<tr><td>备　　注</td><td></td></tr>
</table>

注：可选项请在“□”中打“√”经办人　　　　登记时间　　年　　月　　日

家政服务合同

（派遣制范本）①

合同编号：__________

聘请家政服务员须知

客户聘用家政服务人员，应到经政府主管部门登记注册、以家政服务为经营范围、具有法人资格的家政服务机构，不要在非法劳务市场中招雇。请您结合自己的情况选择家政服务项目，并按此规定办理：

1. 个人用户持居民身份证、户口本、居住证明或护照；单位用户持有合法证件及公函、介绍信。

2. 有稳定的经济收入来源并有能力支付相关费用。

3. 要正确看待家政服务行业，允许家政服务员有一周的适应过程，尊重家政服务员的人格，禁止打骂、歧视或侮辱家政服务员。

4. 愿意遵守国家和地方家政服务业的行业规则，配合家政服务机构的工作。

5. 能如实填写客户信息登记表。

6. 签订合同时知晓并认可双方的协商价格，选定服务项目、签订合同并交纳相关费用后，公司将为您提供相应期限的选项服务。

7. 家政服务员在您家工作时，若出现身体不适或其他疾病，发生意外事件，请您务必发扬人道主义精神，及时灵活做出处理，并通报家政服务机构。

以上规定及相关要求敬请客户仔细阅读，以求双方合作愉快。

甲方（用工单位）：______________________________

地址：______________邮编：__________

法定代表人：__________职务：__________联系电话：__________

委托代理人：__________职务：__________联系电话：__________

单位联系人：__________联系电话：__________

乙方（派遣单位）：______________________________

地址：______________邮编：__________

法定代表人：__________职务：__________联系电话：__________

委托代理人：__________职务：__________联系电话：__________

单位联系人：__________联系电话：__________

根据《中华人民共和国合同法》及其他有关法律、法规的规定，甲乙双方在平

① 商务部制定。

等、自愿、公平、诚实信用的基础上协商一致，签订了本合同以共同遵守。

第一条 服务内容

____。

第二条 合同期限与人数

1. 甲乙双方约定合同期限按照以下条款执行：

（1）固定期限，自____年____月____日起至____年____月____日止；

（2）合同期满如双方没有终止合同的书面请求，在《劳务派遣续订确认书》签署后自动按整年度延续，依此类推。

2. 派遣人员人数及名单以每月实际发生和结算单载明的为准，并由双方共同核定增减变动。

第三条 服务地址

____。

第四条 甲方承担的费用及其支付方式

1. 派遣费占每月固定费用的____%。

2. 每月固定费用的计费方法：

（1）以实际派遣人数为依据，按照每月____元/人的标准计算，包括派遣人员的工资、社会保险费和劳保等福利待遇。社会保险费的数额以当地社保经办机构每年核定的缴费基数和比例为依据。

（2）若乙方委托甲方代发派遣人员工资，甲方应按乙方出具的委托书的规定代发，并书面通知乙方代发数额，代发数额从固定费用中扣除。

3. 甲方于每月____日支付乙方上述费用。

4. 其他费用

（1）依法应由用人单位支付的经济补偿金。

（2）工会经费及残疾人保障金。

（3）《工伤保险条例》规定的由用人单位承担的费用。派遣人员发生工伤事故（含职业病）后，先由甲方垫付医疗、赔偿等法定费用，在工伤认定之后，由工伤保险基金先行支付或者依法报销。

第五条 岗位和时间

1. 岗位描述：____。

2. 工作时间：____。

甲方因工作需要需增加派遣人员工作时间，应根据国家有关规定并支付派遣人员加班工资或安排补休。

第六条 甲方权利

1. 派遣人员如有提供虚假身份证、学历证、履历等其他证件或乙方未履行如实告知义务而导致甲方受到损失的，甲方有权追究乙方的相关责任。

2. 派遣人员有以下情形之一的，甲方有权要求乙方变更派遣人员并作合同背书：

（1）在试用期内不能胜任甲方的工作要求；

（2）派遣人员不能胜任工作，经过培训或者调整工作岗位，仍不能胜任工作；

（3）严重违反甲方劳动纪律、规章制度和工作定额任务管理；

（4）工作失职，给甲方造成经济损失；

（5）委派期满，派遣人员提出停止派遣或擅自离岗。

3. 甲乙双方协商一致确定的派遣人员劳务报酬标准，作为本合同附件。

4. 出资对派遣人员进行业务、技能培训的，甲方有权与派遣人员约定与培训有关的违约责任，并事先书面通知乙方，在乙方不反对的情况下实施。

5. 派遣人员给甲方造成的经济损失，有权向其索赔，对方有义务给予协助。

6. 有权在派遣人员入职前核查其身份证、学历证及各种资质资格等证件的真实性、有效性。

7. 凡甲方要求在本合同第六条 2. 情形之外停止派遣或更换派遣人员的，应提前 30 日书面向乙方提出，经双方协商一致后，方能停止委派或更换派遣人员。

8. 对拟派遣人员的身体健康情况有知情权。

9. 根据双方约定的工作岗位安排派遣人员的工作；若有变动，应书面通知乙方并进行劳动用工备案。

第七条 甲方义务

1. 出示必备有效的资质证明：营业执照、税务登记证、组织机构代码证。

2. 须依据合同约定，按照派遣人员实际岗位合理确定派遣人员的劳务报酬及福利待遇。

3. 于每月____日将上月派遣人员的劳务报酬发放清册交乙方；派遣人员的工会经费及残疾人保障金由甲方依法缴纳。

4. 按月将派遣人员的考勤审核与劳务报酬等情况告知乙方；派遣人员的工资报酬及福利待遇可由乙方委托甲方代为发放，代发数额从固定费用中扣除并以书面形式通知乙方。

5. 应支付乙方派遣人员参加社保的费用，缴纳比例参见本地社会保险参保标准，缴纳基数以本地社保经办机构每年核定的参保基数为依据。

6. 应如实告知乙方和派遣人员、服务的场所、人员、数量、规模、食宿标准和服务对象中是否有传染病人或精神病人。

7. 为派遣人员提供符合国家规定的劳动工具和必要的劳动保护用品。

8. 对派遣人员应注意的安全事项、应遵守的各项纪律等履行告知和管理责任。

9. 派遣人员出现工伤、职业病、非因工负伤及患病所应享受的待遇均按照国家有关规定执行；甲方应协助乙方做好工伤认定、劳动能力鉴定的申报理赔工作。

10. 派遣人员发生工伤事故后，先由甲方垫付医疗、赔偿等相关费用，待乙方按社保规定程序报销后，按社保核定金额全额支付给甲方，甲方应承担《工伤保险条例》规定的由用工企业应支付的其他所有费用部分。

11. 派遣人员发生工伤事故后，甲方必须在24小时内告知乙方，以便乙方办理申报备案事宜；如果由于甲方误报、漏报、申报时间延误及证明资料不真实等造成的不予以支付社保待遇或工伤认定部门做出不属于工伤认定，由甲方承担全部经济法律责任。

第八条 乙方权利

1. 可委托甲方代发派遣人员的工资报酬及福利待遇，乙方委托甲方代发的，甲方应按乙方出具的委托书的约定代发，并书面通知乙方代发金额，代发金额从每月固定费用中扣除。

2. 维护派遣人员的合法权益。

3. 对甲方不履行合同的，有权追究违约责任。

第九条 乙方义务

1. 应如实告知甲方有关派遣人员的真实身份、健康状况、文化程度和服务技能等级、是否接受过培训、是否有不良记录。

2. 出示必备有效的资质证明：营业执照、税务登记证、组织机构代码证。

3. 应与派遣人员建立劳动关系，签订劳动合同，乙方进行劳动用工备案，并负责档案资料收集整理。

4. 负责为派遣人员办理社会保险，甲方应支付的相关社会保险费用，标准由乙方按相关规定计算并书面通知甲方。

5. 派遣人员发生工伤事故的，乙方接到甲方通知后，按《工伤保险条例》妥善处理，并负责办理申报和理赔事宜；由甲方承担用工单位的赔偿责任；在劳动部门做出工伤认定后由乙方负责社会保险基金支付或商业保险赔付部分的申报理赔等事务。

6. 对派遣人员给甲方造成的经济损失，乙方应协助甲方对派遣人员进行索赔。

第十条 符合下列情况之一的，甲方可以与派遣人员解除劳务关系：

1. 违反甲方依法制定并公示的劳动纪律及规章制度；

2. 严重失职，营私舞弊，对甲方利益造成损害的；

3. 被依法追究刑事责任的或被限制人身自由十五日以上的；

4. 患病或非因工负伤，在规定的医疗期满后不能从事原工作，而甲方又无法安排派遣人员从事其他工作的；

5. 派遣其他人员不能胜任工作，经过培训或者调整工作岗位仍不能胜任工作的；

6. 合同订立时所依据的客观情况发生变化或不可抗力，致使本合同无法履行的；

7. 有酗酒、吸毒、赌博、自残等行为的；

8. 按本条第4、5、6项解除与派遣人员劳务关系的，甲方须提前30日以书面形式通知派遣人员与乙方。

第十一条　甲方有下列情形之一的，乙方可通知甲方解除劳务关系：

1. 甲方以暴力、威胁或者非法限制人身自由的手段强迫劳动的；

2. 甲方采取搜身、体罚、侮辱等方式，严重侵犯派遣人员人格尊严的；

3. 甲方未按照法律法规规定或者书面约定支付劳务报酬或提供劳动条件的。

第十二条　甲方支付给乙方各项费用，由乙方开具正式发票

第十三条　违约责任

合同签订后，双方任何一方都不得私自终止合同，如一方私自终止合同，或未按合同履行的，属于违约；违约方按年度管理费总额的____%承担违约赔偿。

第十四条　甲方如发生下列情形之一者，乙方有权单方面解除终止合同并不承担任何经济法律及违约责任

1. 甲方隐瞒其单位经营状况、不履行如实告知义务或有违法违规等行为的；

2. 甲方拖欠派遣人员劳务报酬一个月以上的；

3. 甲方拖延支付服务费、社保等各项费用的；

4. 甲方有违反安全生产操作规程的；

5. 甲方在生产服务过程中不顾派遣人员生命安全的。

第十五条　其他事项

本合同有效期内，经双方协商一致，可以变更合同内容，变更内容不得侵害派遣人员的利益。

本合同一式四份，双方签字盖章后生效，双方各执两份。双方因履行本合同发生争议，可向有管辖权的人民法院起诉。

甲方（用工单位签章）：____________　　乙方（委派单位签章）：____________

代表签章：____________________　　代表签章：____________________

____年____月____日　　____年____月____日

另需材料清单：

1. 甲方、乙方有效营业执照或批准文件、机构代码证、税务登记证等相关复印件加盖公章；

2. 派遣人员名单（载明岗位与劳动报酬）。

劳务派遣合同续定确认书

经双方平等自愿，协商一致，现就《劳务派遣合同》续延事宜，按照本合同第二条规定续定。

备注：本合同续定生效日期：　　终止日期：

甲方（用工单位签章）：　　乙方（委派单位签章）：

____年____月____日　　____年____月____日

劳务派遣合同解除、终止确认书

经双方平等自愿，协商一致，现就《劳务派遣合同》解除、终止事宜，依照：

1. 合同到期自然解除、终止；2. 双方协商一致解除、终止；3. 其他原因解除、终止。

于____年____月____日正式解除、终止。

备注：本合同解除、终止生效日期：______________

甲方（用工单位签章）：

____年____月____日

乙方（委派单位签章）：

____年____月____日